Anthony Heilbut
Kultur ohne Heimat

Anthony Heilbut

Kultur ohne Heimat

Deutsche Emigranten in den USA nach 1930

Aus dem Amerikanischen von Jutta Schust

QUADRIGA

CIP-Kurztitelaufnahme der Deutschen Bibliothek

Heilbut, Anthony:
Kultur ohne Heimat : dt. Emigranten in d. USA nach 1930 /
Anthony Heilbut. Aus d. Amerikan. von Jutta Schust. – Weinheim ; Berlin : Quadriga, 1987.
Einheitssacht.: Exiled in paradise ⟨dt.⟩
ISBN 3-88679-152-1

Titel der Originalausgabe:
„Exiled in Paradise – German Refugee Artists and Intellectuals in America,
from the 1930s to the Present"
© 1983 The Viking Press, New York

© der deutschen Ausgabe:
1987 Quadriga Verlag · Weinheim und Berlin

Aus dem Amerikanischen von Jutta Schust
Lektorat: Harro Schweizer
Umschlaggestaltung und Reihenlayout: Manfred Manke

Gesamtherstellung: Druckhaus Beltz · 6944 Hemsbach
Printed in Germany
ISBN 3-88679-152-1

Inhaltsverzeichnis

Abbildungsverzeichnis

Bildarchiv Preußischer Kulturbesitz, Berlin, Seiten 13, 19, 23 oben, 25. Bilderdienst Süddeutscher Verlag, München, Seiten 14, 16 unten, 18, 20 oben, 21, 22, 23 unten, 24, Umschlagbild. Archiv für Kunst und Geschichte, Berlin, Seiten 15, 16 oben, 17 oben, 20 unten, 26 oben, 27, 28 oben. Ullstein Bilderdienst, Berlin, Seiten 17 unten, 26 unten, 28 unten.

Für die, die nicht entkommen sind.

Vorwort

Erst wenn ein Lebensabschnitt zu Ende geht, formen sich seine Gestalten und Schatten zur Geschichte, aber selbst dann noch kann Unvorhergesehenes das mühsam errungene Gleichgewicht ins Wanken bringen. Als der Schriftsteller Heinrich Mann 1940 in Amerika ankam, war er fast siebzig Jahre alt. Zehn Jahre lang hatte man ihn, der sich eigentlich der Früchte seiner grandiosen Schaffenskraft hätte erfreuen sollen, von Land zu Land gehetzt, bis er schließlich wie ein ausgedienter Spion über die Pyrenäen floh. Endlich in Sicherheit, beschwor er den Gedanken französischer Schriftsteller, daß ein gut gelebtes Leben wie ein Roman sei. Und mit seiner Ankunft in Amerika, so glaubte er, habe dieser Roman nun sein Ende gefunden. Das war ein Irrtum. Die zehn Jahre, die Mann in Amerika lebte, standen persönlich wie beruflich unter einem Unstern.

Auch die Emigrantin Hannah Arendt war gefesselt von dem Gedanken, man könne ein Leben lesen wie eine Geschichte. Sie glaubte aber auch, daß derjenige, der diese Geschichte lebt, kaum je die Kontrolle darüber hat. Ihr eigenes Leben folgte ihrer Theorie, denn obwohl sie ein sehr viel größeres amerikanisches Publikum erreichte als Heinrich Mann, war sie noch in ihren letzten Jahren zutiefst beunruhigt über die amerikanische Politik und keineswegs davon überzeugt, daß die Tage der Emigration für sie vorüber waren.

Alles an diesen deutschsprachigen Emigranten, die auf der Flucht vor Hitler zwischen 1933 und 1941 nach Amerika kamen, war außergewöhnlich und nicht mit normalen Maßstäben zu messen. Sie waren überwiegend, wenn auch nicht ausschließ-lich, jüdischer Abstammung, aber sie hatten sich ihrer deutschen Heimat in einem solchen Ausmaß assimiliert, daß sie sich vor jener Gewalt sicher glaubten, durch die ihr jüdisches Volk schon früher immer wieder heimatlos gemacht wurde. Die Künstler und Radikalen unter ihnen sahen sich als Avantgardisten, als die Vorhut für eine Zukunft, in der man die kulturellen und politischen Grenzen der Gegenwart hinter sich gelassen haben würde, während die «Bourgeois» unter den Emigranten sich damit begnügten, ihre funktionale Rolle als Arzt, Rechtsanwalt, Kaufmann und Gelehrter so auszufüllen, wie die bestehende Gesellschaft es von ihnen verlangte. Was Avantgardisten und Bourgeois verband, war eine innere Verpflichtung zu dienen. Kaum ein Volk, schon gar nicht eines, das so exponiert und so offensichtlich unersetzlich war, ist je so vollkommen seines Vertrauens beraubt worden. Hitler schwelgte in den Paradoxien der Zerstörung. Er belohnte die Vertreter des Wortes mit dem Verbrennen ihrer Bücher und bestrafte diejenigen, die nur eine historische Identität besaßen, indem er sie aus der Geschichte zu verbannen versuchte.

Es gelang ihm zumindest, sie aus Deutschland zu vertreiben. Sie kamen nach Amerika und wußten mehr über dieses Land als alle Emigranten vor ihnen. Ihre Vorstellung von den Vereinigten Staaten, gespeist aus so unterschiedlichen Quellen wie Kinderbüchern, Stummfilmen und politischer Propaganda, reichte von der Vision einer Traumlandschaft bis hin zu der eines technologischen Alptraums, bevölkert von Cowboys und Indianern, Gangstern und Schönheitsköniginnen. Im ungewissen über die Aussichten ihrer ernsten Kunst in diesem wilden Land, kamen sie doch auch voll echter Hochachtung vor seinen Filmen und seinem Jazz. Mit diesem Wissen – wie bruchstückhaft und wenig wirklichkeitsgerecht es auch immer gewesen sein mochte – wurden sie bald zu berufenen Interpreten der amerikanischen Gemütsart. Bertolt Brecht hat einmal davon gesprochen, daß Amerika von den filmemachenden Emigranten – aber nicht nur von ihnen – die Entzifferung seiner geheimen Bedürfnisse und den Schlüssel zu ihrer Befriedigung erwarte. Innerhalb weniger Jahre – ihr Englisch war immer noch unbeholfen – hatten es die Emigranten zu bemerkenswerten Erfolgen gebracht. Doch nach dem politischen Schock ihrer Emigration mißtrauten sie jeder Zuflucht. Sicher, Amerika schien ihrer Dienste zu bedürfen, aber es war kaum ein paar Jahre her, daß man sie auch in Deutschland noch gebraucht hatte.

Sie wußten also genug, um fast jede Situation zu ihrem Vorteil zu nutzen, aber sie wußten zuviel, um sich vollkommen zu Hause und sicher zu fühlen. Ihre strengen Maßstäbe behielten sie bei und brachten neue Formen und ein neues Niveau der Berufsausübung mit. Doch eben diese Maßstäbe ließen sie oft die Unvollkommenheiten Amerikas, aber auch ihrer selbst, verachten. Sie spielten eine seltsame, auf ungute Weise periphere Rolle. Ein wenig vergleichbar den Kammerjuden früherer Zeiten genossen sie in manchen Bereichen große Autorität und blieben in anderen verwundbar: In Europa wie in Amerika witterten sie Unruhe und Verrat.

Da die Emigranten als Gruppe die große Kultur Europas vertraten, gab es vieles, was die berühmten Künstler mit den anonymen Schnabels, die ihre Konzerte besuchten, und den unbekannten Heines, die ihre Bücher kauften, verband. Darüber hinaus eignete allen intelligenten Emigranten ein Wissen um weniger abstrakte Dinge – es gab eine gemeinsame Weisheit, lange bevor in den sechziger Jahren die von zwei Emigranten geprägten Begriffe von der «Banalität des Bösen» und der «repressiven Toleranz» Amerikas Öffentlichkeit gleichermaßen verwirrten und überzeugten.

Es ist die Liebesgeschichte der Emigranten mit Amerika, die dieses Buch nachzeichnet: Sie beginnt mit einer immer wieder bekundeten, bewußt gewählten, tiefen Ergebenheit (das Wort ist keineswegs zu hoch gegriffen; Präsident Roosevelt galt bei den Flüchtlingen – Skeptikern von Natur, wie sie sich selbst sahen – nahezu als Heiliger) und endet in Desillusionierung.

Aber natürlich ist die Bilanz nicht nur schmerzlich. Ihre Fertigkeiten und Talente waren breitgefächert und haben überall – von den Künsten bis zu den Sozial- und Naturwissenschaften, von den Stühlen, auf denen wir sitzen, den Filmen, die wir sehen, bis hin zu den Atomwaffen, die uns den Schlaf rauben – ihre Spuren hinterlassen.

Zu dieser Gruppe zählten so starke und ungleiche Persönlichkeiten wie Albert Einstein, Thomas Mann, Bertolt Brecht, Theodor W. Adorno, Max Ophüls, Fritz Lang, Hans Bethe, Arnold Schönberg und Hannah Arendt. Aber man kann nicht oft genug betonen, wie sehr diese einander so ausnehmend unähnlichen Menschen als Gruppe empfanden und welche Kraft ihnen die Weisheit, der Schmerz und die Komödie des Emigrantendaseins auch verlieh. Die Emigration hat eine allgemeine Grundhaltung, einen gemeinsamen Stil hervorgebracht – witzig, pietätlos, weder amerikanisch noch jüdisch. Dieser Stil, dem mein besonderes Augenmerk gilt, ist scharf und beißend, bar jenes sentimentalen Trostes, der anderen Gruppen Wärme und Zärtlichkeit bedeutet, den Emigranten aber wie *Schmus* und *Quatsch* in den Ohren klingt. Hinter diesem Stil blieben seine Exponenten seltsam verborgen, in die öffentliche Mythologie gingen sie allenfalls als komische Menschenfresser – als Dr. Strangeloves – ein. Ihre anderen Qualitäten wurden entweder übersehen oder verkannt, da man mit ihnen auch Eigenschaften hätte anerkennen müssen, die den Amerikanern als wenig wohlanständig und gefährlich gelten.

Ziel dieses Buches ist eine Sozial- und Kulturgeschichte der deutschsprachigen Emigranten in den USA. Im Mittelpunkt stehen ihre illustren Gestalten, deren Leistungen beseelt waren vom Bewußtsein gegenseitiger Verpflichtung und deren Geschichten nicht einzelne Triumphe in speziellen Disziplinen sind, sondern Teil einer umfassenden Anpassung an das amerikanische Leben. So verschieden die Geschichten auch immer sein mögen, eine bestimmte Grundüberzeugung, ein bestimmter Stil und die Art des Humors haben sie gemeinsam. Hannah Arendt hat einmal gesagt, daß Einsteins Exil schlimm gewesen sei, aber noch unendlich viel schlechter behandelte man den armen Hans Cohen aus Berlin, ihren apokryphen kleinen Emigranten. Entscheidend ist, daß beide im selben Boot saßen, im selben Land und oft mit denselben Problemen. Wie weit sie in Methode und politischen Ansichten auch voneinander entfernt waren – ob Thomas Mann, der Großmeister der deutschen literarischen Tradition, oder Bertolt Brecht, der nichts sehnlicher wünschte als das Verschwinden von Mann mit all seinen engen Konventionen – einig waren sich die Emigranten darin, daß die Lebensgeschichte jedes einzelnen ihre volle und eigentliche Bedeutung erst vor dem Hintergrund größerer geschichtlicher Zusammenhänge erhält.

Diese Geschichte ist voller Fallen und Abgründe, und obwohl die Zufluchtsuchenden von oft großartiger Aufrichtigkeit waren, hatte die Emigration sie doch auch die Kunst des Verschleierns gelehrt. So brauchte es viel Zeit, und viele ihrer Vertreter mußten sterben, bevor es möglich wurde, eine einigermaßen vollständige Geschichte der Emigration zu schreiben.

An diesem Buch haben zahlreiche noch lebende Emigranten mitgeschrieben. Zweifellos bleiben viele Persönlichkeiten, die die Emigration mitprägten, zu Unrecht unberücksichtigt. Oft hatten meine Gesprächspartner Grund, über mein Unwissen zu spotten: «Was? Sie haben nie etwas von Irmentraud Lautenheimer gehört? Dann wissen Sie gar nichts!» Daraus spricht nicht nur das Entschiedene, Abweisende, sich Abgrenzende, das den Ton der Emigranten ausmacht. Es gab in der Tat unzählige Irmentraud Lautenheimers, die wir uns als Kinderfotografin vorstellen können, einst zur Film-Avantgarde von Berlin, Prag und Paris zählend, bevor sie in Jackson Heights landete und Mittelpunkt und Motor eines Emigrantenzirkels wurde, der im Selbstverlag die – von Rilke und Stefan George inspirierten – poetischen Klagen seiner Mitglieder über Rassendiskriminierung, Arbeitslosigkeit, verlorene Liebe und die Sehnsucht nach gutem Brot veröffentlichte. Sie gehörte zu denjenigen, die Stil und Haltung der Emigration lebendig erhielten. Dafür, daß ich sie und andere vernachlässigen mußte, habe ich Abbitte zu leisten.

Meine eigenen Eltern, Bertha und Otto Heilbut, kamen aus Berlin. Hätte es keinen Hitler gegeben, wäre auch ich dort geboren. Bei meinem ersten Besuch in dieser Stadt vernahm ich einen vertrauten Ton – einen Ton, den ich mit New York verband. Ich konnte mir jetzt erklären, warum den Emigranten die Anpassung an das urbane Leben ihrer neuen Heimat so relativ leicht gefallen war. Aber die New Yorker sind nicht repräsentativ für alle Amerikaner, und so wurde mir zugleich klar, wie schwer der Weg in dieses Land für die vorsichtigen und zurückhaltenden Emigranten gewesen sein muß.

Viele der Emigranten, mit denen ich gesprochen habe, sind inzwischen verstorben. Dazu gehören Henry Pachter, Gertrude Urzidil, Yetti Kohn, Hans Reissner, Anita Daniel, Hans Staudinger, Herbert Marcuse. Mit Rat und Information halfen mir Otto Nathan, Douglas Sirk, Paul Falkenberg, Fritz Landshoff, Wieland Herzfelde, Helen Wolff, Christiane Zimmer, Marguerite Yourcenar, Maria Ley-Piscator, Rabbi Joachim Prinz und Herbert A. Strauss. Auch Kollegen wichtiger Persönlichkeiten, die in diesem Buch erwähnt werden, arbeiteten mir zu, so zwei Mitarbeiterinnen (Lotte Kohler, Ingrid Scheib-Rothbard) und Studenten (Melvyn Hill, Michael Denneny) von Hannah Arendt, der amerikanische Sekretär von Klaus Mann (Richard Plant) und Edith Jonas Levey, die ehemalige Pressereferentin der New School for Social Research. Zu danken habe ich auch dem Leo Baeck Institut, dem Goethe-Institut und der Research Foundation for Jewish Immigration, Inc., die mir ihre Bibliotheken und Forschungseinrichtungen zur Verfügung stellten.

Die Liste der Emigranten, mit denen ich darüber hinaus gesprochen habe, ist lang. Ohne Ausnahme wollten sie ungenannt bleiben. Doch erwiesen sie sich als Träger emigrantischer Überlebensweisheit – vom Effektenmakler, der feststellte: «Zwei deutsche Eigenschaften bleiben dir, wo du auch bist – das Rechnen und das Fluchen», bis hin zum Sozialarbeiter, der mir schrieb: «Auch nach dreißig Jahren ist mir die New Yorker Untergrundbahn noch nicht ans Herz gewachsen. Aber irgendwie verstehen wir einander – wir sind beide Überlebenskünstler.»

Viel Hilfe habe ich von amerikanischen Freunden erfahren, die das Buch in seinen verschiedenen Stadien gelesen haben. Sie alle – Philip Pochoda, Margo Jefferson, Leonard Lopate, Ronald Ward, Anne Middleton, Donald Wesling und Susan Fox – waren verständnisvolle und großzügige Leser. Mein außerordentlicher Lektor, Edwin Kennebeck, ließ mir seine ganze berufliche Geduld und Gewissenhaftigkeit angedeihen, und um das Manuskript kümmerte sich Linda Rosenberg mit großer Sorgfalt. Sie alle waren mir Ansporn, diese Emigrantengeschichte so gut wie möglich zu erzählen. Zu danken habe ich ihnen auch dafür, daß sie erkannten, welch große Geschichte es zu erzählen galt.

»Fast an keinem Ort war mir das Leben schwerer als hier in diesem Schauhaus des easy going. Das Haus ist zu hübsch, mein Beruf ist hier Goldgräbertum, die Glückspilze waschen sich aus dem Schlamm faustgroße Goldklumpen, von denen dann lange die Rede ist, wenn ich gehe, gehe ich auf Wolken wie ein Rückenmärkler.«
Bertolt Brecht im »Arbeitsjournal«, 1. August 1941

Bertolt Brecht und Lion Feuchtwanger in Los Angeles, um 1941

Bertolt Brecht 1947 vor dem amerikanischen Untersuchungsausschuß
„Committee on Un-American Activities"

Heinrich Mann vor seinem Haus in Santa Monica, Kalifornien, 1943

Thomas Mann in seinem Arbeitszimmer in Pacific Palisades, 1947

Geschwister Erika und Klaus Mann, um 1930

Walter Mehring (links) mit dem Schauspieler Walter Janssen, 1933

Hermann Broch um 1950 in New York. Foto: Sol Liebsohn

Alfred Döblin, 1933

Stefan Zweig mit seiner Frau Lotte Altmann

Franz Werfel mit seiner Frau Alma Mahler-Werfel

George Grosz nach seiner Ankunft in New York, 1933

Erwin Piscator in New York; mit einer eigenhändigen
Widmung vom 1. August 1941

Albert Einstein mit Max Reinhardt und dessen Ehefrau Helene Thiemig, 1935

Paul Dessau mit Bertolt Brecht

Kurt Weill

Hanns Eisler mit Ehefrau bei der Rückkehr aus den USA in Wien, April 1948

Arnold Schönberg (rechts) mit Albert Einstein und dem Dirigenten Leopold Godowsky in der
Carnegie Hall in New York im Mai 1934

Ernst Lubitsch in seinem Büro in Hollywood, 1930. Foto: Erich Salomon

Fritz Lang (rechts) mit dem Schauspieler Edward G. Robinson 1944 während der Dreharbeiten zu „Die Frau im Fenster"

Billy Wilder mit Gloria Swanson in Hollywood, vor den
Dreharbeiten zu „Sunset Boulevard", 1949

William Dieterle (rechts), 1937

Berthold Viertel (links) und Albert Einstein bei der New Yorker Uraufführung des Films „Jud Süß", 1934; mit einer Widmung Einsteins an Lion Feuchtwanger

Hannah Arendt in New York um 1936. Foto: Fred Stein

Herbert Marcuse, kurz vor seinem Tode 1979

Ernst Bloch, 1954 in Leipzig

Theodor W. Adorno, 1968

Max Horkheimer

Ludwig Mies van der Rohe, 1951

Walter Gropius, um 1930

Erster Teil
Von Europa nach Amerika

Berlin

«Oh, laßt uns literarisch sein», sang man in den zwanziger Jahren, «und mit den Dichtern geh'n.» In den Cafés am Berliner Kurfürstendamm traf man auf eine einzigartige Ansammlung junger Talente – Dramatiker und Schauspieler, Maler und Komponisten und vor allem Filmemacher, denn der Film begeisterte sie alle. Hier saß ein junger Stückeschreiber wie Bertolt Brecht oder ein Journalist wie Billy Wilder oder eine Drehbuchautorin wie Salka Viertel an einem Tisch mit Bauhaus-Architekten und Verfassern experimenteller Romane. Die Caféhauswelt im Berlin der zwanziger Jahre zog auch andere Intellektuelle an: Sogar ein Albert Einstein gesellte sich zu den Künstlern. Und zusammen mit den Dichtern kamen all die anderen, die Freunde, Liebhaber, Bewunderer – die Fans, wie man in Amerika sagt –, die sie auch später ins Exil begleiten sollten.

Es war diese Gesellschaft von Außenseitern, von Randfiguren, die kamen, um Randfiguren zu sehen, die das Lied besingt. Und es besingt sie mit einer Respektlosigkeit, die in Berlin erfunden zu sein scheint, mit jener berühmten Berliner Schnauze, die selbstverständlich davon ausging, daß die Besungenen den enthaltenen Witz, das Nebeneinander von großer Kunst und Selbstdarstellung zu schätzen wußten. Mit seiner Schärfe und Komik trifft es den Ton der Zeit. Denn das war Berlin, wo alles Pompöse der Respektlosigkeit und dem Galgenhumor anheimfiel. Mit Blick auf seine Kultur nannten es manche das «Spree-Athen», während eine andere Seite dieser Stadt zum Gassenhauer gerann: «Es schwimmt eine Leiche im Landwehrkanal.» Die Satire verschonte auch das Caféhausvölkchen nicht: Der sehr beliebte Treffpunkt, das Café des Westens, wurde zum «Café Größenwahn» ernannt.

Diese Respektlosigkeit vor allem und jedem gehörte zu den Freunden des Ku'damm-Lebens. Selbst auf die unschuldigste Mitteilung – etwa, daß morgen die Sonne scheinen werde oder eine Heirat bevorstehe – antwortete der Berliner mit «Nein» oder «Vielleicht». Kabarett-Stars und all die anderen Caféhausbesucher teilten diese Gewohnheit. Auch Berlins Troubadour Bertolt Brecht wußte, daß nichts, was man sagte oder hörte, «ganz ernst» gemeint war. Im Verbund von Politik und Kultur konnten wirkliche Botschaften leicht verlorengehen. Hannah Arendt bemerkte einmal, daß die zornigen Töne von Brecht und Kurt Weill vom bürgerlichen Publikum mühelos assimiliert wurden. Eine radikale Hymne wurde zum munteren Foxtrott, radikale Politik zum Ku'damm-Vergnügen.

Viele der zukünftigen Emigranten hatten ihre Jugend in anderen Städten, vornehmlich in Frankfurt, München, Wien und Prag verbracht. (Prag sei, so beschrieb der tschechischer Emigrant Johannes Urzidil den Unterschied zwischen seiner Heimatstadt und den anderen deutschsprachigen Kulturzentren, nicht so «leichtlebig» wie Wien und nicht so «frech» wie Berlin gewesen, sondern «ernst, kämpferisch».) Aber Berlin zeichnete sich nicht nur durch die große Zahl bedeutender Menschen aus, die in den zwanziger Jahren hier lebten. Berlin verdankt seine Vorrangstellung einfach einem urbanen Ton, der ironisch und respektlos war und einem neuen Lebensgefühl auf einzigartige Weise angemessen schien. Es war eine Stadt mit einer gewaltigen, prunkvollen Architektur, monolithischen Kulturtempeln, die die «kleinen Leute» und das Heer der Arbeitslosen verhöhnte. Aber es war auch eine Stadt der Grünanlagen mit dem eleganten Tiergarten im Westen und dem proletarischen Treptow im Osten, wo sich die armen Leute zu Feuerwerken und ihren eigenen satirischen Komödien zusammenfanden.

Berlin war domestizierte Natur im besten urbanen Stil. Mitten durch die Stadt, nicht breiter als ein Boulevard, floß der Landwehrkanal, in dem «die Leichen schwammen», und brachte man seinen Enten ländliches Flair ins Herz der Stadt. Die unvermeidlichen Balkone öffneten die Wohnungen der vielbesungenen «Berliner Luft». Und wie ein Spiegel dieser Nähe von Stadt und Natur mutet auch das soziale Arrangement an: Das typische Berliner Wohnhaus der zwanziger Jahre umschloß einen Hof, wo die reichen Familien der Vorderhäuser und die Armen der Hinterhäuser sich zwischen Leierkastenmännern, Bänkelsängern und Scherenschleifern trafen.

Berlin war auch berühmt für seine moderneren Einrichtungen, insbesondere für seine Filmstudios, aber auch für seine Theater, wo man die wegweisenden Leistungen eines Piscator oder eines Max Reinhardt bewundern konnte. Vielleicht inspiriert durch die Filme, vielleicht aber auch durch jene ironische Distanz, die alles mit einem «Nein» oder «Vielleicht» zur Kenntnis nahm, entwickelten die Berliner eine ganz besondere Art des Umgangs mit ihrer Stadt. Mit seinen reizvollen Schlössern aus dem 18. Jahrhundert und sogar mit der bedrückenden Architektur der Museen aus dem 19. Jahrhundert bot Berlin sich ihnen dar wie eine urbane Theaterkulisse. Es gab so viel zu sehen und auf die seltsam ironische und distanzierte Weise des Kabarett-Berlin in sich aufzunehmen, daß die Berliner den Bummel durch die Stadt als neue Art der Lustbarkeit für sich entdeckten. Allen voran der Essayist Walter Benjamin, der mit Wehmut die Pariser *flâneurs* des 19. Jahrhunderts, deren einer auch Baudelaire war, beschwor. Während er als Junge seine Mutter durch die Stadt begleitete, hatte er eine Art verträumte Widerspenstigkeit erworben, einen Blick, der nicht ein Drittel von dem zu sehen schien, was er aufnahm. Dieses ziellose Wandern wurde jetzt zum Markenzeichen eines Berliner Flaneurs, der wußte, mit welcher Gangart und mit welcher Aufmerksamkeit man sich durch eine Stadt zu bewegen hatte. Benjamin schuf sogar die Prosarhythmen, die dieser Widerspenstigkeit entsprachen. Seine Formel für große Prosa verlangte das Auflösen von Satzrhythmen, Taktwechsel nach Art einer Jazzimprovisation. (Das war Berliner Prosa; Benjamin beobachtete, daß die Sprache seines französischen Idols, Marcel Proust, die «Erstickungsangst» nachbildete.) Die Unstetigkeit pries den steten Strom; der Flaneur wußte um den Wert von Umwegen.

Was Berlin so unendlich faszinierend machte, waren nicht seine Architektur, seine vielen Seen oder die nahen Wälder, sondern vor allem die bunte Vielfalt seiner Menschen. Beim Bummel den Ku'damm hinunter begegnete man arbeitslosen Soldaten und Künstlern, frisch gestärkt durch eine Heilsarmee-Suppe mit Nudeln und Dörrobst, neben Kapitalisten, wie George Grosz sie zeichnete, auf dem Weg zu Kaffee und Sahnetorte bei Kempinski. Berlin war während der zwanziger Jahre auch eine Stadt der Exilanten – Russen, Italiener, für eine kurze Zeit sogar Madame Sun Yat-sen. Ihre Anwesenheit vertiefte noch die allgegenwärtige Stimmung des Vorüber-gehenden und Flüchtigen. Homosexuelle und Prostituierte kreuzten die Straße und verkündeten damit, daß sie ihre Ghettos verlassen hatten; die Stadt gehörte ihnen so gut wie anderen. Die Drohung von Gewalttätigkeit – überall lauerten Straßenräuber – und der berechnende Blick sexueller Abenteurer auf der Pirsch: all dies, gesäumt von Kabaretts und Luxushotels und belebt von der prickelnden Berliner Luft, verlieh dem Bummel des Flaneurs eine sinnliche Schärfe.

Für Benjamin, Brecht oder die anderen großen Berliner jener Jahre ging es dabei nicht um bloßen Kitzel oder ein geistiges Gegengift zum wilhelminischen Kitsch. Wenn das Miteinander von radikalem Protest und avantgardistischer Kunst Berlin zur aufregendsten Stadt des Jahrzehnts machen konnte, dann darum, weil der Protest – der drängende Ruf nach sozialer und politischer Veränderung –, auch wenn man von seinem Kern oft ablenkte, ihn manchmal aufs Spiel setzte, im Grunde doch nie ganz verlorenging. Tatsache war, daß die Verhältnisse, wie sie auf dem Ku'damm offenbar wurden, von der Notwendigkeit kündeten, zu handeln.

Die Geldentwertung erreichte ein schwindelerregendes Ausmaß – statt in Geldbeu-teln transportierte man das Geld in Schubkarren – und war ein Vorgeschmack auf noch weit groteskeres Geschehen. Aus den lyrischen Synkopen Brechts «Erst kommt das Fressen, dann kommt die Moral» mag marxistisches Denken klingen, aber die Wahrheit jener Jahre war, daß das Leben vieler Menschen von Hunger und Armut geprägt war. Viele Künstler, die einander später in den Cafés sahen, hatten sich zuvor in den Suppenküchen getroffen. Dort wartete die Tochter Hugo von Hofmannsthals zusammen mit einem ausgehungerten Brecht – gegensätzlich in ihrem lyrischen Ausdruck, aber verbunden in gemeinsamer Not. Armut bedeutete schlechtes Essen, Krankheit, Apathie, Depression und schließlich Verbrechen. «Das Verbrechen nahm nach dem Ersten Weltkrieg in Deutschland überhand», erinnert sich Fritz Lang. In seinen Filmen wird der «Meisterverbrecher… zu einer Version von Nietzsches Übermenschen», aber die gewöhnlichen Verbrechen begingen Menschen, denen so hochtrabende Ambitionen fern waren.

In den Lebenserinnerungen jener Zeit und in den Romanen von Alfred Döblin und Leonhard Frank erscheint Berlin als Etappe für Soldaten zwischen Heeresdienst und Fabrikarbeit – sie wechselten nur die Art ihres kapitalistischen Gefängnisses. Zwei Filme machen 1929 das Gefängnis Großstadt zum Schauplatz vollkommen gegensätzlicher Erfahrungen. Der zauberhafte Film *Menschen am Sonntag* (Robert Siodmak, Billy Wilder, Fred Zinnemann) kontrastiert die ausgelassenen Wochenendvergnügungen der bürgerlichen Helden mit der Langeweile und Angst ihres Alltags. *Mutter Krausens Fahrt ins Glück* (Piel Jutzi) führt aus der bedrückenden Armut der Berliner Elendsviertel, wo «eine Wohnung einen Menschen ebenso leicht töten konnte wie eine Axt», in den Freitod. (In der letzten Szene, nach Mutter Krausens Tod, läßt Jutzi deren Tochter auf eine Ansammlung arbeitsloser Soldaten und militanter Gewerkschaftler zurennen… Zwei Bilder, die für die Auswege stehen, zwischen denen Berlins Arme zu wählen hatten.)

Wer es verstand zu sehen, erkannte in allem, was er sah, ein Signal zur Veränderung. Wie die Ironie der Geschichte es wollte, wurden viele der Emigranten, die von Städten wie Berlin oder Wien geprägt worden waren, später zu Chronisten und Schiedsrichtern der sozialen Veränderung in Amerika. Ihre Urteilsschärfe datiert aus einer Zeit, als sie – selbst Außenseiter – lernten, Veränderung mit der gleichen Unmittelbarkeit zu registrieren, wie man einen visuellen Eindruck aufnimmt. Die Berliner besaßen die Fähigkeit, all diese Information mit Geist und Sinnen zugleich aufzunehmen; das war es, was Ernst Bloch meinte, wenn er die Arbeit Walter Benjamins mit einer Philosophie in Revueform verglich, wobei jede die Schneide der anderen schärfe.

Doch obwohl die jungen Berliner stolz darauf waren, sich vom Pomp und Getue der Deutschen Akademie entfernt zu haben, folgten sie mit der teilweisen Identifizierung von Politik und Kultur gleichwohl einer vertrauten deutschen Tradition. Jahrhundertelang galt deutschen Denkern die Kultur mehr als das Leben. Vielleicht lag das daran, daß die Kultur so lange Zeit praktisch die Stelle der Politik eingenommen hatte. Zur Zeit des Wiener Kongresses, um 1814, war das, was wir heute als das moderne Deutschland kennen, aufgeteilt in Hunderte von unabhängigen Einheiten, in Staaten von der Größe Preußens und Bayerns bis hin zu winzigen Fürstentümern und Stadtstaaten. Für Metternich war der Begriff des deutschen Volkes eine bloße Abstraktion. Erst 1870 gelang es Bismarck, die Deutschen zur Nation zu einen. Deutschland als politische Realität war in den zwanziger Jahren also kaum ein halbes Jahrhundert alt. So schrieben Außenstehende denn auch die fehlerhafte Politik, die es in der Folgezeit betrieb, seinem späten Erscheinen auf der politischen Bühne zu, als sei Deutschland eine etwas übergewichtige, überalterte Debütantin auf ihrem ersten Ball. Aber so neu und unerfahren das politische Deutschland auch war, die Tradition des kulturellen Deutschland, überliefert in Mythen und Werken, reichte viele Jahrhunderte zurück.

Es war eine heterogene Tradition, die katholische und protestantische Elemente einschloß. Der vorherrschende Katholizismus mit seinem mythischen und magischen Sprachgebrauch beeinflußte die deutsche Romantik, während die etwas schwerfällig aufbereitete Lehre in der Nachfolge Luthers und Calvins an der Entstehung des deutschen Handels im 19. Jahrhundert beteiligt war. Beiden Traditionen eigen waren Fremdenfurcht und Antisemitismus, das Brandmarken des Außenseiters, des Juden, als entweder nicht seelenvoll genug oder als zu gewinnsüchtig. Eine exaltierte Kunstauffassung führte zur Verherrlichung des Irrationalen. Noch während des Ersten Weltkriegs argumentierte Thomas Mann, daß Deutschland es verdiene, diesen Krieg zu gewinnen, da es als einzige westeuropäische Nation eine zutiefst mythische Seele besitze.

Diese Situation – eine blühende alte Kultur in einem so jungen Land – war verwirrend. Da der Künstler im Wandel der politischen Zeiten seine Glaubwürdigkeit nie verloren hatte, wurde er zur exemplarischen Gestalt. In Heinrich Manns Roman *Der Untertan* wird der Schauspieler zum vorbildlichen Menschen, obwohl seine berechnende Rollenwahl für Mann auch Zeichen einer aus den Fugen geratenen Gesellschaft war. Als ob er den Beweis dafür antreten wollte, stellte Adolf Hitler sich selber als Künstler dar, als Akolyth von Wagner und Nietzsche. Andere sahen ihn in weniger erlauchter Tradition. «Eine Karikatur aus Wedekinds Stücken», befand Richard Lindner, als er Hitler in München zum erstenmal sah. Jahre später erschienen Himmler und Göring den jüdischen Flüchtlingen als possenreißende Emporkömmlinge, zum Leben erwachte Gestalten aus Heinrich Manns Romanen. In so einer jungen Nation verlangte es die politische Geschichte, daß man eine Vergangenheit ausgrub, in der Kultur die einzige politische Arena gewesen war.

Dieses Bild von der deutschen Kulturtradition ist wenig liebenswert. Doch neben Gesängen auf die mystische Tiefe einsamer Seelen gab es in der deutschen Literatur immer auch feurige Aufrufe zu öffentlicher Pflicht. Daß letztere oft aus denselben Federn stammten, die auch die Einsamkeit priesen, war, wie Thomas Mann häufig sagte, ein Witz der deutschen Gemütsart. Es war Schillers große Behauptung, daß es der Zweck der Kunst sei, uns frei zu machen. Vermittler dieser Freiheit ist das Spiel, zum einen als historisches Drama, das Schillers Sozialphilosophie verkündete, zum anderen als Akt des Spielens selbst. Hier erkennen wir eine weitere widersprüchliche Facette des deutschen Naturells, die sich – trotz aller bekundeter Emanzipation von der kulturellen Vergangenheit – auch im Stil jener zwanziger Jahre offenbarte. Das Ernste und das Spielerische fanden sich beim deutschen Intellektuellen oft vereinigt. Ein Beispiel dafür ist der in Berlin geborene Gershom Scholem, der später in Palästina ein führender Gelehrter des jüdischen Mystizismus wurde. Einmal besuchte ihn eine Amerikanerin, um geistige Führung von ihm zu erbitten. Zu ihrer Verblüffung erklärte er sich selbst zum «methaphysischen Clown», und seine Frau vervollständigte die Metapher und erklärte ihrem Gast, ihr Mann spiele «zu hundert Prozent» Theater. In etlichen der deutschen Traditionen, die Scholem beeinflußt haben, bestätigte diese Art der Grillenhaftigkeit die Nüchternheit des gelehrten Trachtens.

Den deutschen Studenten brachte man neben Mythologie und romantischen Phantasien bei, daß Kultur und Politik Partner im selben Tanz seien. Goethes Faust oder Schillers Don Carlos (ohne vorherige Lektüre von Kant unmöglich zu verstehen, wie manche Kritiker meinen), sind exemplarische Gestalten, da auch ihr privatestes

Verhalten öffentliche Folgen hat. Bei den deutschen Klassikern – in der englischen Literatur kennen wir Vergleichbares nur von Milton – verbinden sich didaktische Unterweisung, historisches Detail und Selbstprüfung.

Aber auch jenseits all dieser Lektionen, die ihnen Goethe (das Vorbild Thomas Manns) und Heine (das Vorbild weniger ehrerbietiger Feuilletonschreiber) erteilten, hatten die Künstler und Radikalen der zwanziger Jahre sehr früh gelernt, daß politische Realitäten nicht ohne Einfluß auf Arbeit und Spiel blieben. Walther Rathenau, der Anfang der zwanziger Jahre ermordete jüdische Politiker, bemerkte einmal, irgendwann komme für jeden deutschen Juden der Augenblick, wo er feststelle, daß er ein Bürger zweiter Klasse sei.

Dieses schreckliche Wissen war mit dem Spiel gewöhnlich untrennbar verbunden; es bestätigte sich in der Schulklasse und auf dem Pausenhof in den Schikanen der Mitschüler. Vielen sensiblen Kindern verschloß es von Beginn an jegliche Tür zu zukünftigem Glück. Walter Benjamin sagte einmal, daß der einzige Trost für ein melancholisches Gemüt die Allegorie sei. Man fand viele Wege, um Feinde seiner Jugend zu allegorisieren. Die Filmregisseure Otto Preminger und Fritz Lang erweckten sie später in ihren amerikanischen Filmen als Schurken wieder zum Leben. Aber da die Quelle der Schwermut eine politische war, war auch das Mittel der Allegorie ein politisches. In Rußland gruppierte der junge Leo Trotzki seine Mitschüler in «Petzer und Neider auf der einen Seite, offene, tapfere Jungens auf der anderen und die neutrale, schwankende, haltlose Masse in der Mitte», als ob die Geschichte sein eigenes politisches Schicksal im Klassenzimmer vorweggenommen hätte. Auch Hannah Arendt erwarb ein erstes politisches Verständnis bereits in der Grundschule. Sie hatte gehört, wie Schüler und Lehrer ihre ärmeren, Jiddisch sprechenden Klassenkameradinnen mit antisemitischen Parolen beschimpften. Als sie ihrer Mutter davon berichtete, machte diese ihr klar, daß es sich hier um zwei ganz verschiedene Dinge handele: Das Verhalten der Lehrer sei eine Sache unter Erwachsenen, und sie, Hannahs Mutter, würde sich darum kümmern; was die Kinder getan hätten, sei allerdings ihre, Hannahs, eigene Angelegenheit. Der sie umgebende Antisemitismus lehrte alle jüdischen Kinder, daß sie ungeachtet aller Anpassungsbemühungen Außenseiter waren und bleiben würden. Aber wenn sie, wie Hannah Arendt, zugleich auch lernten, mit subtiler Genauigkeit zu unterscheiden, konnte das der Anstoß zur politischen Aktion werden.

Für die Berliner Künstler hatte die Nachkriegszeit sehr vielversprechend begonnen. Das vereinte Vermächtnis von Goethe, Schiller und Karl Marx, Zivilcourage und sozialistisch-humanistische Bestrebungen, schienen vor ihrer Verwirklichung zu stehen. Zwar hatte das Proletariat in den Jahren vor dem Krieg die Hoffnungen der Intellektuellen zunichte gemacht. Vom Parlament bis hin zu den Gewerkschaften hatten sich viele deutsche Arbeiterführer entweder «einkaufen» oder «verkaufen» lassen. Als die Arbeiter beschlossen, die deutschen Kriegsanstrengungen zu unterstützen, brach Rosa Luxemburg, eine spätere Mitbegründerin der Kommunistischen Partei Deutschlands, damals aber noch Sozialdemokratin, vor Bestürzung und Erregung zusammen.

Aber 1918, angesichts des verlorenen Krieges, der allgemeinen Armut und der revolutionären Ereignisse in Rußland, hielten die radikalen Intellektuellen ihre Stunde für gekommen. Im November jenes Jahres war es in Kiel zu einem kurzen Aufstand der Matrosen und Soldaten gekommen. Innerhalb einer Woche hatte der neue politische Geist das ganze Land erfaßt. In nahezu allen deutschen Städten bildeten sich revolutionäre Arbeiterräte. In München brachte es eine Gruppe von Intellektuellen in einer unblutigen Revolution dahin, daß die Armee die demokratische und sozialistische Republik Bayern ausrief. An der Spitze der Regierung stand der hervorragende Jurist Kurt Eisner. Kultusminister wurde Gustav Landauer, ein Shakespeare-Forscher, Mediävist und romantischer Anarchist. Mit seiner sehnsüchtigen Liebe zur Vergangenheit und seinem Wunsch nach einem säkularen Wiederaufleben mittelalterlicher Gemeinwesen war Landauer – tief verwurzelt in der deutschen Kulturgeschichte – das, was Georg Lukács einen «antikapitalistischen Romantiker» nannte. Mit dem neuen Oberbefehlshaber des Heeres hatte man eine ebenso unwahrscheinliche Wahl getroffen: Ernst Toller, Dichter und Stückeschreiber; im New Yorker Exil nahm er sich das Leben.

Die Machtübernahme in München war Operette und Tragödie zugleich. Der Filmregisseur Douglas Sirk, damals Student in München, bemerkt dazu, es sei eine «Revolution von oben» gewesen, verordnet von wohlmeinenden politischen Ästheten, die nach Art und Herkunft – die wenigsten waren Bayern – mit der Masse wenig gemein hatten. Im Februar 1919 brachen die weißen Truppen in die Stadt ein, um einem nicht existierenden «roten Terror» ein Ende zu machen, metzelten solche, die Widerstand leisteten, aber auch unbeteiligte Zuschauer nieder und ermordeten Landauer und Eisner (letzterer wurde von einem rechten Juden umgebracht).

Nach den November-Ereignissen schien sich auch eine andere deutsche Stadt, Berlin, anheischig zu machen, ein neues Weltzentrum revolutionärer Aktivität zu werden, vielleicht weil Berlin sich rühmen konnte, mit Rosa Luxemburg, der Begründerin des Spartakusbundes (des Vorläufers der KPD), eine Theoretikerin zu besitzen, die auch Lenin und Trotzki zu denken gab. Als Kritikerin der Sozialdemokratie und Anhängerin von Massenstreiks stieß sie bei diesen Männern auf großes Interesse. Entsetzt waren ihre russischen Genossen allerdings, als sie auch undemokratische Vorgehensweisen Lenins anprangerte und erklärte, die Linke nehme nicht genug Rücksicht auf die Gefühle der Arbeiter.

Als Reaktion auf den Berliner Aufstand metzelte die Armee Hunderte von Arbeitern in den Straßen nieder. Wolfgang Kapp konnte ungestraft versuchen, die Monarchie zu restaurieren. Im Januar 1919 wurden Rosa Luxemburg und ihr Mitstreiter Karl Liebknecht ermordet, und wie zum Beweis, daß sie jegliche Zusammenarbeit mit der zumindest nominell sozialistischen Regierung Eberts und Scheidemanns verweigerten, ließen die Behörden die Mörder laufen.

Aber das war noch nicht das Ende der «Roten Rosa». Ihre anti-leninistischen Erklärungen machten sie zur Geißel orthodoxer Kommunisten. Jahre später, als die Prawda zu rechtfertigen hatte, warum die Partei der nazistischen Drohung nicht entgegengetreten war, stellte die Zeitung fest, der eigentliche Feind in Deutschland sei nicht Hitler, sondern Rosa Luxemburg gewesen. Nach Ansicht des Soziologen Max Horkheimer endete mit ihrem Tod die praktische Politik. Auch der kryptische Ausspruch von Horkheimers Kollegen Theodor W. Adorno, daß es die Philosophie gebe, weil der Augenblick, in dem sie hätte Wirklichkeit werden können, vorüber sei, mag sich auf einen Augenblick bezogen haben, dessen Inkarnation Rosa Luxemburg war. Auf der anderen Seite sollte sich Hannah Arendt als überzeugte Anti-Marxistin (trotz entsprechenden Einflusses ihrer Mutter und ihres ersten Mannes) in der Emigration zunehmend auf die Prinzipien und Methoden Rosa Luxemburgs berufen. In den zwanziger Jahren warf die Erinnerung an Rosa Luxemburg einen Schatten auf das radikale Engagement deutscher Intellektueller. Inmitten der Auseinandersetzung zwischen Stalinisten und Trotzkisten, beide Seiten den Sozialdemokraten genauso entfremdet wie den der Deutschen Demokratischen Partei zuneigenden braven Bürgern der Mittelschicht (zu denen in ihrer überwiegenden Mehrheit auch die deutschen Juden gehörten), bot die Politik Anlaß zu endlosen Diskussionen. Mit dem schicken Geplauder der Ku'damm-Cafés hatten sie allerdings nichts gemein. Die Tragödie der Rosa Luxemburg war noch zu frisch und zu schmerzhaft, um Politik zu einem amüsanten Gesprächsstoff zu machen.

Der Tod Rosa Luxemburgs schien allen radikalen Hoffnungen ein Ende gesetzt zu haben. Wie konnte man sie wieder zum Leben erwecken? Berlins Straßen gaben die Antwort. Die Stadt öffnete sich einer neuen Art öffentlichen Lebens und zwang dazu, soziale Veränderung in all ihren Manifestationen wahrzunehmen. Daß die Barrieren zwischen öffentlicher und privater Welt durchlässig wurden, gereichte eher zum Segen als zum Fluch. Vielen Kindern der Bourgeoisie, deren Leben unter anderen Umständen wohl in eine konventionelle Karriere als Lehrer oder Künstler gemündet wäre, erschienen die traditionellen Formen von Wissenschaft und Kunst angesichts der sozialen Wirklichkeit bedrückend eng, wenn nicht gar krankhaft. Der Verleger Wieland Herzfelde fühlte – und Ilja Ehrenburg war ihm in dieser Beobachtung vorangegangen –, daß Menschen wie er, die im Weltkrieg gedient hatten, zeitlebens dazu verurteilt waren, «ein wenig im 19. Jahrhundert zu stehen». Aber schon die etwas Jüngeren – Herzfeldes Beispiel ist Brecht – waren, das zeigt ihr völliger Mangel an Sentimentalität und Nostalgie, einzig das Produkt des zwanzigsten Jahrhunderts. Diese jungen Leute fanden ihre Befreiung auf unterschiedlichen Wegen. Manche in der Unterdrückung ihrer persönlichen Obsessionen und einem Bekenntnis zur Arbeiterklasse; eines ihrer Vermächtnisse war die vehemente Ablehnung von Psychoanalyse und Autobiographie. Andere schlossen sich den Massen an und waren bemüht, zur Schaffung einer volksnahen Kultur beizutragen.

Die musikalische Einladung, «mit den Dichtern zu geh'n», signalisiert auch die enge Berührung von hoher Kunst und populärer Kultur. Natürlich sorgte in einer Stadt wie Berlin schon die bloße gegenseitige Nähe dafür, daß die Barrieren zwischen beiden – andernorts institutionalisiert – durchlässig wurden. Verbrachte man eine Zeitlang im Romanischen Café oder im Café des Westens, war man umgeben von Filmleuten, Nachtclubsängern und Dichtern. Die Straßen pulsierten im Jazzrhythmus, obwohl dieser amerikanische Import häufig zu einer Art hüpfender Wiener Salonmusik wurde. Der Einfluß neuer kultureller Formen konnte unbewußt vonstatten gehen. Walter Benjamin sah den Siegeszug der «Reklame, American-style» in einer subtilen, wortlosen Verführung: Hinterlistiger als die Botschaft in rotem Neon selbst war ihre Widerspiegelung auf dem feuchten Asphalt.

Populäre Kultur, das war auch die Sprache des Durchschnitts-Berliners und der Kriminellen und Prostituierten, die an den Cafés vorbeizogen. Im Humor der einfachen Leute zeigte sich die typische Berliner Verachtung jeglicher Autorität; auf einer Zeichnung Heinrich Zilles lehnt ein Landstreicher mittleren Alters an der Theke und rät den Kindern der Wirtin, die vor ihren Fibeln sitzen: «Kinder, lernt nischt, sonst müßt ihr arbeeten.» In solcherart anarchischem Trotz drückte sich auch die Einsicht in ökonomische Verhältnisse aus. Die arbeitende Bevölkerung Berlins war weltklug und gewitzt und sah sich als Träger einer Tradition, die noch vor den Französisch-Preußischen Krieg zurückreichte. Sie verwaltete ein Erbe von Sprüchen und Melodien, Signalen und Regeln und fand ihr Los in der Lyrik einer Ballade, einem Werbespruch oder einer witzigen Verknüpfung von Obszönitäten, genauso treffend wiedergegeben wie die gebildeteren Leute in einem Gedicht von Heine, einer Abhandlung von Schiller oder einem Monolog von Goethe. Berlins Künstler nahmen die vielfältigen Facetten der Umgangssprache auf und trachteten nach beidem, dem Widerhall großer Kunst und der erdverbundeneren Anziehungskraft populärer Kultur.

Dieses Eintauchen in die Kultur der Massen brachte den Künstlern noch einen anderen, persönlicheren Gewinn. Als Juden, Intellektuelle und Radikale waren sie oft Außenseiter, und die Erfahrung des Ausgeschlossenseins war ihnen von Kindheit an vertraut, seit sie, wie Rathenau sagt, gelernt hatten, daß Juden Bürger zweiter Klasse waren. Aber die populäre Kultur eröffnete ihnen einen unmittelbaren Zugang zu den Massen, zu einer Welt der Rhythmen und Visionen, die Menschen zu brüderlicher Seligkeit verschmelzen konnten. Da saß der Quälgeist deiner Kindheit neben dir, ihr beide geschüttelt von unbändigem Lachen über einen Chaplin-Film.

Dieser kulturelle Sprung hatte politische Implikationen. 1932 beklagte Ernst Bloch, daß die Linke die subjektiven Bedürfnisse der Massen ignoriert und das Reich von Traum und Phantasie den faschistischen Manipulatoren überlassen habe. Dieser Vorwurf traf viele Intellektuelle, nicht aber diejenigen, die sich der populären Kultur zugewandt hatten. Sie erkannten mit Marcel Proust, daß «das Volk immer dieselben Boten hat – schlechte Musiker». Die Möglichkeit politischer Einflußnahme lag auf der Hand; Erwin Piscator und Bertolt Brecht wußten, was sie taten, als sie begannen, Agitprop zu machen.

Ihr Interesse an allen Formen populärer Kultur war das vielleicht hervorragendste Merkmal der Berliner Intellektuellen. Es ist Beleg für das demokratische Anliegen einer Gruppe, die oft zu Unrecht als elitär beschrieben oder von konservativer Seite als eine Art früher radikaler Schickeria karikiert wurde. Diese Neugier, wenn auch nicht das Engagement, fand man nicht nur in Berlin. Zwar waren Persönlichkeiten wie Hannah Arendt und Theodor W. Adorno (letzterer in Frankfurt) während jener Jahre noch ausschließlich mit Kant und Hegel befaßt, aber beide wandten sich später im Exil intensiv der populären Kultur zu. Hannah Arendt erkannte in Charlie Chaplin die jüngste Inkarnation des Ewigen Juden, ausgestattet mit der vertrauten jüdischen Angst vor der Polizei, während Adorno die populäre Kultur als übler Streich erschien, den der Kapitalismus den Massen spielte. Die Berliner Intellektuellen näherten sich der Massenkultur mit sehr viel mehr Zuneigung und Humor, aber auch Hannah Arendt und Adorno erkannten, daß man die Botschaften des Volkes entziffern mußte. Sie hatten gute Lehrer. Selbst diese akademischen Wunderkinder konnten sich der allgegenwärtigen Massenkultur nicht völlig entziehen. Den nüchternen Adorno entzückten in den zwanziger Jahren Kurt Weills musikalische Experimente. Während die olympische Hannah Arendt für ihre Freunde «Pallas Athene» war, begab sich ihr erster Ehemann, Günther Anders, in die Niederungen der Straße; er war ein brillanter früher Kritiker von Filmen, Theaterstücken und populärer Musik.

Dringlich war dieses Eintauchen in die Massenkultur noch aus einem weiteren Grund. Schon 1920 erkannte Kurt Tucholsky, daß die politische Rechte das Drum und Dran und den schönen Schein der Massenkultur bereits für sich zu nutzen verstand. Lange vor Ernst Bloch befürchtete er, daß die Linke hier ihre ureigensten Interessen verkannte. Und in der Tat waren die Faschisten während der zwanziger Jahre bemüht, bestimmte Vorstellungsbilder – Images – zu manipulieren. Als Kenner der Medien kamen die Berliner Intellektuellen schnell dahinter, daß Image-Mache Teil eines politischen Kalküls geworden war. Tucholsky vermerkte das fortwährende Auftauchen militärischer Insignien und Titel, und das trotz des Zusammenbruchs der deutschen Armee. Gegen Ende des Jahrzehnts war sogar die Körperhaltung Markenzeichen rechter Politik – einen Nationalsozialisten erkannte man am typischen Gang.

Die Invasion von Medienereignissen konnte das Bewußtsein auch trüben. Ulrich, Robert Musils *Mann ohne Eigenschaften* (1930), hin- und hergerissen zwischen den Anforderungen von Kunst, Wissenschaft, Geschäft und Journalismus, fühlt sich seiner Identität beraubt. Er, ein Star der Wiener Gesellschaft, entdeckt seine Geistesverwandtschaft mit einer mannstollen Hausfrau und einem Massenmörder. Die Übersättigung mit Sprache – Flüchen, Versen, Parolen – hat aus dem Leben der Lumpencharaktere in Alfred Döblins *Berlin Alexanderplatz* (1929) ein Chaos gemacht. Nur diejenigen, die von der populären Kultur gefesselt waren, konnten auch ihrem hinterhältigen Reiz auf die Schliche kommen. Der leichte Schwung eines Militärmarsches, das sexuelle Blendwerk von Uniformen, der evangelistische Eifer eines Demagogen – die Berliner erkannten die Gefahren, weil sie selbst dafür empfänglich waren. Noch Jahrzehnte später beschäftigten sich Emigranten dieser Generation mit den politischen Implikationen durch Medien vermittelter Vorstellungsbilder.

Obwohl die Rechten im Kampf um die kulturelle Vorherrschaft schließlich obsiegten, waren es die linken deutschen Künstler, die in ihrem Bestreben, das Bewußtsein der Massen durch ihre Kunst zu verändern, die zwanziger Jahre zu einer überaus lebendigen Zeit machten. Den Architekten lag das äußere Erscheinungsbild von Häusern und Gebäuden genauso am Herzen wie die Art des sozialen Miteinander in diesen Bauten. Mit ihrer schwerfälligen 19. Jahrhundert-Architektur waren Städte wie Berlin reizlose, anachronistische Monumente von Ausbeutung und Unbehagen. Als Alternative dazu entwarf eine Gruppe junger Künstler aus dem Umkreis des ‹Bauhaus› Gemeinwesen, die mit keiner der damaligen deutschen Städte mehr Ähnlichkeit hatten. Sie verzichteten auf Kitsch und feierliche Würde, redeten aber nicht nur einem nackten Funktionalismus das Wort, sondern suchten auch nach neuen Wegen, menschliches Wirken zu integrieren. Viele führende Köpfe des Bauhaus standen ursprünglich der Linken nahe: Ludwig Mies van der Rohe entwarf ein Denkmal für Rosa Luxemburg und Karl Liebknecht, Walter Gropius arbeitete mit dem Theaterleiter Erwin Piscator zusammen. Indem sie jegliches Lokalkolorit vermieden, kündeten sie in der Sprache der Architektur von der alten sozialistischen Hoffnung einer wahrhaft nicht-nationalistischen Kultur (der Zusammenhang mit dem «internationalen Stil», der sie später auszeichnete, ist nur ein indirekter). Historische Architektur, Architekturgeschichte interessierte sie nicht, und damit verweigerten sie sich auch dem deutschen politischen Erbe. (Gleichwohl erkannte Mies in Berlins Altem Museum, von Karl Friedrich Schinkel erbaut, einen eleganten, funktionalen Vorläufer seines eigenen schmucklosen Baustils.)

Die jungen Schriftsteller waren unzufrieden mit den traditionellen Forderungen nach ästhetischer Distanz und moralischer Belehrung. Ihre Versuche galten einem freieren, flexibleren Prosastil. Die Berliner unter ihnen bedienten sich des respektlosen Witzes der Stadt, um ihre kulturelle Bürde abzuwerfen. Die Berliner Sensibilität spiegelte sich in den schwierigen Exegesen eines Walter Benjamin genauso wie in den Kabarett-Gedichten eines Walter Mehring und der Arbeiterliteratur eines Alfred Döblin. Der hervorragendste Praktiker unter ihnen war Brecht, der sich seinen Quellen so unbekümmert und freudig bediente, daß er den Vorwurf des Plagiats fast begrüßte. Aber eine ähnliche Haltung fand man auch außerhalb Berlins, bei dem Mann, den Brecht zu seinem Lieblingsfeind erkoren hatte, dem Kaiser der deutschen Literatur – bei Thomas Mann. Bereits Anfang der zwanziger Jahre hatte er in seinen Arbeiten damit begonnen, jegliche Form verbaler Autorität unbarmherzig zu verspotten.

Auf der Suche nach neuen Vorbildern blickten die Künstler nach Amerika, dem Mutterland alles Neuen. Seit den visionären Gedichten Walt Whitmans und Karl Mays Wildwest-Romanen, der Lieblingslektüre so ungleicher Leser wie Einstein und Hitler, beschäftigte der Mythos Amerika die deutschen Träume. (Wenn Hitler während des Zweiten Weltkriegs von seinen sowjetischen Feinden als «den Indianern» sprach, stand dahinter das Weltbild amerikanischer Western mit ihrem militanten Rassismus.) Jetzt wurde Amerika auch zur Quelle politischer Unterweisung. Viele junge Intellektuelle radikalisierte die Lektüre von Upton Sinclairs *Der Sumpf*. In schrecklichem Gegensatz dazu bezog Hitler antisemitische Lehren aus Henry Fords *Der internationale Jude*, was um so ironischer war, als der *Fordismus* in den zwanziger Jahren zum Synonym für effiziente Technologie, für einen völlig neuen Zugang zu Sprache und Architektur wurde.

In den späten Zwanzigern brach – in der gemäßigten Version von Paul Whitemans Orchester – der amerikanische Jazz über Deutschland herein und bewirkte eine ähnliche Explosion wie später der Rock 'n' Roll. (Whitemans Förderer war ein Publizist namens Billy Wilder.) Hollywood-Filme vermittelten ein reizvolles, wenn auch schiefes Bild von Amerika. Charlie Chaplin, der plattfüßige Tramp, dem es gelang, Kapitalisten zu überlisten, wurde zur Symbolfigur. Die Filme bereiteten die zukünftigen Emigranten auf ihr Exil vor. 1980, fast fünfzig Jahre nach ihrer Emigration, wurde Lotte Lenya nach ihren ersten Eindrücken von New York gefragt. «Aber wir hatten keine ersten Eindrücke», antwortete sie, «wir hatten doch alle die Filme von Joseph von Sternberg und Erich von Stroheim gesehen.» Zufällig waren beide Regisseure Deutsch-Amerikaner, was das Bild, das die Flüchtlinge aus den Filmen bezogen, noch verwickelter machte.

Während der zwanziger Jahre gesellten sich Salka und Berthold Viertel zu den anderen deutschen Filmemachern in Hollywood. Zwei von ihnen – Ernst Lubitsch und F.S.Murnau – nahmen mit ihrer Karriere die späteren Erfahrungen von Emigranten-Regisseuren vorweg. Lubitsch war, als Meister historischer Dramen, 1923 nach Amerika gekommen. Dort drehte er, angeregt durch Charlie Chaplins *A Woman of Paris* (ein Österreicher, bekehrt durch eine anglo-amerikanische Hollywood-Version von Frankreich!), eine Reihe leichter Komödien. Der «Lubitsch touch» wurde zum Synonym einer beiläufigen, kosmopolitischen Qualität, aus der die Abgeklärtheit, die Blasiertheit und der Zynismus der Alten Welt sprachen. F.S.Murnau versuchte etwas ganz anderes. Er kombinierte seine kontinentale meisterliche Beherrschung visueller Effekte und psychologischer Charakterzeichnung mit einem spezifisch amerikanischen Hintergrund. In *Sunrise* und *City Girl* unternahm er es, zwei Seiten eines vertrauten amerikanischen Mythos zu beleuchten – das ländliche Amerika in seiner Idylle, aber auch in seinem Provinzialismus, in seiner Unschuld, aber auch als Vorhut der Bigotterie –, während er den Prinzipien filmischer Komposition, die er in Berlin entwickelt hatte, treu blieb.

Solche Filme vermittelten den Berlinern ein neues mythisches Bild: das eines Amerika als Konglomerat so disparater Elemente wie Comic strips, Filmen und vulgär-marxistischer Dogmen. So besaß Brecht die Vorstellung von Amerika als Apotheose des Spätkapitalismus (ebenso schrieb Brecht Loblieder auf amerikanische Tatkraft). Die Vision war kohärent, wenn auch steril: Brechts 1920 geschriebenes Stück *Die heilige Johanna der Schlachthöfe* spielt zwar in Chicago, aber es könnte auch jeder andere Ort auf der Welt sein, wo das Versagen des klassischen Liberalismus vorgeführt wird. In seinem Berliner Film *Kuhle Wampe* (1932) sieht Brecht den Zusammenbruch des Kapitalismus ebenfalls als internationales Phänomen und symbolisiert das an amerikanischen Arbeitern: Ein arbeitsloser Mann beobachtet, daß die Arbeitslosen in Amerika zu Fuß gehen müssen, weil sie alle ihre Autos verloren haben. Und im selben Jahr komponierten Brecht und Hanns Eisler die «Ballade vom schwarzen Jim», das Lied eines unterdrückten Schwarzen in den Untergrundbahnen von «Mänhättän»; dieser sich wiederholende Refrain faßt amerikanische Bigotterie in die Rhythmen und übernimmt Versmaße des Berliner Kabaretts. Dieses Amerika-Bild war genauso pessimistisch wie bereits 1910 das von Sigmund Freud, der das ganze

Land einen «Fehler», ein «Antiparadies» nannte und befürchtete, es werde die Psychoanalyse umarmen und in ihrem Kern zerstören.

So wie Brecht die Aussicht auf die amerikanische Kultur oder zumindest auf ihre Artefakte durchaus verlockend fand, wie seine Huldigung an Lindberghs Ozeanflug zeigt, ließen auch andere Berliner aus ihren ironischen Visionen dieses Landes eine Spur Hoffnung schimmern. 1932 schreiben Kurt Tucholsky und Walter Hasenclever die Komödie *Christoph Kolumbus oder die Entdeckung Amerikas*, die damit endet, daß Bilder vom Times Square und vom Broadway aufleuchten, während Christoph Kolumbus, begleitet von Jazzklängen, die Zeile vorwegnimmt: «Kommet her zu mir alle, die ihr mühselig und beladen seid!» und in ekstatischer Verzückung ruft: «Hier ist das Paradies der Welt –». Für Schriftsteller wie Tucholsky und Hasenclever war der amerikanische Traum zu einer Mischung aus Technologie, populärer Musik und politischer Theorie geronnen. Und sie sollten es nie besser wissen; beide Männer nahmen sich im Exil das Leben, der eine in Schweden, der andere in einem französischen Kriegsgefangenenlager.

Die Idee von Amerika als einem technischen Wunderland sprach besonders die Vertreter der sogenannten *Neuen Sachlichkeit* an. Zu ihnen gehörten die Bauhaus-Künstler, Brecht, Piscator, George Grosz, Igor Strawinsky, Paul Hindemith – alles Künstler, die schließlich in die Vereinigten Staaten übersiedeln sollten. Diese Männer glaubten, daß ein klarsichtiges, pragmatisches Herangehen an die Realität dem wirklichkeitsverkennenden, idealistischen Denken bei weitem vorzuziehen sei. Ihre Aufmerksamkeit galt dem Nützlichen, Praktischen, Eindeutigen. So kann man die deutsche Vernarrtheit in den *Fordismus* durchaus in Verbindung bringen mit der Weigerung der Bauhaus-Schule, Geschichte zu lehren, oder auch mit Brechts Konzept der körperlichen Geste, das stark von den Experimenten des amerikanischen Behaviorismus beeinflußt war. Die Verfechter solchen Denkens waren gewöhnlich fortschrittliche Menschen, davon überzeugt, daß die neue Objektivität alles Trennende, das Ideologien innewohnt, aufheben würde.

Seltsamerweise vergaßen sie dabei für einen Augenblick, was das Studium der Massenmedien in Deutschland schon längst bestätigt hatte: daß Politik sich auch in scheinbar neutralste Zusammenhänge einzuschleichen weiß. Doch sie erkannten die Gefahren des technologischen Fortschritts, und sie versuchten, ihn zum Vorteil der Werktätigen zu nutzen. Viele beschlossen, sich des kapitalistischen Werkzeugs der Reklame für ihre Zwecke zu bedienen. Der kommunistische Künstler John Heartfield entwickelte einen Stil der Fotomontage, der Surrealismus und Satire, Agitprop und Avantgarde miteinander verschmolz. George Grosz vereinigte auf einer Illustration die Mythen von Religion und Militarismus: Er stattete den gekreuzigten Christus mit Gasmaske und Soldatenstiefeln aus. Nach der Ermordung Walther Rathenaus 1922 – seine antisemitischen Feinde hatten es endlich doch geschafft, ihn zu vernichten – entwarfen Heartfield und Grosz ein spektakuläres rotes Banner mit der Aufschrift «Hoch die rote Republik». Demonstrierende Arbeiter hielten das Banner empor, setzten Wahrheit gegen Macht mit den visuellen Ausdrucksmitteln der Macht, wie um den Reklamewänden und Schaufensterauslagen mit ihrer schon vergleichsweise modernen Typographie Hohn zu sprechen. Heartfields Ziel sei es gewesen, so der Schriftsteller Günther Anders, die unsichtbaren Beziehungen der Macht sichtbar zu machen. Die Technik der Fotomontage erlaubte es ihm, die Koordinaten lebendig, dialektisch und unterhaltsam ins Bild zu setzen (wie 1932 auf einer Fotomontage für die kommunistische *Arbeiter-Illustrierte Zeitung,* auf der Hitler erklärt, «Millionen stehen hinter uns» und sich dabei selbst überführt: Hinter ihm fließt der Geldstrom gesichtsloser Plutokraten. Auf diese Weise erhielt die Taktik, die Benjamin «Reklame, American-style» nannte, einen neuen ideologischen Gehalt.

Mehr als jede andere europäische Stadt stellte Berlin ein Klima bereit, in dem junge Intellektuelle Kunst und Technologie zu Werkzeugen der Revolution entwickeln konnten. Vielleicht lag das daran, daß in Berlin die Mäzene oft die politische Überzeugung ihrer Schützlinge teilten. Bei Wilfrid Israel zum Beispiel werden die Künstler kaum je auf Ablehnung gestoßen sein. Dessen Familie besaß ein großes Warenhaus, Berlins Antwort auf Altman & Co. Israel war Amateur-Bildhauer, Kunstmäzen, Gastgeber von Caruso und Einstein. Fremde wie Christopher Isherwood fanden, ihn umgebe das Flair eines entwurzelten orientalischen Prinzen. Aber er war nicht nur Kunstliebhaber. Während einer Zeit, als der Traum von Palästina noch ein sozialistischer war, arbeitete er aktiv für den Zionismus. Nach Hitlers Machtergreifung sorgte er dafür, daß alle seine jüdischen Angestellten sicher in die Emigration gelangten. Als Direktor von Youth Aliyah überwachte er den erfolgreichen Transport von Tausenden jüdischer Kinder nach Großbritannien. Anschließend ging auch er nach England und starb 1943, als das Flugzeug, mit dem er aus Portugal kam, von den Nazis abgeschossen wurde; in Portugal war er, um die Einwanderung weiterer jüdischer Kinder nach Palästina zu organisieren. Viele Freunde glauben, das eigentliche Ziel sei nicht das Flugzeug, sondern Israel gewesen. In Wilfrid Israel hatten die linken Künstler von Berlin einen Mäzen, der ihre Überzeugungen, ihre Neigungen und schließlich auch ihr Schicksal teilte.

Trotz allem, was sie zu Deutschland beitrugen – gegen Ende der dreißiger Jahre hatten sie das Land verlassen, die meisten in Richtung Amerika. Viele dieser Künstler waren, als Juden oder Linke, mit dem Gefühl großgeworden, Fremde im eigenen Land zu sein, aber sie hatten gelernt, sich als Avantgarde eines internationalistischen Geistes zu sehen. Paradoxerweise fühlten sie sich mehr zu Hause und mehr zugehörig, je kritischer ihre Haltung all den Traditionen gegenüber wurde, die früher dazu gedient hatten, sie auszuschließen. Aber das Paradox fand eine schnelle Lösung: Deutschland verstieß sie als heimatlose Internationalisten, als Feinde des Vaterlands. Die Menschen, die die feinfühligsten Beobachter und Erforscher, ganz selten auch die Architekten von Veränderung waren, wurden nun ihre Opfer.

Sie alle verließen Deutschland, aber die Besten unter ihnen nahmen auch den Geist jener Cafés mit sich – das soziale Engagement, die gepflegte Ironie, den gesunden Menschenverstand. Ihre zunehmend isolierte Stellung zwischen preußischen Philistern und Nazi-Sympathisanten hatte den einen Vorteil, daß sie gezwungen waren, sich zusammenzutun. Es war eine eigene kleine Welt, in der jeder jeden kannte. Diese Gruppen überdauerten auch im Exil. Diese konzentrischen Zirkel, die sich in den

Berliner Cafés versammelten – oder in Frankfurt um Adorno und Horkheimer, oder in München um die Kinder von Thomas Mann – übersiedelten fast geschlossen nach Amerika. Selbst die Unabhängigsten unter den Flüchtlingen lebten in dem Bewußtsein, immer ein Auditorium von Gleichen zu haben, mit denen sie ein Vermächtnis teilten, das in Berlin so glanzvolle Wirklichkeit gewesen war.

Indem sie daran festhielten, daß das, wonach sie strebten und woran sie glaubten, mehr war als eine persönliche Laune, bewahrten sich die Flüchtlinge eine gewisse Hoffnung auch in hoffnungslosen Zeiten. Brecht benutzte das Wort «Hoffnung» zwar mit einiger Ironie, dennoch gab er sie – im Gefühl gemeinsamer Verpflichtung und Sorge – nicht auf. Im Exil wurden die Phantasten Amerikas zu seinen scharfen und kundigen Beobachtern. Das Exil verlangte von ihnen genau dieselbe wache Aufmerksamkeit für Kultur und Politik, die sie bereits zu Hause als die letzten und besten Erben deutscher humanistischer Tradition gepflegt hatten. Walter Benjamin, der Amerika nie erreicht hat, befürchtete, man würde ihn bei seiner Ankunft durch die Straßen fahren, zur Schau stellen wie eine Rarität – den letzten Europäer. Was er nicht vorhersah, war, daß die Straßen voll sein würden mit Schicksalsgefährten, die sich fragten, ob sie überlebte Gestalten oder Herolde eines internationalistischen Traums waren, dessen Verwirklichung nur für den Augenblick vereitelt war.

Unterwegs

«Als ich endlich meine Visapapiere ausfüllte», erinnert sich ein Schriftsteller, «hätte ich hinter jede Zeile ein Ausrufezeichen oder ein ‹sic› setzen können.» Nichts war im Exil von Bestand; Nationalität, Adresse, Beruf, ja sogar der Name konnten sich sehr schnell ändern. Was blieb, war einzig die politische Identität. Adolf Hitler – und es mutet wie eine ironische Bestätigung jenes Postulats der zwanziger Jahre an, daß jegliches Handeln von Politik durchdrungen sei – erklärte Künstler und Intellektuelle zu politisch Rechtlosen, wie um ihre frühen Wahrnehmungen von sich selbst als Außenseiter und Bürger zweiter Klasse erneut zu bestätigen.

Im Frühjahr 1933 empörte Hitler die Welt, indem er die Titanen deutscher Gelehrsamkeit – zumeist Juden – aus ihren Stellungen entließ. Am 10. Mai 1933 fand jene schändliche Bücherverbrennung statt, betroffen waren sowohl jüdische, linke als auch bürgerliche Autoren. Vom 10. Oktober an galt es als Hochverrat, Bücher dieser Autoren käuflich zu erwerben.

Es muß betont werden, daß Hitlers erste Opfer Radikale und Intellektuelle waren. Viele von ihnen – über 80 Prozent der dreißigtausend Linken, die zwischen 1933 und 1939 das Land verlassen mußten – waren zwar auch Juden, aber die ungeheuerliche Behandlung der Juden als Juden lag noch in der Zukunft. Die Nürnberger Gesetze beraubten alle Juden ihrer Staatsbürgerschaft und ihrer Bürgerrechte, aber erst seit 1938, nachdem ein deutscher Konsulatsangehöriger in Paris von einem wahnsinnigen Juden ermordet worden war und nach dem anschließenden Wüten der Kristallnacht (in deren Verlauf unter anderem das Warenhaus von Wilfrid Israel verwüstet wurde), schwebte jeder Jude auch in Lebensgefahr. Von nun an genügte es, Jude oder Halbjude oder auch nur entfernte jüdische Verwandtschaft zu haben, um vernichtet zu werden. Aber zwischen 1933 und 1938 konnte ein Jude durchaus noch in Deutschland leben. Im nachhinein mag es so scheinen, als seien Juden, die blieben, naiv oder blind gewesen. Sicher war ihr Leben nach Hitlers Machtergreifung nicht angenehm. Aber viele – namentlich die apolitischen oder politisch gemäßigten Juden – hatten einfach das Gefühl, nicht Hitlers Hauptfeinde zu sein. Andere waren überzeugt, daß Hitler sich mäßigen würde, einige teilten auch seinen Widerwillen gegen Marxisten. Es war nicht das erste Mal, daß konservative Juden sich von ihren radikaleren Brüdern und Schwestern lossagten, um sich den Forderungen von Geschichte und Politik zu entziehen.

Weil sich die politische Wirklichkeit von Hitler-Deutschland zunächst auf den Seiten seines Buches *(Mein Kampf)* angedeutet fand, war zu erwarten, daß Hitlers erste Feinde der literarischen Welt entstammen würden. «Wir alle kannten Hitler, denn wir hatten sein Buch gelesen», hörte man immer wieder Schriftsteller im Exil sagen. Viele waren angewidert von seinem barbarischen Sprachgebrauch. Bereits 1933 hatte Günther Anders ein wenig beachtetes Seminar über *Mein Kampf* abgehalten. Selten war genaue Lektüre von so politischer Dringlichkeit. Anders war überzeugt, daß alle Juden, die – politisch weitsichtig oder nicht – Deutschland verließen, politische Flüchtlinge waren, da sich Hitler der Juden mit der politischen Absicht bediente, jegliches Klassenbewußtsein auszulöschen. Indem er aus Juden Volksfeinde machte, verhinderte er Klassenkampf und Solidarität. So wurden gleichsam aus Versehen auch diejenigen Juden politisch, die Politik verabscheuten oder mit Hitlers ökonomischen Ansichten übereinstimmten. Aber dieses Wissen herauszuarbeiten, blieb zunächst einmal den Intellektuellen überlassen, die von Berufs wegen oder aus innerer Verpflichtung gelernt hatten, wie man so ein Buch liest. Sie, die ihn am schnellsten durchschauten, waren seine ersten Feinde.

Wie von Kurt Tucholsky prophezeit, hatte die Rechte die Orchestrierung der Vorurteils- und Symbolwelt übernommen. Mit solchen Aktionen wie der Bücherverbrennung und der Entlassung von Akademikern war es frühzeitig gelungen, unabhängiges Denken und unabhängige Wissenschaft zu kriminalisieren. Sie hatten noch ein anderes, vielleicht überraschendes Resultat. Obwohl die Flüchtlinge durchweg sehr gebildet waren, konnten kaum 10 Prozent von ihnen als berufsmäßige Intellektuelle gelten. Doch weil die erste große Gruppe von Emigranten überwiegend aus Universitätsprofessoren bestand und Hitler betonte, daß der Feind links stehe, hielt man alle Flüchtlinge für radikale Intellektuelle. Wieder einmal wurde das Image-Spiel gespielt: In den dreißiger Jahren stellte man sich in den Vereinigten Staaten den typischen Flüchtling als Schriftsteller oder Wissenschaftler vor, und nicht mehr, wie in früheren Einwanderungszeiten, als Bauer oder Arbeiter.

Unter ihnen waren untadelige Arier – glühende Patrioten, die nicht ertrugen, was Hitler ihrem Land antat –, aber im Grunde war es eine jüdische Emigration, mit der die Geschichte der Juden in Deutschland einen unseligen Höhepunkt erreichte. Anders als jüdische Emigranten früherer Zeiten – die deutschen von 1848 und die osteuropäischen von 1896 – waren die Exilanten des Hitlerregimes eine weitgehend assimilierte Gruppe. Viele von ihnen hatten ihre ethnische Identität so weit hinter sich gelassen, daß sie die Einschätzung Nietzsches von den Juden als dem einzigen wahrhaft europäischen Volk begrüßten. Die deutsche jüdische Kultur war jüdischer, als viele von ihnen wahrhaben wollten; und es war die besondere jüdische Qualität, die half, diese Kultur so stark und empfindsam zu machen, ohne daß sie sich allerdings durch übermäßige Frömmigkeit oder Zurschaustellung ethnischer Eigenart besonders bemerkbar gemacht hätte. Aber letztlich gingen sie doch als Juden, als sie Deutschland verließen.

Wieder einmal erhält rückblickend der Mißbrauch von Bildern – Images –, die man der Öffentlichkeit vermittelte, eine politische Dimension. Die deutschen Juden waren nicht sehr zahlreich – 1933 waren es nur fünfhunderttausend von insgesamt 66 Millionen Deutschen, ein Drittel von ihnen lebte in Berlin. Die Juden waren aus vielen Bereichen des Lebens nicht wegzudenken, und das – mit den Zeitungen, die sie besaßen und herausgaben, und den Filmen, die sie schrieben und produzierten – ganz besonders in den Medien. Der Jude war eine Person der Öffentlichkeit – und in Hannah Arendts Augen allzu häufig auch auf öffentliche Wirkung bedacht; die verwirrende und in hohem Maße artifizielle Welt von Presse und kommerzialisierter populärer Kultur war dazu angetan, zu sichtbarer Prominenz und relativem Reichtum zu führen. Aber der Jude hatte keine wirkliche politische Macht. Zwischen 1919 und 1933 waren nur fünf der zweihundert Reichstagsabgeordneten Juden, noch dazu über verschiedene Parteien. Was die Leute verführte, anders über sie zu denken, war nur das Bild, das man von ihnen hatte, ein Image, an dessen Entstehen sie selber nicht unschuldig waren.

Die Klügsten unter ihnen sahen sich als Juden – das zu leugnen wäre «idiotisch» gewesen – und zugleich auch als Internationalisten und waren im übrigen nicht willens, sich einem Schubladendenken zu unterwerfen. Doch Hitlers Hetzkampagne reduzierte diese erklärten Internationalisten auf den Status einer Volksgruppe. Das Eintreten für die Sache des Internationalismus wurde zur subversiven Tätigkeit; für viele Konservative war «international» gleichbedeutend mit «revolutionär» und einzig als Beiwort zu «Kommunist» zu denken. Da die Mehrheit sich für die wahren Überzeugungen der Flüchtlinge nicht weiter interessierte, wurden die früheren Meister der Öffentlichkeitsarbeit zu Unsichtbaren.

Dreihunderttausend Juden verließen Deutschland, 132000 von ihnen kamen in die Vereinigten Staaten, 85000 gingen nach Lateinamerika und 78000 nach Großbritannien. Gleichwohl sollten sie die einflußreichste Flüchtlingsgruppe in der amerikanischen Geschichte werden. Der Art der jüdischen Gesellschaft in Deutschland war es zuzuschreiben, daß diese Flüchtlinge für das urbane Leben besser gerüstet waren als frühere Gruppen. Weil die US-Regierung von ihnen den Nachweis finanzieller Solvenz verlangte, waren sie im allgemeinen auch reicher und folglich gebildeter. Und eben wegen der besonderen Natur der deutsch-jüdischen Lebensart war das Niveau ihrer intellektuellen Weltläufigkeit höher, als ihre bloße Anzahl erwarten lassen würde. In Europa zeigte die Anrede «Herr Professor» einen sehr gehobenen Status an.

Nach amerikanischen Maßstäben zählten sehr viel mehr Flüchtlinge zu den Intellektuellen. Vladimir Nabokov bemerkte einmal, daß der russischen Intelligenz neben Künstlern und Schriftstellern auch Ärzte, Rechtsanwälte, Geschäftsleute und Wissenschaftler angehörten, sie alle geeint im «wahren Geist internationaler Verantwortlichkeit». Nicht weniger ist auch über diejenigen zu sagen, die aus Deutschland flohen und in die Vereinigten Staaten kamen.

Während der zwanziger Jahre mögen sich manche Avantgardisten Berlins oder Wiens überheblich im Besitz einer Fahrkarte in die Zukunft gewähnt haben. Im Exil nahmen sie das gehetzte Aussehen von Menschen an, die alles für eine ganz reale Fahrkarte in die Sicherheit geben würden. Gejagt von Ort zu Ort, «die Nationalität fast so oft wechselnd wie die Schuhe», wurden sie Experten im Erfinden von Ausflüchten und Kniffen. Aus gesetzestreuen Bürgern wurden durchtriebene *outlaws*, die Valuta, Besitz und Menschen über die Grenzen schmuggelten. Aus wohlanständigen Mitgliedern der Gemeinschaft wurden Menschen auf der Flucht, nachdem eben diese Gemeinschaft sie ausgestoßen hatte.

Einige der kühnsten Fluchtunternehmungen gelangen Männern, die mit dem Erfinden von Melodramen Karriere machten. Fritz Lang, der Regisseur von *M* und *Dr. Mabuse,* beeindruckte die Nazis derart, daß Goebbels ihn zum Bevollmächtigten der gesamten deutschen Filmindustrie machen wollte. Lang bedankte sich, eilte nach Hause, packte ein paar Sachen und verließ das Land. Detlef Sierck (Douglas Sirk) blieb einige Jahre länger in Deutschland. Als er sich dann doch entschloß zu gehen, war er gerade zu Filmaufnahmen in Italien. Um Zeit zu gewinnen, stellte er sich krank. Dank einer heißen Wärmflasche, die ihm eine besorgte Nonne ins Bett schob, konnte er hohes Fieber simulieren und so seine Nazi-Bewacher an der Nase herumführen. Walter Mehring, der Berliner Kabarett-Dichter, narrte die Nazis ein erstes Mal, indem er seine Identität verleugnete. Später, in einem Lager, beschloß er, den linken Weg zu nehmen, während seine Mitgefangenen nach rechts marschierten, und rettete sich so ein weiteres Mal. Der Berliner Romanschriftsteller Leonhard Frank überwand den Stacheldrahtzaun seines Lagers. Das Schicksal holte auch diejenigen ein, die mit Kunst sonst nicht sehr viel zu tun hatten. Albert Einstein zum Beispiel war zur besonderen Zielscheibe des antisemitischen Terrors in Deutschland geworden. Die Ermordung Walther Rathenaus und die Drohung, daß er der nächste auf der Liste sei, veranlaßten ihn – zehn Jahre, bevor Hitler ihn endgültig ins Exil zwang – zu seiner ersten Reise in die Vereinigten Staaten.

Ungleich Einstein und anderen Wissenschaftlern zog es die Mehrzahl der Emigranten nach 1933 nicht sofort nach Amerika. Die Künstler und Intellektuellen gingen, wie Wieland Herzfelde sich erinnert, davon aus, daß «wir nicht emigrierten..., wir würden zurückkehren», und blieben in Europa. Es war keine sehr große Gruppe. 1935 gab es in Westeuropa etwa vierzigtausend Flüchtlinge, aber nicht alle waren sie Deutsche. Sie zogen Frankreich, Österreich, Holland oder die Sowjetunion Amerika vor; Sprache und Kultur waren ihnen vertraut, und allerorten trafen sie auf Gleichgesinnte. Amerika hielten sie für eine Festung der Reaktion, verkörpert in Wall Street und Ku Klux Klan. Die europäischen Länder waren nicht etwa besonders gastfreundlich; ihre Konservativen teilten Hitlers Abneigung gegen Juden und Marxisten; die Arbeiter waren verärgert, weil sie in den Emigranten Konkurrenten um die wenigen offenen Stellen sahen. (In Deutschland ging der Angriff auf die Universitätslehrer unter anderem darum so reibungslos vonstatten, weil viele arbeitslose Wissenschaftler bereitstanden, um auf die freigewordenen Stellen nachzurücken.) Armut begleitete die Exilanten immer und überall. Eine Frau erinnert sich: «Man kann den Menschen, die in Deutschland blieben, keinen Vorwurf machen. Ich habe die Zeichen der Zeit sehr früh erkannt. 1933 verließ ich Berlin und ging nach Paris. Ich war jung und mir für keine Arbeit zu schade. Aber es war einfach unmöglich, an eine französische Arbeitserlaubnis zu kommen, und so mußte ich zurückgehen. Ich kam mir sehr dumm vor, als ich zu Hause vor der Tür stand und meine Mutter grinste: ‹Was habe ich dir gesagt?›»

In den Ländern, in die sie gingen, fanden die Flüchtlinge für ihre besonderen Fähigkeiten und Kenntnisse keinen Markt. So wurden Rechtsanwälte zu Hausdienern, Journalisten zu Flickschneidern und Chemikerinnen zu Kindermädchen. Sogar die Filmemacher hatten Schwierigkeiten, Arbeit zu finden. Aber das wirkliche Drama der *apatrides*, wie die Franzosen Menschen ohne Vaterland nennen, lag darin, daß sie auf Gedeih und Verderb Gastgebern ausgeliefert waren, die keinerlei gesetzliche oder politische Verantwortung für sie hatten. Sie waren, um mit Günther Anders zu sprechen, politische Menschen ohne politischen Status. Die Schweiz, gleichsam logischer Zufluchtsort, machte für jüdische Flüchtlinge in den späten dreißiger Jahren ihre Grenzen zu. Zehntausend Juden wurden von der eidgenössischen Polizei zur Umkehr gezwungen, weil ihre Verfolgung angeblich nicht politischer Natur war. Ohne nationale Heimat und also auch ohne den Schutz des internationalen Rechts waren sie einmal mehr Treibgut geworden, der alte Mythos vom Ewigen Juden war wieder zum Leben erwacht.

Das Exil hatte sie all ihrer Habe beraubt. Ein Flüchtling sei ein importierter Exporteur, ein Mensch, der alles verloren habe außer seinem Akzent, lautete ein Standardwitz. Obwohl Bruno Bettelheim den deutschen Juden vorhielt, sich an ihren Besitz zu klammern, waren doch viele mehr als bereit, sich alles Überflüssigen zu entledigen. Was sie nicht hatten, konnten sie nicht verlieren, dafür gewannen sie an Mobilität. Manche lehnten Besitz auch aus moralischen Erwägungen ab: «Eigentum korrumpiert», sagte Anni Albers, die Witwe des Malers Josef Albers. Aber für andere war es einfach eine Sache des gesunden Menschenverstandes, oder wie Brecht schrieb: «Des Flüchtlings dritte Regel: Habe nichts!» Nicht, daß es Brecht und allen anderen Emigranten nicht schwergefallen wäre, liebgewordene Dinge zurückzulassen. Einziges tragbares Besitztum des Exilanten war seine Erinnerung. «Die ganze Heimat und das bißchen Vaterland», singt Walter Mehring in seinem Emigrantenchoral, «die trägt der Emigrant von Mensch zu Mensch – landauf landab. Und wenn sein Lebensvisum abläuft, mit ins Grab.» Zur vertrauten Metapher vom Leben als einer Reise gesellte sich ein neues Bild: das Visum, dessen Ablaufen den Tod bedeuten konnte.

Brecht, Meister in der Kunst, aus nichts etwas zu machen, schrieb: «Frühzeitig schon lernte ich rasch alles wechseln… Gewöhn dir das Zupacken im Vorbeigehn an.»

Dieses Bewußtsein des nicht Dauernden verlieh den Dingen einen besonderen, zerbrechlichen Reiz. Wie zum Tode Verurteilte konnten die Flüchtlinge ein gutes Essen, einen Sonnenuntergang, eine Liebesnacht aus ganzer Seele genießen. «Es war nicht immer schrecklich», erinnert sich eine Kollegin von Brecht, «wir waren jung und abenteuerlustig und revolutionär; manchmal hat es sogar Spaß gemacht.» Allmählich bildeten sich, zunächst in Prag und in Wien, nach 1938 dann in Paris Emigrantenzirkel mit einem eigenen Netz von Zeitungen, Konzerten und Theateraufführungen.

Obwohl die meisten von ihnen Juden waren (und zahllose Juden sollten sich später im Exil noch zu ihnen gesellen), war das Selbstverständnis der Emigrantenkolonien zwischen 1933 und 1938 ein vorrangig politisches oder künstlerisches. Viele, so der Halbjude Klaus Mann, nannten es kurzsichtig und naiv, ihr Schicksal als ausschließlich jüdisches zu sehen.

In ihrem politischen Bekenntnis unterschieden sich die Flüchtlinge, ganz besonders die Intellektuellen unter ihnen, erheblich. In Deutschland beklagte Kurt Tucholsky das Auseinanderbrechen der intellektuellen Linken, ihren unhöflichen und unfreundschaftlichen Umgang miteinander. Und bis in die Jahre der Emigration blieben die verschiedenen Gruppen und Grüppchen bitterlich zerstritten. Wenn sie es schafften, sich über die Tatsachen zu verständigen, entzweiten sie sich über deren Interpretation. Zwar war Hitler der gemeinsame Feind, aber ob er nun eine einmalige Verkörperung sozialen Übels oder den Höhepunkt eines dekadenten Kapitalismus repräsentierte, war Stoff genug, um die Cafénächte in Prag, Wien und Paris mit wütenden Diskussionen zu füllen. Desgleichen beschuldigten sich Sozialisten und Kommunisten gegenseitig, das Zustandekommen einer Links-Koalition vereitelt zu haben, die einzig Hitlers Machtergreifung hätte verhindern können.

Sie hatten überall Feinde und wenig Freunde. Der Schweizer Polizeidirektor schlug vor, ein großes, rotes «J» in jüdische Pässe zu stempeln. Wie aus den antisemitischen Schriften Henry Fords konnte Hitler auch aus dem europäischen Ausland Argumente für seine Judenverfolgung beziehen. Dem Autorenverband der Schweiz war Brüderlichkeit unter Schriftstellern offensichtlich kein Begriff, denn man agitierte gegen die ausländische Konkurrenz. In Frankreich predigten politische Parteien und Journale offenen Antisemitismus; ein konservativer Slogan lautete: «Besser Hitler als Blum». Der begabte, aber zum Größenwahn neigende Louis-Ferdinand Céline wurde vom Kreis um André Gide als exemplarischer Geist gefeiert; Célines zotige Bemerkungen über die Juden waren Kitzel und Abwechslung innerhalb der allgemeinen Langeweile. In welches Land die Emigranten auch flohen, fast überall war eine faschistische Partei am Werk. Und als Hitler schließlich in diese Länder einmarschierte, übertrafen die ansässigen Faschisten oft noch die deutschen in ihrem Ausrottungseifer: So rekrutierte sich der Stab Adolf Eichmanns zu 80 Prozent aus Österreichern. Keine Faschisten gab es in der Sowjetunion, und viele Emigranten – darunter Piscator, Brecht, für kurze Zeit sogar der Regisseur Max Ophüls – gingen dorthin. Aber praktisch war dieser Unterschied ohne Belang. Während der stalinistischen Säuberungen metzelte man auch viele Flüchtlinge als Trotzkisten oder Staatsfeinde nieder.

An welche Botschaft konnten sie sich wenden? Einige Jahre lang war die Tschechoslowakei bewundernswert gastfreundlich; aus Dankbarkeit hat Thomas Mann seine tschechische Staatsangehörigkeit nie aufgegeben. Aber als Hitler 1938 mit der «Kristallnacht» seine Absichten unüberhörbar kundgetan hatte, trafen sich die Westmächte in Evian und beschlossen, ihre jüdischen Einwanderungsquoten nicht weiter zu erhöhen. Bald darauf begann die Kapitulation der ehemals Verbündeten. Von Großbritannien und Frankreich im Stich gelassen, fiel die Tschechoslowakei. Auch Österreich stellte Hitler nicht auf die Probe; wenn überhaupt, waren die Menschen allenfalls bereit, um Arbeit zu kämpfen: Hier fand keine nationale Vergewaltigung statt, sondern eine Hochzeit, bei der die Braut sogar den Bräutigam mit ihrer Hingabebereitschaft überraschte. Bald darauf unterzeichnete die Sowjetunion den Pakt mit Hitler, und ohne großen Kampf ergab sich auch Frankreich.

Blieben die Vereinigten Staaten. Aber vielen Flüchtlingen erschien Amerikas Vergangenheit in dieser Hinsicht nicht sehr vielversprechend. Es war das Land, das seit 1882 mit einem Gesetz zur Beschränkung der chinesischen Einwanderung eine Exklusionsgesetzgebung betrieb. Ein Gesetz von 1918 verbot, «Anarchisten und ähnliche Gruppen» ins Land zu lassen. Das bedeutete, daß linke Flüchtlinge den Mummenschanz der Emigration hätten weitertreiben und sich in das Land hineinlügen müssen. Fünf Tage nach der «Kristallnacht» verkündete Präsident Roosevelt, er habe nicht die Absicht, das amerikanische Quotensystem zu lockern. Inzwischen waren den Flüchtlingen Gerüchte über reaktionäre Rechtshilfe-Organe zu Ohren gekommen. 1939 traten die Vereinigten Staaten der Internationalen Polizeikommission bei, heute bekannt als Interpol, und das trotz der Warnung, daß diese von den Deutschen kontrolliert werde. J. Edgar Hoover, der Leiter des FBI, wurde mehrfach mit so antisemitischen Demagogen wie Martin Dies, John W. Rankin und Gerald L. K. Smith in Zusammenhang gebracht. Der Kontakt zwischen Hoover und der Nazi-Polizei riß erst eine Woche vor Pearl Harbor ab. Die Emigranten hielten die Zusammenarbeit von FBI und Interpol für ein weiteres Indiz der Kollaboration mit den Nazis. Ihr Gespür für Gefahr hatte sich so verfeinert, daß sie die potentiellen Bundesgenossen Hitlers unter den Polizisten förmlich witterten.

Man sprach jetzt viel vom Leben nach dem Tode, es machte sich das Gefühl breit, alle Überlebensmöglichkeiten ausgeschöpft zu haben. Um in ihrem Exil irgendeinen Sinn erkennen zu können, wurden manche Emigranten zu Anhängern von Graphologie und Numerologie. In einem Pariser Café sitzend, eine Runde Absinth nach der anderen ordernd, wurde der Schriftsteller Joseph Roth zum inoffiziellen Richter über Wert und Unwert emigrantischer Existenz in Frankreich. In bösem Spiel mit der Dialektik entdeckte er radikale Tugenden bei katholischen Monarchisten und in Marxisten geistliche Kraft. Für Roth war es ein Spiel, das sich irgendwann, irgendwo in sein Leben eingeschlichen hatte. «Man verliert eine Heimat nach der anderen, sage ich Dir. Hier sitze ich am Wanderstabe. Die Füße sind wund, das Herz ist müde, die Augen sind trocken. Das Elend hockt sich neben mich, wird immer sanfter und größer. Der Schmerz bleibt stehen, wird gewaltig und gütig, der Schrecken schmettert heran und kann nicht mehr schrecken. Und dies ist eben das Trostlose...» Vielleicht war der Terror entwaffnet, und vielleicht war der Alkoholismus, der Roth vernichtete, nur sein Widerschein. Doch mit solchen Worten verweigert sich Roth der Banalität. Die tränenlosen Augen sind nicht Zeichen falschen Muts, sondern wahrhafter Verzweiflung. Er ist ausgeweint, ist jenseits der Tränen. Das Kafkaeske Bild eines Grauens, das unermeßlich und freundlich geworden ist, gilt einer Welt, in der die Gefahr viele Gestalten annimmt und alltäglich ist und das Böse allgegenwärtig bis zur Banalität.

Während Hitler Triumphe feiert, begreifen die Emigranten, daß ihr Schicksal niemanden interessiert. Alfred Polgar schreibt von einem Flüchtling, der zwischen zwei Ufern zu ertrinken droht. Die beunruhigten Zuschauer schicken hüben wie drüben dasselbe Stoßgebet zum Himmel: «Bitte laß ihn nicht auf unserer Seite überleben.»

Gefürchteter noch als jedes Einreise-, Transit- oder Ausreisevisum war bei den Intellektuellen der eidesstattlich zu erbringende Nachweis, daß sie in den USA keiner finanziellen Unterstützung bedürfen würden, das Affidavit. Wer wußte besser als sie um den Unwert eines Stücks Papier, das ihren potentiellen Wert als Bürger bescheinigen sollte. Eine solche Bestätigung, die das Unwesentlichste (das Geld) über das Wesentlichste (den Charakter) stellte, entschied über ihre Existenz. Das Verfahren selbst war erniedrigend. «Geruhe deiner zitternden Laus den beglückenden Stempel zu gewähren», fleht Brecht seinen «erhabenen Vizekonsul» an. Denn schließlich kennt dieser «jedes Haar auf seiner Zunge». Brecht schämte sich solcher Unterwürfigkeiten nicht sonderlich. Um jeden Preis seine Würde bewahren zu wollen, hielt er für unzeitgemäß, bourgeois und unpraktisch. Zudem war er nicht der einzige Emigrant, der einem Visum zuliebe seine moralische Integrität aufs Spiel setzte. Ein amerikanischer Spielfilm von 1941 *(Hold Back in the Dawn)*, zu dem übrigens der Emigrant Billy Wilder – zusammen mit Charles Brackett – das Drehbuch schrieb, schildert die Lage deutscher Flüchtlinge, die versuchen, von Mexiko in die USA zu gelangen. Ein früherer Gigolo heiratet zwecks Erlangung der amerikanischen Staatsbürgerschaft eine nicht mehr ganz junge Amerikanerin. Der Bursche ist zwar durchtrieben, aber nicht besonders originell. «Es grassiert eine Heiratsepidemie», lautete die nahezu «wildereske» Feststellung eines Beamten der Einwanderungsbehörde, «wir haben einen neuen Schlager: ‹Is it love or is it immigration?›»

Für gutbetuchte Emigranten war es nicht ganz so schwierig, ins Land zu gelangen, obwohl auch sie ihre Mühe hatten mit herablassenden Beamten und Quotenbeschränkungen. Andere mußten warten, in der Hoffnung, daß Freunde oder Verwandte genug Geld auftreiben würden, um das Affidavit zu rechtfertigen. Alter Groll lebte – intensiver denn je – wieder auf. Manch einer glaubte sich von seinen amerikanischen Gewährsleuten aufgegeben.

Sie mißtrauten denen, die in Sicherheit waren, und zerstritten sich sinnlos mit den Gefährten in der Gefahr. Leonhard Frank und Walter Mehring, die auf der Flucht vor den Deutschen und vor Vichy inzwischen Marseille erreicht hatten, erhoben – jeder für sich – erbittert Anspruch auf eine Vorrangstellung unter Hitlers Feinden. Seit Heines Zeiten war der Streit zwischen Juden und Linken derselbe geblieben: Mehring bestand darauf, daß seinem Judentum der Ehrenplatz gebühre, während Frank fand, seine politische Treue wiege schwerer – Zeichen der Verzweiflung. «Wir fingen an, einander nicht mehr zu trauen», erinnert sich Hertha Pauli.

Mit einer Faszination, die abstößt, listete man die Schriftsteller und Künstler auf, deren Verhalten moralisch zweifelhaft war. Sie alle hatten seit 1933 erleben müssen, wie anständige und sogar liebenswerte Nachbarn zu ihren Feinden geworden waren. Sie kannten die Verlockungen der Kollaboration. Nicht wenige Juden waren versucht, eine Annäherung an die Nazis zu suchen, besonders, als es noch so aussah, als würde Hitler sie dulden, solange sie nur Anti-Marxisten waren. Viele ihrer arischen Freunde waren Nazis geworden. 1932 wurde in der Zeitschrift *Die Weltbühne* gegen Ludwig Mies van der Rohe und Josef Albers der Vorwurf erhoben, sie arbeiteten zu eng mit den Nazis zusammen, um eine Schließung der Bauhaus-Schule zu verhindern. Schriftsteller wie Thomas Mann, Stefan Zweig und Theodor W. Adorno verdächtigte man, mit der deutschen Obrigkeit geliebäugelt zu haben. Man war stolz darauf, wenn man Deutschland frühzeitig verlassen und nicht solange gewartet hatte, bis sich Hitler als derjenige erwies, als den man ihn von Beginn an erkannt hatte. Denn das bedeutete, daß manche linke Intellektuelle schärfer in ihren Analysen und weniger auf den eigenen Vorteil bedacht gewesen waren als etliche liberale Geister. Aber Tatsache war, daß sie schließlich alle gegangen waren – die politisch Vorausschauenden, die Opportunisten und die Apolitischen. Hitler hatte aus ihnen ohne Unterschied heimatlose Wanderer gemacht.

Obwohl sie viel zu viel Zeit damit zubrachten, einander zu verurteilen, galt der wirkliche Haß eines jeden dem, was deutsch war in ihm selbst. Ob Jude, Radikaler oder einfacher Patriot – sie alle waren ergebene Verehrer der deutschen Kultur gewesen. Nun wandelte sich die Verehrung in Verachtung. «Sie sind ein beschissenes Volk», erklärte Brecht und beklagte, daß «alles Schlechte in mir» deutschen Ursprungs sei. Gleichwohl fuhr er fort, in Deutsch zu schreiben. Klaus Mann dagegen sagte sich in Amerika von der Sprache seiner Kindheit los. «Warum deiner Muttersprache treu bleiben», fragte er sich, «wenn es die Faschisten gelüstet, dir deine radikale Zunge herauszuschneiden und deine jüdische Mutter zu töten?»

Die humanistische Kultur, besonders die der Weimarer Republik und der Berliner Cafés, schien tot. Ein schmerzlicheres Ende war kaum denkbar, es war mehr als der Verlust der Sprache oder einer Leserschaft: ein ganzes kulturelles Erbe stand in Frage. Was von diesem «beschissenen Volk» durfte man bewahren? Schriftsteller unterschiedlichster Überzeugung teilten sich ein Gefühl verhängnisvoller Entfremdung. Ihren wohl berühmtesten Ausdruck hat dieses Empfinden nach dem Krieg in dem Satz von Adorno gefunden, daß es nach Auschwitz barbarisch sei, Gedichte zu schreiben. Weniger kategorische Äußerungen hatte es bereits früher gegeben. Kurz vor seinem Freitod sprach Stefan Zweig von Rainer Maria Rilke als einem seltenen Vogel, der nie wieder fliegen werde: «Werden solche reine, nur dem lyrischen Gebilde zugewandte Dichter in unserer gegenwärtigen Zeit der Turbulenz und allgemeinen Verstörtheit abermals möglich sein? Ist es nicht ein verschollenes Geschlecht, das ich in ihnen liebend beklage?»

Wenn das nicht so war, dann unter anderem darum, weil in der Emigration, besonders aber in den Lagern – Stätten, die Adorno und Zweig nie kennenlernten – eine andere humanistische Kultur aufblühte. 1940, nach der Okkupation Frankreichs, wurden diejenigen Emigranten, die ihre Vermögenslage noch nicht zur amerikanischen Zufriedenheit hatten klären können, in Konzentrationslager geschickt. Auch wenn diese Lager nicht annähernd so entsetzlich waren wie Auschwitz und Bergen-Belsen, waren sie doch schrecklich genug, alle überfüllt, armselig ausgestattet, überall der Gestank der Ruhrkranken. Eine Fürsorgerin erinnert sich an ihren Aufenthalt im Frauenlager bei Gurs: Alle schwangeren Frauen trieben am Tag ihrer Ankunft ab. Hannah Arendt kam mit ihren abgegriffenen Ausgaben von Plato und Aristoteles im Lager an. Sie betrieb unbeirrt ihre wissenschaftlichen Studien und beeindruckte die anderen Lagerinsassinnen mit ihrem furchtlosen Eintreten für die Rechte kranker und schwacher Frauen.

Später erzählte Hannah Arendt, daß das Gruppenbewußtsein, das in den französischen Lagern gepflegt wurde, eine Form des Überlebens gewesen sei. Ein Rückzug auf so individuelle Auswegsuche wie Selbstmord oder Kollaboration sei nicht in Frage gekommen: In einem Augenblick, wo die ganze Gruppe auf dem Spiel stand, war solcher Eigennutz undenkbar. Aber es gab nicht nur Musterinsassen. Eine sehr umstrittene Gestalt war Lion Feuchtwanger. Jahrelang waren seine Bücher in Europa und Amerika Bestseller gewesen. Sie sprachen für politischen Mut, wenn nicht gar für künstlerisches Genie. Mit seinem 1933 erschienenen Roman *Die Oppermanns*, der Geschichte einer reichen jüdischen Familie, hatte er die Aufmerksamkeit seiner ausländischen Leser für die Gefahren des Faschismus geweckt. Sein Held war eine vertraute Gestalt, der kultivierte, wohlangepaßte Jude, der Politik für unter seiner Würde hält. Er wird zur Bewußtheit gezwungen, als sein geliebter Neffe in den Selbstmord getrieben wird und die Lagergefangenschaft ihn selbst körperlich ruiniert. Feuchtwangers Beschreibung von Schmutz und Ruhr im Lager erwies sich als nur allzu vorausschauend. Als er 1940 selber in Frankreich interniert war, waren er und seine Mitgefangenen, wie er später schrieb, buchstäblich im Dreck versunken. Vor seiner Internierung hatte er in Frankreich gelebt und war einer der Hauptagitatoren der Sozialisten gewesen. Er schaffte es, kommerziell weiterhin sehr erfolgreich zu sein und gleichzeitig die maßgebende Parteilinie zu vertreten. In den späten dreißiger Jahren schrieb er ein sehr befremdliches Buch, in dem er die Moskauer Prozesse verteidigte. Ein Verleger erinnert sich, Feuchtwanger gebeten zu haben, dieses Buch nicht zu veröffentlichen. Doch kurz nachdem es erschienen war, nannte Klaus Mann ihn ein Muster an Integrität, dessen Verteidigung des Stalinismus einer tiefen, inneren Überzeugung entspringe.

Franz Schoenberner, ein Mitgefangener Feuchtwangers, war weniger ehrerbietig als Klaus Mann. Er hielt Feuchtwanger für einen eitlen Lohnschreiber, dessen mittelmäßige Romane «durch die Übersetzung sehr gewonnen» hätten. Mit großem Vergnügen hatten er und die anderen im Lager Walter Hasenclever gelauscht, wenn er zum Besten gab, wie Feuchtwanger einst mit der Königin von England eine Opernloge betreten und später verkündet habe, das ganze Auditorium habe sich ihm zu Ehren von den

Plätzen erhoben. Schoenberner verkannte weder Feuchtwangers Antifaschismus noch die Genauigkeit seiner Lagerbeschreibungen. Bei beiden Männern findet man ähnliche Details: das gefühllose «je m'enfichisme» (nichts könnte mir gleichgültiger sein) der französischen Wachen, das unglaubliche Durcheinander von Gliedern und Torsi, wenn Leichen auf die Lagerzüge verladen wurden, das erstaunliche Gedächtnis alter Flüchtlinge, die seitenlange Zitate klassischer deutscher Dichtung aus dem Kopf hersagten. Aber Schoenberner weiß auch Zweifelhafteres über Feuchtwanger zu berichten. Feuchtwanger hatte zum Beispiel Kassiber, die Informationen für alle Gefangenen enthielten, aber an ihn adressiert waren, fortgeworfen, ohne die anderen von ihrem Inhalt zu unterrichten. Als das ruchbar wurde, wollte man blutige Rache nehmen, doch Schoenberner bewahrte Feuchtwanger davor, indem er vernichtende Worte zu seiner Verteidigung fand: Er sei so «trüben Geistes», daß man ihn einfach von jeder Schuld freisprechen müsse.

Nach seiner Entlassung aus dem Lager verriet ein geschwätziger Feuchtwanger amerikanischen Journalisten Einzelheiten über die geheimen Wege, auf denen man Emigranten aus Europa schaffte. Dazu Schoenberner: «Diese tolle Publicity machte es natürlich Hunderten von Flüchtlingen unmöglich, diese Fluchtwege weiterhin zu benutzen… Herrn Feuchtwanger ist wohl einfach nicht in den Sinn gekommen, daß das ganze geniale System nicht exklusiv für ihn aufgebaut wurde.» Andere Schriftsteller waren umsichtiger. Als Franz Werfel in den USA ankam, verweigerte er jegliche Auskunft über seine Flucht: «Ich kann nicht sprechen. Die meisten meiner Freunde sind noch im Lager.»

Während viele Gefangene völlig von derlei Skandalen in Anspruch genommen waren, fanden andere Trost in friedfertigeren, literarischen Erinnerungen. Die Flüchtlinge, die all ihre weltliche Habe verloren hatten, wurden zu fabelhaften Sammlern, alles was sie mit sich trugen, waren ihre Erinnerung und ihr Zitatenschatz. Walter Benjamin schrieb über die Tugenden des Sammelns und träumte von einer museumsähnlichen Prosa, in der ein Zitat den Weg für das nächste bereite, mit nur minimalen Zwischenschaltungen seitens des Museumsdirektors, sprich des Essayisten. Bücher brauchte man nicht, das Gedächtnis reichte aus. Feuchtwanger selbst erzählte, daß das Zitieren in den französischen Lagern eine «Passion» gewesen sei, «die langsam zur Manie wurde».

Zum Teil war das ein Erbe der preußischen Erziehung mit ihrem mechanischen Drill. Es war aber auch der Versuch, sich gegen die Mörder der deutschen Kultur zu behaupten. Benjamin befürchtete, daß sogar die Toten vor dem Feind nicht sicher seien, wenn er obsiege. Ein anderer Emigrant, der Nobelpreisträger Elias Canetti, schrieb: «Wenn ich trotz allem am Leben bleiben sollte, so verdanke ich es Goethe.» 1944 verkündete Canetti in herausforderndem Trotz, die Sprache seines Geistes werde die deutsche bleiben, «und zwar weil ich Jude bin». Dieses Beharren der Juden auf ihren deutschen Wurzeln erinnert uns daran, daß Goethe mit seinem gottähnlichen philosophischen Überblick mehr als ein Jahrhundert der kulturelle Vater jedes gebildeten Deutschen gewesen war. Im Unterschied zu dessen unwandelbarer Weisheit erlaubten die Launen eines anderen Kulturheroen, des deutschen Juden

Heinrich Heine, ein eher brüderliches Verhältnis. Indem sie diese Dichter aus Deutschland mitnahmen und von ihnen den Gebrauch machten, den jene sich wohl selber gewünscht hätten, sahen die Flüchtlinge sich als letzte Bewahrer des humanistischen Erbes, dessen alleinige Verwaltung sie keinesfalls den Nazis überlassen wollten. Um Zeugnis abzulegen von den Mühen des Exils, konnten sie Goethes späte Huldigung an Amerika zitieren oder Heines humorvoll-ironische Analysen anderer Nationen oder auch die jüngere Emigrationslyrik Brechts: Die Bewunderer des Troubadours schöpften Kraft aus seinen Gedichten, wie er Kraft schöpfte angesichts ihrer Gemeinsamkeit. Andere summten Fetzen deutscher Musik vor sich hin: Ein Emigrant schrieb, daß die Melodien von Schubert oder Beethoven seinen toten Vater zum Leben zu erwecken schienen. So ein Zitat konnte Fluch, Abschied oder Herausforderung sein.

Solcherart Umgang mit Literatur beschwor auch die Erinnerung an jene Schriftsteller, deren Tod eine symbolisch-allgemeingültige Bedeutung bekommen hatten: der Freitod, wie von Kurt Tucholsky, Walter Hasenclever und Ernst Toller; der «natürliche» Tod wie der von Joseph Roth; der groteske Tod wie der des schicksalsgläubigen österreichischen Dramatikers Ödön von Horváth, den in Paris ein vom Sturm gefällter Baum erschlug. Im Herbst 1940 gemahnten zwei weitere Todesfälle die Emigranten, daß sie in zweifacher Gefahr schwebten: Der liebenswerte Willi Münzenberg war gewissermaßen der Erfinder des linken Massenjournalismus in Deutschland. In einem der von ihm herausgegebenen Organe, der Arbeiter-Illustrierten Zeitung, hatte sich John Heartfield der glatten kommerziellen Werbeslogans bedient, um sie mit neuem, proletarischem Sinn zu füllen. Nach dem Molotow-Von Ribbentrop-Pakt sagte Münzenberg sich von der kommunistischen Partei los und verließ Paris in ziemlicher Eile. Im Oktober 1940 fand man seine Leiche erhängt an einem Baum. In schrecklicher Parallelität zu seinem Lebenswerk glich sein Tod der Sensationsgeschichte eines Massenblattes.

Nur wenige Tage später starb eine andere Persönlichkeit, die repräsentativ war für viele. Walter Benjamin, der mit seinen Beobachtungen eine so genaue Vorstellung von Verzweiflung und Triumphen des Lagerlebens hinterlassen hat, sollte seine Entlassung nicht lange überleben. Während der dreißiger Jahre war er in Paris geblieben, hatte seine Studien über das Paris des 19. Jahrhunderts fortgesetzt und seinen Freunden geschrieben, daß zumindest hier noch Stellungen zu halten seien. In Amerika sah er für sich keinen Platz, verhandelte aber gleichwohl einige Zeit mit Mitgliedern des Frankfurter Instituts, die inzwischen in New York waren, über das zur Einreise erforderliche Affidavit. Einige Freunde glauben immer noch, daß die Frankfurter es letztlich an der nötigen Unterstützung fehlen ließen. Ihre Bemühungen waren immerhin so erfolgreich, daß sie ihm ein Übergangsvisum verschafften.

Im September 1940, nachdem die Pariser Gestapo seine Bibliothek beschlagnahmt hatte, fuhr Benjamin nach Marseille und traf dort mit anderen Emigranten zusammen. Sein Ende war dazu angetan, zum Mythos, zur exemplarischen Fabel, zur Emigrationslegende zu werden. Trotz einer Herzkrankheit wagte Benjamin zusammen mit einigen anderen die Flucht über die Pyrenäen, nur um dort zu erfahren, daß Spanien an eben diesem Tage seine Grenzen geschlossen hatte und die spanischen Grenzbeamten in Marseille ausgestellte Visa nicht anerkannten. In dieser Nacht nahm er sich das Leben. Wären sie einen Tag früher aufgebrochen, hätte es keine Probleme gegeben, und einen Tag später hätte man das Unternehmen abgeblasen, und Benjamin wäre das fatale Zusammentreffen von Erschöpfung und tiefer Enttäuschung erspart geblieben. (Im Januar 1941 kam man sogar in den Genuß einer kurzzeitigen Aufhebung der Visasperre durch die Deutschen.) Die Vision Benjamins hatte sich als richtig erwiesen: Er war der falsche Mann zur falschen Zeit. Das erste Gedicht, das Brecht in Amerika schrieb, galt dem Gedenken an den Freitod Benjamins: «So liegt die Zukunft in Finsternis und die guten Kräfte sind schwach. All das sahst du.»

Daß Beamte der US-Ausländerbehörde die jüdische Emigration so sehr erschwerten, wird für immer ein Schandfleck in der Geschichte dieses Landes bleiben. Diese Staatsbeamten standen europäischen Bürokraten an Gefühllosigkeit in nichts nach. Wie dankbar sich die Emigranten später auch äußerten, sie alle wußten, daß sie ihre Einreise glücklichen Umständen, nicht aber einem Prinzip verdankten. Bis 1940 fuhr Breckinridge Long vom State Department fort, ihre Einreise mit einer Reihe von Hindernissen in Form von Visabestimmungen und Affidavits zu hintertreiben. Aber es kam noch schlimmer: Im Juni 1940 machte das State Department die Einwanderung direkt aus Deutschland, aber auch aus dem übrigen Zentral- und Osteuropa nahezu völlig unmöglich. «Die nur halberfüllten Quoten vom Sommer 1940 bis zum Sommer 1941, als man die Flüchtlinge eigentlich noch gut hätte in Sicherheit bringen können, stehen für 20 000 bis 25 000 verlorene Leben, die einzig der geänderten amerikanischen Politik anzulasten sind», schätzt David Wyman.

Einen Freund hatten die Emigranten im Weißen Haus: Eleanor Rossevelt. Der Abglanz ihrer Hilfsbereitschaft und ihres guten Willens traf auch ihren Mann; viele Emigranten sahen in ihnen nahezu Heilige, glaubten an Schutz und Schirm gegen antisemitische Willkür und Bürokratie. Das Vertrauen, das die Emigranten Präsident Roosevelt entgegenbrachten, war ungeheuer hoch. Erst nach dem Krieg wurde offenbar, wie wenig ihm an den Interessen der Emigranten gelegen war: Er verschwieg der amerikanischen Öffentlichkeit die Existenz von Todeslagern und verstand sich erst am 22. Januar 1944, als organisierte Rettungsversuche schon lange nicht mehr möglich waren, dazu, eine Flüchtlingskommission (War Refugee Board) einzusetzen. Das anfängliche Mißtrauen der Emigranten war vielleicht doch nicht so unberechtigt.

Einen letzten Rettungsversuch gab es noch. Aber gerade er zeigte, daß die Emigranten wirkliche Hilfe nur bei ihresgleichen fanden oder bei einigen wenigen amerikanischen Freunden, die bereit waren, der US-Regierung die Stirn zu bieten.

Im Juni 1940 verlangte Hitler die Auslieferung aller deutschen Kriegsgefangenen, wozu er auch im Ausland lebende Deutsche zählte, denen die Staatsangehörigkeit aberkannt worden war. Am 4. Juni schickte eine Gruppe von Schriftstellern – Hans Natonek, Walter Mehring, Hertha Pauli, Ernst Weiß – ein Telegramm an Thomas Mann. Sie baten für Emigranten, die in Marseille gestrandet waren, und schlossen mit den Worten «In unser aller Namen». Für New York übernahm es Hermann Kesten, ein Rettungskomitee zu organisieren. Karl Frank, der führende Kopf einer kleinen

Gruppe linker Emigranten, machte Quäkergruppen und Arbeitervereinigungen auf die schlimme Lage der Marseiller Emigranten aufmerksam. Letztere fanden ihren Anwalt nicht in Präsident Roosevelt, sondern in Varian Fry, einem jungen Quäker und Autor einer frühen Studie über T. S. Eliot. Fry hatte sich, nachdem er vor Jahren deren Arbeitersiedlungen besichtigt hatte, von den deutschen und österreichischen Sozialisten angezogen gefühlt. Unerwarteterweise fand so der politische Geist der Architekten der zwanziger Jahre sein Echo in einem Mann, der jetzt helfen konnte, Landsleute dieser Architekten zu retten. Fry fand Unterstützung bei Frank Kingdon, dem Präsidenten der Universität von Newark, der 1939 angeboten hatte, sich für die Verteilung von Flugschriften «apolitischen» Inhalts von Schriftstellern wie Thomas Mann in Deutschland einzusetzen.

Von Mann zu Kingdon, von Frank zu Fry – das Netz war klein, aber doch groß genug. Ende August 1940 kam es zu einem Treffen zwischen dem neugebildeten Emergency Rescue Committee (ERC) und Mrs. Roosevelt. Die Komitee-Mitglieder machten ihr eindringlich klar, daß die Entscheidung der amerikanischen Konsulate, Hitlerflüchtlingen keine Visa mehr auszustellen, diese in Todesgefahr bringe. Die Beamten hatten ihre Untätigkeit mit dem schwachen Argument gerechtfertigt, sich nicht in die Beziehungen zwischen Vichy-Frankreich und Deutschland einmischen zu wollen. Dank der Intervention von Mrs. Roosevelt wurden Visa schließlich sogar denen gewährt, die keine Ausreiseerlaubnis hatten.

Die Regierung bestand allerdings nach wie vor auf politischen Unbedenklichkeits-zeugnissen und Affidavits. Fry hielt sich nicht damit auf, diese Herzlosigkeit anzuprangern, sondern machte sich auf die Suche nach Leuten aus der Arbeiterbewe-gung, die bereit waren, sich als Gastgeber deutscher Flüchtlinge zur Verfügung zu stellen. Nach seinem großmütigen, aber erfolglosen Versuch, zwei Gewerkschafts-führer in Sicherheit zu bringen, durften ERC-Flüchtlinge schließlich mit Zustimmung der American Federation of Labor (AFL) bei ihrer Ankunft in Amerika angeben, sie seien AFL-Gäste.

Wie Fry feststellte, wurden seine Dienste am dringendsten in Frankreich benötigt. Gleich nach seiner Ankunft in Marseille zog er ins Hôtel Splendide und eröffnete ein Centre Américain de Secours. Unter seinen Mitarbeitern waren Linke, Katholiken, Monarchisten und Künstler. Sein wichtigster Helfer war Albert Hirschmann, ein fünfundzwanzigjähriger Ökonom aus Berlin und ehemaliger Spanienkämpfer, der nie in den USA gewesen war, aber Philadelphia gern als seinen Heimathafen bezeichnete. Franz von Hildebrand, ein österreichischer Katholik, verschaffte Fry Zugang zu katholischen Organisationen. Von den Künstlern, die bei ihm mitarbeiteten, schien Frys besondere Gunst dem Surrealisten André Breton zu gehören.

Die begrenzten Mittel – Fry war mit ganzen dreitausend Dollar in Frankreich angekommen –, der Widerstand der Konsulate und die Nähe von Hitlers Armeen zwangen die Retter zu Improvisationen, die einem Spionagering alle Ehre gemacht hätten. Um Informationen über die Grenze zu schmuggeln, bediente sich Fry des «Zahnpasta-Tricks»: Man versteckte die betreffende Nachricht in einer halbleeren

Zahnpastatube. Man fälschte Pässe und Papiere, die Fry dann solange traktierte, bis sie so abgegriffen aussahen wie ihre echten Gegenstücke.

Am schwierigsten war es aber, die Emigranten aus Frankreich herauszubekommen. Fry hatte im Untergrund ein Informations- und Wegenetz aufgebaut, das Hertha Pauli so beschreibt: «Das ganze Grenzgebiet, da, wo die Ausläufer der Pyrenäen das Mittelmeer erreichen, wurde sorgfältig ausgekundschaftet, Kontakte zu französischen Widerstandsgruppen und durch sie zu spanischen Antifaschisten hergestellt, um in Erfahrung zu bringen, wie man die französischen Grenzwachen umgehen und welchen spanischen man trauen konnte.» Ein Fußmarsch über die Pyrenäen wäre zu jedem Zeitpunkt anstrengend gewesen, aber es war ein glutheißer Sommer, und die Wanderer waren krank, entmutigt, oft alt. Zur erstaunlichsten Gruppe, die diesen Marsch antrat, gehörten der Romanschreiber Franz Werfel und seine Frau, Alma Mahler-Werfel. Werfel war herzkrank. Ihre Gefährten waren der fünfundzwanzigjährige Sohn von Thomas Mann, Golo, und der neunundsechzig Jahre alte Heinrich Mann. Aus Ehrerbietung und Sorge um ihre schwache Gesundheit führte Fry diese Gruppe selbst.

In den letzten Monaten, die er in Europa verbrachte, traf Fry überall auf Widerstand. In Marseille wurden Mitglieder seiner Gruppe auf der Straße von Vichy-Schlägern angegriffen und als «dreckige Gaullisten» beschimpft. Fry beobachtete, wie sich unter den Franzosen eine allgemeine Haltung des *se débrouiller* breitmachte, des sich Durchwurstelns auf Kosten anderer. Jüdische Flüchtlingsagenturen fanden die amerikanischen Beamten unkooperativ wie immer und die Quäkergruppen wenig effektiv. Das State Department hatte sich eine neue und nahezu nicht zu erfüllende Form des Visums-Antrages ausgedacht, aber Mexiko und Kuba zeigten sich humaner. Auch nachdem Fry Europa verlassen hatte, konnte das Marseiller Büro noch weitere dreihundert Menschen aus Europa in Richtung Mexiko und Kuba ausschleusen, bevor es am 2. Juni 1942, fast zwei Jahre nach jenem ersten Telegramm, seine Pforten schloß. Zu den letzten von ihm betreuten Flüchtlingen gehörten Wanda Landowska, Marcel Duchamp und viele liberale Politiker aus Deutschland und Italien. Insgesamt waren es fast zweitausend Menschen, die durch Frys Aktion in Sicherheit gelangten.

Noch wie betäubt von den sich überschlagenden Ereignissen kamen sie in den USA an. Hertha Pauli, die einzige Frau, die das Marseiller Telegramm unterzeichnet hatte, war so erschöpft, daß sie ihre verbale *carte d'identité* vergessen hatte: «Ich bin Gast der American Federation of Labor.» Sie wurde nach Ellis Island verfrachtet, wo viele linke Emigranten wochenlang warteten, um dann ausgewiesen und nach Mexiko abgeschoben zu werden. Für sie erwies sich die USA als genau das, was sie erwartet hatten – ein Land mehr, das ihnen unfreundlich gesinnt war.

Während ihrer ersten Wochen in Amerika besuchte Hertha Pauli eine Reihe von Veranstaltungen verschiedener Quäkergruppen und des ERC, die den Flüchtlingen das Einleben erleichtern sollten. Bei einem Essen sprachen Eleanor Roosevelt und Dorothy Thompson. Die von so vielen Flüchtlingen verehrte Mrs. Roosevelt sprach ihnen Mut zu und sagte: «Ich selbst schaue niemals zurück.» Dorothy Thompson, die beste Freundin, die die Flüchtlinge bei der amerikanischen Presse hatten, erklärte,

Amerika könne alles brauchen, was die Emigranten mit sich brächten: ihr Wissen, ihre bösen Erinnerungen, sogar ihre Nervenzusammenbrüche. Das war gut gemeint, aber die einander widersprechenden Botschaften – schau zurück, schau nicht zurück – machten die Verwirrung, die Teil der Anpassung an die Emigration war, nur noch größer. Gerichtet an eine Zuhörerschaft, die den Schrecken der Flucht noch nicht überwunden hatte, waren sie wenig einfühlsam, zumindest aber unangebracht. Die Emigranten konnten nicht anders als zurückschauen, und in den meisten Fällen würde Amerika keine Verwendung für das haben, was sie erlebt und durchgemacht hatten.

Die Emigranten lernten, mit Brecht, ihr «schwieriges Handwerk» wieder aufzunehmen: «das Hoffen». Jetzt, da sie die USA erreicht hatten, gründete ihre Hoffnung auf Soliderem, als es die Erinnerung an Goethe oder Beethoven gewesen war, und ihr Gehalt war gegenwartsbezogener als der radikaler Politik. Hoffnung ist eine Funktion von Jugend, und wie Wieland Herzfelde anmerkte, waren die Emigranten – von bemerkenswerten Ausnahmen abgesehen – Teil einer neuen Generation und also besser gerüstet für Zeiten des Übergangs als diejenigen, die alt genug waren, um sich selbst noch als Männer des neunzehnten Jahrhunderts zu sehen. Zu denjenigen, die ihre Spuren in Amerika hinterlassen sollten, und die bei ihrer Ankunft noch keine vierzig Jahre zählten, gehörten: Theodor W. Adorno, Hannah Arendt, Rudolf Arnheim, Marcel Breuer, Alfred Eisenstaedt, Hanns Eisler, Erik Erikson, Otto Fenichel, Kurt Gödel, Hajo Holborn, Erich Korngold, Ernst Krenek, Ernst Kris, Paul Lazarsfeld, Claude Lévi-Strauss, Klaus Mann, Herbert Marcuse, Hans Morgenthau, Otto Nathan, Erwin Panofsky, Leo Strauss, Leo Szilard, Kurt Weill. Noch keine dreißig waren Billy Wilder und Otto Preminger, später die amerikanischsten aller Emigranten-Regisseure, und die Physiker Hans Bethe und Edward Teller, die – unzertrennlich, wenn auch gegensätzlich in ihren Ansichten – in späteren Jahren zur Spitze des wissenschaftlichen Establishments gehören sollten.

Mit ihren fast dreißig oder mehr Jahren besaßen viele Emigranten eine sichere berufliche Identität. Aber gerade jetzt, wo sie sich in aller Ruhe in ihrem Beruf hätten einrichten können, waren sie gezwungen, sich aufs neue vor einem Publikum zu beweisen, das weder ihren kulturellen Hintergrund noch ihre Erfahrungen teilte. Für manche war es eine Chance, noch einmal von vorne – ein neues Leben – anzufangen. Andere waren der Notwendigkeit steter Veränderung nicht gewachsen. 1942 nahm sich Stefan Zweig – nach Jahren des Exils – in Südamerika das Leben. Er tat diesen Schritt, wie er in einer hinterlassenen Nachricht schreibt, weil er alt und müde war: «In seinem sechzigsten Jahr braucht man ungewöhnliche Kräfte, um ganz neu zu beginnen. Die, die ich besitze, haben sich in den Jahren des Reisens erschöpft.» Brecht hingegen stellte fest:

> Sah verjagt aus sieben Ländern
> Sie die alte Narrheit treiben:
> Jene lob ich, die sich ändern
> Und dadurch sie selber bleiben.

Es gab so etwas wie Klassensolidarität. «Zwei ganze Jahre haben wir damit vergeudet, den Unterschieden zwischen New York und Europa nachzusinnen», schreibt die französische Schriftstellerin Marguerite Yourcenar, «jetzt bereue ich diese ganze unfruchtbare Inzucht zutiefst.» Aber es gab auch Emigranten, die sich dem nur allzugern entzogen. Arthur Koestler feierte seine Übersiedlung nach England als Gelegenheit, der Inselwelt der Emigration den Rücken zu kehren. Douglas Sirk war stolz darauf, nicht zu den Hollywood-Emigranten zu gehören, die ständig zusammenhockten und auf deutsch ihre Lage beweinten. Es gab die selbsternannten «Extra-Territorialen» wie Ludwig Marcuse, der weiterhin so lebte, als befände er sich in Europa – er schrieb und hielt Vorträge über deutsche Themen und beschränkte seinen Umgang auf Emigranten –, und es gab andere, die ihre Schicksalsgenossen mit einer Mischung aus Sympathie, Belustigung und Verachtung betrachteten. Sie nannten diejenigen, die über gehässige Vergleiche zwischen dem Leben hier und drüben nicht hinauskamen, die «bei unsers». Es wurde zum Zeichen von Jugend und Vitalität, die Gruppe zu verlassen und sich amerikanische Freunde zu suchen. Und obwohl viele Schriftsteller davon lebten, daß sie für Emigrantenzeitschriften schrieben, nahmen einige doch eine etwas gönnerhafte Haltung gegenüber ihren wenig anpassungsbereiten Kollegen ein. Solcherart Kategorisierung war jedoch sozialer und nicht politischer Natur. Trotz aller Bekundung ihrer internationalen Gesinnung pflegten die linken Emigranten ein recht ausschließliches Gruppenleben.

Amerikanische Juden, die Menschen, mit denen es die meiste Gemeinsamkeit hätte geben können, empfingen sie wenig herzlich. Viele Emigranten werfen den jüdischen Organisationen heute noch vor, die Interessen der Emigranten nicht aggressiv genug vertreten und ihre Situation für zionistische Zwecke ausgenutzt zu haben, mit denen wiederum viele Emigranten nichts im Sinn hatten. Amerikanische Juden der Oberschicht, so glauben jüdische Flüchtlinge heute, sahen durch sie ihre Assimilationsbemühungen gefährdet, während die Juden unterer Schichten in ihnen die Konkurrenten um Arbeitsplätze ablehnten. Umgekehrt hielten die amerikanischen Juden, besonders wenn sie osteuropäischen Ursprungs waren, diese *Jäckes* für arrogant und herablassend, und deren Unvertrautheit mit jüdischer Kultur war ihnen ein Ärgernis. (Natürlich hegten sie diese Gefühle nicht ganz ohne Grund: Für Emigranten wie Henry Pachter waren die osteuropäischen Juden vulgär und provinziell, und deren vielgerühmte jüdische Identität empfanden sie als geistige Enge.) Einmal betrat eine Emigrantin ein Feinkostgeschäft in Kew Garden. Der Inhaber sprach sie auf jiddisch an, sie verstand ihn nicht. «Hinaus!» schrie er, «sofort hinaus! Ihr deutschen Juden glaubt immer, ihr seid zu gut für uns! Geht doch zu den Goyim, wo ihr hingehört! Oder lernt Jiddisch! Das ist eine wunderbare Sprache!»

Und doch erleichterte ihnen ihr Judentum die Anpassung an New York. In den dreißiger Jahren kursierte ein von Einstein sehr geliebter Witz, in dem ein Emigrant einen Freund fragt, ob er Heimweh nach Berlin habe. «Warum sollte ich», antwortete der, «ich bin doch kein Jude.» Die Flüchtlinge vernahmen einen vertrauten urbanen Ton, denn es war, wie Hermann Kesten feststellte, der nämliche jüdische Witz, der beide Städte «stimulierte». New York sei zwar nicht ganz Berolina Rediviva, flachste er, aber man könne wie ein Berliner hier leben. In überwiegend von Juden bewohnten Stadtteilen entstanden Flüchtlingsgemeinden, denen sich auch die Künstler und

Intellektuellen unter ihnen anschlossen. Die politischen und literarischen Themen, die schon die Gemüter der Kabarett-Besucher in Berlin und Paris erregt hatten, überlebten auch den Wechsel ins Deauville Restaurant in der New Yorker East Seventy-third Street oder ins Eclair in der West Seventy-second. Die alten politischen Fragen hatten die Flüchtlinge nicht losgelassen. Die Trotzkisten verachteten die Stalinisten, die sich – ergab sich die Gelegenheit – mit den Sozialdemokraten anlegten. Alle drei Gruppen trafen auf die Ablehnung der Demokraten und Republikaner, die derartige Linientreue für anachronistisch, um nicht zu sagen unamerikanisch hielten. Auch wenn diese europäische Eigenheit in den kleinen amerikanischen Zeitschriften eine wenig gute Presse fand, hatten doch diese selben Zeitschriften inzwischen Rilke und Kafka entdeckt, zwei Dichter, die in den Gesprächen der Flüchtlinge sehr gegenwärtig waren, sei es als Zeugen von prophetischer Kraft oder sei es als um sich selbst kreisende, in sich selbst vertiefte Neurastheniker, die sich der politischen Verantwortung des Künstlers vollkommen entzogen hatten.

1941 siedelten 28 Prozent der New Yorker Flüchtlinge in Washington Heights – später bekannt als «das vierte Reich» – und 24 Prozent in Central Park West oder der West End Avenue mit Ablegern in der West Bronx, Jackson Heights und Forest Hills. Diese letztgenannten Wohngebiete waren die herrschaftlichsten der Stadt und mögen ihre neuen Bewohner an Berlin oder Wien erinnert haben. Die Terrassen, die die Wohnhäuser in Queens und der Bronx schmückten, ließen an Berliner Balkone denken. Wie in jedem Ghetto hatte man auch hier seine eigenen Klubs, Restaurants und Geschäfte. Es gab auch ein zentrales publizistisches Organ, den *Aufbau*, zu dem alle führenden Emigranten pflichtschuldigst Beiträge lieferten. Die Zeitung gibt es auch heute noch, obwohl ihre Leserschaft inzwischen ein Alter erreicht hat, in dem man als erstes die Seite mit den Nachrufen und Todesanzeigen studiert (die unverändert immer auch die europäische Herkunftsstadt des Verstorbenen verzeichnet).

Die meisten waren froh, daß sich ihre Lage nunmehr konsolidiert hatte. Doch wirkliche Ruhe konnte sich solange nicht einstellen, wie sie nichts über das Schicksal ihrer Angehörigen und Verwandten wußten. Sie hatten sich in ihren Vorstadtwohnungen eingerichtet, waren aber immer noch keineswegs davon überzeugt, in den USA willkommen zu sein. Sie hörten, wie man sie Kriegstreiber, Radikale, ausländische Agitatoren nannte. Die gelegentliche Bemerkung «Warum geht Ihr nicht dahin, wo Ihr hergekommen seid», ließ denen, die noch darauf hofften, das Herz stillstehen. Manche lebten aber auch in der Überzeugung, daß das Exil ihr endgültiges Schicksal sei. 1936 schrieb Einstein in sein Tagebuch: «Wohlan denn, ein Zugvogel für den Rest meines Lebens.»

Sogar als die Vereinigten Staaten schließlich gegen den schlimmsten Feind der Emigranten Krieg führten, blieb deren Existenz unsicher. In absurder Verkehrung der Ereignisse wurden sie jetzt als Hitlers Landsleute geächtet. Für die immer noch Staatenlosen gab es nunmehr zahlreiche einschränkende Auflagen; in Kalifornien zwang ein Ausgehverbot sie nach Einbruch der Dunkelheit in die Häuser. In einer letzten Variante all der Schrecken, die die Emigration für sie bereithielt, mußten die

Hitlerflüchtlinge feststellen, daß man sie, während sie auf ihre Einbürgerung oder auf die Rückkehr nach Europa warteten, amtlich als «enemy aliens» führte.

Amerikanische Lehrjahre

In einem Kapitel seines in Kalifornien entstandenen Romans *Joseph und seine Brüder* beschreibt Thomas Mann den Inbegriff eines Verbannten: er sei naiv und berechnend; aus Thomas Manns Tagebüchern wissen wir, daß er ähnlich auch über sich selber dachte. Seine Reisegefährten fühlten sich ebenfalls sehr alt und sehr jung zugleich, mit allen Wassern gewaschen und leichtgläubig, bestens gerüstet und in jeder Hinsicht unvorbereitet für das Leben in den USA. Noch schwindelte ihnen der Kopf vor Erinnerungen und sollte doch jetzt so viel lernen.

Oder verlernen. Denn nun mußte die gebildetste und welterfahrenste Emigranten-gruppe in der amerikanischen Geschichte versuchen, das Land zu begreifen, und das mit Hilfe europäischer Begriffe und Denkmuster, deren Angemessenheit sie nicht immer sicher sein konnten. Manche gerieten geradezu in Verzückung, als man amerikanische Gewässer erreichte. Der italienische Emigrant Max Ascoli schrieb, daß man zum Amerikaner geboren und nicht gemacht werde, und zählte seine eigene Person zu denen, «die sich selbst erst dann finden, wenn sie hierher kommen». Mit solcherart selbstverleugnenden Bekenntnissen verkaufte man die Flüchtlinge in der Öffentlichkeit gerne als Menschen, die in ihrem Herzen schon immer Amerikaner waren. Aber nur wenige Künstler und Intellektuelle waren so erpicht darauf, ihre Identität zu wechseln wie Ascoli. Sie hätten dazu ihrem Internationalismus entsagen müssen, der ihnen in all den Schwierigkeiten zu Hause und im Exil viel Kraft gegeben hatte. Und sie hätten in dem Moment ein Erbe verleugnet, das ihr Denken und Sprechen vielfältig durchdrang. Überdies erkannten die Emigranten bald, daß die meisten Amerikaner selbst noch nicht zu sich gefunden hatten. Die amerikanische Literatur ist voll von entwurzelten, rastlos umherziehenden Gestalten. Das sind zwar metaphorische Situationen, weit entfernt von der Wirklichkeit des «verjagt aus sieben Ländern», aber zusammen mit dem Bild von den Amerikanern als einer Nation von Grenzgängern legten sie die Vermutung nahe, daß das Selbst der Amerikaner ohne feste Koordinaten war, während die Flüchtlinge, die keinerlei Manövrierraum besaßen, nur allzu gut wußten, wer und was sie waren. Paradoxerweise durchschauten diejenigen, die ihrer Gruppe verhaftet blieben, den Mythos, der sich um die amerikanische Wesensart rankte, sehr schnell und entdeckten, daß sich hinter dem «rauhen Individualisten» eine amorphe, uneinheitliche, an seine Gesellschaft überan-gepaßte Persönlichkeit verbarg. Welcher wache, selbstbewußte Emigrant hätte schon so sein wollen?

Für viele war die USA beileibe nicht die erste Wahl, wie ihre Zwischenaufenthalte in Frankreich, der Tschechoslowakei, Holland, England, Spanien, China, Südafrika – sieben Länder und mehr – zeigen. Viele Künstler und Intellektuelle waren Linke, wenn man auch bemüht war, die Kommunisten unter ihnen nach Mexiko abzuschieben. Daß die Großindustrie überall dieselben Beziehungen zwischen den Klassen schafft, ist ein marxistischer Lehrsatz, und für marxistische Emigranten war Amerika europäischer Kapitalismus in Potenz, lediglich das Lokalkolorit oder das kulturelle Beruhigungsmittel hatte eine andere Gestalt. (Ein schönes Beispiel für die Anwendungsbreite europäischer ideologischer Schulung ist Henry Pachter, der Herausgeber der ersten Untergrundzeitung in Berlin nach dem Reichstagsbrand: Er übertrug marxistische Konzepte auf US-amerikanisches Business und brachte es nach dem Krieg zu Erfolgen in der Marktforschung.) Auch die Freudianer waren davon überzeugt, daß ihre theoretischen Grundsätze nationale Grenzen sprengten; gemeinsam war Marxisten und Freudianern, daß für Überraschung in ihren Denksystemen kein Platz war.

Juden und Linke hatten ein besonders waches Gespür für unterschwellige Stimmungen. Und der Antisemitismus war in der Tat allgegenwärtig. In Stellenanzeigen und Immobilienausschreibungen fand man «Bewerbungen von Juden zwecklos». Die Emigranten wußten: wo es Antisemitismus gibt, ist Antimarxismus nicht fern. Während der dreißiger Jahre schrieben amerikanische Demagogen wie Father Charles Coughlin und Gerald L.K. Smith Antikommunismus und Antisemitismus auf das Banner einer neoreligiösen Kreuzzugsmentalität. Sie beschworen das alte Bild von den Juden als Mörder Christi. Rassismus war Teil des amerikanischen Alltags; unterhalb der Mason-Dixon-Linie war er Gesetz. Er grassierte derart, daß der Politikwissenschaftler Franz Neumann 1944 erklärte, Deutschland sei keine antisemitistische Nation, zumindest nicht in solchem Ausmaß wie die Vereinigten Staaten. Das war Neumanns Art zu vermitteln, daß sein Heimatland im Kern nicht bösartig war – er hielt Hitler für etwas Abartiges –, aber wie viele Emigranten war auch er davon überzeugt, daß die meisten Amerikaner die Vorurteile der Nazis teilten.

Doch eine andere Seite der neuen Heimat trug dazu bei, den Emigranten das Einleben zu erleichtern: Amerika bedeutete für sie zugleich Mutterland der klassischen amerikanischen Literatur. Die europäischen Intellektuellen begegneten ihr ernsthaft und mit der Urteils- und Wahrnehmungskraft von Außenstehenden. Sie unterschieden das genuin Neue vom bloß Nachgemachten und tolerierten, ja begrüßten den unbeholfenen verbalen Gestus als natürliche Folge des Visionären. Henry James fand seine Bewunderer, aber die Schriftsteller, die ihnen am meisten bedeuteten, waren anderer Art: Cooper, Melville, Whitman. In ihnen fanden Europäer das amerikanische Leben, von dem sie träumten. Als Junge hatte Douglas Sirk die «seltsam saubere Sprache» Thoreaus fasziniert. Die amerikanische Literatur schien ihre ureigenste Antwort auf eine neue Landschaft gefunden zu haben. In der Unvollkommenheit ihres Zugriffs war sie Wegbereiter einer neuen Lebensart. Der Poet amerikanischer Weiten, der Sänger der Landstraße war Walt Whitman. Dieser Wanderer aus eigenem inneren Antrieb, darauf vertrauend, daß Menschlichkeit ihn Heimat und Freunde überall finden ließ, sprach die Emigranten zutiefst an. Für die einen war er ein sexueller Rebell, für andere ein Sänger, dessen Lied Elfenbeintürme zum Einstürzen brachte, aber sie alle sahen in ihm die Verkörperung all dessen, was am amerikanischen Leben neu und kühn war. Das machte ihn in ihren Augen zu einem der ihren. Der Schriftsteller Oskar Maria Graf zitierte ihn, solange er in Amerika war – allerdings stets auf deutsch.

Die Literatur fing noch andere Wesensähnlichkeiten ein. Der amerikanische Transzendentalismus war stark von der deutschen Romantik beeinflußt. So wie die englischen *moral sciences* des 18. Jahrhunderts – in Deutschland zu *Geisteswissenschaften* geläutert – im zwanzigsten Jahrhundert wieder nach England zurückkehrten, bot jetzt Amerika den Emigranten eine dynamisierte Version ihres eigenen romantischen Erbes. Trotzdem schien dieser Literatur, sogar dem Werk von Whitman, etwas zu fehlen, was D. H. Lawrence einmal den europäischen «easy flow of humor» genannt hat. Humor, das wußten die Emigranten, war nicht nur unabdingbar für geistige Arbeit – schließlich waren sie die Erben einer Tradition intellektuellen Spiels –, sondern auch für das Leben als solches. Die «Berliner Schnauze» hatte sie durch die Emigration geleitet. Daß es den amerikanischen Schriftstellern, von wenigen Ausnahmen abgesehen, an Humor mangelte – Erik Erikson schalt einmal Mark Twain dafür, in seinem späteren Werk von seiner unvergleichlichen Begabung fürs Komische keinen Gebrauch mehr gemacht zu haben –, nahm ihnen etwas an Überzeugungskraft. Auch in diesem Fall fanden die Emigranten – wie so oft – amerikanische Erzeugnisse attraktiv, anregend und unvollkommen.

Ungeachtet ihrer besonderen Vorurteile und intellektuellen Neigungen mußten die Emigranten ihre Wahrnehmungen zu Gedanken und Ideen ordnen, aber bevor sie irgendwelche Schlüsse ziehen konnten, galt es erst einmal, die Fülle der Eindrücke zu verarbeiten. Letztere waren wohl oder übel vornehmlich visueller Natur. Um sich der Sprache als Informationsquelle bedienen zu können, waren die Flüchtlinge häufig zu wenig gerüstet. Später dann sollten sich ihnen in Sprache und Verhalten Dinge entschlüsseln, die ihren Gastgebern selbst verborgen waren, aber zunächst einmal mußte der Augenschein genügen. Und was sie sahen, überwältigte sie. In allen Lebenserinnerungen aus dieser Zeit wird von Verwunderung und Staunen gesprochen. Da die meisten zunächst in New York landeten, war ihr erster Eindruck von Amerika der von seiner größten Stadt. Viele blieben hier, und Anfang der vierziger Jahre kannte manch einer von ihnen die Stadt so gut wie irgendein New Yorker. In den Lebenserinnerungen von Hermann Kesten, Albert Ehrenstein, Klaus Mann, Martin Gumpert, Hans Natonek und anderen finden wir ähnliche Loblieder nicht nur auf die bekannten Touristenattraktionen, sondern auch auf das Museum of Modern Art, diesen Tempel des internationalistischen Stils, den malerisch-pittoresken Charme von Greenwich Village und Gramercy Park, auf das Menschengeschiebe in Banken und Warenhäusern, den geräuschvollen Überschwang schon länger ansässiger intellektueller Einwanderer, die jetzt auf der Lower East Side lebten und sich im Café Royal trafen, wie es die Flüchtlinge einst im Romanischen Café getan hatten. Sie waren fasziniert von Dingen, die ihnen neu waren, wie Hochbahnen und Feuertreppen. Die Neon-Reklame besaß eigenen Reiz und eigenes Pathos. Eine Attraktion löste die andere ab, ständig waren jüngste Eindrücke und Einsichten zu revidieren, so daß die wirklichen Neuigkeiten den Emigranten schließlich entgingen: die Ereignisse in

Europa, die in schillernden Buchstaben vom New York Times-Gebäude flammten – zur Sensation in Leuchtfarben geronnene Geschichte.

Besonders die ehemaligen Berliner fühlten sich von New York angezogen. Der Maler Richard Lindner fand in New Yorks Straßen auch «Münchner Faschingsstimmung» wieder, jemand anderem fiel auf, daß das Klima in beiden Städten, Berlin und New York, begünstigt durch die nahen Wälder, Berge und Flüsse, sehr ähnlich war. Überdies waren Stil und Idiom beider Städte in ungewöhnlichem Maß geprägt von jüdischer Kultur. Ergebnis war beiderorts ein ganz unverwechselbarer rauher, witziger, «was-kann-uns-schon-überraschen» Ton: der Berliner Taxifahrer fand in Manhattan sein Pendant. Wie konnte New York mit seinem Feuer, seiner lauten Geschäftigkeit und seinen Widersprüchen einen Berliner unberührt lassen? War man Kosmopolit, hatte man es mit dieser Stadt glücklich getroffen.

Doch ein Wechsel der Perspektive minderte das Vergnügen. Jedermann stand staunend vor den gewaltigen Wolkenkratzern, aber es bedurfte eines Marxisten wie Hanns Eisler, um zu erkennen, daß – würde ein Streik alle Aufzüge stillegen – ihre Nutzlosigkeit ebenso ungeheuer wäre. Ähnlich war Detroit für Eisler nicht nur die Metropole der Autoindustrie, sondern auch die Heimatstadt der ausgelaugten und ausgebeuteten Industriearbeiter. Und bereits in den dreißiger Jahren sah Eisler die urbane, ziellos-gelangweilte Entwurzelung, die die Emigranten-Regisseure ein Jahrzehnt später in den großartigen *films noirs* ins Bild setzen sollten.

Die Schwarzen besaßen für die Emigranten eine große Faszination, und man strebte nach Harlem, zu den Gospelmeetings von Father Divine und den Jitterbug-Wettbewerben im Savoy Ballroom. Eine Skizze von George Grosz, die Mitte der dreißiger Jahre entstand, zeigt einen gutgekleideten Schwarzen mit überbetonten negroiden Zügen, der sich – auffällig und anonym zugleich – unter den Menschenmassen einer New Yorker Straße bewegt. Natürlich gab es auch Flüchtlinge, die in den Schwarzen nur Geschöpfe des Dschungels und der Zirkuswelt sehen konnten und über Harlem als den Stadtteil der Primitiven schrieben. Aber die Mehrzahl war fasziniert von der – körperlichen und kulturellen – Vitalität schwarzer Lebensart.

Die rein schwarze Broadway-Produktion von *Porgy and Bess* war für europäische Besucher eine Offenbarung: Einzig die Schwarzen, schrieb Klaus Mann, besäßen «einen echten, spontanen, aber doch bewußt entwickelten und konsequent festgehaltenen künstlerischen Stil. Die Neger hatten Temperament, Witz, Rhythmus, Pathos, Komik, Zärtlichkeit; die Neger boten etwas essentiell *Neues* – eine zugleich urwaldhaft primitive und weltstädtisch raffinierte Kunst.»

1934 gründete der Tänzer Eugene van Groma, nachdem er seinen jüdischen Vater in Deutschland besucht und dabei die Gefahr erkannt hatte, die von Hitler drohte, das *American Negro Ballet*. Für ihn bestand zwischen beiden Arten von Rassenvorurteilen ein Zusammenhang. Andere Emigranten teilten diese Überzeugung, vielleicht, weil Antisemiten sie vielfach als Nicht-Weiße apostrophiert hatten: So nannte man Judenfreunde in Deutschland auch ‹weiße Juden›. Amerikanische Demagogen, die gegen die Schwarzen Stimmung machten, taten das gleichermaßen gegen Juden und «fremdgebürtige Radikale». Anzeichen rassistischer Unterdrückung alarmierte und erschreckte viele Emigranten: An seinem ersten Tag in New York sollte der Regisseur Erwin Piscator ein Interview geben. Da der Reporter ein Schwarzer war und ihm als solchem untersagt blieb, den Hotelaufzug zu benutzen, war Piscator genötigt, die vielen Treppen in die Hotelhalle hinabzusteigen. Als erster Eindruck war diese Episode dazu angetan, ihn an Freiheit und Gerechtigkeit für alle in diesem Land glauben zu lassen. Auch Brecht, der Anfang der vierziger Jahre eine Aufführung der *Dreigroschenoper* mit ausschließlich schwarzer Besetzung plante, meinte wenig später, daß ein amerikanischer Soldat, der während eines Detroiter Tumultes einen schwarzen Mann vor dem weißen Mob schützen wolle, wohl mehr Mut benötige als seine Kameraden auf überseeischen Schlachtfeldern.

Flüchtlinge und Schwarze waren sich in ihren verbalen Strategien und in ihrer Ironie seltsam ähnlich. Galgenhumor und eine gesunde Respektlosigkeit standen in beiden Gruppen hoch im Kurs. Und noch andere Gefühle verbanden sie. Viele Emigranten berichteten, daß die Spirituals der Schwarzen – «Nobody Knows the Trouble I've Seen» oder «Sometimes I Feel Like a Motherless Child (A Long Ways from Home)» – sie zutiefst angerührt haben. Für die schwarzen Sklaven war einst die biblische Erzählung von der jüdischen Gefangenschaft eine Allegorie ihres Elends; nun hörten Juden auf ihrer Flucht vor der Gefangenschaft Negro Spirituals als Allegorien ihrer eigenen Erfahrung.

Nicht alle blieben sie in New York. Einige bekamen Arbeitsangebote aus anderen Teilen des Landes; andere ließen sich von Flüchtlingsorganisationen, die von den Aussichten in der Metropole ein sehr düsteres Bild malten, ins Umland dirigieren. Wieder andere wählten das Landleben. Carl Zuckmayer, in Deutschland berühmt für seine hochherzigen, wenn auch politisch verworrenen Dramen, versuchte nach seiner Ankunft 1939 vergeblich sein Glück in Hollywood. Für seine Schüler an der New Yorker New School, einer Art Volkshochschule, empfand er bald eine lebhafte Verachtung, und so verbrachte er die Kriegsjahre als Farmer in Vermont. Die lakonische «Salz der Erde»-Mentalität der Vermonter erinnerte ihn an seine bäuerlichen Nachbarn in Österreich. «Mich lockten die Wälder und das Abenteuer ihrer Weglosigkeit... Die Einsamkeit war für mich eine Schutzhülle, eine Zuflucht, ein Trost.» Genug vielleicht für jene Zeit, aber kurz nach Kriegsende zog es Zuckmayer wieder nach Europa.

Ähnlich geborgen fühlten andere Flüchtlinge sich Tausende von Meilen entfernt in Südkalifornien. Arnold Schönberg fand hier eine glückliche Mischung aus Schweiz, Riviera, Wienerwald, Wüste, Salzburg, Spanien und Italien. Für Thomas Mann schien die kalifornische Sonne ägyptisch. Aber nicht alle waren zufrieden. Am häufigsten beklagt wurde die Übersättigung mit Sinneseindrücken. Als er sich in Pacific Palisades niedergelassen hatte, schrieb Thomas in einem Brief: «Hier blüht allerlei Violettes und Rosinfarbenes, das mehr aussieht wie aus Papier, und das einen, da man es nicht anzusprechen weiß, auch nicht anspricht. – Doch, den Oleander weiß ich anzusprechen, er blüht sehr schön.» Brecht erging es ähnlich: «In meinem Garten gibt es nur immergrüne Pflanzen.» In einem gefühlvollen Text gibt auch Ernst Krenek wieder, was er angesichts eines Exils in Kalifornien empfindet, «wo zu Weihnachten sanfte Brisen durch Palmen streichen». Etwas derber drückt sich Hannah Arendt aus, die nach ihrem ersten Besuch in Kalifornien ihrem Mann mitteilt, allein das Klima sei derart, daß man «meschugge» werden müsse. Am härtesten war Toscaninis Antwort auf Südkalifornien – «Italien ohne Seele».

Für Leute wie Brecht oder Thomas Mann war Landschaft eine Art Kulisse, und waren sie außerhalb von Städten, fiel ihnen als erstes das Fehlen von Menschen auf (ein unbewußtes Echo auf D.H. Lawrence, der fand, ein Landschaftsgemälde ohne menschliches Wesen darauf sei unfertig). Es gab aber auch andere Reaktionen auf Kalifornien. Douglas Sirk zum Beispiel war sehr viel neugieriger auf das amerikanische Leben als Brecht oder Thomas Mann. Er liebte den Westen: «Oregon mit seinen dunklen Grüntönen. In der Wüste das gelbe Licht... Der Nordwesten, schützende Wälder, offenes Land. Alte Farmen, Alter...». Hier spricht unverkennbar ein Filmemacher, der den Lichtqualitäten ebenso aufgeschlossen ist wie dem, was die Dinge und die Geschichte ihres Gebrauchs durch die Menschen in ihm auslösen. Fritz Lang war wie Sirk der Überzeugung, daß die amerikanische Mythologie im Westen ihren Ausgang nahm. Beide Männer bewunderten den Western als Filmgenre. 1941 drehte Lang seinen Film *Western Union;* er beginnt mit unvergeßlichen Aufnahmen von Büffelherden, die vor dem Pferd Randolph Scotts, dem Repräsentanten der neuen Yankee-Zeit und ihren Modernisierungen, dahinjagen.

Mythische Antworten auf die amerikanische Landschaft sind auch in unveröffentlichen Schriften des Indologen Heinrich Zimmer enthalten. Als er durch den Mittelwesten reist, reagiert er zunächst wie alle: Man fährt und fährt, tagelang, ohne daß die Szenerie sich ändert. Aber dann kommt er nach New Mexiko und Arizona und «nimmt eine Prise vom zarten Duft spanischer Atmosphäre des siebzehnten Jahrhunderts», froh, «der asketischen und unterdrückenden Atmosphäre der letzten Puritaner, dem angelsächsischen 18. Jahrhundert und seiner ganzen Tüchtigkeit» entronnen zu sein. Welch ein kulturelles Spektrum: einem deutschen Lutheraner und Indologen enthüllt sich in der spanischen katholischen Architektur die puritanische Antithese. Die Landschaft wird zum Schlüssel des politischen Verständnisses. In der Wüste «lernst du Isolationismus zu verstehen als angeborenes, von Sonne und Weite genährtes Widerstreben, sich über etwas den Kopf zu zerbrechen, was einer anderen Hemisphäre anzugehören scheint». Zimmers Art wahrzunehmen, hätte den Beifall von Lawrence gefunden: «Es war wie eine Initiation durch das Reich der Minerale, nicht durch Menschen und nicht durch symbolische Formen von Blumen oder Tieren», als könnten wir die Schichten der Zivilisation einzig «durch das Epos der Geologie» abtragen.

Obwohl Zimmer die amerikanische Natur getränkt findet «mit der göttlichen Indifferenz des Hindu Gottes und dem unirdischen Glanz sich erbarmender buddhistischer Erlöser», entkleidet er seine suggestive Analogie doch zugleich «in der Stille der Ewigkeit» jeglichen religiösen Gehalts. Das «Epos der Geologie» lernt er, als er zum Grand Canyon kommt. «Dein Blick fällt tiefer und tiefer, ohne den Grund zu erreichen, und aus den Tiefen erheben sich die prachtvollsten Erscheinungen, Dome,

Pyramiden, Erhebungen, die den gewaltigen, aus Fels gehauenen Hindu-Heiligtümern gleichsehen, schimmernd in den freundlichsten und anmutigsten Farben.» Geologie wird zur sichtbaren Synthese von Gegenwart und unendlicher Vergangenheit. «Eingehüllt in die Stille der Ewigkeit stehst du dem Epos der Zeit gegenüber. Diese Felsen summen die Musik der Zeit, die kreisende Melodie zeitloser Ewigkeit, ihre äußerste Monotonie durch endlose Variationen von Aufstieg und Fall.» Diese Bilder von summenden Felsen, kreisender Zeit und äußerster Monotonie sind unverkennbar europäischen Ursprungs – wir hören Hölderlin, Spengler, Jung. Hegels Einfluß färbt die abschließende Beschreibung «einer paradoxen Harmonie antagonistischer Prinzipien, die sich zum Ganzen fügen, einander im Gleichgewicht halten und zueinander in denselben Visionen sprechen. Diese paradoxe Vereinigung widerstreitender Kräfte und Haltungen, so fühlst du, ist das eigentliche Rätsel der Wirklichkeit.» Vielleicht konnte sich diese «Hieroglyphe majestätischer Heiterkeit» nur einem europäischen Indologen entschlüsseln. Aber die Hieroglyphe selbst ist amerikanisch – der Grand Canyon. Und Zimmers abschließende Worte klingen, als singe D. H. Lawrence auf offener Straße das Loblied Whitmans: Angesichts dieser Hieroglyphe, dieses Rätsels, schmelzen alle überhitzten Theorien dahin, und «eine wunderbare Kühle bemächtigt sich deines Herzens».

Brecht hätten solche Variationen der Verzauberung und des pathetischen Trugs unberührt gelassen. In einem Gedicht, das er während des Krieges in Kalifornien schrieb, zitiert er eine Naturschilderung Gides und schließt mit den Zeilen: «Die Völker verbluten. Kein natürlicher Plan sieht ein glückliches Gleichgewicht vor.» Der strahlendste Mythos verblaßt im gleißenden und blendenden Licht der politischen Ereignisse.

Das Interesse der Emigranten an amerikanischem Sprechen und Verhalten war geprägt durch ihre Distanz zu den vertrauteren Mustern des Umgangs miteinander. Wie Orwell besaßen sie einen sechsten Sinn für politische Verzerrungen und Verbildungen der Sprache. Aber während Orwell ein Meister des leichten, idiomatischen Englisch war, fühlten sich die Emigranten in ihrem Ausdrucksvermögen behindert. Auch wenn jemand noch so fließend sprach, unterliefen ihm Schnitzer. Einer von ihnen sagte mir: «Ich bin mit einer Amerikanerin verheiratet, spreche mit meinen Kindern und meinen Studenten Englisch, aber wirklich beherrschen werde ich diese Sprache nie.» Für einen Künstler oder Intellektuellen kann der Verlust seiner Muttersprache eine Katastrophe bedeuten. Aber auch die gedankliche Abbildung der Welt gründet zu großen Teilen auf der Grammatik der Muttersprache, und so waren die Flüchtlinge sogar gezwungen, die Art ihres Weltverständnisses zu ändern. Genauso, wie in Amerika die Sonne heller zu scheinen schien, faßte auch die Sprache die Wirklichkeit in eine andere Ordnung.

Das Deutsche besitzt eine grammatische Struktur mit einer beeindruckenden Fülle von Deklinations- und Konjugationsformen und einer Syntax, die das Verb an das Satzende stellt. Das erlaubt komplizierte Konstruktionen – und gibt Anlaß zur anzüglichen Bemerkung «Seine Prosa liest sich wie eine Übersetzung aus dem

Deutschen» –, aber auch ein subtiles, ja sogar mutwilliges Inbeziehungsetzen von Wörtern: Mit dem abschließenden Verb kann man die ganze Worterhabenheit, die ihm vorausgeht, aushöhlen oder sabotieren. Die zahlreichen Schachtelwörter vervielfältigen diese Möglichkeiten noch. Solche vielsilbigen Ausdrücke erscheinen schwerfällig, gestatten aber präzise Unterscheidungen und verdichten den Diskurs. Zum Beispiel unterscheidet Marx zwischen *Klassengefühl*, dem Zusammengehörigkeitsgefühl der arbeitenden Klasse, und *Klassenbewußtsein*, das ein intellektuelleres Wissen um Klasseninteressen und gegenseitige Unterdrückung meint. In einem englischen Text nehmen sich so lange Wörter recht monolithisch aus, doch ist mit ihnen eine komplexe Unterscheidung elegant erfaßt. Im Vergleich dazu fehlt dem amerikanischen Englisch beides, sowohl das historische Bewußtsein, innerhalb dessen Marx' Differenzierung allein bedeutungsvoll ist, und eine sprachliche Tradition, in der Wörter und philosophische Konzepte einander auf eindeutig bestimmbare Weise modifizieren können. Das Deutsche, das zwischen dem *Sinn* und der *Bedeutung* eines Wortes unterscheiden kann, eröffnet eine Welt von orientalischer Weitschweifigkeit und talmudischer Komplexität: Intellektuelle Emigranten konnten sich Stunden über die genaue Bedeutung eines Wortes wie «Aufheben» ereifern mit seiner doppelten Konnotation von «Bewahren» und «Transzendenz». Wenn je eine Sprache dem dialektischen Paradox angemessen war, dann das klassische Deutsch.

Dieses sprachliche Werkzeug gegen das des Englischen einzutauschen, war für manch einen unmöglich. Selbst moderne Schreiber, die Geschmack fanden an den Idiomen einer Industriemetropole, blieben der expansiven Offenheit des deutschen Satzes verhaftet – es war sehr viel, was man da aufgeben mußte. Ein Schriftsteller sprach davon, daß man die «Sprache seiner Träume» verliere, während andere nach einigen Jahren auf Englisch zu träumen begannen. Der Stolz wiederum eines anderen war das sprachliche Feuerwerk, das er auf deutsch zu entfachen verstand; jetzt mußte er sich mit einer weniger geschliffenen, ökonomischeren Form der Aussage behelfen. Noch ein anderer hatte sich seines begrenzten sprachlichen Ausdrucksvermögens geschämt und erwies sich jetzt auf einer Vortragsreise durch Amerika als Publikumsmagnet – vielleicht gerade, weil er nicht mit dem Problem zu kämpfen hatte, aus den labyrinthischen Pfaden der deutschen Literatursprache herauszufinden.

Nicht, daß sie kein Englisch gekonnt hätten. Viele von ihnen hatten in Großbritannien gelebt und studiert, für manche war Englisch die zweite Muttersprache. Tatsächlich war ihre Sprache für Amerika gelegentlich zu gut, zu literarisch, zu britisch. Aber das Englisch von Emigranten konnte auch zum außerordentlichen Werkzeug werden. Joseph Conrad und Vladimir Nabokov gelang es, Schätze in einem Englisch freizulegen, dessen Idiosynkrasie einen Punkt erreichte, an dem es mit der von Amerikanern gesprochenen Sprache kaum noch Ähnlichkeit hatte. Humbert Humbert hat die für Emigranten charakteristische Vorliebe für Wortspiele und Werbeslogans. Sprachspiele dieser Art zeigen, wie gerne sich die Emigranten der besonderen Spracheigentümlichkeiten des Gastlandes, seiner Idiomatik, bedienten, als ob nicht gerade diese besondere Aufmerksamkeit ihre Fremdheit verriet. (Mit der ihm eigenen sprachlichen Gewandtheit schuf Nabokov in Pnin auch einen Emigranten, dessen Versuche, es in der fremden Sprache zu idiomatischer Flüssigkeit zu bringen, stets scheiterten. Der arme Mann kauderwelscht in mehreren Sprachen, damit zugleich die wirre Bahn nachzeichnend, die sein Exil genommen hat.)

Typischer als die Gymnastik Nabokovs war eine andere Art von Sprachsport, etwa, wenn Arnold Schönberg einem Studenten, der davon geträumt hatte, eine «soaring» (schwebende) Melodie zu schreiben, erwidert, das rechte Wort sei doch wohl «snoring» (schnarchend). Solche Wortspiele konnten lustig, grausam oder gleichsam unmusikalisch, taub für den richtigen Ton, sein, Ausdruck von Ärger genauso wie ein Versuch, Zuwendung zu bekunden.

Aber wenn man am amerikanischen Leben teilhaben wollte, sei es, daß man einem Klub beitreten, unterrichten, Kunden gewinnen oder auch nur einfach eine Zeitung lesen wollte, mußte man die Sprache können. Also gebrauchten die Flüchtlinge ihre Ohren genauso intensiv wie ihre Augen. In ihren ersten Texten, die für ihresgleichen, aber auch für amerikanische Leser bestimmt waren, legen sie eine scharfsichtige Aufmerksamkeit für Idiom und Metapher an den Tag. Sie lassen sich nicht nur von Wörterbüchern leiten, sondern versuchen, sich die amerikanische Kultur anzueignen. Paradoxerweise waren die deutschen Flüchtlinge der Meinung, das Englische sei eine nicht ganz aufrichtige Sprache.

1941 enthielt der *Aufbau*, die führende deutsch-jüdische Zeitschrift, einen Almanach für Neu-Amerikaner. Neben Aufsätzen über Politik und Geographie gab es auch eine Rubrik mit Idiomen. Der Neuankömmling wurde eingeführt in die Terminologie des Lobes – «swell», «cute» (das sehr hübsch mit dem deutschen *nett* verglichen wird) –, der Sprache des Geldes – «dough», «bread», «two bits», «saw buck» – und des Vergnügens – «booze» und «dope», was sowohl Drogen wie Klatsch bedeutet. Vielleicht, weil der Emigrant selbst so oft die Zielscheibe von Witzen war, gibt der Almanach auch Übersetzungen für etliche Ausdrücke der Verachtung: «dubbel», «screwy», «nuts», «a rube», «a sucker»; viel Aufhebens wird von dem abweisenden «shut up» gemacht. Eine amüsante kulturelle Parallele ziehen die Verfasser zwischen dem Ausdruck der Skepsis »Tell it to the marines» und seiner deutschen Entsprechung «Das kannst du deiner Oma erzählen». Dahinter steht, wenn auch unausgesprochen, die Überzeugung, daß Amerikas Kultur nicht anders ist als diese Idiome – zweideutig, sinnlich, auf Gewinn bedacht.

Bestimmte Idiome beeindruckten die Flüchtlinge ganz besonders, und an ihnen ermaßen sie, wie weit ihre neue und ihre alte Kultur auseinanderklafften. «Fun» zum Beispiel gehörte dazu: den Flüchtlingen fiel die angestrengte, mechanistische und konformistische Art der amerikanischen Freizeitgestaltung auf. Ihre marxistische Schulung machte sie für entfremdete, konsumorientierte Obsessionen besonders hellsichtig. Adorno konnte die Hände über dem Kopf zusammenschlagen, wenn er sah, wie man sich in dieser Gesellschaft vergnügte. Der Ausdruck von Freude und Vergnügen hatte etwas Scheinheiliges; Arnold Schönberg riet seinem Schwiegersohn, Diskussion aus dem Weg zu gehen, aber, so fügte er hinzu, «keep smiling, always keep smiling», als halte er letzteres für eine amerikanische Verhaltensstörung.

Auch die Verwendung des Wortes «personality», etwa in «Gypsy Rose Lee has personality», befremdete sie; sie empfanden solchen Wortgebrauch entweder als hochgestochenen Euphemismus oder – angesichts einer Sprache, die für sexuelles Verhalten sehr viel geistvollere Ausdrucksmöglichkeiten bereithält – als nichtssagende Floskel. Aber da gab es noch ein schmerzlicheres Paradox. Dem Individuum übermäßige Aufmerksamkeit zu schenken, galt den radikalen Intellektuellen als eigensüchtig und reaktionär. Inzwischen mußten sie jedoch die Erfahrung machen, daß ihre «colorful personality» ein beachtliches Kapital darstellte. Dies wiederum bedeutete aber auch, daß Charakter sich reduzierte auf ein paar Ticks und Eigenheiten, einen merkwürdigen Akzent und drollige Kleidung. Mit «personality» löste sich der Begriff des Individuums auf in ein Konglomerat frivoler, stilistischer Anmaßungen. In Verkennung all dessen, was wichtig war, machten die Vertreter des Personality-Kults aus einem verwirrten Flüchtling einen «unforgettable character».

Was für eine übergewichtige Rolle der Arbeit zukam, exemplifizierte man am Gebrauch des Wortes «job» als Mittel der Selbstdefinition: «What do you do?» bedeutete einzig und allein «What is your job?» Vielleicht beschränkte sich dieses Befremden auch auf die Intellektuellen, denn die wenigen Arbeiter der Gruppe waren es gewöhnt, sich als solche zu identifizieren. Noch ausgeprägter waren die unterschiedlichen Sprechgewohnheiten über finanzielle Belange. In Europa war Geld in Anwesenheit von Kindern oder Fremden einfach kein Thema. Daß Amerikaner stets und ständig über Einkommen und Preise sprachen, fanden die Emigranten vulgär. (Als ähnlich degoutant empfanden sie es übrigens, daß man seine Sättigung mit «I can't eat any more, I'm full» kundtat. Völle verlangt nach Entleerung. «I'm full» hörte sich für sie an wie die Ankündigung einer Darmstörung. Seltsamerweise ließ der europäische Anstand – wie zur Bestätigung der Freudschen Hypothese von der Assoziation zwischen Geld und Exkrementen – weder gefüllte Taschen noch gefüllte Bäuche als Gesprächsthemen zu.)

Genau wie hinter «personality» die eigentliche Persönlichkeit verschwand, war auch das sogenannte «self-improvement» (Selbstvervollkommnung) eher geeignet, dem Selbst seine Konturen zu nehmen.

Viele Emigranten fanden ihre erste Arbeit an Einrichtungen wie der New School. Doch daß Werke wie *How to read a Book* oder *How to Win Friends and Influence People* so überaus erfolgreich waren, schien auf eine gewisse Selbstverleugnung hinzudeuten, setzten sie doch ein Publikum von sozialen Versagern voraus. «Freunde gewinnen und Menschen beeinflussen» war die Sprache des Profitdenkens; «überzeugen», konstatierte Brecht, bedeutete nunmehr «verkaufen». Es galt, über Menschen zu obsiegen und sie auszubeuten. Freundschaft bedurfte der Schulung und stand im Dienste der Arbeit. «Self-improvement» mutete die Flüchtlinge an wie die Hochzeit von Selbstsuche und Selbstzweifel, eine falsche Demut, die nahezu schizoid war.

Es gab aber auch Begriffe, die sie zutiefst bewegten. Die Betonung, die in populären Biographien auf «hardships» und «breaks» gelegt wurde, ließ den einzelnen eigenartig passiv erscheinen, aber auch die tatkräftigsten Flüchtlinge sahen ein, daß sie ihre Freiheit weitgehend dem Zufall verdankten. Das «comeback» war eine optimistische amerikanische Metapher. Sie besagte, daß jeder die Möglichkeit hatte, noch einmal neu anzufangen, sich unter anderen Bedingungen zu beweisen, verlorene Zeit wettzumachen. Auch wenn das Klischees waren, wie sie üblicherweise durch die Magazine geisterten, entsprachen sie doch genau der Lage, in der die Flüchtlinge sich befanden. «Alles wandelt sich. Neu beginnen kannst du mit dem letzten Atemzug», war Brechts unverbrüchliche Hoffnung.

Die meisten Flüchtlinge versuchten, sich der Kultur anzupassen, und machten sich Slang-Ausdrücke zu eigen, die aber in ihren eigenen Ohren oder denen ihrer Zuhörer stets etwas merkwürdig klangen. (So weit gingen nicht alle. Johannes Urzidil lebte fast dreißig Jahre in Amerika und hörte nie auf, «show» so auszusprechen, als reime es sich auf «now».) Viele änderten auch ihren Namen: Aus Heinrich und Heinz wurde Henry, aus Hans häufig John und aus Wilhelm Bill. Auch Familiennamen wurden geändert oder übersetzt. Noch ein anderer amerikanischer Brauch verblüffte die Emigranten. Das Deutsche hat ganz bestimmte Mittel zum Ausdruck von Zärtlichkeit – ein Umlaut verbunden mit einem -chen oder -lein kann Beziehungen auf wundersame Weise verändern – und seine Hierarchie von Pronomen: Es kommt vor, daß selbst lebenslange Freunde niemals vom Sie zum Du fortschreiten. Aber wie fand man sich in dem willkürlichen und launischen Gebrauch amerikanischer Spitz- und Kosenamen zurecht?

Die Flüchtlinge spielten ein Spiel; sie wußten, es gab Regeln, und sie lebten in Furcht, ihnen könne irgendein wesentlicher Punkt dabei entgehen. Es bedurfte der Abgeklärtheit, der Reife und des ungestümen Schwunges der Jugend, um sich daran zu machen, fast alles aufs neue zu erlernen – egal ob Himmelsrichtungen, sprachliche Idiome, soziale Bräuche oder politisches Temperament –, und das so schnell, daß man die wenigen Chancen, die man hatte, nicht verwirkte. Wir müssen kriechen, bevor wir gehen, sagt die Volksweisheit, aber die Flüchtlinge mußten rennen. Wenn sie das versuchten, wirkten sie oft eher komisch als couragiert, und schließlich fingen sie an, sich selber als Clowns zu sehen.

Am schwersten trugen an den Sprachschwierigkeiten die Schauspieler. Das war nicht nur eine Frage des Akzents, sondern des Lebens in einer Sprache. Helene Thimig, die Frau von Max Reinhardt, beklagte «diese Verbannung aus der eigenen Sprache» als verhängnisvoll. Es war schwierig, natürlich zu spielen, wenn jede Silbe Mühe kostete. Otto Preminger erzählt von einem berühmten Emigranten-Schauspieler, der in einem Stück am Broadway auftrat. Er verstand kein Wort Englisch, lernte seine Rolle phonetisch und artikulierte Worte, die für ihn bedeutungsleer waren. Natürlich zu spielen war um so schwerer, als naturalistisches Schauspielen nicht der europäischen Tradition entsprach. Europäische Schauspieler wirkten neben amerikanischen schwülstig und theatralisch. In Erika Manns Augen trennte beide Bühnenstile vor allem «the sense of European past». Die Vielzahl der Dialekte und regionalen Spracheigentümlichkeiten stand für mehr als nur linguistische Unterschiede. Mit jeder stilisierten Geste und jeder Wiedergabe eines Satzes verkörperte ein europäischer Schauspieler gewissermaßen eine Sozialgeschichte von Jahrhunderten.

Die Verbindung von europäischer Technik und amerikanischem Stil zeitigte zuweilen eigenartige Ergebnisse. Ende der dreißiger Jahre gab es eine kurzlebige Radiosendung, die sich «Refugee Theater of the Air» nannte. Zu den Künstlern, die hier eifrig bei der Sache waren, gehörten die Operndiva Madame Fritzi Yokel, der Akkordeonspieler Max Hamlisch (der Vater des Songschreibers Marvin Hamlisch), und der jiddisch singende Bariton Dr. Gottfried Buschak. Einen Soloauftritt mit dem populären Song «Ferdinand the Bull» hatte auch der Conférencier Joseph Bonner, dem *Variety* zwar «ein hinreichend verständliches Englisch, aber eine unglückliche Wortwahl» bescheinigte: «Er ist zu umständlich und treibt – vielleicht gar nicht einmal bewußt – zuviel Sympathiewerbung für Talente, die sich auch aus eigener Kraft durchsetzen könnten oder sollten.» Auf Zugaben schienen die Mitwirkenden nicht vorbereitet gewesen zu sein, sie wiederholten zu diesem Zweck bereits vorgetragene Nummern. Das alles machte einen so schwermütigen und traurigen Eindruck, daß ein Kritiker sich fragte, ob Hitler überhaupt Komödianten aus Deutschland ausgewiesen habe.

Wenn Schauspieler, was selten genug geschah, Folgeengagements erhielten, dann waren das solche, die sich in irgendeiner Hinsicht als «Typen» verkaufen ließen. Aus ihrer seltsamen Sprache schloß das Publikum auch auf Anormalitäten anderer Art. Paul Graetz, ein Star der deutschen Komödie (in Berlin bekannt als «unser Paul») blieb unbemerkt, während die heimtückisch glotzäugige Intensität eines Peter Lorre sexuelle Beunruhigung auslöste. Den unzweifelhaft virilen Charles Boyer stilisierte man zum überlebensgroßen Lothario. Die beiden Frauen, die in Hollywood den größten Eindruck hinterließen, waren Marlene Dietrich und Greta Garbo. Beide waren sie in ihrer exotisch androgynen Art keine typischen Frauen. Salka Viertel erinnert sich, wie überrascht sie gewesen sei, als Irving Thalberg ihre Auffassung der Königin Christina ohne weiteres billigte, der Rolle, die das ambivalente Image der Garbo begründete; vielleicht sei Thalberg darum so zugänglich gewesen, weil die Garbo Europäerin war – wußte man doch, daß Ausländer etwas Perverses an sich hatten. Charakterschauspieler, die auf kommerziellen Erfolg hofften, hatten schwer zu kämpfen und wurden dabei oft Meister der Schablonen oder Chargen, die häufig zwar brillant, aber immer dieselben waren. Einige dieser Schauspieler fanden sich so zum typischen Nazi gestempelt. Es war, als bestätigte sich Heinrich Manns These vom Schauspieler als dem repräsentativen Menschen, in diesem Fall die sichtbare und – mit seinem Akzent – auch hörbare Verkörperung der Emigration.

Die Umwelt hielt ein Feuerwerk neuer Eindrücke bereit. Aus allen Erinnerungen spricht die gleiche Verwirrung: Selbst die einfachsten Phänomene erforderten eine neue Sicht. Neuorientierung war keine leere Phrase, man denke nur an New York, wo man Straßen nicht durch Namen, sondern durch Himmelsrichtungen kenntlich machte. Nach oben gerichtet fiel der Blick der Flüchtlinge auf Wolkenkratzer und Reklamebänder. Über amerikanische Reklame, die sich so salopp mit Vorgängen persönlicher Hygiene beschäftigte, hatte Berthold Viertel sich schon in den zwanziger Jahren amüsiert: «Toilettensitze, geformt nach den Gesetzen der Natur»; «auch wenn die Zähne schimmern wie Perlen – drei von vieren sind durch Zahnfleischentzündung bedroht.» Arnold Schönberg zitierte dergleichen in seinen Briefen mit Mißbilligung. Billy Wilder war weniger empfindlich und bediente sich solcher Slogans, um das amerikanische Zwerchfell zu attackieren. In *Ball of Fire* (1941) schildert er das unentwegte und spitzfindige Bemühen eines Professors der Sprachwissenschaften, den Wechselfällen des Sprachgebrauchs auf der Spur zu bleiben.

Manche Flüchtlinge waren im neuen Heim umgeben von ihren persönlichen Besitztümern. Trotz Brechts «dritter Regel: Habe nichts!» hatten viele doch einen Weg gefunden, ihre alten Möbel mitzubringen. Aber ob arm oder reich – es muß ein schlimmes Gefühl gewesen sein, wenn man die Möbelkisten öffnete und «die Vergangenheit daraus hervorkroch mit all ihrer Vertrautheit und all ihrem Schrecken». Seit Jahren war in Europa die Phänomenologie im Schwange, jenes Bemühen, die Dinge als solche und für sich zu betrachten. Hier fand sie ihre wohl grausamste Anwendung. Diese Sessel, Sofas, Tische, Kommoden waren wahrhaft aller Bedeutung entblößt. Hätten sie die Gründe ihrer Ortsveränderung in sich aufnehmen können, sie wären voll kafkaesken Grauens gewesen. Statt dessen waren es Dinge, nichts sonst, entsetzlich in ihrer Neutralität – als ob alles, sowohl die Natur wie die Produkte von Menschenhand, von der Geschichte unberührt geblieben wäre. So suchte manch einer sein Heil darin, daß er die Dinge mit tiefer Bedeutung versah. Marguerite Yourcenar erinnert sich, wie André Breton seinen Gästen jüngst zusammengetragene Dinge vorführte und zwischen ihnen surreale und magische Entsprechungen entdeckte. In dialektischer Phänomenologie konnte Brecht sich in die Betrachtung eines Fischgeräts vertiefen und sich seinen vormaligen Besitzer als amerikanischen Japaner vorstellen, den man gerade interniert hatte. Das Ding existierte, «mich zu erinnern an manche ungelöste, aber nicht unlösbare Frage der Menschheit». Breton und Brecht waren nicht etwa Opfer pathetischer Selbsttäuschungen geworden, sie wollten nur, was alle wollen, die etwas ihr eigen nennen: daß diese Dinge helfen, die Welt kohärent und ganz zu machen.

Hatte jemand ein paar alte Stücke gerettet, waren die Dinge, die er neu erwarb, für ihn Repräsentanten des Maschinenzeitalters. Manche Emigranten schrieben über Autos und Busse, als hätten sie sich nie zuvor ihren Weg durch Verkehrsgewühl gebahnt, über Badewannen, als hätten sie sich nie zuvor gewaschen. Sie begrüßten zwar den Komfort, beklagten aber dessen Standardisierung. Sie vermerkten die Konformität der äußeren Erscheinung. In dem Moment, wo er seine erste amerikanische Krawatte gebunden habe, habe er gewußt, jetzt sei er naturalisiert, schrieb ein Emigrant. Ein anderer, jetzt Dekan in Havard, der als Halbwüchsiger nach Amerika kam, weiß noch, wie ihn seine europäischen kurzen Hosen und langen Wollstrümpfe zum Außenseiter machten; er legte sich alsbald eine Strickjacke und lange Hosen zu und fühlte sich «trotz mangelnder Sprachkenntnisse gleich viel mehr zu Hause». Männerhemden waren kürzer, Anzüge und Hosen weiter, die Bekleidungsvorschriften insgesamt weniger streng. Manche Emigranten, wie etwa Einstein und Brecht, sah man immer sehr salopp in zerknittertem Hemd mit offenem Kragen, andere, wie Thomas Mann, nie ohne Jackett und Krawatte.

Die allgegenwärtige Kosmetik erschien als weiteres Symbol der Entmenschlichung. Kosmetik machte starr und mumienhaft, übertünchte Natürliches und erhob Künstlichkeit zum System. Eine geschminkte Frau, die zur Arbeit hetzte, war für einen Flüchtling jemand, der der Maschinenkultur öffentlich seine absolute Ergebenheit bekundete, und das war wahrscheinlich noch nicht einmal übertrieben. Eine der verbreitetsten Kosmetikanzeigen zeigte ausdruckslose Debütantinnen und verkündete schrill und in dümmlichem Syllogismus: «Sie ist schön! Sie ist verlobt! Sie benutzt Pond's!»

Sogar das Essen war nicht dasselbe, roch und schmeckte anders. Die Beschäftigung mit dem Essen wurde nachgerade zu einer Obsession. Letzten Endes war, wie Brecht einmal sagte, Heimat noch da, wo das Brot schmackhafter und die Luft würziger ist. Carl Zuckmayer, der überall und in allem Trost suchte, schreibt: «Wenn man so aß, wie man's zu Hause gewohnt war, dann war man nicht ganz von der Fremde verschlungen und verzehrt.» In Hollywood versammelte sich die Emigrantenkolonie im Blue Danube, das von Joe May geführt wurde, einem Berliner Regisseur, dem Amerika kein Glück gebracht hatte. Als Salka Viertel in späteren Jahren Schwierigkeiten mit dem Kongreßausschuß hatte, überlegte sie, ob sie nicht am Strand einen Stand aufmachen und Gulasch verkaufen sollte. Das Eclair in New York und das Window Shoppe in Cambridge stellten europäische Neuankömmlinge ein, die Geschmack und Sprache der Stammgäste teilten.

Die allgemeinen Klagen über das amerikanische Essen – «Man kriegt nicht einmal ein anständiges Stück Brot» – waren nicht immer fair. Es gab gutes Essen, auch viele Brotsorten, wenn man wußte, wo man danach suchen mußte, Sahne und Milch von ausgezeichneter Qualität, frisches Obst und Gemüse. Aber typischer noch als das snobistische Naserümpfen über die amerikanische Küche war das Erstaunen über deren schiere Quantität. Die Emigranten wollten angesichts der enormen Gemüseportionen und der riesigen, täglich getrunkenen Milchmengen ihren Augen kaum trauen. Zu Hause ein Luxus, war Milch hier entweder billig oder wurde im Rahmen von Schulspeisungen umsonst ausgeschenkt. Es war wohl weniger die Qualität des Essens, an der sich die Flüchtlinge störten, als vielmehr die einfache Tatsache, daß sich im Essen einmal mehr die Unterschiede in Güterverteilung und Sozialstruktur manifestierten.

Alle Lebensbereiche schienen bestimmt vom Kommerz und der Maschine, der Tod nicht ausgenommen. Schönberg sah in Kalifornien eine Reklame, auf der ein Autofahrer zu sehen ist, der gerade ein Kind überfahren hat: Er ist offensichtlich erschüttert – aber nicht um seines Opfers willen, sondern weil er es versäumt hat, seine Versicherungsprämie zu zahlen. Die kalifornische Zwanglosigkeit machte auch vor der Aufbahrungshalle nicht halt. Bei den Trauerfeierlichkeiten für Max Reinhardt hörte Thomas Mann einen amerikanischen Knirps «von elf oder zwölf Jahren aus Reinhardts Theaterschule in Hollywood» sprechen, «der die landesübliche Unbefangenheit und ‹straightforwardness› im öffentlichen Reden bis zur Komik bewährte»: Er könne keine feierlichen Worte über Max sagen, denn «we simply were good friends».

Solch saloppe Redeweise und usurpierende Kameraderie machten es dem Trauergast schwer, ein ernstes Gesicht zu wahren.

Da sie Außenseiter waren, galt das besondere Interesse der Emigranten den Bereichen des öffentlichen Lebens, an denen sie nicht teilhaben konnten. Als Möchtegern-Bürger mußten sie sich damit bescheiden, das Funktionieren des politischen Systems zu beobachten. Ähnlich standen sie auch außerhalb der Traditionen amerikanischer Religion. Die meisten Flüchtlinge hatte, wenn schon nicht ihr Glaube, so doch ihre religiöse Herkunft ins Exil getrieben. Sie hatten daher ein besonders waches Auge auf die amerikanische Religion, insbesondere auf Anzeichen eines bestehenden Antisemitismus. Wie vieles in Amerika war auch die Religion ein öffentliches Schauspiel, Vergleichbares kannte man in Europa allenfalls aus Lourdes oder dem Vatikan. In den zwanziger Jahren hatte Salka Viertel Sergej Eisenstein in die Gospelkirche von Aimee Semple McPherson begleitet. Diese beeindruckende Predigerin pflegte neue Mitglieder ihrer Gemeinde mit frischen Rosen willkommen zu heißen. Ihre Gottesdienste steigerten sich von suggestivem Gemurmel bis hin zum Schrei: «All right, ushers, clear the one-way street for Jesus!» Eisenstein war fasziniert. Ein anderer Besucher, Klaus Mann, wandte sich mit Grausen. Er behauptete später, daß nur Hitler es Aimee in der Beherrschung der Mikrofontechnik gleichgetan habe. Bis zum Exzeß getrieben schien der Evangelismus auszuarten in Schaustellungen öffentlichen Wahnsinns, Hallen voll mit Besessenen, Schaum vor dem Mund, die Augen verdreht. In Kalifornien wurde später der Gottesdienst der Fundamentalisten für Emigranten zum Schlüssel amerikanischen religiösen Erlebens. Douglas Sirk fühlte sich von dieser Mischung aus «Gaukelei und Religion» abgestoßen. In seinem Film *Fury* beschwor Fritz Lang eine ganz spezifische trostlose Langeweile, indem er seine *outlaws* an einem öden Sonntag untätig herumhängen läßt, während das Radio leise die evangelistische Hymne «If You Love Your Mother, Meet Her in the Sky» dudelt.

Für die Faschismusflüchtlinge gehörten religiöse Toleranz und demokratische Wahlfreiheit zusammen. In Europa wurde man in seine Religion – sei sie katholisch oder lutherisch – hineingeboren, zur Lehre der anglo-amerikanischen Sekten – Baptisten, Kongregationalisten, Methodisten, Quäker – gehörte das bewußte Bekenntnis, für das die Erwachsenentaufe stand. Die Emigranten mußten die Erfahrung machen, daß Fundamentalisten genauso intolerant sein konnten wie Katholiken und oft auch Gegner liberalerer Einwanderungsgesetze waren. Überdies mißfiel den Europäern die enge Verbindung von Frömmigkeit und Kommerz. Amerikanische Religion war eine pragmatische Angelegenheit. Die Pfingstgemeinden beteten einen Gott an, der Krankheiten heilte und Rechnungen beglich. Beim Gott der Kongregationalisten schienen Menschen mit einer gewissen Macht mehr zu gelten als Witwen und Waisen. Den Flüchtlingen fiel all das besonders auf, weil das «Althergebrachte» des amerikanischen religiösen Lebens für sie das ganz Neue war. So empfanden amerikanische Fundamentalisten Paul Tillichs Angriffe auf die traditionelle Religion als gegen ihre heiligsten Glaubensgrundsätze gerichtet. Die Antwort eines schwarzen Gospelsängers auf Tillichs Theologie – «Mein Gott ist nicht tot. Ich habe heute morgen mit ihm gesprochen und es geht ihm prima» – ist so amerikanisch in Diktion und Sentiment, wie Tillichs Gedanken europäisch sind.

Die für evangelistische Gottesdienste typischen Spiritual-Bekenntnisse waren Beispiele öffentlicher Therapie. Verhalten in der Öffentlichkeit schien oft eher therapeutischen denn pragmatischen Sinn zu haben. Redete man sich erst einmal Kummer und Sorgen von der Seele, würden auch die Dinge eine Wendung zum Besseren nehmen. Politische Auseinandersetzungen wurden so zu persönlichen Meinungsverschiedenheiten verharmlost. Zutiefst erstaunt waren viele Emigranten über die Kollaboration zwischen Gewerkschaften und Management, das Gegenteil europäischen Klassenkampfes. Der herrschende Pluralismus hatte alles, was auch nur entfernt an Klassensolidarität erinnerte, zerstört. Während die Arbeiterschaft in Europa politisch organisiert war, schien sie hier nicht den Status einer politischen Partei, sondern eher den einer Gilde oder Innung zu besitzen, oder auch, wie im Falle der Gewerkschaften, den eines sozialen Clubs nach Art der «Elks» oder «Kiwanis». Ein Emigrant schreibt: «Weder bei den Gewerkschaften noch bei reaktionären Kapitalisten ist eine politische, ja nicht einmal eine soziale Sinngebung erkennbar.» Und das in einem Land, das sich einst Dutzender sozialistischer Bürgermeister hat rühmen können!

Statt dessen waren die Amerikaner mehrheitlich einem gemeinsamen Ideal ergeben, in dem noch der Satz von Thomas Jefferson nachklang: «Wir sind alle Republikaner, wir sind alle Demokraten.» Politische Organisation hatte nichts mit Klasseninteressen zu tun. Pluralismus war der Ausdruck einer Vielfalt von sozialen, aber nicht eigentlich ökonomischen Positionen. Obwohl viele Emigranten, des politischen Gezänks in Europa müde, diesen ökonomischen Pluralismus begrüßten, sahen andere in solchen neuen Formen politischer Rhetorik lediglich eine Verschleierung der unverändert weiterbestehenden Klasseninteressen.

Keinem aufmerksamen Emigranten konnte der Widerspruch zwischen beiden amerikanischen Mythen, dem des Pluralismus und dem des unbedingten Individualismus, verborgen bleiben. Wie kann man seinen Nachbarn lieben oder ihm gar Wünsche erfüllen, wenn es einzig darauf ankommt, ihn im Beruf oder auf dem Markt auszustechen? Die freie Meinungsäußerung trug im pluralistischen Amerika ihren Lohn in sich selbst. Denn ungeachtet der zahlreichen Stimmen blieben die Machtverhältnisse dieselben.

Trotz ihrer vielen Widersprüchlichkeiten bot die Verfassung der USA beispiellose Freiheiten. Ihr erster Zusatzartikel garantierte eine Freiheit der Meinungsäußerung, die den Journalisten und Redakteuren, die wegen ihrer politischen Standpunkte gefeuert worden waren, genauso paradiesisch vorkam wie den Schriftstellern, deren Bücher man verbrannt hatte. Manche Emigranten beschlossen, all diese Freiheiten, die das System bot, zu nutzen, um es ihrerseits weiter zu verbessern. Dazu gehörten akademische Lehrer wie der konservative Politikwissenschaftler Leo Strauss, aber auch Leute wie die Fotografin Lotte Jacobi, die in New England aktiv an Städtekonferenzen teilnahm.

Das revolutionäre Modell Europas war Frankreich. Indem es die Freiheit und Gleichheit aller auf seine Fahnen schrieb, war auch jüdische Freiheit möglich geworden. In Deutschland gab es seit Bismarck Kranken-, Unfall- und Altersversicherung als allseits akzeptierte Institutionen. Obwohl die Emigranten in Amerika viele neue Freiheiten gewonnen hatten, blieb ihnen unverständlich, daß es weder eine aggressive und starke revolutionäre Partei noch ein System von Sozialleistungen für die Armen gab. Und zu ihrem großen Erstaunen galt den Amerikanern keines von beiden als politisches Versäumnis.

Radikal war nur eine Minderheit der jüdischen Hitlerflüchtlinge, aber ein sehr feines historisches Bewußtsein besaßen sie alle. In Deutschland hatte die Politik alle Lebensbereiche durchdrungen, man konnte daraus – wie es in den Berliner Kabaretts geschah – sogar volksnahe Komödie machen. Und Emigration, so hatte sich gezeigt, bedeutete universale Politisierung von Erfahrung. In einem alten Witz reagiert eine betagte Einwanderin auf jedwede Neuigkeit mit der nämlichen Frage: «Ist das gut für die Juden?» Das ist, auf eine kurze Formel gebracht, politisches Bewußtsein. Für Amerikaner waren Emigranten, ungeachtet ihrer überwiegend gemäßigten Positionen und ihrer fanatischen Ergebenheit den Roosevelts gegenüber, in jedem Fall politische Exzentriker, hielten sie doch staatliche Wohlfahrt für ein Bürgerrecht und nahmen zudem intensiven Anteil am öffentlichen Geschehen.

Was ihr eigenes Leben betraf, so zwangen die Landessitten die Emigranten, ihr Verhalten zu ändern. Das wurde nirgends deutlicher als im Umgang mit Frauen. Daß diese diskriminiert waren – ersichtlich etwa an der verglichen mit den Weimarer Verhältnissen sehr kleinen Anzahl weiblicher Ärzte und Gesetzgeber –, blieb den Flüchtlingen nicht lange verborgen. Aber auch sie, d.h. die intellektuellen Männer unter ihnen, waren frauenfeindlich auf eine hinterhältige Art. In Europa idealisierte Karl Kraus Prostituierte zu unbekümmerten Priesterinnen der Liebe, während Journalistinnen, die zuschauten, wie verstümmelte Soldaten starben, seiner Verachtung anheimfielen.

Die Flüchtlingsfrauen waren häufig etliche Jahre jünger als ihre Männer und ihnen zudem an Sprachgewandtheit ganz offensichtlich überlegen, beides sicher mitverantwortlich für ihre größere soziale Beweglichkeit. Ein ehemaliger Englischlehrer der Flüchtlinge erzählte, daß die Frauen bei Sprachprüfungen ausnahmslos besser abschnitten als die Männer. Auch daß sie zuerst Arbeit fanden, machte die Flüchtlingsfrauen unabhängig. Allerdings waren diese Jobs in den meisten Fällen wenig attraktiv. Viele arbeiteten als Hausangestellte, Babysitter, ungelernte Arbeiterinnen oder Verkäuferinnen. Mit etwas Glück fanden intellektuelle Frauen Arbeit in Schulen, Colleges oder sozialen Hilfsorganisationen. Unverheiratete Frauen hatten es besonders schwer. In einem der wenigen schriftlichen Zeugnisse, die wir darüber besitzen, äußert sich Erna Barschak empört über die gesellschaftliche Ächtung, die sie als Unverheiratete erfuhr. Es traf sich glücklich, daß sie gerne mit Frauen zusammen war, denn Gelegenheit zu anderem Umgang bekam sie in der Stadt im Mittelwesten, wo sie unterrichtete, kaum.

Die subalternen Jobs, die Ausflüge in die Supermärkte und dergleichen hatte die Frauen mit den Erfordernissen und Besonderheiten des amerikanischen Diskurses vertraut gemacht. Im Gegensatz zum oft weitschweifigen literarischen Stiel, den ihre Männer bevorzugten, machten sie sich eine direkte und ökonomische Ausdrucksweise zur Regel. Sogar Hannah Arendt faßt ihre komplexen Gedanken in eine – verglichen mit der ihrer männlichen Kollegen – relativ einfache Prosa. Dieser klare Stil ist Ausdruck ihrer Überzeugung, daß man jede wichtige Frage so erörtern kann, daß man dem normal-gebildeten Leser verständlich bleibt. Auch die Ehemänner mußten sich um einen klareren Prosastil bemühen: Germanische Umständlichkeit stieß bei ihren Studenten unweigerlich auf Gelächter, und ihre Verleger drangen erbarmungslos auf Vereinfachung. Aber die Frauen waren dem amerikanischen Alltag stärker ausgesetzt und darum bestrebt, die Dinge möglichst einfach und durchschaubar zu halten. «Sie bringen es wirklich immer auf den Punkt», hörte die Verlegerin Helen Wolff neulich zu ihrem Vergnügen von einem Kollegen.

Die Emigration zwang die Männer nicht nur hinsichtlich der Talente ihrer Frauen zum Umdenken, sie brachte auch Bewegung in die traditionelle Vater-Kind-Beziehung. Im allgemeinen maßen Emigranten der Kindheit kein übermäßiges Gewicht bei. Selbst Opfer von Familientyrannen, waren auch sie Autokraten geworden. Wenn Thomas Mann seinen jüngsten Sohn Michael schalt, geschah das mit «Geh zum Hund unter den Tisch!», eine Kränkung, die der Junge weder vergaß noch vergab. Obwohl inzwischen über fünfzig, haben die Kinder eines berühmten Wissenschaftlers dessen demütigende Zärtlichkeiten – «Komm her, mein kleines Dummerchen!» – noch nicht verwunden. Die Amerikaner hingegen schienen ihren Nachwuchs zu idealisieren, und das Exil brachte einen neuen Mythos von der Geburt als Befreiung im Exil hervor. (1941 schrieben Erwin Piscator und Alfred Neumann eine Adaption von *Krieg und Frieden*, die damit endet, daß Pierre, dem Schlachtfeld entronnen, ein kleines Kind wiegt: «Ich wollte Napoleon töten und das hier hielt mich zurück... dieses Zeichen und Unterpfand neuen Lebens... heute von gleichem Wert wie der Kaiser, von größerem morgen.»)

Amerikaner zu werden war für den Emigranten-Vater eine schwere und demütigende Erfahrung, und oft machte er Frau und Kinder zum Opfer seiner Frustration. Bestenfalls gestand er sich seine Ratlosigkeit ein. Brecht schreibt über eine Zeit, in der seine Tochter weinend nach Hause kam, weil ihre Mitschüler auf ihr als einer Deutschen herumhackten. Während er sie tröstet, muß er ihr klarmachen, daß es mit der Grausamkeit der anderen politisch seine Richtigkeit hat. In einem anderen Gedicht möchte er seinem Sohn raten, dem Schulwissen zu entsagen, da es entweder korrumpiere oder emigrantischen Überlebensbedürfnissen wenig dienlich sei. Und doch lautet schließlich sein Rat: «Ja, lerne Mathematik, sage ich/Lerne Französisch, lerne Geschichte!»

Die vielen Ortswechsel und Eindrücke hatten bei den Flüchtlingskindern tiefe Spuren hinterlassen. In ihrem Bemühen, sich nunmehr an Amerika anzupassen, kam es häufig vor, daß sie sich des Akzents und der äußeren Erscheinung ihrer Eltern schämten. Verglichen mit ihren Nachbarn waren Flüchtlingseltern oft ärmer, älter und sichtlich sonderbar, zu kosmopolitisch auch für ihre Kinder, die die gleichförmige Konformität in den Nachbarhäusern schätzten. Viele Flüchtlingskinder wurden hervorragende Studenten und entsprachen damit den Mittelklassestandards ihrer erst jüngst verarmten Eltern. Doch als Schüler in Sachen Anpassung verleugneten etliche von ihnen ihr Erbe, vergaßen die Sprache ihrer Kindheit oder weigerten sich, sie zu lernen; es konnte geschehen, daß ein dreisprachig aufgewachsenes Kind innerhalb eines Jahres nur noch über eine einzige Sprache verfügte. (Umgekehrt gab es auch Kinder, die eingesponnen blieben in die Emigrantengemeinde. Wie kleine Adornos verwanden sie es nie, daß Schulen und Jobs ihnen nicht die kulturellen Standards ihrer Elternhäuser boten.) Ein Flüchtlingsvater mochte sich auf diese Weise seiner Frau unterlegen und von seinen Kindern abgelehnt fühlen.

Aber bei allem Engagement, mit dem sich die Flüchtlinge an amerikanischer Kultur und amerikanischem Leben beteiligten und trotz ihrer Dominanz auf manchen Gebieten – es blieb ein Rest von Nichtverstehen: Was in aller Welt hatten sie hier zu suchen? Sie blieben sich ihrer Besonderheit bewußt: Hörten sie einen anderen Emigranten sprechen, folgte unweigerlich die Frage: «So fürchterlich ist mein Akzent doch hoffentlich nicht?»

Das akademische Willkommen

Von den zahlreichen ungewöhnlichen Eigenschaften der Emigranten war eine von praktischem Wert: Sie besaßen Fähigkeiten, die sich verkaufen ließen. Frühere Einwanderer hatten sich Arbeit auf Farmen und in Fabriken gesucht, aber der logische Arbeitsplatz vieler Emigranten war von gehobenerem Status: die Hochschule. Das Bild, das Hitler oder die Massenpresse der Öffentlichkeit davon vermittelte, verlieh ihnen schließlich eine professorale Glorie, und zum erstenmal war so ein Stereotyp auch hilfreich. Innerhalb weniger Jahre galt Einstein bei amerikanischen Schulkindern als Hort und Inbegriff von Gelehrsamkeit; aus jenen Jahren stammt auch das spielerisch-spöttische «Ein Einstein bist du nicht.» 1968 charakterisiert ein wissenschaftlicher Sammelband diesen neuesten Emigrantenstrom als *The Intellectual Migration*. Die Neuankömmlinge eroberten die amerikanische Hochschule. Ein märchenhafter Erfolg, so möchte man meinen, doch verlief sich dieser in einem Kontext steter Enttäuschung und Unsicherheit. Vor allem aber bedeutete beruflicher Erfolg wenig gegenüber dem Wissen, daß die in Europa verbliebenen Angehörigen weiterhin in Lebensgefahr schwebten.

Ironischerweise gereichte es denen, die Hitlers Zorn als erste getroffen hatte, jetzt zum Vorteil. Den 1933 ausgebooteten Hochschullehrern wurde unverzüglich die Hilfe und Gastfreundschaft amerikanischer und britischer Institutionen zuteil. Für sie war der Übergang vergleichsweise leicht. Auch wenn die Hochschulen skandalös niedrige Gehälter zahlten, trafen es diese Professoren doch erheblich besser als Künstler und Schriftsteller und besser auch als ihre später eintreffenden Kollegen. Ohne die Protektion einer Institution mußten viele von ihnen ihren Unterhalt zunächst mit Handlangertätigkeiten verdienen, als Gärtner und Geschirrwäscher, auch als Stauer und Mechaniker, wenn die Körperkraft es zuließ. Eine Agentur bot dem gerade angekommenen Hans Morgenthau einen Job als Fahrstuhlführer an. Der Komponist Paul Dessau arbeitete auf einer Hühnerfarm in New Jersey, der Schriftsteller Walter Mehring war Aufseher in einem Warenhaus auf Long Island. Heinrich Blücher schaufelte in einer Fabrik Chemikalien, Brechts Geliebte Ruth Berlau stand hinter einer Bartheke. Andere fanden schlecht bezahlte Anstellungen im deutschsprachigen Journalismus oder beim Rundfunk.

Viele der später angekommenen Emigranten konnten an ihre akademische Laufbahn nie wieder anschließen. Die Juristen hätten sich zum Beispiel von der lateinischen auf die angelsächsische Rechtstradition umstellen müssen, ganz zu schweigen von den Sprachschwierigkeiten, die zu überwinden waren. Viele von ihnen gaben die Juristerei denn auch ganz auf und versuchten ihr Glück – von der Ägyptologie bis zur Filmregie – in anderen Berufen. Am schwersten hatten es diejenigen, die ohne akademischen Grad kamen und denen es aus sprachlichen und finanziellen Gründen verwehrt blieb, dieses Versäumnis hier nachzuholen. Die Historikerin Toni Oelsner erinnert sich: «Ich ging auf der Suche nach einer Anstellung buchstäblich hausieren, aber in den meisten Fällen war ich eben nur ein Mensch ohne Doktortitel.»

Solche Flüchtlinge blieben da hängen, wo Fachkenntnis geschätzt, wenn auch schlecht bezahlt wurde, jeder von ihnen eine Verkörperung des «ach so»-Spezialisten – der pedantische Pharmazeut, der es in Freiburg vielleicht einmal zum Privatdozenten hätte bringen können, der hysterische Klavierlehrer, der in Wien fast eine musikalische Karriere gemacht hätte. Verglichen mit diesen verhinderten Gelehrten waren die anderen Akademiker, und wurden sie noch so ausgenutzt, auf Rosen gebettet. Doch blieben auch die Emigranten, deren Blütenträume nicht gereift waren, dem Leben der anderen als deren Freunde und Verwandte, Hörer und Leser verbunden. Hans Staudinger, der ehemalige Direktor der New School, sagte einmal: «Das Großartige, aber nie hinreichend Gewürdigte war eigentlich, daß wir unser Publikum mitbrachten.» Er verschwieg, daß zu diesem Publikum viele gehörten, die selbst verhinderte Wissenschaftler und Schriftsteller waren.

Der Übergang zwischen Akademikern und nicht-akademischen Intellektuellen war fließend. Sie alle waren das Produkt einer Generation, hatten zuweilen in denselben Cafés verkehrt. In Europa hatten sie als Goethes, des letzten universalen Menschen, beste Erben eine Gesellschaft von vielseitig Gelehrten und Bewanderten gebildet. Einstein zum Beispiel war Amateurmusiker. Nach einem kleinen Kammerkonzert, das er einmal auf einem großen Fest zusammen mit anderen gegeben hatte, bat er Gregor Piatigorsky um eine kritische Würdigung seines Spiels. «Sie spielen *relativ* gut», gab der Cellist dem Physiker zur Antwort. Arnold Schönberg, der begnadete Zwölf-Ton-Komponist, verstand sich vorzüglich auf Malerei und Dichtkunst; nach seiner Ankunft in Amerika verfaßte er ein Libretto in englischer Sprache. Der Maler Hans Hofmann war einst ein Wunderkind der Physik gewesen und holte sich aus Einsteins Theorie der vierten Dimension Inspirationen für sein Werk. Der Österreicher Robert Musil war nicht nur Romanschreiber, sondern auch Ingenieur und

Philosoph, und ein anderer großer Wiener Schriftsteller, Hermann Broch, befaßte sich mit Logik und Naturwissenschaften.

Die gleiche Vielseitigkeit zeichnete auch die Hochschullehrer unter den Emigranten aus. Helmuth Nathan war Professor für Medizin und zugleich ein professioneller Maler; Hans Winterkorn, seines Zeichens Geologe und Ingenieur, widmete sich im Ruhestand der Übersetzung französischer Symbolisten. Aber Ähnliches galt auch für all die anonymen Heines, die die Konzerte von Artur Schnabel besuchten, die Bücher von Thomas Mann lasen, in Einsteins Vorlesungen gingen und gelegentlich auch selbst Gedichte und Essays für eine jener kleinen Zeitschriften verfaßten, die Teil der Exil-Literatur waren.

Es war also durchaus angemessen, daß sich viele, insbesondere viele jüngere deutsche Hochschullehrer in den USA bald eine Reputation als Generalisten erwarben. Das Springen von einem Gebiet zum anderen, andernorts der akademischen Karriere abträglich, konnte hier die genau entgegengesetzten Folgen haben. Peter Drucker glaubt, daß gerade diese Fähigkeit, sich zwischen den Disziplinen zu bewegen, für den Erfolg seiner Generation verantwortlich war. Diese Flexibilität hatte auch praktischen Wert, denn war im gewünschten Fachgebiet keine Stelle frei, konnte man immer noch ein anderes lehren. (Umgekehrt war Henry Pachter der Meinung, seine amerikanische Karriere habe daran gekrankt, daß seine Vorgesetzten nicht wußten, wo er am besten einzusetzen sei.)

Mit diesen vielseitigen Gelehrten hielten bisher nicht vertretene Disziplinen Einzug in die amerikanische Hochschule, und die alten Disziplinen bereicherten sie um neue Methoden und Verfahrensweisen. In den Sozialwissenschaften war das Willkommen ein ganz besonderes. Es war üblich, daß fortgeschrittene Studenten der Psychologie und Soziologie eine Zeitlang nach Europa gingen. Talcott Parsons und Gordon Allport etwa hatten in Deutschland studiert oder gelehrt. Als Hitler 43 % der deutschen Hochschullehrer ins Exil schickte, waren die Sozialwissenschaftler anteilmäßig am stärksten betroffen: 47 % von ihnen, also fast die Hälfte, verloren ihre Stellung und emigrierten. Dieser außerordentliche Zustrom sollte die amerikanische Hochschule auf Jahrzehnte hinaus beeinflussen. Bis in die siebziger Jahre vertraten die Politikwissenschaftler Karl W. Deutsch und Heinz Eulau und der Soziologe Lewis Coser ihre Disziplinen in führender Stellung: Eulau als Präsident der *American Political Science Association* und Coser als Präsident der *American Sociological Association*. Aber auch in weniger prominenten Stellungen trugen Emigranten dazu bei, deutsche Ideen in Amerika heimisch zu machen. So lernten amerikanische Studenten etwa bei Hans Gerth Max Webers Theorien der sozialen Struktur kennen.

Existentialisten und Psychoanalytiker fanden in Emigranten ihre Wegbereiter. Mit eklektischer Anmut ließ Paul Tillich Nietzsche über die Religion hereinbrechen und tat amerikanischen Kirchenmännern kund, daß Gott tot sei. Gleichzeitig vertrat er – angeregt durch seine aktive Teilnahme an der Emigrantenpolitik und seine Freundschaft mit Wissenschaftlern der Frankfurter Schule – eine radikale Theologie. Viele widmeten sich auch weiterhin der europäischen Geschichte. So entstanden in den USA Robert Kanns Studien zum Habsburgreich, Fritz Sterns Biographie des deutsch-jüdischen Bankiers Bleichröder, Peter Gays Analyse des Weimar-Deutschland und Henry Pachters Exegesen der literarischen Stile deutscher Historiker. Emigrantengelehrte dominierten in Kunstgeschichte und Musikwissenschaft, wenn sie beides nicht überhaupt erst etablierten. Erst mit Arnold Schönberg, scherzten Musikwissenschaftler, sei ihrem Fach das Überleben sicher gewesen. Die Kompliziertheit seiner Theorien habe amerikanische Pädagogen davon überzeugt, daß etwas so Abstruses auch akademisch relevant sein müsse.

Innerhalb der Disziplinen, ob neu oder alt, nahm die methodologische Auseinandersetzung erheblichen Raum ein. Kunsthistoriker lehrten ihre Schüler, Form und Symbol in der Renaissance-Malerei zu verstehen; Hans Hofmann spürte mit Vorliebe historischen Parallelen in den Verfahrensweisen von Künstlern nach, die Generationen, wenn nicht Jahrhunderte trennten. Die Bauhauskünstler und -architekten dagegen hatten der Historie abgeschworen: Ein Walter Gropius, ein Josef Albers waren einfach zu beschäftigt mit den Erfordernissen der Gegenwart, denen es mit jedem beliebigen Objekt gerecht zu werden galt.

Beide – Wissenschaftler wie Künstler – waren sich bewußt, daß ihre hitzigen Methodendebatten auch Spiegel ihrer jeweiligen Haltung gegenüber Geschichte und Politik waren. Franz Neumann schrieb: «Der deutsche Wissenschaftler war im allgemeinen einem dreifachen intellektuellen Einfluß ausgesetzt, dem deutschen Idealismus, dem Marxismus und dem Historizismus.» Der Geist, in dem er groß geworden war, hatte ihn gelehrt, «Theorie und Geschichte hochzuhalten und Empirismus und Pragmatismus geringzuschätzen». Sogar eine materialistische Philosophie wie die des Marxismus verlangte, empirische Daten in die dialektischen Elemente von These und Antithese aufzuspalten. Da diese Elemente häufig verborgen blieben, bekam auch eine Methode, deren Basis der objektive Umgang mit Wirklichkeit war, etwas Spekulatives. Die Methodenlastigkeit der intellektuellen Emigranten war unübersehbar, und manch einer war froh, sich in Amerika eines Teiles dieser gelehrten Bürde entledigen zu können. «Wie wundervoll war es doch, Dinge zu vereinfachen», erinnert sich ein Professor der Literatur. «Wir Deutschen haben die schreckliche Eigenschaft, Grünem den Anschein von Gold zu geben. Diese verfluchte Liebe zum Paradox. Das ist intellektuelles Blendwerk, weiter nichts, und Ihr Amerikaner habt uns davon geheilt.»

Mag sein. Zweifellos empfing man diejenigen mit offenen Armen, die gleich den Amerikanern dem Pragmatismus den Vorzug gaben. Es war, als erwache der alte Konflikt zwischen Österreichern, denen der Deutsche als schwerfällig und langweilig galt, und Deutschen, die ihrerseits die Österreicher oberflächlich fanden, zu neuem Leben – mit dem Resultat, daß es manchem Österreicher besser erging als seinem deutschen Kollegen. Während sich deutsche Wirtschaftshistoriker an der New School abmühten, wirbelten Abkömmlinge der eminent praktischen und prokapitalistischen österreichischen Schule durch Industrie und Universitäten, darunter so bemerkenswerte Männer wie Joseph Schumpeter in Havard und Ludwig von Mises an der New York University. Die logischen Positivisten um Rudolf Carnap und den Wiener Kreis wurden von amerikanischen Philosophen, deren pragmatischen Standpunkt und

Sprachneugier sie teilten, schnell als die ihren anerkannt. Daß der Österreicher Paul Lazarsfeld zum Wortführer der amerikanischen Soziologie avancierte, verdankt er sicher zum großen Teil der Priorität, die er empirischem Datenmaterial einräumte.

Aber es gab auch Neinsager. Für sie waren Pragmatismus und Empirismus die intellektuelle Rechtfertigung einer Haltung des «was ist, ist richtig». Bereits etliche Zeit wieder in Deutschland, schrieb Adorno, in Amerika sei «das Begriffspaar Induktion und Deduktion... der szientifische Ersatz der Dialektik».

Bei Induktion und Deduktion verdichten sich per defitionem Details zu Konklusionen oder folgen aus Konklusionen Details, aber einzig die Dialektik stellt, indem sie die historischen und ökonomischen Kräfte identifiziert, die die Einzelheiten formen, auch einen sozialen Kontext bereit. Die empirische Soziologie amerikanischer Prägung setzte, so fand Adorno, ihre Akzente durchweg an falscher Stelle. Ihre Taschenspielereien mit Einzelfakten enthüllten nichts als die Unangemessenheit ihres Vorgehens – sie waren mit anderen Worten «zirkelschlüssig». Adornos Freund Paul Tillich fand eine andere topographische Metapher: «Das Denken ist hier horizontal, nicht vertikal» – womit er die amerikanische Geisteshaltung als nicht einmal zirkulär, sondern einfach nur flach beschrieb. Die empirische Methode erschien ihnen überdies schrecklich naiv: Wie war es möglich, zu sogenannter Objektivität fortzuschreiten, indem man subjektive Reaktionen auflistete?

Während dieser ganzen Zeit des Sich-Ereiferns über Verfahrensfragen sorgten die Schüler der Emigranten gewissermaßen für Ausgleich, denn amerikanische College-Studenten waren bar jeder Methodenkenntnis. Der Kontrast muß schockierend gewesen sein: abends Debatten unter Erwachsenen, tagsüber die Konfrontation mit den Jungen. Die deutschen Hochschullehrer waren überrascht, wie anders hier die Schwerpunkte gesetzt wurden. Amerikanische Colleges waren «studentenzentriert»; statt vorgeschriebener Seminare hatten die Studenten die freie Wahl. In Europa war der Professor König, aber im demokratischen Amerika wählten ihn die Studenten. Nicht alle Emigranten konnten diesen veränderten Verhältnissen etwas abgewinnen. «Sie bringen so wenig geistiges Rüstzeug mit», klagt noch nach vierzig Jahren ein Historiker, «ich kann mich nicht eines einzigen Studenten erinnern, von dem ich etwas gelernt hätte.» Hannah Arendt war weniger ablehnend. Hans Jonas erinnert sich, daß sie von ihren Studenten immer als von ihren «Kindern» sprach. Aber bei aller Freundlichkeit blieb die europäische Förmlichkeit erhalten. Eine bekannte Anekdote will wissen, daß Wolfgang Köhler einst einem amerikanischen Kollegen antrug: «Lassen Sie doch den ‹Professor Köhler›, sagen Sie einfach ‹Doktor Köhler›.» Wilhelm Reich war so korrekt, daß er seine Frau im Labor nur mit ihrem akademischen Titel ansprach.

Mancher Emigrant wurde auch zum Seminar-Schreck. So jener Professor am New Yorker City College, der zu Beginn jedes Semesters verkündete, er trage zwar einen jüdischen Namen, aber «Ich bin kein Jude.» Oder Bruno Bettelheim, von dem die Fama weiß, er habe einmal eine Studentin darüber aufgeklärt, daß ihr Stricken als Masturbationssymbol zu verstehen sei, und die Antwort erhalten: «Sie machen es auf Ihre Weise, ich auf meine.» Andere Emigranten-Professoren waren weniger spröde.

In Cornell lehrte Vladimir Nabokov seine faszinierten Studenten, die Einzelheiten zu «liebkosen». Der Emigrant machte ihnen ihre eigene Literatur – destilliert zu «erhabenen Einzelheiten» – zum Geschenk. Nabokov entbot seinen Studenten ein bezauberndes Lebewohl: «Die Arbeit mit dieser Gruppe war ein besonders angenehmes Zusammenwirken zwischen dem Springquell meiner Stimme und einem Garten aus Ohren – teils offen, teils verschlossen, viele überaus aufnahmebereit, einige lediglich Gartenzier, aber alle menschlich und prachtvoll.»

Nabokov gehörte zu den Emigranten, die in abgeschiedener ländlicher Umgebung zu sich selber fanden. Nach den unruhigen Städten ihrer Jugend tat ihnen die Ruhe wohl. Der umtriebige Historiker Hans Kohn liebte die für New England so typische würdevolle Atmosphäre des Smith College, wo seine Frau für ihre Kuchen zu Berühmtheit gelangte. Einige dieser Colleges beschränkten den Anteil jüdischer Studenten mittels eines Quotensystems, an anderen waren jüdische Studenten so gut wie gar nicht zu finden. Ganz besonders an diesen Schulen wurden die Emigranten zu Repräsentanten europäischer Kultur, und allein ihre Anwesenheit konfrontierte die Studenten mit der Situation der Hitler-Flüchtlinge. Der schwierige, aber durchaus interessante alte Professor, dessen charmante Frau so appetitliche Kuchen fabrizierte, war sich sehr wohl bewußt, daß er für seine Studenten ein wandelndes Mahnmal für die politischen Realitäten war. Daß er auch Großstädter auf dem Lande, Jude unter Heiden war, jemand, dessen wichtigste wissenschaftliche Beiträge in Foren erschienen waren, zu denen seine Studenten keinen Zugang hatten – all diese Ironie blieb seinem privaten Vergnügen vorbehalten. Man darf bezweifeln, daß die Studenten – abgesehen davon, daß sie die Grammatik der fremden Lehrer verbesserten und sie zu einfacher Redeweise anhielten – viel Veränderung bei ihren Professoren bewirkten. Dagegen trug schon die Anwesenheit der Emigranten auf dem Campus zur Bildung ihrer Studenten bei. Noch vor fünfzig Jahren hatte sich die amerikanische Oberschicht ihren letzten Schliff in Europa geholt. Jetzt kamen Europäer nach Amerika, um die Erziehung junger Amerikaner zu vervollkommnen.

Hitlers Aktionen von 1933 beunruhigten zwar seine Apologeten in London oder Washington kaum, schreckten aber die Versammlung des Völkerbundes immerhin so sehr auf, daß sie ein Hochkommissariat für Flüchtlinge schuf (dessen erster Direktor, Dr. James C. MacDonald, später als erster amerikanischer Botschafter nach Israel ging). Der PEN-Club reagierte mit einer offiziellen Mißbilligung. In England und den USA schossen Hilfsgruppen aus dem Boden, finanziell unterstützt von jüdischen Organisationen und angeführt von Nicht-Juden, gewöhnlich unabhängigen Intellektuellen.

Die ersten dieser Gruppen hatten sich das vernünftige Ziel gesetzt, den Flüchtlingen Arbeitsplätze in amerikanischen Institutionen zu verschaffen. Aber 1930 hatten Ph. D.'s eine schlechte Konjunktur, Tausende amerikanischer Akademiker saßen auf der Straße und begegneten den arbeitslosen Exilanten nicht unbedingt mit Sympathie. Trotzdem fand das Emergency Committee in Aid of Displaced Scholars an 145 Schulen und Colleges ein Unterkommen für 288 ausgebürgerte Wissenschaftler. Mit finanzieller Hilfe der Rosenwald-Stiftung konnten noch einmal 47 Professoren untergebracht werden. In den Memoiren von James Duggan können wir nachlesen, wie sehr die Kongreß-Bibliothek und die New Yorker Stadtbibliothek vom wissenschaftlichen Know-how der Flüchtlinge, die hier als Archivare arbeiteten, profitierten. Duggan würdigt auch die Kriegsleistungen von Physikern und Sozialwissenschaftlern im Rahmen von Regierungsprogrammen und tritt damit dem verbreiteten Vorwurf entgegen, die Flüchtlinge seien als Bürger unzuverlässig. Duggans Geschichte ist eine der glücklichsten der Emigration. Da das Komitee mehr Verrechnungsstelle als Arbeitsvermittlungsagentur war, brauchte es sich mit den inneren Schwierigkeiten von Institutionen mit fest verankerten politischen und weltanschaulichen Identitäten nicht zu plagen. (Auch etliche kleine Gruppen boten den exilierten Wissenschaftlern ihre Hilfe an. Unter ihnen der Refugee Scholars' Fund und der American Council for Scholars, Artists and Writers.)

Die produktivste Arbeit leisteten die Emigranten-Wissenschaftler in Stellungen, die man eigens für sie geschaffen hatte, wobei offen blieb, ob es solche Stellungen gab, um einer Elite zu helfen, oder um sie an sich zu binden und auszubeuten. Nach anfänglicher Dankbarkeit gab es auch Mißtrauische unter den Emigranten; sie waren recht beunruhigt, wenn sie an die Implikationen ihrer institutionellen Einbindung dachten. Mit Ausnahme des privat finanzierten Institute of Social Research kamen alle institutionellen Einrichtungen für Emigranten-Wissenschaftler auf Initiative von Amerikanern zustande (wenn man von Paul Lazarsfelds Bureau of Applied Social Research einmal absieht, das einer Universität angeschlossen war).

1932 bereisten die beiden hervorragenden amerikanischen Pädagogen Abraham Flexner und Alvin Johnson Deutschland. Beide sahen dieselben Zeichen und empfingen dieselbe Botschaft. Zurück in Amerika schritten sie zur Tat. In Princeton machte Flexner, der erste Leiter des Institute of Advanced Study und Experte in Universitätsfragen, Pläne für eine ideale Akademie oder Hochschule, wo Wissenschaftler ohne Druck und Verwaltungsaufgaben würden arbeiten können. Sie war gedacht als Gemeinschaft von Europäern und Amerikanern und sollte Natur- und Geisteswissenschaften unter einem Dach vereinen. Zu den ersten Ankömmlingen gehörten der Kunsthistoriker Erwin Panofsky und der Archäologe Ernst Herzfeld; später wurden Schriftsteller wie Thomas Mann und Hermann Broch Mitglieder des Instituts. Flexners größter Fang war Albert Einstein, obwohl der beileibe nicht immer sehr liebenswürdig mit Flexner umging. Flexners Ideal transzendierte die Politik, aber da das politische Klima alles andere als neutral war, blieb das Institut von Einmischung nicht verschont, und als Einstein erfuhr, daß Verbindungen zur Militärforschung bestanden, war er erregt und beunruhigt. Nicht ohne Einfluß auf seine Ansichten war möglicherweise der junge Emigrant und Ökonom Otto Nathan, der seinerzeit in Princeton lehrte.

Das Institut war finanziell gut bestückt und wunderschön gelegen. Weniger klösterlich und finanziell dürftiger war die Atmosphäre in New York City an der New School for Social Research, die Alvin Johnson 1919 gegründet hatte. Johnson war der klassische neu-republikanische Liberale, ein sozialer Aktivist, wenn auch kein

Marxist. Seine erste Tat in Reaktion auf die Situation in Deutschland war es, Emil Lederer, gebürtiger Österreicher und Ökonom, für sein Institut zu gewinnen. Aus der Anstellung eines Dozenten entwickelte Johnson die Idee, eine ganze politik- und sozialwissenschaftliche Fakultät einzurichten. Als Namen erwog und verwarf er Faculty of Exiled Scholars genauso wie New School Faculty of Political Science und traf mit University in Exile schließlich eine wirklich inspirierte Wahl. Er wollte die neue Fakultät mit Beginn des ersten Semesters der neuen Jahrgangsstufe, d.h. im September 1933, beisammen haben. Als Ein-Mann-Unternehmen konnte er bürokratische Hemmnisse, die andere Wissenschaftler in Europa festhielten, umgehen. Mit harter, zügiger Arbeit und genau umrissenen Auswahlkriterien machte Johnson sich daran, eine Fakultät zusammenzustellen, die im Unterschied zu der von Flexner eine ganz bestimmte Ideologie vertreten sollte.

Johnson suchte sich Männer, die seine politischen und ökonomischen Überzeugungen teilten. Entsprechend seinen aktivistischen, aber nicht-marxistischen Neigungen waren das überwiegend Sozialdemokraten, einige von ihnen – Arnold Brecht, Eduard Heimann, Hans Simons, Hans Staudinger, Julius Hirsch – ehemalige Regierungsbeamte. Sie alle berichteten belustigt, wie viele Flüchtlinge sich ihnen unterwegs als Genossen zu erkennen gaben. «In Deutschland hatten sie uns verflucht. Jetzt hörten wir, daß sie eigentlich schon immer Demokraten gewesen seien.»

Aber die politische Einstellung der «New Schoolers» weckte den Argwohn von Anhängern einer amerikanischen Isolationspolitik und Deutschland-Sympathisanten. Mitte der dreißiger Jahre informierte der Herausgeber des *Jewish Daily Forward* Hans Staudinger und Johnson, daß man deutsch-amerikanische Bundisten und Angehörige der Staatspolizei als Studenten bei ihnen eingeschleust habe, um die ehemaligen Regierungsbeamten auszuspionieren. Dabei waren die Pläne, die Johnson mit seiner Schule verfolgte, ausgesprochen patriotischer Natur.

Weil Johnson erkannt hatte, daß Arbeitslosigkeit ein demokratisches System ernsthaft gefährden konnte, stellte er Arbeitsmarktspezialisten ein. Marxisten waren keine darunter. Die marxistische Ökonomie habe sich überlebt, behauptete Emil Lederer 1939, kurz vor seinem Tod, in einer Veröffentlichung. Eine soziale Revolution hatten diese Wissenschaftler wohl kaum im Sinn, denn, wie Hans Staudinger sagte, «wir alle wußten um die Entfremdung der Arbeit. Und schließlich hatten wir miterlebt, wie die Sozialdemokraten es versäumten, die Arbeiter von ihren Klasseninteressen zu überzeugen. Wir gingen nicht davon aus, daß die Verhältnisse in den Vereinigten Staaten fortschrittlicher waren!»

Als Staudinger in die USA kam, konnte er auf eine umfangreiche Regierungstätigkeit zurückblicken. Während der zwanziger Jahre hatte er eine hohe Beamtenposition in den Wirtschafts-, Industrie- und Handelsministerien der Weimarer Republik inne. 1932 wurde er als sozialdemokratischer Abgeordneter in den Reichstag gewählt. Noch vor Hitlers Machtübernahme hatten die Nazis ihn verhaftet. Seine Schriften gehörten zu den ersten, die verbrannt wurden. Auf eine Intervention des belgischen Königs hin ging Staudinger zunächst für kurze Zeit nach Belgien und emigrierte dann 1934 in die USA. In Deutschland waren sein Charme und seine Erscheinung – «Ich war der Rosenkavalier» – ein beachtliches politisches Kapital gewesen, und beides bewährte sich auch in Amerika. Frau Staudinger stand ihrem Mann an sozialen und administrativen Fähigkeiten in nichts nach. Viele Jahre leitete sie das American Council of Emigrés in the Professions.

Kurz nach seinem Eintritt in die Fakultät der New School bekam Staudinger ein verlockendes Angebot aus der Türkei. Johnson ließ ihn nicht gehen: «Wenn Sie uns verlassen, werde ich die Schule auflösen. Es wird *keine Deserteure* geben.» Staudinger blieb und wurde Dekan der Schule. Johnson hatte nichts dagegen, wenn Hans Speier zur Rand Corporation ging oder Gustav Colum zum Finanzministerium. Er hatte damit gerechnet, daß einige Angehörige seiner Fakultät in Washington Karriere machen würden. Er ärgerte sich auch nicht, als Karl Brandt nach Stanford und Leo Strauss nach Chicago wechselten: Was die New School einbüßte, gewann die amerikanische Hochschule. Aber das Land zu verlassen, das war Verrat am ursprünglichen Entwurf.

Johnson schrieb später, er habe gehofft, den Flüchtlingen die Anpassung zu erleichtern, ohne daß sie ihre kulturelle Vergangenheit verleugnen mußten. Aber da bestand wenig Gefahr. Versammlungen der Graduate Faculty (der neue Name für die Universität im Exil) begannen stets auf englisch, aber mit steigender Erregung wechselte man das Vokabular. Einmal schnellte ein wütender Max Wertheimer aus seinem Sessel hoch und fuhr einem Kollegen auf deutsch mit «Das ist nicht wahr» über den Mund. Nach einem Seminar fragte Kurt Wolff seine Frau: «Warum sprechen sie eigentlich nicht Deutsch?» Dann dachte er an ihre Syntax und ihren abstrakten Wortschatz und fügte hinzu: «Im Grunde sprechen sie sowieso immer Deutsch.» Amerikaner, die mit der New School zu tun hatten, machten sich einen Spaß daraus, den Emigranten in ihrem Kampf mit der englischen Sprache beizustehen. Wenn Hans Kohn gestikulierend nach dem richtigen englischen Wort suchte, kamen ihm seine Studenten aus allen Ecken mit Vorschlägen zu Hilfe.

Der Ökonom Adolph Lowe und Hans Staudinger organisierten das Institute of World Affairs. Wieder einmal wurden Johnsons Wissenschaftler zur Zielscheibe ignoranter Kritik. Johnson verwahrte sich dagegen und teilte dem rechten Kongreßabgeordneten Hamilton Fish mit, das neue Institut werde ebenso «hilfreiche Forschungsbeiträge» leisten, wie es zuvor die Arbeits-Studien gewesen seien. Im Rahmen des neuen Instituts entstanden eine Reihe von Büchern, einschließlich wichtiger Untersuchungen zur Propaganda, die von der Oxford University Press verlegt wurden. Johnson behielt auch dieses Mal recht: Die Propaganda-Studien gesellten sich als besonderes Spezialgebiet der Flüchtlinge zur Untersuchung über die Arbeitslosigkeit, beide gespeist aus früherer und böserer Erfahrung in Deutschland.

1940, nach dem Fall von Dünkirchen, konnte Johnson seine New School mit finanzieller Hilfe der Rockefeller Foundation um eine Abteilung für französische Emigranten erweitern. Zu den deutsch sprechenden Mitgliedern der Graduate Faculty hielt die Ecole Libre von Beginn an Distanz. «Sie hielten die New School für eine Art deutscher Ränkeschmiede», erinnert sich Staudinger. Sie verliehen ihre eigenen akademischen Grade und machten keinen Hehl aus ihrem Wunsch, mit Kriegsende nach Frankreich zurückzukehren. (In ihren Veröffentlichungen war davon allerdings nichts zu lesen. In zahlreichen Artikeln versicherten die französischen Flüchtlinge Amerika ihrer dankbaren Ergebenheit.) Sogar diejenigen, die – wie Claude Lévi-Strauss – nicht gleich nach Hause zurückkehrten, widmeten der New School nach dem Krieg nicht mehr viel Zeit.

Rückblickend hält Staudinger die Untersuchungen zur Phänomenologie und Gestaltpsychologie für das Bedeutendste, was die New School hervorgebracht hat. (Die Opposition der amerikanischen Behavioristen ließ den Gestalt-Theoretikern in der Tat kaum andere Lehrmöglichkeiten.) Einen ähnlichen Rang erkennt er dem Theaterprogramm von Erwin Piscator zu. Wie der Komponist Hanns Eisler galt Piscator an der Fakultät unbestritten als Linker, doch insgesamt war die New School geprägt vom hochherzigen, gemäßigten Liberalismus Alvin Johnsons. (Es war eine traurige wie typische Ironie, daß sogar diese Politik von den Angriffen der «America First»-Vertreter in den dreißiger und der kalten Krieger in den fünfziger Jahren nicht verschont blieb.) Von allen emigrantischen Hochschulgruppierungen beschäftigte einzig die New School Veteranen der politischen Arena, solche Männer schickte man nicht einfach weiter. Paradoxerweise zeigte sich bei ihrer Auflösung, daß diese berühmteste Schule die am wenigsten gefestigte Identität besaß. Wie um den pluralistischen Stil im Kleinen zu wiederholen, den ihre Mitglieder an der amerikanischen Politik rühmten, waren an der Institution die unterschiedlichsten Methoden beheimatet. Sie war Forum für so unabhängige Denker wie Hannah Arendt, ihren ersten und ihren zweiten Ehemann, Günther Anders und Heinrich Blücher, Henry Pachter, den traditionelleren Politikwissenschaftler Hans Morgenthau und den Soziologen Albert Salomon, aber auch für Linke wie Erwin Piscator und Konservative wie Leo Strauss. Diese illustre Vielfalt sorgte denn auch dafür, daß keine Position, es sei denn die liberaler Demokratie, die Oberhand gewann. Aber wäre es – angesichts der Natur von Johnsons Entwurf – fair oder auch nur möglich gewesen, einen strikteren und kohärenteren Kurs zu erwarten?

Genau das bot eine dritte Zuflucht den Emigranten, die allerdings – wenn auch nicht zufällig – ihren Ursprung in Deutschland hatte. Es war dies das Institute of Social Research. Ein gewisses globales Anliegen teilte es mit der New School for Social Research, aber damit endeten auch die Gemeinsamkeiten zwischen beiden Institutionen. Während der Emigranten-Fakultät der New School respektable Veteranen von SPD und DDP angehörten, war die Ausrichtung des Instituts marxistisch, wenn auch von ganz spezifischer Art. Seine Mitglieder waren jünger, und eigentlich hätte ihnen die Anpassung an Amerika leichter fallen müssen. Doch obwohl aus dem Institut eine Reihe bedeutender Studien über die amerikanische Gesellschaft hervorgingen, wurden die Institutsangehörigen mit Leben und Sprache nie warm. Jahrelang gaben sie eine Zeitschrift in deutscher Sprache heraus, die sich an ein ebenso erlesenes wie kleines Publikum wandte.

Das Institut war in Frankfurt unter der Leitung des Soziologen Max Horkheimer entstanden. Mit seinen oft schwer verständlichen Spekulationen, die ihre Wurzeln nicht nur bei Marx, sondern auch bei dessen philosophischen Vorgängern hatten, dazu mit einer Faszination für Psychoanalyse und avantgardistischer Kunst, besaß das Institut eine große Anziehungskraft für linke Wissenschaftler und Schriftsteller, einschließlich Walter Benjamins und Paul Tillichs. Es bot genau das, was viele junge Deutsche interessierte. In den Berliner Cafés diskutierte man endlos über das Arkane und das Demiotische und das, was beides verband. Die Frankfurter Wissenschaftler wechselten zwischen gelehrter Argumentation und belletristischem Impressionismus hin und her, brachten zuweilen beides in einer Arbeit, oder, wie Adorno, in einem Absatz zusammen.

Auch in philosophischen Fragen nahmen sie eine Sonderstellung ein. Ihr marxistisches Erbe tat sich kund in ihrer Verachtung für das Trachten der logischen Positivsten nach mathematischer Präzision und im Verzicht auf metaphysische Spekulation. Die Frankfurter sahen darin nicht Klärung, sondern Verdunklung. Bereits 1931 schrieb Adorno, daß der neue soziologische «Nominalismus» – die Beschäftigung mit isoliertem Datenmaterial – den Klassenbegriff zur Gänze aufhebe.

Aber trotz ihres vielbeschworenen Interesses an den Beziehungen zwischen den Klassen, waren die Frankfurter unabhängige Linke. Sie schafften es, sich marxistischer Theorien und Methoden zu bedienen, ohne marxistische Ziele und Schlußfolgerungen zu akzeptieren. Sie konnten lang und breit die Unsinnigkeiten kapitalistischer Produktion und Verteilung analysieren, ohne je eine politische Alternative entgegenzusetzen: Daß andere Linke in der Sowjetunion die Inkarnation der historischen Synthese sahen, hielten sie für Vulgärmarxismus. Tatsächlich bemerkte Adorno einmal, die Philosophie müsse auf ihrem beschwerlichen Weg fortfahren, da der historische Augenblick ihrer Realisierung bereits vorüber sei. Siegfried Kracauer, ein Mentor Adornos, sagte später, daß «Teddys» dialektische Sprünge und Wendungen zu sozialen Konzepten führten, die «zu weit waren, als daß sie irgendeine soziale Realität hätten erfassen können».

Diese methodische Besessenheit, gepaart mit der Weigerung, Ziele zu formulieren – vergleichbar einem Atheisten, der zum listigsten Manipulator christlicher Apologetik geworden ist –, erschien im Urteil von Beobachtern je nachdem als brillant, melancholisch, unpraktisch oder geschraubt. Politisch aktivere Emigranten bekrittelten, daß Klagen ohne Verankerung in der praktischen Politik intellektuelle Gymnastik seien. Bei solchen Linken hießen die Institutsräume in Anspielung auf den Direktor «Café Max» oder weniger wohlwollend «Grand Hotel Abgrund».

In Deutschland wie in Amerika flossen den Frankfurtern erhebliche Geldmittel zu. Horkheimer selbst war, wie Herbert Marcuse sich erinnert, in finanziellen Dingen ein Hexenmeister, obwohl er sich schon in Deutschland beklagt hatte: «Alles bleibt auf mir hängen.» Zu den Mitgliedern des Institus gehörten etliche Söhne reicher Väter. Mit dem großbürgerlichen Einkommen eines Friedrich Pollock wurde der Mandarin-Marxismus eines Adorno finanziert. Einer der Gönner des Instituts, Dr. Felix Weil, war wohl zugleich auch sein glühendster Marxist. Er war lange Zeit der Mäzen von George Grosz, und dessen Freund und alter Dadaisten-Kollege Wieland Herzfelde ist immer noch davon überzeugt, daß Weil der einzig wirkliche Linke der Gruppe war. Herzfelde erinnert sich auch an Weils Vater, einen argentinischen Weizenhändler, der die Sowjetunion in ihren frühen Jahren mit Weizenspenden unterstützte. Für die übrigen Frankfurter findet er so harte Worte wie «überhebliche Dilettanten» und «inhumane Klugscheißer»: «Sie nannten sich Institut für Sozialforschung, ich nenne sie Institut für Sozialfälschung.»

Das Institut hatte bereits in Deutschland seine Feinde und fand nach der Umsiedlung 1934 in den USA wenig Freunde. Doch wie es heißt, konnte es dank der Unterstützung von Leuten wie Weil rund zweihundert emigrierten Wissenschaftlern helfen. Allerdings hat man sie auch der Günstlingswirtschaft bezichtigt und der Engherzigkeit gegenüber dem Philosophen Ernst Bloch, der mit seiner Verquickung von Marxismus und Judentum eine religiöse Gestimmtheit vorwegnahm, die später auch im Werk des Instituts spürbar wurde. Trotz ihrer Isolation mauserten sich die Männer rund um das Institut allmählich zu mindestens ebenso illustren Gestalten, wie es die Mitglieder der New School's Faculty waren: Der Rechtswissenschaftler Otto Kirchheimer gehörte dazu, Marcuse, Leo Löwenthal, Erich Fromm, Horkheimer und vor allem Adorno.

Theodor Wiesengrund Adorno (er hatte den Namen seiner Mutter angenommen – um, wie unterstellt wurde, seine jüdische Herkunft zu verbergen) war der vielseitigste Gelehrte der Gruppe – Philosophie und Soziologie beschäftigten ihn ebenso wie Literatur und Musik – und ihr bester Schriftsteller. Mit seinem Stil überwand er die Barrieren zwischen Kunst und Hochschule. Er konnte so theorethisch sein, daß die meisten seiner Leser Mühe hatten, mitzuhalten, um dann mit wundersamen Pirouetten ein Thema zu umtanzen, das zuvor Gegenstand pedantischer und unerbittlichstrenger Untersuchung gewesen war. Schon in Frankfurt war er für seine Kollegen etwas Besonderes gewesen, ein Proteus-Verstand. Zu seinem Glück fand er in Horkheimer sowohl einen Förderer wie einen Beschützer. Das Urteil seiner Studenten war weniger delikat. So sagt ein bekannter Verleger: «Adorno war schrecklich, einfach schrecklich. Er war arrogant und affektiert. Er war so deutsch; alles komplizierte er. Die simpelsten Dinge übersetzte er in seine Metasprache, lehnte sich zurück und weidete sich an deiner Verwirrung.» Adorno hat die Arroganz seiner frühen Jahre später zugegeben. Er vereinigte jugendliches Dandytum – er soll ein ausgezeichneter Tänzer gewesen sein – mit der Überheblichkeit des Avantgardisten, der da glaubt, bevorzugten Zugang zum Geist der Zeit zu besitzen. Später war es ihm ein Trost, daß nur er und sehr wenige andere das Wesen des Unterdrückers verstanden hatten: Er gesellte sich zu denen, die die Flagge der Negation schwangen. Kein Temperament schien für Amerika weniger geeignet als das seine, und doch wurde er ein unbarmherziger Beobachter seiner Kultur.

1934 bot Nicholas Murray von der Columbia University dem Institut Büroräume an. Obwohl andere Mitglieder schon länger am Ort waren, blieben Horkheimer und Adorno die unbestrittenen Führer. In der ersten Zeit hielten sie an europäischen Themen fest. In einem Essay mit dem Titel «Die Juden und Europa» argumentiert Horkheimer, um den Faschismus verstehen zu können, müsse man erst den Kapitalismus verstanden haben. Er nahm diesen Aufsatz später nicht in seine Gesammelten Werke auf. (Karl August Wittfogel behauptet, das Institut habe den Faschismus als

Objekt kritischer Zurückweisung erst in Amerika entdeckt.) Gelegentlich gaben die Institutsmitglieder Seminare oder steuerten Beiträge zu Aufsatzsammlungen anderer Emigranten bei, zogen es im übrigen jedoch vor, sich zu isolieren, und das sowohl von den Amerikanern als auch von ihren Landsleuten. Ihre *Studien über Autorität und Familie* (1936) veröffentlichten sie zum Beispiel auf deutsch. Sie hatten sich hier übrigens auch amerikanischer empirischer Untersuchungsmethoden bedient und waren zu dem Schluß gelangt, daß die bürgerliche Familie für autoritäre Manipulation von innen und von außen anfällig sei.

Hinter philosophischen Differenzen verbargen sich diametral entgegengesetzte Auffassungen über die Art der in der Emigration möglichen Arbeit. Während die geistige Präsenz des Soziologen Karl Mannheim der New School ihre Farbe gab, definierten sich die Frankfurter als kritische Theoretiker. (In Frankfurt hatten Horkheimer und Adorno an Diskussionsrunden mit Karl Mannheim und Adolph Lowe teilgenommen.) Subjektives Zentrum von Mannheims «Wissenssoziologie» war der «freischwebende Intellektuelle», der sich in seinem Trachten nach Wissen über alle Ideologie erhebt; Eklektizismus und Pluralismus waren seine methodischen Eckpfeiler. Zudem fanden sich die widrigen Umstände der Emigration hier bildhaft vorweggenommen. Insgesamt sprach diese Soziologie die liberalen Demokraten der New School mit ihrem – von Alvin Johnson anempfohlenen – Interesse am unmittelbar Praktischen sehr an. Der Kreis um Adorno fand Mannheims Soziologie «reflexiv» (meditativ und quietistisch), wo sie «kritisch» (theoretisch-wachsam) hätte sein sollen. Mannheims Bejahung von Konsens und Anpassung bedachte Adorno mit spöttischer Verachtung: Er hält diesen «Materialismus» für «verwandt dem eines Familienoberhauptes, das es von vornherein für ausgeschlossen hält, daß sein Sprößling je einen neuen Gedanken denken könne, da ohnehin alles schon gedacht sei, und das diesem daher empfiehlt, lieber ordentlich Geld zu verdienen».

Adorno schreckt vor amerikanischen Methoden zurück; er entdeckte, daß sich der europäische Intellektuelle im «Supertrust» amerikanischen Lebens «als autonomes Wesen auszumerzen habe». Ein solcher Emigrant könne sich nur behaupten, wenn er es vermeidet, mit der Welt einen Vergleich zu schließen. Sich der Macht zu widersetzen, bedeute zugleich eine Absage an den Empirismus, der die Welt mit Hilfe der Ausdrucksformen der Welt zu definieren suche. Noch Jahre später, in Deutschland, als Horkheimer längst kapituliert hatte und sich guten Gewissens der empirischen Forschungsmethoden bediente, machte Adorno unverändert Front gegen die verbissene Beschreibung dessen, «was ist».

Es gab noch weitere Differenzen. Während sich die New School so praktischen Dingen zuwandte wie Arbeitslosigkeit und Propaganda und Soziologen wie Paul Lazarsfeld jedem «qualitativen» Aspekt in «empirischen Analysen» subjektiver Reaktionen entsagten, hatte im Frankfurter Pantheon die Kunst den Vorrang. Um die soziale Relevanz von Kunst aufzuzeigen, ging man zurück bis zu Goethe und Schiller. Dabei gelang das Kunststück, transzendentale (Kunst als *promesse de bonheur*, wenn auch nicht hier und nicht jetzt) und dialektische Sichtweise (zu jedem Zeitpunkt der Geschichte hatte Kunst den Geist des Protestes verkörpert) zu verbinden. Ziel von

Kunst war es – heute mehr denn je –, die herrschenden Werte der kapitalistischen Gesellschaft zu negieren oder ihnen zu widersprechen. Nicht offen allerdings, denn Agitprop war Adornos Sache nicht. Für ihn bestand die revolutionäre Rolle der Kunst darin, sich dem Weltenlauf einzig durch die Form zu widersetzen, auch durch den wohlüberlegten Einsatz populärer Formen. Für die Massen Partei zu ergreifen hieß nicht, auch ihren schlechten Geschmack zu übernehmen. Da populäre Kunst ihrem Wesen nach heiter-affirmativ ist, forderte Adorno eine Kunst von höchster Schwierigkeit: Dem Kitsch eignete seiner Meinung nach schon fast etwas Faschistisches, und die Einführung des bloß Hübschen kam einem politischen Ausverkauf gleich.

Verglichen mit dem, was an den anderen Instituten geschah, klang das abstrakt und elitär. Adorno und Horkheimer haben die Berechtigung solcher Attribute stets in Abrede gestellt. Sie nahmen für sich in Anspruch, einer nostalgischen Sehnsucht nach großer Kunst entgegenzuwirken und die Massenkultur nur soweit zu attackieren, wie sie Vehikel sozialer Ungerechtigkeit war. Vielleicht war es einzig eine ästhetische Reaktion, daß Adorno verachtete, was dem Volk gefiel, und die schwierigsten Avantgardisten von Schönberg bis Beckett hochhielt. Doch stellt er einem späten Aufsatz über sein Idol Arnold Schönberg dieses Keats-Zitat voran: «Heard melodies are sweet, but those unheard are sweeter.» So wie Keats in tonlosen Liedern verging, forderte Adorno eine Musik, bei der der Hörer die Stille mit nahezu übernatürlicher Bewußtheit zu füllen hatte. Zwar waren die Lieder in einer Weise atonal, die Keats noch nicht hatte erahnen können, doch entsprang Adornos Antwort unverändert romantischer Tradition.

Auch die Sprache war ein Mittel, sich der Assimilation zu widersetzen. Die Frankfurter schrieben vornehmlich auf deutsch, weil sie seine präzise Grammatik der philosophischen Spekulation angemessener fanden. Und mehr noch, indem sie den Geist deutscher Kultur, wie er in der Sprache beschlossen war, lebendig erhielten, nahmen sie die Wiedergeburt der Sprache im Nachkriegsdeutschland vorweg. Sie verhielten sich wahrlich nicht wie Menschen, die zum Bleiben entschlossen waren. Wenn Paul Lazarsfeld und andere sie wegen ihres hermetischen Zugangs zur Sprache angriffen, reagierten die führenden Köpfe des Instituts gereizt. Für sie war es gerade die Sprache, mit der sie sich von der «Konsens»-Prosa der New School und Lazarsfelds kommerziellem Diskurs unterschieden. Horkheimer schrieb: «Daß die deutschen Geistigen nicht lange brauchen, um mit der fremden Sprache umzuspringen wie mit der eigenen, sobald diese ihnen die zahlenden Leser sperrt, rührt daher, daß ihnen Sprache immer schon mehr im Kampf ums Dasein als zum Ausdruck der Wahrheit diente.»

Damit verurteilt er die Flüchtlinge, die ein amerikanisches Publikum erreichen möchten, spricht der englischen Sprache die Möglichkeit ab, Träger von Wahrheit zu sein, und dem englischsprachigen Publikum die Fähigkeit, diese Wahrheit zu erkennen. Der Frankfurter Gelehrte Ernst Bloch unterschied zwischen den Künstlern, die sich hinter den Traditionen der Emigrantengemeinde verschanzten, und denjenigen, die sich entschlossen hatten, den Schritt hinaus zu tun und Amerikaner zu werden: Es fällt nicht schwer, diese Unterscheidung an den Institutsmitgliedern nachzuvollziehen. «Sie waren isoliert», sagte Hans Staudinger, «wir waren *nicht* isoliert.» Doch gestand er zu, daß die Rückkehr der Frankfurter nach Deutschland – und ihr späterer beträchtlicher Erfolg daselbst – einen Grund möglicherweise gerade darin hatte, daß sie sich in Amerika isoliert gefühlt hatten.

Nach Ende des Zweiten Weltkriegs kam vom Bureau of Applied Social Research der Columbia Universität das Angebot, das Institut innerhalb einer Abteilung, die dem alten Frankfurter Freund und Kollegen Paul Lazarsfeld unterstand, in die Struktur der Universität zu integrieren. Horkheimer lehnte ab und berief sich dabei auf die «Freiheit in unserem Institut». Mit einem Seitenhieb auf Lazarsfeld erklärte er sich als nicht zuständig für Big Business und Massenkultur-Publicity. So standen Philosophie, Sprache und Kommerz einem Anschluß an ihre Mit-Emigranten, einem Zusammenschluß ihrer Kräfte entgegen.

Doch gerade diese Abstinenz bewahrte ihnen ihren klaren Blick. Vielleicht fehlte es ihnen an Aufmerksamkeit für kulturelle Feinheiten, die sich nur denen enthüllen, die sich einlassen, aber rückblickend betrachtet hat das Institut mit der Wahl seiner Interessenschwerpunkte prophetische Kraft bewiesen. Die Studien zum religiösen Vorurteil, zum Niedergang des Familienverbandes und zur populären Kultur, die aus ihm hervorgingen, trugen entscheidend dazu bei, wichtige Gebiete zu etablieren, auf denen Emigranten dann auch federführend wurden. Von den drei Instituten, die sich dem Namen nach der Sozialforschung verschrieben hatten, leisteten die isolierten Frankfurter die bemerkenswerteste Arbeit.

So kommen die bedeutendsten Beiträge zum amerikanischen Bildungswesen vielleicht von Männern, die Amerika stets mit Furcht und Widerwillen betrachteten; letzteres sicher aus marxistischem Argwohn einer kapitalistischen Gesellschaft gegenüber, auch wenn sich die Radikalität der Frankfurter in Amerika nur behutsam und literarisch-akademisch äußerte. Zum Beispiel erschien in ihrer *Zeitschrift* auf deutsch die überarbeitete Fassung eines Aufsatzes – «Das Kunstwerk im Zeitalter seiner technischen Reproduzierbarkeit» –, den Walter Benjamin, der Mentor Adornos, geschrieben hatte. Benjamins Originaltext schließt mit folgender Beschreibung: «So steht es um die Ästhetisierung der Politik, welche der Faschismus betreibt. Der Kommunismus antwortet ihm mit der Politisierung der Kunst.» Die *Zeitschrift* ersetzte «Faschismus» durch «die totalitäre Doktrin» und «Kommunismus» durch «die konstruktiven Kräfte der Menschheit», eine nebulöse Interpretation von Benjamins Aussage. Dergleichen editorische Probleme hat es zwischen Benjamin und Adorno mehrfach gegeben. Adorno war der Ansicht, daß Benjamin – wie Brecht den politischen Gebrauch von Kunst proklamierend – den revolutionären Techniken zuviel Bedeutung beimaß und die Kräfte des Marktes, die diese dann kommerzialisierten und verharmlosten, übersah. Vielleicht hatte er recht. Gleichwohl eignete den metapolitischen Lehren, die Adorno Benjamin und Brecht erteilte, etwas Groteskes, wenn man bedenkt, daß die Belehrten zu jener Zeit um ihr Leben fürchten mußten: Sie hatten ihren «Vulgärmarxismus» im Europa Hitlers über den Äther verkündet. Von Benjamin wissen wir, daß er sich angesichts dieser Kritik Adornos fühlte, als gebe der Boden unter seinen Füßen nach.

Trotzkistische, stalinistische, ja sogar liberale Publikationsorgane hätten sich weniger verschlüsselt ausgedrückt. Die *Zeitschrift* erschien auf deutsch, und ihr Leserkreis war recht klein. Warum also diese Vorsicht? Das Herumpfuschen an Benjamins Text ist ein Beispiel für die Paranoia, die vielen Flüchtlingen eigen war. Noch 1944 hatte Horkheimer die Befürchtung, daß die Amerikaner radikalen Emigranten – «einer Handvoll ausländischer Intellektueller, die ihre Nasen in die Privatangelegenheiten amerikanischer Arbeiter stecken» – nicht eben viel Sympathie entgegenbrachten.

Doch noch im selben Jahr entdeckte das Institut, daß es letztlich doch von Vorteil war, eine deutliche Sprache zu sprechen. Mit den Schriften über die Auswirkungen des Faschismus zu Hause und in Europa erreichte man schließlich auch ein amerikanisches Publikum. Ebenfalls 1944 veranstaltete das Institut eine Vortragsreihe, die regen Zuspruch fand und in deren Verlauf Leo Löwenthal, Pollock, Marcuse und Kirchheimer über den Nationalsozialismus sprachen. Leo Löwenthal berief sich auf die Studien Bruno Bettelheims (die damals Gegenstand heftiger Kontroversen waren) und legte dar, daß der Faschismus bei den Insassen von Konzentrationslagern so etwas wie einen völligen Zusammenbruch psychischer Funktionen bewirkt habe – eine Analyse, die den düsteren Visionen der Frankfurter zur Massenkultur und ihrer abstumpfenden und entpersönlichenden Wirkung nahekommt.

In jenem Jahr noch begannen Horkheimer und seine Kollegen – finanziell unterstützt vom American Jewish Committee – mit einer Reihe von Studien über das Vorurteil. Als Bertolt Brecht von diesem Projekt hörte, prophezeite er, daß seine Emigranten-Kollegen jeglichen Zusammenhang zwischen Antisemitismus und Kapitalismus ignorieren würden. Dem hielt Adorno entgegen, die Marxsche Klassenanalyse sei nicht mehr zeitgemäß. Hinter diesem Argument argwöhnte Brecht Opportunismus. Er bezweifelte, daß die Komitee-Sponsoren eine marxistische Interpretation tolerierten. Zwar bedienten sich die Studien der neuesten Techniken der Datenauswertung und psychoanalytischer Exegese, doch schaffte man es tatsächlich, den wichtigen Fragen von Sozialstruktur und Klassenanalyse aus dem Weg zu gehen und auch die Tatsache herunterzuspielen, daß Antisemitismus und Kommunistenhatz im allgemeinen zwei Triebe derselben giftigen Pflanze sind. Aber es gab noch einen anderen, gleichsam intimeren Hintergrund für Brechts Äußerung. In den dreißiger Jahren hatte er in einem Parabel-Spiel den Verdacht geäußert, reiche Juden seien durchaus willens, mit den Nazis auf Kosten armer – jüdischer wie arischer – Arbeiter Geschäfte zu machen. Eine solche Unterstellung wäre abscheulich – hätte sie nicht eine gewisse Berechtigung: Es hat wirklich jüdische Bankiers gegeben, die Hitler auf seinem Weg an die Macht großzügig unterstützt haben.

Nach Brechts Überzeugung war das Forschungsprojekt darauf angelegt, die Werte seiner Sponsoren und damit letztlich auch die des politischen und ökonomischen Systems widerzuspiegeln, in dessen Rahmen die Arbeit ermöglicht wurde. Da die Frankfurter immer ein sehr feinsinniges Gespür für den materialistischen Ursprung jeglicher Ausdrucksform bewiesen hatten, überrascht es, daß ihnen entging, in welche Nähe sie Form und Verfahrensweise zu anderen subventionierten akademischen

Forschern brachte. Bist du arm, ist dir kein Geld zu schmutzig, hätte der Zyniker Brecht dazu bemerken können.

Für die Untersuchungen gewann das Institut hervorragende Gelehrte: Bruno Bettelheim *(Die Dynamik des Vorurteils)*, Marie Jahoda *(Antisemitismus und emotionale Störung)* und Paul Massing (Rehearsal for Destruction). Von diesen dreien gehörte nur Massing zur Horkheimer-Gruppe. Marie Jahoda war die ehemalige Frau von Paul Lazarsfeld und wurde später seine Kollegin am Bureau of Applied Social Research der Columbia Universität.

Die größte Berühmtheit erlangte die Studie *Die autoritäre Persönlichkeit,* die unter der Leitung Adornos entstand. Eigens für diese Studie entwickelt wurde die F-Skala, ein Instrument, mittels dessen man faschistische Tendenzen präzise zu erfassen glaubte. Die Skala basiert auf Antworten zu Fragen etwa nach ästhetischen Vorlieben, Rassenvorurteilen, politischem Konservatismus. In späteren Jahren hat dieses Verfahren wegen seiner statistischen Mängel viel Kritik erfahren. Ironischerweise geht es zurück auf die empirische Methodologie der 1936 auf deutsch erschienenen Studien zu Autorität und Familie. Adorno selbst gestand später zu, daß das Buch zu lang geraten sei und zuweilen zirkulär argumentiere. Es betrübte ihn auch, daß die seiner Meinung nach vielversprechendsten und originellsten Fäden seiner Untersuchung, etwa seine geliebte Korrelation von autoritären Persönlichkeitszügen und Mißfallen an moderner Kunst, nicht zu verifizieren waren, da die Mehrzahl seiner Probanden mit großer Kultur nie in Berührung gekommen war. Überrascht hat ihn die Entdeckung, daß der «nette», konventionelle junge Mann freier von aggressiven Tendenzen war als alle anderen. Zu ihrem großen Kummer mußten die intellektuellen Emigranten zur Kenntnis nehmen, daß sie – was Zorn und Pessimismus betraf – etliche Eigenschaften mit dem autoritären Typus teilten.

Die für die Emigranten vielleicht schmerzlichste Vorurteils-Studie war *Propheten des Betrugs* (1949), eine Analyse der amerikanischen Demagogen, gemeinsam verfaßt von Leo Löwenthal, im Institut zuständig für die Kritik amerikanischer literarischer Stile, und Norbert Guterman. Die Arbeit beschreibt die pöbelhafte Hetze gegen Juden, Linke und Emigranten – im Grunde gegen all jene, die nicht in Amerika geborene Weiße christlichen Glaubens waren. Deprimierend zu lesen sind die Urteile, die manche Amerikaner für Flüchtlinge bereithielten: Sie galten ihnen als «widerwärtig», als «Untermenschen», als mit amerikanischer Lebensart unvereinbar. Der Arbeit selbst ist es weniger um bestimmte Aspekte der amerikanischen Geschichte zu tun, als um die Entfremdung der Amerikaner von ihrem europäischen Ursprung. Ökonomische Betrachung findet kaum statt, es überwiegt die Psychoanalyse.

Seltsamerweise hatten die Verfechter geistigen Widerstands hier ihre Kräfte für etwas eingesetzt, das letztlich auf bürgerliche Propaganda hinauslief. Laut Leo Löwenthal waren die Studien geplant als politisch-pädagogisches Massenprogramm, als eine Art Feuerwehr. Ob nun in Übereinstimmung mit den Wünschen ihrer Geldgeber oder aus Verzweiflung über den Bildungsmangel ihrer amerikanischen Leserschaft, die Frankfurter entsagten komplexer Exegese und begnügten sich mit weniger geschliffenen Aussagen. Ursprünglich hatten sie sogar eine Reihe von

Pamphleten populären Kalibers geplant. Die Ironie lag, wie Löwenthal selbst zugibt, darin, daß der Antisemitismus eigentlich nie ihr vorrangiges Anliegen gewesen sei. Eine «Familienangelegenheit» vor der Öffentlichkeit zu verhandeln, hatte für sie etwas Degoutantes.

Wenn sie die Gründe ihrer Emigration öffentlich analysierten, hörten sie sich an wie amerikanische Mainstream-Liberale. Statt den Vorwurf der «Unvereinbarkeit» zu begrüßen – denn damit waren sie wohl, zumindest aus der Sicht der Kritischen Theorie, zutreffend charakterisiert – schrieben die Frankfurter so, als teilten alle sensiblen Leser ihre Hochachtung vor der berühmten bürgerlichen Toleranz gegenüber Andersdenkenden, eine Haltung, die ihr Kollege Herbert Marcuse schließlich als hohl bezeichnen sollte (vgl. Kapitel 19). Löwenthal wurde später Forschungsleiter bei der «Stimme Amerikas», wo er seine Haltung – mit Einschränkungen – beibehielt.

Paul Lazarsfeld, der spätere Direktor des Bureau of Applied Social Research, kam bereits 1933, fünf Jahre vor Adorno, nach Amerika. In Europa hatten beide Männer als Wunderkinder gegolten, und in Amerika verhalf Lazarsfeld Adorno zu seiner ersten Stellung. Aber beide waren auch oft uneins. Lazarsfeld fand die europäische Soziologie überfrachtet mit spekulativer Theorie. Er selbst interpretierte Daten und favorisierte das Adjektiv «angewandt». Für Adorno definierte just dieses Beiwort den Unterschied zwischen seiner Art der Sozialforschung und der Lazarsfelds. Angewandt von wem? Auf was? Oder wie Walter Benjamin fragen würde: «Wem nützt diese Technik?» Das waren die Fragen eines kritischen Theoretikers. Für einen angewandten Forscher gingen sie am Wesentlichen vorbei, waren Teil eines völlig anderen Diskurses. Als Beispiel zitiert Lazarsfeld Adornos ästhetisierte Formulierungen, seine Beschreibung von Reaktionen auf Musik, die, so Adorno, zuweilen als Befreiung verborgener sexueller Wünsche wirke, und das besonders bei Frauen, die Musik als eine Art Abbild ihres männlichen Partners zu betrachten schienen. Leider hat diese Art sexistischer Spekulation Tradition, und Lazarsfeld trat ihr in der Soziologie zu Recht entgegen.

In einem privaten Brief an Adorno macht Lazarsfeld die Unterschiede zwischen ihnen noch deutlicher: Andere nenne er «Neurotiker» und «Fetischisten» und lege dabei doch selber in seinen mit lateinischen Wörtern gespickten Texten fetischistische Neigungen an den Tag, obwohl er – Lazarsfeld – ihn beschworen habe, sich einer «solideren» Sprache zu bedienen. Adornos Arroganz provozierte Lazarsfeld zu seiner wohl barschesten Bemerkung: «Sie und ich, wir sind uns über die Vorzüglichkeit bestimmter Teile Ihrer geistigen Arbeit durchaus einig. Sie aber glauben, weil Sie in einigen Punkten recht haben, hätten Sie überall recht. Ich dagegen bin der Meinung, daß Sie, gerade weil Sie in einigen Dingen recht haben, die Tatsache übersehen, daß Sie in anderen Punkten unmöglich sind; und der Leser wird Sie letztlich aufgrund der Dinge, die einfach empörend sind in Ihrer Arbeit, und an denen er sie leicht packen kann, insgesamt für unmöglich halten.» Dieser Kritik am Hochmut von Schriftstellern, die ihre brillanten Einsichten und «unsäglichen» Irrtümer unter der stillschweigenden Voraussetzung ins Werk setzen, daß es Sache des Lesers sei, herauszufinden, wo sie recht haben und wo sie fürchterlich irren, ist fast nicht mehr zu begegnen.

Lazarsfeld selbst hatte ein zu gutes Auge für sein Publikum, um in den Fehler Adornos zu verfallen. Und doch war auch er nicht frei von teutonischer Arroganz. In einem rückblickenden Aufsatz zitiert er aus einem Brief von einem frühen amerikanischen Freund, der ihn aufklärte: «Man fühlt sich nicht sicher bei Dir..., dazu bist Du immer zu groß und nie bescheiden genug.» – «In den ersten Jahren», bekennt Lazarsfeld selber, «bin ich mit meinen Assistenten und Studenten recht grob umgesprungen, habe sie angeschrien, wenn sie bei Aufgaben versagten; aber ich mache mir gerne vor», scherzt er, «daß sich mein Verhalten in dem Moment geändert hat, wo ich lernte, die Gabel beim Essen in die rechte Hand zu nehmen.» Adorno hätte solchen Humor zweifellos entwürdigend gefunden.

Lazarsfeld bemühte sich aktiv um ein Publikum. Er war eine Neuschöpfung der Emigration: ein Gelehrter, Produkt erlesenster europäischer Bildung, der sich «eigenhändig» eine Position auf dem Markt erkämpft. In Österreich war er Schüler Alfred Adlers gewesen, des soziologischsten aller Freud-Nachfolger. 1930, einige Jahre nach Erlangung der Doktorwürde, bot er in Wien seine Dienste einer amerikanischen Gruppe an, die daran interessiert war, den Einsatz angewandter Psychologie für geschäftliche und betriebliche Zwecke voranzutreiben. Von 1930 bis 1931 führte er mit seinen Kollegen die wohl erste Erhebung unter Rundfunkhörern durch. Im Verlaufe dieser Untersuchungen stellte er Unterschiede im Geschmack der einzelnen Klassen fest. In späteren Jahren ersann er drei mögliche Methoden soziologischer Analyse: Die erste erfaßt Anzahl und besondere Merkmale der untersuchten Personen; die zweite hält fest, wann sie sich wie verhielten; und die dritte erkundet ihre Motivationen. Eine Synthese aller drei Vorgehensweisen würde vermutlich enthüllen, welcher Personenkreis welche Art von Radioprogrammen aus welchen Gründen hört – die kommerziellen Implikationen lagen auf der Hand. So gab Lazarsfeld etwa zwei recht dubiose Interpretationen dafür, daß Konsumenten aus der Arbeiterklasse süße Schokolade und stark riechende Parfums bevorzugten, reiche Konsumenten dagegen nicht. Psychologisch interpretierte er diese Vorliebe als Hunger nach Genuß oder Lust, während es – aus soziologischer (und dialektischer) Sicht – die Reichen nicht nötig hatten, ihren «sinnlichen Reichtum» zur Schau zu stellen.

1935, zwei Jahre nach seiner Ankunft, tat Lazarsfeld in einem Aufsatz, den er zusammen mit Arthur Kornhauser geschrieben hatte, der amerikanischen Geschäftswelt kund, er habe ein Verfahren entwickelt, mit dem sich «Konsumentenverhalten vorhersagen und kontrollieren» lasse, eine «systematische Erfassung der Motivationen von Kaufverhalten». Kritikern, die die notwendigen Forschungen im Vorfeld solcher Erhebungen für endlos hielten, entgegnete er: «Der Forscher muß sehr viel mehr vom Land kennen, als den Flecken, wo er sein Zelt aufbaut.» Sortiere man die «besonderen Ursachen, die die äußere Situation bereithält», aus, könne man zu den «natürlichen Wunschäußerungen» vorstoßen. Dahinter stand impliziert die Annahme, daß diese dann zum Wohle des Auftraggebers ausgebeutet werden könne.

Eine eindeutigere Bestätigung dafür, daß das «Natürliche» programmiert und selbst in seinem Wunschaspekt unfrei ist, konnten sich die Frankfurter nicht wünschen.

Lazarsfeld ließ solche Kritik unberührt. Er hatte keine Mühe, sich dem amerikanischen Stil anzupassen. Als er nach einem englischen Titel für eine frühe Arbeit über angewandte Forschung suchte, stieß er auf eine Werbeanzeige des Floristengewerbes, die die Zeile enthielt «Say It with Flowers». Das Buch, an dem sein Kollege Hans Zeisel entscheidenden Anteil hatte, erschien dann als *Say It with Figures* (1947). Sein Landsmann Oskar Morgenstern nannte seine Beratungsfirma «Mathematics Inc.», ein für Amerika sehr geschickt gewählter Name, legte er doch nahe, daß auch die abstrakteste aller Disziplinen zum kapitalistischen Werkzeug werden kann. Einer der sentenzhaften Sätze Adornos lautet: «Wahr sind nur die Gedanken, die sich selber nicht verstehen.» Für Lazarsfeld und Morgenstern hatte Abstraktes keine Mühe, sich selber zu verstehen. Mit Wiener Grillenhaftigkeit hielten sie Zahlen für durchaus in der Lage, zu sprechen und sich selbst in einen Zusammenhang einzufügen.

Eine Zeitlang arbeitete Lazarsfeld unter der Präsidentschaft von Frank Kingdon für die Universität von Newark und wurde dann der erste Leiter des Office of Radio Research, einer Einrichtung, die von den Rockefellers unterstützt wurde. 1939 verlegte man sie von Princeton nach Columbia, wo Lazarsfeld dann bis zum Ende seiner akademischen Laufbahn blieb. Zu seinen Mitarbeitern zählten viele bekannte Gelehrte, darunter seine Frau, die Psychologin Herta Herzog, der Soziologe und vergleichende Literaturwissenschaftler Leo Löwenthal und auch Adorno. An die Adresse des nationalen Rundfunkverbandes gerichtet, erklärte Lazarsfeld 1941, daß «Kommunikationsforschung» mit dem Ziel, die Reaktionen von Rundfunkhörern – potentiellen Konsumenten also – zu erfassen, nunmehr «ein gemeinsames Unternehmen von Industrie und Universität» sei, von dem der Handel wenig zu fürchten habe. Geben Sie Raum für gelegentliche intellektuelle Kritik, sagte er, und wir werden Wege finden, «Kritik nutzbringender und handhabbarer zu machen». Lazarsfeld wollte seine Forschung institutionalisieren, um Objektivität zu gewinnen und um jede noch verbliebene emotionale Haltung auszumerzen. Die Scheidung zwischen kritischer und positivistischer Schule war jetzt endgültig vollzogen, und Lazarsfeld blickte nicht zurück. Er übernahm die Leitung des Bureau of Applied Social Research der Columbia Universität, ein Institut, das aus dem Rockefeller-Projekt hervorgegangen war. Hier entwickelte er seine Methoden zur Marktreife und untersuchte für Werbeagenturen und industrielle Auftraggeber die Hörgewohnheiten von Rundfunkhörern.

Die Beteiligung von Universitäten an Auftragsarbeiten war seinerzeit höchst umstritten. Lazarsfeld war seinen Kritikern gegenüber durchaus aufgeschlossen. Einige von ihnen befürchteten, die Wissenschaftler könnten «käuflich» werden und über der Marktforschung Probleme auf Kosten der «Forschungsmaschinerie» vernachlässigen. Persönlicher und im Grunde irrelevant war die Behauptung, an solchen Instituten seien Nonkonformisten ohne Chance, es sei denn, sie ließen sich korrumpieren.

Wie Lazarsfeld selbst dem, was er tat, gegenüberstand, läßt sich dem Beispiel des von ihm so genannten «institution man» entnehmen. In dieser emigrantischen Wortschöpfung steht «Institution» nicht etwa für Konformität. Fast eine amerikanische Variante von Musils *Mann ohne Eigenschaften* ist der ‹institution man›, «eine Randfigur, die zwei verschiedenen Kulturen angehört... Je nach Begabung und äußeren Umständen kann er zum Revolutionär, zum Surrealisten oder auch zum Verbrecher werden... In manchen Fällen treibt ihn seine Marginalität aber auch dazu, innerhalb von Institutionen etwas zuwege zu bringen.» Statt vor den Paradoxen seiner zweifachen Zugehörigkeit zu kapitulieren, beutet er sie aus. Die Institution macht ihn sozusagen frei. Letztlich gereicht, wie im Falle Lazarsfelds, die «institutionelle Innovation» allen Beteiligten zum Vorteil. Das ist eine zwar geistreiche, doch unredliche Rechtfertigung für die Manipulation von Konsumentenbedürfnissen. Aber sie macht auch deutlich, warum Lazarsfeld nicht blind war für die Mängel seines eigenen «institutionellen Systems»: Als Randfigur war er kein integraler Teil davon, blieb immer bereit zum Sprung in die andere Kultur, wo er sich mit jenen traf, die sein positivistisches Treiben geringschätzten.

Das Werk Lazarsfelds ist geprägt vom Bewußtsein stets wechselnder Allianzen. 1954 schrieb er: «Gelegentlich geht der Bürger mit der Industrie eine Allianz gegen die Regierung ein, dann wieder mit der Regierung gegen die Industrie; manchmal sieht er sich auch selber einer Allianz von Regierung und Industrie gegenüber.» Anhänger der Frankfurter Schule wie Herbert Marcuse würden nur die dritte Möglichkeit billigen. Lazarsfeld entschied sich dafür, ein «institution man» zu bleiben, und verkehrte seine revolutionären Neigungen zu Berichten über Zyklen und Wahlgewohnheiten. Es war zum großen Teil seiner Arbeit zu verdanken, daß man mittels mechanischer Beobachtungssysteme nunmehr nahezu alles erfassen konnte – von politischen Präferenzen bis hin zu Vorlieben für eine bestimmte Geschmacks- oder Duftnote von Mundwasser oder Deodorant. Für seine Verfahren und dafür, daß er untersuchtes Verhalten jeglichen Kontextes beraubte, traf ihn die Kritik rechter wie linker Emigranten.

Ein früher Mitarbeiter Lazarsfelds war Hans Zeisel, der später zum anerkannten Experten für das amerikanische Rechtssystem wurde. Vor einiger Zeit ging er in einem Brief an die *New York Times* mit den Verfechtern der Todesstrafe ins Gericht, aber auch mit bestimmten statistischen Quantifizierungsmethoden: Ein Spiel, in dem die Zahlen als Sieger hervorgingen, sei es nicht wert, gewonnen zu werden. In wissenschaftlichen Periodika griff man Lazarsfeld auch dafür an, wie sein amerikanischer Partner Bernhard Berelson aus «wertfreien» mathematischen Modellen Daten gewann, um mit ihnen elitäre und antidemokratische Aussagen zu stützen. In beiden Fällen blieb dem «Sag es mit Zahlen» der Beifall versagt. Zuweilen kam Lazarsfeld seinen Kritikern auch zuvor. 1954 finanzierte die Ford-Stiftung im Rahmen ihres Program on Economic Development and Administration Lazarsfelds Analyse «Some Reflections on Business: Consumer and Manager». Eigentlich, so stand in seinem Bericht zu lesen, dürfe es der Soziologe mit keiner Seite halten, auch wenn seine Forschung tendenziell dazu beitrage, die Geldgeberseite auf Kosten der Verbraucher zu bereichern. Auf fast komische Weise weltfremd klingt das Zugeständnis, es wundere ihn nicht, wenn manch einer seine Arbeit für «sozial gefährlich», ausbeuterisch oder demagogisch halte. Er fragt sich zweifelnd, ob die von ihm entwickelten Methoden wohl den Beifall zukünftiger Historiker finden werden. Er geht sogar soweit, sich auszumalen, wie eine «politökonomische Machtelite» von Manager und Bürokraten – zweifelsohne bewaffnet mit Gallup-Ergebnissen und *television ratings* – einmal die amerikanische Demokratie zerstört.

Bereits wieder in Deutschland, stellt Adorno 1967 fest: «Heute, da der besser bezahlte Bürochef in die Nachfolge des Gelehrten einrückt, wird der Mangel an Geist nicht nur als Tugend dessen gefeiert, der uneitel und wohlangepaßt dem Team sich eingliedert, sondern obendrein durch die Einrichtung der Forschungsgänge institutionalisiert, welche die Spontaneität des einzelnen kaum anders kennen denn als Reibungskoeffizienten.»

Totaler läßt sich Lazarsfelds Vorgehen – Adornos Generalisierungen sind von persönlicher Geschichte nicht unbeeinflußt – oder die Gefahr, die mit institutioneller Schirmherrschaft einhergeht, nicht an den Pranger stellen. Nach über zwanzig Jahren in den USA waren den Emigranten, dafür hatten die das akademische Establishment kontrollierenden Kräfte gesorgt, nurmehr zwei – gleichermaßen unannehmbare – Möglichkeiten geblieben: die des unabhängigen Intellektuellen und die des «institution man».

Lazarsfelds Selbstdarstellung liest sich wie eine Beweisschrift für die Anklage. Indem man mit soziologischen Meßinstrumenten die Zusammenhänge zwischen politischen Präferenzen und Konsumentengeschmack erfaßt, so offenbart sie, schafft man die Grundlage dafür, was Adorno deren Administration nannte. Die Anwendung von Forschung machte den Soziologen zum Bürokraten im Dienste des Unterdrükkers. In den Augen vieler hat die politische Demokratie durch ihre enge Verflechtung mit Massen-Marketingstrategien einen großen, wenn nicht entscheidenden Schaden davongetragen. Der Konflikt zwischen Adorno und Lazarsfeld war mehr als nur ein Flüchtlingsgespräch. Die USA bot Bühne, Gelegenheit und Inhalt. Wenn Adorno recht hat, steht Lazarsfelds Aufstieg für den Verfall der US-Demokratie. Aber vielleicht konnte es überhaupt nur ein Flüchtling zur peripheren Position eines «institution man» bringen. Ganz sicher war es einzig einem intellektuellen Flüchtling vorbehalten, Marktforscher, Revolutionär und Surrealist zu Brüdern zu machen; und nur er wußte, den verborgenen Witz zu schätzen, der darin lag, die eigene Korruption zu entlarven – analytischer Jargon gepaart mit Galgenhumor. Wenn wir, wie Yeats sagt, Kunst aus den Streitgesprächen mit uns selber machen, war es das, was Lazarsfeld mit den anderen Generalisten, die Künstler und Gelehrte zugleich waren, verband.

«Wir hatten zweierlei zu tun», erinnert sich ein Emigrant, «wir mußten ein neues Leben beginnen und die in Sicherheit bringen, die wir zurückgelassen hatten.» Sich amerikanischen Bräuchen anzupassen und amerikanisches Geld zu verdienen, das war sicher nicht leicht, aber ein Kinderspiel verglichen damit, was die zweite Aufgabe an Dringlichkeit und zugleich Enttäuschung bereithielt. Die Emigranten stießen nicht gerade auf überwältigende Hilfsbereitschaft. Führende amerikanische Juden – darunter Bernard Baruch als prominentester Geschäftsmann und Walter Lippmann als einflußreicher Journalist – hätten es schon aus Furcht vor einer neuen antisemitischen Welle in den USA lieber gesehen, sie hätten sich eine andere Zuflucht gesucht. Viele Amerikaner, ob gebildet oder nicht, fürchteten angesichts dieser Heerscharen vielseitig befähigter Emigranten um ihre Chancen auf dem Arbeitsmarkt – gerade ihre Flexibilität machte die Flüchtlinge zur Bedrohung. Im Januar 1941 berichtete der Social Security Board, daß etliche Arbeitgeber es nicht nur ablehnten, Nicht-Amerikaner einzustellen, sondern auch den Kindern und Enkelkindern von Ausländern einen Arbeitsplatz verweigerten. Von rechts tönten die vertrauten Phrasen von politischer Bedrohung, zionistischer Verschwörung und «ausländischen Radikalen». Die Linke bemühte sich eine Zeitlang nach Kräften, den Emigranten zu helfen. Aber nach dem Pakt zwischen Molotow und von Ribbentrop vom August 1939 deuteten die amerikanischen Kommunisten den vehementen Antifaschismus der Flüchtlinge zur Begleiterscheinung imperialistischer Politik um. Verlassen von der Linken und verflucht von der Rechten, mußten die Emigranten feststellen, daß das Geschäft der Rettung weitgehend ihnen allein überlassen blieb.

Da die meisten von dieser USA der Wall Street und des Ku Klux Klan nie viel Hilfe erwartet hatten, standen sie jetzt um ihrer Landsleute willen zusammen. Das führte zu seltsamen Koalitionen zwischen Menschen unterschiedlichster Einstellungen und politischer Überzeugungen, und die Ängstlicheren unter ihnen sahen durchaus auch die Gefahren des «Mitgefangen = Mitgehangen», die diese Situation barg. Besonders vorsichtig waren die Hochschullehrer, die am meisten erreicht und somit am meisten zu verlieren hatten. Zwischen einigen Wissenschaftlern kam es während der dreißiger Jahre zu mörderischen Zankereien. Man beschuldigte sich gegenseitig des mangelnden Antifaschismus: «Sie konnten nicht auf ihre verdammten Sommerferien in Europa verzichten», eifert sich ein unversöhnlicher Emigrant noch heute. Doch wandten sich auch viele von ihnen der Politik zu.

Zum Komitee der Fünfzehn, das William Alan Nielson, Präsident des Smith College, auf die Beine stellte, gehörten amerikanische Pädagogen wie Lewis Mumford und Van Wyck Brooks ebenso wie bemerkenswerte Emigranten wie Albert Einstein, Thomas Mann, die italienischen Politiker Salvemini und Borgese und der Historiker Hans Kohn, der am Smith College lehrte. 1940 veröffentlichten sie ein Manifest, in dem sie erklärten, daß «die Ächtung des Krieges... der nächste Schritt zu menschlichem Fortschritt» sei und bleibe. Die Autoren wußten, daß dieser «nächste Schritt» nirgendwo in Sicht war. Immerhin war es der Versuch einflußreicher Emigranten, in gemäßigtem, gedämpftem Stil und der Sprache seriöser Wissenschaftler, die ihren Sherry im Faculty Club nehmen, ihre amerikanischen Kollegen zu erreichen. Doch in einer Zeit, in der kein politischer Standpunkt nicht auch kontrovers war, fand das Komitee seine nun wahrhaftig nicht ungewöhnliche Position als hinterlistige neue Form der Kriegstreiberei gebrandmarkt. Während der Dauer des Molotow-von Ribbentrop-Paktes hatte Hans Kohn immer wieder Streit mit stalinistischen Kollegen, die sich jede verbale Attacke auf den friedliebenden Verbündeten der Sowjetunion verbaten.

Wagten Emigranten sich in weniger abgeschlossene Kreise, sahen sie sich in einem Tauziehen zwischen Linker und Rechter gefangen, an dem sie zwar nicht beteiligt waren, das ihnen in vielen Fällen aber für Jahre nachhing. Manche wurden zum Aushängeschild von – unter anderem auch kommunistischen – Organisationen, ohne sich des politischen Charakters bewußt zu sein. Die berühmten Emigranten mögen sich auch gesagt haben, der Kampf gegen den Faschismus sei wichtiger als sektiererisches Gezänk. Rechte traten mit Ausnahme der katholischen Monarchisten nicht in Erscheinung, und die wurden aufgewogen von der American Guild for Cultural Freedom, an deren Spitze der liberale österreichische Katholik Prinz Hubertus zu Löwenstein, Thomas Mann und der New School-Gründer Alvin Johnson standen.

In den dreißiger Jahren, zu einer Zeit, als Präsident Roosevelt bei Reaktionären als Agent der Sowjetunion galt, waren Emigranten, die eine offene Sprache führten, oft Ziel rechter Angriffe. In der *Saturday Evening Post* und dem *American Magazin* erschienen Artikel, die – ganz auf der Linie von Botschafter William Bullitt – «liberale Flüchtlinge» zu Angehörigen der fünften Kolonne erklärten. (Vielleicht besteht ein gewisser Zusammenhang zwischen Bullitts maßloser Radikalenangst und seiner frühen, unglücklichen Ehe mit Louise Bryant.) Dagegen nahm eine Artikelserie des *Saturday Review of Literature* die Emigranten in Schutz und prophezeite überschwenglich ihren künftigen Einfluß auf das Land («Es wird einmal wichtig für uns sein zu wissen, was Amerika ihnen bedeutet», schrieb Henry Seidel Canby 1940. Zum Zeichen des Mitgefühls richtete der New Yorker *Herald Tribune* unter dem Titel «Where Are They Now?» eine wöchentliche Kolumne ein.)

Die allgemeine Hatz auf Linke zwang Alvin Johnson und Frank Kingdon, öffentlich zu erklären, daß sie Gegner von Kommunismus und Faschismus gleichermaßen seien. Doch Faschismus-Feindschaft führte unvermeidlich zu mehr oder weniger gewolltem Mitläufertum. Die aggressivsten antifaschistischen Gruppen waren – bis zum August 1939 – die marxistischen Organisationen. Das Exiled Writers' Committee stand den Kommunisten nahe. Da konventionellere Institutionen politisch unorthodoxen Flüchtlingen nicht zur Seite standen, sorgte das Komitee für mexikanische Transitvisa, so daß viele Radikale, die hilflos in Europa festsaßen, in die Vereinigten Staaten gelangen konnten. Am 5. Juni 1939 berichtete die *New York Times* über eine Konferenz des Amerikanischen Schriftstellerkongresses an der New School. Die Schlagzeile lautete «Emigrantenleid bewegt Schriftstellerkonferenz: Viele Zuhörer weinen»; und darunter las man «Anwesende standen gebeugten Hauptes, als Namen von 45 Getöteten bekanntgegeben wurden». Die Liste, die auch die Namen von sieben im spanischen Bürgerkrieg gefallenen Amerikanern enthielt, verlas Langston Hughes, der Jahre später seine Teilnahme an derartigen Veranstaltungen leugnen sollte. In einer Resolution rief die Konferenz zu «internationaler Solidarität» auf und betonte die Notwendigkeit, Hitler «ernst» zu nehmen.

Für die Reden hatte man liberale Themen gewählt. Kenneth Burke analysierte Hitlers Anziehungskraft für die Massen, ein Phänomen, das Emigranten schon seit fast einem Jahrzehnt beschäftigte. Malcolm Cowley berichtete mit heiterem Ton, daß New York nicht zuletzt mit der Ankunft der Emigranten zum «kulturellen Mittelpunkt der Welt» geworden sei. Das Bewußtsein kulturellen Verlustes klang dagegen in den Worten des Arbeiterschriftstellers Oskar Maria Graf an: «Wir waren so naiv zu glauben, daß man die große Arbeit unserer Kultur weder beschmutzen noch entstellen könne». Über Pathos und Leid des Flüchtlingslebens sprachen die Schriftsteller Ludwig Renn («Mit seinen glänzenden Möglichkeiten und großen Gefahren die seltsamste aller neuen Professionen») und Erich Franzen («Das Schlimmste am Exilantendasein ist das Gefühl, nirgendwo hinzugehören und nicht gebraucht zu werden... Der Emigrant stellt fest, daß es keine soziale oder kulturelle Einheit gibt, deren Funktionieren er versteht.») Manfred George, der Herausgeber des *Aufbau*, mahnte zur Solidarität: «Wir müssen zusammenhalten, auch wenn sich unsere Überzeugungen unterscheiden», – etwas, das sich kaum zwei Monate später, nach dem Hitler-Stalin-Pakt, als unmöglich erweisen sollte.

Die Konferenz schloß mit einer Reihe von Resolutionen, in denen man prominente Antisemiten, darunter J. Edgar Hoover, Father Charles Coughlin, den Kongreßabgeordneten Martin Dies und Fritz Kuhn, verurteilte und zu vermehrter finanzieller Unterstützung, gemeinsamen künstlerischen Projekten und zur Zusammenarbeit auch mit schwarzen Autoren aufrief. Donald Odgen Stewart, Wortführer der Linken Hollywoods, wurde zum Präsidenten gewählt, als Vizepräsidenten fungierten unter anderem Langston Hughes, Ernest Hemingway und John Steinbeck. Natürlich ernannte man Thomas Mann zum Ehrenpräsidenten.

Linke Flüchtlingsgruppierungen blieben klein und isoliert. Von amerikanischen Linken trennte sie die Sprachbarriere, Deutsch-Amerikaner hatten nur Geringschätzung für sie. (Amerikaner französischer Abstammung nahmen ihre Landsleute herzlicher auf.) Die Emigranten waren daran möglicherweise nicht ganz unschuldig, erhoben sie sich doch zuweilen über die Ansässigen, trugen ihren Stolz auf ihre Kultur, vielleicht auch auf ihre gesellschaftliche Herkunft (ihre ökonomische Klasse) allzu deutlich zur Schau. Aber all das ändert nichts an der Tatsache, daß Hitler unter den Deutschamerikanern große Sympathien genoß.

Politisch mochte sich der linke Flüchtling von seinem konservativeren Landsmann unterscheiden, gemeinsam war beiden ein recht abgehobenes Bewußtsein ihrer Erfahrung. «Mit den Worten *Ich bin ein Emigrant* stellte er sich über alle anderen, und niemand widersprach ihm», schreibt Hannes Schmidt. «Er sprach von Einheit und meinte seine eigene Partei und deren Anhänger.» Radikale Politik, das war für manche die Wiederholung alter Weimarer Debatten, zuweilen in derselben Besetzung, immer in derselben Sprache. In Deutschland hatte ihr politisches Engagement sie jede freie Minute gekostet. Sie hatten – auch das ein Teil ihrer politischen Arbeit – Sommerlager organisiert und soziale Vereinigungen auf die Beine gestellt. Ähnliche Organisationen entstanden jetzt auch in den USA: Wieder, wie einst zu Hause, das harmonische Miteinander von Gymnastik und Diskussion; wieder galt es, den Körper für die Politik zu stählen. Einige solcher sozialistischer Sommerlager, organisiert von alten Linken in angemieteten Gemeindehäusern, haben bis heute überlebt: eine Referenz der alten Kämpen an ihre Jugend in Deutschland und ihren jugendlichen Radikalismus.

Die deutschen Gruppen, die sich in den USA wieder zusammenfanden, waren so streitfreudig wie eh und je. Die Kommunisten schmähten die Sozialdemokraten als «Reformisten», und die Sozialdemokraten verweigerten sich jeglicher Zusammenarbeit mit «Stalinisten». Von 1936 bis 1959 – die meisten führenden Sozialdemokraten waren längst nach Deutschland zurückgekehrt – erschien die von Gerhart Seger herausgegebene sozialdemokratische *Neue Volks-Zeitung*.

Das Gesetz zwang die kommunistischen Emigranten zwar, mit ihrer wahren Überzeugung hinter dem Berg zu halten, gleichwohl arbeitete man eng mit heimischen Linken und linken Gewerkschaften zusammen. Eine führende Gruppe war der Deutsch-Amerikanische Kulturverband (DAKV), eine weitere Organisation, die sich mit Thomas Mann als Ehrenvorsitzendem schmückte. Daß der DAKV nach Hitlers Einmarsch in die Sowjetunion eine Kehrtwendung vom Pazifismus zum Interventionismus vollzog, war zu erwarten. Gemäß Stalins Volksfrontpolitik hatte auch der DAKV bis 1942 zahlreiche andere Arbeiterorganisationen zur Unterstützung eines German-American Emergency Committee gewonnen, für dessen Publikationsorgan *German-American* so prominente Kommunisten wie Gerhardt Eisler schrieben.

Überängstliche rechte Emigranten wähnten sich allerorten von kommunistischen Agenten umgeben. Rudolf Brandl, der ehemalige Herausgeber des *Aufbau*, ließ auf eigene Kosten Broschüren drucken, in denen er vor dem angeblich von Kommunisten korrumpierten neuen Herausgeber Manfred George und seinem Mitläufer und Gesinnungsgenossen Oskar Maria Graf warnte. Während des Krieges verteilte eine Sozialarbeiterin namens Ruth Fischer vor Flüchtlingsversammlungen Flugblätter gegen ihre radikalen Brüder Gerhardt und Hanns Eisler. Später verbreitete sie ihre Anschuldigungen in der Hearst-Presse und vor dem Kongreß.

Die humanistische Mitte und die nicht-marxistische Linke waren angesichts des Molotow-von Ribbentrop-Paktes zutiefst entsetzt und erschüttert. Thomas und Klaus Mann distanzierten sich von der Volksfront-Gruppe German-American Writers' Association (mit ihrem Präsidenten Oskar Maria Graf), weil sie deren Parteilinie, die das Bündnis zwischen Deutschland und der Sowjetunion als Pakt gegen die «militaristisch-imperialistischen» Mächte England und Frankreich feierte, nicht mitzutragen vermochten. Selbst ergebene Gesinnungsgenossen konnten nicht billigen, was ihnen als Schritt zurück erschien. Karl August Wittfogel erinnert sich, daß Hanns Eisler tobte, Stalin sei genauso schlimm wie Hitler, und ein Freund Brechts gesteht, daß der Stückeschreiber sehr bittere Gefühle hegte, als er sich in der

Sowjetunion während der Dauer des Paktes mit antifaschistischen Äußerungen zurückhalten mußte. Klaus Mann schrieb: «In unseren Kreisen ist das notwendige Mindestmaß an gemeinsamen politischen Prinzipien und Zielen nicht mehr vorhanden.» Und dabei blieb es bis zu Hitlers Einmarsch in die Sowjetunion.

In einer Zeit, in der radikalen Emigranten nur Feindschaft entgegenschlug, erreichten diese Gruppen außer ein wenig Hoffnung bei ihren Mitgliedern kaum etwas. Einfluß auf die Ereignisse in Deutschland hatten sie ganz sicher nicht. Während des Zweiten Weltkrieges gab es den Rat für ein Demokratisches Deutschland (*Council for a Democratic Germany*), – mit Sitz in Mexico City –, der im übrigen eine gute Presse hatte. Vorsitzender war Paul Tillich, aber wirklich geführt wurde der Rat von Alexander Andersch, einem alten Berliner Dadaisten-Kollegen der Brüder Herzfelde. Tillichs Vorsitz war Zeichen dafür, daß es immer noch gelingen konnte, deutsche Linke unterschiedlichster Überzeugungen zusammenzubringen; daß Mexiko marxistischen Flüchtlingen so großzügig Gastfreundschaft gewährte und viele Radikale, darunter Brecht, sich mit dem Rat solidarisch erklärten, erleichterte diese Arbeit. Trotz all ihrer Beteuerungen, es gebe weiterhin eine lebendige Opposition gegen Hitler, waren die Ratsmitglieder im Juli 1944 von der Verschwörung der Generäle nicht weniger überrascht als alle anderen; aber offensichtlich wäre ihnen ein Arbeiteraufstand lieber gewesen.

Die Gruppe «Neuer Anfang» war sehr klein, besaß aber einen recht starken Einfluß. Ihr Führer, Karl Frank, alias Paul Hagen, hatte sich in Deutschland für eine Union aller Arbeiterorganisationen, einschließlich der KPD, eingesetzt. (Diese Großzügigkeit und Vorurteilsfreiheit trug ihm später den von Ruth Fischer vorgebrachten Vorwurf des «Krypto-Kommunismus» und die Verweigerung eines Ausreisevisums ein.) In Deutschland umfaßte Franks Gruppe 1934 etwa dreihundert Mitglieder; 1939, nach seiner Ankunft in den USA, waren es, trotz der Beachtung, die seine Zeitschrift *In Re: Germany* fand, sehr viel weniger. Die Gruppe besaß weder Schlagkraft noch Zugang zu besonderen Informationen. Doch die vielleicht produktivste Aktion, um den politischen Querelen unter den Emigranten zu entrinnen, war jene letzte Rettungsanstrengung, die Frank 1940 nach dem deutschen Einmarsch in Frankreich über Varian Fry in die Wege leitete.

Daß bei der umgehenden Angst vor einer fünften Kolonne linke Emigranten an der Ostküste zur besonderen Zielscheibe von Verfolgungen wurden, war fast zu erwarten. Am 18. Mai 1941 ließ die Regierung fünfhundert illegale Einwanderer verhaften. Der linke Kongreßabgeordnete Vito Marcantonio setzte sich mit großem Engagement für sie ein. In einer Rundfunksendung protestierte er am 12. Juni leidenschaftlich gegen diesen Angriff auf Arbeiter und Nicht-Staatsbürger. «Es darf keine Gestapo in Amerika geben», sagte er und verurteilte die Konzentrationslager-Akte von Hobbes, die Vorkehrungen traf für eine Internierung von nicht-abschiebbaren Ausländern und ihnen überdies eine Verhandlung vor dem Schwurgericht verweigerte. In den «Alien and Sedition Acts» von 1798 fand er Vorläufer für derartige Mißhandlungen. Aber Vito Marcantonio machte sich auch für die gängige Linie stark und verwahrte sich gegen Agitatoren, die «freiheits- und friedliebende Amerikaner» in einen «imperialistischen Krieg» locken wollten. Zehn Tage später, nach dem Einmarsch der Deutschen in die Sowjetunion, sollte diese Linie der Vergangenheit angehören.

Zur gleichen Zeit unternahmen außerhalb New Yorks andere Emigranten Anstrengungen zur Rettung noch in Deutschland ausharrender Kollegen. Am produktivsten geschah das in Hollywood, wo sich in den späten dreißiger Jahren eine große und blühende Emigrantengemeinde zusammengefunden hatte. Zur neuen Symbolfigur des Exils war der Filmregisseur mit deutschem Akzent – «Zis vay, dollink! Schmile vor ze kemmera» – geworden. Verbunden durch eine Vergangenheit und Gegenwart voller Schrecken, scharten sich die Hollywood-Emigranten zusammen. Viele von ihnen hatten, wie Billy Wilder, ihre Angehörigen in Konzentrationslagern verloren. Sie alle besaßen Witz und Bildung – nur die besten Köpfe Hollywoods konnten ihnen das Wasser reichen – gepaart mit einem Galgenhumor, wie nur die Emigration ihn hervorbringt. Man begeisterte sich für gutes Essen und politische Satire, dinierte in Joe May's Restaurant oder dem Blue Danube und feierte in Friedrich Hollaenders Tingel-Tangel-Revue. Doch in Gedanken und Gesprächen stets gegenwärtig waren diejenigen, die noch in Europa bangten.

Einige wenige gingen auch im Haus der reichen Lady Elsie Mendl – einem Treffpunkt der Rechten – ein und aus. Otto Preminger taufte sie die «FBI-Gruppe». Der wirkliche Salon aber war Salka Viertels Häuschen in der Maberry Road, der einzige Ort in Hollywood «mit bequemen Lehnsesseln», wie sich ein Besucher erinnert. Hier umgaben den alten Freund von Karl Kraus dieselben Bohemien-Filmer und Schriftsteller, die er auch im Romanischen Café getroffen hatte. Hier konnten sie alle ihrem Ärger Luft machen über eine Stadt, in der einer «Miß Busen» die Fahrkarte zum Ruhm winkte, während Emigranten-Künstler um Arbeit betteln mußten. Und wie einst in Berlin ließ sich auch hier sehr schnell ein Zusammenhang zwischen seichter populärer Kultur und Faschismus herstellen.

Eine Reihe wahrscheinlich ganz zufälliger Begebenheiten verschaffte rechten Kongreßabgeordneten Gelegenheit und Anlaß zu Attacken auf deutsche Regisseure, die sich zu jener Zeit aktiv im Notrettungskomitee engagierten. Im Sommer 1939, als der Nichtangriffspakt die Emigranten ihrer lautstarken Schutzmacht – der Sowjetunion – beraubte, gingen die Kongreßleute auf die Regisseure William Dieterle und Fritz Lang los. Die Hollywood-Emigranten mußten sich doppelt betrogen fühlen.

Dieterle, Deutscher und Nicht-Jude, war 1930 in die USA gekommen. Obwohl selbst kein Flüchtling, fühlte er sich eins mit ihnen. Seine Filme waren keine Meisterwerke, doch wie Fred Zinnemann gelang es ihm immer wieder, Unterhaltung und tieferen Sinn zu verbinden. Sein *Juarez* gilt als das erste wohlmeinende Filmportrait der Hispano-Amerikaner. «Wo ist das Gewissen der Welt?» schrie Henry Fonda am Ende von *Blockade,* einem Film über den spanischen Bürgerkrieg; einem Zyniker mochte das sentimental erscheinen, einem Flüchtling niemals.

Fritz Lang versuchte in seinen ersten Hollywood-Filmen, die Kehrseite amerikanischen Lebens darzustellen, ohne dabei in die ethnozentrische Falle zu tappen und Parallelen zur deutschen Gesellschaft zu ziehen. *Fury* ist eine Studie über die

Gewalttätigkeit des Mob in einer Kleinstadt, deren Atmosphäre der Film in all ihrer Geistesarmut und Gemeinheit einfängt. «Vielleicht muß man», schrieb Klaus Mann, «von außen kommen, um klar zu sehen.»

In der ersten Szene des Films sagt der Friseur der Stadt: «In diesem Land kommt niemand ins Gefängnis, ohne ein Verbrechen begangen zu haben» – ein Seitenhieb auf Europa, wo genau das geschah. In späteren Szenen betet ein Einpeitscher die vertraute Litanei von «law and order», um die Gewalt des Mob zu rechtfertigen. Doch von Recht und Ordnung keine Spur. Ihr letztes Unterpfand, die Nationalgarde, rückt auf Betreiben von Politikern ab. Spencer Tracy, in der Rolle des fälschlich des Mordes Angeklagten, ist im brennenden Gefängnis eingeschlossen. Davor stehen, in einer sehr eindrucksvollen Szene, zwei Frauen: Die eine fast vergehend vor Lust, die andere betend. Lang wußte, daß beide Reaktionen, die sadistische und die fromme, so typisch wie alltäglich waren – und für den bedrängten Tracy ganz und gar nutzlos.

Vor Gericht hält der District Attorny ein Plädoyer gegen Bigotterie und Straßenjustiz: «Der Mob zerstört die Verfassung... Hier steht die amerikanische Demokratie vor Gericht... Laßt euch von eurer Vaterlandsliebe leiten.» Als der Sheriff die Schikanen gegen Tracy «Außenseitern» in die Schuhe schieben will, antwortet der Staatsanwalt: «Aha... *Ausländer* oder *Rothäute*.» Dem radikalen Emigranten Lang muß diese Szene besonders am Herzen gelegen haben. Immer wieder versieht er die amerikanischen Massenmedien mit Spott und Verachtung. Im munteren Ton berichtet ein Radiosprecher von der Panik im Gerichtssaal, dann Pause für einen Werbespruch. «22 im Angesicht des Todes» lautet die Schlagzeile einer eingeblendeten Filmwochenschau. Karl Kraus hätte keine wildere Attacke reiten können. Dem Feuer entkommen bekennt Tracy: «Verbrannt ist der Glaube an Gerechtigkeit..., das Gefühl, mein Land ist nicht wie andere.» Das Happy-End – die Wiedergeburt seines Glaubens – überzeugt nicht: Ein netter kleiner Bruder und eine tränenreiche Verlobte wiegen ein Gemeinwesen nicht auf, das seine Geschicke von engstirnigen Dummköpfen und unmoralischen Medien bestimmen läßt.

Zwei Jahre später kommt ein Anhörungsausschuß des Kongresses zu dem Schluß, Langs bittere Anklage des amerikanischen Rechtssystems enthalte «kommunistische Propaganda».

In einer politischen Zeit, so mußten die Hollywood-Emigranten erfahren, konnten auch sie der Politik nicht entkommen. Zwar waren nur wenige von ihnen mehr als Salonlinke, doch arbeiteten die meisten von ihnen im Kampf gegen den Faschismus hier mit ebenso gutem Gewissen mit Marxisten zusammen, wie sie das in Europa getan hatten. Nun war aber inzwischen auch in den Studios die Jagd auf Linke eröffnet, und die Flüchtlinge sahen sich vor die Wahl gestellt zwischen Friedhofsruhe oder linker Gesinnungsgenossenschaft. Wählte man erstere, konnte man zwar in den USA leben, aber nicht mit sich selbst. Prinz Hubertus zu Löwenstein verlegte die von ihm ins Leben gerufene Anti-Nazi-Liga aus dem Osten nach Hollywood. Wie immer erwies sich Salka Viertel als große Organisatorin. Ernst Lubitsch, seit einer Reise nach Moskau aller Illusionen beraubt, lehnte jegliche Verbindung zu einer Organisation, die auch nur entfernt nach kommunistischer Volksfront roch, ab. Salka Viertel versuchte ihn umzustimmen: Schließlich sei der Prinz kein Roter, überdies brauche die Volksfront Hilfe aus allen Lagern. Lubitsch gab nicht nach. Doch die meisten Flüchtlinge und viele amerikanische Linke, darunter Donald Ogden Stewart, Dorothy Parker, Anita Loos und S. N. Behrman, unterstützten den Prinzen.

Im Sommer 1939 griff der Kongreßabgeordnete Martin Dies die Hollywood-Radikalen zum ersten Mal massiv an. Er entdeckte kommunistische Propaganda in drei Filmen: in Langs *Fury* und in Dieterles *Juarez* und *Blockade*. Die ersten Angriffe auf die Filmindustrie richteten sich also gegen Emigranten. Hollywood geriet in Panik. Der Agent Leland Hayward zwang seine Star-Klientin Greta Garbo, aus einem Film auszusteigen, dessen Handlung mit der Résistance zu tun hatte. FBI-Männer begannen, Erkundigungen über verdächtige Flüchtlinge einzuziehen. Natürlich wurde auch Salka Viertel über das Tun von «you people» befragt. «Wen meinen Sie damit?» explodierte sie. «Die Flüchtlinge? Sie waren die ersten Opfer des Nazi-Schreckens, die ersten Feinde Hitlers.» Sie sagte es auf englisch – genausogut hätte sie deutsch sprechen können.

Einige wenige, zumeist Frauen, beschlossen couragiert, sich durch derartige Schnüffeleien nicht einschüchtern zu lassen. Liesl Frank, Tochter des Operettenstars Fritzi Massary und Frau des Roman- und Drehbuchautors Bruno Frank, stellte gemeinsam mit Charlotte Dieterle, der Frau von William Dieterle, den «European Film Fund» auf die Beine, in den die filmschaffenden Flüchtlinge zur Unterstützung ihrer arbeitslosen Brüder und Schwestern ein Prozent ihres Wocheneinkommens einzahlten. Liesl Frank und Charlotte Dieterle gelang es auch, 1940 und 1941 den letzten Schub von Schriftstellern über Marseille und Lissabon nach Hollywood zu schleusen. Der Agent verhandelte für sie mit den Studios und appellierte an das jüdische Loyalitätsgefühl von Jack Warner und L. B. Mayer.

Schließlich waren die Studios bereit, eine ganze Schar exilierter Schriftsteller mit einhundert Dollar pro Woche auf ihren Lohnlisten zu führen, darunter Heinrich Mann, Alfred Döblin, Leonhard Frank und Walter Mehring. Ein paar Tage zuvor hatten sich diese Männer noch über die Pyrenäen geschleppt. So verwundert es denn nicht, daß sie den Sprung nach Hollywood – groß und unerwartet, wie er war – nur schlecht verkrafteten und, völlig ungeübt in der Kunst des Drehbuchschreibens überdies, nennenswerten Einfluß nie gewannen. Ihre kalifornischen Jahre sollten keine guten werden.

Immerhin, sie waren in Sicherheit. Im März 1941 beging Heinrich Mann im Haus von Salka Viertel seinen siebzigsten Geburtstag. Unter den Gästen waren etliche, die ihren Hollywood-Vertrag in der Tasche hatten – Alfred Neumann, Alfred Polgar, Döblin, Mehring – aber an diesem Abend kamen sie als Literaten, um Deutschlands größter Literatenfamilie ihre Reverenz zu erweisen. Nach dem Essen erhob sich Thomas Mann und hielt eine förmliche, fünfzehn Seiten lange Rede, in deren Verlauf er auch die politische Weitsicht seines Bruders pries. Seinen Zuhörern entging diese Anspielung nicht. Vor etwa dreißig Jahren hatte Thomas die seelenlose Rhetorik Europas kritisiert und ihr deutschen Geist und deutsche Poesie entgegengehalten, während Heinrich ein ergebener Frankophile war. Kaum hatte Thomas seine Rede beendet, erhob sich Heinrich und erwiderte die brüderliche Rede mit eigenen längeren Ausführungen über «Thomas' unablässigen Kampf gegen den Faschismus».

Ihre Sprache, ihre Gefühle, ihre Geschichte, ja sogar ihre Komödie war europäisch. Ereignisse wie diese schienen der Gegenwart entrückt, aber auch das Haus, in dem sie stattfanden, war eine Oase der Sicherheit vor dem, was draußen auf die Flüchtlinge wartete: die amerikanischste aller amerikanischen Städte, die ihre Gäste willkommen hieß, bedrohte und enttäuschte. Und auch sie waren immer gegenwärtig, die Schriftsteller und Künstler, die weiterhin unter unvorstellbarem Schrecken lebten und auf die Flucht in die endgültige Sicherheit hofften.

Neun Monate später erklärte die USA Hitler den Krieg. Die Reaktion der Emigranten war leidenschaftlich. Daß ihre Interessen und die der USA sich nunmehr deckten, machte Patrioten aus ihnen. Flüchtlinge unterschiedlichster politischer Überzeugungen nahmen auf amerikanischer Seite am Krieg teil. Klaus Mann und Hans Habe dienten als Gemeine in der Armee, Franz Neumann und Herbert Marcuse arbeiteten beim Office of Strategic Services (OSS), wo sie jüngere – ausländische und amerikanische – Wissenschaftler schulten. H. Stuart Hughes, der ihnen unterstellt war, nennt diese Zeit ein zweites Hochschulstudium auf Kosten der Regierung. Er erinnert sich, daß beide Vorgesetzten sich von den Amerikanern «liebevolle Neckereien» für ihre Alte-Welt-Manieren und ihre teutonische Prosa gefallen lassen mußten. Daß die Emigranten-Wissenschaftler kriegstaktisch Entscheidendes bewirkten, glaubt er nicht.

Andere Schriftsteller wurden vom Office of War Information (OWI) in der «psychologischen Kriegführung» eingesetzt, eine Begriffsschöpfung, die häufig Hans Habe zugeschrieben wird. Habes Mitarbeiterstab beim OWI war ein bunt zusammengewürfelter Haufen. Der französische Surrealist André Breton gehörte dazu, der Berliner Walter Mehring, Leo Lania, der Autor eines populären linken Dramas über die zwanziger Jahre, und Joseph Wechsberg, der internationale Gourmet.

Alte Fehden und Bündnisse blieben auch in dieser neuen Situation lebendig. Henry Pachter erinnert sich, daß zu seiner OSS-Abteilung Kommunisten und Sozialisten gehörten. Es lag nicht im Interesse der Stalinisten, die Kriegsanstrengungen zu sabotieren, und tatsächlich zeigten sie sich denn auch fast übereifrig. Aber wenigstens eine Emigrantin, Brechts Geliebte Ruth Berlau, verlor ihre Stellung beim OWI, als der Regierung ihre kommunistischen Bindungen bekannt wurden. Einige wenige der Emigranten wollten Linke überhaupt nicht im Dienst einer kapitalistischen Regierung sehen. Ein Freund erinnert sich, daß Brecht die Arbeit Marcuses für die OSS verurteilte.

Doch die Gefahr blieb groß genug, um den Emigranten weiterhin den Schlaf zu rauben. 1942 beherrschte Hitler ganz Europa vom Kanal im Westen bis vor Moskau und Stalingrad, vom Nordkap bis hinunter nach Sizilien. Nichts garantierte, daß die desolaten Armeen der Sowjets und die unerfahrenen Amerikaner ihn schlagen würden. Im Sommer 1942 setzte ein Telegramm, aufgegeben von Gerhard Rieger in der Schweiz, die Welt von Hitlers Massenmord am jüdischen Volk in Kenntnis. Es dauerte Monate, bis die Regierungen der Alliierten oder die Führer amerikanisch-jüdischer Organisationen diese Nachricht ernst zu nehmen schienen. Inzwischen erklärte man die Emigranten als Nicht-Amerikaner zu «feindlichen Ausländern» (enemy aliens). In Kalifornien lebten sie ein Jahr lang mit nächtlichen Ausgehverboten und bedroht von Massenevakuierungen. Die Internierung von Japan-Amerikanern gemahnte sie – schlimmer noch – daran, daß Konzentrationslager auch amerikanische Realität waren. Was sprach dagegen, daß sie die nächsten waren, denen eine kalifornische Version des französischen Internierungslagers in Gurs zugedacht war?

Linke hatten ganz besonderen Grund zur Sorge. 1936 hatte man den Engländer John Strachey abgeschoben, weil er marxistische Ökonomie lehrte. 1940 schloß die *American Civil Liberties Union* die Kommunistin Elizabeth Gurley Flynn aus ihrem nationalen Präsidium aus und verwahrte sich in einer Resolution gegen die Mitarbeit von Anhängern einer «totalitären Gesellschaft» in ihren Reihen. Wie sich zeigte, ging diese Resolution den Loyalitätseiden der Nachkriegszeit im Geiste voraus. 1941 erging in New York ein parlamentarischer Auftrag an das Rapp-Coudert Komitee, den CCNY auf kommunistische Infiltration hin zu untersuchen. Ohne böse Absicht gaben Befragte Auskunft über Kollegen, was schließlich zur Entlassung von mindestens fünfzig Lehrern führte. Emigrantische Hochschullehrer wußten diese Zeichen zu deuten. Auch Henry Pachter wurde 1941, kurz nach seiner Ankunft, einer solchen Befragung unterzogen. Pachter war in jungen Jahren mit ganzem Herzen Kommunist gewesen, aber die Exzesse Stalins hatten ihn desillusioniert. Trotzdem verweigerte er jetzt jede Antwort: «Sie wollten, daß ich meine Genossen verrate.»

Noch im gleichen Jahr ging der erste Prozeß im Gefolge der Smith-Akte zu Ende (die Anklage lautete auf Verschwörung mit dem Ziel des gewaltsamen Sturzes der Regierung), und kurze Zeit später wurde James P. Cannon, ein führender amerikanischer Trotzkist, verhaftet, der – und das war wohl auch der eigentliche Grund seiner Festnahme – die Sowjetunion grundsätzlich bejahte. Mit den Trotzkisten liebäugelten in den dreißiger Jahren auch viele Emigranten, angezogen vielleicht von den Gemeinsamkeiten, die sie im Denken und in den Zielen von Trotzki und Rosa Luxemburg entdeckten. («War nicht jeder Trotzkist ein Flüchtling?» bemerkte Henry Pachter in scherzhafter Übertreibung.) Daß die amerikanischen Radikalen gerade von den mächtigen und unberechenbaren Stalinisten derart im Stich gelassen wurden, ließ auch für unabhängig denkende Emigranten kaum Gutes erwarten.

Nach Kriegsbeginn verstanden sich auch die Stalinisten zu den üblichen Bekundigungen eines «Volksfront»-Patriotismus. Während des Krieges, so die Partei, solle an der Streikfront Frieden herrschen. Sie applaudierte den Prozessen der Smith-Akte, die von 1941 bis 1943 über die Bühne gingen und deren Angeklagte häufig Trotzkisten waren, diffamierte den Bürgerrechtskampf in den USA und anti-imperialistische Bestrebungen in den Kolonien als von den Nazis inspirierte taktische Störmanöver und änderte gleichsam über Nacht die Sprache des Klassenkampfes. Emigranten erinnern sich, wie im Jargon der kommunistischen Partei erst nach dem deutschen Einmarsch in die Sowjetunion aus dem «imperialistischen Krieg» ein Krieg der «freiheitsliebenden» Völker wurde. Später sollte sich herausstellen, daß die Russen kaum Anstrengungen unternommen hatten, ihre jüdischen Mitbürger vor den Gefahren einer Nazi-Invasion zu warnen. Obwohl die Sowjetunion Schauplatz der ersten Massaker an Juden war, hat die sowjetische Regierung die besonderen Opfer der Juden niemals anerkannt. Die Juden argwöhnten wahrlich zu Recht, daß Interesse und Anteilnahme an ihrer Situation bei Rechten wie Linken mehr als gering waren.

Während die Vereinten Nationen im Dezember 1942 in einer Deklaration die Greueltaten am jüdischen Volk verurteilten, erklärten hohe US-Beamte die Nachricht für übertrieben. Im Februar 1943 verfügte Breckinridge Long – derselbe Regierungsbeamte, der wenige Jahre zuvor alles getan hatte, um die Emigration so weit wie möglich zu erschweren –, daß die zuständigen amerikanischen Stellen Nachrichten wie die von Gerhard Riegner fürderhin weder annehmen noch weiterleiten sollten. Für Männer wie Long war die jüdische Frage allenfalls eine Art Nebenschauplatz im Krieg gegen Hitler. (Im übrigen ein Standpunkt, wie ihn ähnlich auch die Trotzkisten vertraten: Die Ermordung der Juden sei, argumentierten sie, trotz all ihrer Schrecklichkeit keine hinreichende Rechtfertigung dafür, daß Arbeiter in einem «interimperialistischen» Krieg kämpften. Sogar der Rat für ein demokratisches Deutschland hielt sich in der jüdischen Frage bedeckt. Seine Mitglieder waren nicht als Juden, sondern als Linke aus Deutschland vertrieben worden, und als Linke führten sie ihren Widerstand gegen Hitler weiter.)

In Großbritannien und den USA warnte man die Juden von offizieller Seite vor einer neuen Form des Antisemitismus, falls man den Krieg nur darum verlängere, um ihr Volk zu retten. Viele prominente Juden glaubten dies, und vielleicht waren führende Vertreter des amerikanischen Judentums aus diesem Grund oft eher zurückhaltend in ihrem Einsatz für die europäischen Märtyrer. Angesichts solcher weltweiter Gleichgültigkeit hielten die Flüchtlinge an der Überzeugung fest, ihr einziger Fürsprecher sei Roosevelt. Doch daß der Präsident es bis zum Januar 1944 versäumte, einen besonderen Flüchtlingsausschuß (den Wartime Refugee Board) einzusetzen, war der nicht mehr zu übersehende Beweis dafür, daß man die Juden, wiewohl die ersten Opfer des Krieges, politisch als zu vernachlässigende Größe handelte. «Ich habe ihren Krokodilstränen nie getraut», kommentiert ein Mann die gelegentlichen alliierten Sympathieerklärungen für die Juden. «Tatsache ist, daß wir abgeschrieben waren und niemand wußte, was er mit uns anfangen sollte.»

Inzwischen wurde auch einiges über amerikanisches Kriegsgewinnlertum bekannt. Der Industrie versüßte man ein entsprechendes Engagement durch Rückerstattung von Körperschaftssteuern. Und während viele US-Amerikaner sich am Krieg bereicherten, lebten die Emigranten weiterhin in fürchterlicher Ungewißheit: Würde Hitler obsiegen, ihre Familie überleben, ihre politische Überzeugung sie der Verfolgung preisgeben? Gab es für sie, die «enemy aliens», überhaupt irgendwo eine Heimat?

Zweiter Teil
Europa in Amerika

Neues Opium für das Volk

Ihre politische Erfahrung, ganz zu schweigen vom kulturellen Erbe Berlins, Frankfurts und Wiens, hatte die Flüchtlinge empfänglich gemacht für Signale und befähigt zu ihrer Interpretation. Ihre unbezwingbare Neugier und Fragelust erwies sich psychologisch wie ökonomisch als segensreich. Zu den oft übertriebenen beruflichen Anforderungen, die an Einwanderer gestellt wurden, gehörte zuweilen auch die Erwartung, daß sie die neue Kultur verstanden und sie – gleichsam im selben Atemzug – den Einheimischen verständlich machen konnten. Als seien sie eine Generation von Tocquevilles, fanden sie sich unversehens als professionelle Erklärer bezahlt. Und mit Geschicklichkeit, Schlauheit und Chuzpe – eine Mischung, wie sie so einzig das Exil hervorbringt – machten sie sich ans Werk.

Noch kaum der Landessprache mächtig, erhielten Flüchtlinge den Auftrag, die US-Gesellschaft da zu beobachten, wo sie am idiosykratischsten war. In den späten dreißiger Jahren arbeitete eine Gruppe junger Leute unter Leitung von Paul Lazarsfeld an Pionierstudien zum Rundfunkwesen. Eine ähnliche Neugier hatte man zehn Jahre zuvor in Berlin an den Tag gelegt. Veteranen jener Ära nennen – des fließenden Übergangs zwischen hoher und niederer Kultur eingedenk – Walter Benjamin und Dolly Haas, einen Philosophen und eine Soubrette, als repräsentative Gestalten. Den Berlinern war es um die Technologie und deren neueste Produkte gegangen: um Filme, Phonographen, Fotomontagen, Radio, Typographie. Populäre Kultur vermittelte ihnen beides, sinnliches Vergnügen und politische Einsicht. Wenn jetzt Emigranten die amerikanische Kultur erforschten, taten sie es als neugierige Außenseiter oder Lohnempfänger, nicht als Enthusiasten; sie waren, amerikanisch gesprochen, keine Fans.

Doch als die Sozialforschung zur emigrantischen Spezialität wurde, waren es die in Europa entwickelten Methoden, mit deren Hilfe die Flüchtlinge amerikanische Phänomene interpretierten. Allein diese Eigentümlichkeit bestätigt Brechts geistreiche Bemerkung: «Die schärfsten Dialektiker sind die Flüchtlinge. Sie sind Flüchtlinge infolge von Veränderungen, und sie studieren nichts als Veränderungen. Aus den kleinsten Anzeichen schließen sie auf die größten Vorkommnisse, d. h., wenn sie Verstand haben.» Das Schauspiel von Intellektuellen, die über Pop-Nichtigkeiten schrieben, barg in sich eine diffizile Art dialektischen Vergnügens: es war, als ob erstes und drittes Programm sich im Äther kreuzten.

«Aber es ist doch nur ein Film!» lautete die berühmte Antwort auf eine detaillierte Filmkritik aus emigrantischer Feder. Nun ging es den Emigranten bei ihrer Analyse nicht nur um Filme, vielmehr auch um den Zuschauer. Viele Europäer schauderte, wenn sie sahen, was amerikanische Massenkultur, dieses «Opium fürs Volk», dem amerikanischen Publikum antat. Der Bebop-Anhänger, der Jitterbug-Fan, die Hausfrau, die ihrer Seifenoper lauschte, mochten ganz harmlose Leute sein. Und doch waren ihre Befriedigungen, so behaupteten die Emigranten-Kritiker, keineswegs unschuldig. Die Fans waren zu geistlosen Dummköpfen geworden, emotional unreif, politisch uninteressiert und unwissend. Wo andere einfach einen Haufen irregeleiteter Enthusiasten sahen, argwöhnte mancher Emigrant eine Öffentlichkeit, die reif war für eine faschistische Diktatur.

Die objektiveren Forscher – Herta Herzog, Rudolf Arnheim, Paul Lazarsfeld – bauten auf systematische Testverfahren, Statistik und Fragebogen. Anhänger der Frankfurter Schule bedienten sich einer impressionistischen Sprache. Ihre Analysen der amerikanischen Kultur waren geradezu aufreizend europäisch. Adorno beschrieb Jazz-Fans in der Freudianischen Terminologie von «Sado-Masochismus» und «Kastration»; Leo Löwenthal wollte seinen Forschungsgegenstand irgendwo zwischen «verkümmertem Kind» und «normiertem Menschen» angesiedelt wissen; Horkheimer sah den Menschen durch die Pop-Kultur um die Chance seiner Einzigartigkeit betrogen. Und alle teilten sie die Überzeugung Benjamins, daß es die Aufgabe des Kritikers sei, «das Interesse der Öffentlichkeit gegen das Interesse der Öffentlichkeit selbst» hochzuhalten.

Die Analysen der Emigranten offenbaren einmal mehr ihren eigenen besonderen Standort zwischen den Kulturen, der amerikanischen und der europäischen, der hohen und der niederen. Brechts Bemerkung ist in doppeltem Sinne gültig: Die Veränderung – einziges Studienobjekt der Flüchtlinge – war eine Permutation, die sie selbst einschloß. So konnte Friedrich Pollock vom Frankfurter Institut für Sozialforschung Jahre nach seiner Rückkehr die Massenkommunikationsforschung als ganze hinterfragen. Seine Analyse enthüllt die «Bedeutung von Minderheiten für die Formung von Majoritätsmeinungen», verschafft mit anderen Worten dem Außenseiter – dem Juden, Avantgarde-Künstler, Linken – Anerkennung als einem Architekten von Massensensibilität. Aber in einem System, in dem es einzig um Stichproben und numerische Verteilungen geht, bleibt die Avantgarde-Gestalt unsichtbar. In Massenkommunikationen, sagte Pollock, «ist kein Raum für mich».

Und überdies, wer gehörte denn zu dieser Masse? Gegner des empirischen Ansatzes bestritten, daß bloße Daten Wesentliches über das innere Leben der Masse preisgaben. Die Empiriker ihrerseits stellten das Argument flugs auf den Kopf. Während die Frankfurter die objektiven Generalisierungen ins Feld führten, lehnten die Lazarsfeld-Anhänger deren Ergebnisse als wenig fundierte Fantasien ab. Ihres theoretischen Apparates entblößt, zeige sich die Frankfurter «Subjektivität» immer noch als Subjektivität.

Einig waren sich beide Seiten darin, daß das gemeinhin als subjektiv Verstandene – das Emotionale, Intuitive, Außerrationale – im amerikanischen Leben wenig Raum hatte. Trotz der nationalen Mythologie eines kompromißlosen Individualismus, waren, so beobachteten die Emigranten, Psyche und Emotion nicht Sache des amerikanischen Mannes, sondern bestimmten die «Welt der Frau», dieses Ghetto aus billigen Melodramen und Seifenopern. Daß Herzensangelegenheiten zum sentimentalen Liebeskitsch für dummgebliebene Hausfrauen verkommen waren, verwirrte die Europäer, deren Maßstäbe von Jugend auf Goethe, Balzac und Stendhal gesetzt hatten. Zum Zwecke kommerzieller Ausbeutung hatte man das spärliche affektive Leben, das dem Individuum noch verblieben war, sorgfältig isoliert. Die arme amerikanische Hausfrau verfügte nur über genau das emotionale Repertoire, das der Spätkapitalismus der Allgemeinheit zugestand. Der Zufall der Emigration fügte es, daß sie im fremden Kritiker populärer Kultur ihren Anwalt fand.

An einem Samstagabend des Jahres 1938 ging aus dem Mercury Theater Orson Welles' Hörspielfassung von H. G. Wells' *War of the World* über den Äther: Man unterbrach ein simuliertes Musikprogramm und meldete eine Invasion vom Mars. Es kam zu panischen Reaktionen bei den Zuhörern. Wie konnte jemand so einen Unsinn glauben? Frank Stanton, später Präsident der CBS, damals noch Leiter ihrer Forschungsabteilung, bat Lazarsfeld, die Sache zu untersuchen. Dessen Mitarbeiterin und zweite Ehefrau Herta Herzog schrieb ein Memorandum («Why Did People Believe in the ‹Invasion from Mars›») und konzentrierte sich dabei vornehmlich auf die weibliche Hörerschaft. Es wurde daraus eine Studie über innere Unzufriedenheit, deren Ausdruck soziale Haltungen und Einstellungen waren, die einen Flüchtling sehr wohl proto-faschistisch anmuten konnten.

Herta Herzog stellte die typischen Lazarsfeld-Fragen: Wann hatten die Hörer das Radio eingeschaltet? Was machte die Sendung so überzeugend? In Anbetracht der besonderen Eignung und Vorliebe des Rundfunks für sogenannte «Erstmeldungen» nahm sie an, daß die Hörer gewissermaßen darauf geeicht waren, in dieser vertrauten Form dargebotene Nachrichten unhinterfragt als wahr hinzunehmen.

Bei der Analyse der Hörer-Reaktionen stellte sie fest, daß viele Frauen sich nur widerstrebend zu ihren Fantasien bekannten. Religiöse Fundamentalistinnen hatten das Ende der Welt nahe geglaubt: Für sie kündigte die Invasion den letzten Kampf zwischen Gut und Böse an, oder – mit dem spitzköpfigen Marsbewohner als maskiertem Seraphim – die Entsetzung in den Himmel. Andere sonnten sich angesichts der drohenden Apokalypse im Bewußtsein ihrer eigenen Bedeutung oder fühlten sich von inneren Hemmungen befreit, obwohl das einzige Beispiel orgiastischer Befriedigung im Konsumieren von Essensresten bestand. Wie leer und grenzenlos langweilig muß doch eine Welt sein, in der die nahende Katastrophe einzig die Hemmungen beiseite räumt, den Kühlschrank leer zu essen. In paranoider Reaktion projizierten manche auch eigene Kümmernisse auf die Gemeinschaft. Ein paar Sadistinnen fanden Gefallen an der Vision von Menschen, die «ersoffen wie Ratten» und «starben wie die Fliegen».

Keine Reaktion ließ Gemeinschaftssinn erkennen, jede Frau setzte in der Abgeschlossenheit ihres Heims ihre ganz individuelle Fantasie in Szene. Nur ein Drittel der Befragten wandte sich an den Sender und wollte wissen, was es mit der Nachricht auf sich habe. Die Mehrzahl ergab sich, nicht ohne Lust, kopflosem Schrecken. Herta Herzog demonstrierte, «wie groß die Gefahr ist, daß ein Zustand von Panik unser rationales Denken außer Kraft setzt». Sie hätte ebensogut zeigen können, welch unselige Folgen es hat, sogar noch aus Nachrichten Entertainment zu machen.

1930 verfaßte eine Chicagoer Lehrerin namens Irna Phillips die allererste Seifenoper und überschrieb sie passenderweise mit «Painted Dreams». Als erzählte Geschichten schienen die «soaps» die Welt von Folklore und populärem Melodram in sich zu vereinen. Bis zu sechzig solcher Hörspielfolgen gingen in den späten dreißiger Jahren täglich über die Sender. Wie den Jazz konnte sich die USA auch diese neue ästhetische Form als Verdienst zurechnen. Paul Lazarsfeld beauftragte einige Emigranten-Wissenschaftler, sich näher mit dem Genre zu beschäftigen. 1939 erarbeitete Herta Herzog, assistiert von Adorno, eine Studie mit dem Titel «On Borrowed Experience», die später im englischsprachigen Organ der Frankfurter Schule veröffentlicht wurde. Eine sehr fruchtbare Studie zu Inhalt und Publikumsreaktion solcher Serien stammt von Rudolf Arnheim. (Bezeichnenderweise war Herta Herzog inzwischen Leiterin einer Werbeagentur, während Adorno und Arnheim sich innerhalb von zehn Jahren als Größen der Hochschulwelt etabliert hatten.)

Die Zuhörer berichteten Herta Herzog von einem ganz praktischen Nutzen dieser Serien, aber hier mag es sich um das bekannte Phänomen gehandelt haben, daß die Interviewten versuchen, dem Interviewer nach dem Mund zu reden. Immerhin, zu jener Zeit befleißigten sich Rundfunkakteure einer recht manirierten und ausgefeilten Sprechweise, während ihre Zuhörer überwiegend Arbeiter ohne nennenswerte Bildung waren. Wenn also solche Hörer die Serien lobten, weil sie ihnen halfen, «Grammatik und Englisch» zu lernen, mußte das den Flüchtlingen angesichts ihrer eigenen Sprachschwierigkeiten durchaus einleuchten. Aber wenn die Hörspielserien beim Publikum zu Ratgebern in Lebensfragen avancierten, war das eher erschreckend. Herta Herzog zog daraus den Schluß, daß Serienschreiber «das Bewußtsein großer sozialer Verantwortung» besitzen sollten. Rudolf Arnheim hatte die kühne Idee, man möge es in den Serien doch Schillers *Don Carlos* nachtun und die einzelnen als Repräsentanten einer allgemeinen Ursache zeichnen.

Eine historische Dimension – auch sonst kaum je Bestandteil abendlicher Radiounterhaltung – ausgerechnet von Seifenopern zu erwarten, war zweifellos nicht fair. Und doch geht Arnheims Analyse der sozialen Implikationen von Trivialserien über die von Herta Herzog hinaus. In Seifenopern, so stellt er fest, triumphiert der kleine Mann über die Vertreter von «Reichtum und guter Gesellschaft», aber das ist ein Pyrrhussieg, denn wirkliche Macht erringt er nie. In immer neuer Gestalt bleiben es doch dieselben Kräfte, die ihn bedrohen. «Das Leben wird nicht aus der Perspektive einer Gemeinschaft betrachtet», das Individuum steht allein, aber der Feind besitzt, wie in allen paranoiden Fantasien, die Kraft von Tausenden. Schlechte Menschen «verkörpern nicht nur den persönlichen Feind… sondern zugleich auch die anonymen Mächte von Politik und Wirtschaft».

Das eigentlich Wirklichkeitsverkennende der Hörerreaktionen liegt, so Arnheim, darin, daß sie ad hominem sind und nicht ad hoc: Die Serien sind beherrscht vom psychologischen Detail, und das führt dazu, daß «man Hitler einen Schurken nennt, die historischen und politischen Ursachen des Phänomens übersieht, und die Angelegenheit ist als Fall individueller Schlechtigkeit erledigt». Mit großer Hellsichtigkeit demonstriert Arnheim, wie Serien das politische Bewußtsein einlullen und so tatsächlich ihre Wirkung als «Opium fürs Volk» tun können. Andere Beobachtungen von Herzog, Adorno, Arnheim und Lazarsfeld sind uns allen inzwischen sattsam bekannt: Männer sorgen für Probleme, Frauen für deren Lösung; nur böse Menschen haben außereheliche Geschlechtsverkehr; die heile Welt der Tagesserien wird nahezu ausschließlich von Kleinstädtern angelsächsischer Herkunft bevölkert; die weiblichen Tugenden von Familie und Mutterschaft gelten viel, Karriere und öffentliche Macht wenig. Kurz, die Seifenopern – diese «idiotischen Frauenserien», wie Adorno sie später nannte – kündeten von einer Welt, mit der die Emigranten nicht das geringste gemein hatten.

Aber so verdienstvoll diese Studien auch sind, einige sehr wesentliche Elemente sind ihren Verfassern entgangen. Die populärsten Seifenopern jener Tage schrieb Irna Phillips. Hätten sich die Forscher gerade mit ihnen etwas sorgfältiger auseinandergesetzt, manche ihrer Schlußfolgerungen hätten einer Revision bedurft. Schauplatz der Serien von Irna Phillips ist immer die Großstadt Chicago und oft agierten darin Juden, Iren, Italiener und Deutsche – Angehörige ethnischer Minderheiten. Die Einwanderer selbst sprachen Pidgin Englisch, ihre Kinder dagegen gewählt wie Radiosprecher. Diese ethnische Mischung war erstaunlich genug, aber die Geschichten, die Irna Phillips erzählt, waren geradezu subversiv, und das ganz besonders, denkt man an die Feststellung Arnheims, daß die Serien die Familienbande hochhielten, oder an Studien von Adorno und Horkheimer, die die Familie als letzten Hort des Individuums im Spätkapitalismus beschrieben.

Wie um der Kritik der Emigranten zuvorzukommen, spannt Irna Phillips ein Freudianisches Seil. In *Road of Life* (dessen Titelmusik übrigens ein Thema aus Tschaikowskys Symphonie Pathétique war – das Erhabene kündigt das Triviale an, Adorno hätte seine Freude daran haben müssen!) wird ein Arzt von seinem Bruder in die Hand geschossen und bangt nun – Schatten der Kastration – um sein chirurgisches Vermögen. Irna Phillips' berühmteste Schöpfung, *The Guiding Light*, ist ein Verwirrspiel ödipaler Intrigen und Verwicklungen. Ned, ein Findelkind, wird von einem Geistlichen (dem «guiding light» der Serie) aufgezogen, macht sich aber viele Jahre Sorgen um seine genetische Herkunft. Seine Paranoia bestätigt sich, als er entdeckt, daß einst seine Mutter seinen Vater ermordete, damit der Sohn nicht erfährt, daß seine Eltern Verbrecher sind. Angesichts dieses psychologischen wie sozialen Abstiegs erleidet Ned einen Zusammenbruch. Unterdessen hat das Arbeitermädchen Rose einem illegitimen Kind das Leben geschenkt, dessen Vater ein verheirateter Mann und reicher Verleger ist. Sie gibt das Kind fort, erfährt, daß es von seinem leiblichen Vater adoptiert wurde, geht vor Gericht, gewinnt den Prozeß, das Kind jedoch stirbt. Sie wird Erzieherin der Tochter Edwards, der seinerseits mit der geisteskranken Norma verheiratet ist, deren Mutter alles daransetzt, eine möglicherweise heilsame Gehirnoperation zu verhindern. Die Operation findet statt, ist erfolgreich, aber Norma stirbt gleichwohl. Daraufhin verdächtigt Edwards Tochter ihren Vater des Mordes an ihrer Mutter. Auch in späteren Folgen, als die Serie von Claire erzählt, die von zu Hause flieht, um der mütterlichen Herrschsucht zu entkommen, bleiben die Eltern-Kind-Beziehungen gespannt. Claire adoptiert ein Kind und heiratet unwissentlich dessen leiblichen Vater. Dieser wenig freundliche Geselle erfährt die Wahrheit, läßt sich von ihr scheiden und versucht vor Gericht, das Sorgerecht für seinen Sohn zu erstreiten.

1949 schrieb Irna Phillips als erste auch Fernsehserien. Heute ist ihr Muster die Norm und Gegenstand zahlreicher Parodien. Doch in den frühen vierziger Jahren war die Wirkung ihrer Serien mit all der pompösen Aufbereitung – der Orgelmusik, der peinlich korrekten Diktion – heimtückischer, als die Emigranten annahmen. Zwar war das Individuum, wie sie sagten, isoliert, aber isoliert in einer Welt voll Geschwisterfeindschaft und Mutterphobie. Blutsbande boten keinerlei Schutz: Jedes Familienmitglied konnte zum sexuellen Rivalen oder zur körperlichen Bedrohung werden.

Als eine ganz bestimmte Form des Geschichtenerzählens hatte die Seifenoper indirekt doch eine Beziehung zum Leben der Emigranten. Arnheim konstatiert die diffuse Form: In Irna Phillips *Right to Happiness* taucht eine Gruppe von Akteuren auf, leidet und tritt dann für etliche Episoden ab, während derer mindestens zwei weitere Gruppen ihre im Prinzip völlig unabhängigen Geschichten erleben. So werden Schicksale – ohnehin in fünfzehnminütige Episoden fragmentiert – weiter atomisiert, bleibt auch die minimalste Kontinuität linearer Abfolge nicht gewahrt. Wie verwirrend muß für die Emigranten eine solche Welt gewesen sein, in der die Tragödie des einzelnen so zufällig und passiv vonstatten ging. In der Welt der «Gemalten Träume», wo nichts an seinem Platz war, konnte das Leben nicht schön sein.

Irna Phillips und Theodor W. Adorno bildeten, nicht zuletzt, weil sie beide Juden waren, ein bemerkenswertes Paar. Die amerikanische Jüdin konstruierte eine Fantasie, die der europäische Jude entschlüsseln sollte, über eine Welt, in der beide – als Juden – nicht in Erscheinung traten. Die Kritik Adornos und der anderen Flüchtlinge traf die Schreiberin tief. 1947 setzte sie sich in *Variety* dagegen zur Wehr: «Das ganze Leben ist eine Serie, entfliehe, wer kann.» Damit hatte sie, ohne es zu wissen, genau den Punkt getroffen. Wie entfremdet die gemalten Träume wirklich waren, hatten die Emigranten immer noch nicht begriffen. Nicht die Qualität hätte ihr eigentliches Thema sein sollen, und «idiotisch» war für Adorno der nichtssagendste aller Kommentare. Denn hätte Adorno genau – und dialektisch – gelauscht, hätten ihm die Serien von Irna Phillips gezeigt, daß sogar in der beschränkten Seifenopernwelt affektive und familiäre Bande in hoffnungslosem Verfall begriffen waren.

Seit Ende der dreißiger Jahre publizierte Paul Lazarsfeld den *Radio Research,* eine jährlich erscheinende Zusammenstellung von Programmanalysen. Auch Adorno trug eine Studie bei, in der er den Implikationen der Medientechnologie für die traditionelle Musik nachging. Er teilte Benjamins Ambivalenz gegenüber der Massenproduktion von Kunst, und seine Kritik galt der minderen Tonqualität von Radiokonzerten und Schallplatten, aber auch der Tatsache, daß das Publikum zu Hause vom gemeinschaftlichen Erleben im Konzertsaal ausgeschlossen blieb. Sein erster Kritikpunkt ist angesichts moderner Technologie hinfällig geworden. Dem zweiten ist nicht so leicht zu begegnen. Wenn man Hörer und Ausführende trennt, segmentiert man auch die Musik zu Themen und Fetzen. Die Musik, warnte Adorno, verspreche zwar höchste Transzendenz und Befreiung, berge aber auch die Gefahr des Abstiegs in «infantile» und «kulinarische» Niederungen. 1977 warb ein Fernsehspot für eine Langspielplatte «mit der ganzen klassischen Musik, die ihre Familie besitzen sollte» – Adorno hätte sich bestätigt gesehen.

Doch sobald Adorno sich der populären Musik zuwendet, offenbaren seine dialektischen Epigramme nur seine Ignoranz. Wie konnte ein so kluger Emigrant so Befremdliches über populäre Musik schreiben? Ein Teil des Problems war sicherlich sprachlicher Natur. Adorno gab zu, daß ihm schon das Wort «Jazz» mißlich in den Ohren klang, und bestimmte Behauptungen von Jazzanhängern verstärkten seine Abneigung noch: Wer «einen mit dirty notes versetzten Dreiklang für atonal» hält, «hat schon vor der Barbarei kapituliert». In einer weiteren Attacke setzt er Jazzfans den logischen Positivisten gleich – ein Rundumschlag gegen alle seine Feinde.

Man mag sich fragen, was Emigranten wie Adorno überhaupt vom Jazz wußten. Gehört hatten sie ihn schon in Deutschland, allerdings in einer Version, die mit seinen afro-amerikanischen Wurzeln kaum noch etwas gemein hatte. George Grosz beschreibt den deutschen Jazz als eine Art verrückt gewordener Wiener Salonmusik. Was Adorno meinte, wenn er «Jazz» sagte, war wohl eher Swing oder auch Popmusik. In diesen Kontext Benny Goodman und Guy Lombardo zu stellen, damit tat er sich selbst keinen Gefallen.

Gegen Ende seines Lebens hatte sich Adorno mit dem Jazz versöhnt und ihn als eine Spielart klassischer Musik, die all das erfüllte, was er mit hoher Kultur verband, akzeptieren gelernt. Geschichtliche Entwicklung ist im Jazz die Norm. Welche andere Musik hat in so kurzer Zeit so viele Wandlungen erfahren? Mit dem Jazz verfügt man über ein vollständiges, komplett musikalisches Vokabular für historische Diskussionen, und zwar eines, das, wie Adornos Vorbild Schönberg, sogar die Klangfarbe von Instrumenten als Kompositionsform behandelt. Im Jazz hat jedes Instrument seine eigene Geschichte, aber Adorno erledigte solche Unterschiede mit einem Federstrich: «Die Pseudovokalisierung des Jazz entspricht der Ausschaltung des Pianos» aus dem bürgerlichen Haushalt (daß umgekehrt ein Schuh daraus wird, ist sehr viel wahrscheinlicher). Soviel zu Teddy Wilson, Art Tatum, Earl «Fatha» Hines, Bud Powell, Thelonious Monk oder Cecil Taylor. Adorno war in der Lage, auch dem Alltagsgeschwätz eine psychosexuelle Bedeutung abzulauschen. Zuweilen war dieses genaue

Hinhören überaus lohnend. Aber sobald es um Jazz ging, erwies sich der Musikwissenschaftler als unmusikalisch.

In einer Ironie, die ihresgleichen sucht, sollte Adorno später selbst der Begünstigung der Massenkultur beschuldigt werden. Ende der siebziger Jahre erklärte die US-Labor-Party, eine ultrarechte Bewegung, den Rock 'n' Roll zu einer Schöpfung von Zionisten und britischen Imperialisten (der «British Zionist Gestapo»), um die Köpfe der amerikanischen Jugendlichen zu vernebeln: Ihr Vertrauensmann bei diesem Unterfangen sei Theodor Wiesengrund Adorno gewesen!

Leo Löwenthal übertrug die klassischen Themen des Instituts für Sozialforschung – Entfremdung und Kommerzialisierung von Kultur – auf die Literaturkritik. Er sah sich als Mittler zwischen den antihistorischen Amerikanern und den Europäern mit ihrem besonderen Sinn für historische Bedeutung.

Erstes bemerkenswertes Produkt dieses Selbstverständnisses war eine Studie über Zeitschriftenportraits berühmter Menschen, abgedruckt in Lazarsfelds *Radio Research* 1942–43. Im Gegensatz zu Adornos Arbeit über den Jazz ist Löwenthals Essay von einer Sensibilität für Daten und Idiome, wie sie nur die besten emigrantischen Arbeiten über die USA auszeichnet. Als Literaturkritiker störte er sich an der falschen Intimität von Phrasen wie «especially for you» und an dem manipulativen Tonfall, der vorgab, Zwiesprache mit dem Leser zu suchen, in Wirklichkeit aber dessen Zustimmung erzwang. Lebensschilderungen in Zeitschriften befleißigten sich einer Sprache der Superlative. Es hat durchaus etwas Belustigendes, wie sehr der amerikanische Mißbrauch der «Hochsprache», der so Hehres wie «Sage», «Mythos», «Legende» und «historisch» mit Starlets und Sportlern in Zusammenhang bringt, bewegen und beunruhigen. Dieser populäre Diskurs kennt keine Grenzen: Da hat eine Schauspielerin «ein wenig Ähnlichkeit mit Buddha», sieht ein Showman aus «wie ein Priester des Osiris». Löwenthal selbst macht eine sehr nette Anleihe bei der Popkultur, wenn er solche Prosa dem «Ballsaal der Illusionen» (so der Titel einer New Yorker Radioshow) entstammen sieht.

«Als eine literarische Gattung sind diese Biographien wahr.» Und die Wahrheit, die sie verkünden, ist wichtiger als einzelne falsche Fakten: Sie künden von einem gewandelten Begriff des Individuums. Löwenthal zeigt das in einem Vergleich von Biographien aus dem *Collier's* von 1901 und der *Saturday Evening Post* von 1941. Zwar hatte sich die Anzahl solcher Artikel in den vierzig Jahren nahezu vervierfacht, doch schränkten Art und Implikationen des Genres seine Wandlungsfähigkeit sehr ein. Die frühen Biographien verherrlichten noch Idole aus dem Bereich der Produktion. 1941 schien Erfolg nicht länger als Frucht gezielter Anstrengung und harter Arbeit zu gelten. Jetzt hatte die Mehrzahl der Portraitierten mit «Konsum» zu tun, mit Dienstleistung und Unterhaltung. Die Welt sollte erfahren, daß die ernsten Menschen «so ernst gar nicht sind». Zu den wenigen eher unternehmerischen Gestalten gehörten ein Quacksalber, ein Betrüger, ein Spieler, Howard Johnson.

Es ist wie Schattenboxen: In ihrer Freizeit lesen die Menschen über die Helden ihrer Freizeit, eine zweifach passive Form des Eskapismus. Der Ton ist unbeschwert heiter.

Erfolg und Macht sind nichts, worüber man sich Sorgen oder Gedanken macht. Privat sind die Reichen genauso gefangen in Konsumgewohnheiten wie diejenigen, die über sie lesen. Große Aktivitäten sind nicht ihre Sache. Ihr Leben entlarvt sie als «Nehmende», nicht als «Gebende», zufrieden mit Wünschen, blind für Bedürfnisse. Das Gespräch über ihr Privatleben spart emotionale und sexuelle Bindungen aus: Der erzählerische und psychologische Duktus solcher Darstellungen hat keinen Raum für das stete Bemühen, das Liebe und Freundschaft nun einmal erfordern.

Eine Überschrift im Artikel lautet «Just Facts» und ist scherzhaft gemeint. Löwenthal wußte nur allzu gut, daß Fakten als bloße Fakten nichtssagend sind. Er sucht in den Texten nach Erklärungen dieser «facts», und was er findet, bestätigt ihm den Satz Horkheimers: «Entwicklung hat aufgehört zu existieren.» Da haben Menschen Erfolg und können nicht erklären, wie es dazu gekommen ist. Sie sprechen von Glück, von Freunden, von den Sternen, nur nicht von eigenem Bemühen. Erfolg ist, wie Liebe oder Sex, ein unverdienter Segen. Ist von Notlagen oder Rückschlägen zu berichten, meint man, so Löwenthal, Launen des Schicksals, die einmal mehr zeigen, eine wie zufällige Angelegenheit der Erfolg doch geworden ist. Sogar liebenswerte amerikanische Züge kritisiert er als mechanisch: mit dialektischem Witz nennt er sie einen «rigiden Code flexibler Qualitäten». Kurz, die Magazine heben mit ihren Biographien Menschen aufs Podest, die weder Freunde noch Innenleben, weder Ehrgeiz noch Macht besitzen. Der Modell-Prominente steht in der Pflicht, das Leben leicht zu nehmen und dabei um jeden Preis «relaxed» zu sein. Dazu verfügt er noch über zwei oder drei Verhaltens- und Denkmuster, die ihn zum «Mann für alle Fälle» befähigen.

Diese schattenhafte Gestalt ist handliches Material für politische Demagogen. Löwenthal befürchtet, daß «hinter der politischen Maske von Training und Anpassung die Vorstellung von einem menschlichen Roboter lauert, der selbst nichts getan und doch genau die Dinge in genau die Richtung bewegt hat, wie die «Macher» es von ihm wünschten», «und der sich, wie die Menschen nach dem Krieg, damit rechtfertigt, daß er nur Befehlen gehorcht habe». In späteren Arbeiten beschäftigt Löwenthal die Behauptung Adornos, die Massenkultur überantworte ihre Öffentlichkeit einem psychischen Terror, der sie bis zur Unterwürfigkeit einschüchtere und jegliches Vermögen, dem etwas entgegenzusetzen, in ihnen zerstöre.

Solche Analysen, die populäre Artefakte als Blendwerk entlarvten, erlaubten prophetische Einsichten in die amerikanische Kultur. Wenn die Idole der Produktionswelt den Idolen der Konsumwelt hatten weichen müssen, wenn das aus den Fugen geratene Melodram – ähnlich der Hysterie eines Erweckungspredigers – Resignation und Passivität im Gefolge hatte, dann konnte man tatsächlich davon sprechen, daß ein neuer Persönlichkeitstyp die amerikanische Szene betreten hatte. Und wenn etwas klar war, dann eines: Auf diesen emotional verarmten Schwächling brauchte ein Emigrant kaum große Hoffnungen zu setzen. Viele Flüchtlinge erlebten die Amerikaner als ungeheuer freundliche und zugleich ungeheuer abgestumpfte Menschen. Analytiker wie Löwenthal wollten sie retten, sie aufwecken, nicht zuletzt darum, weil sie das einzige Bollwerk gegen Hitler waren, das den Emigranten im Jahre

1942 noch geblieben war. Was wie kulturelles Elitedenken aussah, besaß die Dringlichkeit eines militärischen Programms.

Einig waren sich das Institut für Sozialforschung und das Büro für angewandte Sozialforschung darin, daß mit populärer Kultur unterschwellig immer auch Propaganda verbunden war. Mit unverhüllter Propaganda, in diesem Fall Nazi-Propaganda, beschäftigte sich unterdessen die New School for Social Research. Sie tat das mit ebenso großer Aufmerksamkeit für Detail und Idiom, aber mit mehr Selbstvertrauen, denn Sprache und Bräuche waren ihre eigenen. Trotz unterschiedlicher Methoden und Temperamente waren Schlußfolgerungen und Ziele vergleichbar.

Während der Kriegsjahre übersetzte der Berliner Historiker Henry Pachter im Dienste des Office of Strategic Services über Lissabon importierte deutsche Zeitungen, mit der besonderen Aufgabe, nach Anzeichen innerer Zwistigkeiten zu suchen. Seine Frau Hedwig arbeitete als Stenotypistin für das Office of War Information. Zusammen mit einigen Freunden verfaßten sie 1941 ihre Studie über das Nazi-Deutsch, die vielleicht erste systematische englischsprachige Untersuchung über den Einfluß der Nazis auf die deutsche Sprache. Mit einem recht seltsamen Kompliment bedachte Ernst Cassirer (für kurze Zeit Nachbar der Pachters in New York) diese Arbeit. Besonders erhellend, schreibt er, habe er die Defizienzen des Buches gefunden. Gerade neuere Sprachschöpfungen hatten die Autoren unübersetzt gelassen, und dieses Versäumnis erklärt Cassirer mit der Unmöglichkeit, in einer Übersetzung auch die «emotionale Atmosphäre» einzufangen, die solche Worte umgibt. «Diese Atmosphäre muß man einfach fühlen.» Sehr wohl konnten die Pachters dagegen zeigen, wie eine einzige Silbe ganz normale Sprache in Propaganda verwandeln konnte.

Später schloß Pachter sich der New School an und war Mitautor des Buches *German Radio Propaganda,* das von der New School gefördert und 1941 von Hans Speier und Ernst Kris herausgegeben wurde. Material für das Projekt lieferte der Erfassungsdienst der BBC, zu der Kris noch aus früheren Jahren Verbindung hatte. In einer New School-Version der Massenkulturforschung beschreibt Kris die von Nazi-Sendern bevorzugten Genres: Vorträge über Körperertüchtigung und vitaminreiche Ernährung; populäre Kriegslieder («Balkanlied», «Afrikalied» oder das rhythmische «Wir fahren gen Engeland»), «Blut und Boden»-Geschichten; anspruchslose Vorträge von Wissenschaftlern wie Max Planck. Gegen Ende des Krieges ändern sich die Inhalte, ein Faktum, dem Pachter tiefere Bedeutung beimißt. Es gibt mehr leichte Unterhaltung, um unauffällig vom bitteren Alltag abzulenken. Schmalzige Musik, Plaudereien mit Wahrsagern, Astrologen und Handleserinnen künden in Wahrheit von einer verzweifelten Lage. Hans Speier erklärt in seinem Beitrag, daß allein die Existenz von Propaganda für unvollkommenen Konsens spreche.

Mit besonderer Aufmerksamkeit nimmt sich die Studie den politischen Implikationen solcher Wandlungen von Stimmung und Inhalt an. Kris beobachtet, daß die Propaganda dem Feind bestimmte, immer wiederkehrende Attribute beilegt: Amerikaner sind korrupt, Briten Heuchler. Hitler ist ein Lichtgott, der gegen die Mächte der

Finsternis – sprich, das internationale Judentum – kämpft. Doch mit der Dauer des Krieges wird aus Verachtung Angst: Die letzten Radiosendungen zitieren ein amerikanisches Buch mit dem Titel *Germany Must Perish* («Deutschland muß untergehen») und warnen, das «internationale Judentum» werde den Deutschen niemals vergeben. (Solche Radiosendungen setzten immer stillschweigend voraus, daß den Bürgern im großen und ganzen klar war, was mit den Juden geschah, obwohl nach dem Krieg viele Deutsche diesbezüglich jegliches Wissen leugneten.)

Der Mann auf der Straße spielt in dieser Propaganda so gut wie keine Rolle. Er erscheint einzig als Soldat, oder aber, in den letzten Stunden, als einer derjenigen, die Deutschlands Niederlage zu verantworten haben. Nicht mehr der bald siegreiche Feind steht im Mittelpunkt des Interesses, sondern «die positive Grundhaltung des Selbst». Mit wachem Blick für dialektische Möglichkeiten entdecken die Autoren, daß die Nazis das, was sie geben, auch wieder nehmen. Aus den Aufrufen zu Kooperation und Freundschaft sprechen Angst und Schuld. Eines Orwell würdig ist das Spektakel der «Höflichkeitskampagne» mit ihrem Ansinnen an die Bürger, sich gegenseitig auf gutes Benehmen und Wohlverhalten hin zu kontrollieren. Nörgler sind Nervenbündel, schlechte Manieren schwächen die militärische Abwehrkraft; der Führer will, daß wir lächeln – «lächeln», so könnte man hinzufügen, «auch wenn es uns umbringt». Chauvinismus sei die Sache der Deutschen nicht, hatte Goebbels zuvor den Fehlschlag seiner Haßkampagne beklagt. Nun will man sie zwingen, einander zu lieben.

Kris, der Psychoanalytiker und Anthropologe, beweist sehr viel Gespür für das, was hinter der Bildersprache der Nazis steht. «Der Nazi-Rundfunk lädt die Deutschen ein zu einem Kasperletheater. Der Held ist das Selbst, der Schurke ist der Feind, der Rest ist Chor.» Das ist ein Rückgriff auf Mythos und Legende. Doch sieht man genauer hin, symbolisiert das zur Schau gestellte Selbst nicht den repräsentativen Deutschen, sondern einzig den Führer. In guten Zeiten, beobachtet Pachter, sprach Hitler in der ersten Person Singular («Ich entscheide», «Ich hätte die ganze Intelligenz hinrichten lassen können»), aber jetzt, wo es darum geht, Verantwortung von sich abzuwälzen, überwiegt die dritte Person Plural, das «Stigma der Niederlage» soll nicht ihn, sondern seine Gefolgschaft treffen. Auch mit Substantiven wird sehr selbstherrlich umgegangen – der Nationalsozialismus führt die Nation zum Sieg, aber Deutschland verliert Schlachten. Die Verben stehen im Widerspruch zur Realität – die Menschen werden «nicht beherrscht, sondern geführt, nicht indoktriniert, sondern aufgeklärt»; Menschen werden zu Abstrakta, es gibt keinen Bezug zu ihrer konkreten Existenz: Die Geburtenrate steigt, aber nie ist die Rede von wirklichen Eltern und Kindern. Eine Sprache, die so willkürlich mit den Regeln von Logik und Grammatik umspringt, kann sich auch über den Tod hinwegsetzen. Dank nationalsozialistischer Wissenschaftler gibt es keine Krankheit mehr: Niemand stirbt im Bett.

Die New School-Studie selbst ist eine subtile Form der Propaganda. Kris beschließt sie mit dem innigen Wunsch, daß man dem Nachkriegsdeutschland die Strafen ersparen möge, die dem Entstehen einer faschistischen Mythologie und der nachfolgenden Zerstörung von Logik und Grammatik Vorschub geleistet hatten. Obwohl auch eine Huldigung an antifaschistische Führer – der Hitler-Propaganda kontrastiert werden Churchill und Roosevelt mit ihren Plaudereien am Kamin und eingebungsvollen Reden –, ist die Studie doch durchdrungen von Trauer. Als letzte Verwalter des deutschen Humanismus sehen die Wissenschaftler dieses Erbe im Sprachverfall Nazi-Deutschlands aufgehen. Vielleicht ist das auch der Grund, warum sie so überempfindlich und unduldsam auf amerikanischen Kitsch reagierten. Was sich in Deutschland zutrug, sollte sich hier nicht wiederholen.

Auch zum Fernsehen hatten die Emigranten Schwerwiegendes zu sagen. 1952, nach einem kurzen Aufenthalt in seiner Heimat, verurteilte Adorno leichtgewichtige Unterhaltungssendungen als entweder eine Widerspiegelung seelischen Schadens oder dessen Ursache. Mysterienspiele ohne Mysterium nannte er sie, die das infantile Bedürfnis des Publikums nach jener Sicherheit befriedigten, die die ästhetische Konvention gewährt; Situationskomödien, die den amerikanischen Geist beleidigten; Romanzen, die das Evangelium von Resignation und Anpassung predigten, ohne die utopischen Möglichkeiten des Happy-Ends auszuloten. Adorno verdächtigte das Fernsehen, sein Publikum in Selbstgefälligkeit, geistiger Passivität und Leichtgläubigkeit zu wiegen – ein guter Boden für totalitäre Weltanschauungen. Fairerweise sei hinzugefügt, daß das eine Interpretation der eher unterschwelligen Auswirkungen des Mediums, nicht aber eine Unterstellung bewußter Absichten auf seiten der Fernsehschaffenden war. Adornos Kritik ist unverhüllt impressionistisch – er selbst gibt zu, daß sie sich wohl schwerlich durch genaue Daten wird belegen lassen –, und sie ist weit vernichtender als jüngere Kritik an der unglückseligen Verbindung von Politik und kommerziellem Fernsehen, denn Adorno sieht den Feind in der Technologie selbst, im Medium.

1978, die meisten dieser Männer lebten nicht mehr, sprach ein Medienereignis ihren Gedanken und Schlußfolgerungen Hohn. Die Fernsehserie *Holocaust* wies all jene Muster und Merkmale auf, die sie einst verdammt hatten. Seine diffuse Erzählweise reduzierte Historie auf die Seifenoper einer Familie. Voll falscher Melodramatik und unangemessen pompöser Musik, unterbrochen von Werbespots, war sie Abbild der Fragmentierung modernen Lebens schlechthin: Adornos Kulturindustrie in ihrer düstersten Erscheinungsform. Doch ungeachtet ästhetischer Unsäglichkeiten war die Wirkung von *Holocaust* erstaunlich in den USA und überwältigend in der Bundesrepublik, wo ein Massenpublikum schließlich mit Wahrheiten konfrontiert wurde, die es Jahrzehnte nicht hatte zur Kenntnis nehmen wollen. Hätten die Emigranten mit ihrer Analyse der populären Kultur recht behalten, hätten die billigen Tricks diese Serie zur Wirkungslosigkeit verurteilen oder ihrem Mißbrauch Tür und Tor öffnen müssen. Statt dessen vermittelte sie Wissen und gab Anstoß zu einer positiven politischen Entwicklung. In der Bundesrepublik hob man – sicher auch unter dem Eindruck dieses Fernsehereignisses – die Verjährungsfrist für Kriegsverbrechen auf. Mit dem Rückgriff auf die Seifenoper hatte die kommerzielle Unterhaltung den Geschehnissen eine menschliche Dimension zurückgegeben, die die intellektuellen Kommentatoren vernachlässigt hatten. Sie hatten, wie Günther Anders einmal schrieb, den Holocaust auf «die enorme Ziffer» reduziert; aber «nur durch Einzelfälle (kann) das Unabzählbare deutlich und unvergeßbar gemacht werden». Irna Phillips Schatten regte sich, während Adornos Stern sank.

Der Weg des größten Widerstandes

Während eine Gruppe von Wissenschaftlern, die dem amerikanischen Alltagsleben mehr oder weniger entrückt waren, die Auswirkungen der populären Kultur studierte, waren andere Flüchtlinge aktiv bemüht, amerikanische Seh- und Hörgewohnheiten zu verändern. Doch zunächst hatten sie sich selbst anzupassen, und das war für diese Künstler, die auf dem Höhepunkt ihrer Karriere Sprache und Land wechseln mußten, nicht einfach. Und als ob der normale Emigrantenalltag nicht schon beschwerlich genug war, sahen sie sich in jedem Augenblick und von allen Seiten der Kritik ausgesetzt; hier taten sich vor allem ihre Künstler-Kollegen hervor, aber auch, und vehementer noch, ihr Emigranten-Publikum, das auch den kleinsten Verrat am kulturellen Erbe zu ahnden bereitstand. Aller Ruhm und kommerzielle Erfolg können die Ablehnung nicht wettmachen, die man von seinesgleichen erfährt. Das Ideal war, nicht unterwürfig oder egoistisch, sondern verständlich und zugänglich, nicht Speichellecker und Hure, sondern Künstler zu sein.

Sie alle, Olympier wie Fußvolk, taumelten in einer Gesellschaft umher, in der jeder kulturelle Gebrauchsartikel dem dauernden Wechsel der Mode unterworfen war. Der Kampf um den Beifall der Öffentlichkeit glich einem Stafettenlauf ohne Stab: man glaubt, vor dem Sieg zu stehen, da entgleitet er der Hand. Schönbergs amerikanische Karriere war geprägt von Enttäuschung und Gleichgültigkeit. Erst nach seinem Tod rückte seine Zwölfton-Theorie in den Mittelpunkt des Interesses von Musikwissenschaftlern und Komponisten. Inzwischen hat sich das Blatt wieder gewendet, und Schönberg ist, zusammen mit den gleichfalls aus der Mode gekommenen Bauhaus-Architekten, auf die Position eines überalterten Avantgardisten verwiesen. Wie ihr unterbezahltes, überarbeitetes, überfordertes, sich um die europäischen Angehörigen sorgendes Emigranten-Publikum lebten auch die Künstler in steter Unsicherheit.

Unter den bildenden Künstlern gab es zwei Gruppen: die Lehrer und die Touristen, und das im buchstäblichen Sinne. Viele von ihnen wirkten an Colleges oder in ihren eigenen Schulen als große Lehrer. Ihr Einfluß reichte also über die sehr begrenzte kunstinteressierte amerikanische Öffentlichkeit oder das noch kleinere Publikum, das sich außerhalb Amerikas ihrer Arbeit erinnerte, hinaus. Was brachten sie ihren Schülern bei? Ein ehemaliger Student von Josef Albers am Black Mountain College verdankt dem Maler, so sagt er heute, «zwei Augen zu sehen». Albers Kunst ist geprägt von einem nahezu wissenschaftlichen Umgang mit Farbe, Proportion und geometrischer Form, die den Betrachter anziehen und zugleich auf Distanz halten. Diese Verbindung von sich Einlassen und Wahren der inneren Unabhängigkeit scheint auch dem Gefühl des Künstlers für seine eigenen Grenzen entsprochen zu haben. Martin Duberman erinnert sich, daß Albers trotz all seines pädagogischen Innovationseifers das «Unberechenbare» und «Unerwartete» gar nicht mochte. Er verspürte keinerlei Neigung, sich mit Lokalpolitik, insbesondere dem südlichen Rassismus, einzulassen. Die heimischen Radikalen waren ihm, wie ja auch vielen anderen Flüchtlingen, suspekt. Man sagt ihm nach, daß er Volkstanz für einen kommunistischen Zeitvertreib hielt.

Künstler wie Robert Rauschenberg (Albers Schüler in Black Mountain) haben seinen Umgang mit Farbe und Form weiterentwickelt. Auch Albers' Credo, daß die «performance» – wie es gemacht wird – der eigentliche Inhalt von Kunst sei, hatte auf amerikanische Künstler großen Einfluß. Nicht, daß frühere romantische Auffassungen vom künstlerischen Schaffensprozeß keine Rolle mehr gespielt hätten, aber mit den strengen Maßstäben, die Albers an seine eigene Arbeit legte und die er auch seinen Schülern abverlangte, erzog er sich ein amerikanisches Publikum, das die Dinge auf seine Weise sah.

George Grosz war als Lehrer sehr viel weniger erfolgreich. Vielleicht lag das daran, daß er mit aller Gewalt seine wahre Natur verleugnete. Er, einst Geißel preußischen Philistertums, versuchte sich jetzt in blindem Optimismus. Aber er war zu verbittert, als daß solcher Stilwechsel hätte gelingen können. In jungen Jahren hatte er einer Gruppe linker Politiker und Künstler angehört, Wieland Herzfelde und John Heartfield waren seine Dadaisten-Kollegen gewesen. Aber dann, zu Beginn der dreißiger Jahre, eröffnete er seinen Freunden, daß die sogenannten Massen nichts als Pöbel seien, der Radikalismus ein Irrtum und die Deutschen im übrigen einen Hitler verdient hätten. In Amerika wollte er seine Vergangenheit hinter sich lassen. Er stürzte sich ins Getümmel, arbeitete als Illustrator für populäre Magazine und unterrichtete, bevor er seine eigene Schule eröffnete, an der Art Students League in New York City.

Mit Eile paßte Grosz sich amerikanischen Erwartungen an. In seiner Autobiographie gesteht er, für Geld gemalt zu haben. Natürlich brauchen Künstler Geld, aber Grosz rühmte sich geradezu seines Geldwertes; es war, als wollte er sich selbst vom Künstler zum Geschäftsmann erniedrigen. Er war für «Pragmatismus», das Schreckgespenst derjenigen Emigranten, die an den dialektischen Materialismus glaubten. Deren Argumente verstand er durchaus, begrüßte aber, was sie fürchteten. Auch war er wie sie der Meinung, daß ein einzig dem Augenblick und dem unmittelbaren Eindruck gelebtes Leben das Wesen des Menschen, seinen Charakter, fragmentiere, doch erklärte er den Charakter kurzerhand für «überschätzt». Das war nicht Ablehnung des «Individuums» zugunsten der Gruppe, sondern simpler Ausdruck von Misanthropie. Der saturnische Illustrator erkor ausgerechnet Norman Rockwell zu seinem amerikanischen Idol. Sein Herz, so behauptete er jetzt, habe nie dem Dadaismus gehört; nunmehr trachtete er nach Rockwells Klarheit und drängte «alles, was mir an mir selbst zu Groszisch, zu originell, zu teutonisch schien, geziemend zurück».

Das Ergebnis war weder Anerkennung noch Ruhm. «Ich (konnte) die von mir so sehr bewunderte Einfachheit und Normalität der amerikanischen Illustration nicht erreichen», gibt er zu. Seine Arbeit bekam etwas «Gespaltenes». Er versuchte, das amerikanische Leben zum Teil seiner selbst zu machen, sammelte Zeitungsausschnitte, die für ihn die «ganze Morphologie» der amerikanischen Kultur repräsentierten – einer Kultur, die er, man höre und staune, eine «chaotische Formenwelt» nannte.

Vielleicht wäre sein deutscher Stil für amerikanische Verhältnisse tatsächlich zu brutal gewesen, aber der totale Wechsel von Bitterkeit zu reiner Süße konnte nicht gelingen. Für kurze Zeit arbeitete er beim *Esquire,* versuchte, «nur ein Illustrator» zu sein, und mußte die Erfahrung machen, daß Illustratoren austauschbar sind. Amerikanische Werte konnte man allenfalls übernehmen, nicht aber gleichsam assimilieren. 1937 zeichnete er vier wild aussehende amerikanische Fabrikarbeiter mit Tierköpfen; Titel des Bildes: «Dog eats Dog». Welches amerikanische Publikum hätte daran seinen Spaß haben sollen?

Mit seiner Selbsterniedrigung nahm Grosz sich jede Einflußmöglichkeit. Sein öffentliches Auftreten wurde immer grotesker. Auf einem Fest des Psychoanalytikers und Schriftstellers Erich Mosse beschuldigte er die Filmemacher Hans Namuth und Paul Falkenberg, die gerade einen Film über das Werk des abstrakten Expressionisten Jackson Pollock drehten, die «Inhumanität in den Künsten» voranzutreiben. Kurz vor seinem Tod hielt er anläßlich der Jahresfeier der Amerikanischen Akademie für Kunst und Literatur einen Vortrag. In unveränderter Selbstverachtung brandmarkte er «Satire als niedere Form von Kunst». Fast war es eine Metapher für seine gesamte Karriere, daß während seiner Rede das Mikrofon ausfiel: Im Publikum regte sich Unruhe, Grosz glaubte sich kritisiert und schimpfte zurück. Selbst in dieser distinguierten amerikanischen Umgebung haderte er mit sich selbst.

Der Maler Hans Hofmann war bereits vor 1932 zu einer Vortragsreise ins Land gekommen. Nach Hitlers Machtergreifung verlängerte er seinen Aufenthalt, da seine Frau Jüdin und er selber Mitarbeiter etlicher linker Organisationen war. Wie Grosz unterrichtete auch er eine Zeitlang an der Art Students League und gründete dann in der East 57th Street seine eigene Schule. Hofmann, von großzügigem und freundlichem Wesen, wurde der vielleicht einflußreichste Kunstlehrer seiner Generation. Zu seinen Schülern zählten Larry Rivers, Alan Kaprow, Louise Nevelson und Helen Frankenthaler. Sie alle erinnern sich seiner europäischen Art: Kaprow seines «unamerikanischen» Begriffs von Kunst «als einer Bestimmung»; Rivers seiner «Art, Kunst effektvoll-zauberisch *(glamorous)* und bedeutungsvoll zugleich erscheinen zu lassen». Das europäische Erbe, angefangen bei Goethes Entsprechung von Farbe und Stimmung bis hin zu Einsteins vierter Dimension, war stets gegenwärtig. In seiner Sprache folgte Hofmann romantischer Tradition, machte Anleihen bei der Musik und wies seine Schüler an, sich der Natur «in all ihrer Herrlichkeit» zu bedienen.

Doch Hofmann liebte Amerika, und seine Kunst veränderte sich merklich in diesem Land. Gekommen war er als figürlicher Expressionist und wurde schließlich zu einer der tonangebenden Gestalten der New Yorker abstrakten Expressionisten. Bereits 1938, Jahre bevor Jackson Pollock ähnliche Experimente machte, spritzte er frei mit Farbe. Genau wie Schönberg, selbst Maler, Farbe als musikalisches Kompositionselement befreite, sah Hofmann in Farbe und visueller Struktur die hervorragendsten

Anliegen eines Malers. Den geliebten europäischen Begriff der Dialektik übertrug er auf malerische Bedürfnisse und forderte die stete Interaktion von Flachheit und Tiefe. Dieser Prozeß, schon der Bewegung von Farbe auf Leinwand inhärent, ist Ausdruck von Naturgesetz und Metaphysik, eine doppelte Realität, in der zwei von Hofmanns Obsessionen verschmolzen. Den Prozeß, dem der Maler sich anvertraut, nannte er «push and pull»: «Erst das mannigfaltige Wechselspiel von ‹push and pull› und die Variationen seiner Interaktion bringen plastische Schöpfung hervor.»

Hofmanns Kunsttheorien reflektieren die Praktiken der New Yorker «Aktionsmaler», und manche Kritiker sehen ihn als im Grunde konventionellen Maler, der sich amerikanischen Einflüssen öffnete und so zu neuen Ehren gelangte. Doch «push and pull» muß, wie alle Prozesse, neben Gegenwart und Zukunft auch der Vergangenheit offen sein. Hofmann wußte, daß er Schwerpunkte verschob und die Dinge aus neuer Perspektive betrachtete. Mit Vorliebe nahm er sich der Renaissancekunst an mit ihrer Betonung des Inhaltlichen und ihrem offensichtlichen Desinteresse an dem, was ihm als das wahre Anliegen der Kunst galt. Er verglich mit Hilfe schematischer Darstellungen die Ebenen- und Leinwandorganisation von Malern, die Jahrhunderte trennen, von Rembrandt und Mondrian etwa, und schuf so alten Göttern ein neues Pantheon: Indem er Kompositionselemente abstrahierte, konnte er die Vergangenheit auch für diejenigen Avantgarde-Maler retten, die jede bildliche Darstellung ablehnten. Noch aus seinen kühnsten Bildern sprach – sogar dann, wenn der Bezug kein expliziter war – europäische Tradition. Verglichen mit ihm schien die Kühnheit eines Barnett Newman oder Jackson Pollock, ebenfalls Maler der New Yorker Schule, fast antihistorisch. Hofmanns Innovationen waren geprägt von einem so feinen Gespür für die Vergangenheit, daß sein Werk nahezu klassisch anmutet: «push and pull» nicht nur von Leinwand und Farbe, sondern auch von Vergangenheit und Gegenwart.

Hofmann und Albers, letztlich auch Grosz, waren Lehrer. Isolierter und also weniger einflußreich waren andere Künstler, deren Auftreten auf der amerikanischen Bühne eher touristischer Natur war. Dazu zählen sicherlich die erst nach 1939 Gekommenen, unter ihnen viele französische Maler. Sie kamen als Besucher, blieben einige Jahre in New York und kehrten in ihre Heimat zurück, ohne ihren künstlerischen Stil und ihre Auffassung von Kunst nennenswert geändert zu haben. Eine Ausnahme war der Holländer Piet Mondrian, der 1940 eintraf. Er liebte den Jazz, und seine letzten Bilder waren Versuche, Jazz-Stimmung und Jazz-Rhythmus einzufangen. Sein allerletztes Bild nannte er «Broadway Boogie-Woogie». Einst Meister eines strengen Formalismus, ließ Mondrian während seiner kurzen amerikanischen Periode eine neue und ungewohnte Energie in seine Kompositionen einfließen. Hier in den USA lernte auch die Fotografin Charmion von Wiegand Mondrian kennen. Durch die Begegnung mit seinem Werk, so schreibt sie, habe sie New York City «in völlig neuem Licht» sehen und fotografieren gelernt. Jahre später besucht sie sein Geburtsland, und aus dem Zugfenster fällt ihr Blick auf die netzartigen Formationen von Mondrians New York, deren niederländischer Ursprung sich ihr nun enthüllt: «Es war alles da.» So veränderte eine holländische Vision die Wahrnehmung von Amerika. (Ein vergleichbares Erlebnis hatte Gertrude Stein auf ihrer ersten Flugreise: Sie sah Landschaftsformationen, die sie an kubistische Zeichnungen erinnerten.)

Aber Mondrians Zeit in Amerika war wohl zu kurz bemessen und er selber in zu fortgeschrittenem Alter, als daß er sich noch entscheidend hätte ändern können. Eine andere Ausnahme war Max Ernst, der vom Anblick Amerikas, ganz besonders aber von den Mondlandschaften des Südwestens fasziniert war. Er malte die massiven Felswände, die in der Wüste aufragen, und diese Bilder strahlen eine Ruhe aus, wie man sie sonst in seinem Werk kaum findet. Wie für Heinrich Zimmer, den der Anblick des Grand Canyon mit Ehrfurcht erfüllte, bedurften die zeitlosen Formen auch für Max Ernst keiner mythischen Überhöhung, sie waren fantastisch genug. Ernst mag ein Tourist gewesen sein, aber es sollte doch sehr lange dauern, bis er nach Europa zurückkehrte, und dann war seine Arbeit von reinerer Formgebung, als es die programmatische Ausbeutung des Bizarren und Zufälligen seiner früheren Jahre gewesen war.

Ernst Lindner kam früher und war jünger als Mondrian oder Ernst, und seine Kunst änderte sich völlig. Lindner sah sich selbst als Tourist: «Meine Figuren sind Eindrücke eines Touristen von New York. In Amerika gibt es niemanden, der so malt. Ich gehöre keiner Bewegung und keiner Schule an. Ich bin weder Pop-Künstler noch irgendetwas anderes: Ich bin ein Tourist auf Amerika-Besuch, der alles sehen muß, was es zu sehen gibt. In dieser Hinsicht haben Saul Steinberg und ich vieles gemein. Wir sind beide Touristen, beide fast zur gleichen Zeit angekommen, wir sind Freunde und natürlich sehen wir New York besser als jemand, der hier geboren ist. Wo ich auch bin, bin ich Tourist, d.h. ‹Beobachter›.» Saul Steinberg trat kurz nach seiner Ankunft in die amerikanische Armee ein. Er sei fest entschlossen gewesen, sagt er, sich von der Flüchtlingsgemeinde fernzuhalten und Amerika mit den Amerikanern zu sehen. Natürlich sehen solche Touristen, wie Lindner konstatiert, nicht das, was Amerikaner sehen. Aber ihre Sicht von Amerika ist eben darum so einzigartig, weil sie nicht amerikanisch ist, eine Zwitterform mit ihren eigenen Systemen des «push and pull». Lindners dubioses Image als Erfinder der Pop Art erscheint in einem anderen Licht, wenn man weiß, daß seine Art des Malens sich für ihn weder ausgezahlt hat – er wurde 59 Jahre, bis er sein erstes Bild verkaufte – noch gefällig war – seine Pop-Formen verlangen strenge und ungeteilte Aufmerksamkeit.

Ein anderer Maler übertrug seine europäischen Themen ins Amerikanische. In Europa hatte der Berliner Künstler Hans Richter den Dadaisten, Konstruktivisten und Filmemachern nahegestanden. Er war unter den Begründern des Dadaismus einer der ernsthaftesten und auch in seinen anarchistischen Neigungen nicht so absolut wie die meisten von ihnen. Bereits 1928 hatte er sich politisch profiliert: Sein in diesem Jahr gedrehter surrealistischer Film *Geister vor dem Frühstück* trug ihm seitens der Nazis das Etikett «Kulturbolschewik» ein. Ein Jahr später arbeitete er mit Sergej Eisenstein zusammen. 1933 ging er ins Exil und drehte, bis er 1941 nach Amerika kam, Filme in verschiedenen Ländern. Vierzehn Jahre lang lehrte er Filmtechnik am New Yorker City College. 1943 entstand eine außerordentliche Collage mit dem Titel «Stalingrad (Victory in the East)», ihre geometrischen Formationen waren gezeichnet oder aus Zeitungsausschnitten gebildet. Die Sprache war Englisch, aber die Verfahrensweise so europäisch wie die radikale politische Absicht: «Indem ich geometrische Formen (die Kriegsmaschinerie der Nazis) gegen frei fließende Formen (die Menschen) setzte, konnte ich nach Art einer Symphonie zwei kompositorische Themen entwickeln.» (Das erinnert an Picasso, der von einem Nazi-Offizier gefragt wurde, ob er derjenige sei, der die «Guernica» zu verantworten habe. «C'était vous», antwortete der Maler.)

«Er war ein Don Quichote», sagt seine Witwe. «Ich glaube nicht, daß er Kunst machte, um einen politischen Kampf zu kämpfen, sondern um seine ganz natürliche innere Anteilnahme an den Geschehnissen auszudrücken – er bezog Stellung.» So schenkte ein Emigranten-Künstler diesem Land seine «Guernica». Nach dem Krieg setzte Richter seine geistvoll-witzige Arbeit fort. Er drehte Filmportraits über Emigranten-Künstler. In den fünfziger Jahren filmte er Männer wie Hans Arp und Richard Huelsenbeck, die vierzig Jahre früher in Zürich seine Dadaisten-Kollegen gewesen waren. Sein «8 × 8» (1955–1958) zeigt einen durch die verlassene, sonnenüberflutete Wall Street tanzenden Max Ernst. Zu jener Zeit zählte Richter siebzig und Max Ernst siebenundsechzig Jahre: in diesem Land der Jugend, im Herzen des Kapitalismus Clownerien zweier alter Männer, die sich wie Kinder über ihre ach so zielstrebigen und ernsthaften Eltern lustig machen – es ist ein ungewöhnliches, atemberaubendes Bild emigrantischer Transzendenz. Und es ist der dadaistische Gestus eines Touristen, der mit den lokalen Götzen sein Spiel treibt.

Es waren in erster Linie die Wissenschaftler unter den Emigranten, die den Amerikanern den reinen Akt des Hinschauens näherbrachten. Die Gestaltpsychologen beschäftigten sich auf spezifische Weise mit der visuellen Wahrnehmung, und auf andere Weise taten das auch Kunstpsychologen wie Rudolf Arnheim. Daß College-Absolventen künstlerische Struktur und Form so wahrnehmen, wie sie das tun, verdanken sie sicher zu einem Teil den Exil-Künstlern, die ihre avantgardistischen Bilder für einige wenige Sammler malten; aber zu einem mindestens ebenso großen Teil der Tatsache, daß ihre Lehrer Schüler von Erwin Panofsky waren. Panofsky hat viele Jahre am Institute for Advanced Study in Princeton gelehrt und gearbeitet. Es war eine glückliche Zeit für ihn, darum so glücklich, meint er selbst, weil er als geladener Gast und nicht als Flüchtling gekommen war.

Von Amerika ließ er sich zu einer klaren und deutlichen Sprache zwingen. Das Deutsche kennt Wörter, die sich in viele Kontexte fügen. Das mag der Sprache einen gewissen Glanz verleihen, verdunkelt aber auch ihren Sinn und setzt der Übersetzbarkeit Grenzen. Panofsky stellt fest, wie vielfältig verwendbar allein das Wort *malerisch* ist: Es meint das Pittoreske, aber auch das Nicht-Plastische, das Losgelöste, Nicht-Lineare, Unbestimmte, das Impasto – ein Bedeutungsuniversum, das vom rein Technischen bis hin zum Impressionistischen reicht. «Aber im Englischen muß sogar ein Kunsthistoriker in etwa wissen, was er meint, und meinen, was er sagt.»

Panofskys Prosastil änderte sich in den USA tatsächlich. Seine späteren Arbeiten sind klarer im Ausdruck und stromlinienförmiger. Indem er die einzelnen Bedeutungen, die in solchen deutschen Wörtern verschmolzen, befreite, machte er sie zugleich als Objekte von Aufmerksamkeit verfügbar. Auch wenn sein Verhältnis zu ikonographischen Mustern ein völlig anderes war als das von Hans Hofmann, gab es doch Ähnlichkeiten. Beide lehrten sie ihre Schüler, genauer zu sehen. Hofmann sagte es explizit, und Panofsky ließ durchblicken, daß sie sich beide der neuen Genauigkeit verpflichtet fühlten. Wenn deutlich zu sprechen auch bedeutet, deutlich zu sehen, haben Panofskys Anpassungsbemühungen an amerikanische Spracherfordernisse dazu beigetragen, das Feld visueller Wahrnehmung zu erweitern und zugleich präziser zu fassen – eine Saat, die angesichts der vielen Lehrer, die einst seine Schüler waren, vielfach aufging.

Bisher profitierten von den subtilen Bewußtseinserweiterungen, die Folge der visuellen Transformationen waren, vorwiegend Kunstkäufer und Kunststudenten. Die größte aller Transformationen jedoch war jedermann zugänglich und veränderte Arbeits- und Lebensräume von Millionen. Die Rede ist – wie könnte es anders sein – von der neuen Stadtlandschaft, die nach Entwürfen von Bauhaus-Architekten – von Walter Gropius und Marcel Breuer im Osten, von Ludwig Mies van der Rohe und László Moholy-Nagy im Mittelwesten – und ihren Schülern entstand. Der Bauhaus-Einfluß reichte von der Park Avenue bis zu den Vorstädten, vom Arbeitsplatz bis hin zum heimischen Herd. Vordem war es an den Emigranten gewesen, über Gegenstände und Möbel amerikanischer Provenienz zu staunen. Jetzt bestimmten sie mit ihren Entwürfen den guten Geschmack. Dabei half ihnen das modernste aller Werbemedien, der Spielfilm. Für viele Paramount-Filme der dreißiger Jahre besorgte Hans Dreier, Bewunderer und Sammler von Bauhaus-Möbeln, die Innenausstattung. Seine Interieurs waren Ausdruck einer ganz neuen Art von *glamour*. Die einfachen klaren Linien setzten als sichtbare Zeichen materieller Leistung das ins Bild, was sich die Zuschauer unter Macht und ‹personality› vorstellten. (Es war eine besondere Ironie der Emigration, daß ‹Bauhaus› nunmehr für kapitalistischen Erfolg und nicht für sozialistische Emanzipation stand.)

Auf dem Weg zur Arbeit, am Abend zu Hause, überall waren die Amerikaner von Emigranten-Design umgeben. Sogar das *shopping center* trugen Emigranten, allen voran der Wiener Victor Gruen, zum amerikanischen Leben bei. Gruen, wie das Bauhaus am sozialen Gebrauchswert interessiert, war entschlossen, aus Northland (einer Detroiter Einkaufsstraße) mehr als nur eine Ansammlung von Geschäften zu machen. Er stellte Skulpturen auf, sorgte für ein Auditorium, das jedermann offenstand, und machte den Komplex so zu einer Art Bürgerzentrum.

An akademischen Institutionen waren die Bauhaus-Leute gern gesehene Gäste. Gropius übte als Lehrer in Havard mehr Einfluß aus als durch seine Architektur. In Chicago wurde Mies zum eigentlichen Erfinder des Industrie-Designs. Es war dies eine bemerkenswerte Entwicklung vom jugendlichen Linken – in Berlin hatte er ein Denkmal für Rosa Luxemburg und Karl Liebknecht entworfen – zum Spitzenmann im US-Kommerz. Mies entwarf für Amerika mehr Gebäude als je in seiner Heimat, fast scheint es, als wollte er den kapitalistischen USA seine radikale europäische Vision abtrotzen. Allerdings bewunderten die Bauhaus-Architekten seit eh und je die

Vernarrtheit der amerikanischen Industrie in Aluminium und Stahl und die Schönheit amerikanischer Technologie.

Einen nicht unerheblichen Anteil am Triumph des Bauhauses hatten auch seine Akoluthen. Bibel der Bewegung war Sigfried Giedions *Space, Time, and Architecture* (1941), aber bereits 1932 hatten zwei junge Amerikaner, Russell Hitchcock und Philip Johnson, eine Ausstellung der Bauhaus-Arbeit zuwege gebracht und dessen besondere Art der Formgebung «International Style» getauft. Leider war das, was in Deutschland noch der Traum von einer postkapitalistischen internationalen Gemeinschaft gewesen war, in den USA seines politischen Gehaltes nahezu völlig entblößt. Auch Philip Johnson erwähnt die Bauhaus-Abneigung gegen historische Betrachtungsweise: «Walter Gropius war der Meinung, daß jedes Problem seine ganz spezifische Lösung finden müsse.» Doch offensichtlich betraf das nur die unmittelbaren strukturellen Erfordernisse, nicht aber die von Nachbarschaft und Gemeinschaft. «Nach Ansicht von Mies konnte man die nämlichen Gebäude an jeder beliebigen Stelle aus dem Boden stampfen» und den *genius loci* völlig ignorieren.

Das Bauhaus-Design war eine Kampfansage an den überflüssigen Zierat, mit dem Straßen und Häuser überladen waren, an die Mystifikationen des Spätkapitalismus, die sich in solchem Übermaß ausdrückten. Befreite Linien verhießen befreites Leben. Die Ästhetik dieser Formgebung konnte dem Arbeitsplatz eine fast unheimliche Schönheit verleihen. Mies' Hochhäuser aus Glas und Metall boten Raum für ein subtiles Spiel von Lichtreflexen. Die haushohen Fenster gaben die Welt des Business den Blicken der Außenstehenden, dem Himmel selbst preis.

Aber auf die Menschen, die in den Büros arbeiteten, war die Wirkung dieser Architektur eine weit weniger erfreuliche. Trotz all ihrer humanistischen Prinzipien hatten die Bauhaus-Architekten Gebäude produziert, die die Amerikaner unangenehm fanden. Schlimmer noch, die riesigen Wohnkomplexe, erbaut nach Kriterien des Bauhaus-Funktionalismus, waren bald berüchtigt als Brutstätten von Kriminalität. Darin lag eine furchtbare Ironie. In Deutschland hatten Linke erkannt und im Film *Mutter Krausens Fahrt ins Glück* ins Bild gesetzt, daß «eine Wohnung töten kann». Statt viereckiger Kästen in trostlosen Reihen, die zur Verzweiflung der arbeitenden Klasse nur noch beitrugen, hatten die Architekten die Vision einer lebendig-pulsierenden Architektur. Kritiken aus jüngerer Zeit behaupten, die strengen, unpersönlichen Linien eines Barcelona-Stuhls oder eines Seagram Buildings – um nur zwei Ruhmestaten des Bauhaus-Design zu nennen – verhindere geradezu menschliche Reaktion. Einige sprechen von dem Gefühl, daß menschliche Gegenwart «die Reinheit der Komposition zerstört» – obwohl es sicher jenseits aller Bauhaus-Absicht war, Objekte zu schaffen, die Widerwillen gegen ihren Gebrauch erregen. Die vom Bauhaus geschmähte europäische Vergangenheit finden viele Amerikaner heute eher gemütlich denn überladen – Beau-Art-Konfekt nach den mageren Jahren der Bauhaus-Diät. Die Veränderung des Geschmacks sagt mehr über moderne Politik aus als über die Leistung der Bauhaus-Leute. Die zyklische Veränderung öffentlichen Geschmacks, der Kreislauf von Verteilung und Publicity, der Wechsel von internationalistischer Perspektive zu lokaler «populistischer» Dezentralisierung – das alles bedarf weniger ästhetischer als soziologischer Erklärung.

In Amerika wurden die Bauhaus-Leute Lehrer und Propheten – Symbole einer Mode, die passé war. Es war eine seltsame Romanze: Sie begannen als Bewunderer amerikanischen Designs, setzten schließlich selber die Akzente und endeten als Randfiguren. Und wer weiß, welche Wendung die Dinge in Zukunft nehmen werden? Zunächst jedenfalls entledigte sich der amerikanische Markt des Internationalen Stils, als sei es ein beliebiges kommerzielles Produkt. Doch wer zuletzt lacht, lacht am besten. Und es ist nicht ausgeschlossen, daß das die Bauhaus-Leute sein werden. Die Art ihrer Formgebung ist allgegenwärtig, und die drastischen Veränderungen von Arbeitswelt und Freizeit haben eine Rückkehr zu einer Welt ohne Einkaufsstraßen, Hochhäuser und funktionale Möbel vielleicht längst unmöglich gemacht.

Als der willkommenste Import erwies sich nicht die Architektur, sondern die Musik, vielleicht, weil Europa für die klassische Musik seit jeher die Maßstäbe setzte. Auch wenn die Emigranten-Musiker ein großes und hingebungsvolles Publikum antrafen, darf man bezweifeln, daß ihre amerikanischen Erfahrungen großen Einfluß auf ihre Kunst hatten. Die Rundfunkaufnahmen von Toscanini in den dreißiger und die Fernsehkonzerte seines Schwiegersohnes Vladimir Horowitz in den siebziger Jahren erreichten Millionen von Hörern. Aber ihr Repertoire hätte sich wohl genauso viel oder genauso wenig geändert, wenn es bei den Konzertreisen, wie sie sie vor ihrer Vertreibung durch Hitler und Mussolini absolviert hatten, geblieben wäre.

Und immer gab es da neben dem neuen Publikum auch das alte, das mit ihnen aus Europa emigriert war. Mit ihm allein ließen sich Konzertsäle füllen. Eine Musikgesellschaft, die New Friends of Music, firmierte in manchen Kreisen als «Alte Freunde Schnabels». In vielen Städten war der Orchester-Chef ein Emigrant, ob er nun Bruno Walter, Otto Klemperer, George Szell, William Steinberg, Erich Leinsdorf, Pierre Monteux oder Efrem Kurtz hieß. Das Wissen, daß unten ein kundiges Emigranten-Publikum saß, machte die Konzerte für Ausführende wie Zuhörer zum bittersüßen Ereignis. Wenn sich die Musiker vor ihrem Publikum verbeugten, erwiesen sie immer auch denen ihre Referenz, die ihren Akzent und ihr Schicksal teilten.

Den ernsthaften klassischen Musiker verwirrte die amerikanische Massenkultur zwar, aber er sah auch vielversprechende Möglichkeiten. Für Adorno lag auf Radio und Schallplatte kein Segen, der Pianist Artur Schnabel urteilte ausgewogener. Er erkannte, daß die Massenkommunikationsmittel ein neues Publikum geschaffen hatten, und «Swing auf dem Cembalo» war für ihn durchaus Zeichen der Vitalität dieses Instruments. Aber Kunst, und damit war es ihm genauso ernst wie Adorno, ist kein Spielzeug, «nichts, bei dem man sich ausruht oder gelegentlich Zuflucht sucht, sondern ständiger Auftrag an unseren Geist». Nicht die Maschine war der Feind, denn «banal ist nicht das Material, sondern unser Geist».

Als Berufsmusiker, der es mit dem amerikanischen Markt zu tun hatte, warnte Schnabel auch vor den Gefahren eines Glamour-Musikantentums, wie es zunehmend öffentlichen Beifall fand. Er tat das übrigens mit dem für Flüchtlinge typischen

Interesse am amerikanischen Idiom. «Ein Virtuose ist ein Kitschuose, wenn er Beethoven als Lehár maskiert.» Man kann sein eigentliches Wollen nicht in den Schleier des Gefälligen hüllen, ohne Verrat zu begehen: «Wer Schätze und Schätzchen darbietet, kann nie behaupten, ein Kämpfer für die Schätze zu sein, denn er weiß nie, ob nicht das Schätzchen den Vorzug erhält.» In einer hübschen europäisch-amerikanischen Zusammenschau vergleicht er zwei Losungen: «Der Zweck heiligt die Mittel» und «Keep Smiling!» Beide wären sie überflüssig, wären die Verhältnisse nicht so erbärmlich.

«Meidet Bravour-Stücke», war sein Rat an die Alten, sie sollten sich die tiefere und subtilere Musik zum Anliegen machen. Den jungen Musikern, überhaupt allen Künstlern, die leichter Erfolg locken mochte, riet Schnabel, wieder ein Idiom nach Flüchtlingsart verwandelnd: «Geht den Weg des größten Widerstandes!»

Emigranten-Komponisten waren über ganz Amerika verstreut. Viele schlüpften bei akademischen Institutionen unter: Paul Hindemith in Yale; Darius Milhaud am Mills College; Ernst Krenek in Vassar und an der Hamline Universität; Hanns Eisler an der New School. Etliche vergalten die amerikanische Gastfreundschaft mit Werken, in denen sie ihrer neuen Heimat huldigten. Hindemith komponierte Musik zu Walt Whitmans «When Lilacs Last in the Dooryard Bloom'd» und gab ihr den Untertitel «Ein amerikanisches Requiem». Auf Anregung seiner Schüler beschäftigte er sich erneut mit der Tonalität. Es gab Verbindungen zum Jazz: Igor Strawinsky komponierte für Woody Herman das «Ebony Concerto», Schönberg und Darius Milhaud unterrichteten Jazzmusiker. Selbst Béla Bartók hatte indirekt mit Jazz zu tun. Seine letzten Jahre verbrachte er – schwerkrank – in New York und ertrug sein Leiden mit großer Würde. Finanziell überstand er die letzte Zeit dank einer Anstellung an der Columbia Universität – und dank eines Auftrags von Benny Goodman, der auf Vermittlung des Ungarn Josef Szigeti (eines Landsmannes von Bartok also) und John Hammonds zustande kam, des ersten Jazzproduzenten und Schwager von Goodman.

Die Gefahr, zu viele und zu große Kompromisse zu schließen, war immer da. Auch wenn sich manche, wie Kurt Weill, Hanns Eisler, Paul Dessau und Hindemith (zufälligerweise alles gelegentliche Mitarbeiter von Bertolt Brecht) bestimmter Eigentümlichkeiten populärer Musik mit Gewinn bedienten, führte zuviel Anpassung vom geraden «Weg des größten Widerstandes» ab. Einige wenige schämten sich denn auch ihrer Wandlungsfähigkeit. 1953 bekennt Ernst Krenek im Rückblick auf sein chamäleonartiges musikalisches Erscheinungsbild: «Das setzt ein erhebliches Maß an Anpassungsfähigkeit voraus, was mir zeigt, daß ich weder das Zeug zum Kreuzfahrer habe noch zum Eremiten.» Ein gutes amerikanisches Leben konnte den ästhetischen Ausverkauf bedeuten. In Hollywood reihte sich Erich Korngold, einst Lieblingskind der österreichischen Oper ein in die Reihen so hochgepriesener Lohnschreiber wie Max Steiner, Alfred Newman und Franz Waxman. Aus Versatzstücken europäischer Orchestermusik machten sie amerikanische Romanze.

Aber man mußte leben. Sogar Schönberg, fast heilig gesprochen von Adorno für seine Weigerung, den Erwartungen der Öffentlichkeit auch nur im geringsten entgegenzukommen, zwangen die Verhältnisse, amerikanische Wunderkinder, Jazz-musiker und Filmkomponisten zu unterrichten. 1935 traf er sich auf Vermittlung Salka Viertels mit Irving Thalberg von der MGM. Thalberg beglückwünschte ihn zu seiner «lovely music». «Ich schreibe keine ‹lovely music›», bellte Schönberg zurück. Er willigte aber ein, die Musik für die MGM-Produktion *The Good Earth* zu schreiben. Seine Forderungen waren angemessen, aber unannehmbar. Er wollte fünfzigtausend Dollar und die vollständige Kontrolle über den Soundtrack. Die Schauspieler sollten in genau der Höhe und Tonart sprechen, in der er komponierte (als ob Paul Muni und Luise Rainer nicht schon genug damit zu tun hatten, glaubhaft chinesische Bauern zu verkörpern!). Später einmal sagte er zu Salka Viertel: «Komponieren heißt, in die Zukunft eines Themas zu schauen.» Mit dem, was er wollte, hätte Schönberg Wege zu einer völlig neuen Form des filmischen Musikdramas weisen können. Rückblickend wäre es, trotz der Höhe der Forderung, ein wohlfeiler Handel gewesen.

Aber auch wenn sie ihr Werk vor amerikanischen Einflüssen weitgehend bewahr-ten, zwangen die Überlebensnotwendigkeiten die Emigranten-Musiker ausnahmslos zu Kompromissen. In Europa hatten sie wenigstens mit Unterstützung von staatlicher Seite rechnen können. «Von allen Emigranten, mit denen ich es in den Jahren zwischen 1938 und 1940 zu tun hatte, hörte ich erst einmal ‹Bei uns...› und dann Klagen über die fehlenden Subventionen. Ich pflegte darauf zu sagen: ‹Wenn hier einem Mr. So-und-so oder einer Mrs. So-und-so Ihr Gesicht nicht paßt, suchen Sie sich einfach andere Leute, andere Institutionen oder andere Stiftungen. Wenn drüben der Minister etwas gegen Sie hat, sind Sie geliefert.›» So erinnert sich Erich Leinsdorf. Zur musikalischen Karriere in Amerika, das wußte auch Hanns Eisler, gehörte die Jagd nach Gönnern. Aber das erforderte Verführungstaktiken, die einer so gebieterischen Persönlichkeit wie etwa Schönberg nicht zu Gebote standen.

In Europa gab es viele Orchester und also auch viele Arbeitsplätze für klassische Musiker. In Amerika zwangen sie die beschränkteren Möglichkeiten häufig, ihren Stolz herunterzuschlucken und für den Film zu arbeiten. So wie unter den gegebenen Verhältnissen allem, was sie taten, etwas Provisorisches und Kurzlebiges anhaftete, bestand ihre tägliche Arbeit jetzt darin, Wegwerf-Musik zu produzieren. (Hanns Eisler hatte sogar den Verdacht, daß die Filmarbeit diese hochqualifizierten Musiker in einem «Akt von Selbstschutz» zwang, sich «schwieriger... moderner Musik», wie er sie schrieb, zu widersetzen.) Doch abends bot sich Gelegenheit zu wirklicher Kunst. Unter Strawinsky und Schönberg gaben Filmstudio-Musiker Konzerte in Synagogen und Kirchen, gelegentlich auch im berühmten, in den zwanziger Jahren von Richard Neutra erbauten Lovell-Haus.

Es entstand – vielleicht unvermeidlich – eine Hierarchie: Emigranten-Musiker, die abends hoher Kunst huldigen und so die Schmach der Lohnarbeit vergessen machen konnten, fühlten sich den anderen moralisch überlegen. Für beide, die Emigranten im Publikum und die Musiker, waren diese Hollywood-Konzerte zugleich auch ein tönender Aufschrei, ein «Genug, nicht mehr, gebt uns unsere Freiheit» gegen die Verlogenheit und den Kommerz ihres Arbeitslebens. Hier in der Reinheit kultureller

Anheimgabe, lag das oft beschworene *promesse de bonheur,* das Zeichen, daß sich der Mammon derer, die ihm dienen mußten, nicht völlig bemächtigt hatte.

Auf ganz unterschiedliche Weise versuchten die beiden Mitarbeiter Brechts, Kurt Weill und Hanns Eisler, ihrem Leben in den USA einen Sinn zu geben. Weill, weniger der Reflexion zugeneigt als Eisler, übersetzte sein Verständnis des Landes in Musik und brachte es zu beispiellosem populären Erfolg. Eisler dagegen blieb dem breiten Publikum verborgen. Er schrieb – aus in Wien und Berlin geschulter radikaler Perspektive – einen literarischen Kommentar über das Arbeitsleben emigrantischer wie heimischer Musiker.

Alle drei – Adorno, Weill und Eisler – waren bei Schönberg in die Lehre gegangen, doch schien Weill hier am wenigsten am Platze. In Deutschland hatte Adorno seiner Musik bescheinigt, marxistischen wie Schönbergschen Kriterien mit Glanz standzuhalten, obwohl der Meister selbst an der Leichtigkeit seines Schülers keinen großen Gefallen fand. Aus Adornos späterer Musikkritik ist Weill bemerkenswerterweise völlig verschwunden. Eisler war da schon mehr nach seinem Geschmack – und nach dem Brechts: Der Stückeschreiber pflegte öffentlich zu erklären, daß er Eislers marxistische Ästhetik der Marktplatz-Mentalität Weills vorziehe, auch wenn er für den hehren Musikstil Schönbergs weder Verständnis noch Sympathie aufbrachte. Man spielte «alte Spiele». Persönliche Animosität sprach aus jedem Essay, das man schrieb, als habe sich die Musik, subjektivste aller ästhetischen Formen, auf einmal zur Objektivität wissenschaftlicher Prinzipien emporgeschwungen.

Wie Fritz Lang, Douglas Sirk und einigen wenigen anderen ging es auch Kurt Weill nach der Emigration recht gut. Wie die Regisseure hielt er sich der Emigrantenkolonie fern. Daß er nach seiner Ankunft in Amerika nie wieder Deutsch sprach, ist schon fast Legende. Seine Witwe, Lotte Lenya, sagte, er habe einfach diesen Oldtimern aus dem Weg gehen wollen, «die immer über die Vergangenheit sprachen..., wie wunderbar es doch in Berlin gewesen sei..., was Weill niemals tat». Daß er die populären Formen meisterhaft beherrschte, verrieten schon seine europäischen Arbeiten. In den Jazz-Synkopierungen und in der blue note-Tonalität zeigten sich die Einflüsse des Gastlandes. Aber ebenso begeistert und keineswegs von rein ironischen Motiven getrieben, beutete er den klagend-getragenen Reiz lutherischer Choräle und auch Operettenmelodien aus. Die populäre Musik Amerikas hatte sich lange ähnlicher Quellen bedient: Country und Westernmelodien gehen überwiegend auf Kirchenlieder aus dem neunzehnten Jahrhundert zurück, und die Tin Pan Alley Balladen erzählten ihre Geschichten zwar in umgangssprachlichem Idiom, aber mit dem Schwung von Operettenarien. Weill war bereit, sich solchen Konventionen zu fügen. Manche Kritiker finden seine Mimikry allzu proteusartig und vielgestalt: mal glaube man Kern, mal Berlin, mal Porter zu hören.

Das bekannteste europäische Werk Weills entstand in Zusammenarbeit mit Bertolt Brecht. Beide hatten sie eine Neigung für alte Kirchenlieder und gefällige Melodien. So stammt die Melodie zu «Moon of Alabama» zum Beispiel von Brecht, der durchaus etwas von einem Kabarett-Poeten hatte. Weill galt gemeinhin als Linker. Sein letztes in

Deutschland entstandenes Werk, *Silbersee,* sei, befand Douglas Sirk, «zehnmal radikaler als alles, was Brecht je geschrieben hat». Doch Weill mißtraute ästhetischem Theoretisieren, wie Eisler es betrieb. 1930 stellte Brecht in Zusammenhang mit *Mahagonny* seine Kriterien für episches Theater vor. Der «kulinarischen Oper», die einzig dem bürgerlichen Geschmack ihre Referenz erweise, erteilte er eine Absage – ein wenig taktvoller Seitenhieb auf Weill. Brecht hörte auch später nicht auf, Weills Arbeit mit unfreundlichen Worten zu bedenken, auch wenn er ihm 1943 erneut eine Zusammenarbeit antrug – vielleicht, weil er des demütigenden Kampfes um Auftrags-arbeiten müde war. Weill revanchierte sich und lehnte es seinerseits ab, «incidental music» zu schreiben, nicht ganz das Gegenteil von «kulinarisch», aber doch nahe genug daran, um als Replik auf Brechts Beleidigung verstanden zu werden: Brecht würde, so implizierte die Absage, eine gleichberechtigte ästhetische Zusammenarbeit nicht zulassen. Was Weill wollte, war ein «musikalisches Spiel». Doch daß beider – Brechts und Weills – Vorstellungen nicht vereinbar waren, hatte letztlich mehr mit Temperament und unterschiedlicher Berufung zu tun als mit Divergenzen politischer Art.

1943 gaben Weill und Lotte Lenya am Hunter College ein Konzert und nahmen neben jüngeren amerikanischen Kompositionen auch einige Brecht-Weill-Songs in ihr Programm auf. Das war die Art nostalgischer Befriedigung, die er sich leistete. Doch es war wohl auch so, daß Weill seine deutschen Arbeiten in einer Werkzusam-menschau als Etappe seines Weges darbot. Anders als Brecht, dessen Eindruck von den USA ein überwiegend negativer war, hatten Weill und Lotte Lenya sich in New York «sofort zu Hause» gefühlt. Wie viele andere Flüchtlinge begeisterte sie Gershwins *Porgy and Bess.* Diese Oper wurzelte in der afro-amerikanischen Folklore und bereitete den Weg für eine originär amerikanische Form des Musiktheaters. Weill ließ sich auch von New York selbst anregen. Wie der Flaneur Walter Benjamins durchstreifte er die Stadt, und bald war der neue urbane Stil dem großen Berliner Komponisten vertraut. Und Weill bekannte sich offen zu seiner Neigung für Stadt und Land. 1949 erzählte er einem Reporter der *Time:* «Amerikaner scheinen sich zu schämen, die Dinge hier zu würdigen. Ich tue das nicht.» Der Broadway begrüßte sein unkritisches Wohlwollen, andernorts galt er fast als Verräter. Die akademische Kritik verurteilte ihn ebenso, wie seine Mit-Emigranten es taten. Entweder warf man ihm vor, den Ausverkauf «moderner Musik» Schönbergscher Prägung betrieben zu haben oder den seiner eigenen Kunst. Weill pries sich als Mann, der nie zurückblickte – und das genau war es, was seine Kritiker gegen ihn ins Feld führten.

Ob bewußt oder unbewußt wählte er zu seinen Mitarbeitern Textschreiber, wie sie amerikanischer nicht sein konnten. Mancher Kritiker fragte sich, wer wen im Griff hatte – Weill den Broadway oder der Broadway Weill. Ein anderer Vorwurf lautete, seine neue Showmusik sei ohne jeglichen politischen Gehalt; doch seine erste Produktion, *Johnny Johnson,* war ein musikalisches Antikriegsdrama, zu dem der Südstaatler Paul Green, ein früher Bürgerrechtler, das Libretto geschrieben hatte. Und auch aus der schwerfälligen Dramaturgie Maxwell Andersons entstanden nach Weills Musik zwei ganz offen politische Arbeiten: *Knickerbocker Holliday* (1938), in dem ein Lied – «How Can You Tell an American» – einen Amerikaner besingt, dessen kompromißloser Individualismus von einem Bekenntnis zur Anarchie schon fast nicht mehr zu unterscheiden ist; und *Lost in the Stars*, der Dramatisierung von Alan Patons *Cry the Beloved Country*, ein weiteres Zeugnis emigrantischer Anteilnahme am Schicksal der Schwarzen.

In Zusammenarbeit mit Moss Hart und Ira Gershwin entstand *Lady in the Dark* (1941). Auch wenn manchen Kritikern mißfiel, wie hier die brüchige Welt der Cocktailpartys und der modischen Psychoanalyse musikalisch behandelt wurde, lag doch eine reizvolle Ironie darin, daß sich ein Berliner Komponist satirisch einer Wiener Spezialität annahm.

Weills nächster Textschreiber, Ogden Nash, verstand es meisterhaft, ein Feuerwerk aus Versen und Reimen zu entfachen. Ihr *One Touch of Venus* war zwar eine konventionelle musikalische Komödie, aber sie brachte Weill mit der Art von – wenn auch unbedeutenderen – amerikanischen Poeten zusammen, deren Wortakrobatik für Ausländer eine besondere Anziehungskraft besitzt. Die Emigranten liebten Wortspiele und daher auch ihre Vorliebe für Nash. Eines ganz anderen Idioms bediente sich Langston Hughes, Weills Mitarbeiter bei *Street Scene*. Weill war unverkennbar an genauer Wiedergabe urbanen Sprechstils gelegen: Der witzig-heiße Rhythmus von «Ain't It Awful the Heat» ist ein Tribut an die urbane Fähigkeit, auch Widrigkeiten eine sinnliche Qualität abzugewinnen. Sogar ein jüdischer Sozialist tritt auf und grantelt gegen die oberen Klassen.

Kein Zweifel, Weill paßte sich dem Broadway, vielleicht auch der hier gängigen stilistischen Gleichmacherei an, allerdings bei weitem nicht in dem Ausmaß, wie – mit wenigen Ausnahmen – die anderen populären Komponisten. Trotz einer gewissen Unterwerfung unter die Gesetze des Broadway und trotz musikalischer Bauchrednerei, die man gefährlich oder auch verächtlich finden mag, ist es Weill in seinem amerikanischen Werk gelungen, Blues- und Jazz-Elemente und die Atonalität seiner europäischen Kompositionen nahtlos miteinander zu verschmelzen. Wenn sich manches davon heute politisch verharmlosend und sentimental ausnimmt, so bedenke man, daß auch dem Agitprop Brechts die Jahre nicht allzu gut bekommen sind.

Weill war ein hingebungsvoller amerikanischer Staatsbürger. Während des Zweiten Weltkrieges trat er häufig in Fabriken auf, um musikalisch zur Arbeit für den Krieg zu ermutigen. Er tat das mit Agitprop-Liedchen wie «Buddy on the Nightshift» und «Schickelgruber». 1943 schrieb Weill die Musik für eine Massenkundgebung zugunsten jüdischer Hitler-Opfer im Madison Square Garden. Er und Lotte Lenya blieben die Art von populären Künstlern, die Hallen füllen konnten. Allerdings war ihr Publikum ungleich dem anderer Veteranen des Berliner Kabaretts weitgehend eines ohne Akzent. Mit seiner Musik fing Weill Gefahren und Freuden des New Yorker Lebens ein, so gut das einem Komponisten, der nicht ausgesprochener Jazz-Musiker war, gelingen konnte. In *Street Scene* kam es ihm darauf an, «die unterschiedlichsten Formen musikalischen Ausdrucks» einzusetzen, «populäre Songs, Schlager, Opernmusik, Stimmungsmusik, dramatische Musik, Musik, die von junger Liebe, Leidenschaft und Tod erzählt – und allem voran die Musik eines heißen Sommerabends in

New York». Und genau letztere rechtfertigt die Vielfalt der Auswahl: Sie wurde von jemandem getroffen, der um die vielfältigen Lebensformen New Yorks wußte. Wäre er konsequenter dem «Weg des größten Widerstandes» gefolgt, viele Impressionen des urbanen Lebens hätten ihn vielleicht gar nicht erreicht. Die meisten seiner Emigranten-Kritiker versagten es sich, von solchen eigenen Erfolgen auch nur zu träumen, doch hatte diese Zurückhaltung ihrerseits durchaus etwas Fragwürdiges: Vielleicht blickten sie einfach zu viel zurück.

Dagegen war Hanns Eisler über jeden politischen Zweifel erhaben. Während der zwanziger Jahre hatte der gebürtige Österreicher mit linken Lyrikern wie Brecht und Kurt Tucholsky zusammengearbeitet. In den dreißiger Jahren komponierte er auf Anregung von Piscator (der damals in Moskau lebte) eine Hymne für die Volksfront. In seinen kompositorischen Fertigkeiten hatte Eisler es inzwischen so weit gebracht, daß er, wie David Drew vermutet, vielleicht sogar Weill beeinflußte, der vor ihm Schüler Schönbergs gewesen war. Sein Werk ist einiges mehr als nur der Versuch einer objektiven Wiedergabe sozialer Verhältnisse, man denke nur an die Melancholie der «Hollywood Elegien», seiner Vertonung von Brechts Kriegslyrik. Und doch war Eisler in seiner Musik und seiner Kritik absolut marxistischen Prinzipien verpflichtet. Er konnte ein ebenso eleganter, wenn auch um vieles kraftvollerer Dialektiker sein wie Adorno. Aber seine Schriften bieten noch etwas anderes: die Insider-Perspektive eines Professionellen, der da, wo andere Emigranten-Musiker es bei der einfachen Wahrnehmung von Phänomenen beließen, auch deren soziale Implikationen auszuloten in der Lage war.

Grund zum Staunen hatten die Emigranten in den USA alle, doch darin, worüber er staunte, unterschied sich Eisler auffallend von seinen Mit-Emigranten. Er kam per Schiff und kritisierte die Arbeitsbedingungen der Besatzung. In New York stand er dann belustigt vor den Wolkenkratzern und ließ sich von ihnen zu einem lyrischen Vergleich mit «Zweihundert Straßburger Münstern» anregen. Aber seine Brille war unverändert eine marxistische. Andere sahen eine architektonische Form (Brecht allerdings auch die «Zu vermieten»-Schilder), Eisler machte sich Gedanken über einen Streik der Fahrstuhlführer: zu was waren Wolkenkratzer gut, wenn ihre Aufzüge nicht fuhren? Andere rühmten die Breite des kulturellen Angebotes, Eisler spürte den Würgegriff reicher Witwen, die in Ausschüssen saßen und über die Repertoires wachten. Ihre Metropolitan Opera – diesen «Luxusclub für Snobs» – kontrastierte er dem Composer's Collective, dem zeitgenössische Komponisten wie Copland, Cowell, Riegger, Seeger usw. angehörten.

In Hollywood dann schreibt er in gut marxistischer Manier über die Fortschritte der Mikrofontechnik, die Fließband-Verfertigung von Filmmusik, den Untergrundcharakter linken Protestes in einer Stadt, in der reaktionäre Politiker und Pressefürsten das Sagen haben. Er zitiert William Randolph Hearsts Attacken gegen Charlie Chaplins *Modern Times* und erzählt von den zweiundzwanzigtausend beschäftigungslosen Hilfsarbeitern, die sich ein Auto anschaffen mußten, weil öffentliche Verkehrsmittel infolge der Kungeleien zwischen Autohändlern und offiziellen Stellen so gut wie nicht fuhren. Der Chor der International Ladies' Garment Workers Union lädt ihn zu einem Vortrag ein. Sein starker Akzent mag das Verständnis erschwert haben, aber es war ein ernsthafter Versuch, über Interessen und Anliegen der Arbeiter zu sprechen. Es ging dabei auch um Volksmusik. Im Unterschied zur gängigen linken Vernarrtheit in diese Gattung bestritt Eisler, daß es wirkliche Volksmusik in heutiger Zeit überhaupt noch gibt: ihre ländlichen Rhythmen seien mit der Industriellen Revolution denen der Fabrikarbeit gewichen.

In einem Versuch, den Komponisten zu proletarisieren, verweist Eisler auf die Hierarchie, die sich – ebenfalls seit der Industriellen Revolution – zwischen Kunstförderern und Künstlern etabliert habe. Er analysiert die den progressiven Gruppen ach so teuren Tendenz-Songs, verspottet den Geist des typischen «Someday We Shall Free» – einer lyrischen Vorwegnahme von «We Shall Overcame» – als unfruchtbar und nichts bewegend. Genau wie einst Walter Benjamin, so bemüht sich auch Eisler um ein sozialistisches Publikum. Gebt dem progressiven Komponisten «eine neue Chance, und er wird Euch eine neue Chance geben», ruft er Gewerkschaftsmitgliedern zu. Sogar des Jazz und des Swings wird er sich annehmen – Duke Ellington hat ja durchaus Talent –, wenn auch nicht in der korrupten Broadway- und Hollywoodmanier, letzteres vielleicht eine Anspielung auf Kurt Weill. (Andernorts sprach er eine andere Sprache. Nach einem Probenbesuch im Group Theater schloß er sich der Meinung Brechts an und nannte amerikanisches Kulturbemühen «Dreck» und «Mist».)

So warb denn auch Eisler um ein amerikanisches Publikum, das zwar genauer zu benennen war als das von Weill, aber ungleich schwerer zu gewinnen. 1948, nach zehn Jahren der Enttäuschung, beklagte er sich bitter über die Geschäftemacher der Kulturindustrie, die gerüstet seien, die Öffentlichkeit einem Bombardement «überhitzter Exzentrizität» auszusetzen. Kein ernsthafter Komponist schreibe Filmmusik aus anderen denn aus finanziellen Gründen, muß er am Schluß seines Buches *Composing for the Films* eingestehen. (Ein Buch, das er übrigens zusammen mit Adorno schrieb und 1947 als Teil des Filmmusikprojektes der New School veröffentlichte.) Das war nicht die Sozialisierung des Künstlers, wie er sie sich erhofft hatte. Die Menschen gehen ins Kino, um sich vom und für den Arbeitsprozeß zu erholen. Unterhaltung trägt einzig zu ihrer Versklavung bei. Unter so bedrückenden sozialen Bedingungen, die das Gefühlsleben verkümmern ließen, hatte der Komponist wenig zu bestellen. Also war Filmmusik Bluff, getragen von Melodie und Wohlklang: «Leichte Faßlichkeit wird garantiert, und für Wohlklang ist gesorgt, denn es überwiegt das kleine, diatonische Intervall.» Mit solch stupider, anspruchsloser Musik, schreibt Eisler, entstehe genau «die Art von Melodram, für die das Deutsche kein Wort hat, die das Englische aber sehr passend mit ‹tune› benennt», – als ob das musikalische Melodram nicht auch eine deutsche Spezialität gewesen wäre!

Der Komponist ist ein Fließbandarbeiter geworden, und Eisler sieht ihn alsbald seinen Ersatz in der Maschine finden. Er stellt sich eine Synchronisierung von Bild und Ton vor, automatisiert durch ein «Rhythmogramm». Im Interesse von Ton- und Wortkünstlern verwahrt er sich in altem humanistischem Geist gegen solchen Triumph der Technologie. Bereits zwei Jahrzehnte zuvor hatte Karl Kraus die

Filmmusik gleichgesetzt mit dem Niedergang der gesprochenen Sprache. Statt Sprache zu ergänzen, muß die Filmmusik einem defizienten Wortschatz zu Hilfe kommen und beweist so die «wahre Stummheit des sprechenden Bildes». In dieser Stummheit verschwindet auch die Musik. Die Filmmusik verflüchtige sich so schnell, schreibt Eisler seinerseits, daß sie auf ihren Anspruch verzichte, je dagewesen zu sein. Im Film gerät nicht nur, wie Adorno es sah, die Liebe zum Rührstück und der Tod zur Komödie, auch die Musik wird «funny». Eisler versteht es, wenn solcher Schwulst, solche verblühten Girlanden um banale Ereignisse und mittelmäßige Schauspielerei arbeitende Menschen zum Lachen reizt.

Welch eine Anklage! Wo ist noch Raum für ein «Lied, geboren aus dem Kampf», wenn sich die einfachste Melodie verflüchtigt, kaum daß ihre letzte Note erklang? Eislers Alternative war die – mit einem Oscar dekorierte – Musik zu *Hangmen Also Die* (1944), einem Film über die Ermordung des Nazi-Massenmörders Heydrich. Statt Sympathie für den Helden zu wecken, wie andere Komponisten es wohl versucht hätten, steigert und intensiviert Eisler an den einschlägigen Stellen die Musik, um die Aufmerksamkeit des Publikums vom privaten auf das dahinterstehende soziale Problem zu lenken – eine ästhetische Intention, wie man sie so auch bei Brecht und Hannah Arendt finden könnte. In einer langen Einstellung verweilt die Kamera auf Prag, derweil die Musik «das Kollektivistische» repräsentiert. Wie einst im Film *Kuhle Wampe* läßt Eisler Bewegung und Ruhe in dialektischem Kontrast einander ablösen. Unheroische Klavierphrasen und Saitenpizzicati sind die Begleitmusik zu Heydrichs Tod. Stolz war Eisler auch auf die Musik zu Joseph Loseys unaufgeführt gebliebenem Film *Children's Camp*. Er hatte sich hier der Melodien amerikanischer Kinderlieder bedient und bewiesen, daß man auch mit «einfachsten Materialien» unkonventionelle Musik machen kann.

Kein anderer Komponist unter den Emigranten hatte ein so waches Auge für die herrschenden sozialen Bedingungen. Zwar glichen die Depressionen, in die die Filmindustrie die Filmschaffenden trieb, einander, doch war Eisler in der Lage, den Schritt von der Verzweiflung zur Analyse zu tun, immer im Bewußtsein, daß dieser Schritt getragen war von seinem Marxismus. Er blieb zunehmend allein auf diesem Weg. Ende der vierziger Jahre machten die Kongreßausschüsse Jagd auf ihn. Der vorsichtige Adorno, der am Buch *Composing for the Films* mitgeschrieben hatte, wollte seinen Namen nicht im Titel sehen, um nicht öffentlich mit Eisler in Verbindung gebracht zu werden. Glücklicherweise gab es andere Freunde, Emigranten wie Amerikaner, die sich zu seiner Hilfe zusammenfanden. Trotzdem schob man ihn 1948 in die Tschechoslowakei ab. 1949 komponierte er die Nationalhymne der Deutschen Demokratischen Republik und siedelte ein Jahr später auch dorthin über. Der Film- und Theatermusik blieb er – verschiedentlich auch in Zusammenarbeit mit Brecht – verbunden.

In der DDR gestattete sich Eisler manches offene Wort über seine Komponisten-Kollegen. Schon immer hatte er Schönberg als den größten bürgerlichen Komponisten gefeiert. Schönberg habe, schrieb Eisler 1948, bereits vor der Erfindung des Flugzeugs die Schrecken des Luftkrieges «vorgefühlt» und sei der «Lyriker der Gaskammern von

Auschwitz, der Konzentrationslager von Dachau». (Adorno sollte später jegliche musikalische Behandlung des Holocaust verurteilen: Wie so oft war der professionelle Komponist nachsichtiger als der Kritiker.) Mit einem Satz, «Schönberg log niemals». Und doch, so Eisler, erlag auch er den Selbsttäuschungen, denen die kapitalistische Kultur Vorschub leistet. Schönberg wurde zum Lehrer ohne Schule: Der ihr inhärente Widerspruch zwischen Form und Material macht die serielle Zwölfton-Musik zu einer Sackgasse: «Es würde die äußerste Meisterschaft brauchen, um ein kräftiges, präzises, sicheres Stück unter solchen Voraussetzungen zu erfinden, das spontan als Musik wirkt und nicht als Fleißaufgabe.» Die spätere Konfusion unter Schönbergs untalentierten Epigonen veranlaßte sogar den Meister selbst zu der Bemerkung: «Ich verstehe nichts von moderner Musik; sie ist mir viel zu kompliziert und nervös. Warum schreiben denn die jungen Leute nicht etwas Einfacheres?»

Eisler stellt Schönberg und Strawinsky einander gegenüber. Während der Österreicher finanzielle und physische Not litt, eilte Strawinsky von Triumph zu Triumph. Der Stil des Russen ist durchdrungen von religiösem Formalismus, aber irgendwie spricht aus ihm auch die Welt der Hochfinanz. Freude fehlt in der Musik beider Komponisten. Beide erliegen sie einem Mystizismus: Strawinsky dem Ritual seines Neo-Katholizismus, Schönberg der Zahlenmystik seiner späteren Werke. Ohne einen sozialen Mittelpunkt mußten seine Anregungen rein ästhetisch bleiben und konnten nur wenig Kreise ziehen. Mit Strawinsky verhält es sich schlimmer: Er bleibt angewiesen «auf die Stilimitation und die Sicherheit der guten Gesellschaft». (Strawinsky war freundlicher zu Eisler. Er lobte dessen Musik zu Brechts *Galilei* und unterschrieb eine Petition gegen die Abschiebung des Jüngeren.) Die ideologische Verwirrung beider Komponisten will Eisler zwar nicht ausschließlich den USA anlasten, doch als nicht-sozialistische Gesellschaft bot sie auch keine Alternativen.

Unterdessen bombardierte man die Allgemeinheit mit kommerzieller Musik. 1958 läßt Eisler sich mit einer Verdammung des Jazz vernehmen, die von Adorno stammen könnte. Was da aus dem Radio dröhne, klagt er, sei kein Aufruf zum Widerstand, sondern das Lied flacher Pseudo-Humanität, etwas nach Art des ‹Sind wir nicht alle...?› Nein, sagt Hanns Eisler, wir sind nicht alle. Zumindest ich nicht. Aber er war nicht unbarmherzig in seinem Urteil. An einer Stelle zitiert er Prousts unvergleichliche Beobachtungen zum Stellenwert schlechter Musiker in der Geschichte der menschlichen Gefühle: «Die Völker haben immer dieselben Briefträger und Trauerträger bei schwerem Unglück und hellstem Glück: es sind die schlechten Musiker... Ein Heft schlechter Melodien, abgenutzt vom vielen Gebrauch, sollte uns rühren wie eine Gruft oder wie eine Stadt.» Angesichts solcher Artefakte werden Stil und Darbietung unwesentlich. Eisler hält unverbrüchlich fest an der Hoffnung, daß «im blühenden Sozialismus und Kommunismus... auch die eigentliche Grundlage der schlechten Musik aufgehoben wird, nämlich der Musik-Analphabetismus, der von den gesellschaftlichen Verhältnissen produziert wird». Aber er hatte zu lange gelebt und war zu weit herumgekommen, als daß ihn nicht bewegt hätte, wie eng musikalisches Analphabetentum und elementarste menschliche Wünsche miteinander verbunden waren.

In Kalifornien trafen Adorno, Brecht, Eisler und Schönberg während der vierziger Jahre in unterschiedlicher Zusammensetzung aufeinander. Eisler und Brecht besuchten Party-Einladungen von Frankfurter Institutsmitgliedern und ersannen anschließend satirische Stückchen auf sie. Aber Eisler arbeitete auch mit Adorno zusammen und nahm Stipendien von der Rockefeller-Stiftung an. (Letzteres überraschte Brecht. In seinem Tagebuch erwog er eine Revision seines Tui-Projektes – ‹Tui› war, abgeleitet von «*tellukt-uell-in*», sein Anagramm für verräterische Intellektuelle – kam aber zu dem Schluß, daß Eisler trotz Unterstützung von unliebsamer Seite seine Politik nicht verkauft habe.) Auch Eisler ging mit Brecht streng ins Gericht. Er vermerkte, wenn der Dichter seinen Klassenkampfprinzipien untreu war, und meldete sich zu Wort, wenn Brecht Widerstandsaktivitäten romantisierte, obwohl solcher Volksfront-Überschwang gängige Münze des Kriegsstalinismus war.

Adorno schien – bezeichnend für ihn – mit und über niemanden so recht glücklich. Sein Abgott war Schönberg, und als dessen Akolyth gebärdete er sich päpstlicher als der Papst. Thomas Mann konstatierte, daß beide in Kalifornien auf Distanz hielten, als sei Schönberg sich bewußt, daß nicht einmal er Adornos Schönberg-Maßstäben standhielte.

Die Streitereien über Musik müssen schlimm gewesen sein. Weill lehnte es ab, für Brecht «Begleitmusik» zu schreiben, und sogar Eisler, politisch mit letzterem einer Meinung, hatte den Eindruck, Brecht jage «einer Chimäre nach». Brecht wünschte sich eine Musik, zu der man weitschweifige Epen erzählen konnte. Er hatte eine solche Abneigung gegen die von Symphonien, Konzerten und Opern produzierten Gefühls-aufwallungen, daß er als Alternative seine «Misuk» erfand, eine weitere anagrammatische Absage an die Konvention. Beethoven mißfiel ihm, weil seine Musik Bilder Napoleonischer Schlachten beschwor – wahrlich eine «Pseudo-Identität»! Eisler, nunmehr ganz Hüter der Musiktradition, war außer sich.

1942 endlich machte Eisler Brecht und Schönberg miteinander bekannt. Er tat das trotz der Befürchtung, der militante Dichter könnte den konservativen Komponisten mit Taktlosigkeiten zu Zornesausbrüchen veranlassen. Solcherart Zartgefühl dem betagten Mentor gegenüber kündet von Eislers Fähigkeit, gleichermaßen Freund und Genosse zu sein. Schönberg hatte nie von Brecht gehört, und natürlich war Brecht kein Anhänger von Schönbergs Musik. Er befand sie kurzerhand als zu melodisch. Doch man entdeckte Gemeinsamkeiten, und so verlief das Treffen friedlich. Wo Brecht seinen Schreibtisch auch hinstellte, in seinem Arbeitszimmer stand immer ein hölzerner Esel; und also fand er Gefallen an einer Geschichte, die Schönberg erzählte: Während einer Bergbesteigung war dem herzkranken Komponisten ein Pfad zu steil geworden. Ein Esel kam des Wegs und wies ihm die bequemere Route. Da saßen sie nun in Hollywood und sprachen über Esel und was man von ihnen lernen könne. Durch die halbe Welt gejagt, hatten sie sich daran gewöhnt, unversehens neuen Wegen zu folgen.

Sogar für einen so kritischen und analytischen Kopf wie Brecht war Theodor W. Adorno eine verwirrende Erscheinung, pompös und schwer zu fassen, nüchtern und sinnlich. Obwohl die Kulturanalyse Adornos tägliches Brot war, grenzte die Verachtung, die er amerikanischer Kultur entgegenbrachte, ans Pathologische. Emigranten, die sich dieser Kultur zu bemächtigen versuchten, konnten kaum auf seine Toleranz rechnen. Niemand war weniger bereit zur Assimilation als er. Manche Emigranten folgten Artur Schnabel auf dem Weg des größten Widerstandes, andere machten sich keinerlei Gewissen daraus, Jazz und Hollywoodfilme auch zu genießen. Für Adorno enthielt Massenkultur einzig die Botschaft, daß die spätkapitalistische Gesellschaft auf einem schlechten Weg war und daß seine eigene Position als Gegner von Massenkultur, aber auch keineswegs gewillt, es bei der Verehrung der «Klassiker» zu belassen, von nun an eine extreme sein mußte. Adornos Art konnte Emigranten wie Brecht rasend machen. Doch fiel der kalte Glanz seiner Analysen auf ihre Lebensbedingungen genauso wie auf seine eigenen und öfter noch auf das, was er für die große, verwirrte und verführte amerikanische Öffentlichkeit hielt.

Anfang der vierziger Jahre war das Institute of Social Research, wohl Max Horkheimer zuliebe, dessen Gesundheit angegriffen war, nach Kalifornien übergesiedelt. Die Melancholie zog mit, und so suchten seine Mitglieder Trost im unbarmherzigen Ringen um Dialektik. Ihre abendlichen Gesprächsrunden ähnelten Oberseminaren in einem Kriegsbunker – diesen Eindruck hatte zumindest ihr bissiger und sarkastischer Zeuge Bertolt Brecht.

Flüchtlingssophistereien bloßzustellen, gelang Brecht glänzend; je abstruser und dunkel-unverständlicher sie waren, um so mehr fielen sie seiner Satire anheim, man denke nur an seine steten Sticheleien gegen Thomas Mann. Adorno und Mann glichen sich in der Selbstgefälligkeit ihres öffentlichen Auftretens. Das Verhalten beider fand Eingang in eine späte Erzählung Brechts über Tui-Eitelkeiten. Und doch war Adorno der einzige Frankfurter, den Brecht ernst nahm. Schließlich war Adorno ein enger Freund Walter Benjamins gewesen und arbeitete mit Eisler zusammen. Wie Adorno – und aus ähnlichen Gründen – war Brecht die amerikanische Kultur zuwider, und auch den Zorn über deren unguten Einfluß auf das Leben der Emigranten hatten sie gemeinsam. Zumindest verbal ließen beide dem amerikanischen Feind keine Chance, wenn etwa Brecht amerikanisches Theater kurzerhand als «Dreck» abtat und Adorno amerikanische Hochschullehrer zwar vornehmer, aber genauso verächtlich als «Bürovorsteher» apostrophierte. Und während sie einander verachteten, fanden sie doch ähnliche Wege, sich einem Amerika zu widersetzen, dem sie die meisten ihrer Brüder und Schwestern erliegen sahen.

Während des Krieges schrieb Adorno Prosa von zweierlei Art: Akademisches voll exzentrischer Analysen kapitalistischer Kultur und daneben private Tagebücher, die Zeugnis tiefsten Flüchtlingsleids sind. Die *Dialektik der Aufklärung*, die in Zusammenarbeit mit Horkheimer entstand, fand bei ihrem ersten Erscheinen (in New York 1944) kaum Aufmerksamkeit, was unter anderem sprachliche Gründe gehabt haben mochte: das Buch wurde auf deutsch veröffentlicht. Gewidmet hatten es die beiden ihrem Kollegen Friedrich Pollock. Sprache und Widmung lassen vermuten, daß die Emigranten weiterhin vornehmlich für ihresgleichen schrieben. Für Thematik und Stil ist wohl in weiten Teilen Adorno verantwortlich, Horkheimers eigene Arbeiten sind prosaischer. Ein Freund meint: «Horkheimer war im Grunde der gute *Aufbau*-Leser, Adorno war ein Künstler.» Der Titel des Buches ist spielerisch: Er verheißt die Anwendung einer deutschen Methode – der Dialektik – auf ein Produkt Frankreichs – die Aufklärung. Das Buch selbst ist voll aufregender und verwirrender dialektischer Beobachtungen zur Ökonomie, Familie, Religion, Massenkultur, und durch jede weht Melancholie. Es ist geschrieben in der Überzeugung, daß es weder Wirkung zeitigen noch Publikum finden würde, und daß der rechte Augenblick für Veränderungen vorüber war. Das ist kaum der Ton, der revolutionär stimmt.

Das Buch ist gleichermaßen Ausdruck von Adornos Persönlichkeit und der Komplexität der Ereignisse. Da ist zum Beispiel das Wort «Heimat» – für jeden Flüchtling von einiger Bedeutung, doch Adorno möchte es mit keinerlei mythologischer Assoziation verbunden sehen. Genauso wenig akzeptiert er «Seßhaftigkeit und festes Eigentum» (Hannah Arendts Grundlage des Bürgerdaseins). Nein, «Heimat ist das Entronnensein». Das sieht sich – oberflächlich – an wie ein bedeutungsleeres Paradox. Gemeint ist natürlich die Heimat, die der geflüchtete Schriftsteller sich selber schafft: Entronnensein ist in der Tat eine Geisteshaltung.

Die Autoren attackieren den technologischen Geist in all seinen Manifestationen. Eine ihrer ersten und einfachen Aussagen lautet: «Aufklärung ist totalitär.» Der Glaube der Aufklärung, daß man alles erhellen kann, um es dann zu verwalten, geht den Irrtümern des Totalitarismus voraus. Das Buch verurteilt den Kapitalismus, ohne den Sozialismus zu predigen: «Indem er für alle Zukunft die Notwendigkeit zur Basis erhob und den Geist auf gut idealistisch zur höchsten Spitze depravierte, hielt er das Erbe der bürgerlichen Philosophie allzu krampfhaft fest.» Brecht hätte solche Sätze mit Unwillen vermerkt, aber sie fanden ihr Echo bei Hannah Arendt, die sich strikt dagegen verwahrte, daß menschliche Bedürfnisse in politischen Erwägungen eine Rolle spielten. Am Ende des Buches steht die Prophetie menschlicher Zerstörung als letztem Ziel des quantitativen, mechanistischen Geistes. D.H. Lawrence beschließt sein *Women in Love* mit einer ähnlichen Vision der Zerstörung, die Ausgangspunkt wird für «neue Zyklen des Wunders». Weniger lyrisch klingt die nämliche Erwartung bei Adorno: Es muß, so von Menschheit und Welt überhaupt etwas bleibt, «auf einer viel tieferen Stufe die ganze chose noch einmal anfangen».

Soviel zu den allgemeinen Kräften. Mit gleichem Ernst wendet sich Adorno spezifischen kulturellen Phänomenen zu. Singuläre Ereignisse der Pop-Kultur führen ihn – ganz in der kritischen Tradition des Frankfurter Instituts – zu psychosozialen Aussagen allgemeiner Art. Individuelles Leben ist Selbstbetrug, sagt er, ob man es nun erhöhe, wie es in religiösen Bestsellern (vermutlich dachte er dabei an Werfels *Lied der Bernadette*) und jenen «schwachsinnigen» Seifenopern geschehe, oder mit Verachtung bedenke. Nicht weniger vernichtend ist das Urteil über die Bücher von Alfred Döblin, damals auch in Kalifornien, oder von Hans Fallada. Seichte zwischenmenschliche

Transaktionen sind genau das, was man von «Pseudo-Individuen» erwartet. Als Flüchtling, dem eine gewisse Schicklichkeit und auch Förmlichkeit des sozialen Umgangs selbstverständlich sind, befremdet ihn besonders jene leichtherzige Kameraderie, die es gestattet, daß Fremde einander beim Vornamen nennen. Einst war der bürgerliche Familienname Garant der Individualität, verband er doch seinen Träger mit der «eigenen Vorgeschichte». (Adorno muß dabei auch an die vielen Flüchtlinge gedacht haben, die in Amerika ihren Namen geändert hatten.) Ruf- und Spitznamen dagegen sind, wie Wörter auch, erstarrte Formeln.

In Adornos Augen betrügt die Kulturindustrie ihre Konsumenten um das, was sie verspricht. Jazz bietet sich dar als Befreiung des Körpers, doch der ist in Wirklichkeit der Geschlagene: «Das liegt im Prinzip der Synkope des Jazz, der das Stolpern zugleich verhöhnt und zur Norm erhebt.» Diese falsche physische Freiheit ist, wie die «Pseudo-Individualität» auch, in Amerika zum Stil avanciert. Als Exempel dienen Adorno Mietlinge wie Schlagersänger, Bandmusiker, «die originelle Filmpersönlichkeit, der die Locke übers Auge hängen muß», der Fotograf, der elegant die «Elendshütte eines Landarbeiters» ins Bild setzt. Dagegen verdienen die europäischen Künstler Schönberg und Picasso sein höchstes Lob für ihr «Mißtrauen gegen den Stil», als sei Stil ein weiteres Zeichen der Barbarei.

Eine gewisse Zuflucht bietet einzig die Familie. Aber wenn die Familie denn «Himmel in einer herzlosen Welt» ist, hat sie doch auch ihre höllischen Seiten. In unterschiedlichen Zusammenhängen zitieren Horkheimer und Adorno Marx' Beschreibung des bürgerlichen Vaters, der die eigene Unterdrückung am Arbeitsplatz in Form körperlicher Züchtigung an seine Kinder weitergibt. Bleibt die Mutterliebe, von ihnen sentimental als «Urgrund aller Zärtlichkeit» apostrophiert. Doch Adorno sieht auch die Torheit der Frauenidealisierung. Gerade wegen ihrer biologischen Funktionen und ihres sexuellen Reizes mußten sie zu Unterdrückten werden in einer Zivilisation, deren Einstellung zum Körper ihren «authentischen Ausdruck in der (selbstverachtenden) Sprache Luthers» findet und deren Ziel es ist, sich die Natur untertan zu machen. In einer seiner kühneren Bilderstürmereien untersucht Adorno zwei weibliche Typen, die Jungfrau Maria und die Megäre. Seine dialektischen Salti führen ihn zu der Entdeckung, daß das «Bild der schmerzensreichen Mutter Gottes» eine Fiktion ist, eine Konzession an «matriarchale Restbestände», längst gewandelt zur Doktrin weiblicher Inferiorität (implizit vielleicht schon der bloßen Tatsache, daß die Jungfrau Mutter war, aber keine Mutter Jungfrau ist). Auch die Megäre ist ein Ungeheuer. Adorno entdeckt diesen Frauentyp in einer Madame Defarge oder einer «pervers aggressiven» Sozialarbeiterin, ein sehr unliebenswürdiger Seitenhieb auf die vielen Flüchtlingsfrauen, die diesen Beruf ergriffen. Doch ihr Tun ist ehrbar. Genau wie Marx von der «Rache» des Vaters sprach, diagnostiziert Adorno die Rache der Mutter-Megäre, eine Auslegung, die wir bereits in Engels' Schriften zur Familie finden.

Die *Dialektik der Aufklärung* enthält auch eine Analyse des Antisemitismus, ein Thema, dem sich Adorno in *Die autoritäre Persönlichkeit* (1950) sehr viel weniger provokativ widmen sollte. Letztere Studie ermangelt einer Klassenperspektive und ist nahezu die Parodie empirischer Forschung. Das ältere Buch ist intuitiv, eklektisch und voll starker Hypothesen. Seine historische Perspektive ist in vielem Marx verpflichtet und hätte auch Brecht zufriedengestellt: Als «Kolonisatoren des Fortschritts» und Missionare kapitalistischer Technologie wurden die Juden zum Feind aller «Handwerker und Bauern…, die der Kapitalismus deklassierte». Doch was dann kommt, ist ein Feuerwerk philosophischer und psychologischer Betrachtungen, die wohl weniger mit Geschichte als mit den Verhältnissen zu tun haben, unter denen die Frankfurter damals lebten. Sein unkonventionelles Verhalten isoliere den Juden hoffnungslos von seinen Nachbarn. Für den Nicht-Juden ist er das «negative Prinzip als solches» geworden. Adornos Analyse mündet in eine keineswegs ehrerbietige Entlarvung des christlichen Ethos; es sei flitterhaft und banal, wert, daß man sich ihm entzieht. Die Juden berufen sich auf ihren Bund mit Gott, aber die Christen verehren einen Gottmenschen. Sie vermengen das Absolute mit dem Endlichen; «Christus, der fleischgewordene Geist, ist der vergottete Magier.» In diesem Irrgarten tobt Adorno sich aus: Der Gottmensch ist die letzte Verdinglichung, ein endliches Leben wird zum absoluten Objekt. Das Christentum verleiht dem «Selbstvergessen» einen «trügerisch affirmativen Sinn»: die armen *goyim* kommen noch nicht einmal zu ihrem dialektischen Recht.

Er betrachtet ein jüdisches Stereotyp, «was sie, als die ersten Bürger, zuerst in sich gebrochen haben… Weil sie den Begriff des Koscheren erfunden haben, werden wir als Schweine verfolgt.» Das Bild der Juden als eines geschlagenen Volkes sei genau das negative Prinzip, das die Welt nicht ertrage, denn der Jude trägt die Züge «des Glückes ohne Macht», «des Lohnes ohne Arbeit, der Heimat ohne Grenzstein, der Religion ohne Mythos». Die ersten drei dieser Attribute haben nur für manche Juden Gültigkeit, ganz sicher aber für Theodor W. Adorno und seine intellektuellen Mit-Flüchtlinge. Wenn seine Arbeit sein Spiel ist, empfängt er wahrhaftig «Lohn ohne Arbeit» und ist im «Glück ohne Macht». Und wenn Heimat «Entronnensein» ist, dann bewohnt der freigeistige Flüchtling in der Tat eine «Heimat ohne Grenzstein», und es umgeben ihn zweifellos die der Mühsal des Nützlichen enthobenen Objekte Walter Benjamins.

Adorno verachtete die Selbstbespiegelung populärer Autobiographien. In einer späten philosophischen Arbeit, der *Negativen Dialektik*, spricht er von den einzelnen, den Individuen, als bloßen Agenten von Tendenzen, die jenseits ihrer Kontrolle seien, den «Übungen» Louis Althussers vergleichbar, denen wir uns in der fälschlichen Annahme unterziehen, unsere Handlungen seien unserem Willen unterworfen. Und in einer sehr bedeutsamen Passage eines früheren Essays heißt es: Die «Sphäre des Privatlebens… verdeckt mit dem Schein von Wichtigkeit und Autonomie, daß sie nur noch als Anhängsel des Sozialprozesses sich fortschleppt». Darum muß der Kulturkritik nicht die individuelle, sondern die soziale Physiognomie angelegen sein. Was diese Kulturanthropologie komplizierte, war die Tatsache, daß Adorno Marxist genug geblieben war, um eine Kluft zu entdecken zwischen der latenten Ideologie der Massenkultur und dem Leben ihrer Konsumenten, die sich verführen lassen, ein programmiertes Verlangen für die wirkliche Sache zu nehmen. So müssen mehrere

Schichten von Fiktion abgetragen werden, bevor die Kulturkritik zu so etwas wie reiner Beobachtung vordringen kann.

Adorno beschreitet verschiedene Wege, um sich über das Individuelle dem Sozialen zu nähern. Mit seinem Publikum ändern sich auch Sprache und Stil. Er gibt sich bescheiden und zurückhaltend, «als ein von Nationalismus und kultureller Arroganz völlig Freier» – eine nahezu übermenschliche Anforderung für jemanden seines Werdegangs und seiner Bildung. Er erinnert an die Notwendigkeit von «Adjustment» und übersetzt dieses «Zauberwort» als Aufforderung, sich nicht «hochmütig» auf das zu versteifen, was man einmal war. Er scheint aufrichtig dankbar, daß die Amerikaner sich so hilfreich zeigten, mehr als seine demokratischen Mit-Emigranten, die nach den Brosamen einer akademischen Position haschten, und hilfreicher auch als die Nachkriegsdeutschen, für die Demokratie ein neues Spiel war. Amerikaner legten nicht jenen germanischen «stillschweigenden Respekt vor allem Geistigen» an den Tag, obgleich bezweifelt werden darf, daß Adorno ihren Lärm begrüßte.

Er verschweigt nicht, daß ihm manches an Amerika mißfällt. Er beschäftigt sich mit Astrologie und schließt auf den verdinglichten Geist derer, die sie betreiben; zwar seien solche Geister nicht auf Amerika beschränkt, doch ihre Existenz habe sich ihm hier enthüllt. Adornos spätere Feststellung, sein Freund, der Filmwissenschaftler Siegfried Kracauer, sei im amerikanischen Exil zur Identifikation mit dem «Aggressor» gezwungen gewesen, spricht nicht gerade für eine überwältigende Zuneigung zum Gastland, obwohl Adorno durchaus verstand, warum freundlose Emigranten wie Kracauer schließlich «kapitulieren» mußten.

Sich der Komik dieser Erinnerung wohl kaum bewußt, beschreibt er seinen Streit mit einem mennonitischen Jazzmusiker (eine Kombination, die jedem Flüchtling ein Lächeln entlocken mußte). Die beiden arbeiteten zusammen an einer von Paul Lazarsfelds frühen Studien zur Massenkultur. Der Mennonite fand Adorno «arrogant»; und als dieser sich zur Hypothese verstand, in Großstädten seien Jazzfans wohl zahlreicher anzutreffen als in Kleinstädten, nannte jener ihn einen «Medizinmann». Man ist geneigt zu vermuten, daß Adorno tatsächlich arrogant war und der Amerikaner sich mit Recht verletzt fühlte, auch wenn Adorno nur den «horse sense» bewiesen hatte, den er für eine zentrale amerikanische Eigenart hielt.

Wirklich aufrichtig ist Adorno vielleicht erst am Schluß des Aufsatzes, wenn er seine mangelnde Sympathie für dieses Land offen eingesteht, zugleich aber sagt: «Erwägungen dieser Art wären überhaupt nicht vollziehbar ohne amerikanische Erfahrung. Kaum ist es übertrieben, daß ein jegliches Bewußtsein heute etwas Reaktionäres hat, das nicht, sei es auch mit Widerstand, jene Erfahrung wahrhaft sich zugeeignet hätte.» Amerika mag Adornos Wortschatz erweitert haben – H. Stuart Hughes hat die Amerikanismen in Adornos Nachkriegswerk aufgelistet –, aber sein größtes Geschenk an ihn war wohl paradoxerweise, daß es sich als so abschreckendes Beispiel präsentierte. In Wirklichkeit ist Adorno Amerika dankbar, denn es hat ihm geholfen, ein wahrhaft unabhängiges «zeitgenössisches Bewußtsein» zu definieren, ein Bewußtsein, das ihn zu aktivem und kundigem Widerstand gegen die USA selbst befähigte.

Nirgendwo war Adornos Widerstand unbarmherziger und irriger als da, wo er Amerikas größte kulturelle Leistung, den Jazz attackierte. Das erste Mal hatte er sich in den frühen dreißiger Jahren zum Jazz geäußert, und noch Ende der fünfziger zog er gegen die Dauermode Jazz zu Felde. Jazz ist für Adorno ein Gebrauchsartikel, ein Werbeinstrument – Kommerz, nicht Kunst. Seine Funktion sei eine rein physische – die oft beschworenen «jitterbugers» sind seine Zeugen – und als Tanz- und Hintergrundmusik zwingte er den Zuhörer niemals zu intellektueller Auseinandersetzung oder «Praxis». Die gepriesenen Jazzstilisten seien in Wirklichkeit Pseudo-Individualisten. Die Rebellion im Jazz gehe einher mit einer Tendenz zu blindem Gehorsam, und seine sogenannte Freiheit trage eher das Gesicht des Sadomasochismus. Polyrhythmen überhörte Adorno in früherer wie in späterer Zeit und vernahm nur die «sture Einheit des Grundrhythmus», eines Rhythmus zudem, wie ihn zu militärischen Zwecken die *marching bands* schlugen (jeden anderen Gebrauch, den man in New Orleans von der Bandmusik machte, nahm er nicht zur Kenntnis). Den Verweis auf «improvisatorische Züge» nennt er «Flausen», denn «jeder gewitzigte Halbwüchsige in Amerika weiß…, daß, was auftritt, als wäre es spontan, mit maschineller Präzision einstudiert ist». Für Adorno kennt der Jazz keine historische Entwicklung. Seine Stilmittel bleiben dieselben, und als perennierende Mode fehle ihm das einzige, was auch der Mode Würde verleiht: die Vergänglichkeit. Hätte man Adorno gesagt, ihm fehle jegliches Verständnis für «soul», hätte er dem ohne weiteres zugestimmt, aber sicher nicht ohne den Vorwurf der trivialen Sophisterei.

Am vernichtendsten sind Adornos sozialpsychologische Einwände gegen den Jazz. Die Jazzfans, die sich zu denselben Rhythmen entspannten, die sie an die Arbeit oder zum Kampf riefen, schienen ihm schrecklicher Pöbel. Die sinnliche Befreiung, die sie aus dem Jazz beziehen wollten, hatte etwas selbstverleugnendes – in dialektischem Reflex ist Adorno geneigt, es Kastration zu nennen! Manchmal hört er sich an wie ein Mitglied der Liga für Sitte und Anstand: Von den «sexuellen Implikationen» des Jazz, so befindet er, haben die «schockierten Feinde eine bessere Vorstellung… als die Apologeten». Mit dem Jazz drohe Verweiblichung und Impotenz, denn er verlange von seinen Anhängern, ihre Männlichkeit aufzugeben (soviel zu den Frauen im Jazz). Adorno zitiert Virgil Thomson, der die Trompetenkoloraturen eines Louis Armstrong mit den Kastraten-Kadenzen des 18. Jahrhunderts verglich.

Mit der nämlichen Wut nimmt Adorno sich der Trennung in «short-haired» und «lond-haired» an. Aber hier ist wenigstens ein ganz persönliches Anliegen im Spiel. Er identifiziert sich mit den «hungerleidenden Künstlern» dieser Welt und verteidigt sie gegen Verleumdung ihrer Intelligenz und Männlichkeit. Mag man auch den Langhaarigen «sissy» nennen, schreibt er, in Wirklichkeit sind es jedoch die Kurzhaarigen, die kastriert sind: «Wofür aber das abgeschnittene Haar einsteht, bedarf kaum der Erläuterung.»

Ansprechender äußert sich Adornos Unbehagen in seinen introspektiveren Aufsätzen mit ihrer seltsamen Mischung aus intellektueller Generalisierung und persönlichem Groll. In der *Dialektik der Aufklärung* betont Adorno den Wert des Denkens, seine Überlegenheit über die Realität aufgrund der Distanz zu ihr. Aber in der kapitalistischen Welt hat das Denken einen Aspekt manischer Narrheit angenommen, und die Distanz von der Realität verursacht Pein. Die Gesellschaft hat dem Flüchtling die Würde der Erinnerung genommen: «Man verdrängt die Geschichte bei sich und anderen, aus Angst, daß sie einen an den Zerfall der eigenen Existenz gemahnt.» Die Geschichte des Emigranten hat weder therapeutische Funktion noch Marktwert. Psychoanalyse und Kapitalismus haben ihn seiner Vergangenheit enteignet.

In einer Gesellschaft, die einzig Geschäftserfolg schätzt, macht Nonkonformismus den Flüchtling machtlos. Er ist auf sich gestellt, es gibt keine Institution, die ihm den Rücken stärkt. «Gezeichnet», wie ein kurzer Text gegen Ende der *Dialektik* überschrieben ist, sind Männer zwischen vierzig und fünfzig, seiner eigenen Generation also. Sie sind vorzeitig vergreist, haben die Hoffnungen ihrer Jugend verraten, «sich in der Welt eingelebt». Doch besser kindisch oder närrisch erscheinen, als sein bestes Selbst dem Aggressor zu überlassen.

Kindhaft sein heißt, im Versuch, im Provisorium zu verharren, und so ist etwas Spätromantisches um Adornos Mißtrauen gegen den ausgereiften Stil oder das ausgereifte Produkt. Genau wie Valéry fand, daß große Kunst etwas von Fingerübungen habe, von Studien zu nie geschaffenen Werken, findet Adorno im Spätwerk seines geliebten Schönberg «Paradigmata einer möglichen Musik». Transzendenz stellt sich dann ein, wenn der reife Komponist wieder zum Anfänger wird.

Adorno ist sich mit Benjamin einig, daß sich der Kulturkritiker das Sensorium seiner Kindheit bewahren muß. Sein Aufsatz über Kafka liest sich denn auch wie ein Dialog zwischen einem gelehrt-überlegenen Wissenschaftler und einem frühreifen, überspannten Schuljungen. Unter denen, die er als Kafkas literarische Vorbilder nennt, sind überraschend viele Amerikaner: Edgar Allan Poe, Detektivgeschichten, Comics, amerikanische Filme, sogar eine deutsche Phantasie über amerikanisches Leben. Doch der Aufsatz selbst führt nicht so sehr in eine Bibliothek als vielmehr in das Schlafzimmer eines Kindes. Kafkas Prosabilder, schreibt Adorno, rasen auf den Leser zu, «wie Lokomotiven aufs Publikum in der jüngsten dreidimensionalen Filmtechnik» (einer der seltenen Hinweise darauf, daß ihn der Reiz vulgärer Pop-Formen so ganz unberührt nicht gelassen hat). Der Leser soll sich bewegen wie in einem Traum und keine Fragen stellen. Kafka selbst sah sich als benachteiligtes Kind, und sein Leser soll «wie der Jüngste im Märchen … ganz unscheinbar, klein, zum wehrlosen Opfer sich machen, nicht auf eigenem Recht bestehen». So muß man Kafka lesen – und so auch das «Kryptogramm der auf Hochglanz polierten kapitalistischen Spätphase» dekodieren, das gegenwärtig ist, ohne daß Kafka es beim Namen nennen müßte.

Von Oscar Wilde stammt der Satz, Kritik sei die zivilisierteste Form der Autobiographie. Im Essay über Kafka gibt Adorno den Blick frei für die Weite seiner eigenen Persönlichkeit: Er ist der gewichtige Kritiker und «der Jüngste im Märchen». Er versteht sich so gut auf die Lektüre von Kafka, weil er auch in dessen dunkelsten Sätzen Erhellung findet. Mit Kafkas Stil beschreibt er auch seinen eigenen: «Jeden Satz hat er … zuvor der Zone des Wahnsinns entrissen, in die … jegliche Erkenntnis sich getrauen muß, um eine zu werden.» Kindlichkeit und Wahnsinn zu riskieren, heißt

Wissen zu erlangen. Kafka und Adorno quält der Gedanke, daß die erwachsene Welt des «gesunden Menschenverstandes» und der «Aufklärung», die über sie das Urteil fällt, selbst eine kranke ist.

Während des Krieges stellt Adorno seine *Minima Moralia: Reflexionen aus dem beschädigten Leben* zusammen und widmet sie Horkheimer. Es ist das wohl traurigste Produkt der Emigration, die Traurigkeit kaum gemildert durch einen allegorischen Prozeß, der den unglücklichen Emigranten zum scharfen Beobachter von Katastrophen macht, die allen anderen verborgen bleiben.

Er schaut sich in der amerikanischen Gesellschaft um und sieht, daß all ihre positiven Elemente von Marktmechanismen korrumpiert sind. Alle Beziehungen sind vom Warencharakter geprägt. In Ehescheidungen und Unterhaltsregelungen reduziert sich die Romanze auf Aufrechnung, auf Akkumulation von Eigentum. Adorno demonstriert – vielleicht ein bißchen zu sehr elitärer Emigrant – den Parvenu-Charakter amerikanischer Kultur. Er beklagt, daß die Verteilungsmechanismen des großen Kapitals auch subversivstes Material entschärfen: «Noch Kafka wird zum Inventarstück des untergemieteten Ateliers.» Wenn einem diese Verächtlichmachung billiger Buchausgaben auch von unerträglicher Arroganz scheint, sind dabei doch ähnliche Motive im Spiel, die ihn veranlaßt haben, Musik aus der Retorte abzulehnen. In den vierziger Jahren lernte er die typische Wohnung eines Großstadt-Intellektuellen kennen. Er fand billige van Gogh-Reproduktionen an den Wänden, dazu die Random-House-Ausgabe von Proust – allein die Gestalt des «Omnibus» ein Hohn auf die Absichten des Autors –, ein Grammophon und eine Sammlung politischer Kantaten, Folklore aus Oklahoma und «lauten» Jazz – Platten, bei denen man sich «zugleich kollektiv, kühn und behaglich fühlt». Auch wenn Adorno mit den Bewohnern solcher Ateliers sympathisiert haben mochte, in seiner Beschreibung erscheinen sie als Dummköpfe. Und doch, wie immer bei Adorno, ist auch an diesen Befürchtungen etwas Wahres. Zu oft sind wir in den letzten Jahren Zeuge geworden, wie der unersättliche Appetit der Massenmedien auf alles, was der Markt hergibt, Klassenkonfrontationen zum «Psychodrama» und zur «Situationskomödie» verkehrten. Politische Ereignisse werden damit genauso zu Objekten der Nostalgie wie ausgelaufene Fernsehserien und Oldies-but-goodies, diese Manifestationen einer «bring back the sixties»-Mentalität.

Massenverteilung entwertet die hohe Kultur, während die niedere jedwede menschliche Reaktion vulgarisiert: Adorno geht ins Kino und erlebt ein Publikum, das über den Tod lacht. Vorgefertigte Filmmusik macht individuelle Reaktion überflüssig: «Die Musik hört für den Hörer.» Die bürgerliche Geringschätzung des Körpers macht Liebe zu etwas Unangenehmem, «Klebrigem». Vielleicht ist auch Sentimentalität im Spiel, wenn Adorno sexuelle Freuden als Erinnerung an ein «vergessenes Leben» preist. Doch erinnertes Leben wird in Amerika bitter und bringt nichts ein. Tod ist komisch und Liebe unsauber. Kein Wunder also, wenn es aus Adorno herausbricht: «Jedem, der von Freiheit weiß, (ist) alles von dieser Gesellschaft tolerierte Vergnügen unerträglich.»

Das sind die allgemeinen Bedingungen, unter denen die Emigranten leben. Den *Minima Moralia* ist es aber auch um das Individuum zu tun. Gleich der erste Text – passenderweise Marcel Proust gewidmet – beschreibt den intellektuellen Sohn wohlsituierter Eltern. Er wird, ähnlich wie Adorno und seine Freunde, für seine Kollegen stets der «Dilettant» bleiben, nie als «professional» rangieren. Dieser Wissenschaftler oder Künstler «kündigt die Arbeitsteilung» und macht keinen Unterschied zwischen Arbeit und Vergnügen. Ian Watt erinnert sich eines morgendlichen Gesprächs mit Adorno: Er hatte Adorno den gleichförmigen Ablauf der eigenen Arbeitstage geschildert und fragte ihn nach dem Verlauf der seinen. «Ich habe gerade über erotische und musikwissenschaftliche Fragen meditiert», teilte Adorno ihm mit. Adorno hatte auch wenig Sympathie für die wetteifernden Bittsteller, die sich auf dem akademischen Markt balgten und sich ihren Mit-Emigranten von der allerschlechtesten Seite zeigten. Bei diesem Ausverkauf tauschten sie ihr Spiel gegen Arbeit, machte sich der Wissenschaftler zum Zwilling des Geschäftsmannes, büßte seine «Lust» ein, seinen jugendlichen Geist, seine kritische Distanz, seine Fähigkeit zu wirklicher Erfahrung.

Adorno schlägt einen weiteren dialektischen Purzelbaum und behauptet, daß gerade die Vernarrtheit ins sogenannte Privatleben der Beweis für dessen Nichtvorhandensein sei. Die Flüchtlinge, so mahnt er, sollten ihrer Privatheit keinen allzu großen Wert beimessen. Und da Eigentum unsere Beziehung zu den Gütern und zu unseren Nachbarn verfälsche, «gehört es zur Moral, nicht bei sich selber zu Hause zu sein». (Man erinnere sich: «Heimat ist das Entronnensein.») Doch entfernen wir uns den Dingen zu weit, verlassen wir auch die Menschen. Solche Dialektik ist aus Verzweiflung geboren: Hinter jeder Kehrtwendung der Gedanken verbirgt sich ein Flüchtling, der glaubt, sich bereit halten zu müssen zur Flucht. Besitz entwaffnet ihn, macht ihn glauben, er habe ein Leben, wo er nicht einmal eine Geschichte besitzt.

Ohne in allzu intime Details zu gehen, allegorisiert Adorno seine Lage, bis das Buch zum Leitfaden gerät: Wie lebt der Flüchtling «in einer Umwelt, die ihm unverständlich bleiben muß»? Man nennt dich kritisch? «Nichts hilft als die standhafte Diagnose deiner selbst und der anderen.» Überheblich? Der «esoterische Gestus» der «austérité» mag in Europa Vorwand gewesen sein, hier ist er «Rettungsboot». Auch voreingenommen? «Der Splitter in deinem Auge ist das beste Vergrößerungsglas.» Er zitiert Hegel: «Seine Grenzen zu denken heißt, sie zu überschreiten», womit er das intellektuelle Spiel, die einzige dem Flüchtling verbliebene Freiheit, auf einen ebenso kurzen wie launischen Nenner bringt.

Das Risiko der Unbeliebtheit nimmt er auf sich: Man wird unweigerlich außerhalb stehen, kritisiert man beide Seiten, Kapitalisten wie Proletariat. Wie weiland Kaiser Wilhelm duldet die Gesellschaft keine «Schwarzseher». Man wird dich «taktlos» heißen (wie der mennonitische Jazzmusiker ihn «arrogant» genannt hatte), auch rücksichtslos und unnahbar, doch wer sich einordnet, ist verloren. In schrecklicher – und wenig überzeugender – Parallele vergleicht er Integration mit der in Konzentrationslagern geübten Technik, Gefangene in Mörder zu verkehren.

Eigentlich braucht man gar nicht erst zu versuchen, diese Barbaren zu erreichen, denn der Schriftsteller mag noch so sehr um präzisen, bewußten und angemessenen Ausdruck ringen, er wird gleichwohl für dunkel und unbedacht gelten. Hannah Arendt zahlte den Preis der Unbeliebtheit für den Vorteil der politischen Arena. Adornos Streben war bescheidener. Er wollte sich die Fähigkeit erhalten, alles und jeden wahrzunehmen.

Wie immer lauert hinter dem esoterischen Gestus auch hier das Kind. Neben der wirtschaftlichen Not und der intellektuellen Identitätskrise der Emigranten spricht aus den *Minima Moralia* auch ein Schrecken, der tiefer wohnt und weiter zurückreicht. Die bürgerliche Familie, die ihre Kinder freudig des Ungehorsams zeiht, vergleicht er mit einem Wächter in Auschwitz. Von der Geschwisterrivalität führt ein direkter Weg zum Faschismus, der Krieg nahm seinen Ausgang bereits in britischen Public Schools und deutschen Kriegsakademien. In einem unschönen Anfall von ‹Homophobie› verurteilt er den Homosexuellen, der alles ablehne, was nicht so sei wie er, als totalitär. «Tough guys» nennt er solche Homosexuellen. In Oxford, wo Adorno einige Jahre verbracht hatte, sei es Brauch gewesen, Intellektuelle und Ästheten «fast ohne weiteres den Effiminierten gleichzusetzen». Man mag darin eine feine intellektuelle Rache für die Schurigeleien seiner Schulzeit sehen: «Am Ende sind die tough guys die eigentlich Effimierten.»

Aber Kindheit ist nicht nur Elend. Aus einem Kinderlied, das von zwei Hasen erzählt, bezieht er das erste «schrankenlose bis zur Selbstpreisgabe gesteigerte Aufgeschlossensein für Erfahrung». Ganz untypisch für ihn, läßt er hier sein dialektisches Handwerkszeug ruhen, das ihm sonst zur Bewertung von Erfahrung dient. Das Kind steht offen vor der Welt. Im Verhalten von Kindern und Tieren liegt die Vision einer Gesellschaft der Nach-Aufklärung. Doch letztlich war Adorno zu klug, um die Unschuld der Kindheit zu idealisieren. Das Es, so schreibt er in späteren Aufsätzen, sei wehrlos und nicht-authentisch. Was wie ursprüngliche Lust und Regsamkeit erscheine, sei in Wahrheit von außen programmiert. Einzig das Ich sei stark genug, dem Moloch Kultur zu widerstehen.

Ein autobiographischer Text, «der böse Kamerad», schlägt den Bogen von einer unglücklichen Jugend zum Erwachsenendasein im Exil. Adorno erinnert sich seiner Schulkameraden und sieht in ihren Schurigeleien die künftige Nazi-Gewalt: «Im Faschismus ist der Alp der Kindheit zu sich selber gekommen.» Fast einfältig bekennt er: «Oft kam es meinem törichten Entsetzen vor, als wäre der totale Staat eigens gegen mich erfunden worden.» Es wäre zu einfach, wollten wir sagen, Adorno suche den Ursprung seiner Verzweiflung einzig in seiner Kindheit. Und doch, wie sprechend sind Sätze wie diese: «Ich fühlte die Gewalt des Schreckbilds, dem sie zustrebten, so überdeutlich, daß alles Glück danach mir wie widerruflich und erborgt schien.» Das Dritte Reich gab seiner «unbewußten Angstbereitschaft» recht.

Adorno flüchtete sich, wie zahllose andere intelligente frühe Außenseiter, in die Bestätigung und Erfüllung einer Erwachsenenkarriere. Die Feinde seiner Kindheit mögen ihn, wie die meisten solcher Menschen, in seinen Alpträumen begleitet und ihm die Grenzen seiner Glücksmöglichkeiten gewiesen haben. Für Adorno blieben sie Repräsentanten jener Macht, die «mich meines vergangenen Lebens und meiner Sprache» enteignete. Die Rüpel, die den Außenseiter schlugen, wurden zu Nazi-Folterern. Diejenigen, die lachten, «wenn der Primus versagte», grinsten auch später, wenn dem jüdischen Häftling ein Selbstmordversuch mißlang. Es waren auch diejenigen, «die keinen richtigen Satz zustande brachten, aber jeden von mir zu lang fanden.» Die sich damals über die Sprache des zukünftigen Flüchtlings mokierten, zerstörten später als Nazis die deutsche Literatur. (Sein berühmter Ausspruch, daß es barbarisch sei, nach Auschwitz Gedichte zu schreiben, besitzt die Extravaganz eines vergeblichen Racheaktes.) Die «verkniffenen Intellektuellen», die sich einzig durch handwerkliche Geschicklichkeit hervortaten, wurden – in lächerlicher und zynischer Parodie auf den Fortschritt der Aufklärung – die Techniker des Dritten Reiches. Die zu Schulzeiten trotzig Aufmuckenden gesellten sich nach dem Abitur zu ihren Lehrern an den Biertisch, dem «Männerbund» zu mit all seiner totalitären Homoerotik. Sie verfolgten Adorno in seinen Träumen, und überall stieß er auf ihresgleichen.

Kein «Nice Guy»: Bertolt Brecht

«Ein großer Teil seiner Sinnlichkeit ist geistiger Natur»: Da Bertolt Brecht selber sein verschmitztes Spiel mit der Identifikation zwischen sich und Galilei treibt, scheint es uns zulässig, die Charakterisierung des Wissenschaftlers auch dem Stückeschreiber beizugeben. Es wird soviel Aufhebens gemacht von Brecht, dem Theoretiker, oder Brecht, dem Gesellschaftslöwen, daß wir solche Erinnerungshilfen brauchen. Die Rolle des Flüchtlings untersuchte er mit der intellektuellen Unerbittlichkeit eines Eisler, Adorno oder Benjamin, aber er probte und arbeitete an dieser Rolle mit einer spielerischen Leichtigkeit, die dem Werk der Genannten fehlt. Zuweilen scheint es ein Spiel mit der eigenen Seriosität zu sein. Einmal, so erzählt Benjamin, stellte Brecht sich ein Tribunal vor, daß ihn zur politischen Ästhetik befrage. Auf die Frage «Wie ist das? Ist es Ihnen eigentlich ganz ernst?» müsse er anerkennen: «ganz ernst ist es mir nicht.» Aber *erlaubt* sei sein Verhalten in jedem Fall. In seinen *Flüchtlingsgesprächen* entdeckt er Witz in Hegels Ideen, läßt diese als Paare aufmarschieren, jede in hinreißender Symbiose mit ihrem Gegenteil vermählt.

«Die Dialektik, sie lebe hoch!» schließt Brecht, als sei das die einzige, ihm verbliebene Genugtuung. Wie so vieles ist auch der Ton der Flüchtlingsgespräche melancholisch und ironisch zugleich. Brecht erkannte, daß sein Bedürfnis nach ideologischer Bestätigung ebenfalls ein sinnliches war: «Meine Liebe zur Klarheit kommt von meiner so unklaren Denkart. Ich wurde ein wenig doktrinär, weil ich dringend Belehrung brauchte. Meine Gedanken verwirren sich leicht, das auszusprechen beunruhigt mich gar nicht. Die Verwirrung beunruhigt mich.» Und noch eine weitere Eigenschaft seines Denkens kommt einem körperlichen Instinkt gleich: «Wenn ich etwas gefunden habe, widerspreche ich sogleich heftig.»

Er konnte bösartig sein: in den zwanziger Jahren verunglimpfte er die Musik seines früheren Mitarbeiters Kurt Weill als «kulinarisch»; und grob: 1935 apostrophierte er amerikanisches Theater kurzerhand als «Scheiße»; und hysterisch: in den Vierzigern verglich er einen Broadway-Produzenten mit Hitler. Und auch in seiner äußeren Erscheinung spielte Brecht beides, eine Rolle und den Kommentar dazu. Seine Großtuerei und seine Vernarrtheit in Boxer hatte etwas von der Kampfeslust eines Jungen, der die Erfahrung einer bestimmten Art frühen sozialen Erfolges nie gemacht hat. In Kalifornien mokierte er sich über die Überwertigkeit, die «Popularität» in der amerikanischen Erziehung genoß. Wie Adorno war er selbst nie populär gewesen. Doch im Unterschied zu Adorno behauptete er, sich das auch nie gewünscht zu haben. Wenn die Jugendzeit ihr Teil dazu beitrug, Adorno ängstlich zu machen, ging Brecht als ein Verschlossener aus ihr hervor, innerhalb der Sphäre seiner eigenen Imaginationen geistig so streitsüchtig, wie er körperlich abstoßend sein konnte.

Auf brillante Weise analysierte Brecht die sozialen Implikationen der Geste, und in genau diesem Sinne übermittelte auch seine eigene Erscheinung mehr «Bedeutung», als ihm bewußt war. Max Frisch, der ihn nach dem Krieg öfter traf, notierte in sein Tagebuch, er wirke «unscheinbar wie ein Arbeiter..., doch für einen Arbeiter zu unkräftig, zu grazil, zu wach für einen Bauern.» Brechts Schlampigkeit befremdete bürgerliche Intellektuelle, aber Frisch sah einen Flüchtling, «verkrochen und aufmerksam..., der schon zahllose Bahnhöfe verlassen hat, zu schüchtern für einen Weltmann, zu erfahren für einen Gelehrten». Das war kein Mann, den die Dialektik befreit hatte, sondern ein Flüchtling von zerbrechlichem Körperbau, «zu wissend, um nicht ängstlich zu sein, ein Staatenloser, ein Mann mit befristeten Aufenthalten, ein Passant unserer Zeit». Die Zeiten hatten sich gewandelt, Brecht glich immer noch einem Mann auf der Flucht.

Die sechs Jahre, die Brecht in Amerika verbrachte, waren für ihn weder sehr erfreulich, noch war er sehr schöpferisch. Berlins berühmtester Dramatiker fand nahezu keine öffentliche Unterstützung. «Wohin ich komme, hör ich ‹Spell your name›!/Ach, dieser ‹name› gehörte zu den großen.» Doch bedenkt man, was er repräsentierte, überrascht es nicht, daß er in den USA kein Publikum fand. Der Strenge seiner Theorie entwuchs ein Werk, das sich konventionellen Tröstungen versagte. Auch den religiösen: Seine Parabel vom Pfund im *Dreigroschenroman* macht aus Jesus einen Lügner und entlarvt jedwede Form der Wohltätigkeit als Heuchelei. W. H. Auden und Christopher Isherwood verletzte er zutiefst, als er in ihren religiösen Überzeugungen den Beweis von Verzweiflung und Kooptation sah – Zeichen dafür, daß sie «gekauft» waren. Seinen marxistischen Gesinnungsgenossen ließ Brecht keinerlei Selbstgefälligkeit durchgehen. Zurück in (Ost-)Deutschland, entgegnete er auf diesbezügliche Kritik, sein Hohlspiegel verzerre sogar positive Charaktere. Aber was ihn der humanistischen Tradition vielleicht am meisten entfremdete, war sein Versuch, der «introspektiven Psychologie des Bürgertums» den Garaus zu machen. Sein episches Theater behandelt das Individuum als Werkzeug objektiver sozialer Bedingungen.

Das ist nicht die Welt von Jane Austen, E. M. Forster, James Joyce oder Virginia Woolf. Brechts Ästhetik gelingt es tatsächlich, die unterschiedlichsten Ansätze in ihrem Verhältnis zum Individuum vergleichbar zu machen. Brecht kündigt sogar dem spontanen körperlichen Leben das Vertrauen auf. Sein Konzept der *Geste,* wie er es von seinem Freund Peter Lorre verwirklicht sieht, umfaßt Körperhaltung, Akzent, Gesichtsausdruck, jedes einzelne das mögliche Exempel einer sozialen Beziehung wie Ausbeutung und Kooperation. So schmälert Brechts Theater Philosophie, Psychologie und körperliche Lebensäußerung in ihrer Bedeutung. Es machte ihm ein fast perverses Vergnügen, den Intellektuellen, die Tiefe suchten, solcherart Räumlichkeit zu versagen. «Die Tiefe», sagte er zu Benjamin, «ist eine Dimension für sich, eben Tiefe – worin dann gar nichts zum Vorschein kommt.» Das letzte, was Brecht in Hollywood werden wollte, war das, was Amerikaner einen «nice guy» nennen.

Und doch hatte Brecht – noch in Deutschland – von allen später exilierten Schriftstellern das wohl größte Interesse an Amerika bekundet. Bis er Marxist wurde, pries er Amerika um seiner Technologie und populären Kunst willen als lebendigsten Flecken auf dieser Erde. Und auch dann noch blieb Amerika für ihn wichtig, nunmehr als Exempel der letzten Schrecken des Kapitalismus, karikiert in *Die Heilige Johanna der Schlachthöfe, Happy End* oder *Mahagonny.* Brecht mochte Populärkultur, hymnische Lieder, Filme, Mordgeschichten. Er verstand es, sich mit Anmut zwischen den verschiedenen kulturellen Bereichen zu bewegen und, wie immer, aus Widerspruch und Zusammenstoß zweier Objekte eine neue, dritte Figuration zu schaffen. Einst veranstaltete *Die Dame,* eine Frauenzeitschrift, die Vicky Baum und Anita Daniel herausgaben (beide sollten später Brechts Emigrantenschicksal teilen) eine Umfrage nach «Ihrem stärksten Eindruck». Brechts Antwort war mit einem Satz gegeben: «Sie werden lachen – die Bibel.» («Sie werden lachen» war eine Einleitung, die in den Kabaretts eine ganz bestimmte Funktion hatte. Gewöhnlich folgte ihr eine Absurdität und schon in ihrer Verwendung lag Respektlosigkeit.) Diese Art des city talk bewegte sich am Rande von Obszönität und Blasphemie, strahlte aber gleichzeitig auch viel Vertrauen und Optimismus aus. Solch gekonnter Umgang mit Tonfall und Idiom läßt ahnen, wie leicht es Brecht fiel, auch ein auf Populäres bedachtes Publikum anzusprechen. Mit einer ähnlichen Begabung meisterten andere Flüchtlinge, etwa Kurt Weill und Billy Wilder, die amerikanische Kultur. Aber Brecht machte von dieser Fähigkeit in Amerika keinen Gebrauch, obgleich ihm einige seiner – nie in die Tat umgesetzten – Filmprojekte die Gelegenheit dazu geboten hätten. Geplant war unter anderem ein *Macbeth* in modernem Gewand, handelnde Personen sollten slawische Einwanderer, Schauplatz die Schlachthöfe von Chicago sein.

Als 1933 Brechts Exil begann, soll er zu einem Mit-Exilanten gesagt haben: «Geh nicht so weit. In fünf Jahren sind wir zurück.» Er verbrachte einige Zeit in Prag, Wien und Zürich, wo er Walter Benjamin und Heinrich Mann traf. 1935 traf man ihn in der Sowjetunion, für kurze Zeit vereint mit Erwin Piscator, dem großen Regisseur der Brecht-Weill-Werke. Keiner der beiden Männer fühlte sich in der Sowjetunion sehr wohl, obwohl es ihnen erheblich besser erging als etlichen anderen Angehörigen der deutschen Theaterkolonie, die später zum Teil Exekutionen und Internierungen zum

Opfer fielen. Noch im selben Jahr traf Brecht in Amerika auf Hanns Eisler, und aus jener Zeit stammen die wenig freundlichen Äußerungen der beiden über die naiven einheimischen Versuche, Brecht-Theater zu machen.

Benjamin schaffte es nicht mehr bis Amerika. Aber beide Schriftsteller trafen sich im dänischen Svendborg, wo Brecht einige Jahre lebte. Benjamin fertigte eine Art Protokoll ihrer Gespräche an. In ihnen erleben wir einen ebenso verzweifelten wie quecksilbrigen Emigranten Brecht. Die Geschichte, so hofft er, werde ihn einst als «mittleren Maniker» führen. Benjamin schreibt von der «sonderbaren Unschlüssigkeit» Brechts, die dieser mit seiner im Vergleich zu anderen Emigranten bevorzugten Lage zu erklären versucht. Das spricht für nicht eben viel Einsicht in sein eigenes Geschick, wird ein paar Tage später auch widerrufen, wenn er klagt: «Mich haben sie auch proletarisiert. Sie haben mir nicht nur mein Haus, meinen Fischteich und meinen Wagen abgenommen, sie haben mir meine Bühne und mein Publikum auch geraubt» – und die lebendigen Vorbilder für seine literarischen Charaktere. Das ist typisch für Brecht mit seinem unmittelbaren, wachen Bewußtsein für das Spezifische: nicht nur das Haus ist weg, auch Fischteich und Auto. Die Emigration proletarisiert ihn, und das gemahnt ihn an eine grundsätzliche Verderbtheit: Die Deutschen sind furchtbar, Hitler ist in der Tat ihr Prophet, und «auch an mir ist alles schlecht, was deutsch ist». Er erinnert sich seiner Heimatstadt Augsburg, nennt sie eine «Scheißstadt» und zieht einen scharfsinnigen Vergleich zwischen den freien Reichsstädten und den italienischen Stadtstaaten der Renaissance: Wieder ist da der für ihn so typische Impuls, die «borniere Selbständigkeit» der Deutschen in der politischen Geschichte zu verankern, ebenso wie eine Geste immer eine soziale Beziehung ausdrücken muß. In den USA sollte Brecht seinen Landsleuten gegenüber wesentlich mehr Toleranz an den Tag legen. So ist diese Verknüpfung von Philistertum und Bigotterie mit den Kräften, die Brecht entwurzelten, ein deutlicher – obgleich nicht unbedachter – *cri de cœur*.

List und Kunstfertigkeit gehörten für Brecht unbedingt dazu, wenn ein Emigrant Wahrheit vermitteln wollte. Was er schrieb, war schon immer kompakt, äsopisch und ironisch gewesen, seine Botschaft, auch wenn sie strikt der Parteilinie folgte, eingebettet in Schichten von Straßensarkasmen. (Im Angriff war er unschlagbar, denn sein dialektischer Witz ließ seinen Opponenten keinerlei Manövrierraum; mit jeder Rechtfertigung stellten sie sich als hoffnungslose Philister oder Dummköpfe bloß.) Doch Brecht war marxistischer Dramatiker seit Ende der zwanziger Jahre, und politische und ökonomische Realitäten bestimmten jedes Element seiner Kunst.

Die Frage, ob und wieweit Brecht Stalinist war, stiftete bei seinen Kritikern einige Verwirrung. Hannah Arendt verstieg sich sogar zu der Behauptung, er habe seine schlechte Politik mit dem Verlust seines Talentes bezahlt. Ein so orthodoxer Kommunist wie Wieland Herzfelde erinnert sich an Brecht dagegen als an einen nicht ganz hundertprozentigen Marxisten, der sich immer einen Rest Anarchismus bewahrt habe. Nicht, daß er nicht versucht hätte, einen anderen Eindruck zu erwecken. Klaus Mann traf ihn noch in Dänemark und war abgestoßen von seinem «befremdlichen, trockenen Hyper-Enthusiasmus». Mann entdeckte hinter Brechts Marxismus eine eisige intellektuelle Ekstase, wie sie auch in seinen Stücken offenbar werden konnte. Brecht war so unüberhörbar ein Bekehrer, daß George Grosz ihn «Schulmeister Brecht» zu nennen pflegte. Brechts Haltung zum Stalinismus war in der Tat problematisch. Er schrieb Gedichte über den Führer der sowjetischen Armee, der unter Einsatz von zwanzig Millionen Leben den Faschismus in Europa besiegte. Er nannte Stalin einen Vollendeten, aber auch einen Nützlichen. Und doch wußte er, daß die Wirklichkeit komplexer war. Er fühlte sich den Marxisten verpflichtet, die mit stalinistischer Doktrin nichts gemein hatten. Von Hans Mayer wissen wir, daß Brecht bis zum Schluß den Plan nicht aufgab, ein Stück über Rosa Luxemburg zu schreiben. Vielleicht waren es die Schwierigkeiten der dramatischen Umsetzung, die ihn davon abhielten, aber er wußte auch, daß jedes Bühnenspiel über Rosa Luxemburg Probleme und Fragen aufgreifen mußte, die die Stalinisten ins Unrecht setzten. Er fürchtete, auf die eine oder andere Weise «gegen die Partei» argumentieren zu müssen. In Svendborg sagte er Walter Benjamin, er lehne Stalins Konzept vom «Sozialismus in einem Land» ab. Er traf sich hier mit Trotzki, der unter solchen Voraussetzungen Kompromisse mit den kapitalistischen Nachbarländern für unabdingbar hielt, die letztlich dem kommunistischen Land zum Nachteil gereichten. Erhebliche Vorbehalte hatte Brecht, wie er Benjamin und seinem Freund Karl Korsch gestand, auch dem stalinistischen Personenkult gegenüber und den Brutalitäten der forcierten Industrialisierung. In den fünfziger Jahren verwendete er Materialien aus dieser Diskussion in einem – nie vollendeten – Werk mit dem bezeichnenden Titel *Das Buch der Veränderungen*. Genausowenig fanden die Exzesse der Moskauer Prozesse, die während seiner Zeit in Svendborg über die Bühne gingen, seine Billigung, auch wenn er glaubte, daß manche Anklage nicht der Berechtigung entbehrte. Vielsagender war die Verzweiflung, die er 1943 nach der Lektüre einer Stalin-Biographie äußerte. Wie ein Trotzkist beklagte er «die Umwandlung des Berufsrevolutionärs in den Bürokraten, einer ganzen revolutionären Partei in einen Beamtenkörper».

Doch an die Öffentlichkeit ging Brecht mit solchen Vorbehalten nicht. Das hing zum Teil mit seinem Desinteresse an Helden und Führern zusammen. Er verteidigte, darauf bestand er, die Sowjetunion, nicht Stalin. So schrieb er Karl Korsch, «die Sowjetunion ist nicht nur ein Arbeiter*staat*, sondern auch ein *Arbeiter*staat»; das heißt, der Führer geht, die Arbeiter bleiben, aus dem Klassencharakter des Staates folgt unumgänglich die Reform von innen. Brecht brauchte, so entnahm Henry Pachter den Gesprächen mit ihm, die politische Bestätigung und Rückendeckung. Die Sowjetunion war «sein letzter und einziger Fels in der Brandung... Der Stalinismus war ein ephemeres, vorübergehendes Phänomen.» Laut Pachter war Brecht davon überzeugt, daß Stalin in fünfzig Jahren vergessen sei. Allerdings mochte er die Sicherheit, daß «sie dann immer noch Brecht spielen. Darum kann ich mich nicht von der Partei trennen». Dahinter steht sicher ein gewisser Egoismus: Man stelle sich vor, ein amerikanischer Schriftsteller rechtfertige auf ähnliche Weise sein Schweigen während der McCarthy-Ära. Brecht war sich dessen sehr wohl bewußt: Es ermangele ihm an Rückgrat, erklärt er und kommentiert poetisch: »Und ich... schäme mich.» Er konnte sogar Berliner Komödie daraus machen. In einer seiner letzten Arbeiten fragt jemand Herrn Keuner, woran er arbeite; und diese Brecht-Gestalt antwortet: «Ich habe viel Mühe, ich bereite meinen nächsten Irrtum vor.»

Am 21. Juli 1941, nach einer zweimonatigen Reise, die in Finnland ihren Ausgang nahm und ihn bis nach Moskau führte, kam Brecht an Bord eines schwedischen Schiffes, der S. S. *Annie Johnson* – schon der Name ist brechtisch – mit seiner Frau, der Schauspielerin Helene Weigel, seinen beiden Kindern, seiner Assistentin und Geliebten Ruth Berlau in San Pedro, Kalifornien, an. Während der Schiffsreise hatte er seine Leninausgabe dem Meer überantwortet. Nach Jahren des Taktierens und Ausweichens verspürte Brecht kein Verlangen, amerikanische Beamte zu provozieren. Ein Zufall, nicht weniger glücklich als all die anderen, die Brecht durch die letzten acht Jahre geleitet hatten, hatte es gefügt, daß die deutsche Regierung diesem Erzfeind Hitlers ein Führungszeugnis ausstellte, aufgrund dessen er einen Paß beantragen konnte. Daß Brecht nicht in der Sowjetunion blieb, erklärten kommunistische Freunde erstens mit Konflikten, die sich für Brecht aus der literarischen Linie Georg Lukács' ergaben, zweitens mit dem Ende von *Das Wort*, einer deutschsprachigen Zeitschrift, die er herausgegeben hatte, und drittens mit dem Reiz, den es für ihn hatte, in Hollywood vielen exilierten Freunden wiederzubegegnen. Der Schauspieler Fritz Kortner, Dorothy Thompson, Luise Rainer und der Dichter H. R. Hays unterschrieben Affidavits für ihn. Zur Hollywood-Kolonie gehörten seine alten Freunde Peter Lorre, Lion Feuchtwanger, Berthold und Salka Viertel, Hanns Eisler, Oskar Homolka. William Dieterle und Fritz Lang hatten ihn bereits in seinen letzten europäischen Jahren über den «European Film Fund» unterstützt und taten das auf großzügige Weise auch während der ersten schweren Zeit in den USA.

Als er dieses Land zusammen mit Eisler zum erstenmal besuchte, hatte Brecht für das kulturelle Leben in Amerika nur Verachtung. Daß er jetzt wieder hier war, war einzig aus der Notwendigkeit geboren. Während seiner ganzen Zeit in Amerika wies er beharrlich darauf hin, daß er kein «Emigrant» im Kampf um eine neue Existenz sei, sondern «Exilant», stets auf dem Sprung zurück nach Deutschland. Er war weiterhin auf finanzielle Unterstützung angewiesen, und Geld blieb ein beherrschendes Thema seines amerikanischen Lebens. In Kalifornien blieb er einzig darum, weil Feuchtwanger ihm versichert hatte, hier sei das Leben für Flüchtlinge einfacher und billiger als anderswo, und es gebe mehr Möglichkeiten, Geld zu verdienen. Während der ersten Jahre lebten die Brechts von 120 Dollar im Monat – für eine vierköpfige Familie ein Leben am Rande der Armut. Das Haus, das die Brechts 1942 in Santa Monica bezogen, war zwar kein Ersatz für das Haus und den Teich in Svendborg, aber wenigstens waren da die von den Deutschen sehr geschätzten Aprikosen – ein kleiner Trost für Brecht, dem das amerikanische Essen so gar nicht behagte. (1941 schilderte er in einem Gedicht die kalifornischen Märkte mit ihren «Haufen von Früchten, die allerdings weder riechen noch schmecken».)

Brecht hatte kein amerikanisches Publikum, und seine Stücke blieben unaufgeführt. Also versuchte auch er in der Filmindustrie sein Glück. Eine besondere Vorliebe für dieses Medium oder eine imaginative Energie waren es wohl nicht, die ihn dazu bewogen. Eher neigte er der Meinung seines Freundes Eisler zu, daß ein ernsthafter Künstler allenfalls dem Geld zuliebe in Hollywood arbeiten könne:

Jeden Morgen, mein Brot zu verdienen
Gehe ich auf den Markt, wo Lügen gekauft werden.
Hoffnungsvoll
Reihe ich mich ein zwischen die Verkäufer.

So ironisch «hoffnungsvoll» stimmt ihn, daß er zu beidem werden kann, zum Händler und zur Ware. Das hatte er wohl kaum im Sinn, als er einst die «Hoffnung» zum ersten Erfordernis der Emigration erhob. Die Situation in Hollywood veranlaßte ihn zu marxistischen Analysen ähnlich denen von Eisler und Adorno. Im Oktober 1941 ersann er eine metaphorische Geschichte des Kapitalismus, die mit dem Elisabethanischen Theater beginnt und in Hollywood endet. Mit wachsamem Blick für die Ähnlichkeit von Situationen verglich er die Lohnschreiber des Elisabethanischen England mit denen Südkaliforniens, beide Gruppen eilfertig bemüht, Verlangtes zu liefern. Das war, wie so oft bei Brecht, scharfsinnige Analyse und Übertreibung zugleich. Im Dezember 1941 beschreibt er Hollywood als Geflecht von «Käufer und Verkäufer, Herr und Knecht», umgeben von den Hierarchien der Experten und Agenten. Kunst wird zur Ware, ist verstümmelt und geschändet. Er hat die verrückte Vision von Hollywood-Gewaltigen, die da rufen «Liefere die Ware», zeige, «was wir gezeigt haben wollen», «errate unsere geheimen Wünsche», erfülle unsere Bedürfnisse: «Zeig uns den Ausweg/Mach dich nützlich!»

Und doch versuchte auch er, zu liefern. Kaum eines seiner Filmprojekte brachte es auch nur zur vagen Aussicht, verwirklicht zu werden, obwohl viele es wert gewesen wären. Er nimmt eine Idee aus den zwanziger Jahren wieder auf, die Geschichte des Unternehmers *Joe Fleischhacker in Chicago*, der versucht, eine kleine Bäckerei zu übernehmen. Die Folge ist Qualitätsverfall. Fleischhacker muß schließlich einsehen, daß gutes Brot nicht nur gutes Mehl, sondern darüber hinaus «eine gute Tagesarbeit, eine Welt mit guten Nachbarn, ein gutgesinntes Herz und einen gesunden Appetit» verlangt – letzteres ließ Brecht nie außer acht. Dieses Thema kam ihm vom Herzen und mehr als das: In seinem *Arbeitsjournal* vermerkte er, es gebe kein richtiges Brot in Amerika, ein Mangel, der die Emigranten sehr bewegte. Noch 1944 plante er zusammen mit seinem neuen Freund Charles Laughton einen Film mit dem Titel *The King's Bread*.

Er träumte auch von anderen Projekten mit Freunden. Einige davon waren konventioneller Natur: William Dieterle, dessen Filme immerhin genug sozialen Zündstoff enthielten, um den Krongreßabgeordneten Martin Dies gegen sie auf den Plan zu rufen, bot er an, das Drehbuch zu einem Jazzfilm – *Syncopation* – zu überarbeiten. Brecht verstand wenig vom Jazz, er goutierte die Ironie der Tatsache, daß die Sponsoren des Films von Dieterle verlangten, die afro-amerikanischen Elemente zugunsten der Liebesgeschichte zu vernachlässigen. Daneben beschäftigte ihn auch eine Filmfassung von Gogols *Der Mantel*, die Peter Lorre zugedacht war. Aus dieser Verbindung hätte ein wahrhaft klassischer Film hervorgehen können: die Paranoia des Gogol-Helden durchdrungen und weiter auf die Spitze getrieben vom

Emigrantenbewußtsein Brechts und Lorres. (Brechts Freundschaft mit Jean Renoir hätte dem einen weiteren emigrantischen Akzent hinzufügen können.) Nicht ganz so vielversprechend, aber immer noch kühn genug, war der Plan zu einer amerikanischen Version des *Macbeth*, an dem Lorre anfangs ebenfalls teilhatte.

Aus gänzlich unerwarteter Quelle floß das Geld schließlich doch. Im Januar hatte Brecht noch sarkastisch vom «Metro Goldwyn-Mayer Gospel für den kleinen Mann» gesprochen, doch 1944 war es eben dieser Samuel Goldwyn, der ihn und Feuchtwanger mit einem Vorschuß von 50 000 Dollar für die *Simone Machard* bedachte. Brechts Stück hatte Goldwyn eher verwirrt, aber Feuchtwangers konventionellere epische Behandlung desselben Sujets hatte ihn schließlich zum Kauf bewogen. Die Hauptrolle sollte Teresa Wright spielen, die damals aber gerade ein Kind erwartete. Als sie dann drehen konnte, war französische Résistance als Thema nicht mehr gefragt. Brecht selber hatte seine Bedenken gegen dieses Projekt nie verloren, und so blieb es denn vielleicht auch besser unrealisiert.

Das einzige Hollywood-Projekt, das zustande kam, der Film *Hangmen Also Die*, gab Anlaß zu anderer Enttäuschung. Die Ermordung Reinhard Heydrichs, den Hitler ausgesandt hatte, um die Tschechoslowakei zu «beschützen», war ein Thema, das Brecht reizte, auch wenn er wohl zu der Ansicht neigte, daß Tschechen und nicht Briten die Mörder waren. Im Film beweist sich das Talent illustrer Emigranten: Fritz Lang führte Regie, Eisler schrieb die Musik, zum Ensemble gehörte der Berliner Schauspieler Alexander Granach. Doch kaum war die erste Klappe gefallen, litt die politische und kulturelle Loyalität, die der Film dramatisch ins Bild zu setzen sich anschickte, unter Streitereien innerhalb der Crew. Brecht gelang es, dem europäischen Produzenten Arnold Pressburger das gleiche Honorar abzuhandeln wie sein amerikanischer Co-Autor John Wexley. Pressburger fühlte sich «erpreßt». Brecht wußte nicht, daß Wexley der kommunistischen Partei angehörte und verpaßte ihm eine Lektion in marxistischer Ideologie. Fritz Lang erwies sich Brechts Vorstellungen gegenüber nicht so aufgeschlossen, wie der es erwartet hatte. Er lehnte zwei Agitprop-Titelvorschläge von Brecht ab *(Never Surrender* und *Trust the People)* und schnitt Szenen, in denen es um die Notwendigkeit einer die Klassen übergreifenden Volksfront ging (Hanns Eisler konnte dafür seine Musik zum Komintern-Lied in den Schlußchor zum Film einschmuggeln). Langs Erfolgsmentalität – «Das Publikum wird das schon akzeptieren» – stieß Brecht ab. Der Regisseur zeige so wenig Mitgefühl mit den Leiden der tschechischen Juden, daß er sie nicht einmal mit dem obligatorischen Gelben Stern zeige, schimpfte er zudem. Und schließlich wurde noch Wexler das alleinige Verdienst am Drehbuch zugeschrieben, obwohl Brecht und Lang als Co-Autoren des «Plot» mitaufgeführt werden mußten. Brecht war so wütend und gekränkt, daß er seinen Fall vor die Scene Writers Guild brachte. Lang und Eisler sagten zu seinen Gunsten aus. Pressburger hatte seine Rache und blieb zu Hause. Das absurde Urteil der Gilde lautete zugunsten Wexleys. Wexley sei ein amerikanischer Schriftsteller, hieß es in der Begründung, der solche Anerkennungen und Nachweise seiner Leistung brauche, während Brecht, wie Frisch sagen würde, «von beschränktem Aufenthalt» sei und in jedem Fall nach Deutschland zurückkehren werde. Hier hatten Unfairneß, Chauvinismus und Kasuistik ein ungutes Bündnis geschlossen. Nach dem Hearing notierte Brecht: «Der Anblick geistiger Verstümmelung macht mich physisch krank.»

Frustriert in seiner Arbeit und unzufrieden mit seinen sonstigen Lebensbedingungen, verlor Brecht doch nie seinen Humor, machte sich alleweil lustig über Institutionen und Autoritäten, war, wie Elsa Lanchester es ausdrückte, einfach ein «berufsmäßiger ‹Anti›». Brechts Sinn für Spiel machte seine private Kritik um vieles überzeugender als etwa die von Adorno, die von Spaß und Spiel so gar nichts hielt. Doch solche Vergnüglichkeiten währten nie lange. «Auch die Häuser in der Hölle sind nicht alle häßlich», mußte er zugeben, aber eine Hölle blieb Los Angeles gleichwohl, und «die Sorge, auf die Straße geworfen zu werden/Verzehrt die Bewohner der Villen nicht weniger als/Die Bewohner der Baracken.» Es trifft ihn, daß «diese hübschen Villen erbaut sind aus demselben Material wie die Ruinen drüben». Wieder diese Flüchtlingsangst, daß allein der Stoff, aus dem Häuser und Möbel sind, seiner Existenz hohnspricht: Er lebte in einer «würdelosen» Zeit.

Brecht beklagt das Fehlen von Würde mit der Bestürzung eines Gelehrten, der seines Elfenbeinturms beraubt ist. 1942 schildert er, wie eine allgemein demoralisierende, billige Schönheit ihn davon abhalte, so etwas wie ein kultiviertes, das heißt würdiges Leben zu führen. Einen Monat zuvor war er verzweifelt, daß «Gebrauchsgegenstände..., Wohnungen, Möbel, ja sogar die Landschaft selbst gering, infam und würdelos» seien. Auch «essen, auf eine Landschaft sehen, sprechen, ein Buch schreiben, ein Buch lesen, Geschäft – alles hat einen anderweitigen Zweck,... und ist nicht einfach würdig und befriedigend in sich selbst.» Wie Adorno denkt er zurück an die Intellektuellen der Alten Welt, die «für etwas Feineres arbeiten als Bezahlung». In solchen Augenblicken ist er den Flüchtlingen am nächsten, über die sich sonst für ihre immer gleichen alten Spiele sein Spott ergießt.

Er teilt auch die Verachtung Adornos für die hilflos-komischen Assimilierungsversuche mancher Emigranten. Allerdings gelten ihm Adorno und sein Kreis als die Verächtlichsten von allen. Brechts Bemerkungen über die «Frankfurtisten» kombinieren historische Einsicht mit politischem Zweck. Brechts Verachtung von Adornos Hochmut ist ein recht typisches Beispiel für die inner-emigrantischen Verleumdungen und Hakeleien, in diesem Fall zwischen zwei ungewöhnlich begabten und exzentrischen Schriftstellern. Während der Kriegsjahre hielt Brecht es mit den Stalinisten und betrachtete die Frankfurter als gefallene Kommunisten. Ihr Ökonom Friedrich Pollock diagnostizierte die Sowjetwirtschaft als «Staatskapitalismus», was einem Kommunisten, sei er nun Stalinist oder Trotzkist, wie ein Schimpfwort in den Ohren klang. Pollock glaubte zudem, daß Aufträge der öffentlichen Hand die zyklischen Depressionen der kapitalistischen Wirtschaft beenden würden, mit dem Bau der Autobahnen seien Marx' Theorien widerlegt. Brecht fand das alles widerlich und von einem Niveau, das von jedermann nur überboten werden konnte.

Wie schon erwähnt, plante Brecht seit langem einen Roman über die «Tuis». Nach einem Essen bei Horkheimers schlug Hanns Eisler ihm die Frankfurter als das Modell einer Tui-Gruppe schlechthin vor: Hier vergossen Millionärssöhne Tränen über Arbeiter, spekulierten, warum das Los der Arbeiterklasse ein so schweres sei. Aber Brecht und Eisler besuchten die Institutsabende auch weiterhin. Vielleicht war es doch besser, auf deutsch zu streiten, als sich den ignoranten Amerikanern zuzugesellen. Als Brecht in frühen Jahren zum Marxismus fand, geschah das auch unter dem Einfluß des Historikers Fritz Sternberg, der noch in Deutschland für das Frankfurter Institut eine Studie über den Imperialismus geschrieben hatte. Eisler, selbst ein gewandter Dialektiker, hatte in Deutschland mit Ernst Bloch zusammengearbeitet und tat das später, wie wir gesehen haben, auch mit Adorno.

Gerade weil Brecht und Eisler keine Mühe hatten, ihrerseits das intellektuelle Spiel der Frankfurter zu spielen, durchschauten sie auch seine dümmeren Manifestationen. Eines Tages gebärdete sich Horkheimer höchst aufgeregt über das Versprechen von Vizepräsident Henry Wallace, daß nach dem Krieg jedes Kind auf der Welt täglich seinen Becher Milch bekommen solle – als verführe der Kapitalismus die Massen mit einem tatsächlichen Milchstrom und nicht vielmehr mit der «Milch der frommen Denkungsart». Brecht entzückte die Vorstellung von wohlgenährten Gelehrten mit einer Vorliebe für Würstchen und Rauchfleisch, die Kindern ein Glas Milch mißgönnten. Zwei Monate später konnte er berichten, wie derselbe Horkheimer befürchtete, die Kultur könne leiden, wenn die Bedürfnisse des Körpers allzu gut befriedigt seien. Brecht denkt diesen Gedanken zu Ende: «Leiden schafft Kultur, offensichtlich wird Barbarei die Folge sein, wenn man das Leiden abschafft.»

Auch über die Zeit, die er mit Herbert Marcuse und Leonhard Frank verbrachte, führte Brecht Klage: «Die geistige Isolierung hier ist ungeheuer. Im Vergleich zu Hollywood war Svendborg ein Weltzentrum.» Nach *Der Mensch ist gut* schrieb Frank an einer «Junge-trifft-Mädchen-Romanze», tauschte ein Klischee gegen das andere aus.

Brecht ergab sich aber nicht völlig der Misanthropie. Die Freundschaft mit den Flüchtlingen Peter Lorre und Oskar Homolka hatte Bestand, und überraschend gut verstand er sich mit Alfred Döblin. Letzterer bekannte 1943 auf einer Feier zu seinem Geburtstag zur peinlichen Überraschung der Anwesenden, daß sein Mangel an «Gott» auch ein Mangel an Antifaschismus gewesen sei (eine Angelegenheit, die er offensichtlich mit dem geheimen Übertritt seiner Familie zum Katholizismus in Ordnung brachte). Auch Heinrich Mann gegenüber zeigte Brecht sich ausnehmend großzügig, nicht zuletzt vielleicht, um seinem Feind Thomas eins auszuwischen.

Seit jeher liebte Brecht amerikanische Filme und amerikanische Kriminalromane; jetzt wandte er sich mit großer Neugier regionalen Idiomen und Volksweisen zu, zumal die Volksmusik zu jener Zeit ein Lieblingskind der amerikanischen Linken war. In einer amüsanten Adaptation von Huddie »Leadbelly» Ledbetters «Gray Goose» ließ er dieses Symbol des unterdrückten schwarzen Amerika gen Osten fliegen. Daneben studierte er die Geschichte der amerikanischen Arbeiterbewegung und plante ein Stück über Joe Hill.

Seine amerikanischen Nachbarn – «kleine Leute» – ließen ihn nicht unberührt. Er bewunderte ihren Anstand, ihre Großzügigkeit und ihre Diskretion. Immer bereit von einer Geste auf einen Gestus zu schließen, glaubte er sie in ihrer Beweglichkeit frei vom beschränkten, neurotischen Wesen des deutschen Kleinbürgers, seiner «Servilität und Arroganz». Und doch waren auch sie ohne Würde. Ihre Zeitungen verkündeten die Gewalttätigkeit der Arbeiterklasse; eine Krankheit würde ihre Ersparnisse aufzehren; gegen Neger, Juden und Mexikaner hatten sie «gemeinsame Vorurteile». Solange Brecht im Exil war, vermied er es, etwas zu besitzen. Doch jetzt lieferte er eine bündige marxistische Erklärung dafür, daß seine Nachbarn jener Würde entbehrten, die die Seßhaftigkeit verleiht: «Es sind tatsächlich Nomaden. Sie wechseln die Berufe wie Stiefel, bauen Häuser für nur 20 Jahre und wohnen die Zeit nicht aus, so ist ihre Heimat nichts Lokales.» Für «Popularität», einen Status, den er – selbst als Kind – nie anstrebte, gebe es in den USA Schulzensuren. Vom populären Kind werde erwartet, daß es zum «regular guy» heranwächst, gefangen in der Trägheit der Routine. In seinem Werk ging es Brecht darum, der bürgerlichen Überbewertung des Individuums den Garaus zu machen, doch selbst er muß zugestehen, daß unter diesen Bedingungen wenig Raum bleibt für Individualität.

In seinen Tagebüchern ließ er bestimmte amerikanische Ausdrücke unübersetzt, als sei die dahinterstehende Erfahrung ausschließlich amerikanisch wie das Wort, das sie benennt – Zeichen seiner Distanz zum amerikanischen Leben, denn «wenn man irgendwo Distanz wahren muß, dann hier». In Hollywood spielt man «das Roulette-spiel mit den Stories», als verdienten Filmhandlungen es nicht, Geschichten genannt zu werden.» Spielen ist hier Acting und Gambling zugleich; beides – und das will Brecht sagen – koinzidiert in dieser Stadt, denn der Mammon hat Kunst zu etwas Zufälligem, Beliebigem, Unmoralischem gemacht. Die Hollywood-Intellektuellen schmäht Brecht in ihrer eigenen Sprache. Clifford Odets, der angebliche Radikale, trug sich mit dem Plan, ein Stück Brechts zu verfilmen. Das Tagebuch vermerkt: «Odets sucht *something uplifting*.» In der deutschen Sprache seiner Vergangenheit findet er kein Äquivalent für das amerikanische «easing-going, cheerful and mentally balanced», zumindest keines für eine so saloppe Kombination.

Die Zeit, die Brecht in New York verbrachte, reichte ihm, um Louis B. Mayer und die Theatre Guild als Feinde ernsthafter dramatischer Kunst zu entlarven. «In den Staaten», schrieb er, «gibt es so wenig oder so viel Theater wie im alten Rom.» Das Theater bot keine Alternativen; wenn es denn einen «Eskapismus» gab, dann den mit dem Fahrstuhl. Im Hollywood der pin up queens sah er das Aphrodisische auf das Lächerliche reduziert. All das inspirierte ihn nicht zu Drehbuch-Großtaten, er blieb, wie er es immer gewesen war, den Prinzipien des epischen Theaters verpflichtet. Elsa Lanchester war Zeugin dieser Anstrengungen. Sie erinnerte sich, daß die Übersetzung des *Galilei* zwei oder drei Jahre dauerte (merkwürdigerweise bestand dabei Charles Laughton, ihr politisch sonst recht vorsichtiger Mann, auf schärferen Formulierungen). Brechts ständige Anwesenheit brachte für sie einige Unannehmlichkeiten mit sich. Der «saure, bittere Gestank» seiner Zigarren zwang sie, Teppiche und Polstermöbel auszuwechseln, eine Klage, wie aus einem Brecht-Dialog entnommen.

Seine Ausflüge an den Broadway waren nicht von Erfolg gekrönt, auch wenn in den USA ein Meisterwerk, *Der kaukasische Kreidekreis*, sowie die brillante Neufassung des *Galilei* mit ihren durchsichtig-allegorischen Anspielungen auf jüngste Aktivitäten von US-Wissenschaftlern entstand. Enttäuschung und Frustration verhinderten, daß er sein bestes gab, wie ein Rückblick auf seine Broadway-Zeit offenbart.

Ungeachtet seiner zahlreichen unfreundlichen Äußerungen über Kurt Weill nahm er 1943 mit den Weills wieder Kontakt auf. Es ging um Musik zum *Braven Soldaten Schweyk*. Weill bestand hartnäckig darauf, daß ein amerikanischer Dramatiker wie Ben Hecht den «Humor des Stückes ins Amerikanische bringen» solle. Brecht lieh sich Geld von Peter Lorre und beauftragte den amerikanischen Dichter Alfred Kreymborg mit der Übersetzung. Ausgerechnet diesen Übersetzer hatte aber auch Erwin Piscator für ein anderes Brecht-Stück im Auge, das er auf die Bühne bringen wollte. Man war böse aufeinander und spielte genau «dieselben alten Spiele», die Brecht endlich beendet sehen wollte. Piscator sah in all dem einen weiteren «schweinischen Trick» Brechts.

Die Schauspielerin Luise Rainer und der Dichter H. R. Hays hatten für Brecht Affidavits gezeichnet, ohne ihn überhaupt zu kennen. Luise Rainer nun schlug Brecht vor, die Legende vom kaukasischen Kreidekreis zu dramatisieren. Brecht gestand ihr, mit dieser Idee gehe er schon seit langem um. Luise Rainer nahm es auf sich, einen Geldgeber zu finden. Als sie sich nach einiger Zeit bei Brecht nach dem Stand der Dinge erkundigte, erhielt sie von Brecht äußerst unwirschen Bescheid. Er schickte ihr das Manuskript dann zwar, aber zu einem Zeitpunkt, als sie sich von einer Malaria erholte und anschließend für eine Truppenbetreuungs-Tournee unter Vertrag und also für die Rolle der Grusche nicht zur Verfügung stand. Solch offensichtliche Gefühllosigkeit stimmt zu dem, was Max Frisch bei seinen Gesprächen mit Brecht beobachtete: «Brecht (erwartet) wie vielleicht alle, die aus einer selbständigen Haltung leben, gar kein Einverständnis.» Oder vielleicht hielt er es auch mit der Überzeugung Jay Gatsbys, daß Abneigung «nur etwas Persönliches» ist.

Brecht bat H. R. Hays, eine Bühnenfassung der *Duchess of Malfi* zu schreiben. Gleichzeitig machte er auch W. H. Auden das Stück schmackhaft – «Ich habe Miss Bergner gesagt, daß niemand dafür geeigneter wäre als Sie» –, was Hays veranlaßte, seinen Hut zu nehmen. Für die Fassung, die schließlich das Licht des Broadways erblickte, zeichnete dann in erster Linie der originelle John Webster verantwortlich. Allerdings blieben die Autorenrechte allein bei Auden, die *Hangmen*-Situation hatte sich als Posse wiederholt.

Man hat häufig vermerkt, daß Brecht trotz des großen Interesses, mit dem er amerikanische Angelegenheiten in Europa verfolgt hatte, während seines Aufenthaltes im Land kein Stück über die USA schrieb. Amerikanische Lebensart mochte er so wenig wie amerikanisches Entertainment. Es ist daher bemerkenswert, daß Brecht dem amerikanischen Theater durchaus auch Positives abgewann. Im Beitext zum *Kaukasischen Kreidekreis* schreibt er, das Stück verdanke «manches in seiner Struktur dem Abscheu vor der kommerzialisierten Dramaturgie des Broadway», gesteht aber andererseits zu, daß es «auch gewisse Elemente des älteren amerikanischen Theaters» aufnehme, «das in der Burleske und der Show exzelliert hat». Diese Tradition findet er in den Filmen «des ausgezeichneten Chaplin» wieder. An burlesken Shows und Chaplins Filmen gefiel ihm das stilistische Anliegen: Das «Wie» war wichtiger als das «Was».

Noch vollmundiger klingt sein Broadway-Lob in den Anmerkungen zur *Duchess of Malfi:* Das Modell, dem zu folgen sei, sei das Broadway Musical, das dank der widerstreitenden Gruppe von Zuschauern, populären Stars, guten Bühnenbildnern, schlechten Komponisten, witzigen, wenn auch zweitklassigen Songschreibern, inspirierten Maskenbildnern und wirklich modernen Choreographen zum authentischen Ausdruck all dessen geworden sei, was Amerika ausmache. Das war Brecht wie er leibte und lebte, von den versteckten Seitenhieben auf «schlechte Komponisten» – ob Weill das wohl gelesen hat? – bis hin zur marxistisch inspirierten Aufzählung der widerstreitenden Gruppen, in poetischer Sprunghaftigkeit und dann die Behauptung, der Broadway sei der «authentische» Ausdruck amerikanischen Lebens. Vielleicht war es das Erbe Max Reinhardts, wenn Brecht zwischen Broadway Musical und seinem Epischen Theater Parallelen entdeckte. Das Folkloristische im Broadway Ballett – zweifellos dem von Agnes de Mille – produziert «Verfremdungseffekte»; die Choreographie dramatisiert soziale Beziehungen, in der Darstellung herrschen gestische Elemente vor. Elisabeth Bergner und die anderen teilten Brechts Vorstellungen von der Malfi-Aufführung ganz und gar nicht. Brecht schießt noch einmal zurück, gibt zu, daß das amerikanische Musical «völlig verlogene… leere Unterhaltung» sei, «den Tagesmoden begierig ergeben», daß aber seine «primitiven epischen Methoden» eine modernere Aufführung ermöglicht hätten. Die Show war ein Reinfall, belustigend dagegen das Schauspiel eines Brecht, der die Beteiligten mangelnder Broadway-Treue anklagt.

Der größte Dramatiker unter den Flüchtlingen, so zeigt die Rückschau auf seine amerikanische Laufbahn, verschmähte den Rat der größten Emigranten-Regisseure, Piscator und Lang, und degradierte andere Kollegen zu einem Haufen talentloser Schulkinder. Brechts schmuddelige Taktiken sind menschlich nicht zu rechtfertigen, doch war es sein Recht als Künstler, jede Vulgarisierung und Sentimentalisierung seines Werkes zu bekämpfen. Er wollte ein Theater, das elegant, unterhaltend und emanzipatorisch zugleich war, das heißt eine rigoros sich behauptende Ästhetik. Er mußte feststellen, daß niemand, nicht einmal Piscator und Weill, seine Theaterpraxis verstand. Er wollte, wie er dem amerikanischen Regisseur Harold Clurman klarmachte, weder «Atmosphäre» noch «Stimmung». Das mag geringschätzig geklungen haben, aber er hatte recht. Zu viele spätere amerikanische Aufführungen seiner Stücke boten wenig mehr als «Atmosphäre» und «Stimmung». Das bekam weder dem Ansehen der Stücke noch dem des Epischen Theaters: Die Stücke schienen konfus und salbungsvoll, das Epische Theater verkam so zum überlebten politischen Kitsch.

Aus dem *Kaukasischen Kreidekreis* spricht mittelbar auch die Erfahrung seines Lebens im Exil. Seine Heldin Grusche charakterisiert Brecht mit dem amerikanischen Wort «sucker». Er überarbeitete das Stück mehrfach, bis Grusche schließlich politisch genug ist, sich für ihr angenommenes Kind keine großen Reichtümer zu wünschen («Wird es müssen den Hunger fürchten/Aber die Hungrigen nicht»), aber doch sentimental genug bleibt, um aus diesem Kind ein Kind der Liebe zu machen. Das Kind heißt Michael, und so nannten Brecht und Ruth Berlau auch ihren Sohn, der bald nach der Geburt starb.

Im grillenhaften Richter Azdak ist unschwer Brecht selber auszumachen. Wie der Papst erkannte, daß man Galilei, diesen Sinnenmensch an Körper und Geist, physisch bedrohen mußte, bekennt auch Azdak von sich: «Ich werd niemand den Gefallen tun, menschliche Größe zu zeigen... Ich hab Todesfurcht.» Nun, Brecht hatte immer etwas gegen Helden gehabt: Unglückliches Land, das ihrer bedarf. So mag er denn in einer Zeit, wo man allerorten auf Heldentum traf, mit den Worten Azdaks verteidigt haben, was er unter Selbsterhaltung verstand.

An anderen Stellen des Stücks ist der Bezug auf das Emigrantenlos allgemeiner. Jemand sagt: «Warum liebt man die Heimat? Deswegen: Weil das Brot da besser schmeckt, der Himmel ist höher, die Luft ist da würziger, die Stimmen schallen da kräftiger, der Boden begeht sich da leichter.» Das ist – ungeachtet Brechts *misuk* ein Proustscher Tribut an die Sinne, genau wie Azdaks Rat an einen hungrigen Flüchtling, nicht so gierig, mehr kummervoll mit einem Stück Käse zu liebäugeln, «weil er schon entschwindet wie alles Schöne». Als Azdak seinen Diener aus den häuslichen Diensten entläßt, damit dieser seinem «natürlichen Instinkt» folgen kann, «der dich lehrt, daß du deine dicke Sohle in menschliche Antlitzer pflanzen sollst». Er erinnert sich ihrer gemeinsamen Zeit: «Ich habe dich die längste Zeit in der eisernen Kandare der Vernunft gehalten, die dir das Maul blutig gerissen hat, dich mit Vernunftsgründen aufgepeitscht und mit Logik mißhandelt.» Wieder wird Gedachtes zu sinnlichem Leben: es ist der erschöpfte Aufschrei eines unruhigen Intellektuellen, an dem es manches auszusetzen gibt, doch der immer noch ein Leben der Vernunft der zügellosen Verwirrung fleischlicher Impulse vorzieht.

Obwohl die Kriegsjahre die Zeit des «Uncle Joe» Stalin und einer unübersehbar aktiven amerikanischen KP waren, fühlte Brecht sich politisch keineswegs glücklich in den USA. Er arbeitete mit Feuchtwanger an einem Stück über die französische Résistance und stieß bei seinem alten Freund auf keinerlei Interesse, Charakter sozial und nicht «biologisch» zu erklären. (Martha Feuchtwanger erinnert sich an Brechts zahlreiche Versuche, ihren Mann zur Lektüre von Marx zu bewegen.)

Am schlimmsten war, daß marxistische Analyse – in Deutschland Grund zur Unruhe – in diesem Land, wo sich das Bürgertum über seine humanistische Tradition keinerlei Illusionen mehr hingab, wirkungslos verhallte. Doch Brechts politisches Verhalten hatte auch seine konventionellen Seiten: Wie viele Flüchtlinge mochte auch er Roosevelt und bejahte amerikanische Kriegsanstrengungen. In seinen von Hanns Eisler vertonten Hollywood-Elegien (1942) geben «Jagdflieger» Zeugnis davon. Man machte ihm politisch auch manchen Strich durch die Rechnung. In den Jahren 1941 und 1942 beteiligte er sich an antifaschistischen Propaganda-Sendungen für Europa, bis, wie sich John Houseman erinnert, britischer und amerikanischer Geheimdienst befanden, die Wirkung der intellektuellen Emigranten auf Europa sei eine negative.

Und Brecht ging der stalinistischen Ästhetik auf den Leim. In seinem Stück *Schweyk im Zweiten Weltkrieg* neigt er dazu, den Widerstand zu romantisieren. Sogar Eisler erkannte, daß solcherart unsubtiles Heldentum zu Brechts zynischer Theorie von Charakter und Persönlichkeit in Widerspruch stand. Brecht hatte die groteske Idee, das *Kommunistische Manifest* in Hexameter zu übertragen. Und in dieser ganzen Zeit – während Brecht sich mit den Frankfurtern über den «Staatskapitalismus» stritt, bei seinem Freund Feuchtwanger auf leidenschaftlichen Widerspruch traf, ihn die Hollywood-Stalinisten verwirrten, die ihn ihrerseits arrogant und seine Stücke obskur fanden, und Eisler ihn als Vulgärmarxisten kritisierte – machte sich eine andere politische Realität störend bemerkbar. Nachts zwang ihn das Ausgehverbot ins Haus. Als «enemy alien» und bekannter, wenn auch im allgemeinen unauffälliger Linker behielt man ihn von offizieller Seite im Auge: «Die Polizei... stellt Nachforschungen über uns an», berichtete er.

Wie wir jetzt wissen, war das FBI ihm ständig auf den Fersen. James K. Lyon hat festgestellt, daß die Organisation mehr als dreizehn Jahre eine Akte über Brecht führte. 1943 überstellte das FBI seine Akte von der «enemy alien control» zur Abteilung für Innere Sicherheit. In einem recht kundigen Stückchen Literaturkritik notiert die Akte thematische Parallelen zwischen *Hangmen Also Die* und der *Maßnahme*, einem seiner ideologisch extremsten Dramen. Zwischen 1943 und 1945 wurde sein Telefon abgehört. Dem Umfang seiner Akte nach zu schließen, muß das FBI auch später in Europa noch hinter ihm herspioniert haben. Informanden fand man, wie es scheint, überwiegend in Emigrantenkreisen, denn in den Berichten ist die Rede von «meetings» in deutscher Sprache. In der ganzen tausendseitigen Akte findet sich nicht einmal der Name eines amerikanischen Kommunisten – die Überwachung war ein Schlag ins Wasser, und Hoover ließ sie geheimhalten. Doch der Bespitzelte kam rasch dahinter. Sobald sie von den polizeilichen Ermittlungen Kunde erhielten, richteten sich die Brechts auf eine Telefonüberwachung ein. Lyon erzählt, daß Frau Brecht einmal polnische Kochrezepte übers Telefon verlas, zweifellos um die heimlichen Lauscher an der Nase herumzuführen. Kosmopolitische List und sprachliche Virtuosität, Ingredienzen emigrantischer Überlebenskunst, zahlten sich für Brecht also auf recht unerwartete Weise aus.

Kein Blick zurück?

Brecht wäre vielleicht außerhalb Berlins unglücklich gewesen. Er hatte mitgeholfen, dieser Stadt ihren besonderen Ton zu geben, war zu ihrem Symbol geworden. Er war auch ein typischer Vertreter jener Exil-Linken, die ihre Zeit in den USA als eine Art Zwischenlandung auf dem Weg nach Hause betrachteten. Sich nicht mit den barbarischen Bourgois amerikanischer Couleur gemein zu machen, erhoben sie zum politischen Prinzip. In der Abgeschiedenheit ihrer ohnmächtigen und geistig verarmten kleinen Cliquen erschienen sie anderen Emigranten, wie einer von ihnen es harsch und sehr amerikanisch ausdrückt, als «loser», als Verlierer also. Diese anderen rechneten nicht mit einer Rückkehr und taten also am besten daran, ihre Übersiedlung als endgültig, mehr noch als Hoffnung, als «opportunity» zu akzeptieren. Die Witwe des Wiener Fin-de-siècle-Chronisten Arthur Schnitzler tröstete jüngere Flüchtlinge mit den Worten: «Ja, wir haben eine Heimat verloren, aber auch eine Welt gewonnen.» Wer ebenso dachte, begegnete dem Land, das ihm Einlaß gewährt hatte, mit dankbarer Zuneigung.

Sogar solchen Optimisten mochte einiges von dem mißfallen, was auch Brecht und Adorno am amerikanischen Leben, in dem Unabhängigkeit und Zurückgezogenheit so wenig galten, auszusetzen hatten. Aber diejenigen, die hier Triumphe feiern sollten, erkannten wie Frau Schnitzler, daß sie Erben einer neuen Welt waren, richteten sich mit diesem Wissen ein und schlugen Wurzeln. Mochten sie dieses Land mit seiner seltsamen Grammatik und seinen unergründlichen Bräuchen auch weiterhin verwirrend finden, so waren einige von ihnen gegen Ende der vierziger Jahre doch bereits zu anerkannten Schiedsrichtern über Beispielhaftes und Unliebsames im Nachkriegsamerika geworden. An den Hochschulen dominierten sie in neuen Disziplinen und verwalteten das Erbe der alten. Sie selbst empfanden sich als Rollenträger spezifischer Art, als klassischste Hochschullehrer auf dem Campus.

Nachdem die Flüchtlinge sich etabliert hatten, schien es bald so, als könne die USA – die private wie die öffentliche – ohne ihre Führung keinen Schritt mehr tun. Psychoanalytiker loteten die tiefsten Schichten des Selbst aus, erkundeten den intimsten Austausch zwischen Eltern und Kind und trugen so eine neue Bewußtheit ins Privatleben, die Regionen und Generationen einander fremd machte. Auch auf das öffentliche Leben nahmen Emigranten Einfluß, zunächst durch Analysen von Politik und Business, eine Generation später durch aktive Teilnahme daran.

Der Einfluß auf amerikanisches Leben offenbarte sich zuerst während des Krieges, als das Bekenntnis zur neuen Heimat am lautesten und reinsten erklang. Zur Vaterlandsliebe gehörte die Liebe zu seinem Führer. Roosevelt genoß, unabhängig von Schicht oder Klasse, die Verehrung seiner Landsleute. «Die kleinen Leute hatten alle ihr Foto von Papa Roosevelt an der Wand, genau wie Papa Hitler auf die Deutschen herabsah, wenn sie an Würstchen und Kartoffelsalat kauten», erinnert sich eine Frau. Sogar die Größten, ob links oder konservativ, beugten ihre Knie vor Franklin D. Roosevelt. Brecht verfolgte die Wahlen von 1944 mit der Aufgeregtheit eines amerikanischen Baseball-Fans. Heinrich Mann weinte, als Roosevelt starb. Für Peter F. Drucker, den Advokaten des Big Business, war Rossevelt während der Depression Verkörperung und Garant von Gemeinschaft und Gemeinsinn, der Führer, der mit seiner Redegewalt die Möglichkeit revolutionärer ökonomischer Veränderung zunichte machte. Als wolle er dieser Sicht von Roosevelts tief konservativer Rolle beipflichten, pries Thomas Mann – vielleicht inspiriert von der aristokratischen Distanz Roosevelts zu den Massen – den Präsidenten als einen «patrizischen Freund des Volkes», als Herausforderung für die Diktatoren Europas.

Zum Bemühen um Assimilation gehörte der Optimismus. Als nach dem Krieg etliche Flüchtlinge den Erfolg früherer Jahre wiederholten, wenn nicht übertrafen, folgten viele von ihnen dem Motto Eleanor Roosevelts: «Ich blicke niemals zurück.» Anfang der fünfziger Jahre veröffentlichte Donald Kent die Ergebnisse einer Umfrage, an der sich 1509 intellektuelle Flüchtlinge beteiligt hatten. Die Umfrage war zwar anonym, doch die schriftlichen Zeugnisse von Emigranten, die die USA bejahten, atmen unverkennbar den Geist der hier ausgedrückten Haltungen und Einstellungen. Auch manche vertraute Klage wurde laut. Immer noch war die Öffentlichkeit amerikanischen Lebens den Flüchtlingen unverständlich. Du brauchst nur die Straße hinunterzugehen, sagten sie, es gibt keine Gardinen vor den Fenstern, alles spielt sich vor deinen Augen ab, als ob sie von so etwas wie Privatsphäre noch nie gehört hätten. (Eine Beobachtung, die aus weniger paranoiden Zeiten als den unsrigen stammt.) Immer noch haben die Emigranten Mühe mit der amerikanischen Sprache. Sie warfen dem Amerikanischen seine Indirektheit vor. Die Umschreibungen und Förmlichkeiten – «It seems to me...», «Don't call us, we'll call you!» – klang den Flüchtlingen wie Heuchelei in den Ohren. (In einem Nachkriegs-Bestseller – *The Art of Plain Talk* – nahm sich der ehemalige österreichische Rechtsanwalt Rudolf Flesch dieses Mangels an.) Doch mit diesen Veränderungen konnten sie leben. Und in der Tat sind Anpassung und Konsens Kents Studie zufolge die Werte, auf die man besonderes Gewicht legt. Neuankömmlingen rät man, «alle Brücken hinter sich abzubrechen» und «nicht zu jammern, das führt zu nichts». Kann man zwei Kulturen in sich vereinen? «Halte Muttersprache und Englisch sorgfältig auseinander.» Du bist jetzt hier und mußt Wurzeln schlagen, «rückhaltlos und mit ganzem Herzen». Manche Ratschläge mußten in den Handelskammern die Herzen höher schlagen lassen: Schließ dich Gruppen an, kritisiere nicht, «betätige dich unter allen Umständen aktiv in einer religiösen Gemeinschaft».

Die bürgerliche Selbstgefälligkeit mancher intellektueller Emigranten hatte sich schon Jahre zuvor angedeutet. Nach einem Abend bei Freunden erzählte Heinrich Zimmer seiner Frau, Gesprächsthemen und Fragen seien immer dieselben: «Wo wohnen Sie?», «Wie hoch ist Ihre Miete?», «Wo gehen Ihre Kinder zur Schule?». Nach einem Jahrzehnt im Land und nach erfolgter Anpassung ist kein Raum mehr für Bedenken und kritisches Hinterfragen. In Kents Stichprobe beklagt sich einzig ein Politikwissenschaftler aus dem Mittelwesten über die Heuchelei seiner Professoren-Kollegen, ihre politische Rückgratlosigkeit angesichts der amerikanischen Außenpolitik, ihren neuerworbenen Rassismus und ihren «reaktionären... lächerlichen, religiösen Eifer».

Der große Rest war der Meinung, ein guter Amerikaner zu sein bedeute vor allem aktive Teilnahme an den zentralen Institutionen der heimischen Konservativen, d. h. an Religion, Politik und Kapitalismus. Doch so einfach lagen die Dinge meistens nicht, die Loyalitätsbekundungen klangen oft angestrengt und wenig überzeugend, die Traditionen klafften auseinander. Paul Tillich, der einflußreichste Theologe seiner Zeit, nannte seine autobiographischen Essays *Auf der Grenze*. Seine Grenzwanderung, sagt er, sei ebenso Resultat seiner psychischen Disposition wie seiner kulturellen

Entwurzelung. Nach Jahren der Arbeit im US-amerikanischen Business und an den Hochschulen überschreibt Peter F. Drucker seine Autobiographie *Zaungast der Zeit* und meint damit jenen Augenzeugen, der weder Akteur noch Publikum ist, und der als solcher – hier trifft sich Drucker mit Franz Schoenberner – eine priviligierte Sicht auf beide hat.

Diese Außenseiter entwickelten listige rhetorische Strategien, um irgendwie doch dazuzugehören. Tillich zum Beispiel sagte von sich, als «transzendenter Christ» könne er gar kein Heimatland haben – dabei ist allein das schon eine Aussage, wie sie deutscher kaum sein könnte. Doch trotz seiner zahlreichen Attacken gegen amerikanischen Empirismus und Nationalismus und gegen die allseits herrschende Konformität sieht auch Tillich – und fast glaubt man Drucker oder Hans Kohn zu hören – in der amerikanischen Gesellschaft das «Ideal», das dem Bild einer einigen und einzigen Menschheit am nächsten kommt: Aus Patriotismus und Internationalismus werden bei ihm komplementäre Prinzipien.

Eine andere Linie vertraten – sekundiert von konservativer Seite – Kohn, Drucker und Hannah Arendt. Europäische Schreiber, so fanden sie, legten zuviel Gewicht auf das Soziale und Ökonomische. In einer Besprechung von Hannah Arendts *Über die Revolution* bemerkt Kohn, daß für die Autorin an die Stelle des Klassenkonflikts der Kampf zwischen Freiheit und Autoritarismus getreten sei. Auch Drucker behauptet, der amerikanische Genius sei ein politischer. Die USA, so schreibt er, sei das einzige demokratische Land, das einer «richtigen sozialen Philosophie» anhänge, was schon daran ersichtlich sei, daß «civics» hier Schulfach ist. Zudem mache in keiner anderen Sprache, nicht einmal im britischen Englisch, ein Ausdruck wie «un-American» Sinn (wobei er zu erwähnen vergißt, daß Hitler sich mit *undeutsch* der nämlichen Wortfügung bediente).

Emigranten wie Peter Drucker und Hannah Arendt beschäftigten sich intensiv mit der Französischen Revolution. Zwei Jahrhunderte lang hatten die europäischen Radikalen zwei Heimatländer – ihr eigenes und Frankreich – für sich beansprucht, und jetzt sah es so aus, als habe die Ortsveränderung auch einen Wechsel der Ideologie erzwungen. In einem Satz von Heinrich Blücher wird sehr schön deutlich, daß eine amerikanische politische Identität offensichtlich einen Wechsel des intellektuellen Ufers erforderte. Er erklärte: «Kant war ein Diener, Nietzsche ein Herr, Marx ein Despot und Kierkegaard ein Sklave. Und ich bin ein prospektiver Bürger.»

Doch sogar Emigranten, die dem politischen System der USA Beifall zollten, konnten über die Lektionen der Geschichte nicht hinwegsehen. Sie bewunderten das System, taten das vielleicht im Übermaß, liebten es ebenso sehr, wie andere Flüchtlinge Roosevelt liebten. Aber sie wußten zu viel, um ihm vollständig zu vertrauen oder gar ihrem Bekenntnis zu intellektuellem Nonkonformismus abzuschwören. Sie setzten sich gegen amerikanische Übergriffe auf ihre Privatsphäre zur Wehr, versuchten aber auch, den Amerikanern ein Leben von größerer öffentlicher Verantwortung schmackhaft zu machen. Sie ermutigten sie, nach den politischen Prinzipien zu handeln, die bei den hier Geborenen vielleicht in Vergessenheit geraten waren, derer sich die Emigranten aber noch gut erinnerten, nachdem man bei der Einbürgerung diese Kenntnis von ihnen verlangt hatte.

Während der Nachkriegseuphorie, von der viele Intellektuelle sich tragen ließen, versuchten Historiker unter den Emigranten, die Amerikaner über ihre Vergangenheit aufzuklären. Im Verlauf ihrer zuversichtlich getönten Analysen amerikanischer Politik gingen sie gewöhnlich auch den europäischen Traditionen nach, die schließlich zu ihrem Exil geführt hatten. In allen diesen Studien spielten Flüchtlingsthemen eine wenn auch manchmal sehr unauffällige Rolle. Selbst Felix Gilbert behauptete in seiner sorgfältigen und objektiven Analyse von George Washingtons Abschiedsrede (die im übrigen Alexander Hamilton aufsetzte): «Die Welt des Gesetzes begann, als die Welt der Macht ihr Ende nahm.» Dahinter stand natürlich der alte Traum aller Emigranten, denen Machtmißbrauch die Heimat genommen hatte: am Gestade eines Landes anzulegen, dessen Grundpfeiler Recht und Gesetz waren. Wenn Gilbert Hamiltons Versuch beschreibt, «Verbindungen zur Politik anderer Nationen zu meiden», geschieht das zwar sachlich, aber doch auch mit einer besonderen Schärfe. Gilbert entdeckt hier die Ursprünge eines Isolationismus, der schließlich auch die deutschen Juden treffen sollte. Ähnlich war Leo Löwenthal einige Jahre zuvor den amerikanischen Vorurteilen des zwanzigsten Jahrhunderts nachgegangen, von denen viele, so meinte er, auf ein isolationistisches Erbe zurückgehen und dem jüdischen Flüchtling all das anlasten, was der Bigotte an sich selbst hassenswert findet.

Hans Kohns historische Studien über die USA waren getragen von persönlichem Engagement. Er machte auch in seiner Wissenschaft nie einen Hehl aus seiner glühenden Begeisterung für Länder, die er am meisten bewunderte: Großbritannien und die Vereinigten Staaten. Kohn begann seine gewichtigen Studien über den Nationalsozialismus in seiner Geburtsstadt Prag und setzte sie in den zwanziger Jahren in Jerusalem fort. Er verließ Palästina, als er die frühen Zionisten dem Chauvinismus und den Klassenvorurteilen erliegen sah. 1933 kam er in die USA, um an der New School zu lehren. Er war damals bereits ein distinguierter und bekannter Wissenschaftler von 42 Jahren. (Andere Anhänger des amerikanischen Systems – Peter F. Drucker, Hannah Arendt und Felix Gilbert – waren bei ihrer Ankunft jünger und ohne Reputation.) Trotz seiner Studien über die Ursprünge von Revolutionen hatte er für ihre gegenwärtigen Erscheinungsformen wenig Sympathie. Revolution, sagte er, ist zur ethnischen und sprachlichen Xenophobie verkommen, was ihm auch den Aufenthalt in Palästina schließlich unerträglich gemacht hatte. Er findet sein Modell in der anglo-amerikanischen Tradition und zitiert zu diesem Zweck oft aus amerikanischer Literatur.

In seiner Studie *American Nationalism: An Interpretive Essay* (von der *The Economist* schrieb, man erfahre daraus «mehr darüber, was es heißt, Amerikaner zu sein, als aus jeder anderen Untersuchung der letzten Jahre») nimmt Kohn die Behauptung Oliver Wendell Holmes' auf von den Amerikanern als den Römern unserer Zeit, «dem großen Volk der Assimilation», und reformuliert sie auf seine – ganz offen anglophile – Weise. In England hatten sich ihm die Tugenden der britischen «ökonomischen und sozialen Revolution» enthüllt. Jetzt zollt er – in merkwürdiger Referenz an den Kulturimperialismus – der amerikanischen Gesellschaft das Lob der Vervollkommnung dieses Systems. Damit gibt er dem Mythos vom Schmelztiegel den Abschied. Denn wenn die USA das große Land der Assimilation ist, dann nur, weil es andere Formen politischer Organisation – sei es die nach Klassen oder die nach ethnischen Gruppen – einem vorherrschenden Anglophon unterordnet. Dieses Land repräsentiert «keinen neuen Kosmopolitanismus, sondern die Universalisierung der englischen Freiheitstradition, die einst die Siedler mitbrachten». Kohn konfrontiert einen kulturellen Pluralismus mit dem «vereinheitlichenden Charakter» des amerikanischen Nationalsozialismus und hält es eindeutig mit dem letzteren: Einem kosmopolitischen Europäer blieb es überlassen, den Kulturpluralismus als Mythos zu entlarven – um dann aber der ethnozentrischen Wirklichkeit zu applaudieren.

Kohn war ein guter Liberaler, der mit den Konservativen die Abneigung gegen die Marxisten teilte. Die Vereinten Nationen hielt er für das Forum, wo «amerikanische Führung» die kommunistische Strategie, «die ganze nicht-westliche Welt gegen den Westen zu organisieren», vereiteln konnte. 1949 sang er mit im Chor derer, die den Konsens priesen und schrieb, die Amerikaner hätten «einen Konsensus ihres Denkens» erreicht, der sie bereit mache für die Welt der fünfziger Jahre. Die Ideologie dieser fünfziger Jahre machte er sich so sehr zu eigen, daß er noch in den Sechzigern schreiben konnte: «Es ist *undenkbar*, daß die führende demokratische Nation in kleinere Nachbarländer einfällt… oder einen Präventivkrieg anzettelt», und das ungeachtet der Ereignisse in Guatemala und der Schweinebucht – oder in Nicaragua und auf den Philippinen. Das klingt kaum weniger gezwungen, als die Entschuldigungen, die Brecht für die Sowjetunion fand. (Von Kohns Witwe wissen wir allerdings, daß er während des Vietnamkriegs zutiefst unglücklich war. Seine Schwägerin erinnert sich sogar anerkennender Worte für die Kriegsdienstverweigerer.)

Inmitten einer Weltrevolution lebend fühlte Kohn sich aufgerufen, mit der Erforschung der Welt noch einmal von neuem zu beginnen. Im Alter von siebzig Jahren zwang man ihn, seine Stelle am CCNY aufzugeben und zahlte ihm fürderhin nur noch ein Sechstel seines Gehalts. Er machte Bücher und Mobilar zu Geld und übernahm eine Reihe von Lehraufträgen an verschiedenen Colleges. Er schaffte es, dabei nicht zu verbittern. Als eine Umzugsfirma ihm gar noch etwas von dem wenigen Verbliebenen gestohlen hatte, war sein Kommentar: «Andere haben sehr, sehr viel mehr verloren.» Das Studium der amerikanischen Geschichte hielt ihn so jung wie weiland Yeats «passionate old man» und den siebzigjährigen Goethe, den sein Blick auf Amerika ebenfalls belebte. Es war vielleicht Kohns glücklichste und originellste Vision von Amerika, daß dieses Land der institutionalisierten Jugend auch Lebens- und Arbeitsraum bot für einen großen alten Mann.

Amerikanische Konservative beteten die Prinzipien dieses Landes an und bezichtigten moderne Politiker und Sozialwissenschaftler des Verrats an ihnen. Eine spezielle Variante solchen Denkens bot Leo Strauss. Dieser vielleicht konservativste Gelehrte unter den Emigranten wollte historische Tradition mit behutsamer Innovation verbunden sehen. In Deutschland hatte er sich vornehmlich mit jüdischer und griechischer Philosophie beschäftigt und sich in der Emigration Thomas Hobbes, dem politischen Philosophen des siebzehnten Jahrhunderts, zugewandt. Naurrecht und Naturgesetz wurden Themen, die ihn nie wieder losließen. Ein bißchen wie Hannah Arendt, mit der ihn sonst fast nichts verband, war auch Strauss der Meinung, daß die edelsten amerikanischen Prinzipien – für ihn niedergelegt in der Unabhängigkeitserklärung mit ihren «selbstverständlichen» Wahrheiten – nicht zuletzt durch die positivistische Tendenz der zeitgenössischen Politikwissenschaft ernsthaft bedroht seien. Im Unterschied zur vorgeblich «wertfreien» Sozialwissenschaft, um die sich Emigranten wie Paul Lazarsfeld bemühten, war er in seiner Anwendung philosophischer Kategorien auf politische Fragen eindeutig moralisch.

Obgleich ein Held der amerikanischen Konservativen, war Strauss in seiner Methode herausfordernd und europäisch. Mit besonderer Freude spürte er den verborgenen Bedeutungen esoterischer Texte nach. Er glaubte, daß sich die wahre, unveränderliche ethische Botschaft nur im subtilen Prozeß der Interpretation enthüllte. (Hier traf er sich mit Walter Benjamin.) Die Texte, derer er sich auf diese Weise annahm, waren unvermeidlich nicht-amerikanischen Ursprungs. So sind auch seine Schüler Experten darin geworden, die großen Denker dieser Welt von den alten Griechen bis hin zu Nietzsche zu lesen und zu interpretieren. Gut zu lesen und ein gutes Leben zu führen, so postulierte Strauss, bedingen einander. Obwohl er dafür zu halten schien, daß die USA für solch tätiges Bemühen der beste Ort sei, war sein Lob des Landes durchdrungen von klassischer europäischer Sensibilität. Während andere Emigranten die USA schätzten, weil sie nicht so war wie der alte Kontinent, glaubte Strauss wohl eher, daß das Beste an diesem Land unmittelbar europäischer Tradition entwachsen war. Er vereinigte in sich die uns von amerikanischen Konservativen so vertraute Ablehnung alles Neuen mit dem Bemühen des Europäers, die klassischen Texte seiner Kultur zu bewahren. So ist seine Art des Konservativismus ein weiteres akademisches Produkt der Emigration.

Flüchtlinge wurden auch Experten für praktische Politik. Die Mitglieder des Frankfurter Instituts haben oft behauptet, die Übernahme amerikanischer Methoden setze voraus, daß man willentlich die Augen verschließe vor den Kräften sozialer Kontrolle. Für sie war ein unkritischer Sozialwissenschaftler nicht mehr als ein Administrator der öffentlichen Ordnung – ein Unterdrücker. Ganz zweifellos waren Emigranten auch Schöpfer solcher Ordnungsmittel – man denke nur an den außerordentlichen Erfolg der Systeme von John von Neumann und Oskar Morgenstern, die sich schließlich niederschlugen in der sogenannten mathematischen Spieltheorie – und der entsprechenden Ideologie. Daß solche Leute ein Infragestellen gängiger Überzeugungen und Werte begrüßen würden, ganz zu schweigen von Veränderung heischenden Alternativen, war nicht zu erwarten. Sie bedienten sich ganz im Gegenteil ihrer europäischen Terminologie, um amerikanische Werte zu bestätigen, etwa wenn sie versuchten, geistige Gesundheit und gesellschaftlichen Konsens in eins zu setzen: In *Dynamics of Prejudice,* einer der Studien des Instituts für Sozialforschung, behauptete Bruno

Bettelheim, daß ein Heilmittel für die psychische Störung «Vorurteil» das Akzeptieren von Autorität sei. Ganz anders als Adorno und seine Leute verbindet er Toleranz mit sozialer Konformität.

Den sich überschneidenden Bedürfnissen von Politik und Kommerz entsprach das neue Berufsbild des Managers. Eigentlicher Begründer der Betriebswirtschaft war der Österreicher Peter F. Drucker. Bevor er – wie Hans Kohn mit einiger Verzögerung – nach Amerika kam, hatte er in London längere Zeit für eine Maklerfirma gearbeitet. Wie Kohn wurde auch Drucker in England und den USA wegen seiner pessimistischen Prognosen anläßlich des Molotow-von Ribbentrop-Paktes Opfer stalinistischer Hetzkampagnen. Doch sollten diese Analysen näherer Betrachtung sehr viel länger standhalten als seine populären Lobpreisungen des amerikanischen Business.

In der Nachkriegszeit ließ Drucker die Amerikaner wissen, daß das politische System ihres Landes von einzigartiger Mannigfaltigkeit sei. 1948 machte er sich Gedanken zum «Pluralismus», dessen erste Konzeption man gewöhnlich John Calhoun zuschreibt, einem Verfechter einzelstaatlicher Rechte aus der Zeit vor dem Bürgerkrieg. Was die Europäer in Amerika so verwirrte, glaubt Drucker, seien die parteiübergreifenden Interessengruppen und der daraus resultierende Lokal- und Interessenpluralismus. Genauso unverständlich seien ihnen die Taktiken der Kongreßausschüsse. Ein Kongreßabgeordneter, erklärt Drucker, sei beides, Staatsmann und Vertreter des Business. Das klingt – Balzac und Dickens lassen grüßen – nach einer Verbindung von großen Worten und wenig Skrupeln.

Dem Alptraum der ideologischen Vorkriegsfehden entkommen, begrüßte Drucker eine Politik ohne Ideologie. Das hinderte ihn aber keineswegs daran, den US-amerikanischen Kapitalismus ideologisch zu rechtfertigen. Bereits 1941 verkündete er in *The Future of Industrial Man,* das freie Unternehmertum sei in der sozialen Gemeinschaft tief verankert, und im «business», der Meinung ist er bis heute, finde sich all das vereinigt, was die USA im besten Sinne ausmache. Für Industrielle hat er nur lobende Worte. Samuel Johnson habe recht, sagt Drucker: Der Unternehmer, der Mann, der Geld macht, sei ein Mensch ohne Arg, ihm gehe es weder um Macht noch Besitz. Dieser selbstlose Kapitalist gleiche durchaus dem «guten Künstler oder Wissenschaftler». Er stelle sich dem Nächstliegenden, setze ein altmodisches Vertrauen ins Detail, in die wiederholte Erfahrung vor dem Sprung in eine kluge Verallgemeinerung. (Druckers Wiener Landsmann Paul Lazarsfeld verglich sich mit «einem Künstler oder einem Verbrecher», letzteres ein launiger Schritt über die Selbsteinschätzung Druckers hinaus.) «Die vielgeschmähten Industriemagnaten John D. Rockefeller Senior und Andrew Carnegie» sind für Drucker Muster an Integrität – in anderen Kreisen denkt man in diesem Zusammenhang an die Massaker von Ludlow, Colorado und Homestead, Pennsylvania, und erinnert sich dieser Männer als Mörder.

Die Zaungast-Perspektive färbt auch Druckers Eindruck von den ersten Mächtigen, denen er begegnet. Sie repräsentieren für ihn die letzte Generation von Industriellen, die akademischer Ausbildung entronnen sind. Diese rauhen Anti-Intellektuellen erscheinen ihm als Amerikaner schlechthin. Henry Ford setzt er als praktisch denkenden kleinen Kerl in Szene, der all die selbstgefälligen Platitüden des Marxismus widerlegt. Dem eleganten Drucker gefällt die Mischung von Geriebenheit und Unbekümmertheit um jeglichen Takt: mit Bewunderung spricht er vom «häßlichen Entlein» Harry S. Truman. Ohne Ironie akzeptiert er, wenn sich Charles E. Wilson, seinerzeit Präsident von General Motors, einen Sozialisten im Sinne Eugene V. Debs nennt. (Der Leser stelle sich etwa einen Wilson vor, der sich an einem Labor Day of Judgement mit Gewerkschaftern streitet und ihnen entgegenhält: «Aber ich war auch einmal Sozialist».) Andere Top-Manager von General Motors präsentiert er als Muster an Toleranz – etwa jenen, der während der Depression den Markt mit Cadillacs überschwemmte, nachdem er zuvor bei schwarzen Konsumenten den Markt dafür bereitet hatte. Derselbe Mann stellte im Zweiten Weltkrieg schwarze Prostituierte an die Detroiter Fließbänder. Auf sehr unredliche Weise beschuldigt Drucker die Gewerkschaften des «Rassismus» und «Sexismus», als sie diese Jobs für die zurück- kehrenden Veteranen einforderten.

1946, nachdem er selbst bei General Motors gearbeitet hatte, veröffentlichte Drucker *The Concept of the Corporation*, ein Buch, in dem er sich, wie er sagt, um den «management boom» der letzten dreißig Jahre kümmert und Rollen und Funktionen des Managements innerhalb und außerhalb von Industrie und Handel untersucht. Er glaubt immer noch, daß das Management «das spezifische Organ aller Instutionen der modernen Gesellschaft» ist und als solches die Intellektuellen nicht entbehren kann: eine Einladung an seine Freunde, es nicht beim Naserümpfen zu belassen. Er lobt die größere Reichweite der internationalen Gesellschaften und redet dann der «Dezentra- lisierung» das Wort – eine Formel für Tante-Emma-Läden, nicht für die internationale Hochfinanz. Während seiner Zeit bei General Motors hatte er von einem Paradies der Arbeiter und Manager geträumt, in dem sich beide Seiten bei garantiertem Einkom- men und daher frei von kleinlichen Ängsten in die Verantwortung teilten. Einiges davon mag in der Bundesrepublik Deutschland Wirklichkeit geworden sein, doch als Vision für ein amerikanisches Management und eine amerikanische Arbeiterschaft sind solche Ideen wohl immer noch zu europäisch. (Druckers «selbstverwaltete Betriebsgemeinschaft» erinnert an die Landkommunen-Soziologie, die im Wien seiner Jugend in aller Munde war und die zuerst Mousi Polanyi, die Schwester des berühmten Sozialwissenschaftlers Karl Polanyi, verkündete.)

Drucker wurde schließlich enttäuscht. Weil die Industriellen es ablehnten, «Verant- wortung für das Gemeinwohl» zu übernehmen, konnten sie weder «öffentliche Wertschätzung» noch «politische Anerkennung» für sich verbuchen. Es fehlte ihnen eine Vision nach Art des guten alten Humanismus, will sagen, sie waren nicht konservativ genug! Auch anderwärts sah Drucker Grund zur Klage. Seinen alten Freunden Buckminster Fuller und Marshall McLuhan warf er die Unangemessenheit ihres technologischen Denkens vor, die unangebrachte Betonung dessen, «wie Dinge gemacht werden», statt sich darüber Gedanken zu machen, «wie Menschen Dinge machen» – eine Kritik, der sich auch Marxisten anschließen könnten. Auf dem Gebiet der internationalen Politik wohl kaum ein doktrinärer Konservativer, erteilt Drucker sogar Henry Kissinger und dessen Mentor Fritz Kraemer eine Lektion in amerikani- scher Staatsbürgerkunde. Über Kraemer stellt Drucker Kissinger in eine Tradition, die ihren Ausgang bei Bismarck nahm. Die beiden «K's» teilen Bismarcks Überzeugung vom Primat der Außenpolitik, seine Obsession für militärische und politische Macht und das eigennützige Konzept eines allmächtigen Außenministers, der des Rates nicht so erlauchter Sachverständiger (oder auch Nationen: Drucker beklagt, daß Kissinger die «Mittelmächte» wie Westeuropa so völlig übergeht) nicht bedarf. Letzteres ist undemokratisch, eindeutig «un-American», um ein Wort zu wählen, das Drucker für unübersetzbar hält. Business-Leute, Intellektuelle und seine Mit-Emigranten – so sieht es Drucker – berauben das «amerikanische Glaubensbekenntnis» seines eigentlichen Gehaltes. Und sollte es denn zutreffen, daß «Politik die einzige genuin bodenständige Kunstform» ist, für die Postmoderne scheint ihm das nicht mehr zu gelten.

Drucker verficht den amerikanischen Kapitalismus, als trete er für ein Kunstwerk ein. Ein Kollege von der New York University, der ihm mit viel Bewunderung begegnet, sagt: «Wir sind alle dankbar für den kontinentalen Charme, den Drucker in die Welt des Business trägt. Doch jenseits aller Eleganz der Formulierung ändert sich gar nichts: Man kauft billig ein, um teuer zu verkaufen.»

Auf mehr prosaischer Ebene war der Einfluß von Emigranten auf das amerikanische Wirtschaftsleben beträchtlich. Der französische Finanzmann André Meyer war ein Pionier der Konglomerat-Bewegung. Wenn seine Konglomerate amerikanische Unternehmen schluckten, mochte das aus der Sicht der alten, eingesessenen Gesellschaften als besonders heimtückische Vergeltung eines Flüchtlings erscheinen. Meyers Protegé Felix Rohatyn avancierte in New York, der Lieblingsstadt der Emigranten, bald zu einem führenden Verwaltungsmann. Im Business, sagt Rohatyn, gibt es «drei Realitäten – die Realität der Ökonomie, die auf die menschliche Habgier zielt; die Realität der Machtstruktur, die dasselbe mit dem menschlichen Ego tut; und die Präsentation des fertigen Produktes in der Öffentlichkeit». Das ist in ihrer Präzision, ihrem trockenen Witz und ihrer Bildhaftigkeit eine klassische Emigranten-Formulierung.

1980 machte Drucker eine Kehrtwendung: Nach seinem pessimistischen *The Unseen Revolution: How Pension Fund Socialism Came to America* schreibt er ein Buch mit Ratschlägen zur Geldanlage, das zusammen mit zahlreichen ähnlichen Werken für kurze Zeit auf der Bestseller-Liste erscheint. Immer noch weisen Flüchtlinge – in amüsantem Supplement zur Geschichte emigrantischer Künstler und Intellektueller – amerikanischen Geldanlegern den Weg. Die meisten waren Kinder der Bourgeoisie und, so sie nicht das Familiengeschäft weiterbetrieben, eine Enttäuschung für ihre Eltern. Die Finanzleute unter den Emigranten hatten den konventionelleren Weg zum Erfolg gewählt, mit ihren bürgerlich-intellektuellen Brüdern und Schwestern teilten sie die Liebe zur hohen Kultur. Die alten Familienkonflikte überdauerten auch im Exil.

Donald Kent berichtet, daß Emigranten-Intellektuelle über eines einmütig Klage führten: Sie alle waren befremdet vom «kind-zentrierten» Charakter der amerikanischen Familie. Amerikanische Kinder waren «ungezogen», gaben Widerworte, lasen

Comics, durften kitschigen Radiosendungen lauschen. Es war schlimm genug, an Institutionen zu lehren, wo Studenten zu Stars werden konnten, aber ein Kind als Herr im Haus war schlechthin unerträglich. Emigranten sannen auf Wege, um diesen kleinen Despoten beizukommen, die sie unwissend, oberflächlich oder auch psychisch gestört fanden. Kindererziehung wurde zur Domäne der Flüchtlinge. Zwischen 1945 und 1949 veröffentlichten die Ich-Psychologen Heinz Hartmann, Ernst Kris und R. Löwenstein in vier Bänden *The Psychoanalytic Study of the Child*. Auf eher populärem Niveau fragte sich Rudolf Flesch nach dem Erfolg seines *The Art of Plain Talk* nunmehr *Why Johnny Can't Read* und schlug eine akustische Lehrmethode vor. («Weiß Gott, diesen amerikanischen Kindern fehlt einiges», sagte ein ehemaliger Soziologieprofessor. «Sie sollten wirklich lernen, ihre eigene Sprache zu schreiben, wir haben es ja schließlich auch geschafft. Und dann saß ich da und korrigierte die Grammatik meiner Studenten!») Frederic Wertham lastet Johnnys Leseschwäche dem täglichen stundenlangen Fernsehkonsum an und sieht diesen Mangel an Kultur in geist- und rücksichtsloser Gewalt enden.

Dieses Mißtrauen amerikanischen Kindern gegenüber hing sicher nicht zuletzt mit den eigenen unglückseligen Erinnerungen der Emigranten zusammen. Oft waren ihre Schulkameraden die ersten gewesen, die sie in Wort und Tat den herrschenden Antisemitismus spüren ließen. Andere hatten aus der Geschichte gelernt, daß Kinder die Sünden ihrer Eltern sehr viel häufiger wiederholen, als daß sie diese wiedergutmachen. Noch in Deutschland plante der Regisseur Douglas Sirk einen Film über den Kinderkreuzzug. Er sollte zeigen, wie die Bewegung von innen heraus durch «verdorbene... ältere und dominierende» Kinder sabotiert wurde. Sirk wollte die Kinderkreuzzüge keinesfalls ins Sentimentale ziehen, sondern im Film zum «pessimistischen Spiegel der Erwachsenenwelt» machen. Im Sirk-Film *All That Heaven Allows* sind die Kinder der Heldin kleine Teufelsbraten, die ihrer Mutter nicht gestatten, glücklich zu werden.

Solche historische Perspektive zeigt Kinder als Symbole einer gestörten Gesellschaft. Ähnlich sieht es oft auch Hannah Arendt, deren erster Schwiegervater, Wilhelm Stern, ein bedeutender Kinderpsychologe war. Hannah Arendt vertrat eine Trennung von öffentlicher und privater Welt. Politik, so fand sie, sollte als Privileg den geistig Reifen vorbehalten bleiben. Sie glaubte, daß bestimmte Entwicklungsstadien sich nur im Privaten vollziehen können, und zog daraus den seltsam konservativen Schluß, Kinder seien von einer politischen Arena fernzuhalten, die schon ihren Eltern genug zu schaffen mache. Nicht so sehr Liebe und Respekt, sondern eine recht altväterliche Didaktik bestimmte Hannah Arendts Haltung jungen Leuten gegenüber. Als phantasielose kleine Konformisten – es gebe nichts Unflexibleres als eine Gruppe von Heranwachsenden, stellt sie fest – brauchten sie die Sicherheit, im Verborgenen ungestört reifen zu können. Kindern sollte der Druck der Öffentlichkeit modernen Lebens erspart bleiben. Sie fand es denn auch nicht verwunderlich, daß Kinder berühmter Eltern so oft gestört seien. Doch Hannah Arendts idyllische Vision von der Kindheit war amerikanischem Leben kaum angemessen. In einer ihrer am wenigsten überzeugenden Arbeiten, einem Aufsatz über die Aufhebung von Rassentrennung an

Schulen (1959), ruft sie nach staatlichen Eingriffen. Sie sieht ein Bild von Schulkindern aus Arkansas, die ein kleines schwarzes Mädchen verspotten: Diese jugendlichen Übeltäter, sagt sie, sind ein Produkt der Erwachsenenpolitik, wie sie den Rassismus überhaupt für ein politisches Problem hält (nicht für ein ökonomisches – die NAACP scheint ihr hier irregeleitet – und auch nicht für ein psychologisches: Fragen des Geschmacks oder des persönlichen Vorurteils sind für sie Privatangelegenheiten und politisch solange ohne Belang, wie sie nicht im öffentlichen Raum eine Rolle spielen – als finde das Unternehmen Kindererziehung einzig im stillen Kämmerlein statt). Sie fragt die Amerikaner, ob sie wirklich die Kinder um den Preis ihrer Unschuld die Probleme der Erwachsenen lösen lassen wollen. Rassenmischung, so behauptet sie, sei das eigentliche Anliegen der Bürgerrechte, ein Problem, das ganz fundamental die Natur des Menschen, sein «Streben nach Glück» betreffe und von den Erwachsenen gelöst werden müsse.

Wenn Hannah Arendts Kollege Bruno Bettelheim über junge Menschen schreibt, liest sich das oft so, als seien politische Konformität und «geistig-seelische Gesundheit» Synonyme: Die jungen Leute von ihren Irrtümern und Selbsttäuschungen zu befreien, heißt für Bettelheim, ihre politischen Ansichten zu korrigieren. Bettelheims Analysen der amerikanischen Jugend sind voll von Anspielungen auf die europäische Geschichte, namentlich auf den Holocaust. In seinen Beschreibungen des Konzentrationslagerlebens war er umgekehrt verfahren. Aus dem, was er während seiner einjährigen Internierung in Dachau und Buchenwald beobachtet hatte, schloß er, daß das Lagerleben die Insassen auf eine «infantile Regression» reduziere und daß erwachsen-nüchternes Denken und Besonnenheit verlorengingen. Was bleibe, sei oft nur ein unbeherrschtes Raffen und Balgen um Nahrung. Für Bettelheim bedeutete das den Verlust eines «erwachsenen Bezugsrahmens» und die Unfähigkeit, für die Zukunft zu planen: Wie Kinder waren die Gefangenen den Bedürfnissen des Augenblicks verhaftet. Der Leser mag sich fragen, ob es in einem Todeslager wichtigere Bedürfnisse gibt.

Aus dieser Sicht der Dinge spricht eindeutig Voreingenommenheit: Andere ehemalige Lagerinsassen bewahren die Erinnerung an den Kampf ums nackte Überleben wie ein Vermächtnis. Bettelheims Analysen des Lagerlebens sind schon von recht fragwürdigem Wert, doch wird seine Rhetorik noch um einiges provokanter, wenn er sich der amerikanischen Kindheit zuwendet: Der Lagerinsasse regrediert, wird vom Erwachsenen zum Kind; das autistische Kind kann der Kindheit gar nicht erst entwachsen, seine persönlichen Gefängniswärter halten es darin fest. Bettelheim ergreift in solchem Ausmaß Partei für die gestörten Kinder, daß er die unterdrückenden Eltern den Nazis gleichsetzt. Umgekehrt vergleicht er den «Nazi-Holocaust» mit der «privaten Hölle der Patienten» und die Schergen der Nazi-Regierung mit Eltern, die in den meisten Fällen selbst zutiefst unglückselige Menschen seien. Eine solche Parteinahme verteidigt das schutzlose Kind, indem sie die Eltern für schuldig erklärt. Clara Claiborne Park, die Mutter eines autistischen Kindes, schrieb einmal, Bettelheim habe es mit seiner therapeutischen Arbeit dahin bringen können, daß sich die leidgeprüften Eltern schließlich nur noch schuldiger fühlten an etwas, dessen Ursprung wissenschaftlich immer noch im Dunkeln liege.

Wie alle Emigranten-Eltern stand auch Bettelheim den Freiheiten, die die amerikanischen Jugendlichen genossen, verständnislos gegenüber und kam zu dem Schluß, daß «Jugend» ein sozusagen kulturell verhängter Lebensabschnitt sei. Der erste Jugendliche sei Wagners Siegfried gewesen. Denkt man an die Wagner-Begeisterung der Nazis, wird die politische Färbung dieser Äußerung offenbar. Wie Hannah Arendt verzweifelt auch er an den jugendlichen Konformisten. Er erinnert sich der Zeiten, als ein Kulturheroe noch ein Individuum war. Die sogenannte «fremdbestimmte» Gruppenidentität findet er verlogen. Natürlich gab es viele radikale Emigranten, die seine erhabene Sicht des Individuums keineswegs teilten. Doch noch viel weniger teilten sie – ein Spiegelbild Bettelheims eigener Paradoxien – seinen Respekt vor politischer Konformität.

In seinem ureigensten klinischen Bereich bestand Bettelheim auf fester und unverbrüchlich einzuhaltender Ordnung. Ein Kollege schildert Bettelheims orthogenisches Institut für autistische Kinder als «die Vorstellung eines jungen Wieners vom Himmel», heiligen bürgerlichen Werten geweiht und ausgestattet mit «Spielzeug, einem starken Vaterbild und zu essen, soviel man will». Auch die äußere Erscheinung hatte konventionell zu sein: die Männer bartlos und die Frauen im Rock. (Sein 1962 geschriebenes *Growing Up Female* setzt das weibliche Lebensziel von «Ehe und Mutterschaft» als selbstverständlich voraus.)

In *Kinder der Zukunft*, seiner Studie über die israelischen Kibbuzim, rühmt er den Zusammenhalt der Gemeinschaft und «das hohe Maß an Konsens in allen wesentlichen Fragen». Der Untersuchung von Kent konnten wir entnehmen, daß Konsens in den fünfziger Jahren das Bestreben vieler Emigranten war, als ginge es dabei um etwas, das sich per *fiat* und ohne Rücksicht auf ältere Ansprüche und Bedürfnisse herbeiführen ließe. Wie sein Wiener Landsmann Peter F. Drucker hielt Bettelheim die traditionellen amerikanischen Werte gemessen an den Torheiten der europäischen Romantiker und Marxisten für einen großartigen Fortschritt.

Wie Drucker verließ auch Bettelheim das Heimweh nie völlig. In späteren Jahren empfahl er europäische Märchen, um dem Kind Richtungen zu weisen und ihm eine Grundlage für sein imaginatives Denken zu geben. Viele fanden diesen freudianischen Ansatz reduktionistisch und in seiner Betonung des Didaktischen wenig phantasiereich. Bettelheim fegte solche Kritik als für die psychischen Bedürfnisse des Kindes irrelevant vom Tisch. Als eine Gruppe aus Kalifornien Einwände gegen die unrealistischen Happy-Ends der Märchen erhob, explodierte er: «Lassen Sie mich in Frieden mit Ihrer Realität. Das kommt mir schon zu den Ohren raus. Eure Kinder sind so stumpfsinnig, sie werden nie begreifen, daß der Tod ewig ist. Warum also die Eile?» Doch auch wenn er Eltern einschüchterte und junge Erwachsene mit seiner verdrehten Sprache auf die Palme brachte, er tat das immer in der Überzeugung, Anwalt des schutzlosen Kindes zu sein.

Im Augenblick sieht es so aus, als habe Bettelheim noch andere Interessen zu wahren. Seit kurzem ist er bemüht, seinen Mentor Freud vor dem Schindluder zu retten, den seine englischen Übersetzer mit ihm treiben. Grund zur Klage und Anklage gibt ihm die Sprache der anglo-amerikanischen Psychoanalyse. An Freuds Prosa rühmt er die Genauigkeit der Benennung und ihren vorläufigen Charakter, zwei Attribute, die untrennbar mit Wortschatz, Grammatik und Syntax des Deutschen verbunden sind. Doch Freuds englische Übersetzer haben, so klagt Bettelheim, sein «Es» zum «id», sein «Ich» zum «ego» gemacht und damit die so herrlich offene Terminologie in eine Aneinanderreihung von Abstrakta verwandelt. Und genauso habe das amerikanische Establishment mit der Forderung, die Ausübung der Psychoanalyse einzig den Medizinern zu gestatten, aus einer Disziplin, die in die Hände von Künstlern und Dichtern gehöre, eine normative Pseudowissenschaft gemacht. Trotz aller Lobpreisungen des politischen Systems seiner neuen Heimat sehen wir also auch Bettelheim sich zu den Emigranten gesellen, die die amerikanische Invasion auf ihr ureigenstes Territorium mit Schauder erfüllt.

Bettelheim ist das wohl berühmteste Beispiel eines Emigranten-Experten, der sein Publikum zur Unterwerfung zwang. Bereits Jahre bevor solche Gestalten den Zenit ihres Ruhmes und ihrer Macht erreichten, ging einer ihrer Landsleute zum Gegenangriff über. 1941 schrieb der in Österreich geborene Kinderpsychologe Leo Kanner ein Buch mit dem Titel *In Defense of Mothers* und dem Untertitel *How to bring Up Children in Spite of the More Zealous Psychologists*. Auch Kanner bediente sich der Sprache von Krieg und Politik: «Vor dem verbalen Bombenhagel, der zur Zeit auf Eltern niedergeht, gibt es kein Entrinnen.» Die Schuldigen nennt er «allwissend sich gebärdende Totalitaristen» und beschreibt ihren psychoanalytischen Jargon – «Zauberformeln und Phrasen, geeignet, zu verwirren und zu ängstigen» – als «bla-bla, bla-bla und wieder bla-bla». In einem amüsanten Coda zur Amerikanisierung der Psychoanalyse versucht Kanner, dem europäischen Diskurs seiner Mit-Emigranten dadurch die Spitze zu nehmen, daß er amerikanischen «common sense» beschwört.

Ein weiterer – und politisch neutraler – Beitrag zum erhöhten Bewußtsein, das Amerikaner von der Kindheit haben, ist *die psychische Geburt des Menschen*, eine Studie, die in jüngerer Zeit unter der Leitung der Emigrantin und Psychoanalytikerin Margaret S. Mahler entstanden ist. Anhand präziser klinischer Daten, die sie in langen Jahren der Beobachtung gesammelt hatte, zeichnet Margaret S. Mahler ein lebendiges Bild der frühen Kindheit. Ihre Arbeit zeigt, was für ein Glücksspiel eine gesunde Entwicklung letztlich ist, immer gefährdet durch schlechte Starts und uneindeutige Signale. Margaret S. Mahler entwickelt neue Begriffe, erfaßt zum Beispiel mit «Loslösung – Individuation» den subtilen Übergang von der ganz frühen Kindheit, wo die kindliche Erfahrung zur Gänze von der Mutter bestimmt wird, zu einer Phase initialer Autonomie. Margaret S. Mahler versteht sich auf die Wahrnehmung von Zwischentönen. Sie sieht, daß jeder noch so kleine Entwicklungsabschnitt ein gewichtiger, ganz eigenständiger Zustand ist. Sie lehnt es ab, von «Ambivalenz» zu sprechen. Ihre Beobachtungen haben ihr gezeigt, daß Babys für ein so komplexes Empfinden noch zu unbeständig sind. Eher sind sie «ambitendenziös»: Sie balancieren nicht zwischen zwei Gefühlen, sondern wechseln blitzschnell von einem zum anderen, wie jeder weiß, der einmal ein lachendes-weinendes Baby im Arm hate. Eine solche Ambitendenz verhilft jeder Emotion zu eigenem Recht und eigenem Ausdruck. Dieser letzte Emigranten-Beitrag ist Reflex und Brechung der Flüchtlingserfahrung selbst: Angesichts der verwirrenden Vielgestalt amerikanischen Lebens wußte der rechtschaffene Flüchtling oft nicht, sollte er fliehen oder willkommen heißen, lachen oder weinen.

Unternehmer in Sachen «Images»

«Ich kann nicht beschreiben, was für ein Gefühl das war», erzählte der Bildhauer Jacques Lipchitz, als er sich an den allerersten Anblick des New Yorker Hafens zu erinnern versuchte. «Es war, als ob ich vom Tod ins Leben zurückkehrte.» In der Hoffnung, diesen Augenblick so noch einmal zu erleben, nahm er oft die Fähre von Staten Island nach New York, «aber das Gefühl stellte sich nie wieder ein». Es gibt viele Gründe für die fast übernatürliche Empfänglichkeit der Emigranten – der Künstler wie der Kritiker unter ihnen – für die Bildwelt Amerikas, doch entscheidend war wohl die Fähigkeit, wie sie auch Lipchitz besaß: den sinnlichen Eindruck untrennbar mit «nicht zu beschreibenden» Gefühlen von Erinnerung, Hoffnung und Furcht zu verschmelzen.

Die neuen Bilder, die die Emigranten schufen, konnten den Betrachter, ohne daß es ihm bewußt wurde, nachdenklich machen. Flüchtlings-Künstler unterschiedlicher Gattungen verarbeiteten so ihre visuellen Eindrücke. Da waren die Diener der schönen Künste, deren Werk avantgardistisch und wenig repräsentativ war und einem sehr ausgesuchten Publikum vorbehalten blieb. Obwohl viele von ihnen sich des Einflusses, den Amerika auf ihre Arbeit hatte, bewußt waren, wirkten sie doch – im Grunde unberührt von kommerziellen Zwängen – als Individuen. Und da waren die Filmschaffenden, die zwar ungleich viel mehr Menschen erreichten, deren künstlerischer Freiheit aber vom Studioboß oder auch einfach von der Notwendigkeit, Verantwortung zu delegieren und zu teilen, Grenzen gesetzt wurde. Irgendwo dazwischen war der Fotograf anzusiedeln. Er arbeitete meist auf sich gestellt, mußte aber gleichwohl Bilder produzieren, die beim amerikanischen Verleger und beim amerikanischen Publikum gleichermaßen ankamen. Er stand also vor der paradoxen Aufgabe, persönliche Bilder zu kommerziellen Zwecken zu fabrizieren.

Fotografie ist Kunst und Berichterstattung zugleich. In ihrer journalistischen Rolle sah mancher in ihr die Gestaltwerdung von Empirismus und Pragmatismus schlechthin, lieferte sie doch ein genaues und unverzerrtes Abbild der Wirklichkeit. Die Hegelianer unter den Emigranten wußten es besser und achteten sehr genau auf die psychologischen Einflüsse, die auch den zufälligsten Schnappschuß prägen können. Doch für einen so prominenten europäischen Journalisten wie Arthur Koestler war es ein Zeichen unverantwortlicher Berichterstattung, wenn nicht zunächst einmal einfache Fakten gesammelt und dargestellt wurden. Deutscher Journalismus, schreibt er, sei anders als britischer oder amerikanischer: Er beginne bei der Weltanschauung und der politischen Philosophie des Blattes. Und dabei sei es nicht das vornehmlichste Geschäft des Journalisten, Fakten zu berichten, sondern die Fakten als Vorwand für Meinungen und orakelnde Urteile zu benutzen. An diese Kost gewöhnt, hätten die Deutschen niemals einen empirischen Ansatz entwickelt. Koestler mißt diesem letzteren Umgang mit Fakten entscheidende politische Bedeutung bei. Doch ein Bild kann lügen, ein Faktum täuschen und Dokumentation eine besondere Form der Fiktion sein.

Walter Benjamin war sich der Objektivität des fotografierten Bildes weniger sicher. Trotz der radikalen Perspektive von John Heartfields Fotomontagen bestand die üblichere Funktion von Fotografie für Benjamin darin, die Welt von innen heraus – und das heißt modisch – zu erneuern, so wie sie ist. In Benjamins Mythologie hatte die Fotografie erwartungsgemäß mehr gemein mit dem geistlosen Geschnatter der Tageszeitung als mit der «anarchischen Stille» eines Buches. Das journalistische Foto ist der Werbung wesensverwandt und bleibt so dem kommerziellen Ethos verhaftet. Und schlimmer noch, indem es Ereignisse ästhetisiert und «modisch» – mit einem Wort «fotogen» ins Bild setzt, kann sie es dahin bringen, daß Gewalt und Armut ästhetischen Reiz gewinnen. Alexander Liberman, Emigrant und verantwortlich für die Condé Nast Publications, sieht es ähnlich. Im Unterschied zu den Anzeigen und Bildern, die für Magazine und Zeitschriften gedacht seien, schreibt er, seien seine Metallskulpturen ganz bewußt schwierig: «Alle ernste Kunst läuft der Konvention zuwider. Sie weckt ein tieferes Verlangen, eines, das Unruhe in die Gesellschaft bringt. Wahrscheinlich bin ich darum besonders rebellisch in meiner Kunst, weil ich für ein Magazin [Vogue] arbeite, dessen einziges Anliegen guter Geschmack und Konvention…, Oberfläche und äußerer Schein ist.» «Appeal» ist die frivole Obsession des Blattes, und das genau ist jene «Erneuerung von innen», vor der Benjamin gewarnt hat.

Gleichwohl war die Modefotografie der dreißiger und vierziger Jahre häufig das Werk von Europäern. Der Ungar Martin Munkacsi war dafür bekannt, daß er mit seinen Modellen außerhalb des Studios arbeitete, was seine Fantasien keineswegs realitätsnäher machte. Daß Flüchtlinge, mehr Augenblicksmenschen als alle anderen, auch die flüchtigste aller Formen – die Mode – festhalten sollten, war ein seltsam angemessenes Zusammentreffen von Berufung und Geschick. Die populären Fotomagazine waren ohne ihre europäischen Fotografen – Robert Capa, Alfred Eisenstaedt, André Kertész, Philippe Halsman – nicht zu denken. Der Glamour ihrer Arbeiten warb für amerikanische Kultur. Es waren ihre Beiträge, die Life und Look jenes Gesicht gaben, das sie vor den üblicheren amerikanischen Magazinen, wie etwa die Saturday Evening Post eines war, auszeichnete. Nach den Fotografien eines Andreas Feininger schienen die Illustrationen eines Norman Rockwell einer vergangenen Zeit zu entstammen; es fehlte ihnen verglichen mit jenen zwar nicht unbedingt an Wirklichkeitstreue, ganz sicher aber an Brillanz.

Einige wenige Emigranten widmeten sich der abstrakten Fotografie. Als László Moholy-Nagy 1937 in Chicago das New Bauhaus ins Leben rief (das spätere Institute of Design des Illinois Institute of Technology), richtete er auch einen Kursus für

Fotografie ein, um den Studenten die Möglichkeit zu geben, sich von «kultureller Voreingenommenheit und ‹visueller Indoktrination›» zu befreien. Er wollte über die konventionelle Reproduktion realistischer Bilder hinausgelangen und mit Film, Winkel und Licht die dem Medium eigenen Elemente nutzen, um ureigenste fotografische Effekte zu erzielen. Seine Sprache und die Bauhaus-Tradition, auf die er sich berief, machte dieses Bestreben unausgesprochen auch zu einem politischen: Avantgarde-Fotografie, die dem verführerischen Sog «kultureller Voreingenommenheit» widerstand, würde nicht nur den Künstler, sondern auch den Betrachter befreien. Umgekehrt wurden andere Emigranten zu Exponenten einer «visuellen Indoktrination». Doch das Entscheidende war die Neuheit der Perspektive. Nicht-Amerikaner lehrten die Amerikaner, Objekte mit nicht-amerikanischen Augen zu sehen.

Zu diesen Objekten gehörten auch sie selbst. Als neue «champions of the world», im Krieg wie im Frieden, brauchten die Amerikaner ein neues Selbstbild. Emigranten-Fotografen setzten all die traditionellen amerikanischen Wesensmerkmale – körperliche Stärke, gradlinige Emotionen und jugendliche Energie – ins Bild und versahen sie – ob nun Eisenstädt einen Filmstar fotografierte oder Lisette Model eine Prostituierte – mit einer ikonischen Kraft, die oft die Fotografie als ganze erfüllte. Ein besonders gelungenes Beispiel für dieses Gestaltungsprinzip ist Eisenstädts berühmtes Foto «Der Kuß», das einen jubelnden Seemann zeigt, der am Tag der deutschen Kapitulation einen Fremden umarmt. Eisenstädt teilt seinen Jubel und macht ihn allgemein. Sein Bild versichert amerikanischen Betrachtern, daß sie sich das Recht zu ähnlichem Überschwang verdient haben. Hört nicht auf die Miesmacher und Philister, denn Eisenstädt sagt: Ihr habt den Krieg gewonnen, die Welt gehört Euch.

Auf Philippe Halsmans erstem amerikanischen Foto lehnt sich ein junges Fotomodell an eine papierne US-Flagge – Stoff konnte Halsman sich nicht leisten. Die Fotografin Lotte Jacobi war selbst für die saloppen Amerikaner zu amerikanisch: 1937 fotografierte sie Albert Einstein in einer Lederjacke, und *Life* lehnte es ab, das Bild zu drucken.

Jahre später konnte es sich auch ein US-Präsident leisten, in seiner Garderobe eine volksnahe Vorliebe für das Informelle auszudrücken und sich «relaxed» zu geben. Lotte Jacobi hatte Einstein auf ihre Weise fotografiert, die zugleich auch amerikanischem Lebensstil entsprach – *Life* tat zweifach falsch daran, das Foto abzulehnen. Aus den frühen Berliner Bildern Lotte Jacobis sprechen die angespannte Energie und der androgyne Wahnsinn Berlins und seiner Kabaretts. Ihre amerikanischen Fotos sind in ihrer Art und ihrer Komposition so verschieden von denen der Berliner Zeit wie die Menschen, denen sie jetzt mit ihrer Kamera begegnet, anders sind als Peter Lorre und Lotte Lenya. Ihr Fotoportrait von Paul Robeson ist in seiner Verschmelzung von intellektuellem Selbstvertrauen und gelassener athletischer Anmut Abbild einer spezifisch amerikanischen Würde. 1944 fotografierte sie Eleanor Roosevelt aus ungewöhnlicher Perspektive: Die sitzende Mrs. Roosevelt ist der Kamera zugewandt. Sie ist entspannt und lebhaft, gestikuliert und lächelt, ihre Fingerspitzen haben sich von der Kamera nicht einfangen lassen. Aus diesem Blickwinkel gewinnt die eher hausbackene Frau eine schlanke Schönheit, einmal mehr ein Bild des amerikanischen Sportgeistes, der sich auszeichnet durch Intelligenz und «goodwill».

Die Arbeit solcher Fotografen ist der wohl liebevollste Beitrag der Flüchtlinge zu diesem Land. Mit solcherart bekundeter Zuneigung ist man willkommen, denn «was von Herzen kommt, erreicht das Herz», sagt ein altes Sprichwort aus dem Süden. Andreas Feininger fotografierte New York, und seine Bilder wurden zur künstlerischen Wiedergabe dieser größten Stadt der USA schlechthin. Sie setzten den Akzent auf New York als Hafenstadt, deren Grenzen das Wasser ist, und wecken Erinnerungen an Berliner Filme der zwanziger Jahre. Feininger findet Sichtweisen und Blickwinkel, die sich dem ungeleiteten Auge gewöhnlich nicht erschließen. Ob auf seinen berühmten Nachtaufnahmen von Wolkenkratzern zur Zeit der Kriegsverdunkelung oder auf den zahlreichen Bildern, die er von New Jersey, Staten Island oder einem Brooklyner Friedhof schoß – Ansichten eines Manhattan, das sich, eine neue Form zu leben versprechend, von nirgendwo nach nirgendwo erstreckt – New York ist für ihn immer Fantasiebild. Feininger fängt die 1890er Eleganz des Central Park ein, diamantene Hufeisen und Grandhotels, Business-Leute, zu erkennen an Anzug und Hut, ihrer Arbeitsuniform. Sein New York ist eine Stadt der Brücken und Märkte, der Geschäftsviertel und des ethnischen Nebeneinander.

In der amerikanischen Landschaft, so klagten Flüchtlinge oft, erscheine der Mensch klein oder gehe gar völlig verloren. Feininger fotografierte eine Stadt, und vielleicht gelang es ihm darum, das Massive und Wundersame an ihr aus menschlicher Perspektive und für Menschen faßlich ins Bild zu setzen. Aus seinen Bildern ohne Menschen sprechen Schrecken und Verlorenheit, sie erscheinen unvollständig wie die unbewohnten Weiten des Westens. Feininger mythologisierte ein New York, das beides war, technologisches Wunder und humanistisches Kapital. Die Stadt hat sich verändert, und so bewahren die Bilder der Emigranten das Andenken an sie. Als Preis eines vergangenen Ruhmes repräsentieren sie einen ideologischen Wert, den Benjamin kaum vorhersehen konnte: Sogar heute, wo die Zeiten für die New Yorker hart sind, erneuern solche Bilder «von innen heraus» die Hingabe an eine überlieferte Urbanität.

Der «Unternehmer in Sachen images» schlechthin war vielleicht Otto Bettmann, der Leiter des Bettmann-Archivs, einer berühmten Sammlung historischer Fotografien. Doch sogar im hermetischen Königreich seines Archivs bewahrte sich Bettmann das vertraute emigrantische Mißtrauen gegenüber «images»: «Obwohl ich Himmel und Hölle in Bewegung gesetzt habe, um davon leben zu können, mißbillige ich den Nostalgie-Kult, denn er macht uns blind für den Fortschritt. Nostalgie ist Pappmaché-Geschichte, steril und ohne Schmerz…»

Den Emigranten-Künstlern zur Seite standen die Unternehmer aus ihren Reihen, die Zeitungs- und Buchverleger und die Kunsthändler. Auch sie hatten ihr besonderes Dilemma: Wem schuldeten sie Loyalität, dem amerikanischen Konsumenten oder dem Emigranten-Künstler? Um beiden Seiten gerecht zu werden, waren diese etablierten Persönlichkeiten gezwungen, als Lehrer zu wirken und sich ihre Käufer zur Wertschätzung einer Avantgarde zu erziehen. In New Yorks Siebenundfünfzigster Straße entwickelte sich ein reges Galerie-Leben. Hier ehrte 1942 Pierre Matisse Emigranten-Surrealisten mit der Ausstellung «Artists in Exile». Dieses bedeutsame Ereignis gab Kunde von ihrer Ankunft und ihrer Absicht, einer amerikanischen Öffentlichkeit Kultur zu vermitteln.

Ein anderer Kunsthändler war Karl Nierendorf, dessen Spezialität die deutschen Expressionisten waren, der aber auch Louise Nevelson zum Eintritt in die Welt der Kunst verhalf. Dann war da Samuel M. Kootz, der viele Werke seines Landsmannes Karl Hofmann, aber auch Picassos bekanntmachte. Oder Kurt Valentin, der sich hauptsächlich den bildenden Künstlern widmete, darunter die Festlandseuropäer Jacques Lipchitz und Max Beckmann und die Engländer Henry Moore und Graham Sutherland. Die Galerie von Hugo Perls präsentierte Emigranten wie Marc Chagall zusammen mit so amerikanischen Künstlern wie Alexander Calder. Pierre Loeb, ein berühmter französischer Kunsthändler, verbrachte die Kriegsjahre in Kuba. Bei Otto Kallir, in dessen Galerie St. Etienne vornehmlich expressionistische Maler von Egon Schiele über Gustav Klimt, Oskar Kokoschka bis hin zu Paula Modersohn-Becker vertreten waren, nahm die emigrantische Faszination für amerikanische «images» kuriose Formen an: Zu seinen Schützlingen gehörte auch Grandma Moses, und er wurde sogar zum Verleger ihrer Autobiographie. Eine Karriere, die auf so unterschiedlichen Klienten wie Paula Modersohn-Becker (von Rilke in seinem großen Requiem besungen) und Grandma Moses gründete, ist in ihrer Vielgestalt und Vorurteilslosigkeit sogar für einen Emigranten ungewöhnlich.

Wie die Kunsthändler verdankten auch die Emigranten-Verleger ihren Erfolg einer neuen Art der Unterhaltung auf hohem Niveau. Zu allererst sind da Kurt und Helen Wolff zu nennen. Dreißig Jahre zuvor, in München, hatte Wolff Buchvertrieb und -werbung modernisiert. Er verlegte Franz Kafka, Karl Kraus und etliche Schriftsteller, die gleich ihm Deutschland verlassen mußten: Richard Huelsenbeck (früher Dadaist und später lange Jahre Psychoanalytiker in New York), dessen Dadaisten-Kollege George Grosz, Heinrich Mann, Walter Mehring, Erwin Panofsky, Ernst Toller und Franz Werfel. In New York publizierten die Wolffs englische Ausgaben von Robert Musil, Erich Kahler, Paul Claudel und Hermann Broch. Den größten kommerziellen Erfolg erzielte ihr Pantheon-Verlag mit Anne Morrow Lindberghs *Gift from the Sea* – Ironie eines Flüchtlingslebens, bedenkt man die reaktionäre Politik der Lindbergh-Familie.

Die Wolffs waren 1941 über Nizza nach New York gekommen. Ihr kleines Appartement am Washington Square diente als Wohnung und Verlag zugleich. Zu jener Zeit war «Denken ein Luxus», wie Helen Wolff später Laura Fermi erzählte. Wolff und sein Kollege Jacques Schiffrin machten sich ohne große Illusionen an die Arbeit: «Kein amerikanischer Verlag hatte Verwendung für ihre Erfahrung. Sie hatten keine andere Wahl, als ihren eigenen Laden aufzumachen.» Beide Männer verlangten von einem Verlag eine bestimmte «Physiognomie», die es verbot, wahllos alles zu drucken, was sich verkaufen ließ.

Helen Wolff tat sich mit der Anpassung an amerikanische Verhältnisse leichter als ihr Mann, der wie viele Flüchtlinge Schwierigkeiten mit der englischen Sprache hatte.

Kurt Wolff war über die Emigration nach Amerika alles andere als glücklich: «Es war nicht ein Geschenk des Himmels, es war ein Tritt des Himmels.» Doch in späteren Jahren gestand er, daß Europa ihm nach New York provinziell vorkomme.

In Türkisch-Mazedonien geboren, war Helen Wolff «ein ganzes Leben daran gewöhnt, davonzulaufen». Während der Weimarer Republik, als die Zeiten in Deutschland schlecht waren, machte sie sich nichts daraus, ihre Habseligkeiten ins Leihhaus zu tragen, «etwas, was kein Bürger mit Selbstachtung tun würde», und diese Fähigkeit, zu tun, was der Augenblick verlangte, behielt sie ihr Leben lang bei. Sie verstand sich auf die Kunst der scharfen Wahrnehmung. Bei ihrer Ankunft in diesem Land, schreibt sie, habe sie das absolute Gefühl der Schicksalhaftigkeit erfüllt, und ihre Rolle als Verlegerin sieht sie in erster Linie als die einer «Hebamme», einer «Vermittlerin». Im ersten Katalog des Pantheon-Verlages stellt sie ihr geistiges Vorbild, den Schweizer Historiker Jacob Burckhardt, vor. Bereits vor hundert Jahren hatte er die «schrecklichen Vereinfacher» gesehen, die Europa später überrennen sollten. «Hier war ein Mann, der sich tiefe Gedanken über die Vergangenheit gemacht hatte und davon überzeugt war, daß die Vergangenheit für jedermann, es sei denn, er wäre ein Narr, die Zukunft bestimme.»

Segensreich für die Wolffs war die Verbindung mit Paul und Mary Mellon. Die reichen Mellons waren Patienten C. G. Jungs gewesen, und Mary Mellon gründete die Bollingen Press, deren Bücher die Wolffs vertrieben, um das Gedankengut Jungs auch in Amerika heimisch zu machen. Doch Bollingen Press verlegte nicht nur Jungianisches. In ihrem Programm tauchte auch eine englische Ausgabe der Gedichte Hugo von Hofmannsthals auf, zu der Hermann Broch, den die Mellons finanziell unterstützten, eine bewegende Einleitung schrieb. Eine indirekte Verbindung zu Jung gab es allerdings doch: Hofmannsthals Tochter war die Witwe von Heinrich Zimmer, dem Autor fruchtbarer Studien zur orientalischen Mythologie. Letztere erschienen posthum ebenfalls bei Bollingen. Das wohl populärste Bollingen-Buch war *I Ching*, die bearbeitete Fassung einer deutschen Übersetzung von Richard Wilhelm.

Was für eine verwirrende Folge von Ereignissen! Wie auch immer man Jungs politischen Standpunkt einschätzt, mit seiner Verherrlichung des Mythischen trug er zweifellos zum politischen Programm des Todfeinds in Deutschland bei. Und nun machten Flüchtlinge den Amerikanern Gedankengut zugänglich, das einer Jungianischen Toleranz allem Okkulten und Irrationalen gegenüber nur entgegenkam. In der frömmelnden Stimmung der Nachkriegszeit verkam das Programm der Bollingen Press immer mehr zur ethnozentrischen Mixtur, die keinen Unterschied machte zwischen wirklich gelehrten Büchern (Übersetzungen wie *I Ching* und Monographien wie *Oriental Mythology* oder Alan Watts' *Zen Buddhism*) und solchen über Astrologie und das Sprechen in Zungen. Heinrich Zimmer wäre nicht sehr erbaut gewesen. Ihn hatte das Zusammentreffen mit Jung Ende der dreißiger Jahre von der Notwendigkeit einer thematischen Analyse der Indianischen Mythologie überzeugt, ein Unternehmen, das die Deutsche Akademie dann als nicht philologisch genug befand. Doch aus Zimmers Orient-Studie spricht die vertraute intellektuelle Glaubwürdigkeit. Er schreibt über die reichen Hegelianischen Implikationen, die der

Dialektik einer verschlingenden-und-schaffenden Mutter-Gottheit innewohnen. Er sei immer davon überzeugt gewesen, sagt seine Frau, «daß es nicht am westlichen Menschen ist, den Osten zu imitieren. Heinrich hätte den Hippies keinesfalls geraten, zu den Gurus zu laufen.» Doch als das Buch einmal auf dem Markt war, verkam das wissenschaftliche Interesse schnell zur modisch-exotischen Marotte, nicht unähnlich der überspannten Begeisterung für Chinoiserien.

In berufenere Hände gelangten Bollingen Press-Erzeugnisse, als Wolff-Sohn Christian ein Exemplar von *I Ching* John Cage überließ, der darin den Keim zu seiner musikalischen Ästhetik fand. Ein großer Teil der heutigen Avantgarde-Musik ist von dieser Ästhetik mitgeprägt, so daß diese neue Musik mit ihrer ausdrücklichen Ablehnung europäischer Musikwissenschaft zumindest indirekt ein weiterer emigrantischer Beitrag ist.

Die Wolff-Publikationen stehen bei weitem nicht für die ganze Bandbreite emigrantischen Schaffens in diesem Bereich. Da gibt es auch emigrantische Verlagsgründungen, etwa Schocken Books, der Verlag des Veteranen Theodore Schocken, der Kafka und Agnon verlegte und in jüngerer Zeit auch englische Ausgaben der Schriften Adornos; oder die New American Library, der große Paperback-Verlag mit seiner Programm-Palette von Shakespeare bis Mickey Spillane, den Kurt Enoch 1947 gründete. Ein anderer Emigrant, Fritz Landshoff, war – zunächst in Deutschland mit Berman-Fischer, dann in Schweden und Holland mit dem Querido Verlag – an der Herausgabe von Büchern fast aller bedeutenden Flüchtlings-Schriftsteller beteiligt, ob es nun der Dichter Beer-Hofmann war oder der Philosoph Cassirer, Stefan Zweig oder die Katholikin Annette Kolb; alle Manns mit ihrem weiten Spektrum politischer Divergenzen gehörten ebenso dazu wie die Kommunistin Anna Seghers und der Demokrat Emil Ludwig, Ernst Toller, der Veteran von München 1919, und der Hitler-Biograph Konrad Heiden. 1951 begann die Zusammenarbeit mit Harry N. Abrams, einem New Yorker Kunstbuch-Verleger, und man versorgte nunmehr – der Kreis schloß sich – den europäischen Markt mit amerikanischen Kunstbüchern.

Der vielversprechendste Versuch einer Verlagsgründung, den eine Gruppe von Emigranten-Schriftstellern unternahm, war der kurzlebige Aurora-Verlag, ins Leben gerufen während der Kriegsjahre von Wieland Herzfelde. Herzfelde, ein gebürtiger Schweizer, war Kommunist und Dadaist der ersten Stunde («Rosa Luxemburg hat mein Parteibuch unterschrieben»). Sein Bruder John Heartfield (der seinen Namen viele Jahre vor seiner Emigration nach England anglisierte) gilt als Erfinder der Fotomontage. Wieland Herzfelde hatte lange der Leitung des linken Malik-Verlages angehört, der als letzten Titel Brechts Svendborger Gedichte verlegte.

In New York betrieb Herzfelde zunächst einen Briefmarkenladen, in dem stolz das Schild prangte «I don't sell the stamps of fascists». Mit kleinen Ersparnissen und der Hilfe anderer Emigranten gründete er den Aurora-Verlag. Der Name, ersonnen übrigens von Bertolt Brecht, war seltsam doppeldeutig. Er konnte die Morgenröte meinen, aber auch das Schiff, das Lenin nach Rußland brachte. Aurora verlegte nur deutsche Titel, und als Zielgruppe hatte man eigentlich deutsche Kriegsgefangene im

Auge. Alle Bücher, die erschienen, waren getragen von einer fortschrittlichen sozialen Vision, und ihre Verfasser – Brecht, Anna Seghers, Ernst Bloch, F.C. Weiskopf, Herzfelde – waren zumeist Kommunisten, die einige Zeit später in die sowjetische Besatzungszone zurückkehren sollten. Zu den Autoren des Verlages gehörten auch Oskar Maria Graf und der politisch umtriebige Alfred Döblin (zwar bereits zum Katholizismus konvertiert, aber für die Linke immer noch annehmbarer als Franz Werfel). Der Aurora-Katalog kündigte auch Arbeiten von Hermann Broch und George Grosz an. Obwohl das Grosz-Buch nie erschien, glaubt Herzfelde, daß Grosz mit dem Titel *Unter derselben Sonne* nicht den Bruch mit seiner radikalen Vergangenheit habe andeuten wollen, sondern habe sagen wollen, auch unter amerikanischer Sonne sei die faschistische Situation die nämliche. Als ersten Titel verzeichnet der Katalog *Morgenröte*, ein «Lesebuch» für deutsche Kriegsgefangene, mit einer Einführung von Heinrich Mann. (*Morgenröte* erweckt die Vorstellung eines «roten» Morgens, aber auch die der «rosenfingrigen Eos» Homers – wie der Name Aurora ein Wortspiel zur Belustigung der deutschen sozialistischen Humanisten.) Es ist schon erstaunlich, daß ein brandneuer Verlag mit einer solchen Vielfalt von Künstlern und Stilen aufwarten konnte. Möglich war dergleichen wohl nur in der Emigration, die so unterschiedliche Schriftsteller mit dennoch ähnlichen politischen Überzeugungen zusammengeführt hatte. Mit dem *Faschistenspiegel* John Heartfields, einer Sammlung von Fotomontagen, verzeichnet der Katalog sogar einen Bildband.

Doch alle Mühe war vergebens. *Morgenröte* konnte erst 1947 erscheinen und damit zu spät, um bei Kriegsgefangenen noch irgend etwas bewirken zu können. Herzfelde glaubt zudem, daß die deutschen Offiziere eine Art Veto-Recht über die im Lager verteilte Literatur hatten und die Aurora-Bücher die Leser, für die sie bestimmt waren, nie erreichten. In einem 1948 bei der Havard University Press erschienenen Buch nennt Ruth Fischer, die Schwester Hanns Eislers, Herzfelde und Companie eine «deutsche kommunistische Front in New York». Herzfelde, der immer noch bedauert, daß Ausländern der Beitritt zur Kommunistischen Partei Amerikas versagt bleibt, geht nach Ost-Deutschland. Doch ungeachtet der politischen Überzeugungen seiner Autoren – Hermann Broch zum Beispiel war ganz sicher kein Kommunist – ist schon die bloße Existenz des Aurora-Verlages Ausdruck eines fast rührenden, sehr altmodischen Glaubens daran, daß Literatur die Macht hat, Meinungen zu ändern. Ein Scheitern, das einmal mehr zeigt, wie überreich der Weg eines Emigranten-Schriftstellers mit Niederlagen und Enttäuschungen gepflastert war.

In den Berliner Theatern der zwanziger Jahre wetteiferten zwei Strategien miteinander, für die die Namen Max Reinhardts und Erwin Piscators standen. Beide waren sie Erneuerer des Theaters, doch während Reinhardt das Spektakel um seiner selbst willen propagierte, waren Piscators Inszenierungen immer durchdrungen von seinen politischen Überzeugungen. So ungleich diese Männer auch waren, für ein amerikanisches Publikum, so zeigte sich, waren sie beide zu europäisch. Doch auch ihrem neuen Publikum schenkten sie treffliche und treffende Bilder, die schließlich zur gängigen

Münze im Theaterreich werden sollten – zu spät allerdings, als daß ihre Schöpfer das noch als ihren Erfolg hätten verbuchen können.

In den dreißiger Jahren war eine bestimmte Art von kitschigen Film-Musicals, seltsame Mischungen aus Melodram und Musik-Seminar, im Schwange. Ihre Apotheose war die Kintopp-Hochzeit von Deanna Durbin und Leopold Stokowski in *A Hundred Men and a Girl* – eine Schnabelsche Tat seligen Angedenkens. Als Regisseur und Produzent zeichneten die Emigranten Henry Koster und Joe Pasternak, beides Profis im Dienste des Massengeschmacks. Der wirkliche Meister des Musik-Spektakels, Max Reinhardt, hatte sehr viel weniger Glück. In Deutschland waren oft mehrere seiner Inszenierungen gleichzeitig gelaufen und hatten Bürgertum und Intelligenz gleichermaßen in ihren Bann geschlagen. Bert Brecht gab Gastspiele als Dramaturg, und in der späteren Arbeit von Brecht und Fritz Lang hinterließen die Reinhardtschen Effekte mit der Hell-Dunkel-Technik ihre deutlichen Spuren.

Reinhardt inszenierte einige Male erfolglos am Broadway und führte Regie in dem amerikanischen Film *A Midsummer Night's Dream*. Bei der Kritik fiel der Film durch, der Emigranten-Kritiker Siegfried Kracauer nannte ihn gekünstelt und somit einen künstlerischen Fehlschlag, doch der heutige Betrachter ist beeindruckt von den vielseitigen Talenten des Regisseurs. Reinhardts Art des Umgangs mit Licht und Beleuchtung macht einen schwindeln und vermittelt den Eindruck des Visionären. Die amerikanischen Schauspieler spielten unter seiner Regie so gut wie nie, aber gleichzeitig auch schamlos amerikanisch: James Cagney als Bottom ist ein Radaubruder und Mickey Rooney als Puck und greisenhaftester Fratz der Filmgeschichte, bringt es fertig, über vier Oktaven zu kichern. Manche Regie-Einfälle nehmen Off- und Off-off-Broadway vorweg. Reinhardts Ruf nach einem Repertoire-Theater und seine Art, fast wie im Taumel die Formen – Film, Ballett, Pantomime, Drama – zu mischen, haben sich noch nicht überlebt.

Nach dem kommerziellen Mißerfolg seines Films und seiner Theaterarbeit blieb Reinhardt nichts anderes übrig, als in Los Angeles eine Schauspielschule zu eröffnen. Neben ihm unterrichteten die Deutschen William Wyler und William Dieterle Regie und Erich Korngold Filmkomposition. Reinhardt litt auch weiterhin keinerlei Not, und vor Gästen verbreitete er sich enthusiastisch über die Tugenden Kaliforniens: Man lebe hier auf der Höhe der Zeit, sei frei von politischem Druck: «Ich glaube nicht, daß Kunst und Politik wirklich Grundlegendes miteinander zu tun haben sollten.» Doch Freunde wie Salka Viertel, die ihn immer noch als uneingeschränkten Herrscher der Bühne sahen, waren entsetzt, wenn untalentierte junge Schauspieler mit dem Meister salopp als «Max» verkehrten. Hinter diesem Schauder verbarg sich kein Elitarismus. Für Salka Viertel bedeutete solche Respektlosigkeit eine unausgesprochene Abwertung, die Nivellierung eines großen Künstlers.

Unterdessen hatte Piscator in New York seine eigenen Probleme, auch wenn seine Arbeit unter einem glücklicheren Stern stand und er sehr viel mehr Projekte verwirklichen konnte als Reinhardt. Im Berlin der zwanziger Jahre galt Piscator als der experimentelle Regisseur schlechthin, war wie Brecht ein Symbol dieser Stadt. Nachdem er während des Ersten Weltkriegs unter dem Einfluß Wieland Herzfeldes zum Kommunismus gefunden hatte, war er zum Verfechter eines politischen Theaters geworden. 1920 spielte er mit seinem Proletarischen Theater in den Versammlungsräumen von Berliner Arbeitervereinen. Piscator werden auch Begriffsschöpfungen wie «Agitprop» und «Episches Theater» zugeschrieben. Seine Art, sich der Technik zu bedienen, mit Mimik und Gestik zu experimentieren, Dokumentation und Propaganda einzusetzen, prägte weite Teile des Avantgarde-Theaters bis in die fünfziger und sechziger Jahre hinein. Für Piscator, sagte Brecht, sei das Theater ein Parlament und das Publikum die Legislative gewesen. Während Max Reinhardt sein Publikum unterhielt, veranlaßte Piscator es zu aktiver Teilnahme, die nicht mit dem Theatererlebnis enden sollte. Zusammen mit Walter Gropius entwickelte er seine Vorstellung vom «totalen Theater», mit drei Bühnen, beweglicher Bühnentechnik und unter Verwendung von Scheinwerfern und Filmen, um eine Atmosphäre zu schaffen, in der das Publikum ständig Überraschungen zu gewärtigen hatte.

Piscator verpackte seine Politik in visuelle Kühnheit und Schönheit, doch die Politik dominierte. Zu seinen größten Berliner Erfolgen zählten *Hoppla, wir leben* von Ernst Toller, Brechts *Schweyk* und *Economic Competition* von Leo Lania mit satirischen Zeichnungen von George Grosz und Musik von Kurt Weill und Hanns Eisler. Alle diese politischen Künstler – Herzfelde, Piscator, Grosz, Toller, Brecht, Lania, Weill, Eisler – mußten Deutschland verlassen und landeten schließlich in New York. Piscator ging 1931 zunächst nach Rußland, wo er fünf Jahre blieb und mit *Der Aufstand des Fischers* – nach einer Erzählung von Anna Seghers – seinen einzigen Film drehte. Einige seiner Theaterkollegen ließen während dieser Zeit in Rußland ihr Leben. Ihn selbst beschuldigte die *Prawda* nach seiner Abreise des «linken Libertinismus und Formalismus». Die Ermordung Trotzkis traf ihn tief. Dennoch habe er sich, erzählt seine Frau, Maria Ley-Piscator, niemals gegen die Sowjetunion gewandt.

Am ersten Januar 1939 kam Piscator in New York an und übernahm den Dramatic Workshop der New School. Sein Arbeitspensum war ungeheuer – ein Arbeitstag von achtzehn Stunden war die Norm – aber kommerzieller Erfolg blieb ihm versagt. Als erstes schlossen die Gläubiger sein President Theater, dann sein Rooftop Theater und schließlich den Dramatic Workshop. Doch Piscator hatte Einfluß. Für viele New Yorker war er das Interessanteste, was das Theater der vierziger Jahre zu bieten hatte, und zu seinen schreibenden Schülern zählten Tennessee Williams und Arthur Miller. Unter seinen Schauspielschülern waren viele, die man üblicherweise mit dem Actors Studio in Verbindung bringt: Marlon Brando, Tony Curtis, Harry Belafonte, Rod Steiger, Shelley Winters, Ben Gazzara. Die Brecht-Piscator-Ästhetik der epischen Distanz ist den klaustrophobischen Selbstprojektionen eines Lee Strasberg und Konstantin Stanislawskij diametral entgegengesetzt, und so ist es eine reizvolle Fußnote der Theatergeschichte, daß die Theaterleuchten der vierziger Jahre beiden Einflüssen ausgesetzt waren. (Zu Piscators Schülern gehörten auch Herbert Berghof, der später sein eigenes Studio gründete, und Judith Malina, deren Living Theater einige politische Ziele mit Piscators europäischer Arbeit gemeinsam hatte und auch den Pazifismus seiner letzten Jahre teilte.) Piscator lehrte die Schauspieler die konventionellen Formen von Analyse und Dramaturgie, regte sie aber gleichzeitig an zu sozialen und politischen Experimenten und brachten ihnen Lehrstück, dialektisches Theater und dramatisierte Geschichte so nahe, ein ganzes Sortiment europäischer Konzeptionen also.

Auch in seinen amerikanischen Inszenierungen blieb Piscator dem Drama und den politischen Themen seiner Vergangenheit treu. Sein *King Lear* von 1940 ging ohne Vorhänge auf offener Bühne und aufeinander folgenden schrägen Rampen vonstatten, bis sich schließlich die Bühne drehte. Natürlich verwies das Experiment auf Politisches: Lear war ein kleiner Hitler, der Nationen teilte, während er Schlagworte geiferte. Die Resonanz war gering, doch der achtundsiebzigjährige Belgier Maurice Maeterlinck schrieb Piscator, er habe es gewagt, das Stück dem Schweigen des Buches zu entreißen, und das mit mechanischen Mitteln, die praktisch gleich Null seien. Noch im selben Jahr inszenierte Piscator auch Lessings *Nathan der Weise*, jenes traditionelle deutsche Drama zur religiösen Toleranz, und Shaws *Heilige Johanna*, eine Vorläuferin der modernen Johanna, deren Geschichte Brecht und Feuchtwanger im besetzten Frankreich spielen lassen.

Trotz seiner Querelen mit Brecht über den *Schweyk* inszenierte Piscator 1945 *The Private Life of the Master Race* mit Musik von Hanns Eisler. 1947 brachte er Sartres existentialistisches Drama *Die Fliegen* auf die Bühne und 1948 *All the King's Men*, aber erst, so geht die Fama, nachdem er Robert Penn Warren über die politischen Implikationen seines Dramas aufgeklärt hatte. 1950 brachte eine Adaption von Kafkas *Prozeß*. 1951 inszenierte er *Macbeth*. Es war seine letzte Arbeit in den USA. Dieses Mal verwendete er Gaze-Vorhänge, die das Bild verdoppelten wie Filmleinwände. Fotos der Winkel und Schatten dieser letzten Inszenierungen beschwören die visuelle Spannung expressionistischer Filme.

«Am liebsten hätte er es auf der Bühne einzig mit Drehflächen, Leinwänden, Projektoren und Lichteffekten zu tun gehabt... Schauspieler waren ihm im Weg», erinnert sich der ehemalige Piscator-Schüler Walter Matthau. Das legt den Verdacht nahe, daß die ästhetische Vision, die er zusammen mit Gropius entwickelt hatte, ihm in Amerika eine beständigere Quelle der Inspiration war als die Politik. Aber da es Piscator letztlich doch immer um mehr ging als um abstraktes Design, hängt seine Unlust möglicherweise auch mit den amerikanischen Schauspielern zusammen: Vielleicht konnte ein Bühnenbildner seine Vorstellungen einfach besser umsetzen als ein Schauspieler, der sich eigentlich nicht bei ihm, sondern im Group Theater oder im Actors Studio zu Hause fühlte.

Piscator strömten die Theatertalente nur so zu. Doch nach Meinung seiner Witwe blieb sein Einfluß auf sie gering. Seine unvollkommenen Sprachkenntnisse verwehrten es ihm, seine Ideen angemessen zu vermitteln. Maria Ley-Piscator erinnert sich, wie Max Reinhardt schweigend dastehen und sich Notizen machen konnte. Ihr Mann, sagt sie, habe alles «fantastisch» gefunden, und die Leute hätten über seinen Überschwang gelacht, statt von ihm zu lernen. Doch das stimmt ganz sicher nicht. Allein die Existenz eines Piscator-Theaters in New York war ein Stück «Berlinisierung», steigerte die Empfänglichkeit für künstlerische Eindrücke.

Zurück in Deutschland inszenierte Piscator als erstes *Dantons Tod*, ein Stück, in dem beide, Danton wie Robespierre, schlecht wegkommen. Der junge Kenneth Tynan sah das Stück und nannte es einen «Fehdehandschuh für Brecht». Das mag sein. Rolf Hochhuth erinnert sich an Piscator als «letzten überlebenden Verfechter des wahrhaft reinen Bergpredigt-Sozialismus der zwanziger Jahre». Piscator hatte die USA schließlich lieben gelernt und nahm sie gegen Angriffe in Schutz. Es war der Geist des Komitees für unamerikanische Betätigung, der ihn dann doch vertrieb: 1951 erhielt er eine Vorladung und verließ umgehend das Land. 1961 inszenierte er in Deutschland Rolf Hochhuths Stück *Der Stellvertreter*, ein unverhüllter Angriff auf die römisch-katholische Kirche und «genau das episch-wissenschaftliche, episch-dokumentarische Stück, auf das ich seit neununddreißig Jahre warte». Drei Jahre später dann kam *In Sachen J. Robert Oppenheimer*, ein zwiespältiges Lebewohl an das Leben in den USA.

1978 beging das New Yorker Goethe-Institut posthum Piscators fünfundachtzigsten Geburtstag. Die Gäste, überwiegend Flüchtlinge und überwiegend alt, bewunderten die Szenenfotos seiner Inszenierungen. Einige seiner amerikanischen Schüler zeugten von seinem Einfluß. Ein Kritiker pries ihn als Vorläufer jeglicher interessanten Strömung im Theater, obwohl Lotte Lenya und die frühere Soubrette Dolly Haas die einzigen Berühmtheiten waren, die ihn ehrten, was kaum dafür spricht, daß er in diesem Land zur Theaterlegende geworden ist. Die eloquenteste Analyse seiner Methoden kam von einer gut gekleideten älteren Dame, die unaufgefordert und so fließend und engagiert mit einer Flut von Erinnerungen aufwartete, daß es fast wie einstudiert klang. Als sie sich als die Witwe Piscators vorstellte, raunte es im Publikum: «Wer ist denn das?» Doch mit jener typischen Mischung aus Arroganz und Aplomb, wie sie den Flüchtlingen eigen ist, verkündete sie: «Machen Sie sich nichts draus, Sie kennen mich nicht. Ich bin jemand, der es hier nicht geschafft hat.»

Club für unzufriedene Europäer

Der Film, die einzige ästhetische Form, für die das Expertentum der Amerikaner unbestritten war, wurde auch zu der Form, in der die Flüchtlinge den nachhaltigsten öffentlichen Eindruck hinterließen. Sie schufen Bilder einer Kultur, die ebenso unbekümmert überaktiv wie schmerzlich preisgegeben, Vorbild wie Omen sein konnte, und sie halfen mit, das Amerika-Bild eines weltweiten Publikums zu prägen. Die Sozialwissenschaftler unter den Flüchtlingen entzifferten amerikanische Phantasien, die Filmemacher gingen weiter und verschafften sich Einlaß in amerikanische Träume und Alpträume. Und wenn Hollywood-Filme allerorten die Wahrnehmung amerikanisierten, konnten sich die Emigranten zu denjenigen zählen, die ihren Teil dazu beitrugen.

Ob es nun der «wise guy» Billy Wilders war oder der wachsam-lauernde Typ, den Fritz Lang schuf, oder auch die Hausfrau Douglas Sirks, das Publikum hielt sie weltweit für typisch amerikanische Gestalten, während ihre geistigen Väter Emigranten fern der Heimat waren. Die amerikanische Leistung dieser Regisseure war insofern paradox, als sie mit ihr die reichere, weniger enge Vision ihrer Jugend fast immer verleugneten. Oft nahmen ihre materiellen Ressourcen in dem Maße zu, wie sich ihre künstlerische Vision verengte oder zur unterschwelligen, indirekten Botschaft verkümmerte.

An einer Filmproduktion sind mit Schauspielern, Drehbuchautoren und Technikern so viele Amerikaner beteiligt, daß es nicht immer leicht ist, eine spezifisch europäische Sensibilität herauszuspüren. Doch jeder große Emigranten-Regisseur war das Produkt von Prinzipien und Methoden, die er sich in Europa zu eigen gemacht hatte. Der Filmliebhaber kann sich einen Spaß daraus machen, darauf zu achten, wie die unheilverkündenden Lichteffekte der deutschen Filme Fritz Langs oder die langen Einstellungen, die typisch waren für Douglas Sirk oder Max Ophüls, auch in ihren amerikanischen Filmen wieder auftauchen. Aber ihr europäisches Erbe ist nicht nur ein visuelles und auf das Kino beschränkt. Viele von ihnen waren früher einmal Schriftsteller, Journalisten oder Kunsthistoriker gewesen. Was ihrer Laufbahn überdies die Richtung gab, war die Tatsache, daß Hitler sie um die halbe Welt gejagt hatte, von Unter den Linden bis schließlich hin zum Hollywood Boulevard. Der Ortswechsel hatte politische Gründe, und so war denn auch ihre tiefste Botschaft eine politische. Denn diese Männer mit ihrem ausgeprägten Sinn für Geschichte wußten, daß sich in ihrer Arbeit Kunst und Kommerz auf nie dagewesene Weise verbanden und daß die ästhetischen Mittel, über die sie verfügten, völlig neue Formen künstlerischen Schaffens oder politischer Manipulation möglich machten.

Mehr als alle anderen blieben die Filme Fritz Langs Ausdruck der moralischen Ambiguität, die das Jahrhundert mehr und mehr bestimmte. Sein berühmtester deutscher Film, *Dr. Mabuse* (1922), nahm Heydrich, Himmler und Hitler vorweg. Mabuse entstand keineswegs aus dem Nichts. Seit 1920 marschierte sein Typ durch Münchens Straßen, obwohl der Kritiker Siegfried Kracauer in einer klassischen Verwechslung des Boten mit der Botschaft, dem Film vorwarf, zur Nazi-Machtübernahme beigetragen zu haben. Das war sicher nicht der Fall, Filme haben allenfalls den Fehler, daß man sie mißverstehen kann, aber das wiederum war nicht Fritz Lang anzulasten. Doch auf einer subtileren Ebene trieb Lang sein Spiel mit dem Wechsel der moralischen Perspektive. Der Kindermörder in *M* ist zwar ein Ungeheuer, doch gegen Ende des Films zwingt uns Lang zur Identifikation mit diesem: Seine Rettung am Ende durch das Gesetz, das als monolithischer und leicht totalitärer Schatten in Erscheinung tritt, stimmt uns fast heiter. In seinem letzten amerikanischen Film, *Beyond a Reasonable Doubt*, präsentiert Lang auf recht behutsame Weise einen Mann, dessen Mord beinahe unentdeckt geblieben wäre, hätte nicht seine Verlobte, die ihn eigentlich retten wollte, seine Schuld doch noch enthüllt. Der Film läßt ihre mangelnde Loyalität verwerflicher erscheinen als sein Verbrechen. Langs Abschiedsbotschaft an die USA blieb die einer moralischen Ambivalenz, der Quintessenz seiner politischen Geschichte und seiner beruflichen Laufbahn.

´ Dem leichtergewichtigen Otto Preminger wird oft eine Buchhaltermentalität nachgesagt – keine unwichtige Eigenschaft in Hollywood, doch politische Sensibilität ist auch in seiner Arbeit unschwer zu entdecken. Preminger war immer ein Mann der geteilten Sensibilitäten und Loyalitäten. Sein Vater war ein bekannter österreichischer Rechtsanwalt, der als Jude viel Feindseligkeit erfuhr. Er lehrte den Sohn, daß jemand, der in der Öffentlichkeit steht, auch öffentliche Kritik aushalten muß. Der Sohn nahm sich die väterliche Lektion zu Herzen, obwohl er weder den Antisemitismus seiner Jugend noch die «provinzielle» Atmosphäre seiner Heimatstadt je vergaß. Er gehörte nicht zu den Emigranten, die da sangen «Wien, Wien, nur du allein...». Premingers Sinn für öffentliche Verantwortung offenbarte sich in seinen späteren politischen Aktionen, und das besonders, als er 1959 die schwarze Liste Hollywoods offen ignorierte. Er zeigte sich auch in der Nüchternheit seiner ersten, besonders seiner allerersten amerikanischen Filme. Seine «medium shots» zeugen von einem Ethos der Fairneß und dem Bemühen, auch psychologischen Anforderungen gerecht zu werden. Obwohl seine Karriere am Theater als Kollege von Max Reinhardt ihren Ausgang nahm, ging er zu Reinhardts effektvoller Theaterarbeit auf eine gewisse Distanz. Auch von einem anderen offensichtlichen Mentor, Ernst Lubitsch, trennte ihn die Einsicht, daß der Humor des älteren Mannes eher der gut erfundenen Geschichte entsprang als dem Charakter seiner Figuren. Premingers Verhalten sprach für politisches Geschick und politische Wachheit, und darin erinnert er ein wenig an Hannah Arendt, die ja auch im Elternhaus bereits gelernt hatte, sich mit der Öffentlichkeit auseinanderzusetzen. Mit dem gleichen Geschick spielte er seine Rolle als Mann der Öffentlichkeit: der Regisseur als Star. Preminger äußerte sich oft und freimütig zu sozialen und moralischen Fragen, und er tat das im Vertrauen auf die Autorität seiner persönlichen Haltung.

Für einen Emigranten fand noch im reinsten ästhetischen Prinzip Politisches seine Resonanz. Douglas Sirk hatte in Deutschland bei Erwin Panofsky studiert. Aber wahrscheinlich hätte es der Bestätigung durch Panofsky kaum bedurft, um zu einer ähnlichen Filmtheorie zu gelangen wie der Kunsthistoriker. Für beide unterschieden sich Theater und Film darin, daß ersteres durch die Sprache, letzterer durch das Bild wirkte, und beide hatten sie ein besonderes Verhältnis zu Raum und Form. «Lange vor Wittgenstein hatten ich und einige meiner Zeitgenossen gelernt, der Sprache als wahrem Medium und Deuterin von Realität zu mißtrauen. Also lernte ich, meinen Augen mehr zu trauen als den windigen Worten.» Mit einer akademischen Debatte hat Sirk nichts im Sinn: Was Politiker der deutschen Sprache antaten, trug dazu bei, ihn vom Ohrenmenschen zum Augenmenschen zu machen. Er war achtzehn, als man die Sozialistische Republik Bayern ausrief. Mit ihrem Zusammenbruch gewann er die Überzeugung, daß zwischen politischen Ästheten und konservativen Massen ein Abgrund klaffte. Jahrelang arbeitete Sirk als Theater-Regisseur. Anders als seine späteren Filme waren seine Stücke «sehr literarisch» und sehr freimütig in ihrer politischen Aussage. Er inszenierte eine «extrem rüde» *Dreigroschenoper* und den *Silbersee* von Kurt Weill und Ernst Kaiser, ein Stück gegen Hunger und Armut, «zehnmal härter» in seiner Aussage als die Brecht-Weill-Werke.

Sirks anschließende deutsche Filmkarriere war ein sehr viel besseres Training für das, was in Hollywood an Beschneidungen der künstlerischen Freiheit auf ihn wartete. Politische Kritik war im Nazi-Deutschland natürlich unmöglich. Sirks deutsche Filme, insbesondere *Zu neuen Ufern* und *La Habanera*, lassen die Art seiner späteren Arbeit bereits ahnen. Die Storys sind dünn, einzig dazu da, die Diseuse Zarah Leander ins rechte Licht zu rücken. Sirk schaffte es, politische Botschaften durch die deutsche Zensur zu schmuggeln. Er fesselte die Aufmerksamkeit der Zensoren mit technischen Kabinettstückchen, während das eigentliche Drama ein korruptes Rechtssystem und sexuelle Unterdrückung verurteilte. Die politische Notwendigkeit lehrte Sirk, Schmalz und die Beobachtung sozialer Mißlichkeiten in ein politisch ungefährliches Gleichgewicht zu bringen. Diese Lektionen kamen ihm in Hollywood zustatten, wo einmal mehr offene Kritik die Fahrkarte in die Arbeitslosigkeit bedeutete. Zur Rechtfertigung eines seiner Hollywood Filme – *Magnificent Obsession* – sprach er von einer «Dialektik», die zwischen «Kitsch» und «Verrücktheit» operiere.

Wie Sirk gerieten viele der Regisseure, die am Theater begonnen hatten, in den Bannkreis zweier Theatergenies, die allerdings in Hollywood ihr Waterloo erlebten: in den Max Reinhardts, bei dem viele von ihnen gelernt hatten, und in den Bertolt Brechts (für Fritz Lang war Brecht das größte Genie des modernen Deutschland, und er gab zu, daß seine früheren Filme unter dem Eindruck des Epischen Theaters und der Lehrstücke entstanden waren). Von allen Emigranten-Regisseuren war Max Ophüls wohl derjenige, der für die programmatischen Forderungen Brechts am wenigsten empfänglich war. Doch man höre, wie Ophüls sich zum Realismus äußert: «Er stört und verlangsamt den dramatischen Fluß. Man muß all seine Kraft darauf richten, das Herz anzurühren... Ähnlich wie in einer Symphonie muß man die emotionale Wahrheit von der Wahrheit des Lebens trennen.» Das ist, wenn man so will, Verfremdung à la Ophüls, derjenigen Brechts in ihrer Struktur nicht unähnlich.

Ophüls' Verständnis war das vielleicht reichste und tiefste und – ungeachtet dessen, daß er zum Idol vieler Cineasten wurde – wohl auch das literarischste. In seinen Essays verband er gerne Aussagen über den Film mit Theorien über Goethe, Balzac und Stendhal. Ophüls' filmisches Werk ist ähnlich dem literarischen von Proust, als eines über das Verrinnen der Zeit. Sein Sinn für Tempo und Zeitmaß orientierte sich an Musik und Historie, den idiosynkratischen Erfordernissen des einzelnen Charakters und den allgemeinen des Narrativen. Er war «playful» in zweierlei Wortsinn: voll von Spiel und voll Theater, sein letzter europäischer Film, *Lola Montez*, mit seinen Bühnenaufbauten, beweist es. Seine Filme sind Etüden in Melancholie. Doch wenn er sprach oder schrieb, klang er keineswegs wie ein unglücklicher Mann. Wie viele andere Flüchtlinge fühlte er sich in seiner eigenen Gesellschaft sehr wohl. Laut Hannah Arendt ist ein Philosoph ein Mensch, der kaum je so beschäftigt und ausgefüllt ist, wie alleine mit sich. Ähnlich äußerte sich Ophüls: «In Hollywood war ich jahrelang ohne Arbeit, aber verlassen habe ich mich nie gefühlt, denn ich glaube an einen Strom... an den Strom der Imagination.» Im Königreich der Imagination vertieft Geschichte unser Gefühl für Veränderung und gewährt uns Zugang zu den wahren Freuden der Jugend, zu den Gaben, die zu begreifen wir zu naiv waren. Selber älter geworden, kritisiert Ophüls den Avantgardismus der Cineasten: Sie werden schnell altern, denn «sie sollen ewig jung bleiben». Meisterleistungen zu ehren kann «bewahrtes Leben» sein, uns dem paradiesischen Ideal reifer Jugend näherbringen.

Das ließe sich abtun als charmante literarische Spielerei, wären es nicht die Gedanken eines Mannes, den es in den dreißiger Jahren durch ganz Europa trieb, für einige Monate sogar bis nach Moskau, wo er auf Bürokraten traf, die ihresgleichen erst wieder im «time is money»-Pöbel Hollywoods hatten. Indem er eintrat für ästhetische Geduld und die Meisterwerke der Vergangenheit bewahrt wissen wollte, vertrat er implizit einen politischen Standpunkt. Wie Benjamin, der den Engel der Geschichte beschwor, weigerte sich auch Ophüls, die Vergangenheit zu opfern – an ihr galt es festzuhalten, den Nazis (die seinen berühmtesten deutschen Film, *Liebelei*, ohne seinen Namen im Vorspann laufen ließen), den sowjetischen Stachanows oder den Hollywood-Gewaltigen zum Trotz.

Von allen Emigranten-Regisseuren erfuhren die größte Wertschätzung wohl im allgemeinen – in der Reihenfolge ihrer ersten amerikanischen Regiearbeit – Fritz Lang (1936), Otto Preminger (1936, obwohl dessen eigentliche Karriere erst 1943 begann), Billy Wilder (1942), Douglas Sirk (1943) und Max Ophüls (1947). Als sie kamen, waren sie bereits von den technischen Möglichkeiten des amerikanischen Films fasziniert. Sie alle waren weder so herablassend noch so hoffnungslos wie andere Emigranten-Künstler. Das heißt nicht, daß ihnen allen auch sofort Erfolg beschieden war. Lang, dem berühmtesten unter ihnen, eilte der Ruf voraus, «the world's greatest director» zu sein, und er stellte seine Ausnahmestellung schnell unter Beweis. Bei den anderen ging es langsamer, man paßte sich Amerika an, zwei von ihnen änderten sogar ihren Namen: Aus Detlev Sierck wurde Douglas Sirk, und Max Ophüls (geborener Oppenheimer) strich h und Umlaut und nannte sich kurzerhand Opuls. Und als schließlich auch der Moment für Billy Wilder und Otto Preminger (beide ebenfalls mit aussprachegerecht anglisierten Namen) gekommen war, wurden sie bald zu herausragenden Gestalten des Hollywooder Establishments. Daß sie mehr im Rampenlicht standen als viele gebürtige Amerikaner ihrer Profession, verdankten sie ihrem darstellerischen Talent: Den Journalisten sprachen sie Druckreifes in die Feder, und beide waren sie «Typen». Sirk brauchte Jahre, bis er seinen Weg im Studio gemacht hatte, setzte lange Hollywood-Glamour für den kleinen Mann in Szene, bevor er in seinem, dem Universal-Studio zum führenden Mann avancierte. Und das Talent eines Max Ophüls hatte sechs ganze Jahre brachgelegen, als man ihm die erste Aufgabe übertrug.

Geschult in Berliner Cafés war Populär-Kultur für die Emigranten-Regisseure eine Fundgrube für diejenigen Elemente amerikanischen Lebens, die sie zu meistern lernen mußten. Um amerikanisches Wesen und amerikanischen Slang zu verstehen, las Fritz Lang Comics, während Wilder sein Englisch am Radio erwarb und Baseball-Übertragungen und Seifenopern lauschte – ein sehr feinsinniger Zugang zu den Rhythmen dramatischer Erregung in diesem Land. Wilder, der in Berlin die «public relation» für die Paul Whiteman Band gemacht hatte, liebte die populäre Musik der

USA. Wilder, Robert Siodmak, Preminger, Sirk, Edgar Ulmer – sie alle beuteten die populäre Musik erfolgreich für ihre Filme aus, und Lang rühmte sich später, als erster einen Western – seinen *Rancho Notorious* – mit einem eigenen Titelsong ausgestattet zu haben.

Landschaft und Mythos besaßen eine große Anziehungskraft für sie – eine Vorliebe, die bis in ihre Schulzeit zurückreichte. In seinen ersten amerikanischen Jahren war Sirk gezwungen, Landwirtschaft zu betreiben und sich mit Federvieh, Luzerne und Avocados über Wasser zu halten. Vermutlich hat er damit auch Träume verwirklicht, die ihn seit seiner Kindheitslektüre bewegten. Sirk ist davon überzeugt, daß er einer der wenigen Hollywood-Emigranten war, die zuvor etwas über das Land gelesen hatten. Und später war er «ungefähr der einzige, der herumkam. Ich bin gereist, wann immer ich konnte, während die anderen fast nur in Hollywood saßen, über die gute alte Zeit redeten und vom Land nichts sahen.» Wäre er in Amerika geboren, sagt Sirk, hätte er mehr Western gedreht, aber «ich bin kein Amerikaner, ich komme aus einer Welt, die diesem amerikanischen Folklore-Melodram ungeheuer fern ist». Auch Lang fand Gefallen am Western, dem, wie er meinte, amerikanischen Gegenstück zum *Nibelungenlied*. Während seiner allerersten Zeit in diesem Land lebte er einige Wochen bei den Navajos in Arizona. Er nimmt für sich in Anspruch, als erster ihre Sandgemälde fotografiert zu haben, wie er auch der erste war, der amerikanische Indianer in voller Kriegsbemalung auf einen Farbfilm bannte. Billy Wilder dagegen bezog seine Inspiration aus den Städten. In den dreißiger Jahren tat er sich mit dem Amerikaner Charles Brackett zusammen. Zunächst verfaßten sie Drehbücher, später dann, als Wilder selber Filme drehte, wurde Brackett auch sein Co-Regisseur. Brackett war einst der erste Theaterrezensent des *The New Yorker* gewesen, in ihrer Partnerschaft fanden sich also New York City-Humor und seine berlinerisch-wienerische Spielart zusammen.

Während sie sich alle aufmachten, die USA zu erobern, ließen sie – besonders in den dreißiger Jahren, als man noch Himmel und Hölle in Bewegung setzte, um die in Europa verbliebenen Flüchtlinge zu retten – die Verbindung untereinander nie abreißen. Was Jean Renoir «einen Club für unzufriedene Europäer» nannte, war auch eine liebevolle Freundesgemeinschaft. Auch wenn Filmkritiker später die Arbeiten der einzelnen Emigranten-Regisseure gegeneinander ausspielten, blieben sie einander freundschaftlich verbunden. Was Max Ophüls in der langen Zeit erzwungener Untätigkeit aufrechterhielt, waren «die europäischen Freunde, die zwar alle mehr oder weniger in ihrer Arbeit aufgingen», aber «dafür sorgten, daß ich immer genug zum Leben hatte». Seinen ersten «job» verdankte er seinem Emigranten-Kollegen Robert Siodmak – «eine große Geste der Freundschaft». Douglas Sirk erhielt seinen ersten Auftrag durch Vermittlung von Edgar Ulmer, und Billy Wilder schrieb zunächst für den Regisseur Joe May, ehemals ebenfalls Berlin. Als Wilder dann acht Jahre später seinen ersten Film drehte, erschien unangekündigt zusammen mit anderen Regisseuren Ernst Lubitsch im Studio, um den Neuling in ihren Reihen willkommen zu heißen. Daß die Story des Films eine durch und durch amerikanische war, war Nebensache: Die guten Wünsche kamen auf deutsch. Von Otto Preminger wird erzählt, er habe einmal eine Gruppe von Emigranten auf ungarisch Konversation treiben hören und sie ermahnt: «Wißt Ihr Burschen denn nicht, daß Ihr in Hollywood seid? Sprecht gefälligst deutsch!»

Doch oft fühlten sich die Flüchtlinge auch isoliert in einem Hollywood, das sie für exotisch und unberechenbar hielt. Wie gut sie sich auch assimiliert haben mochten, der Zorn der Hollywood-Bourgeoisie traf sie alle. Wilder und Lang bekamen gelegentlich zu hören, daß sie «gottverdammte Ausländer» seien. Wütend über einen Lang-Film bellte ein Studio-Gewaltiger: «Du Hurensohn, Du bist hier nicht bei der UFA.»

Mit seiner Hollywood-Karriere erreichte Langs Schaffen einen seltsam folgerichtigen Höhepunkt. Bei seinem ersten Amerika-Besuch hatte ihn der Anblick der New Yorker Skyline zu *Metropolis* (1926), seiner schreckenerregenden Vision der Stadt der Zukunft, inspiriert. Später leistete er Abbitte für die Naivität dieses Films: «Seinerzeit habe ich noch nicht so politisch gedacht wie heute.» Die These, daß vermittelnd zwischen Hand (Arbeit) und Kopf (Kapital) das Herz (die Frau) stehe, erschien ihm später bestenfalls reaktionär. Daß die Vision von *Metropolis* eine prophetische war, tröstete ihn nicht: «Soll ich jetzt sagen, mir gefalle Metropolis, nur weil einige meiner Phantasien Wirklichkeit geworden sind?» Lang glaubte, daß die Nazi-Erfahrungen sein kritisches Urteil hatten reifen lassen und daß Amerika der einzig richtige Ort sei, um dieses Urteil zu überprüfen und zu vertiefen. Jahre der Arbeit in Amerika befähigten ihn also, mit einem neuen Werk eine Vision zu revidieren, zu der ihn dieses Land einst inspiriert hatte.

Möglicherweise kam die Anpassung an die amerikanische Szene der Qualität von Langs Arbeit zugute (obwohl er selbst seine amerikanischen Filme nicht übermäßig zu schätzen schien). Klaus Mann vermutet die Gründe dafür nicht nur in der Ortsveränderung. Manche frühen Filme Langs, schrieb er, seien von «hohler Monumentalität», Spektakel auf Kosten gedanklicher Tiefe. Die Schuld daran gab er Langs Verbindung mit Thea von Harbou, «jener Meisterin des Kitsches». Thea von Harbou, Langs erste Frau, war in Deutschland geblieben und drehte Nazi-Filme, während Lang das Land stehenden Fußes verlassen hatte, als Goebbels ihm die Kontrolle über die gesamte deutsche Filmindustrie anbot. In Amerika und ohne Thea von Harbou seien, so Klaus Mann, Langs Filme stärker und luzider geworden. Er entsagte expressionistischer Ästhetik und konnte so «den inneren Druck des Charakters» dramatisch in Szene setzen: Der Ortswechsel war auch zur ästhetischen Erneuerung geworden.

Auch seine Methode mußte er ändern. Lang entdeckte, daß die Amerikaner keine Symbole mochten, und fand später selbst, daß seine Filme ohne sie an Dichte und Klarheit gewonnen hatten. Seit jeher waren seine Themen Rache und Scheitern gewesen, und wollte er sie hier beibehalten, mußte er eine amerikanische Ausdrucksform für sie finden. Ein selbstherrlicher «Supermann» wie der Deutsche Mabuse wurde abgelöst von einem Al Capone, und Capone war John Doe, der Zwillingsbruder des Betrachters, wenn nicht sogar sein Surrogat. Lang war nicht der einzige Emigrant, der sah, daß der Faschismus in Amerika, sollte er sich hier je breit machen, eine andere Gestalt annehmen würde als in Europa, doch verfügte er auch über die ästhetischen Mittel, um diese Einsicht filmisch umzusetzen. Und als gleichsam ironische Bestätigung dieses neuen Wissens legen Langs Filme eine politische Haltung nahe, die dem Anarchismus so nahe kommt wie kaum eine: In all seinen amerikanischen Filmen, wenn auch angedeutet bereits in *M*, ist da die latente Bereitschaft zur Vigilanten-Justiz und daneben, wie in *Fury*, der Angriff auf die Lynch-Justiz des Mobs. Ähnlich nahm ein anderer Regisseur amerikanisches Wesen wahr und ließ seine Strategie von dieser Wahrnehmung bestimmen. Douglas Sirk fand es reizvoll, sich der amerikanischen Naivität als dramaturgischem Mittel zu bedienen («Deine Personen sollten unschuldig sein an dem, wovon der Film handelt.») Doch würde, so befürchtete er, diese Strategie leerlaufen, wenn das Publikum die Naivität der Filmhelden teilte. Auch wenn die Amerikaner «einfach» und «naiv» im besten Sinne des Wortes seien, sei es doch gerade diese Unschuld, die sie «klipp und klar einen Standpunkt für oder gegen» verlangen lasse und sie blind mache für «die Nuance, es mit beidem zugleich zu tun zu haben». Eine wunderschöne Darstellung von Dialektik! Also ließ Sirk seine zweitklassigen Schauspieler – Teil der Bedingungen, unter denen er meistens zu arbeiten hatte – diese Nuancen in einfachen Worten deutlich machen. Trotzdem blieb die filmische Atmosphäre, die er suchte und die ihm gemäß war, «den Amerikanern völlig fremd». Sirks Liebe zu Amerika war keine einfache Passion.

Hatte politischer und ökonomischer Druck sie in dieses ästhetische Durcheinander geraten lassen, so half ihnen professionelle Kunstfertigkeit wieder hinaus. Einige der Emigranten hatten Botschaften zu überbringen. Fritz Lang verachtete das Hollywood-Motto «If you've got a message, use Western Union». Die Intentionen anderer waren weniger fest umrissen. Aber einig waren sie sich alle darin, daß im Film die inhaltlichen Akzente in erster Linie visuell – durch Beleuchtung, Schnitt, Kostüme, usw. – und nicht sprachlich gesetzt wurden. Diese Erkenntnis war für die Flüchtlinge eine große Hilfe: Gefragt war damit ihr in Europa geschultes künstlerisches Können, ihre Unsicherheit im Umgang mit der fremden Sprache wurde demgegenüber vergleichsweise unwichtig.

Ophüls erzählt eine hübsche Geschichte über Jean Renoir, der einigen Freunden gestand, daß er oft keine Texte für seine Filme habe. Wenn die Rollen verteilt und die Schauspieler damit vertraut waren, ließ Renoir sie improvisieren. «Arme Schauspieler», kommentierte jemand. Aber reicher Renoir, dachte Ophüls bei sich. Auch eine andere Geschichte zeigt, wie die Sprache für sich selbst sorgt, wenn einmal die Richtung gewiesen ist. Als Lang *Fury*, seinen ersten amerikanischen Film, abgedreht hatte, behauptete einer der Studio-Gewaltigen steif und fest, Lang habe das Drehbuch geändert. Dazu, so Lang, reiche sein Englisch gar nicht aus. Der Amerikaner verglich Zeile um Zeile und fand tatsächlich keinerlei Veränderung. Natürlich war Lang nicht ganz aufrichtig gewesen. Denn genauso, wie ein guter Bühnenschauspieler zwei einander widersprechende Lesarten ein und derselben Zeile geben kann, schafft es ein Filmregisseur, Worte nahezu bedeutungslos zu machen. Lang selbst hatte gesagt, daß dem Publikum zumeist nur die Bilder, die «images», im Gedächtnis blieben. Und von Ophüls stammt der Satz, daß «Worte, Technologie und Technik und die Logik des

Sichtbaren gegenüber dem Vorstellungsbild sekundär» bleiben müßten, «der Vision, mit den in ihr enthaltenen unerzählten Wundern untergeordnet». Sirk sah das anders: «Die Story ist ganz und gar unwichtig», obwohl auch er sein dialektisches Vergnügen woanders fand – ihn interessierte «das *Wie* anstelle des *Was*... Struktur statt Geschichte».

Alle diese Regisseure waren sich ihres Wertes und ihrer Bedeutung bewußt. Wenn sie sich über irgend etwas einig waren, dann darin, wo sich die Autorität zu versammeln hatte. «Ein Regisseur muß alles wissen», sagte Lang. Er allein ist schließlich verantwortlich für das Ganze. «Ich muß ein Drehbuch erst vollständig durch mein Gehirn filtern», sagt Preminger. Aber das Drehbuch ist erst der Anfang – Inhalt stellt sich anders her: «Die Perspektiven sind die Gedanken des Regisseurs», sagt Sirk, «die Beleuchtung ist seine Philosophie.»

Solche Überzeugungen prädestinieren zum Künstler oder zum Diktator. Lang, Lubitsch, von Sternberg, Preminger («Man nennt mich Otto, das Monster»), Wilder – sie wußten sehr wohl, daß man sie für preußische Zuchtmeister hielt. Da die nämliche Kritik einen Lubitsch, der dazu neigte, alles im voraus zu ordnen, genauso traf wie einen Ophüls, der die unerwarteten Möglichkeiten schätzte, die sich erst während des Drehens eröffneten, und der sich mit den «einfachen Leuten» (dem technischen Personal, das die Kulissen baute) solidarisch fühlte, war das Problem wahrscheinlich weniger eines der Ästhetik als eines des nationalen Stils. Egomanie gehört vielleicht dazu, maßt man sich die Kontrolle über die Träume eines Publikums an. «Man glaubt einfach, man hat ein Herz, das für ihres schlägt, Gefühle, die für sie sehen, kurz, eine gute Nase», rechtfertigt Ophüls seine Berufung.

Doch so oft sie auch ihre ästhetische Meisterschaft unter Beweis stellten – die Flüchtlinge fühlten sich stets als Lohnempfänger behandelt. Obwohl alle Emigranten-Künstler, sogar Thomas Mann, über finanzielle Probleme klagten, sah sich keine Gruppe so beständig im Konflikt zwischen Kunst und Kommerz wie die Regisseure. Und dabei waren sie Profis, die durchaus bereit waren zum Kompromiß und zur Anpassung an den Studio-Druck. Dazu waren sie, wenn auch in geringerem Maße, bereits in Deutschland gezwungen gewesen. Auf gleichsam höchstem Niveau vereitelten bürokratische Zwänge stärker ambitionierte Projekte, auf profanem Niveau waren die Regisseure abhängig von Studio-Arrangements und B-Film-Budgets. Filmkundige mögen ihrer Fähigkeit, aus wenig viel zu machen, Lob zollen, den Regisseuren selbst wäre ein höheres Produktionsbudget sicher lieber gewesen. Das Studio war ihnen Schloß und Gefängnis zugleich, und vielleicht war es das, was sie Gefallen am *film noir* mit seinem Ambiente von Betrug und Ausweglosigkeit finden ließ. Die hinterhältige Lebensqualität in diesen Filmen ist Spiegel dessen, was die Regisseure selbst lebten. Wieviel konnten sie mit einem Film einspielen, d.h. wieviel würde in ihre eigene Tasche fließen?

Künstler übermitteln stets vielfältige Botschaften, manche bleiben ihnen selbst verborgen, weil prosaische Interessen sie blenden. Aber diese Art, um seine Sponsoren und um sein Publikum – immerhin das größte, mit dem es je ein Künstler zu tun hatte – zu buhlen, war neu. So zu arbeiten hatte etwas moralisch Schäbiges. Wie wir wissen, kommentierte Brecht die Jagd nach Jobs in Hollywood poetisch mit: «Und ich… ich schäme mich.» Die Regisseure werden das gut verstanden haben. Einmütig waren sie davon überzeugt, daß sie Besseres hätten leisten können. Die ungestellte Frage war nur, wo?

Das moralische Ungleichgewicht, das die Regisseure an sich und ihren Kollegen beobachteten, machte sie auch hellsichtig für das Heimtückische und Problematische alltäglichen konventionellen Umgangs. Sie als outlaws zu sehen, wäre zu einfach, aber irgendwie hatten sie wohl alle das Gefühl, an der Peripherie des Normalen zu leben. In seinen frühen Berliner Jahren hatte Billy Wilder eine Artikelserie über den Gigolo geschrieben, eine Gestalt, der sich jeder freischaffende Künstler zu seinem Leidwesen verwandt fühlen mußte. Sirk stellte sich gerne vor, wie Shakespeares Absolution aussehen würde: «Mein Junge, ich weiß, wie das in Hollywood war. Ich mußte auch Geld machen, und entsprechend mies waren oft meine Storys.»

Studios, Zensoren, Agenten, die Sprache selbst – alles hatte sich gegen einen Vorrang des Ästhetischen verschworen. Privilegierter, aber auch abhängiger als andere Emigranten-Künstler schufen die Filmregisseure mehr amerikanische Meisterwerke als sie alle zusammen. Nicht, daß sie nicht auch ihr Quantum an Kitsch und Schmus geliefert hätten: Sie waren Profis und damit in gewissem Umfang auch künstlerische Tagelöhner. Und so drehte Max Nosseck *Dillinger* und Steve Sekely *Revenge of the Zombies*. Douglas Sirk behauptete zwar, seine Melodramen trügen eine subversive Last, aber für andere waren sie nichts weiter als hochkarätige Seifenopern. Es war ein disparates Sammelsurium von Filmen, das auf diese Weise entstand: *Harvey, Death of a Salesman, Hell's Kitchen, Porgy and Bess, A Man Called Peter, The Wild Ones, House of the Seven Gables, The Death of Frank James, The Singing Nun* und *Miss Sadie Thompson*. Kein Bereich amerikanischen Lebens, der sich nicht hätte auf die Leinwand bannen lassen. Die Studios verlangten Flexibilität, die Emigranten hatten bereit zu sein für alles. Als Fritz Lang einmal gefragt wurde, ob ihm eine bestimmte Geschichte gefalle, antwortete er: «Gefallen? Schauen Sie, man unterschreibt einen Vertrag.»

Gelegentlich verlangte man von ihnen sogar, ihre eigene Vergangenheit amerikanischen Erwartungen anzupassen. So sind das Wien in Max Ophüls' *Letter from an Unknown Woman* und das Warschau in Ernst Lubitschs *To Be or Not to Be* Phantasie-Städte, gefilmt in Hollywood-Kulissen und bevölkert von Österreichern und Polen, deren Näseln und deren Pollertöne sie als Bewohner Indianas oder Kaliforniens ausweisen. Statt Lokalkolorit führen diese Städte amerikanisiertes Europa vor.

Doch zugleich vermitteln solche Filme auch etwas, das der Emigranten-Geschichte gerechter wird. Bei jeder sich bietenden Gelegenheit konnten die Emigrantenregisseure auf Drehbuchautoren, Kameramänner, Ausstatter und Schauspieler aus ihren eigenen Reihen zurückgreifen. Solche seltsamen Wiedervereinigungen gingen meistens nicht ohne Gewissenskabalen ab. Karl Freund, der Kameramann von *Metropolis*, stand 1944 auch für den Anna Seghers-Film *Das siebte Kreuz* hinter der Kamera. Regie führte Fred Zinnemann, ein weiteres Gewächs der Berliner Studios. Unausgesprochen wandte letzterer Film sich auch gegen die ästhetischen und politischen Visionen von *Metropolis.* Rudolph Maté erreichte in Amerika nur selten die experimentelle Kühnheit, mit der er in den Dreyer-Filmen *The Passion of Joan of Arc* und *Vampyr* oder in Langs französischem Film *Liliom* die Kamera geführt hatte. Eines der wenigen Projekte, das er mit einem Landsmann zusammen realisierte, war Ernst Lubitschs Kriegskomödie *To Be or Not to Be,* ein Film, der laut Lubitsch deutlich machen wollte, daß es einen ernst zu nehmenden deutschen Widerstand gegen Hitler nicht gegeben hatte. Der Kameramann Franz Planer, ein Veteran des UFA-Films, arbeitete im selben Jahr, 1948, für zwei Emigranten: Für Robert Siodmaks *Criss Cross* fing er eindringliche Sequenzen südkalifornischen Lebens ein; und für Ophüls' *Letter from an Unknown Woman* zeigte sich seine Kamera in derselben österreichisch-wehmütigen fin de siècle-Stimmung wie ein Vierteljahrhundert zuvor, ebenfalls unter Ophüls, im Film *Liebelei.*

Die verrückteste Karriere machten die Emigranten-Schauspieler. Ihnen vertraute man oft und gern Nazi-Rollen an. Auf ähnliche Weise kamen die Emigranten-Regisseure dazu, die politischen Verhältnisse in Europa unter die Lupe zu nehmen. 1942, zehn Tage nach dem tatsächlichen Ereignis, plante Fritz Lang bereits einen Film über die Ermordung Heydrichs. Obwohl man für die Deutschen so unwahrscheinliche Darsteller gewählt hatte wie Walter Brennan und Dennis O'Keefe, brachte die Arbeit an diesem Film Lang mit Brecht, Hanns Eisler und dem Emigranten-Schauspieler Alexander Granach zusammen. Lang konnte hier in *Hangmen also die* einen Nazi als Perversen darstellen, den seine Hautunreinheiten mehr beschäftigten als Menschenleben, und in einem anderen den schikanierenden Lehrer seiner Jugend wiederauferstehen lassen. Noch im selben Jahr plante Lang auch eine moderne Version des *Golem* in einer Adaption von Paul Falkenberg und Henrik Galeen, die im okkupierten Frankreich spielen sollte. Es wäre seine Huldigung an die jüdische Tradition gewesen, blieb aber zusammen mit Ophüls' *Magic Mountain,* Jean Renoirs *Dead Souls* und Billy Wilders Plan einer schwarzen *Camille* eines der großen, unrealisierten Emigranten-Projekte.

Wilder hatte das Glück, sowohl sein amerikanisches Handwerk zu beherrschen als auch Themen wählen zu können, die für Emigranten von zentralem Interesse waren. In seinem zweiten Hollywood-Film, *Five Graves to Cairo* (1943), taucht der Held in einem kleinen Hotel auf, das von den deutschen Truppen unter Feldmarschall Rommel – verkörpert von Wilders altem Idol Erich von Stroheim – requiriert worden ist. Wilder schmuggelt deutschen Humor und viel deutschen Dialog ein, der bis auf einige Passagen, die Stroheim auf englisch wiederholt, um alliierten Lauschern unnötige Arbeit zu ersparen, unübersetzt bleibt. Dieser Rommel ist so witzig wie kosmopolitisch. Er möchte den zweiten Akt von *Aida* streichen, weil er ihn zu lang und nicht sehr gelungen findet – ein liebenswerter Sadist und eine Rolle, die von Stroheim auf den Leib geschrieben war. Wilder verteilt seine Sympathien, im Unterschied zu Lang, bei dem wir dergleichen nirgends finden, erstaunlich großzügig. Er zeigt Deutsche, die verstehen und über den Haß, dem sie begegnen, sehr unglücklich sind, die Billy-Wilder-Witze reißen («Das funktionierende Badezimmer geht an das deutsche Oberkommando, das andere an die Italiener») und die amerikanischem Expertentum mit Ehrfurcht begegnen («Sie können es sich leisten zu improvisieren, wir müssen auf Vorbereitung bauen»).

Nach *Cairo* folgten Filme über Los Angeles und New York. Doch die Umstände führten Wilder nach Berlin zurück. 1945 verbrachte er mit der Abteilung für psychologische Kriegführung der U.S. Army sechs Monate in Berlin und half beim Wiederaufbau der deutschen Filmindustrie. Dabei bekam er die Gelegenheit, ein Portrait des zerbombten Berlins zu drehen. Im zweiten Film, den er anschließend in Hollywood drehte, *A Foreign Affair* (1948), geht es um eine selbstgerechte Kongreß-abgeordnete, eine Miss Frost, die sich mit Kollegen informationshalber in Berlin aufhält und sich dort in einen amerikanischen Soldaten (John Lund) verliebt, der aber seinerseits eine ehemalige Nazi-Nachtclubsängerin (Marlene Dietrich) umwirbt. Letztere Besetzung wurde von allen Emigranten, die sich Hitlers erfolgloser Werbung um die Schauspielerin erinnerten, mit Genugtuung vermerkt. Wilders Berlin leidet an einer «moralischen Malaria», die die zynischen Kongreßleute genauso infiziert wie die Schwarzhandel treibenden GIs. Die Berliner selbst laufen geradezu schlafwandlerisch durch die Welt («Fünfzehn Jahre lang haben wir in Deutschland geschlafen»), sind aber hellwach, werden sie eines Schokoladenkuchens ansichtig («Eine Schokoladen-torte!» schreien sie, und jeder ehemalige Berliner dachte sofort an all die Kuchen und Torten, die es den Ku'damm hinauf und hinab zu kaufen gab).

Wilder nahm die Rache des Filmregisseurs und warf den Nazis Berliner Frechheiten (mit ihrer letzten tödlichen Reise machten Hitler und Eva Braun sich auf zu «vollkommenen Flitterwochen»; das Tausendjährige Reich war eine Angelegenheit, die «den Buchmachern das Herz brach») vor. Marlene Dietrich, so stellt sich heraus, hat höchst anstößige Verbindungen, aber sie ist von einer so reizenden Aufrichtigkeit («Eine Frau», macht uns der Film weis, «wechselt ihre politischen Ansichten wie ihre Mode»). Politiker und Kritiker waren von dieser Zurschaustellung europäischer Amoralität gleichermaßen entsetzt. Die Darstellung der Dietrich, befand ein Kritiker, zeuge von «verderbtem Geschmack». Das Verteidigungsministerium stritt in einer Verlautbarung jede Ähnlichkeit der Film-GIs mit amerikanischen Soldaten ab. Aus dem Repräsentantenhaus kam der Vorwurf, Wilder habe die Amerikaner so despek-tierlich behandelt wie die Deutschen, als gäbe es da keinen Unterschied.

Dagegen war das Wien der Jahrhundertwende, in dem Max Ophüls' *Letter from an Unknown Woman* (1948) spielte, politisch neutraler Boden. Die Gefühle, die er weckte, und die Zeit, in der er spielte, bewahrten den Film vor Kontroversen. Die Geschichte des Films basiert auf einer Novelle von Stefan Zweig und verspricht Kitsch in Vollendung: Ein junges Mädchen (Joan Fontaine) weiht ihr Leben einem Konzert-pianisten (Louis Jourdan). Obwohl sie einander mehrfach begegnen und er sie während eines dieser Treffen schwängert, stellt er zwischen solchen Begegnungen keinerlei Verbindung her – sie bleibt namenlos, eine «Unbekannte». Ihr Brief erreicht ihn erst nach ihrem Tod – sie stirbt, ihren Sohn stillend, an einem Typhusanfall. Der Film schließt mit einem lächelnden Jourdan auf dem Weg zu einem Duell, verfolgt von ihrem Geist und pervers beglückt von der Aussicht auf Eros und Thanatos.

Das ist Kitsch mit Schlag, und noch sorgfältiger als in der ähnlich sentimentalen *Liebelei* vermeidet es Ophüls, daß der Film ins Lächerlich-Triviale abgleitet. Letztlich ist es ein amerikanischer Film, bestimmt für ein amerikanisches Publikum. Ophüls versteht es, die Schauspieler brillant zu führen: die Geschichte mag rührselig sein, die Schauspieler sind es keinesfalls. Er besitzt Gespür für das Detail und überbordenden Sinn für Humor. In einer Einstellung tanzen Jourdan und die Fontaine in einem Wiener Café zur Musik einer Damenkapelle. Diese Damen mit dem unüberhörbaren Akzent – vermutlich Hollywood-Emigrantinnen, die den großen Durchbruch nie schaffen würden – beobachten das Liebespaar mit einem Mißvergnügen, das ihrem Zynismus wie ihren zu eng gezurrten Gürteln entspringt. Sie bevorzugen Ehepaare, für die die Zeit der versunkenen Marathons auf dem Tanzboden vorüber ist. Wie so viele bedient sich auch Ophüls Hollywoods, um den Konventionen des europäischen Pathos eins auszuwischen.

In keinem seiner amerikanischen Filme ist es Ophüls besser gelungen, das zu realisieren, was er «eine neue Art der Spannung» nannte, «wie es sie in keiner Form dramatischen Ausdrucks je gegeben hat, die Spannung bildlich vermittelter Atmosphäre und sich verändernder Vorstellungen». In den Anfangsszenen verbildlichen durchscheinende Schatten und weiche Kameraschwenks lyrisch wie halluzinatorisch die Leidenschaft des Mädchens. In erheiterndem Kontrast zeigt die nächste Einstellung einen dicken Teppich, der geräuschvoll geklopft und über einen belebten Hof gerollt wird. Bögen, Säulen, Fenstergitter, Radspeichen stehen für Phantasien, Niederkunft und nahen Tod. Bewegung selbst bekommt die Kraft einer visuellen Metapher. Wenn Jourdan schließlich kommt, um der Fontaine seine Liebe zu erklären, steht jeder seiner Schritte für all ihre Sehnsüchte und Strategien, ihre endlosen, monomanen Berechnungen, stürmt mit jedem Schritt so sehr auf den Zuschauer ein, daß er fast mit ihr die Besinnung verliert. Die nächsten beiden Filme, die letzten, die Ophüls vor seiner Rückkehr nach Europa (1950) drehte, spielen in der Gegenwart. Sie sind weniger gefühlsträchtig, von fast dokumentarischer Qualität, als habe er mit dem *Brief* Abschied genommen von den lieblichen und schicksalsschweren Formen europäischer Filmkunst.

In den sechziger Jahren verglich die Filmkritik etwas unglücklich die Technik der schnellen Schnitte, die russische Regisseure aus Gründen der Dialektik bevorzugten, mit den langen Einstellungen und dem psychologischen Tiefgang der großen deutschen Regisseure. Dabei ist zu betonen, daß auch das deutsche Verfahren ganz bewußt als dialektisches Mittel eingesetzt wurde, allerdings war hier der Rhythmus subtiler. Die deutschen Regisseure brauchten sich für ihre Effekte nicht der Montage zu bedienen, sondern verweilten mit der Kamera auf Einrichtungsgegenständen, Winkeln, Gebäuden, Fenstern – kurz, auf den visuellen Komponenten, die neben den eigentlich handelnden Personen eine Szene bestimmten. So lieferten sie indirekt oft auch ein Bild der Widersprüche, die der dem Kapitalismus hörigen Welt der Macht und des Glamour innewohnen, zu deren Symbol Hollywood geworden war. Ganz ohne rhetorische Mittel schafften sie es, um mit Brecht zu sprechen, «die Ware zu liefern».

Aber auch die Menschen und Schicksale, die sie auf die Leinwand brachten, waren ein Versuch dazu. Zu einer Zeit, als Ronald Reagan, der ehemalige Präsident der Screen Actors Guild, erklärte, die Nation wisse nicht einmal, daß sie ein Rassenproblem habe, waren die Flüchtlinge nahezu die einzigen, die sich über den Film mit den Problemen der Schwarzen beschäftigten (abgesehen von den low-budget-Filmen, die ausschließlich für ein schwarzes Publikum heruntergekurbelt wurden). Sicher, da gab es in den zwanziger Jahren King Vidors *Hallelujah* und in den Vierzigern *Cabin in the Sky* von Vincente Minnelli und Elia Kazans *Pinky*, doch das Engagement der Flüchtlinge für schwarze Filme war unverhältnismäßig groß. 1939 drehte Edgar Ulmer *Moon over Harlem*, ein Film mit ausschließlich schwarzer Besetzung. Wie immer arbeitete Ulmer mit einem Budget, das kaum der Rede wert war – seinen Laienschauspielern konnte er ganze 25 Cent pro Tag zahlen. Ulmer glaubt, daß er sich in Amerika als erster der späteren Methode Rosselinis bediente, was seinen Grund wohl in erster Linie darin hatte, daß für professionelle Schauspieler das Geld fehlte.

Schwarze Schauspieler spielten auch in Sirks *Meet Me at the Fair,* und Sirk selbst ist der Meinung, daß das einzig interessante Moment in *Imitation of Life* das «black is beautiful»-Motiv ist (in diesem Film geht ein schwarzes Mädchen als Weiße durch – die Hauptdarstellerin ist übrigens die Emigranten-Tochter Susan Kohner). Anfang der fünfziger Jahre trug Billy Wilder den Plan zu einer schwarzen *Camille* im Kopf, mit Lena Horne als Dirne, Paul Robeson als Vater und – eine interessante Wahl – Tyrone Power als Mischlingssohn. Doch die provozierendsten Projekte waren typischerweise die Fritz Langs. Sein Held in *Fury* (1936) wird für sein angebliches Verbrechen beinahe gelyncht. Lang hatte gehofft, die Lynch-Problematik kompromißlos in Szene setzen zu können: Lynch-Opfer sollte der schwarze Vergewaltiger einer weißen Frau sein, doch den Studios war das zu heikel. Um das Südstaaten-Publikum nicht zu vergrämen, verkürzte man den Film auch um eine Szene, in der ein schwarzes Mädchen von der Freiheit singt. Viele Jahre später drehte Lang *House by the River* (1950), einen düsteren Film, in dem der Sprößling einer Südstaaten-Familie ein Dienstmädchen ermordet. Letzteres sollte nach Langs ursprünglichem Plan eine Schwarze sein, aber wieder konnte er sich damit nicht durchsetzen. Der einzige, der bekam, was er wollte, war wohl Otto Preminger, aber auch er gibt inzwischen zu, daß seine Musicals *Carmen Jones* und *Porgy and Bess* Filmmärchen sind und mit schwarzem Leben nicht viel zu tun haben – immerhin fanden auf diese Weise, was selten gelang, viele schwarze Schauspieler Arbeit.

Die Filme der besten Emigranten-Regisseure waren Maßstab für die filmische Darstellung amerikanischen Lebens, hielten seine Riten und Routinen mit einer Genauigkeit fest, die bereits an den Neorealismus gemahnte. Die unterschiedlichsten Arbeitsplätze Amerikas – das Pfandleihgeschäft in Wilders *Lost Weekend,* das Versicherungsbüro in seinem *Double Indemnity* und die Ankleidezimmer in den Villen von *Sunset Boulevard,* die schäbige Finanzgesellschaft in Ophüls' *Reckless Moment,* das Fischkonserven-Fließband in Langs *Clash by Night* – werden mit allem, was für sie charakteristisch ist, eingefangen. Jerry Wald, der Produzent von *Clash by Night,* hatte Zweifel, ob Lang «als Europäer» geeignet sei, einen so typisch amerikanischen Arbeitsplatz in seinem Wesen zu erfassen. Langs Antwort darauf: «Sieh mal, Jerry, entweder man ist Regisseur oder man ist es nicht.»

Die beste Rechtfertigung für dieses Bemühen ums Detail stammt ebenfalls von Lang: «Jeder ernsthafte Film, in dem es um Menschen von heute geht, muß ein Dokument seiner Zeit sein.» Damit haben wir auch einen Maßstab für die USA-Sicht in Langs meisterhaft gemachten Filmen des «schwarzen» Genres. Diese Filme aus den vierziger und frühen fünfziger Jahren vereinen Realismus der Handlung mit einer so spezifischen Technik des Kontrastes von Licht und Schatten, daß sie rückblickend nahezu surreal anmuten. Den Reigen solcher Filme eröffnete Wilders *Double Indemnity* (1944), in dem eine Welt beschworen wird, die man nur mit dem – Klima und Menschen gleichermaßen charakterisierenden – Begriff *unfreundlich* bezeichnen kann.

In der ersten Szene bricht ein Versicherungsangestellter (Fred MacMurray) in einem Sessel zusammen und diktiert seinem Chef (Edward G. Robinson) ein Geständnis. MacMurray verliert sofort unsere Sympathie, obwohl sein rauher Charme uns zugleich auch zur Identifikation mit ihm zwingt. Wilder mutet seinem amerikanischen Publikum ein bisher nicht dagewesenes Maß an Ambivalenz zu. Eine verdorbene Vorstadt-Hausfrau (Barbara Stanwyck) hat MacMurray verführt, ihren Mann zu ermorden. Zum Schluß ist er so demoralisiert wie sie, und in einem buchstäblichen Todestanz erschießen sie sich gegenseitig. Die Bilder des Films sind von müheloser allegorischer Kraft: Auf dem einen Stockwerk des Büros der Anschein emsiger Arbeit, Mummenschanz auf dem anderen; ein Markt, auf dem die Stanwyck und MacMurray sich verstohlen treffen: dürstende Seelen inmitten prangender Früchte.

Ebenfalls in den vierziger Jahren drehte Fritz Lang die beiden bemerkenswerten «schwarzen Filme» *The Woman in the Window* (1944) und *Scarlet Street* (1945), beide mit Edward G. Robinson und Joan Bennett in den Hauptrollen. Wie Wilder in *Double Indemnity* oder er selbst in *M* zwingt Lang sein Publikum, sich mit Verbrechern zu identifizieren und um deren Freiheit zu bangen. *Scarlet Street* ist eine Adaption von Renoirs *La Chienne* und spielt statt in Montmartre in Greenwich Village. Der Film ist voll dichter, aussagestarker Vignetten: Hornblasende Heilsarmeeprediger an der Straßenecke versinnbildlichen die Abkehr des Helden von konventioneller Moral; er selber pfeift zu zunehmend atonaler Orchestrierung «Melancholy Baby»; Zeugen vor Gericht werden auf expressionistische Manier fotografiert, ihre Torsos perspektivisch verkürzt oder gestreckt. Lichteffekte umgeben beide, Robinson und Dan Duryea, den Zuhälter, den Robinson des Mordes an ihrer gemeinsamen Geliebten (Bennett) beschuldigt, mit dem Nimbus des Eingesperrtseins. Geometrische Muster von Licht und Schatten begleiten Duryea auf seinem Weg zum elektrischen Stuhl. Eine Tür schlägt, als der unsichtbare Mann bittet: «Gibt mir denn niemand eine Chance?» Ähnliche Muster umgeben einen wahnsinnigen Robinson (und zehn Jahre später dann den psychotischen Mörder in Langs *While the City Sleeps*), als sei auch über ihn das Urteil gesprochen.

Das sind große Filme, deren amerikanische Szenerie mit Bedacht gewählt ist. Anfang der fünfziger Jahre stand Lang für ein Jahr auf der schwarzen Liste, obwohl er bestritt, jemals Mitglied der kommunistischen Partei gewesen zu sein. Sein zweiter Film nach dieser unfreiwilligen Schaffenspause, *The Big Heat,* ist vielleicht sein Meisterwerk. Auch dieser Film ist in Ton und Ambiente durch und durch amerikanisch und zugleich einer der düstersten in der Geschichte Hollywoods. Als ein junger Polizist (Glenn Ford) die politische Korruption in seiner Stadt untersucht, legt ihm der Mob eine Bombe ins Auto. Statt seiner stirbt seine Frau. Kriecherische Vorgesetzte behindern die Untersuchungen, wo sie nur können, bis der junge Polizist schließlich sogar den Dienst quittieren muß. Mit der Unterstützung eines Gangsterliebchens (Gloria Graham) entlarvt er die verlogenen Rechtsanwälte und bemächtigt sich der Gangster, soweit sie bis dahin nicht bereits eines gewaltsamen Todes gestorben sind.

Lang war immer der Meinung, daß die Kamera die Wahrnehmung des Helden wiedergeben sollte. Glenn Ford «wird zum Publikum», und mit ihm entdeckt die Kamera die «Folgen der Gewalt», läßt uns seinen Schrecken fühlen. Wir sind mit ihm im Haus, als sein Wagen explodiert – die furchtbare Erschütterung scheint die ganze Leinwand zu ergreifen. Wir sind bei ihm, als er entdeckt, daß er niemandem – weder dem Commissioner noch den Mitgliedern des Stadtrats – vertrauen kann. Die einzige, die so etwas wie Integrität besitzt, ist eine Buchmacherin, und sie ist, im Unterschied zu den Glamour-Gangstern und white collar-Verbrechern mit teuer erkaufter und wohlgepflegter Gesundheit, verkrüppelt. Doch auch Gloria Graham muß erst Narben davontragen – ein kleiner Ganove (Lee Marvin) verbrüht sie mit heißem Kaffee –, um zu den Guten gezählt werden zu können.

Überall sind wir umgeben von Winkeln und Ecken, als habe der Raum sich auf sich selbst zurückgezogen. Vorhänge halbieren Wände und Räume in einem Nachtklub, einem schäbigen Hotelzimmer, einer kleinbürgerlichen Küche und einem Salon der gehobenen Mittelklasse. Nach ihrer Verletzung hält Gloria Graham sich beharrlich in einer Ecke auf, um ihre Entstellung um so mehr der Aufmerksamkeit des Publikums preiszugeben. Gegen Ende des Films tötet sie die so wohlanständige wie korrupte Witwe eines Würdenträgers der Stadt und erklärt: «Unter dem Nerz sind wir Schwestern.» Nachdem sie Marvin ihrerseits verbrüht hat, erschießt er sie. Sterbend bittet sie Ford, ihr von seiner Frau zu erzählen. Während er das tut, sehen wir ihr Gesicht im Halbprofil, und erst, wenn sie sagt: «Ich mag sie, ich mag sie sehr», wendet sie sich ihm ganz zu: das Mißgebildete enthüllt sich einmal mehr als das eigentliche Ganze.

Triumphiert die Gerechtigkeit? Als Ford auf Druck des Mob ohne Polizeischutz bleibt, bewachen ihn sein Schwager und andere Nachbarn, etliche von ihnen ehemalige Soldaten. Das ist Populismus oder Selbstjustiz. Ford kehrt zwar zur Polizei zurück, doch in der letzten Szene des Films erteilt er beim Verlassen seines Dienstzimmers einem Assistenten den höchst beunruhigenden Befehl: «Halten Sie den Kaffee heiß!»

Der *film noir* setzt einen Alptraum so stilisiert in Szene, daß man seine Realitätstreue bezweifeln kann. Interessanter ist vielleicht, wie die Emigranten mit dem Amerikanischen Traum umgehen, der Ideologie, die letztlich alle Hollywood-Filme trägt. Indem sie den Glamour abwechselnd zelebrierten und unterwanderten, gerieten alle Emigranten in dieselbe Verstrickung. Seit den Tagen der Berliner Cafés, als Karl Kraus ihnen ihre moralischen Fehler vorgehalten hatte, bewegte die intellektuellen Meister der populären Kultur die nämliche Frage: Trugen sie, indem sie dem Unechten zur Schönheit verhalfen, nicht zu seinem Triumph bei? Wie andere Emigranten-Künstler suchten auch die Regisseure die Lösung im respektlosen – indirekten, dialektischen, aber unübersehbaren – Hinterfragen all der Werte, die man gemeinhin mit Hollywood verband. Am subversivsten waren sie nicht in den manierierten Filmen der schwarzen Serie, sondern in ihren eher soliden und nüchternen Arbeiten.

Bei Otto Preminger denkt man zunächst an seine späteren, mittelprächtigen Spektakel, doch mit seinen besten frühen Filmen gelang es ihm, aus dem üblichen Melodram etwas sehr viel Strengeres, Echteres, ja sogar Dokumentarisches zu machen. In *Laura* (1944) liegen Welten zwischen den Tagträumen des Helden, die um ein ermordetes reiches Mädchen kreisen, und der Wirklichkeit der ganz hübschen, aber keineswegs unwiderstehlichen Heldin. Das ist Premingers Verständnis von Sehnsucht, seine Variation des Proustschen Themas, daß wir uns ein Liebesobjekt konstruieren, das allzu oft mit dem Menschen, den wir in den Armen halten, nichts gemein hat. Gleichzeitig malt Preminger ein Bild der Café-Society. (Zum erstenmal spielt hier, als sympathische Bedienerin, eine Schwarze die Rolle in einem Preminger-Film.) Ein Jahr später dreht er mit *Fallen Angel* wieder ein Melodram mit den üblichen absurden Zufällen, macht aber aus dem traditionellen amerikanischen Konflikt zwischen einem blonden Engel (Alice Faye) und einem dunkelhaarigen Vamp (Linda Darnell) nunmehr auch einen sozialen: Alice Faye ist ein reiches unschuldiges Mädchen, Linda Darnell eine liebesfreudige Kellnerin. Auch in seinen anderen Filmen begegnen uns eine Vielzahl hyperbolischer Typen: ein Modeschöpfer (*Daisy Kenyon*, 1947), ein Astrologe (*Whirlpool*, 1949), ein sadistischer Cop (*Where the Sidewalk Ends*, 1950) und ein inzestuöser Psychopath (*Angel Face*, 1952). Sie alle zeigt er präzise als Mitglied ihrer Klasse und in ihrer sozialen Umgebung und gibt ihnen damit eine Würde, die den melodramatischen Handlungsrahmen sprengt. Doch wo Douglas Sirk später jeden Exzeß auskostete, stand Preminger letztlich immer auf der Seite des Schicklichen. In *Daisy Kenyon*, einer Dreiecksgeschichte aus der Nachkriegszeit, ist die Heldin (Joan Crawford) eine Karrierefrau, und Preminger zelebriert den Lohn der Mühe – ein geräumiges Apartment, ein interessanter Job –, während das «schickere Milieu» ihres Liebhabers seiner heimlichen Satire anheimfällt.

In seinen späteren Filmen nimmt sich Preminger der sogenannten «großen Themen» der Nachkriegs-USA an. Dabei bewies er gelegentlich beträchtlichen politischen Mut. 1959 setzte er sich über die schwarze Liste hinweg und engagierte Dalton Trumbo als Drehbuchautor für *Exodus*. Für Preminger war das eine Geste amerikanischen Fair plays. Aus einem ähnlichen Grund übernahm er den Fremdenhaß der Romanvorlage nicht in seinen Film. Seine Version hielt es weder mit den Arabern noch mit den Zionisten: «Es ist schließlich ein amerikanischer Film, und er erzählt die Geschichte so, daß beide Seiten Gelegenheit haben, ihre Sache zu vertreten.» Wir haben es hier mit dem uns mittlerweile vertrauten Fall eines Flüchtlings zu tun, der den Amerikanern eine Lektion in der Einhaltung ihrer eigenen Prinzipien erteilt. Als Edward R. Murrow Einwände gegen den Zynismus erhob, mit dem Preminger in *Advise and Consent* die Politik bedachte, erwiderte dieser: «Ich glaube, daß unsere Waffe die Wahrheit ist. Ich glaube, wenn wir Amerika zeigen, wie es ist, ... machen wir anderen Ländern klar, ... daß wir die Freiheit haben, zu sagen, was wir wollen.» Preminger setzte gegen die Hollywood-Zensoren durch, daß die Wörter «Jungfrau» nicht aus dem Dialog von *The Moon Is Blue* und «Abtreibung» nicht aus *Anatomy of a Murder* gestrichen wurden, ein schönes Beispiel dafür, wie ein Emigrant dazu beitrug, die öffentliche Sprache der USA von einigen Zwängen zu befreien. Mit der Drogenabhängigkeit des Helden in *The Man with the Golden Arm* und der Szene in der Homosexuellen-Bar in *Advise and Consent* brach er ähnliche Tabus.

Als Max Ophüls sich schließlich amerikanischen Themen zuwandte, ging es auch bei ihm darum, daß materieller Erfolg nicht das Wichtigste im Leben ist. Während die nebelhaft-romantischen Träume seiner europäischen Helden nach einem halluzinatorischen Moment verlangt hatten, wählte er für die Darstellung amerikanischer Charaktere eine direktere und nüchternere Strategie. Daß er über das Melodram hinausgehen würde, konnte man erwarten, nicht aber das Ausmaß, das sein «Understatement» erreichte. In *Caught* und *The Reckless Moment* verläßt er sich nicht auf Studio-Effekte, sondern wählt als Schauplätze vermehrt «natürliche» Umgebungen. In *Caught*, produziert übrigens von Wolfgang Reinhardt, dem Sohn Max Reinhardts, heiratet ein Mannequin einen reichen Psychopathen und verläßt ihn schließlich wegen eines Arztes der Armen. Ophüls zeigt uns die Heldin in ihren verschiedenen Umgebungen – im Eisenbahnabteil, im Haus ihres Mannes, im Sprechzimmer des Arztes –, widmet jedem Schauplatz eine präzise Aufmerksamkeit, und die wirbelnde Bewegung der Kamera wird zum Ausdruck ihres verwirrten Zugehörigkeitsgefühls.

The Reckless Moment kommt von allen Ophüls-Filmen einer Seifenoper am nächsten, und in der Tat schrieb einer seiner Autoren später die Fernsehserien *The Guiding Light* und *As the World Turns*. Während ihr Mann auf einer Geschäftsreise ist, bekommt es eine kalte, fantasielose Hausfrau (Joan Bennett) bei dem Versuch, ihre Tochter vor einer Mordanklage zu bewahren, mit Erpressern zu tun, von denen einer (James Mason) sich in sie verliebt. Jahre vor Sirk zeigt Ophüls üppige Innenräume, die ihre Bewohner verschlingen. Stets ist sich der Zuschauer der Treppe bewußt, der langen Halle mit den verschiedenen symmetrisch abgehenden Räumen, aus denen die Verwandten Joan Bennetts auftauchen wie Figuren aus einer Kuckucksuhr. Ihr Heim bietet Joan Bennett keinerlei Schutz, es gibt darin keinen Ort, wohin sie sich zurückziehen und nachdenken oder – nach Masons Tod – trauern könnte. Die Befreiung, die ihr am Schluß zuteil wird, macht ihre Gefangenschaft erst vollkommen. Während sie mit ihrem immer noch abwesenden Mann telefoniert, bricht sie zusammen, wir sehen sie eingerahmt von zwei Treppenpfosten, abgeschnitten von ihrer Familie und ihrem Heim, und es sieht so aus, als sei es fürs Leben.

Zwischen Ophüls' erstem amerikanischen Film, der bezeichnenderweise *The Exile* hieß und im siebzehnten Jahrhundert spielte, und seinen letzten beiden mit ihren zeitgenössischen Themen lagen kaum ein paar Jahre. Natürlich hatte Ophüls sich während der Zeit seiner Arbeitslosigkeit auf seinen schließlichen Durchbruch vorbereitet. Er begegnete Amerika und seinen Filmen mit der Neugier eines Touristen. Er war, wie er es nannte, ein Fan.

Auch Douglas Sirk fing später viele Facetten der amerikanischen Wirklichkeit ein, doch seine Lehrjahre dauerten länger. Sein erster amerikanischer Film, *Hitler's Madam* (1942), hatte die Ermordung Heydrichs zum Inhalt. Er drehte mit amerikanischen Schauspielern und einer weitgehend europäischen Crew, zu der verbotenerweise auch Eugen Shuftan, der nicht Mitglied der «guild» war, als Kameramann gehörte. Die nachfolgenden Filme waren «literarische» Filme, und europäische Einflüsse dominierten: In *Lured* (1947) zum Beispiel treffen wir in London auf einen Baudelaire zitierenden Ritter Blaubart des fin de siècle. Versuch und Irrtum brachten Sirk schließlich auf einen Weg, der amerikanischen Themen angemessener war.

Zum Erfolg gelangte Sirk mit Charakteren, die seinem Temperament, so sollte man meinen, eigentlich fernlagen: bigotte, abergläubische, materialistisch eingestellte Männer und Frauen. Sirk hatte die Erfahrung gemacht, daß deren Mangel an Kultur ihn nicht daran hindern könne, seinerseits kreativ zu sein und sein Können zu entfalten. Schließlich waren es zwei Typen, die ihn vornehmlich beschäftigten: eine «unerschütterliche» zentrale Figur, um die herum sich die unbeständigeren Charaktere bewegten, und die charakterlich komplizierte Gestalt, die sich «um sich selbst drehte». Am liebsten schuf er Frauengestalten, manche so träge und dümmlich wie Lana Turner in *Imitation of Life*, andere so lebenstüchtig und unabhängig wie Jane Wyman in *All That Haven Allows*. Oft sind Sirks Heldinnen Vorstadthausfrauen, die ihre häuslich-dekorativen Rituale gegen emotionale Anarchie eintauschen, letztere versinnbildlicht durch ihre Zuneigung zu jüngeren, ärmeren Männern. (Weil seine Budgets es ihm zunächst nicht erlaubten, große Stars zu engagieren, war Sirk gezwungen, aus unbekannten Schauspielern wie Rock Hudson Matinee-Idole zu machen.)

Sirk behauptet, daß die Befreiung der Frau in seinen Filmen der gängigen amerikanischen Auffassung von der Familie diametral entgegenstehe. In *All I Desire* (1953), für die Leinwand eingerichtet von der Emigrantin Gina Kaus, «kehrt eine Frau mit all ihren Träumen und all ihrer Liebe zurück – und alles, was sie findet, ist die verrottete, rückständige amerikanische Mittelklasse-Familie». Der Produzent bestand darauf, daß diese Frau, statt spornstreichs zu ihrem Liebhaber zurückzukehren, bei Mann und Kindern blieb, doch das «happy end» mutet an wie eine Verurteilung.

Für einen Regisseur, der vornehmlich Frauenfilme dreht, ist Sirks Einstellung Kindern gegenüber höchst unsentimental. «Die Frage ist: Sind Kinder wirklich rein? Ich glaube nicht. Ihre Unschuld geht schnell verloren. Sie sind Symbole der Melancholie, nicht der Reinheit.» Also müssen sich Sirks Mütter von ihren Familien lösen. Seine Seifenopern, so behauptet er, nähmen in Wirklichkeit auf subtile Weise die amerikanische Romantik aufs Korn, spürten hinter dem modernen Traum vom Erfolg den wirklichen amerikanischen Traum auf. Wenn in *All That Heaven Allows* (1955) eine Mutter ihrem hochnäsigen Nachwuchs zum Trotz mit dem Gärtner durchbrennt, ist ihre Befreiung «im Grunde» eine Hommage an *Walden,* von dem ein Exemplar in Großaufnahme erscheint.

Sirks spätere Erfolgsfilme machen den Niedergang bürgerlichen Eigentums und Selbstvertrauens noch deutlicher– *Written on the Wind* (1956) ist «das Portrait und in gewisser Hinsicht auch die Antizipation einer Lebensform»: Sirk hinterfragt die Fallen des Erfolges, wenn auch seine Kamera sie attraktiv ins Bild zu setzen versteht. Noch endet keiner seiner «good guys» im Elend – die Kritik materialistischer Ambitionen bleibt eine implizite.

The Tarnished Angels (1957), eine Filmversion von William Faulkners *Pylon,* beschwört die vertrackten Qualitäten normalen amerikanischen Lebens. Der Film ist eine Studie über frei arbeitende Piloten und fängt den ganzen armseligen Charme von Bars, Karnevalstreiben und Mardi Gras-Paraden ein. Es gibt hinreißende Aufnahmen von Flugzeugsilhouetten, die sich, fast den Boden streifend, gegen einen Strand abheben. Und als solle ein Mythos zerstört werden, stürzt eines der Flugzeuge in schrecklicher Klimax beinahe in das karnevalistische Treiben: Sirk bedient sich geschickt der Möglichkeiten des Breitwandfilms und füllt die Leinwand mit Karnevalsbesuchern, die – Stellvertreter des Publikums – in alle Richtungen fliehen, wozu ihnen im Moment nicht mehr Raum bleibt, als die Kamera innerhalb der Leinwandgrenzen einfangen kann.

Sirk konnte ernsthaftere Kritik nur verschleiert äußern. Wollte man eine aggressivere Bloßstellung amerikanischer Fiktionen, mußte man sich an Billy Wilder halten, den wohl besonders gründlich amerikanisierten Emigranten-Regisseur. Obwohl er sich gerne plebejisch gab, war auch er einst ein intelligenter jüdischer Bürgerjunge gewesen, der Karl Kraus las und zusammen mit Bertolt Brecht auf Partys ging. In Berlin hatte er sich, zu einer Zeit, als Interesse an populärer Kunst, Gesellschaftsleben und radikale Politik einander noch nicht verboten, etlichen Avantgardebewegungen angeschlossen. Als er sich der Filmkunst zuwandte, tat er das bei exzellenten Lehrern: Ernst Lubitsch, Erich von Stroheim und dem Drehbuchautor Carl Meyer. Diese Männer repräsentierten eine künstlerische Vielfalt, die eine spröde Komödie genauso umfaßte wie ein psychologisches Melodram und einen selbstbewußten Ästhetizismus.

Wilders Darstellungen des amerikanischen Lebens sind – je nach Standpunkt – zynisch oder realistisch. Sein *Ace in the Hole* (1961) behandelt amerikanische Journalisten mit einer brutalen Verachtung, die eines Karl Kraus' würdig gewesen wäre. *Kiss Me Stupid* (1964) legt nahe, daß Kleinstadt-Trampel reif sind für eine sexuelle Revolution und veranlaßte einen Kommentator zu der Forderung, Wilder als Verderber von Moral und guten Sitten des Landes zu verweisen. Und in *A Foreign Affair* steht es, wie wir bereits sahen, mit der Moral amerikanischer GIs nicht zum besten. Solche Filme trafen bei Kritikern wie Hollywood-Gewaltigen gleichermaßen auf Widerspruch. Am lautesten schrie Hollywood aber auf, als es *Sunset Boulevard* (1950) sah. Nach der Premiere soll Louis B. Mayer gesagt haben: «Man sollte Sie teeren und federn und aus Hollywood jagen.» Wilder selbst sieht in solchen Äußerungen alte Vorurteile gegen die Flüchtlinge am Werk: «Sie dachten ‹Dieser Hurensohn mit deutschem Akzent, Wilder, beißt die Hand, die ihn ans rettende Ufer zog und immer noch füttert.›» Wieder das Spiel mit einem amerikanischen Idiom, einer Formulierung von Nabokov gleich, wie es nur ein Nicht-Amerikaner fertigbringt.

Vielleicht gilt das auch für *Sunset Boulevard*. Ganz sicher aber entblättert hier ein Emigrant höchst dramatisch den amerikanischen Traum, und zwar in der Inkarnation seiner Zeit: Hollywoods. Der Film war der Triumph eines Emigranten, der in der amerikanischen Realität vollkommen zu Hause war, und er war eine Herausforderung an seine amerikanischen Auftraggeber. Indem er das System für Außenstehende durchschaubar machte, erreichte der Emigrant Billy Wilder ein großes Ziel: ein intimer Kenner der amerikanischen Kultur und doch nicht völlig Teil von ihr zu sein. Wie so oft sorgt der Berliner Ton für eine wohltuende Distanz vom Kitsch der Handlung.

Sogar heute noch überrascht *Sunset Boulevard* mit der Vielfalt der Phänomene, auf die er das Augenmerk lenkt. Derselbe Wilder, der in *Double Indemnity* südkalifornische Märkte und Büros filmte, führt uns hier an die Arbeitsstätten Hollywoods. Viele Zuschauer waren fasziniert von dem prunkvollen Mausoleum, das Norma Desmond (Gloria Swanson) mit ihrem Diener und gewesenen Ehemann (Erich von Stroheim) bewohnte. Doch Wilder zeigt uns auch die beengte Bleibe eines arbeitslosen Drehbuchautoren (William Holden), so schäbig, daß wir uns in einem Edgar-Ulmer-Film wähnen, und er zeigt uns die Studiogebäude, ebenso roh zusammengezimmert und niedrig wie die Büros, die nur über wackelige Treppen zu erreichen sind – Arbeitsplätze auf Abbruch.

Am ärgsten verübelte Hollywood Wilder die Demontage von Gloria Swansons Glamour. Sogar Charles Brackett mißfiel, wie der Film sie als Produkt der Kosmetik zeigte: Was ging es die einfältigen Zuschauer an, daß ihre Träume buchstäblich vom Make-up zusammengehalten wurden? Die Swanson wird im Film zur Verkörperung Alt-Hollywoods. Wie eine Königin residiert sie unter ihren alten Freunden, dargestellt von den ehemaligen Stars Stroheim, H. B. Warner, Buster Keaton und Anna May Wong, oder sie stolziert umher wie ein Schatten Charlie Chaplins – die Pose einer Pose einer Pose. Wenn die jungen Liebenden William Holden und Nancy Olson ihren Flirt beginnen, ist ihr Dialog eine blitzschnelle Abfolge von Zitaten und Klischees alter Filme und endet mit dem Seifenopern-Titel «Life Can Be Beautiful»: Ein sehr frühes Beispiel für den Filmhelden als Archivar. In einer Ironie, wie sie im Treibhausklima Hollywoods gedieh, sprechen diese beiden ehrgeizigen Autoren nur noch in Anführungszeichen miteinander. Doch sie bleiben, mit einem guten alten amerikanischen Wort, das im Film immer wieder vorkommt – Fans; dafür gibt es kein deutsches Äquivalent – auch Brecht und Ophüls mußten sich seiner bedienen.

Sunset Boulevard ist auch einer der ersten Filme, der den Götzendienst des Fans mit der Hingabe und Ergebenheit des Liebenden verschmilzt. Einst hatte von Stroheim die Swanson den Fans zum Geschenk gemacht, jetzt wird er in seiner letzten

Maskerade zu deren Double – ein einzelner Mann, der Woche um Woche Hunderte von Fan-Briefen verfaßt. Zu dieser Zeit verkündeten Emigranten, was jeder wußte, der auf den Bestsellerlisten glänzen wollte: Im Spätkapitalismus war populäre Kunst vergängliche Nebensache, ein Industrieartikel. Wilder blickte noch tiefer. Alle Welt hatte sich von der Swanson abgewandt, nur von Stroheim bleibt ihr ergeben, für ihn ist sie alles, was zählt und zugleich sein Geschöpf, ein Objekt der Anbetung und eine Verrückte, die man beschützen muß. Daß ein solches Bewußtsein nicht zu trennen ist von materiellen Bedingungen, von Kassenerfolgen und Aufnahmeplänen, ist Wilders triumphaler amerikanischer Ausdruck einer europäisch-literarischen Einsicht. Literarische Sensibilität, die mit nachhaltigen visuellen Bildern den Mythos der Hollywood-Träume zerstört: Hier war es einem Emigranten gelungen, all das zu vereinen.

Trotz allem, was sie augenscheinlich leisteten, gab es für die Emigranten nur selten ein Happy-End in Hollywood. Blieb der Erfolg an der Kinokasse aus, waren die neuen Chancen rar. Und hatten sie Erfolg, erklärte sie der Publikumsgeschmack schließlich doch als überlebt. Hollywood war nur für sehr wenige ein Ort, an dem sich alt werden ließ. Zum Schluß erschöpften sich die Karrieren vieler Hollywood-Deutscher darin, Geld oder Aufträge zu ergattern, ein trauriges «Remake» ihrer ersten Emigrationsjahre.

Fritz Lang hatte die geringsten Anlaufschwierigkeiten, aber seine Vorbehalte gegenüber Hollywood wogen schwer. In Berlin hatte es keine Studio-Bürokratie gegeben, die dem Regisseur die Kontrolle aus der Hand nahm. In Hollywood mußte unter erheblich größerem Zeitdruck gearbeitet werden. Zudem hatte er wohl auch Probleme mit seinen Crews, obwohl man, so behauptete er, schließlich auch hier lernte, ihn zu lieben. Er tyrannisierte seine Schauspieler, schaffte es, nicht nur die amerikanischen Akteure, sondern auch die europäischen zu vergrätzen. Marlene Dietrich stieß er ebenso vor den Kopf – «Marlene weigerte sich, mit Anmut und Würde in jedes auch nur ein wenig ältere Fach überzuwechseln. Sie wurde jünger und jünger…» – wie Lilli Palmer – («Sie hat kein Herz»).

Doch am schwersten trug er daran, daß er seine Ideen immer nur halbherzig umsetzen konnte. Wenn das Studio es wünschte, mußte ein düsterer Film glücklich enden, was Verrat an jeder ernsthafteren Analyse bedeutete. Der Kuß am Schluß von *Fury* trivialisierte die gesamte Lynchproblematik. Lang fühlte sich auf den Status eines Kindes reduziert. Da schon seine Jugend beherrscht war von sadistischen, faschistoiden Lehrern, mußten sich die ständigen Niederlagen, die ihm die Zensoren beibrachten («Du versuchst, etwas Gutes zu machen, aber dann sitzt Du da wie ein Schuljunge, der etwas ausgefressen hat und darauf wartet, daß der Lehrer kommt und sagt ‹Nun kommt die Strafe für das, was Du getan hast›»), zum Alptraum eines ganzen Lebens verdichten, eines Lebens als europäischer Schüler und als amerikanischer Regisseur.

Beide, Lehrer wie Zensor, sind implizit politische Gestalten. Lang hatte aber auch offenere politische Schwierigkeiten. Vielleicht ist es die Folge seiner Zeit auf der schwarzen Liste, daß seine Filme nach 1953 die amerikanische Gesellschaft so bitter anklagen – man spürt geradezu den physischen Ekel. Doch der Prophet der Gewalt, der Mann, der das wohl größte Talent besaß, sie für das Kino auszubeuten, bekam schließlich Angst vor ihrer Allgegenwart im modernen Leben. Deutlich wird diese Entwicklung in Jean-Luc Godards *Contempt*, wo Lang als er selber in Erscheinung tritt: Ein Filmproduzent witzelt «Wenn ich das Wort ‹Kultur› höre, ziehe ich mein Scheckbuch», worauf Lang daran erinnert, daß sich die Nazis «einige Jahre, einige schreckliche Jahre zuvor» einer ähnlichen Formulierung bedienten, das Scheckbuch allerdings ein Schießeisen gewesen sei. Der Mann, der Jahre damit zugebracht hatte, soziale Unordnung ins rechte Licht zu setzen, war zum düsteren Repräsentanten eines historischen Bewußtseins geworden, in dem sich Politik und Kapitalismus zu einer Macht verbanden, die sein Exil aus Deutschland erzwungen und in Hollywood seiner schöpferischen Kraft eine Zwangsjacke angelegt hatte.

Es war nicht der Autokrat zahlloser Anekdoten, sondern ein erstaunlich abgeklärter alter Mann namens Fritz Lang, der nach all den Toten in *Contempt* feststellte: «Mord... Töten... ist keine Lösung.» Doch in dieser Phase seines Lebens glaubte der wirkliche Lang, daß die «Philosophie der Liebe» eine höchst lächerliche Angelegenheit geworden sei. Er brachte der USA «sehr, sehr viel» Zuneigung entgegen, doch der amerikanische Traum bestand nurmehr darin, nach Reichtum zu jagen oder das perfekte Verbrechen zu begehen, «ohne erwischt zu werden».

Die USA enttäuschte auch Sirk. Obwohl *Imitation of Life* mit seiner sentimentalen Schilderung kultureller Identität sein größter Erfolg wurde, war er der ständigen Tricks, mit denen er jede ernsthafte Analyse ummänteln mußte, müde geworden. Desillusioniert durch Kalten Krieg und McCarthy-Mentalität und zutiefst gelangweilt von Filmen, die nur noch unterhalten wollten, verließ er das Land. Er hatte auf sehr kunstvolle Weise versucht, dem Geschmack eines amerikanischen Publikums entgegenzukommen. «Die Kritik muß beim Publikum beginnen», erklärte er, «ich versuche nur, sein Bewußtsein für die Verhältnisse zu schärfen. Es ist mehr ein Stück sozialer Bewußtheit: Es verbleibt im Bereich von Zeichen und Symbol, es verweist auf die Dinge.» Doch die Öffentlichkeit blieb «zu einfach und naiv im besten Sinne, um für Ironie empfänglich zu sein».

1979 fragte man ihn, ob amerikanische Soziologen ihn zu seiner Sozialkritik inspiriert hätten. Sirk lachte und erwiderte: «Ich habe nur meine Augen aufgemacht.» Aber es brauchte mehr als Cinemascope, um ein Publikum zu erziehen, das ebenso genau hinsah wie er. Seine Ästhetik bestimmte ihn dazu, die Nuance zu einem zentralen Anliegen in einem Land zu machen, in dem die Nuance, wie er bald merkte, etwas «völlig Fremdes» war.

Preminger und Wilder schafften es, in Hollywood zu überdauern. Wie der sozial sehr bewußte Fred Zinnemann, ein weiterer Emigrant, der in Hollywood überlebte, bereicherten sie den Film mit ihren Themen um eine realitätsnahe Dimension, was nicht immer von Erfolg gekrönt war. Wilder, das Enfant terrible des alten Hollywood, stimmte auch dessen Schwanengesang an. Da er sich weiterhin als jemand präsentierte, der up to date war, Kenner der neuesten Trends und Idiome, hätte man alles andere erwartet, aber nicht, daß er die Vergangenheit verherrlichen oder nach all den großen amerikanischen Komödien, weiterhin in einem Galgenhumor schwelgen würde, der nach Berlin und Wien schmeckte. (Angesichts der problematischen Zukunft eines 1978 gedrehten, in Deutschland finanzierten Films sagte er: «Ich kann gar nicht verlieren. Wird dieser Film ein Hit, ist es meine Rache an Hollywood. Wird er ein Reinfall, ist es meine Rache für Auschwitz.»)

Wilder gewann sechs Oscars, mehr als jeder andere Flüchtling. Doch die Zeiten sind hart geworden für ihn. Nach Flüchtlingsart macht er seine Witze darüber, von der Liste der zehn besten Filme auf die der hundert bedürftigsten Fälle geraten zu sein: «Norma Desmond – c'est moi.» Eine Zeitlang fand er sich als krassen Opportunisten beschimpft, der leichtgewichtigen Zynismus und vulgäre Sensationen verkaufe. Wenn er jetzt nach Deutschland zurückkommt, habe er das Gefühl, daß «sich der Mantel von Murnau, Fritz Lang, Erich Pommer und Lubitsch über meine Schultern breitet». Wie Fritz Lang könne er von sich sagen, daß er der «letzte Dinosaurier» sei. Die amerikanische Kritik, die in seinen jungen Jahren nicht eben glimpflich mit ihm verfuhr, hat nunmehr begonnen, seinen Genius zu entdecken. Als alter Hollywood-Hase, aber nicht zuletzt auch als Flüchtling nimmt Wilder solch paradoxen Gesinnungswandel gelassen hin, fühlt sich nicht sonderlich geehrt: «Sie haben wohl das Gefühl, daß man einen alten Mann nicht mehr in den Hintern tritt.» Als guter Berliner ist Wilder nicht willens, aus der pathetischen Leutseligkeit, die man dem Alter gewährt, Nutzen zu ziehen.

Schwierigkeiten hatten die Emigranten-Regisseure mehr als genug, doch lasteten sie diese nicht nur den Studio-Gewaltigen an. Diesen Männern gehörte sogar ihre besondere Sympathie, vielleicht weil viele von ihnen sich, Einwanderer-Englisch auf den Lippen, genauso durchgewurstelt hatten wie sie selbst. Ophüls mochte die Kaufleute, die Hollywood gegründet hatten, sehr. Für ihn waren sie «Pioniere», die er sich nicht anders als in Cowboystiefeln vorstellen konnte. Premingers Lob galt Darryl Zanuck, Louis B. Mayer und sogar dem unerhörten Harry Cohn – «ein Showman, kein Geschäftsmann» –, weil sie sich nicht in die Produktion einmischten. Auch Wilder erinnerte sich liebevoll der «wunderbaren alten Zeiten… der ungebildeten Großmogule». Lang war der gleichen Meinung. Er hatte auch nichts gegen die Naivität seines Publikums: «Ich liebe Publikum.» Seine Nemesis waren die new style-Produzenten. Harry Cohn verstand noch, daß Lang die Gewalt dazu benutzte, um «das Publikum einzubeziehen, um es fühlen zu machen». Aber die neue Besetzung war einzig daran interessiert, mit Filmen Geld zu machen. Verglichen mit ihnen hatten die Alten ihre Studios wie Tante-Emma-Läden geführt.

Rückblickend erkannten die Regisseure, daß ihre Schwierigkeiten nicht nur mit dem Hollywood-System, sondern auch mit dem amerikanischen Publikum zusammenhingen. Letzteres war von einem idealen Publikum, dem der Kapitalismus nahezu den Garaus gemacht hatte, weit entfernt. Doch Hollywood war nur ein Symptom. Weltweit habe sich das Publikum zu einer Masse von «Konsumenten» entwickelt, klagte Ophüls. Die Menschen flatterten von Sensation zu Sensation, ohne «ästhetische Geduld» oder auch nur einfach die Höflichkeit, einen Film bis zu Ende anzusehen. Der Verfechter ästhetischen Spiels sah sich in einer Zeit der «gebrochenen Kinder» leben. Er wollte finanzielle Hilfe, aber es sollte «geduldiges Geld» sein, nicht gegeben unter der Bedingung augenblicklichen Profits. Um Geldgeber zu gewinnen, brauchte er ein aufgeschlossenes Publikum, wie es die bürgerlichen Theaterbesucher seiner Jugend gewesen waren. Aber solange die Menschen draußen zu Probanden von Gallup-Umfragen abstrahiert wurden – «synthetisches Amerika» – fand er keine Möglichkeit, ihre Augen zu üben oder Eingang zu finden in ihre Träume.

Den Ton angeben

Thomas Mann übertrieb nur wenig, als er 1941 schrieb, daß sich die gesamte deutsche Literatur in den USA angesiedelt habe. Die Ankunft ihrer Vertreter ging unbemerkt vonstatten – nicht allerdings die von Thomas Mann selbst. Denn während Amerika die fremden Musiker und Filmemacher willkommen hieß, mußten die Schriftsteller feststellen, daß sie – weit davon entfernt, ein Massenpublikum zu gewinnen und zu erziehen – auch ihre Emigrantenleserschaft verloren. Das machte sie zu den unglücklichsten Künstlern unter den Flüchtlingen. Die schließliche Rehabilitierung ihres Talents, wie es in den zahlreichen wissenschaftlichen Studien zur *Exilliteratur* offenbar wird, kam zu spät, als daß sie etwas hätte ändern können. Aber die Wahrheit ist, daß auch die Schriftsteller einen ganz realen Einfluß auf dieses Land hatten. So gut wie andere, die mehr im Rampenlicht standen, gehörten sie zu denjenigen Emigranten, die den Ton angaben.

Anfangs taten sie das mit einem ganz besonderen Vertrauen. Unter den Flüchtlingen, schreibt Thomas Manns Sohn Klaus, gebe es nur eine homogene Gruppe und repräsentative Minderheit, und zwar die Schriftsteller. Sie allein hatten von allem Anfang an gespürt, welch eine Gefahr mit Hitler drohte, nicht zuletzt darum, weil sie hellhörig waren für die Gewalt, die er der deutschen Sprache antat. Der Exodus einte die verschiedenen religiösen und politischen Gruppen, die experimentellen und die traditionellen Stilisten. Sie alle verband, so Klaus Mann, «die politische Mission, eine ahnungslose und untergehende Welt zu warnen». Die Veteranen aus Berlin, Prag, Wien und Paris waren also gezwungen, die kaum miteinander vereinbaren Rollen des Künstlers und der Kassandra zu spielen. Es war ein hartes Geschäft mit mageren Erfolgen. Als ob Hitlers Rache sie noch in den USA verfolgte, nahmen die kühnsten politischen Zeugen auch den größten beruflichen Schaden. Ihre politische Hellsichtigkeit entsprang ihrem Gefühl für die deutsche Sprache, doch das Netzwerk sprachlicher Assoziationen war, so zeigte sich, kaum zu vermitteln. So verkörperten sie zwar den Mißerfolg, doch widerstand es – zumindest eine Zeitlang – ihrem Temperament, in Selbstmitleid zu schwelgen.

Sie schützten sich, indem sie an ihrem frechen, pietätlosen Ton festhielten, der einmal der Stil einer ganzen Generation gewesen war. Das deutsche Idiom *Er gibt den Ton an* trifft insbesondere auf solche Schriftsteller zu, die auf dem Skeptizismus und der Unehrerbietigkeit ihrer Jugend beharrten. Nicht daß sentimentale Romane keine Leser unter den Emigranten gefunden hätten oder daß ein Verzeichnis der Holocaust-Opfer auf einer Deutsch-Jüdischen Versammlung nicht Tränenausbrüche ausgelöst hätte – doch neben den zu erwartenden elegischen, melancholischen, verwirrten Tönen war ihre Emigration von der Gewißheit bestimmt, daß nicht alles verloren war. Hitler hatte sie nicht bezwungen: Sie konnten immer noch nein sagen zu allem. Die besten Schriftsteller versagten sich nahezu jeglichen Trost und bedienten sich eines erzählerischen Duktus', der stark machen sollte statt mitleidsvoll zu umarmen.

Die Respektlosigkeit war heilsam: Walter Mehring erzählt, daß ihm seine Berliner Schnauze durch die schlimmsten Tage der Emigration geholfen habe. Aber nicht nur die Berliner hielten es für das Beste, einer monströsen Geschichte mit Satire und Parodie zu begegnen. Sogar der gewichtige Thomas Mann hatte seinen Spaß an dem Spiel. Ein Schriftsteller-Kollege, stellte er einmal fest, schreibe wie er, nur meine er, im Unterschied zu ihm – Thomas Mann – *ernst*. Der mangelnde Respekt vor der Tradition äußerte sich noch auf andere Weise. Es wurde zu einer Art Emigranten-Sport, mit den erstaunlichsten Zitaten zu glänzen, und auch die Schriftsteller waren fortwährend auf der Suche nach einem passenden Spruch oder Bild. Dieser Eklektizismus forderte den Vorwurf des Plagiats und der Blasphemie geradezu heraus. Die Emigration, gestand Brecht zu, habe Schufte aus ihnen allen gemacht, aber er verteidigte auch die Anleihen seines Freundes Hanns Eisler bei der klassischen Musik: Als Exilant, sagte er, sei jener wohl kaum in der Position, viel Ballast mit sich herumschleppen zu können.

Nur wenige Emigranten-Schriftsteller haben in Amerika wohl so gelitten wie die völlig verarmte Dichterin Else Lasker-Schüler. Die ersten Tage ihrer Emigration hatte sie in der Schweiz verbracht, wo sie auf Parkbänken schlief und um ihr Essen bettelte. Robert Musil erging es in der Schweiz ähnlich. Seine Frau hatte Verwandte in den USA, aber die konnten das für die Emigration erforderliche Affidavit nicht erstellen. Den Meister vollendeter Ironie und Distanz verlangte es geradezu verzweifelt nach öffentlicher Anerkennung. Ein Freund erzählt, daß Nichtigkeiten des sozialen Rituals für ihn zur Obsession wurden. Als eine lokale literarische Gesellschaft ihn nicht aufnehmen wollte, kämpfte er um diese Mitgliedschaft, «als ob sein Leben davon abhing». Sehnsuchtsvoll sprach er über Bestseller und Public Relation. Zwei Gäste hörten ihn über die Unmöglichkeit schimpfen, zu emigrieren: «Gehe ich nach Nordamerika, ist da Thomas Mann. Gehe ich nach Südamerika, treffe ich Stefan Zweig.» 1943 starb Robert Musil.

Geldsorgen plagten sie alle. Die Künstler sahen sich abhängig von den Launen ihrer Sponsoren. Brechts Gedichte wurden nach Art einer stalinistischen Samisdat kopiert und privat in Umlauf gebracht. Die letzte Veröffentlichung des verehrten Richard Beer-Hofmann unterstützte ein reicher Emigrant. Das Erscheinen von Hermann Brochs Roman hing ab von Subskriptionen, die Helen und Kurt Wolff zusammenbettelten. Kommerzielle Aufträge und akademische Stipendien hielten Schriftsteller wie Brecht und Broch über Wasser. Der Herausgeber einer führenden Dresdener Zeitung beendete seine Tage als Uhrmacher in New York. Johannes Urzidil, der einstige Löwe tschechischer literarischer Kreise, brachte seine Familie in den vierziger Jahren mit Lederarbeiten durch.

Während unter den Filmregisseuren im allgemeinen ein kameradschaftliches Verhältnis herrschte, waren innerhalb der Schriftstellergemeinde Fehden und Feindschaften an der Tagesordnung. Es überrascht nicht, daß die Berühmtesten unter ihnen auch den meisten Angriffen ausgesetzt waren. Franz Werfel wurde vorgeworfen, er habe den österreichischen Klerikalfaschisten Schuschnigg unterstützt, der geholfen hatte, die antifaschistische Arbeiterbewegung in Österreich zu zerschlagen. (Schuschnigg kam 1947 nach Amerika und lehrte viele Jahre an der St. Louis Universität.) Werfels Flirt mit dem Katholizismus erreichte seinen Höhepunkt mit dem traurigen *Lied der Bernadette*. Werfels Freund Thomas Mann spottete über dessen «snobistischen Katholizismus» und «ungenießbaren Wunderglauben». Aber er konnte Werfel – für ihn «im Grunde eine Operngestalt» – nicht lange böse sein. Obwohl Werfel sein Judentum offiziell niemals aufgab, fanden Leser in seinen letzten Werken Spuren von Antisemitismus. Einem anderen berühmten Schriftsteller, Erich Maria Remarque, kreidete man an, daß er sich von der Emigrantenkolonie fernhielt und während der Kriegsjahre, die er in der Schweiz verbrachte, so ausdauernd schwieg. Remarque, witzelte Franz Schoenberner, habe wohl über das Emigrantenleben nichts gewußt, da er sonst kaum die Stirn besessen hätte, an einem Tag so viel Geld für Schnaps und Kabaretts auszugeben, wie andere Flüchtlinge in zwei Wochen zum Leben brauchten.

Lion Feuchtwanger war in den dreißiger Jahren in Frankreich oder bei seinen Auftritten auf internationalen Konferenzen antifaschistischer Schriftsteller ein Symbol des literarischen Widerstandes. Zusammen mit dem später so unglücklichen Ernst Toller stand er der deutschsprachigen Sektion des PEN-Club vor. Wie wir gesehen haben, fanden nicht alle sein Verhalten im Lager über jeden Tadel erhaben. Andere Angriffe galten seinem Stil oder seinem Salon-Stalinismus. Auch in den Vereinigten Staaten hielt er es mit den Linken und lebte komfortabel: «Das politische Klima hier ist schrecklich, aber das Klima angenehm, und ich bleibe optimistisch, daß die Menschen zur Vernunft fortschreiten werden.» Dieser Geist brachte ihm in Amerika viele Freunde, darunter auch Richard Milhous Nixon, aber in Flüchtlingskreisen traf Feuchtwanger damit durchaus nicht nur auf Zustimmung.

Thomas Mann trafen die Angriffe von allen Seiten. Aus Bittstellern wurden Feinde, manche erinnerten an sein Bemühen, sich auch weiterhin seines deutschen Publikums zu versichern, andere warfen ihm im Gegenteil seine Unversöhnlichkeit vor. Wieder anderen mißfiel ganz einfach sein Stil, sie vermißten parodistischen Geist, fanden ihn ungeheuer mittelmäßig. Den Romanschreiber Alfred Döblin schien die Verachtung, die er für Thomas Mann empfand, jahrelang förmlich zu beleben, 1928 nannte er Mann verächtlich einen «Kollegen» in Sachen «stilistischer Schönheit», in einem anderen Brief einen Opportunisten. Eine Empfehlung für ein Stipendium akzeptierte er allerdings vom Geschmähten, ebenso wie dessen Glückwünsche zu seinem fünfundsechzigsten Geburtstag. Doch bald darauf behauptete er wieder, Thomas Mann sei Symbol für das Moribunde in der Literatur. Mann selbst schrieb über Döblin, daß dieser ihm gegenüber Mordgelüste hege, denn das sei es, was in Wahrheit hinter der Behauptung stehe, er – Thomas Mann – sei bereits tot.

Erfolg wollte jeder, und gelegentlich stellte er sich auch ein, doch gewöhnlich in einer Form, die den Betroffenen nicht befriedigte. Während der dreißiger und frühen vierziger Jahre verdienten viele ihr Geld mit historischen Romanen. Etliches davon war Schund. Anderes, wie etwa die historischen Romane Stefan Zweigs, gemütliche, mittelmäßige Unterhaltung, gut für ein paar Tränen und ein bißchen Bildung. Doch waren, wie etwa Heinrich Manns zweibändiger *Henry IV.*, auch Werke darunter, die in historischem Gewand die Gegenwart meinten. Der geistreiche Berliner Schriftsteller Kurt Hiller beschuldigte solche Autoren der Flucht in die Vergangenheit und machte Vorschläge für weitere abgelegene historische Themen: Wie wärs mit «Pippin, der Mittlere, Ramses IV. und Melanie, die Ungewöhnliche von Paphlagonien»? Doch historische Merkwürdigkeiten kamen besser an als Lokalkolorit, und obwohl das sicher nicht in der Absicht der Autoren lag, bereiteten solche Romane auch den Boden für die Nivellierung historischer Epochen à la Hollywood.

Verfilmt wurden während des Krieges Romane von Vicki Baum, Lion Feuchtwanger, Franz Werfel, Bruno Frank, Martin Gumbert, Alfred Neumann, Erich Maria Remarque, Hans Habe, Stefan Heym und Ernst Toller. Es gab auch Bestseller aus emigrantischer Feder, und Thomas Mann, Franz Werfel und Stefan Zweig blieb das Publikum treu. Schriftsteller, die Populäres schrieben, blieben populär. Emil Ludwigs mittelmäßige Biographien befriedigten eine Leserschaft, die später Gefallen fand an James Michener und John Gunther, während ein breites Publikum auch weiterhin nach dem urbanen Kitsch von Vicki Baum *(Menschen im Hotel)* verlangte. Vicki Baum lebte in Kalifornien, unterstützte weniger erfolgreiche Flüchtlinge und ermahnte alle Neuankömmlinge: «Nur keine Angst!» Ungewöhnlicher war der populäre Erfolg von Curt Riess. Als New Yorker Korrespondent des *Paris-Soir* hatte er eine lockere, quasi-fiktive Form der Reportage entwickelt. Er schrieb, indem er sich den fraglichen Situationen wirklich aussetzte, Serien wie *Ich war ein G-Man* oder *Ich war ein Gangster*. Riess war Zyniker und ein umtriebiger Mensch, aber diese Art von Chamäleon-Journalismus entsprach dem Flüchtling. Beweglichkeit und ständiger Wechsel waren die normalen Bedingungen eines Emigrantenlebens, er machte eine Karriere daraus. Was unterschied ihn von den Rechtsanwälten, Ingenieuren und Soziologen, die ihre Bücher, hätten sie welche geschrieben, mit «Ich war ein Butler», «Ich war ein Pförtner», «Ich war ein Koch» hätten betiteln können?

Es gab so etwas wie eine Gemeinschaft der Schriftsteller, und nicht alle, die dazu gehörten, waren deutscher Zunge. Den Emigrantenzirkeln standen auch englische Autoren wie W.H. Auden, Stephen Spender und Christopher Isherwood nahe. Auden war der Schwiegersohn von Thomas Mann (Erika Mann hatte er geheiratet, damit sie einen Paß bekam), und die Bekanntschaft mit Berthold Viertel regte Isherwood zu seinem *Prater Violet* an, einem Roman über einen emigrantischen Filmemacher. Isherwood schloß sich in Kalifornien einem Kreis von Bohemiens, Radikalen und Homosexuellen an, der sich im Haus von Salka Viertel traf. In New York gesellten sich amerikanische Schriftsteller wie Upton Sinclair (dessen Bücher die jungen Radikalen einst inspiriert hatten) und Theodore Dreiser zu den Emigranten. Dorothy Thompson und der englische Romanautor Bryher schrieben manches

Vorwort. Neue deutsch-amerikanische literarische Karrieren begannen. Hans Sahl und Walter Mehring übersetzten für kleine Emigranten-Theater amerikanische Schauspiele, während Hermann Kesten amerikanische Romane für den Foreign Council on Books, der dem Office of War Information angeschlossen war, ins Deutsche brachte.

Doch all das hatte etwas Verzweifeltes, zuweilen sogar Anrüchiges: begabte Künstler, verstrickt in kleinliches Stammesgezänk, die sich glücklich schätzten, wenn sie Lohnaufträge ergatterten. Ihre ernsthaften Arbeiten fanden keine Leser. Klaus Mann, ebenfalls ein Emigrant, spekulierte, das wahre Problem bestehe darin, daß ihnen eine Sprache fehle, die flexibel genug war, das Unerhörte und nie Dagewesene einzufangen: «Die Flüchtlingsschriftsteller müssen einen neuen Wortschatz, neue Rhythmen und sprachliche Muster, ein neues Medium finden, um ihre Sorgen und Gefühle, ihren Protest und ihren Fortschritt zu artikulieren.» Die befreiende Perspektive einer neuen Sprache war für den Flüchtlingsschriftsteller ebenso vonnöten wie für die «verschlafene und unwissende» Welt. Klaus Mann setzte auf eine neue amerikanische Zeitschrift. Doch aus dem erhofften angemessenen literarischen Vehikel wurde wenig: nach deren zwölfmaligem Erscheinen mußte er feststellen, daß er sich geirrt hatte. Aber welche andere Form hätte den Flüchtlingen als einer Gemeinschaft besser entsprochen?
Daß Klaus Mann an ein solches Magazin auch nur denken konnte, sprach für seine prominente Position in literarischen Kreisen, aber auch für seine Affinität zum amerikanischen Leben. Wenn das Unternehmen auch etwas weltfremd war, so war Klaus Mann gleichwohl der Richtige, es in die Tat umzusetzen. Klaus, der älteste Sohn von Thomas Mann, lebte – oft zum Kummer oder Ärger seines Vaters – ein Leben, das zu führen es schon einer «Mann-Persönlichkeit» bedurfte. Ende der zwanziger Jahre waren er und seine Schwester Erika Mittelpunkt recht ausschweifender Bohemien-Zirkel, begeisterten sich vom Surrealismus bis zum Expressionismus für jegliche Form der Avantgarde. Es reizte Klaus Mann, sich zwischen «Weltliteratur» und «Unterwelt» zu bewegen. Wie sein Onkel Heinrich liebte er Frankreich und französische Lebensart und hatte wie dieser für deutschen Pomp nur Verachtung. Tiefer noch als Heinrich war er mit der Nachtwelt großer Städte vertraut.
Klaus Mann war immer schon ein Tourist gewesen, der sich der Fremde mit erotischer Neugier näherte. Zunächst galt sein Interesse «sexualpsychologischen Fragen». Aber bald schlich sich auch Politisches in seine sexuellen und literarischen Anliegen, und schließlich hielt er alle drei für untrennbar miteinander verbunden. In den dreißiger Jahren waren Klaus und Erika Mann mit ihrer *Pfeffermühle* unterwegs, einem radikalen Kabarett, das Hohn und Spott über Philister und Faschisten ergoß. In den Emigrantenkreisen Europas war das Kabarett bekannt und beliebt, in den USA dagegen ein glatter Reinfall – Vorgeschmack auf das Scheitern aller späterer Versuche, diesen ganz besonderen «Emigrantenton» in den USA heimisch zu machen. Auch wenn Klaus Mann antifaschistische Kongresse besuchte, die – wie seinerzeit üblich – in Kommunisten ihre Sponsoren fanden, war er ein höchst unbequemer Gesinnungsgenosse. Nach einem Besuch bei Brecht in Dänemark sprach er von dessen «eisiger...

intellektueller Ekstase». Klaus Mann hielt den Marxismus für gescheitert, weil er sich jeglicher Metaphysik versagte. Das vom Marxismus verratene Mysterium war nicht das eines orthodoxen Glaubens. Die Metaphysik Klaus Manns war eine Metaphysik des Fleisches: sein Jesus war «dynamisch, revolutionär, Meister eines kühnen und farbigen Witzes» und «unglaublich schön». Vor diesem Jesus verging er in geistiger Ekstase.

Das war sein Weg zur Weisheit: zeit seines Lebens hin- und hergerissen zwischen philosophischen Spekulationen und skandalträchtigem Tun, suchte er in der Literatur nach Vorbildern. Luther und Wagner, die teutonischen Heroen, verbannte er aus seinem Olymp, auch Aristoteles fand keine Gnade, während Milton, Plato, Sokrates und Walt Whitman dort Ehrenplätze einnahmen. Der amerikanische Dichter führte Klaus Manns erotische Epiphanien an, und dessen Heimat wurde für ihn zum Mekka sexueller und politischer Freiheit.

Die faschistische Drohung bemächtigte sich dieses sonderbaren Geistes und verlieh ihm die Festigkeit und Absolutheit einer unabänderlich gehaltenen Position. «Mit Stolz stelle ich fest, daß der Name meiner Familie auf jeder der vier ersten ‹schwarzen Listen› des Dr. Goebbels verzeichnet ist», schrieb er 1942. Für Klaus Mann war das Verpflichtung und Aufgabe und schützte ihn vor Quietismus, denn er wußte – besser als die meisten – um die Verlockungen der Apathie. Während des Krieges stritt er im Radio mit seinem Schwager Auden, der bereits auf dem Weg zum Christentum seiner letzten Jahre war und schon jetzt den Künstler nicht mehr als politisch Tätigen sehen wollte. Der Künstler, sagte er, sei weder informiert genug, politische Macht zu durchschauen, noch überhaupt dazu in der Lage. Politische Macht, so Auden, bleibe am besten den großen Tieren überlassen. Klaus antwortete einfach: «Wir begeben uns damit in die Gefahr eines lähmenden Skeptizismus, in dem alles und jedes gleichermaßen relativ wird.»

Sein alter Freund Jean Cocteau benahm sich weniger anständig. Wie viele Franzosen kollaborierte er mit den Deutschen. Klaus Mann war außer sich und tröstete sich selbst mit einer Phantasie – Rache eines surrealistischen Flüchtlings an der *trahison de clercs*: Cocteau war wie Hermann Göring den Drogen zugetan. Klaus Mann stellte sich nun vor, wie Cocteau der guten Sache dadurch dient, daß er Göring von der Teilnahme an einer Massenexekution abhält. Der Nazi sitzt da, Lachen und Kokain machen ihn unfähig zu handeln, und ein zerstörter Cocteau taumelt durch den Raum, imitiert abwechselnd Adolf Hitler, einen Papagei und Marlene Dietrich.

In Amerika verbrachte Klaus Mann die ersten Monate damit, vor Zuhörern jeglicher Art und Überzeugung Vorträge über die faschistische Gefahr zu halten. Die Tatsache, daß seine Mutter Jüdin war, spielte er möglichst herunter. Richte man das Augenmerk einzig auf Hitlers antisemitische Aktionen, so glaubte er zu dieser Zeit, verschleiere man den Umfang seiner übrigen Verbrechen. Nicht auszuschließen, daß diese Einstellung auch Frucht einer gewissen Distanzierung von den eher bürgerlichen jüdischen Emigranten war. Im Unterschied zu den meisten anderen Schriftstellern fühlte er sich in den führenden amerikanischen Bohemien-Kreisen wohl, war zusammen mit Persönlichkeiten wie Carson McCullers und Paul Bowles auch hier

Mittelpunkt, während er gleichzeitig zusammen mit Schwester Erika im Kreis der Emigrantenliteraten den Ton angab.

Die Zeitschrift, die er 1941 inaugurierte, schmückte sich mit einer illustren Liste von Mitarbeitern. Den Namen *Cross Roads*, den er zuerst im Sinn hatte, fand er dann doch zu doppeldeutig und entschied sich für das schlichtere *Decision*. Die Exilliteratur bedurfte der Belebung und Verjüngung, die Exilliteraten eines Publikums. *Decision* stand für Literatur und Propaganda gleichermaßen. In der ersten Nummer schrieb Klaus Mann: «Die hervorragendsten Vertreter europäischer Literatur sind ohne Kontakt zur Kraft und zur Jugend der amerikanischen Literatur zum Untergang verurteilt.»

Decision sei zum «Sprachrohr für europäische Flüchtlinge» bestimmt, sagte er. Und als solches sollte es respektlos und hartnäckig sein. Ebenfalls in der ersten Nummer reitet er eine typische Flüchtlingsattacke gegen die amerikanische Vernarrtheit in «facts, just facts». An Witz und Scharfblick übertraf er dabei Kritiker wie Adorno und Löwenthal. «Wissen um seiner selbst willen», schreibt er in einer Analyse der populären Radiosendung «Information Please», sei ein aus dem neunzehnten Jahrhundert überkommenes Ungeheuer, eine europäische Eigenart, nach New Yorker Art modisch aufgeputzt. In einem anderen Aufsatz stößt Aldous Huxley in das gleiche Horn: Man überschätze gemeinhin die Fakten und unterschätze Begriffe und Ideen. Klaus Mann forderte nicht nur eine neue Sprache, sondern auch eine neue Epistemologie, die mehr sein sollte als die bloße Aneignung von Fakten, aber nicht abstrakt bis zum politischen Quietismus.

In *Decision* waren auch andere Flüchtlingsgruppen willkommen. Am häufigsten präsentierte man zwar deutsche Schriftsteller, doch es gab auch Sondernummern mit englischer, französischer und italienischer Literatur. Durch seine Beziehung zu Auden konnte Klaus Mann so exzellente englische Schriftsteller wie Christopher Isherwood und E. M. Foster zur Mitarbeit gewinnen. Ersterer trat mit einem Nachruf auf Virginia Woolf in Erscheinung. Doch das Magazin war eindeutig ein amerikanisches Journal. Es druckte das letzte Werk von Sherwood Anderson, Kurzgeschichten von Eudora Welty und von Carson McCullers einen Vergleich zwischen der Romanliteratur der Südstaaten und dem russischen Realismus.

Ganz besonders war *Decision* daran interessiert, wie die Flüchtlinge, die sich ja mit neuen Themen und einem neuen Publikum auseinanderzusetzen hatten, auf die amerikanische Kultur reagierten. In der ersten Nummer erwies Franz Werfel Poe und Whitman seine Referenz: Werfel liebte Whitman, der ihn gelehrt hatte, daß für Poesie kein Thema zu gering sei. Poe lobte er, der Wordsworth-Coleridge-Spaltung eingedenk, dafür, das Exotische im Vertrauen entdeckt zu haben. Nach Art eines französischen Strukturalisten rühmt er bei Poe «die Kabbala der Konsonanten und die Dämonen, die aus den Vokalen sprechen». Klaus Mann schrieb Lobeshymnen auf Whitman, fand ihn, der das Erotische mit dem Metaphysischen vereine, einem Sokrates ebenbürtig. Mann behielt auch die jeweiligen Bestseller im Blick. Gerade hatte Anne Morrow Lindbergh begonnen, mit ihren durchsichtigen Grübeleien an die Öffentlichkeit zu treten. Klaus Mann war davon nicht sehr angetan. Der passive

Rückzug zur Natur, für den sie eintraten, war für ihn ein hinterhältiges Stück Nazi-Propaganda. Und der beleidigte Europäer spricht aus ihm, wenn er die Glorifizierung des angeblich einmaligen «amerikanischen Oktobers» kritisiert. Ist es denn derselbe Oktober in Detroit, Seattle und Florida? fragt er sarkastisch.

Sehr viel mehr Sympathie brachte er den beiden amerikanischen Frauen Gertrude Stein und Carson McCullers entgegen und entwarf ein amüsantes imaginäres Gespräch zwischen der «guterhaltenen Tante» und ihrer «delikaten Nichte», wobei er Gertrude Stein doch vielleicht die treffenderen Äußerungen in den Mund legte.

Auch unbekannte Schriftsteller fanden sein Interesse. Er verglich die Versuche amerikanischer Surrealisten – er selbst hatte mit den französischen Surrealisten lange gebrochen – mit denen des jungen Paul Goodman. In Goodman erkannte er das «revolutionäre konservative Temperament» eines Goethe. Goodman war über diese Anerkennung aus irgendeinem Grund nicht sehr glücklich. Doch Manns Urteil über die Vielseitigkeit Goodmans und seinen immer wiederkehrenden Anleihen bei der Romantik war von offensichtlich prophetischer Kraft.

Klaus Mann selbst analysierte die Anti-Nazi-Filme Hollywoods. Einst, sagte er, sei der Militarismus in einem deutschen Film von Richard Oswald angemessen an den Pranger gestellt worden, doch Hollywood reduziere die Lage der Antifaschisten auf etwas «zu Idyllisches, zu Privates, zu Sentimentales, zu Konventionelles». (Dasselbe hatten fast zur gleichen Zeit auch Löwenthal und Arnheim gegen Hörspiele und Zeitschriftenbiographien einzuwenden.) Ein vernichtendes Urteil fällt er über Fritz Langs *Man Hunt*. Er wirft dem Regisseur vor, sich «auf das entsetzlichste Thema menschlicher Geschichte mit den schäbigen Tricks von Wildwest- und Kriminalreißern» eingelassen zu haben. Hier gab es Grund zu berechtigter Klage: Die amerikanische Kultur zwang auch die talentiertesten Künstler unter den Emigranten gelegentlich in die Knie.

In *Decision* erschienen auch einige wenige aktuelle politische Essays. Klaus Manns jüngerer Bruder Golo nahm eine Besprechung von Emil Lederers Ökonomie zum Anlaß, den Marxismus zu attackieren und Begriffe wie «Kapitalist», «Sozialist» und «revolutionär» für obsolet zu erklären. Gleichzeitig erwies er der «permanenten Revolution» Amerikas seine patriotische Referenz. Nach dem Krieg fand diese Denk- und Argumentationsweise bei vielen konservativen Emigranten ihr Echo. (In jüngster Zeit unterstützte Golo Mann Franz Josef Strauß – ein Standpunkt, den Vater, Onkel oder Bruder wohl kaum geteilt hätten.) In der letzten Ausgabe von *Decision* analysierte ein aus Trinidad stammender Autor das Potential für einen schwarzen Faschismus und wies nach, daß es zwischen dem Separatisten Marcus Garvey und dem Ku Klux Klan Verhandlungen gegeben hatte. Ein Harvard-Historiker bezog sich auf den Streit zwischen Rosa Luxemburg und Lenin, der während des Ersten Weltkrieges die deutsche Linke gespalten hatte, und stellte sich auf den Standpunkt Lenins, wonach es sehr wohl möglich sei, an der Seite der Imperialisten einen sozialistischen Krieg zu führen – eine akademische Neuformulierung des alten Streits zwischen Stalinisten und Trotzkisten.

Klaus Manns feiner Sinn für Politisches spiegelte sich wider in dem, was er druckte. In einer der ersten Ausgaben seiner Zeitschrift stand das Gedicht eines neuen Drehbuchautoren der Warner Brothers, eines gewissen «Bert Brecht». Es war das berühmte «Wirklich, ich lebe in finsteren Zeiten!», ein Eingeständnis des moralischen Versagens seiner Generation und eine indirekte Bitte um Vergebung: «Ach, wir/Die wir den Boden bereiten wollten für Freundlichkeit/Konnten selber nicht freundlich sein… Gedenkt unser/Mit Nachsicht.» Mit einem Beitrag, der in erster Linie Ernst Toller, dem Helden von München 1919, gewidmet war, wies *Decision* darauf hin, daß zu den Opfern der Emigration auch die Schriftsteller selbst gehörten. Toller war in Amerika nicht glücklich. Wie gering er dessen Kultur schätzte, hatte er bereits in seinem Stück *Mary Baker Eddy* offenbart, das er schrieb, bevor er dieses Land kennenlernte. Eddy ist ein sexuell Besessener, der sich heimlich mit den Oberen der Stadt gegen die Arbeiter verbündet. Für kurze Zeit brachte Toller es in New York zu schmeichelhafter Publicity und blieb bemüht, Geld zur Unterstützung spanischer Bürgerkriegswaisen aufzutreiben. Doch das öffentliche Interesse an Toller und seinem Fall erlahmte. Nach seinem Selbstmord erschien in *Decision* ein Nachruf, geschrieben von Hermann Kesten, dem jungen Schriftsteller, der seinerzeit geholfen hatte, die in Marseille gestrandeten Schriftsteller-Kollegen in Sicherheit zu bringen. Kesten schrieb: «Welch groteske Abenteuer liegen hinter uns Emigranten-Schriftstellern. Wir haben unser Volk verloren, unseren Markt, unsere Verleger, Zeitungen, Theater, Häuser, Wohnungen, Bankkontos, Pässe, Papiere, unsere Manuskripte und unsere Freunde… Wir waren Propheten, denn wir kannten Hitler und die Deutschen, wir sahen in die Zukunft und sagten den Krieg voraus… Niemand hörte auf uns, niemand schenkte uns Glauben.» Und dann kamen sie hierher, «um dieselben Prozesse am Werk zu sehen», und konnten nicht wagen, den Mund aufzumachen, denn schließlich «ist man ein Fremder». Kein Wunder, daß Toller seinem Leben ein Ende machte. Kestens Klage galt vielen Leben. Noch hatte der Zweite Weltkrieg nicht begonnen, und schon ließ sich ihre Geschichte erzählen, als gehörten sie bereits zu den Toten.

Der Mann des Wortes, sagte Klaus Mann, sei zum «Politikum» geworden. Was immer er auch zum Thema mache, sein Geschick habe seine eigenen politischen Implikationen. Das Ringen um einen angemessenen – englischen oder deutschen – Prosastil könne nicht mehr vorrangiges Interesse sein, wenn die Sprache selbst, die doch oberstes Anliegen des Schriftstellers sei, zerstört werde. Fast meint man Orwell oder Adorno (oder die New School-Autoren des *Nazi-Deutsch*) zu hören, wenn Klaus Mann in *Decision* schreibt: «Es ist nicht länger die Funktion des Wortes zu informieren, zu klären und zu enthüllen, sondern zu verwirren.» Was, so fragt er, bleibt denn, wenn die Sprache zum Instrument eines «beunruhigenden Zustandes schizophrener Verwirrung» wird? Anders als Adorno und die New School-Autoren, die ebenfalls den sozialen Schaden konstatierten, den das Nazi-Deutsch anrichtete, erweiterte Mann seine Analyse um eine politische Dimension und griff die Engländer (die, so befand er, der Bank von England ergebener waren als politischer Moral) genauso an wie die Russen (die dem Kommunisten Dimitroff, der nach dem Reichstagsbrand den Nazi-Klägern standgehalten hatte, eine Ehrenerklärung schuldeten). Einmal mehr ein Prophet, antizipierte er auch die Konfrontationen der Nachkriegszeit: Die Koalitionen der Aliierten, schrieb er, dürften weder das heimliche Ziel verfolgen, der Weltrevolution zu dienen, noch das, die Sowjetunion einzukreisen. Klaus Mann schrieb, wie jemand, der weiß, daß die Verzerrungen der Sprache Spiegel der politischen Verhältnisse sind – und daß man beide nur «schizophren» nennen kann.

Klaus Mann liebte Amerika. Als *Decision* sich nicht halten ließ, meldete er sich zur US-Armee. Doch die Vorurteile und die moralische Engstirnigkeit nationaler Gruppen blieben ihm weiterhin fremd, er blieb, was er immer gewesen war – ein Internationalist. In seiner Autobiographie trotzt er den Philistern: «Mein moralisches Gewissen hat nichts gemein mit den sexuellen Tabus der bürgerlichen und der proletarischen Gesellschaft ... oder mit den haßerfüllten Slogans des Nationalismus.» Einige Jahre später sah Hannah Arendt eine ähnliche Gemeinsamkeit zwischen politischen und sexuellen Minderheiten, und erst kürzlich haben Neokonservative und Fundamentalisten die Homosexuellen des Verrats an Familie und Vaterland geziehen. Klaus Mann wäre der geeignete Kontrahent gewesen. Doch 1950 setzte er seinem Leben ein Ende. Er hatte das in früheren Jahren mehrfach versucht, auch wenn er nach dem Krieg für kurze Zeit zu der Einsicht gelangt war, es sei pathetisch und unsinnig, Selbstmord zu begehen.

Klaus Mann besaß Jugend und soziale Gewandtheit und war mit Sprache und Kultur der USA vertraut. Dennoch hinterließ er keine Spur in der Literatur dieses Landes. So verwundert es denn nicht, daß es älteren Männern, besonders, wenn sie den Weg nach oben über die Hollywood-Studios suchten, nicht besser erging. Mochten sie sich selbst auch einst als Modernisten und Radikale, als Angehörige einer internationalen Avantgarde gesehen haben – das Exil entlarvte sie als Bewahrer eines humanistischen Erbes, exzentrisch zwar, aber zu europäisch alle miteinander.

Daß sie politisch handelten und dachten, war unbestreitbar. Heinrich Mann war, bevor er 1940 im Alter von neunundsechzig Jahren die USA erreichte, jahrzehntelang Symbol eines sozialistischen Humanismus gewesen. Während des Ersten Weltkrieges hatte er sich mit seinen vernichtenden Portraits des deutschen Philisters und der gallischen Leuchtkraft seiner Prosa von den schwülstigen verbalen Schnörkeln seines Bruders Thomas unterschieden. Thomas Mann mißverstand ihre politischen Divergenzen als Geschwisterrivalität. Als er in einem Aufsatz Heinrichs wenig schmeichelhafte persönliche Anspielungen entdeckte, erwiderte der Bruder: «In meinen öffentlichen Kundgebungen kommt kein ‹Ich› vor und daher auch kein Bruder.» Im Wechselbad verletzter Gefühle und im politischen Streit wahrten letztlich aber beide – Thomas wie Heinrich – ihre Würde.

Während der zwanziger Jahre kamen die Brüder sich politisch und persönlich wieder näher. Doch es war Heinrich, der in den dreißiger Jahren bei Konferenzen antifaschistischer Schriftsteller den Vorsitz führte, genauso, wie er es 1918–19 während der Münchner Revolution im «Rat der Geistesarbeiter» getan hatte. Er war auch erhaben über die selbstzerstörerischen Querelen innerhalb der deutschen Linken und schloß sich 1933 Käthe Kollwitz an, die Sozialdemokraten und Kommunisten zur Versöhnung aufrief. Kurz nach Hitlers Wahl veröffentlichte er – später Stücke Brechts vorwegnehmend – eine Reihe von Dialogen, die *Szenen aus dem Nazi-Leben,* und in *Die Sammlung,* der Zeitschrift seines Neffen Klaus Mann, einen vernichtenden Aufsatz, in dem er unter anderem schrieb, das Verbrechertum Hitlers zeige sich bereits in der Vergewaltigung der deutschen Sprache. Man würde den Wortschatz künftiger Generationen wohl von den «Wörtern Frieden, Gerechtigkeit und Wahrheit» befreien müssen, denn nur indem Hitler die Worte und Werte, die sie repräsentierten, auslösche, könne es ihm gelingen, sie den Kindern der Deutschen endgültig zu entreißen. Diese literarische Analyse ging anderen deutschen Schriftstellern zu weit. Bruder Thomas und Alfred Döblin legten denn auch Widerspruch ein, obwohl auch sie die Botschaft bald genug erreichen sollte. Als der vornehmste und hellsichtigste aller antifaschistischen Schriftsteller wurde Heinrich Mann, wie Ludwig Marcuse es ausdrückte, zum «Hindenburg der Emigration».

Nach seiner Ankunft in den USA ließ Heinrich Mann in *Decision* die kulturellen Fragen Revue passieren, die sein Denken seit mehr als dreißig Jahren beherrschten. «Das Muster ist immer dasselbe: Das, was lohnt, findet Anklang in Frankreich – der große König oder die Republik, seine späte Erbin, und sogleich bekommen die Deutschen die Ellbogenfreiheit, die sie für ihre üblichen Exzesse brauchen, um ihrem Geschäft, welches die Zerstörung ist, nachzugehen.» All das hatte Mann bereits in einem Roman festgehalten: «*Der Untertan* wurde verschlungen und änderte gar nichts.» Doch einmal mehr machten ihn seine destruktiven Landsleute auch lachen: «Sie sind zum Schrecken geworden; und doch bleiben sie in meinen Augen dieselben grotesken Gestalten, die sie waren, als ich ihnen zuerst begegnete.»

Diese letzte Feststellung findet sich in der Emigrantenliteratur immer wieder, bei den Brüdern Mann, bei Brecht, später sogar bei Hannah Arendt, in ihrer Analyse von Adolf Eichmanns Prosa. Die Deutschen sind fürchterlich, furchteinflößend, aber auch schrecklich komisch, ebenso lächerlich wie grotesk. Das war der Galgenhumor der Berliner Straßen und Kabaretts. Er färbte auch die Politik von Schriftstellern und Hollywood-Emigranten wie Leonhard Frank und Alfred Döblin. Frank war ein sozialistischer Humanist. Der Titel seiner Autobiographie *Links ist wo das Herz ist* klingt wie umtata-Marxismus. Er liebte das Großstadtleben. Freunde erinnern sich seiner während der dreißiger Jahre in Paris, wie er sich, begabt mit dem Mundwerk eines Berliner Taxifahrers, aus allem und jedem einen Spaß machte.

Der ernste Döblin war der geistig heimatloseste unter den Emigranten, ein Mann, für den Exil ein Lebenszustand war. Viele Jahre hatte der Arbeitersohn als Arzt praktiziert und nebenher Romane, Essays und Zeitungsartikel geschrieben. Aus jeder seiner Arbeiten sprach die Identifikation mit der leidenden Menschheit, die seinen politischen Prinzipien entsprach, aber auch einer fast masochistischen Freude an seiner Fähigkeit, jedwedem Ungemach standzuhalten. Dabei wechselte er seine Philosophie und seine politischen Ansichten so häufig, daß ihn in den dreißiger Jahren irgend jemand «Konfusionsrat» taufte. Immer blieb er ein – wenn auch oft antimarxistischer – Sympathisant der Linken (im Exil schrieb er ein dreibändiges Werk über

Rosa Luxemburg), war für kurze Zeit Zionist und konvertierte schließlich – mit dem Kommentar, er sei nunmehr das geworden, was Evangelisten einen «vervollständigten Juden» nennen – zum Katholizismus.

Doch Döblin war auf seine Art ausgesprochen sensibel für die Erfordernisse seiner Zeit. Zu seinem besonderen Anliegen machte er ein «Berliner Programm» für Schriftsteller, das von der Literatur Bewegung und Beweglichkeit, die Sensibilität des Kinos und eine volksnahe Sprache verlangte. «Er spricht mit der Stimme der Stadt», sagte Walter Benjamin von ihm. Sein berühmtester Roman, *Berlin Alexanderplatz* (1929), erzählt die Geschichte des einarmigen Berliner Arbeiters Franz Biberkopf und seiner Geliebten, der Prostituierten Mieze. Das Buch ist voll von Statistiken, Straßenschildern, Schlagzeilen, Werbeslogans, Schlagerlyrik. Seine Sprache ist einfach und erinnert mit ihren Singsang-Rhythmen und Reimen zuweilen an eine Agitprop-Hymne.

Eine ähnlich extreme urbane Sensibilität findet man auch im Werk Leonhard Franks. Während Döblin sich zuweilen wie ein Berliner James Joyce liest (obwohl er seine Bewußtseinsstrom-Passagen dem Dadaismus und Expressionismus zurechnet), ist Franks *Carl und Anna* eher eine Berliner Version von D. H. Lawrences romantischem Mystizismus. Ein Veteran nimmt die Identität seines Kameraden an, und es gelingt ihm, dessen Frau davon zu überzeugen, daß er in der Tat ihr Ehemann ist. Ihre Liebesgeschichte wird geschildert als «Naturfilm», voll von Erkenntnis des Blutes und sprachlosem Verstehen. Die beiden befinden sich in einem mystischen Zustand, der unfaßbar, aber eminent erotisch ist. In den USA bedurfte das Erscheinen des Romans einer ähnlichen Apologie, wie sie einst den Geschichten von Lawrence beigegeben wurde: «sauber... und von fast religiöser Reinheit».

Mit ihrer Begabung für das Volksnahe und Erotische schienen Frank und Döblin alles mitzubringen, um im amerikanischen populären Stil zu reüssieren. Die Kunst Heinrich Manns dagegen schien das zu verbieten. Dabei hatte er zu Beginn des Jahrhunderts eine ähnliche Meisterschaft bewiesen, zunächst mit seinem *Professor Unrat*, der literarischen Vorlage zum Film *Der blaue Engel* (mit Marlene Dietrich in der Regie von Joseph von Sternberg) und ganz besonders mit dem *Untertan*. Der Held des letzteren Romans, Diederich, ist ein Emporkömmling nach Art eines teutonischen Flem Snopes. Bis zum Absurden in seinem nationalistischen Eifer ignoriert er alle menschlichen Werte und schafft es auf diese Weise, reich zu werden, gut zu heiraten und den großen alten Mann der Stadt aus dem Felde zu schlagen. Schon vor Hermann Broch oder auch Erik Erikson zeigt Mann seinen faschistoiden Schurken zu Beginn als einsames und angsterfülltes Kind.

Der Untertan erschien 1912, und einige der westlichen kulturellen Probleme der Emigration fanden sich darin vorweggenommen. Ein Protagonist des Buches wird Schauspieler und behauptet, der Schauspieler sei der repräsentative Mensch dieses Zeitalters. Doch gibt er die Bühne auf, nachdem ein Polizeioffizier, der kurz zuvor noch auf streikende Arbeiter schoß, sich von ihm zu Tränen rühren ließ. (Man denke daran, wie schwer es zu verstehen ist, daß ein Bewunderer von Beethoven oder Brahms ein Konzentrationslager leiten konnte.) Kapitalisten wie Diederich, bemerkt irgend jemand im Buch, lassen denen, die für sie arbeiten, gerade soviel zukommen, daß ein wirklicher Klassenkampf verhindert wird – ein zentraler Gedanke im Werk Herbert Marcuses.

Sie alle waren keine literarischen Snobs. Trotz ihres fortgeschrittenen Alters – Heinrich Mann kam mit neunundsechzig, Döblin mit dreiundsechzig Jahren nach Amerika – schienen sie alles mitzubringen, was man für die Filmstudios brauchte. Döblin war bei der Konstruktion seiner Werke fast kinematographisch zu Werke gegangen, und Filmkunst-Techniken haben Wissenschaftler auch in Heinrich Manns spätem Werk aufgespürt. Döblin mochte populäre Kunst. Im Unterschied zu seinen kalifornischen Mit-Exilanten fand er, daß «Unterhaltungsmusik» das Leben der Menschen freier mache und daß elitäre Kritiker ihnen dieses Glück einfach nicht zugestehen wollten.

Zumindest anfänglich kämpfte auch Döblin um eine Position auf dem literarischen Markt. Am 5. November 1942 schrieb seine Frau an den Verleger B. W. Huebsch und gestand zu, daß die früheren Werke ihres Mannes einem amerikanischen Publikum wahrscheinlich nur schwer zugänglich seien – «Ich verstehe das erst, seit wir hier leben» –, aber seine neueste Arbeit habe etwas, das wirklich jeden zufriedenstelle: «Aus diesem Buch, das ich Ihnen hiermit übersende, fließt ein Strom von Leben, reich wie das Leben selbst: Wissen, Verstehen, Wahrheit, Träume, Liebe, Tränen und Lachen…» Sie bat Huebsch, das amerikanische Publikum nicht für dumm zu verkaufen: «Bitte unterschätzen Sie die Amerikaner nicht, sie sind durchaus nicht nur für Comics, Liebesgeschichten und Kriminalromane zu gewinnen.» Huebsch fand zwar Gefallen an dem Werk, befand aber, daß Horizont und Maßstäbe immer noch zu deutsch für den amerikanischen Markt waren.

Wie sehr müssen solche Männer darunter gelitten haben, daß sie in Hollywood kaum gefordert wurden und von dem leben mußten, was Alfred Neumann die «wöchentlichen 100 Dollar-Almosen» nannte. Döblin waren seine Hollywood-Aufträge zutiefst zuwider. Er arbeitete an Kriegsfilmen wie *Mrs. Miniver* und *Random Harvest* mit, doch «man tut nichts, absolut nichts», klagte er in einem Brief. 1942 schrieb Heinrich Mann an seinen Neffen: «Hier schleppt das Leben sich hin ohne besondere Notwendigkeit. Niemand bittet dich um ein Zeugnis deiner Anwesenheit… Aber man darf den Mut nicht sinken lassen. Wir haben alle mehr oder weniger an den Trümmern einer abgelebten Menschheit zu tragen, die sich gleichwohl in einer Weltrebellion befindet.» Zu seiner Arbeit merkt er an: «Ich sehe einen Film und sage etwas. Tatsächlich könnte ich auch etwas sagen, ohne ihn gesehen zu haben.» So schlecht die Jobs waren, sie zu verlieren, war schlimmer. Heinrich Mann war arm. Seiner Schwägerin schrieb er: «Öffne die Tür nur, wenn keine Gläubiger hinter mir stehen.» Nach seinem Tod erfuhr man von seinen häufigen Bittgängen durch die Büros der Hollywood-Studios. «Es ist einfach fatal für einen Autor, kein Geld zu haben und wie ich und andere von den Zuwendungen Fremder zu leben», schrieb Döblin einem Freund.

Döblin und Frank konnten nach Kriegsende all das hinter sich lassen. Döblin kehrte nach Deutschland zurück, um dort mit Propaganda-Einheiten zusammenzuarbeiten.

Außer seinem Tagebuch des europäischen Exils, der *Schicksalsreise,* hatte er in Amerika kaum etwas vollendet, doch schied er ohne Groll. Wie Brecht bewunderte er die Freundlichkeit und körperliche Anmut der Amerikaner. Er vermerkt ihren «robusten Geschäftssinn und die seltsam leichte und oberflächliche Religiösität, die zu dieser Gesellschaft gehört». Auf dem Weg nach Europa entbietet Döblin Amerika in einem kurzen Gedicht sein Lebewohl und versichert, daß er es liebe, auch wenn es ihn nicht gewollt habe. (Gegen Ende seines Lebens fand Döblin in der Bundesrepublik so wenig Leser, daß er gezwungen war, seinen letzten Roman in der DDR zu veröffentlichen. 1951 schrieb er Ludwig Marcuse, daß man seine Manuskripte «genau wie in Hollywood» ignoriere, und innerhalb von zwei Jahren war er ein weiteres Mal emigriert, diesmal nach Frankreich.)

Auch Leonhard Frank kehrte zurück und veröffentlichte in Deutschland seinen bereits in Hollywood begonnenen Roman *Mathilde.* Dieser Roman ist eine verwirrende Kombination aus intellektuellem Humanismus und Franks besonderem sexuellem Mystizismus, repräsentiert von einem Historiker, der Pilot bei der Royal Air Force wird, und seiner bäuerlichen Ehefrau. Während ihr Mann an der politischen Gegenwart teilhat, bleibt Mathilde eine prähistorische Gestalt, die den Mann in Zeiten zurückführt, da die Natur sie vermählte. Nichts in diesem Roman erinnert an Hollywood.

Bei all der mystischen Hochgestimmtheit bewahrte sich Frank seinen Berliner Humor. In seiner Autobiographie klagt er über die «Gefühlsarmut» der Konsumentenkultur, eine Haltung, die er mit so unterschiedlichen Persönlichkeiten wie Albert Ehrenstein und Max Horkheimer teilt. So war in der Tat links da, wo das Herz war: Eine politische Entscheidung mußte von Herzen kommen. Wie anders ließ sich beweisen, was einer seiner Buchtitel naiv verkündet: *Der Mensch ist gut?*

Heinrich Mann kehrte zu Lebzeiten nicht mehr nach Europa zurück. Seine letzten Jahre waren furchtbar. Er heiratete ein Berliner Barmädchen, Nellie Kröger. Dieser Blaue Engel demütigte seinen alten Mann in aller Öffentlichkeit, fuhr Autos zu Schrott und nahm sich schließlich das Leben. Er aber schrieb trotz allem. 1946, anläßlich Heinrich Manns fünfundsiebzigsten Geburtstags, beschreibt Thomas die akribischen Arbeitsgewohnheiten des Bruders, nennt Stahlfeder und gestochene Manuskripte Relikte einer vergangenen Zeit. Und er preist dessen prophetische Sprache: «Die Prosa ist einzigartig. Ich habe... das Gefühl, daß diese kondensierte und intellektuell federnde Schlichtheit die Sprache der Zukunft, der neuen Welt ist.» Dieser freundliche Tribut, dem Kritik am eigenen Stil implizit war, muß dem Bruder das Herz erwärmt haben, konnte ihm jedoch das verlorene Publikum nicht ersetzen. 1949 schrieb Heinrich Mann an einen Freund: «In fünfzig Jahren war ich noch nie so vollständig mißachtet wie jetzt.»

1948 fanden deutsche Kommunisten wieder Gefallen am *Untertan,* doch Heinrich Mann fand das die falsche Art von Entdeckung: «Ich möchte nicht überleben als Autor eines Leitartikels in Romanform.» Seine Autobiographie enthielt genug Hinweise auf frühere stalinistische Sympathien, um ihn den ostdeutschen Literaturbürokraten – trotz seiner Lobeshymnen auf Roosevelt, Churchill und de Gaulle – lieb und wert zu machen, und so lud man ihn zur Rückkehr ein. Auch die Mittel für die Reise wurden aufgebracht, doch im März 1950, einen Monat vor dem geplanten Aufbruch, starb Heinrich Mann. In einem seiner letzten Briefe schaut er auf ein Jahrzehnt zurück, das für ihn vergangen war in dem unaufhörlichen Bemühen, irgendwo und irgendwie Geld aufzutreiben, und er fügt hinzu: «Hätten wir die Dollars nicht nötig, würden wir lachen. So lassen Sie mich wenigstens lächeln.»

Nach Heinrich Manns Tod erwies Thomas Mann eine letzte Referenz jener Meisterschaft, mit der sein Bruder die Sprache einer neuen Welt gehandhabt hatte: «Es war aber gerade das Ergreifende, wie in seinen Dichtungen und Schriften ein hochentwickelter, strenger und glänzender Geist ohne seinem Adel das Geringste zu vergeben, dem Schlichten, dem Volke zustrebte und nach sozialer Gemeinschaft suchte.» Dieses Streben fand wohl den Beifall aller Emigranten-Schriftsteller, doch in Heinrich Mann hatten sie zugleich auch ein Beispiel für sein Scheitern. Eine Dekade zuvor hatte er in *Decision* geschrieben, die französische Literatur habe ihm die Erkenntnis gebracht, daß das Leben ein Roman sein solle. Die Bilanz seines eigenen Lebens war bereits gezogen, und er konnte versöhnt sein mit seinem Lebensroman, denn «das Ende befriedigt, wenn und falls für die Wahrheit gekämpft wurde». Die Coda zu jenem «Roman», die letzten Jahre in Hollywood, machten aus dem achtbaren Ende einen Niedergang.

Trotz der elenden Bedingungen des literarischen Exils brachte einer – so verarmt und vom Schicksal geschlagen wie alle anderen – ein Meisterwerk hervor: Hermann Broch. Vielleicht kam ihm dabei zustatten, daß er nicht in Hollywood lebte, wo die Verhältnisse jeden zu demoralisieren schienen. In Broch fanden sich die Extreme des mitteleuropäischen geistigen Temperaments vereint. Er war der humanistischen Kultur so tief verpflichtet, daß er die Geduld von Jahren aufbrachte, um sein Meisterwerk, den Roman *Der Tod des Vergil,* zu vollenden. Doch Broch war auch ein Zeuge des politischen Geschehens seiner Zeit. Ein Teil des *Vergil* war in der Zelle eines Nazi-Gefängnisses entstanden, und vollendet wurde er in den USA – angesichts der finanziellen, gesundheitlichen und sprachlichen Not seines Autors ein nachgerader Don Quichottescher Kommentar zur allgemeinen Hoffnungslosigkeit des Exils. Bevor Broch sich dem alten Rom zuwandte, hatte er den Niedergang der deutschen Gesellschaft portraitiert. Sein erster Roman, *Die Schlafwandler* (1931, und 1932 bereits auf englisch), sah dem Nazi-Schrecken als dem Höhepunkt eines Zeitalters der Unvernunft entgegen. Für Hannah Arendt war Broch der erste, der der «radikalen Atomisierung» des modernen Lebens literarisch Gestalt verlieh.

Der gelehrte Broch war genug Kind seiner Generation, um sich andernorts eine kohärentere Zukunft vorstellen zu können. Es gibt Zeiten, wo Esch, einer der *Schlafwandler,* fühlt, «daß es in seinem Kopfe eine Gegend gibt, die Amerika ist, eine Gegend, die nichts anderes ist als der Platz der Zukunft in seinem Kopf und die doch nicht existieren kann, solange die Vergangenheit so hemmungslos sich in die Zukunft stürzt...» Es war Brochs Tragödie, daß Amerika weder den Durchbruch zu einer transzendenten Vision schaffte noch eine dafür empfängliche Öffentlichkeit schuf.

Hier war ein Mann, der in den modernen Wissenschaften von der Physik bis hin zur Psychoanalyse zu Hause war, und dessen literarisches Können vom Abstrakten bis zum – immer von Melancholie überschatteten – Sinnlichen reichte. Doch alles – die Zeiten, seine geistige Tradition, sein eigenes kompliziertes Selbst – hatte sich gegen ihn verschworen. Wie er in *Die Schlafwandler* prophezeit hatte, obsiegte das Vernichtete und längst Gescheiterte über das Neue.

Broch war der Sohn eines reichen österreichischen Textilfabrikanten und hatte in seiner Jugend im Familienbetrieb gearbeitet. Er war bereits vierzig Jahre alt, als er seine mathematischen, philosophischen und psychologischen Studien wiederaufnahm. Er studierte mit den Positivisten des Wiener Kreises und vertiefte sich in die Naturwissenschaften, obgleich Hannah Arendt, seine liebevollste Leserin, als geistige Grundströmung seines Werkes eine «essentiell christliche» erkannte. Broch schrieb ein Drehbuch für einen Film über Einsteins Relativitätstheorie und plante sechs weitere Filme über Wissenschaftler, um dem Anti-Intellektualismus der dreißiger Jahre zu begegnen. (In seinem Roman *Die Schuldlosen* stellt ein lächerlicher Mathematiklehrer Einsteins Theorien in Abrede.) Einstein selbst tat viel, um Broch die Einreise nach Amerika zu ermöglichen, und beide wurden später Freunde.

Broch war auch moderner Stadtmensch und zutiefst berührt vom Werk Freuds. In einer vernichtenden Analyse des Wiener Kitsch, die eines Karl Kraus würdig wäre, wiederholt Broch einmal mehr seine Überzeugung, daß Kultur und Politik untrennbar miteinander verbunden seien. Er sieht sich einer Welt gegenüber, in der hinter den Interessen der Erwachsenen immer noch die Schrecken der Kindheit lauern. Kafka und Hugo von Hofmannsthal rechnet er es als Verdienst an, auf stilistisch verschiedenen Wegen in «jener Symbolisierung der Hilflosigkeit schlechthin – dem Kind» das Zentrum modernen Bewußtseins entdeckt zu haben.

Alles das bildet auch den Hintergrund seines Romans *Die Schlafwandler,* der ihn neben Mann und Joyce stellt (von dem Broch sagt, er habe alle ästhetischen Elemente unter die Herrschaft des Ethischen gebracht). Broch ist ein profunder Denker als Joyce oder Thomas Mann. Vielleicht ist er auch der weniger talentierte Romanschreiber, aber seine Werke sind so durchdrungen von historischen und philosophischen Spekulationen, daß man sich fragen kann, ob sie unter der Gattungsbezeichnung «Roman» überhaupt noch adäquat zu subsumieren sind. Nach dem Erscheinen von Brochs *Tod des Vergil* (1945) notiert Hannah Arendt, Broch gleiche Proust in seiner zärtlichen Zuneigung zur Welt und Kafka in seiner Erkenntnis, daß an die Stelle des Helden als einem Individuum «der Mensch als solcher» getreten ist. In Wirklichkeit war das Leben des Vergil also nicht mehr als der Anlaß zu einer Abhandlung über Kunst und Menschlichkeit.

Die Schlafwandler sind von beiden das wohl weniger bedeutende Werk. Nur Huguenau, die letzte der drei Hauptfiguren des Romans, scheint ohne individuelle Züge zu sein, und dieser Mangel steht für die entmenschlichten Zeiten, in denen er lebt. Der Roman umfaßt die Zeit von 1888 bis 1918. Weit mehr als in Heinrich Manns *Untertan* ist hier Politik Ersatz für unbewußte Wünsche. Brochs Helden – einer dümmer als der andere – sind besessen von homosexuellen Ängsten und einem fast lustvollen Bedürfnis nach einem übermächtigen Elternteil. Der am wenigsten Bewußte von allen, Huguenau, ist ein Mörder ohne Schuld, denn er ist ein Mensch ohne Erinnerung.

Die Pathologie Huguenaus steht für die rücksichtslose Geistlosigkeit seiner Zeit: «Krieg ist Krieg, l'art pour l'art, in der Politik gibt es keine Bedenken, Geschäft ist Geschäft –, dies alles... ist von jener unheimlichen, ich möchte fast sagen, metaphysischen Rücksichtslosigkeit, ist von jener auf die Sache und nur die Sache gerichteten grausamen Logizität, die nicht nach rechts, nicht nach links schaut, – oh, dies alles ist der Denkstil dieser Zeit!» In Brochs schwieriger, aber schlüssiger Vision werden Nationalismus, Kapitalismus, akademische Kunst und Kitsch zum Exempel des nämlichen Versäumnisses – des Versäumnisses, sich Gedanken über die Folgen zu machen.

Bis zum Ende der dreißiger Jahre blieb Broch in Wien. Während eines kurzen Gefängnisaufenthaltes begann er die Arbeit am *Tod des Vergil*. Nach seiner Ankunft in den USA war er angewiesen auf private Zuwendungen und Universitätsstipendien. Sogar seinen Roman konnte er nur mit fremder Unterstützung veröffentlichen. Mehr als jeder andere Emigrantenschriftsteller lebt er in der Erinnerung als überaus großzügiger und freundlicher Mensch. In einem Kreis, wo Kummer und Not «allgegenwärtig» waren, sei es immer Broch gewesen, der sich um alle und alles gekümmert habe, erzählt Hannah Arendt. Seine Übersetzerin Jean Starr Untermeyer erinnert sich, daß Broch in seinen letzten Jahren auf wunden Füßen von Tür zu Tür ging, um Geld für noch ärmere Freunde zu erbitten. Er selbst hauste seinerzeit in armseligen Studentenbuden.

Mit vielleicht allzugroßem Optimismus vertraute er auf den amerikanischen Erfolg seines *Vergil*. Das Werk sei unübersetzbar, warnte ihn Stefan Zweig nach der Lektüre des Manuskripts, doch Broch hielt so große Stücke auf Jean Starr Untermeyers Übersetzung von Rilkes *Duineser Elegien*, daß er sich mit ihr in Verbindung setzte. Obwohl ihre Begegnung mit Broch ihr Leben, wie sie selbst sagt, entscheidend beeinflußte, legte Broch auch ihr gegenüber zunächst jenen aus Verzweiflung geborenen Hochmut an den Tag, der die Emigranten wie Ungeheuer erscheinen lassen konnte. Bei einem der ersten Treffen verzweifelte er an der allgegenwärtigen Todesstimmung. In einem Brief ging sie darauf ein und hielt dem recht platt entgegen, daß doch die wirkliche Gefahr der «Tod zu Lebzeiten» sei. Broch hatte keine Zeit für solchen «Kitsch». Wenn sie seine «poetische Strenge» verfehle, teilte er ihr mit, gefährde sie seine «ganze amerikanische Zukunft». Und als sie sich gegen seine Arroganz zur Wehr setzte, antwortete er, sie gebärde sich wie ein verzogenes Kind, das sich nicht beachtet fühle. Wieder einmal war die sonderbare europäische Direktheit verletzend. Doch umgekehrt klagten die Emigranten über die Unaufrichtigkeit der Amerikaner: Kein Wunder, daß ein offenes Wort ihnen taktlos erscheine. Erst später erkannte Jean Untermeyer, daß Brochs harscher Ton ein Zeichen des Vertrauens war, das er in sie setzte: Sie war eine reife Künstlerin, konnte also auch Kritik vertragen.

Broch hörte nicht auf, sich um notleidende Mit-Flüchtlinge zu kümmern, mischte sich aber auch in amerikanische Angelegenheiten. Während des Krieges arbeitete er neben dem *Vergil* an einer Studie zur Massenpsychologie. Aus Anlaß der Detroiter Rassenunruhen und natürlich eingedenk des Antisemitismus, der ihn aus Europa vertrieben hatte, unterbreitete er den Vereinten Nationen eine «bill of duties». Einem Korrespondenten erzählte er, daß seine nächste Arbeit «politisch-psychologischer» Natur sein werde und gewiß von größerer Bedeutung als der *Vergil*.

Der *Vergil* ist eine lange und nicht leicht zu lesende Erzählung über die letzten Tage des Dichters. Da gibt es lebendige Schilderungen des ausgelassenen und ausschweifenden Lebens in den Straßen Roms und die Erinnerungen Vergils an die Kurtisanen und Schäfer, die er einst liebte. Aber es gibt auch schier endlose Deklamationen – einmal erstreckt sich ein einziger Satz über zwölf Seiten – über Kunst und Verantwortung. Aus vielfältigen Gründen möchte Vergil seine Kunst verleugnen, und jeder Grund wird talmudischer oder jesuitischer Exegese unterzogen. Auf dem Höhepunkt seiner Verzweiflung fühlt sich Broch der Menschheit, der er doch zu dienen meint, vollkommen entfremdet und weit entfernt von dem Menschen, der er war, als er zu schreiben begann. Die drei Jahre des Feilens am *Vergil*, so schrieb er dem Germanisten Hermann J. Weigand, hätten in ihm die Erfahrung der Todeserkenntnis, so wie er sie erahnt habe, immer verschwommener werden lassen. Das Vertrauen, das seine amerikanischen Gönner in ihn setzen, treibt ihn, die erschöpfende Arbeit zu Ende zu führen: Mit dem unvollendeten Vergil sei er in Amerika angekommen und habe hier das Vertrauen und die Hilfe so vieler Menschen und Institutionen genossen, daß er sein Versprechen halten müsse...

Europäischen Lesern erschloß sich die Bedeutung des *Vergil* sofort. Hier war ein Buch, das nicht nur das Chaos von Vergils letzten Tagen, sondern auch ihr gegenwärtiges Leben beschwor. Es war nur angemessen, daß die *New York Times* der Besprechung des Buches einen Platz auf der Titelseite einräumte. Und es war Brochs Pech – «mein ständiges Los» –, daß gerade, als die Besprechung erscheinen sollte, die Drucker streikten. Vielleicht gab es für Brochs Werk tatsächlich keinen Massenmarkt, doch dessen Mißachtung, für die der Streik ein Omen zu sein schien, verstärkte sein Gefühl der Isolation. Eine damals noch unbekannte Hannah Arendt verwies in *The Nation* auf die ganz unmittelbare Bedeutung des Buches: «Als die Nacht kam, erwachte Broch. Er erwachte in einer Wirklichkeit, die ihn so überwältigte, daß er sie sogleich in einen Traum übersetzte, wie es sich schickt für einen Mann, der nachts erwacht.» In ihren eigenen Prosa-Rhythmen weiß Hannah Arendt sich Broch und Kafka verpflichtet. Diejenigen, schreibt sie, die voll seien von «Selbstvergötterung», blieben ausgeschlossen von «der wahren Gemeinschaft, die auf Hilfsbereitschaft gründet». Hannah Arendts eigenes Werk läßt keinen Zweifel daran, daß sie mit der «Hilfsbereitschaft» innerhalb der Gemeinschaft die Unterstützung meint, die die Flüchtlinge einander reihum gewährten und der sie und Broch soviel ihrer Zeit gewidmet hatten.

Alvin Johnson erkannte Brochs Integrität. «Mann gab uns einen Stein», schrieb er Broch, «aber Sie gaben uns Brot». Auch Einstein las den *Tod des Vergil* und fühlte in sich einen «hartnäckigen Widerstand» gegen das, was das Buch nahelegte: «Das Buch zeigte mir deutlich, vor was ich floh, wenn ich mich mit Haut und Haaren der Wissenschaft verschrieb – die Flucht vom Ich und Wir zum Id.» (Obwohl Einstein, wie wir sehen werden, beileibe kein Sklave von Abstraktionen war.) Bei soviel Bestätigung und Anerkennung muß Broch gewußt haben, daß man ihn liebte und ehrte. Und doch sah er sich selbst, ähnlich seinem Vergil, in den Fängen von körperlichen Begierden und Neurosen. Nachdem er eine Analyse seiner Handschrift hatte anfertigen lassen, schrieb er an Edith Jonas Levy: «Ich habe das Gefühl, mein Leben vertan zu haben, und zweifellos haben meine neurotischen Zwänge an diesem Scheitern einen großen Anteil. Jedoch sind da noch andere Gründe, und ich frage mich, warum der Analytiker sie nicht erwähnt; es ist das ganze Feld der Triebe und Instinkte (das Feld des ‹Es›), das für mich ein wahrhaftiges Schlachtfeld war.» Solche Selbstzweifel zu lindern, gab es vielleicht keine Huldigung.

In seinen letzten Jahren litt Broch unter Krankheit, Geldsorgen und der Indifferenz der Öffentlichkeit. 1950 hätte ihn der österreichische PEN Club beinahe für den Nobelpreis vorgeschlagen, doch zeigte sich, daß Broch für die Stalinisten und Klerikalfaschisten (Katholiken) unter den Mitgliedern gleichermaßen unattraktiv war. Seine tiefe Niedergeschlagenheit rief die amerikanischen Freunde auf den Plan. Edith Jonas Levy schlug vor, Alvin Johnson solle die Kandidatur erneut in die Wege leiten, doch man teilte Edith Levy und Johnson mit, die Befürworter einer solchen Kandidatur müßten frühere Träger des Literaturnobelpreises sein. Broch, der einst um «seine ganze amerikanische Zukunft» gefürchtet hatte, zitterte nun angesichts der verlockenden Aussicht auf weltweite Anerkennung. Wieder in der Rolle des Bittstellers saß er mit Mrs. Levy da und stellte Listen der Schriftsteller zusammen, bei denen man um eine Empfehlung nachsuchen wollte.

Broch zeigte sich seinen amerikanischen Freunden gegenüber auf kafkaeske Weise desorientiert. Als Hermann Hesse Johnson antwortete, er sei zu krank, um auch nur ein Wort zu schreiben, war Broch verzweifelt über *Johnsons* Demütigung. Doch Johnson, «dieser wundervolle alte Mann», ließ sich nicht beirren. Er bat Thomas Mann um eine Empfehlung für Broch, tat das allerdings so, daß es für Mann fast ein wenig beleidigend und Broch gegenüber gönnerhaft klang, wenn er durchklingen ließ, nur ein Nobelpreis könne Brochs Lebensgeister wieder wecken. Thomas Mann antwortete: «Ich bedaure, daß sein Zustand ihn veranlaßt zu glauben, ‹Ich werde ihn niemals meiner Fürsprache für wert erachten›. Was für eine Hypochondrie! Lieber Gott, ich bin sicher, ich brauche seine ‹Fürsprache› mehr als er meine.» Das Komitee, schreibt Mann weiter, habe auch Kafka und Joyce übergangen und halte Brochs Werk in vielen Teilen für «abstrus und sophistisch», und sogar er, Thomas Mann, sei der Meinung, daß Brochs Leistung noch nicht ganz ausgereift sei. Doch gestatte er, sich seines Namens zu bedienen. Broch schaffte es nicht. Den Status eines Romanschreibers von Weltrang gestand man ihm erst nach seinem Tod zu. Er starb 1951 in einem Logierhaus in New Haven. Broch war herzkrank, aber er schleppte seinen schweren Koffer drei Stockwerke hoch. Freunde haben den Verdacht, daß es seine Art des Selbstmords war.

Den vielleicht wehmütigsten Abgesang an die Emigrantenkultur stimmte unerwarteterweise Walter Mehring an. Im Unterschied zu den anderen Schriftstellern war er ein *echter* Berliner, dort geboren und Sohn des Zeitungsverlegers Franz Mehring, der einst Rosa Luxemburg unterstützt hatte. Sein kulturelles Debüt hatte Walter Mehring im Alter von zweiundzwanzig Jahren gegeben, als er zusammen mit Freund George Grosz eine Dada-Matinee auf die Bühne brachte. Höhepunkt der Show war ein Wettrennen zwischen einer Nähmaschine und einer Schreibmaschine. Zwei Jahre später erschien, illustriert von George Grosz und verlegt von Wieland Herzfelde, sein *Dada-Almanach von 1920*. Mehrings Gedichte erinnern an Pop-Lyrik («Berlin, dein Tänzer ist der Tod – Foxtrott und Jazz –»), und das Kabarett war ihr Forum. Als Berlins führender Kabarett-Dichter fand Mehring bald Eingang in die Kreise um Brecht, Grosz und Reinhardt. Lange vor der überschätzten, unausgegorenen Pop-Poesie der sechziger Jahre schuf Mehring etwas wirklich Neues, verflocht Töne und Bilder zu Rhythmen seiner Stadt – ein Foxtrott am Rande des Abgrunds.

Mehrings Talent war nicht nur, wie Grosz vermerkte, beseelt von François Villon und Heine, sondern auch von anderen, überraschend literarischen Vorbildern. Der französische Vaganten-Dichter und der frankophile deutsche Jude waren in der Tat angemessene geistige Ahnen. Mehring selbst verbrachte die zwanziger Jahre zum großen Teil in Paris. Tucholsky pries ihn als den ersten, der Berlin so sehe, wie die Welt gewöhnt sei, Paris zu sehen. Anfang der dreißiger Jahre wollten die Nazis ihn verhaften. Sie fanden ihn wie gewöhnlich in einem Café, doch Mehring gab vor, nicht er selbst zu sein, entkam seinen Häschern und kehrte nach Paris zurück. Dort verlebte er die dreißiger Jahre inmitten seiner Mit-Exilanten, und der Galgenhumor, mit dem er sie unterhielt, ließ auch den alten Berliner Kabarett-Geist überleben. Während dieser Zeit entfremdete er sich zunehmend seinen marxistischen Freunden, die ihre Ideologie je nach Weisung Moskaus änderten. Der loyale Kommunist Wieland Herzfelde hat Mehring die Abwendung von der Sowjetunion nie verziehen und warf ihm vor, deren Krieg mit Finnland (1939) ganz einfach mißverstanden zu haben. In einem Brief, den er Mehring zum fünfzigsten Geburtstag schrieb, nannte er ihn einen «bastard».

Aus Frankreich entkam Mehring über Marseille und erreichte 1941 die USA. Er verbrachte die übliche unerfreuliche Zeit in Hollywood und ging dann nach New York, wo auch seine alte Freundin Hertha Pauli und ehemalige Dadaisten-Kollegen wie Huelsenbeck, Grosz und Herzfelde lebten. 1944 erschien eine Sammlung seiner Gedichte, illustriert von George Grosz und übersetzt von einem linken amerikanischen Freund Erwin Piscators. Vorübergehend arbeitete Mehring auch für die Propaganda-Abteilung des Office of Strategic Service und brachte sich später als Arbeiter in einer Fabrik auf Long Island durch.

1951 veröffentlichte er *The Lost Library: Autobiography of a Culture*, das er zum Teil auf der Tabakfarm eines Pazifisten und Jazzmusikers in New England geschrieben hatte. Wer hätte solch ein Buch von ihm erwartet? Mehring gedenkt der Berliner Bibliothek seines Vaters und bekennt sich damit zu der gelehrten humanistischen Tradition, der er entstammte und die er mit seinem eigenen populären Stil einst schmähte. Aber irgendwie brachte die amerikanische Umgebung eine Annäherung zwischen Vater und Sohn, hoher Kultur und Kabarett. Mehring beschwört die Tradition mit jenem echten Berliner Ton, keck, dicht und sehr smart. Wenn er will, weiß er mit literarischer Mimesis so sorgsam umzugehen wie Erich Auerbach. Doch öfter noch ist er von ganz erdgebundener Respektlosigkeit: Marx ist ein unlesbarer alter Langeweiler, Nietzsche und Schopenhauer hat die Syphilis den Verstand geraubt. Mit Melancholie hat er als typischer Emigrant nichts im Sinn. Gegen den Kummer über die verlorene Bibliothek empfiehlt er gute Laune und guten Sex, nicht ein besseres Buch, sondern einen besseren Orgasmus.

Doch trotz seines smarten Tons ist es kein glückliches Buch, und am traurigsten ist es da, wo Mehring in literarischen Schätzen schwelgt und zugleich erkennt, wie nichtig und ohne Wert sie in der gegenwärtigen Zeit waren. Als Kabarettdichter und -komponist verstand Mehring sich auf sprachliche Rhythmen. Er sah, daß sich eine Veränderung der Wirklichkeit in der Grammatik widerspiegeln kann, noch bevor die Betroffenen sie wahrnehmen. Sprache vermag nicht viel, aber sie kann den Leser auf das vorbereiten, was in der Zukunft auf ihn wartet. Davon war Mehring überzeugt, und darum nahm er auch gegen Gide Partei für Proust. Gide hatte dem Jüngeren «willkürliche Behandlung der Zeiten» und «verschwenderischen Mißbrauch des Subjunctiv» vorgeworfen. Gide, so Mehring, sah nicht, daß Proust der Grammatik und der Syntax von Weissagung und prophetischen Träumen folgte und daß sein Subjunctiv der «Subjunctiv des Zweifels» war. Dieser letzte glänzende Gedanke ist nicht nur gültig für die Ereignisse in Prousts Roman, er trifft auch das Emigrantenleben, denn im Bewußtsein vergangenen Verrats und Betrugs – «der Korruption aller Bindungen» – weckte jeder erfüllte Wunsch Argwohn. Der Subjunctive des Zweifels mißbilligte sehnendes Verlangen und gestattete eine schützende Distanz zu der inneren Gewißheit, daß unsere Hoffnungen entweder banal oder zum Scheitern verurteilt sind.

Die Bibliothek ist verloren. Die Weisheit, die sie enthielt, ist verstreut in Zeit und Raum, unendlich weit entfernt von einer New England-Farm des Jahres 1950. «All diese Dinge existieren nur noch im Plusquamperfekt oder in einem passé defini»: Die Angelegenheit hat ihre grammatische Form gefunden und ist damit erledigt. Kundig zu lesen, sei des Emigranten größtes Talent, schreibt Mehring, doch gibt er zu, daß die Besinnung auf Vergangenes ein müßiges Unterfangen sei, obwohl doch sein Buch beweist, daß es gerade jene Besinnung war, die den Emigranten half, durchzuhalten. Was bleibt? Was hat noch Sinn? Politisches Engagement jedenfalls nicht, wenn es nach Mehring geht. Am besten ist es noch, nach «Korrektur seiner selbst» zu streben: ein Rückzug oder Ausweg, der nicht weniger in die Enge führt als der Weg von Berlin auf eine Tabakfarm. Das Nächstbeste ist die Fähigkeit, andere zu unterhalten. In einer letzten Berliner Posse verrät man seine ernsthafte Seite und zieht sich auf die Komödie zurück. Einen Galgenhumoristen hängt man nicht: Die Emigration hat ihn gelehrt, daß es sich auszahlt, sein Innerstes zu verbergen.

Frauen hatten es oft leichter als diese unglücklichen Männer. Angesichts der Leichtigkeit, mit der sich Schriftstellerinnen auf dem neuen Markt bewegten, schrieben Klaus und Erika Mann Ende der dreißiger Jahre: «Frauen und jüdische Schriftsteller können sich dem internationalen Markt anpassen.» Frauen sind «natürlicher», die «größeren Realisten», Expertinnen in häuslichen Fragen, die keine nationalen Grenzen kennen; «ihr größeres Interesse an *Dingen* neutralisiert geistige Differenzen und Spannungen», während die Männer, «besessen von Ideen, hartnäckig aneinander vorbeireden». Daß die Manns den Unterschied zwischen Männern und Frauen am jeweiligen Gebrauch des Intellekts festmachten, war nicht als Diskriminierung der Frauen gemeint. Nicht die Abstraktionen, die Faschismus und Stalinismus vorangegangen waren, hatten Klarheit gebracht, sondern das Augenmerk auf die Dinge.

Die Romane von Vicki Baum und der ebenfalls erfolgreichen Martha Albrand waren voll von Glamour und melodramatischen Zuspitzungen, aber mit mehr Intelligenz und Witz geschrieben als die «women's fiction» ähnlich erfolgreicher amerikanischer Matronen. Die Geschichte Gertrude Urzidils dagegen ist kaum weniger niederdrückend als die von Heinrich Mann oder Alfred Döblin. Sie war die Tochter eines reichen Prager Juden, ihr Bruder hatte Kafka in Hebräisch unterrichtet. «Ich bin der letzte Mensch in Amerika, den Kafka ‹Du› nannte», brüstete sie sich im Alter. Ihr Mann, Johannes Urzidil, war getaufter Katholik jüdischer Herkunft. Sein Buch über Kafka mit dem fast naiven Titel *Da geht Franz Kafka* ist eines der wenigen, die den Dichter in besondere Beziehung setzen zu seinem geliebten Prag. Beide Urzidils sahen sich auch im Exil als Bewahrer tschechischer Kultur und unternahmen kaum Anstrengungen, sich amerikanischen Verhältnissen anzupassen.

Während Gertrude es mit kurzen Gedichten und kleinen Aufsätzen für Frauenseiten versuchte, schrieb Johannes Romane *(Das große Hallelujah)* und literarische Biographien *(Goethe in Böhmen)*. Zwei Jahre blieb er mit seiner Frau in London, 1941 erreichten sie New York City. Sie ließen sich in den ärmeren Flüchtlingsenklaven der Vorstädte nieder, zunächst in Jackson Heights und später an der Peripherie von Kew Gardens. Frau Urzidil fand die Zeiten zwar hart, aber «uns nicht bei den Behörden melden zu müssen... das war unsere Freiheit». Ihr Mann begann eine neue Karriere mit Lederarbeiten, sie verdingte sich als Babysitter. Unter Freunden wurde die verzweifelte Lage der Urzidils Legende. In den fünfziger Jahren arbeitete Johannes kurz für die «Stimme Amerikas», und das war die einzige Zeit, in der er über ein regelmäßiges Einkommen verfügte.

Aber sie waren glücklich. Oft und gern bewirtete Frau Urzidil ihre Freunde Carl Zuckmayer, Hermann Broch, Erich Kahler und Hans Sahl. Essen war für die Flüchtlinge etwas ungeheuer Wichtiges. Carl Zuckmayer erzählte voll Stolz, daß die Kochkünste seiner Frau ihre Freunde in die Vergangenheit zurückversetze. «Sie war eine gute Köchin, *ich* war eine bessere Köchin», schnaubte Gertrude Urzidil, als sie an diese Äußerung Zuckmayers erinnert wurde. Die Wohnung in Kew Gardens war klein und wenig elegant, obwohl Urzidil einige hübsche Möbel buchstäblich auf der Straße aufgelesen hatte, die fast als Biedermeier durchgehen konnten. Eine geschnitzte Truhe beeindruckte jeden, «even the most primitive workmen», erinnerte sich Frau Urzidil (und machte den typischen Ausländer-Fehler, «primitive» mit «uneducated» zu verwechseln). Solange ihr Mann noch lebte, schien seiner Frau die Wohnung keineswegs zu klein. «Als mein Mann noch lebte, war die Wohnung so groß. Aber jetzt kommt sie mir so klein vor, weil mein Mann allem Größe und Weite gab.»

Nach dem Tod ihres Mannes lebte sie in bitterster Armut. Gelegentlich erreichten sie ein paar Tantiemen von Büchern ihres Mannes, oder sie verkaufte ein Gedicht an eine Schweizer Zeitung oder einen kurzen Aufsatz an den *Aufbau*. Gut gekleideten älteren Leuten einer örtlichen Deutsch-Jüdischen Gesellschaft erzählte sie gegen Honorar etwas über die «Nobel Prize winners I have known». Auf ihre Weise war Gertrude Urzidil recht herrisch. Versuche, aus ihrem Freund Franz Kafka eine politische Gestalt oder einen Zionisten zu machen, ärgerten sie, und nachgerade wütend machte sie Philip Roths Geschichte über Kafka in New Jersey: «Niemals wäre Kafka Hebräischlehrer geworden!» Und überhaupt war Johannes Urzidils Geschichte über einen Kafka, der in der irrigen Annahme, auf diese Weise seine komplizierte Natur zu vereinfachen, auf einer Tomaten-Pflanzung arbeitete, die bessere. Sie machte ihre Wohnung zum Treffpunkt exilierter Amateur-Poeten, einiger Hausfrauen und eines Antiquitätenhändlers. In täglichen Telefonanrufen versicherte man sich einander, daß man noch lebte. Bei einem solchen Anruf wurde 1978 auch ihr Tod entdeckt. Obwohl sie äußerst schwach und nahezu blind war, bewahrte sich Gertrude Urzidil bis zum Schluß ihre Unabhängigkeit. Noch in ihren späten Achtzigern war sie Gegnerin jeglichen Philistertums: «Ich weiß nicht, ob es gut ist, sich anzupassen. Besser man bewahrt seine kritische Distanz – und sei es nur seinem Mittagessen gegenüber.»

Anita Daniel, eine Emigranten-Journalistin, war Gertrude Urzidils «Goldmädchen». Sie, eine ebenso reiche wie ansehnliche Frau, schrieb nette kleine Reiseberichte, die sie mit *I Go to Mexico City* oder *You'll Love New York* betitelte. Aus ihrer Feder stammt auch ein erfolgreiches Kinderbuch über Albert Schweitzer. (Auch andere Emigrantenfrauen, etwa Hertha Pauli, schrieben Kinderbücher.) Von Einstein bis Walter Benjamin hatte sie viele große Geister getroffen und bezaubert. Einsteins Herz gewann sie mit einem amerikanischen Witz: ein Jude steigt in die U-Bahn und sieht, wie ein Schwarzer eine jiddische Zeitung liest. «Sind Sie Jude?» fragt er ihn und auf jiddisch kommt die Antwort: «Um Gottes willen, das fehlte mir noch!»

Als sie starb, war sie in Emigrantenkreisen eine der tonangebenden Gestalten. Doch der Rabbi, der sie begrub, schien sich mit ihrer Geschichte nicht vertraut gemacht zu haben, nicht mit ihrem erzwungenermaßen unsteten Leben, nicht mit dem Verlust ihres Kindes. Als Memento zitierte er den Titel eines ihrer Bücher, *Ein bißchen Liebe* (die Titel ihrer anderen Bücher wären dem Anlaß natürlich nicht angemessen gewesen): ein kleines bißchen Liebe, ein kleines bißchen inhaltsleeren Sentiments, um einer Ära zu gedenken.

Doch im Grunde konnte keine Begräbnisfeier dem gerecht werden, was die Emigranten-Schriftsteller durchlebt hatten. Es war, als sei noch der Tod ein Niedergang. Beerdigungen wurden zur Angelegenheit der ganzen Gemeinschaft, wo wir, wie ein Schriftsteller sagte, «immer feststellen, wie viele von uns noch übrig sind». Alles

Bemühen um einen erhabenen Ton schien vergeblich: «Ach», sagte eine Zynikerin, als sie sich anläßlich der Beerdigung eines ehrwürdigen Professors unter die Trauernden mischte, «es ist Zeit für eine neue Aufnahme von *Tod und Verwandlung*.»

Alma Mahler-Werfel, die Helena ihrer Generation, langweilte sich nie auf Beerdigungen, nicht einmal auf der ihres Mannes, denn «Ich bin nie dabei». Ihre Worte noch in den Ohren, wußte Thomas Mann nicht, «ob es Lachen oder Schluchzen war, was mir vorm Sarge die Brust erschütterte».

Ende der vierziger Jahre trafen die alten Freunde George Grosz, Walter Mehring und Hertha Pauli wieder zusammen. Grosz schien inzwischen durch und durch Amerikaner geworden zu sein. Hertha Pauli erinnert sich, daß er Stunden vor dem Fernseher verbrachte und sich Western anschaute. «Ihr seid nie richtig hier angekommen. Ihr sitzt immer noch in Marseille», sagte er selber zu seinen Freunden. Hertha Pauli gab zu, daß «wir der Falle entkommen sind wie Füchse, die ein Bein zurückgelassen haben.» Aber auch die Anpassung von Grosz war nicht das, für was er sie hielt. Ende der fünfziger Jahre verkaufte er sein Haus auf Long Island und kehrte nach Berlin zurück, wo er bald darauf nach einem Sturz in betrunkenem Zustand starb.

Die meisten Emigranten-Schriftsteller kehrten nach Europa zurück. Amerika hatte sie nicht angenommen und auch ihr eigenes Verhältnis zum Gastland war trotz obligatorischer Dankesbezeugungen für dessen Gastfreundschaft ambivalent geblieben. Besonders bittere Erinnerungen an Amerika haben die kommunistischen Schriftsteller. 1946 siedelten die deutschen Kommunisten, die Mexiko als Exil gewählt hatten, nahezu geschlossen in die sowjetische Besatzungszone Deutschlands über. 1947 gesellten sich Brecht, Ernst Bloch und Wieland Herzfelde zu ihnen. 1952 waren auch Leonhard Frank, Döblin, Mehring, Thomas Mann, Erich Maria Remarque, Alfred Neumann, Carl Zuckmayer und etliche andere zurück in Europa. Einige eroberten ein neues Publikum. Friedrich Torberg zum Beispiel festigte seinen Ruf als einer der bedeutendsten Schriftsteller Österreichs. Der Ruhm anderer verblaßte mit den Jahren, wurde beeinträchtigt von jüngeren, experimentierfreudigen Autoren wie Günter Grass und Heinrich Böll.

Viele Emigranten ließen sich in der Schweiz nieder, wo die Sprache dieselbe, aber die Geschichte nicht so übel war. Bis in die siebziger Jahre hinein verbrachten viele ehemalige Flüchtlinge ihre Ferien in St. Moritz und Sils Maria: «Unser Wiedergutmachungsgeld kommt aus Deutschland und geht in die Schweiz.» Sie starben, wie sie gelebt hatten; und wie Rilke, Stefan George, Robert Musil, Hermann Hesse, Alfred Neumann, Erich Maria Remarque, Thomas Mann und Carl Zuckmayer beendeten auch die Frankfurter Adorno und Horkheimer ihr Leben in der Schweiz. (Die Witwe eines Schriftstellers sagte dazu: «Es ist besser, im Schokoladengefängnis zu sterben als im Lager.»)

Die amerikanische Geschichte der exilierten Schriftsteller ist sehr traurig. Vielleicht hätten sie sich mit größerer Neugier dem amerikanischen Leben zuwenden sollen. Wo sind ihre Romane über New York und Los Angeles, zwei Städte, die sie sehr gut kannten? Und doch brachte die Erfahrung der Emigration auch Neues hervor, einen Stil, der das, was die Modernisten ehemals gefordert hatten, prüfte und für gut befand, um dann darüber hinauszugehen.

Unübersehbar verändert hatte sich das Subjekt. Das große «Ich», einst Herz der westlichen Literatur, verschwand. Zum Teil war das sicher ein Erbe des Modernismus. Sogar Proust, schreibt Adorno, dieser subjektivste aller Romanschreiber, zersetzte den subjektiven Geist. Aber es war wohl auch die politische Reaktion auf einen im Kapitalismus bis zum Exzeß getriebenen Individualismus. Er schreibe gut, hatte Walter Benjamin einst gesagt, weil er selten «ich» schreibe. Doch entscheidend verlor sich der Sinn, das Gefühl für individuelle Identität in der gemeinsamen Erfahrung des Exils, und manch einer, zum Beispiel Hannah Arendt, begrüßte diesen Wandel. Alfred Döblin erinnerte sich eines ähnlichen Verlustes, nur war er nicht glücklich darüber. Nie sei er weniger «Ich» gewesen als während der Flucht vor den Nazis, schreibt er. Der Schritt vom «Ich» zum «Wir» war erkauft um den Preis einer tröstlichen Wärme, doch der kühle Klang des Pluralpronomens half zu verhindern, daß das tiefempfundene persönliche Zeugnis ins Triviale oder gar Lächerliche abglitt.

Mit dem Schwinden des traditionellen Subjekts verloren auch die Begriffe von Vergangenheit und Gegenwart ihre Konturen. Als Hannah Arendt 1945 Brochs *Vergil* bespricht, entdeckt sie darin eine Berliner Ungeduld mit einer Geisteshaltung, die einzig vor der Alternative steht, vorwärts oder zurück – eine Alternative, die genau darum so bar jeden Sinnes ist, weil sie immer noch ungebrochene Kontinuität zur Voraussetzung hat. Für Autoren wie Hannah Arendt war Geschichte Betrug, und das nicht nur, weil ihre Methode eine Objektivität vorspiegelte, die es nicht gab, sondern auch, weil sie eine Linearität des Geschehens behauptete. Hannah Arendt hält es mit William Faulkners Überzeugung, daß die Vergangenheit nicht vorüber, ja nicht einmal Vergangenheit sei. Wie für Walter Benjamin war auch für sie die Vergangenheit eine ungeheuere Öde, voll von Opfern, die immer noch nach Erlösung schrien. Erst galt es, die Vergangenheit zu durchleben, sich ihren Problemen zu stellen und sie schließlich zu lösen, bevor man sich aufmachen konnte, in irgendeiner hypothetischen Gegenwart zu leben.

Um dieser neuen Bedeutung des Selbst und der Zeit gerecht zu werden, brauchten die Schriftsteller einen neuen Stil. Und da gab es die unterschiedlichsten Lösungsversuche. Exponent eines ungezwungenen Umgangs mit Prosastilen war der traditionelle Literat. Er konnte schreiben, worüber er wollte, dabei die Form beliebig wechseln, obgleich er die des Essays eindeutig favorisierte. Die Emigrantenschriftsteller entwickelten einen essayistischen Stil, der in seiner Formenvielfalt und Stringenz etwas qualitativ völlig Neues war. Da die Grundhaltung immer eine skeptische blieb, verlangte dieser Stil, grundsätzlich alles zu hinterfragen – die Disziplin, die Form, die Grenze, die Abfolge, die Beobachter selbst.

An einem besonders dramatischen Punkt seines Joseph-Romans leistet Thomas Mann Abbitte für seine umfänglichen Spekulationen und fragt sich, was denn einen Kommentator veranlasse, sich in Wettstreit mit seinem eigenen Text zu begeben. Die Ironie ist wohlerwogen. In heutiger Zeit, so glaubte Mann, sei Literatur nur möglich, wenn der Schriftsteller eben diesen Wettstreit mit seinem Material und seiner eigenen Reflexion suche. Das Ergebnis ist Fiktion, die sich dem Essay nähert, die literarische Manifestation dessen, was Robert Musil den bestimmenden Gedanken nannte, die den Irrsinn modernen Lebens ans Licht hebt und die, wie bei Thomas Mann, hilft, Ordnung ins Chaos der Emigration zu bringen. Denn letztlich wurde der Text, mit dem die Emigranten in Wettstreit zu treten hatten, von Geschichte und Politik geschrieben. Was Schriftsteller mit Worten erreichen, ist mehr als nur einfache ästhetische Transzendenz. Linguistische Taschenspielereien nach Art der französischen Strukturalisten sind ihre Sache nicht. Ihr Streben gilt, mit teutonischem Ernst gesprochen, einem geistigen Fortschritt, der sie befähigt, Daten und Fakten in eine Ordnung zu bringen, die die Gleichzeitigkeit politischer und psychischer Veränderungen widerspiegelt. So bleiben sie auf Tuchfühlung mit dem historischen Augenblick, und ihr Stil darf so mannigfaltig und diffus sein wie modernes Leben, während zugleich allein die Methode eine Kontrolle gewährleistet, wie sie kaum jemand, geschweige denn ein entwurzelter Schriftsteller im Wettstreit mit seinem Text, je erreichen könnte.

Die politischen Ereignisse hatten die alten literarischen Gewißheiten unterhöhlt und literarisches Dekorum zu etwas nahezu Obszönem werden lassen. Traditionelle Gattungsgrenzen hielt Hannah Arendt für nicht mehr tragbar und lobte Broch dafür, daß das «Konfektionelle» in seinem Werk eine immer geringere Rolle spiele. Bei Broch stieß l'art pour l'art auf unnachsichtige Ablehnung, obwohl man auch seinen eigenen verführerischen Rhythmen nachsagte, sie trügen ihren Zweck in sich selber.

Die anglo-amerikanische literarisch-akademische Welt jedoch verfügte, daß die guten literarischen Sitten nach Gattungstreue und sittsamem Ton verlangten, mit dem der essayistische, schwer verdauliche didaktische Stil der Emigrantenliteratur wenig gemein hatte. Die essayistischen Romane eines Musil und eines Broch fanden in den USA keine Leser, und auch die Reaktion auf den *Doktor Faustus*, das wohl diskursivste und innovativste Werk Thomas Manns, war einmütig. Es sollte noch Jahre dauern, bis diese Schriftsteller – und dann auch nur in Europa – Leser und Nachahmer fanden.

Interpretatoren ihrer Werke erging es besser. Autoren wie Adorno und Hannah Arendt äußerten sich auch zu amerikanischen Fragen, und das gab vielleicht den Ausschlag dafür, daß ihre Arbeiten schließlich als vorbildliche akademische Prosa galten. Sie stellten, so könnte man sagen, die Form des essayistischen Romans auf den Kopf. Genauso, wie sie die ganz spezifische Sensibilität von Schriftstellern wie Kafka und Broch assimilierten, bedienten sie sich in den diskursiven Essays, die sie für steife wissenschaftliche Zeitschriften schrieben, mit elliptischer Spekulation und einer surrealen Fragmentation des eigentlichen Fokus formaler Elemente, die schon in den von ihnen bewunderten Romanen für hinreichende Verwirrung sorgten. Oft setzen auch diese in höchstem Maße komplexen Denker mit den vertraut-respektlosen Tönen emigrantischer Skepsis flackernde Signallichter für den Eingeweihten.

Bei Hannah Arendt kann eine Anekdote eine Wahrnehmung enthalten, die sich fast magisch zu einer alle Grenzen der Disziplin überschreitenden Diagnose ausweitet, ohne jegliches Zugeständnis an die Grenzwächter, die anzuerkennen sie sich weigert. Adorno fährt fort, detaillierte, metaphysische Argumente mit launischen Einfällen zu kontrapunktieren, als imitiere, um eine Oktave versetzt, ein Pedant einen altklugen Jüngling. So kommt es vor, daß Adorno mitten in einer höchst philosophischen Attacke auf Georg Lukács das jüngste Werk des Ungarn unversehens mit Fruchteis im Zustand zwischen Auftauen und Wiedergefrieren vergleicht.

Erbarmungslos nahmen Emigranten-Schriftsteller jegliche Art von sozialer und politischer Rhetorik aufs Korn. Für die nachhaltige Kraft, mit der er bestimmte Klischees bloßstellte, kann man Bruno Bettelheim viele Sünden nachsehen: ob es nun die Schilderung von Helen Kellers Gouvernante als «miracle-worker» war, obwohl Helen Keller ein «Wunder» nicht widerfahren konnte (eines der schönsten Beispiele dafür, wie ein Flüchtling die Falschheit eines amerikanischen Idioms entlarvt), oder sein Angriff auf einen Film, in dem der Wächter eines Konzentrationslagers einem Lagerinsassen ein Gewehr in die Hand drückt und ihm befiehlt, seinen Freund zu erschießen (jeder normale Gefangene, so Bettelheim, hätte das Gewehr gegen seinen Peiniger gewandt). Auch Adorno war entsetzt, wenn gedankenlose Künstler aus dem Holocaust Slapsticks machten. Er nennt in diesem Zusammenhang Charlie Chaplins *Der große Diktator,* wo – eine höchst unwahrscheinliche Situation – ein jüdisches Mädchen die Nazi-Größen verspottet, was in Wirklichkeit den sicheren Tod bedeutet hätte. In ihren besten Zeiten finden wir solche Beispiele auch bei Brecht und Hannah Arendt zuhauf. All diese Autoren kehren mit dem Besen des scharfen und praktischen Verstandes. Vor der Weisheit der Emigranten werden alle methodologischen Streitfragen bedeutungslos.

Inzwischen bedient sich eine ganze Generation junger amerikanischer Akademiker der Methode Adornos und produziert Essays, die sich lesen wie holprige Übersetzungen aus dem Deutschen. Hannah Arendts Art, die moralischen und politischen Ursprünge sozialer Allgemeinplätze aufzuspüren, hat zahlreiche Kulturkritiker, darunter Susan Sontag und Renata Adler, zu ähnlichen Untersuchungen angeregt, während Politikwissenschaftler von ihrem differenzierten Wortschatz profitierten. Und in Deutschland bekennen sich heute Romanautoren wie Günter Grass zu Döblin und Thomas Mann als ihren literarischen Ahnen.

Obwohl den Schriftstellern, deren Jahre in Hollywood einem Leidensweg gleichkommen, die spektakulären Erfolge der Emigranten-Regisseure versagt blieben, wird rückblickend deutlich, wieviel diese beiden Gruppen doch auch gemeinsam hatten. Vor allem ist da jener eisige, unerbittliche Ton. Mit Ausnahme vielleicht von Ophüls gewährte keiner der großen Emigranten-Regisseure seinem Publikum jene Tröstungen, für die man die berühmtesten amerikanischen Regisseure bewundert. Und sogar die Spektakel eines Ophüls werfen wie die von Sirk oder Lang, Wilder oder Preminger einen Schatten über die Wirklichkeit, die sie abbilden, betten sie ein in Ungewißheit, Verzweiflung und das fatale Verrinnen der Zeit. Mit ästhetischen Mitteln sprengen sie – Spiegelbild dessen, was die Schriftsteller in ihrem Metier taten – konventionelle filmische Werte und Erkenntnisweisen. Wer gab den Ton an? War es Brecht? Oder die Regisseure? Oder Musil oder Broch oder der spätere, freiere Thomas Mann? Der ganz besondere Ton der Emigration zeichnete sie alle aus. Doch in keinem Medium konnte er sich so ungeschönt und unmittelbar, so unamerikanisiert ausdrücken wie auf bedrucktem Papier.

Die Einsamkeit des Thomas Mann

Während Amerika den meisten anderen Emigranten-Schriftstellern nur wenig Aufmerksamkeit schenkte, verwöhnte es Thomas Mann mit vielfältigen Ehrungen. Andere Schriftsteller hatten Mühe, ihre Arbeiten zu veröffentlichen, seine Romane waren Bestseller. Broch und Brecht konnte es passieren, daß sie ihren Namen buchstabieren mußten, Thomas Mann eilte bei seiner Ankunft in den USA 1938 der Ruf voraus, «the world's greatest novelist» zu sein, und er blieb lange genug im Land, um von einigen Kritikern als «America's greatest writer» anerkannt zu werden, obwohl er, wie die anderen Emigranten flugs anmerkten, gar nicht auf englisch schrieb. Die meisten bedeutenderen europäischen Künstler blieben in Amerika isoliert, Thomas Mann empfing bald nach seiner Ankunft, übrigens zusammen mit Albert Einstein, in Harvard die Ehrendoktorwürde und wurde zum Dinner ins weiße Haus gebeten. Es ging sogar das Gerücht, Roosevelt habe ihn zum Oberhaupt einer deutschen Exil-Regierung erkoren, gleichsam einem literarischen de Gaulle also.

Thomas Mann wurde nicht nur zum Sprecher der Emigranten-Schriftsteller, sondern auch zum kundigen Wortführer, wenn es einen antifaschistischen Standpunkt zu vertreten galt. Er war sich seiner Verantwortung bewußt, und zahllose Komitees konnten auf seine Mitarbeit zählen. Und bald hatte es sich eingebürgert, daß er den neuen Werken von Emigranten-Schriftstellern sein Imprimatur mit auf den Weg gab. In seinem Tagebuch fragt er sich, warum jeder, der einwandern wolle oder eine Arbeit suche, sich ausgerechnet an ihn wende, und fügt hinzu, das sei wohl eine müßige Frage. Er unterschreibt Petitionen und Stipendienanträge. Er machte den PEN Club auf die bedrohliche Situation der in Marseille festsitzenden Emigranten aufmerksam und beschwerte sich beim Attorney General Francis Biddle über die Restriktionen, die man während des Krieges den «enemy aliens» auferlegte. Und es war Thomas Mann, der im November 1941 in den BBC-Nachrichten über die Verbrechen an den Juden berichtete. Im September 1942 schenkte er als einer der ersten Prominenten öffentlich Berichten Glauben, daß das europäische Judentum vor der völligen Vernichtung stand.

Die Kriegsjahre waren die für Thomas Mann wohl leichteste Zeit in den USA: Er litt beim Gedanken an die Lage in Europa, aber er wurde auch Bürger eines Landes, dessen Führer er bewunderte, ja nahezu vergötterte. Er stand den USA zwar durchaus ambivalent gegenüber, aber bejahte deren militärische Rolle. Insgesamt war es, wie er später schrieb, eine moralisch gute Zeit. Der Geist jener Kriegsjahre entsprach Manns internationalistischer Perspektive. Während andere Deutsche die Emigration nur für einen vorübergehenden Bruch in ihrer nationalen Identität hielten, glaubte Mann, daß die Zeiten nationalistischen Denkens mit der Emigration endgültig der Vergangenheit angehörten. Für ihn gab es weder ein wirkliches noch ein metaphorisches Vaterland wiederzugewinnen. Diese Emigration, schrieb er 1942, habe eine völlig andere Bedeutung als jede Emigration davor, die Bedeutung der Verschmelzung der Hemisphären, der «Vereinheitlichung der Welt». Europa war nicht nach Amerika gekommen, Amerika und Europa waren nunmehr eins, das kulturelle Opfer der Europäer mithin nicht größer als das der Amerikaner, denn gemeinsam standen sie vor der Aufgabe, nach dem Krieg eine neue Welt zu schaffen. Diese Vision überdauerte das Kriegsjahr 1942, obwohl Mann nach dem Krieg auch sah, daß sie wohl kaum Wirklichkeit werden würde. Er hatte die amerikanische Staatsbürgerschaft gleichgesetzt mit Weltbürgerschaft. Nach 1945 dachte auch er wieder in lokaleren Dimensionen.

Thomas Mann war die undankbare Rolle des Wortführers und Propheten zugefallen, doch dem Druck, den diese Rollen mit sich brachten, war er nur schlecht gewachsen. Manche Schriftsteller blühen in der Öffentlichkeit förmlich auf, statten ihr öffentliches Selbst mit der Ambiguität und Kraft ihres Werkes aus. Thomas Mann war alles andere als ein begnadeter Mann der Öffentlichkeit. Er wirkte kühl und distanziert. Seine Freunde schildern ihn als schüchtern, Fremde fanden ihn unnahbar. Für Thomas Mann selbst hatte «öffentliche Aktivität» etwas von «Phantasie, Traum und Possenreißerei». Bei ihm setzte sich die literarische Einsicht allerdings nicht um in öffentlichen Stil. Er war kein Charles Dickens, der aus seinen Zuhörern einen Haufen kreischender Verrückter machte, und kein Norman Mailer, der seinem Publikum sein einzigartiges Selbst zum Geschenk machte. Und doch wurde Thomas Mann – unbeholfen, unzufrieden mit sich selbst und ungeheuer deutsch – zu einer Art Star im amerikanischen «lecture»-Zirkus.

Fast vom ersten Tag an verfolgte ihn in Amerika die Kritik seiner Feinde. Etliche waren Emigranten wie er. Sie nahmen ihn nicht weniger ernst als die großzügige amerikanische Kritik, aber nicht als literarischen Großmeister, sondern als mittelmäßigen Ästheten, der nach Aufmerksamkeit haschte, die damit verdienstvolleren Schriftstellern vorenthalten blieb. Brecht und Erik Erikson beließen es nicht bei einer Kritik seines Werkes, sondern verurteilten auch seine Politik, nannten ihn gar einen Verräter am deutschen Volk. Sogar eine Freundin wie Alma Mahler-Werfel ermutigte Arnold Schönberg, das musikalische Vorbild des *Doktor Faustus*, seiner Verärgerung über dessen Autor Luft zu machen. All diese Angriffe, Verfälschungen und Dummheiten ermüdeten Thomas Mann «wie harte Arbeit». Aber wie um seinen Feinden Hohn zu sprechen, blieb er so produktiv wie eh und je.

Neben den Verunglimpfungen seiner Exil-Gefährten gab es noch anderes, was ihn schwer traf. Er selbst, seine Frau Katja, seine Kinder Klaus, Erika, Golo, Monika, Elisabeth und Michael, sein Bruder Heinrich und dessen Frau Nellie waren zwar sicher nach Amerika gelangt, doch auf dem Weg dahin wurde Monikas Schiff Ziel eines Angriffs, und ihr Mann ertrank vor ihren Augen. Klaus und Erika gaben bald in den Bohemien-Kreisen der Emigranten von New York und an der Westküste den Ton an. Allerdings tat insbesondere Klaus Mann sich schwer mit den Verpflichtungen und Rivalitäten, die seine Rolle als Sohn Thomas Manns mit sich brachten. Nach einem der

Selbstmordversuche des Sohnes klagte der Vater bei einem Freund, Klaus sei «verwöhnt», das sei das Problem. Er lebte ein genauso öffentliches Leben wie sein Vater, doch hat er als ehemaliger Schauspieler das Rampenlicht wohl mehr genossen. Seine Selbstzweifel, seine Wahnvorstellungen, seine provozierende Sexualität – Klaus Mann hatte keine Geheimnisse vor seinen Lesern. Er hat seiner Familie viel Kummer und Ungelegenheiten bereitet, ein letztes Mal mit dem schließlich doch geglückten Selbstmord. Die Familie war bei seiner Beerdigung einzig durch seinen Bruder Michael vertreten. Zum Schicksal Heinrich Manns in Hollywood merkte Thomas Mann an, daß jeder, der auf eine Filmkarriere setze, sich abhängig mache von «Satans Erbarmen». 1944 nahm Nellie Mann sich das Leben. Heinrich starb 1950, im selben Jahr wie Klaus und ein anderer Mann-Bruder (zwei Schwestern hatten in Europa Hand an sich gelegt).

Und während all das geschah, hörte Thomas Mann nicht auf, das Leben in Amerika zu loben. Doch vielleicht war diese Zeit, so übervoll von Enttäuschungen und Unglück sie auch war, die kreativste seines Lebens, in der er das Werk schuf, das er für sein bedeutendstes hielt. Und in diesem Schaffensprozeß spielte Amerika eine paradoxe, aber sehr genau zu bestimmende Rolle. Hier in Amerika seien Schriftsteller kurzlebig, hatte Thomas Mann 1939 festgestellt, sie seien ausgebrannt nach ein paar frühen Erfolgen. Alte oder ältere Schriftsteller wie die Brüder Mann gab es nicht. «Leben im Goetheschen Sinne» sei wohl nur Teil «unserer Tradition», weniger eine Sache von Vitalität als vielmehr eine der Intelligenz und des Willens. Goethe beglückten im Alter die amerikanische Revolution und die Aussicht auf eine bessere Zukunft für die Menschheit. Die Idee der Neuen Welt schenkte ihm Kraft. Auch Thomas Mann fand in Amerika den Rahmen für ein untypisches Alter.

Es war wohl sein wachsendes politisches Bewußtsein, das Mann auch nach literarischer Wiedergeburt streben ließ. Eine Quelle, derer er sich dazu bediente, war der Mythos, aber ein durch die Fabel neutralisierter Mythos, der nicht länger Vehikel faschistischer Propaganda war. 1942 nannte er seinen *Joseph* das Beispiel einer anderen Art von Mythos, nicht unähnlich dem des amerikanischen Pioniergeistes, beseelt von einem Interesse an der Menschheit, welches das Individuum überschreite. Jüngstes Produkt dieser Tradition war, so mußte man schließen, Manns eigener vervollkommneter Prosastil. In Amerika verbanden sich «Tradition und Revolution», eine «unendlich anziehende Mischung». In diesem Land brauchte Mann auch seine eigenen konservativen und revolutionären Strebungen nicht als Widerspruch zu empfinden, hier waren sie eins, verschmolzen zum «*good* will». Das amerikanische Beispiel ermutigte ihn zu ungezwungenerem Umgang mit der deutschen literarischen Tradition. Mit «spielerischer Kühnheit» nahm er sich der Literatur der Vergangenheit an, bediente sich in seinem *Joseph*-Roman Goethes Faust als Quelle von Anspielungen und gab dem alten Mythos in seinem *Doktor Faustus* neue Gestalt.

Für jemanden, der sich in der Öffentlichkeit derart unwohl fühlte, gab Thomas Mann seinen Lesern eine erstaunlich vollständige Darstellung seiner selbst. Auch der schärfste Beobachter kann sich selbst gegenüber kurzsichtig sein, doch die leidenschaftslose Ironie seiner Werke überzeugt uns, daß er sich seiner weniger schmeichelhaften Seiten, die sich uns in Briefen und Tagebüchern enthüllen, durchaus bewußt war. Einem New Yorker Verleger sagte er, die Epitheta, die man ihm in Deutschland beigegeben habe, seien schlecht gewählt. Er sei weder «pompös» noch «prätentiös» oder «olympisch». Steife Würde und Affektiertheit waren ihm verhaßt (obwohl er laut Brecht deren Personifikation war). Nein, sein Ideal war Klarheit, die Oberfläche mußte funkeln und leuchten, selbst wenn darunter ein Ungeheuer lauerte. Er war großgeworden mit einer Sprache, die zur Dichte einlud, doch meint er einen Satz im *Joseph*, der sich nahezu über zwei Seiten erstreckt, nicht «pompös» oder gewichtig, sondern als Spaß, treibt teutonische Weitschweifigkeit auf die Spitze. Thomas Mann wollte die Amerikaner davon überzeugen, daß es sein einziges Ziel war, zu gefallen, Spaß zu machen.

1944 wies er jede «olympische Arroganz» von sich. Im Grunde wolle er nicht mehr, als die Menschen lachen machen, darüber hinaus sei er eine Seele an Fleiß und Bescheidenheit. So ganz sollten wir ihm das nicht glauben, denn Mann war eher schüchtern als bescheiden, auch wenn er «Olympier» in der Tat nur soweit war, wie die Götter Komödianten sind. Einige Jahre später widerspricht er seiner öffentlichen Einschätzung als «nahezu universalem Geist». Er sei unglaublich ungebildet, hält er dem entgegen. Sicher, er habe wissenschaftliches Expertenwissen erworben. Doch das geschehe immer in Zusammenhang mit der Arbeit an einem Roman und werde, sei dieser vollendet, als nutzlos ad acta gelegt.

Seine am wenigsten anziehende Seite kam bei Lesern als pedantisch, selbstbezogen und hypochondrisch an. Die Verwandtschaft von Krankheit und Kunst hatte ihn in der Tat vor Jahren lange beschäftigt. In seinen persönlichen Aufzeichnungen war das Interesse an Krankheiten weniger hehr: Mann verzeichnete die Entwicklung seiner eigenen körperlichen Leiden mit einem geradezu zwanghaften Interesse. Doch in den vierziger Jahren erkrankte er tatsächlich schwer. Seine Tagebuchaufzeichnungen aus dieser Zeit bezeugen sein Interesse an medizinischen Entdeckungen und geben sogar Hinweise auf einen Flirt mit einem attraktiven Pfleger. Als Mann einmal aus der Narkose erwachte, teilte er seiner Frau mit: «I suffered too much.» Er sagte es tatsächlich auf englisch. Er selber fragte sich, was diese Worte wohl über das unbewußte physische Gedächtnis aussagten. Der Leser mag sich fragen, warum Thomas Mann sein Leiden in dem für ihn so uncharakteristischen Englisch konstatierte.

Es ist nicht seine eigene Behauptung, daß er – *au fond* – Humorist sei. In all seinen Büchern gibt es vergnügliche Passagen, aber kaum ein Leser wird zu einem Mann-Roman greifen, wenn er leichte Lektüre sucht. Geht es einmal, in seiner Literatur wie in seinem Leben, sehr ernsthaft zu, «rettet» ihn – zum Leidwesen manchen Lesers, der der ernsten Analyse gern mehr hätte – seine große Sinnlichkeit. Sogar als Schwerkrankem entgeht ihm nicht der körperliche Reiz seines Pflegers, und nach der Operation beglückt ihn das Wiedererwachen seines Geschmackssinnes. Offiziell äußert er Freude über die Verehrung einer jungen amerikanischen Leserin, «inoffiziell» gesteht er, daß ihn ihre äußere Erscheinung mindestens ebenso angezogen habe wie ihre Worte.

Obwohl er mit dem Stückeschreiber sonst wenig gemein hatte – in der Bewunderung der körperlichen Anmut der Amerikaner traf er sich mit Brecht. Er vermerkt deren «vollkommene Natürlichkeit», so ungekünstelt, wie sie für einen Europäer nie mehr zu erreichen sei.

Überall in seinem Werk finden wir ein fast wollüstiges Verlangen nach jenen geistlos-schönen Menschen, die in Welten tanzen, in denen Mann und seine Erzähler nur stolpern können. Thomas Mann war kein offener Homosexueller wie sein Sohn Klaus, obwohl sein Interesse an Homosexualität, wie übrigens auch am Thema Inzest, anhielt. In seiner großen Novelle *Mario und der Zauberer* geschieht es aus Niedertracht und schmerzlichem Verlangen zugleich, wenn der faschistoide Magier den schönen Mario auf hypnotischem Wege zu einer körperlichen Reaktion veranlaßt, die er ihm auf normalem Wege nie hätte entlocken können. In seinem Tagebuch untersuchte Thomas Mann homoerotische Elemente im Werk Stendhals und behauptete, sie spielten auch im *Doktor Faustus,* in der Beziehung zwischen Leverkühn und Rudi, eine Rolle. Das ist wiederum nicht ganz aufrichtig. Mann selber gab zu, daß er völlig in seiner Liebe zu Leverkühn aufging. Was wir in jüngerer Zeit über Manns Bisexualität erfahren haben, bestätigt nur, was uns sein Werk von *Tonio Kröger* bis hin zu *Doktor Faustus* erzählt. Und es war dieses leidenschaftliche Verlangen nach körperlosem Genius oder geistloser Schönheit, das ihm dadurch, daß es ihn an das erinnerte, was er nie besitzen würde, zu schöpferischer Ambivalenz verhalf.

Doch letztlich ist auch etwas Lächerliches um dieses unbeholfene Streben von Manns Erzählern nach unerreichbaren Lieben. Und Mann selbst hatte für sich selber auch nicht wenig Spott. Während der Kriegsjahre unternahm er etliche Vorlesungsreisen. Angesichts des großen Publikumsauftriebs in Boston fragt er sich, ob er seine Zuhörer wohl zufriedenstelle, und kommt – recht eitel – zu dem Schluß, daß dem wohl so sei. Doch dann kommt er in die Provinz. In einer Stadt konnte das Publikum gar nicht schnell genug den Saal verlassen, und der aufgeregte Sponsor beeilte sich, den möglicherweise gekränkten Thomas Mann mit einem Glas frischer Milch zu beschwichtigen. Dem gefielen solche amerikanischen Gesten. Exempel für die Licht- und Schattenseiten amerikanischen Lebens war für ihn die Meldung auf der Titelseite einer Zeitung, bei der Beerdigung eines Mannes werde auch dessen Kanarienvogel singen. Seine Tagebücher weisen diese schier unglaublichen «Amerikanismen» als weitere Quelle von Komödie aus.

Da er zunehmend auch in politischen Zusammenhängen auftrat, wurde dieser ironische, komplizierte und selbstbesessene Mann, für den ein Schritt in die politische Arena ein Akt der Selbsttäuschung und Possenreißerei war, zu einer Persönlichkeit des öffentlichen Lebens in den USA.

Seine ersten vorsichtigen politischen Schritte hatte er in Europa sozusagen an der Hand seiner Kinder Klaus und Erika getan. Die prophetischen Aufsätze seines Bruders Heinrich und Klaus' geistvolle Zeitschrift *Die Sammlung* waren unmittelbar nach der Machtergreifung der Nazis erschienen. Doch Thomas Mann hüllte sich drei Jahre lang in Schweigen, vielleicht, um seine deutsche Leserschaft nicht zu verlieren (seine Bücher waren damals Bestseller), vielleicht aus Angst, vielleicht verschloß er auch einfach die Augen vor den Tatsachen. Was immer die Gründe waren, 1937 schrieb er seinen außerordentlichen Brief an den Dekan der Philosophischen Fakultät der Universität Bonn: «Ein deutscher Schriftsteller, an Verantwortung gewöhnt durch die Sprache... sollte schweigen... zu all dem unsühnbar Schlechten?... Wohin haben sie [die Nazis], in noch nicht vier Jahren, Deutschland gebracht? Damit war klar, wo er stand. Die politischen Analysen sind mehr von Freud als von Marx inspiriert. In seinen Erzählungen und Romanen präsentiert er faschistische Rituale als *Walpurgisnacht,* als Orgien erscheinen sie ihm verständlicher denn als Symptome eines ins Wanken geratenden Spätkapitalismus. In Amerika traf er auf sonderbar ähnliche Praktiken. Der «Zauberer» seiner 1929 geschriebenen Erzählung ist ein mitreißender Redner, der seine Zuhörer mit der Finesse eines amerikanischen Erweckungspredigers manipuliert. Und tatsächlich beginnt an einer Stelle eine Frau aus dem Publikum sich im Gang zu bewegen wie ein Mitglied einer amerikanischen Pfingstgemeinde, über das der Heilige Geist gekommen ist.

Bei Manns Beschreibung von Nazi-Versammlungen (1930) könnte es sich auch um die von Evangelisten-Gottesdiensten handeln: «Politische Szenen im Stil einer Groteske, mit Heilsarmeemethoden, Hallelujahs und Glockengeläute und derwischgleicher Wiederholung monotoner Schlagworte, bis jedermann Schaum vor dem Mund hatte» – eine Nazi-Glossolalie. Klaus Mann zog eine ähnliche Parallele zwischen Erweckungspredigern und faschistischen Methoden: Er fand, daß es Hitler in seiner Art, sich die Möglichkeiten der Mikrofontechnik zunutze zu machen, nur eine gleichtat, und das war die amerikanische Wunderheilerin Aimee Semple McPherson. Diese Erkenntnisse der Manns haben nichts an Gültigkeit eingebüßt, sind vielmehr gerade heute aktuell, wo rechte Politik und charismatisches Christentum politische Bettgenossen geworden sind. Emigranten waren von der Evangelisten-Hysterie unangenehm berührt, sie war so überaus amerikanisch, ein betäubender Ritus in einer lauten Kultur. Bei Thomas Mann weckte dieser amerikanische Stil – in dem nicht nur heilige Ware verhökert wurde – böse Erinnerungen.

Als Thomas Mann Deutschland verließ, floh er vor «Versagern», vor «Schädlingen»: «Sie verbrannten Bücher, die zu schreiben sie unfähig waren.» Aus seinen Worten klang, ähnlich wie bei Adorno, als er in den Nazis, die die deutsche Sprache zerstörten, die Quälgeister seiner Kindheit erkannte, die seine langen Sätze verspottet hatten, persönliche Gekränktheit. Wie andere Emigranten versuchte auch Mann in deutschsprachiger Tradition und Literatur eine neue Heimat zu finden. «Was muß ich auch leiblich in Deutschland sein?», schrieb er einem Freund, «wo ich bin, ist Deutschland, und wo meine Bücher sind, da bin ich.» Solche und ähnliche Äußerungen werden oft als Beispiel für die Arroganz Thomas Manns zitiert. Doch auch zahllose andere Flüchtlinge könnten so gesprochen haben, auch die Gefangenen in den Konzentrationslagern, die sich mit Hilfe von Zitaten ihre geistige Gesundheit bewahrten.

Auch wenn ihm vielleicht nur die Kämpfe mit seinen Landsleuten wirklichen Schmerz bereiteten, waren ihm doch auch seine politischen Erfahrungen in den USA eine stete Quelle von Traurigkeit. Die Unzufriedenheit war um so größer, als der Optimismus anfänglich beträchtlich war. Als er seine Staatsbürgerurkunde empfing und der Richter seinen Bürgen Max Horkheimer fragte, ob Thomas Mann eine «desirable citizen», ein zuverlässiger Staatsbürger sein werde, antwortete Horkheimer: «You bet!» (sicherlich!) Ein Grund für Thomas Manns Loyalität den Vereinigten Staaten gegenüber war deren Führer. Ihm rechnete er den Verdienst am Gewinn des Krieges zu. Doch Ende der vierziger Jahre kleidete er seine Verehrung für Roosevelt in vorsichtigere Worte: «Ich denke gern – tue aber gut, mich kurz zu fassen beim Aussprechen dieses Gedankens – daß ich (amerikanischer ‹citizen›) noch unter Roosevelt, in *seinem* Amerika geworden bin.» Roosevelt war Manns großer blinder Flecken. Wie viele andere unternahm auch er keinen Versuch, dem Geheimnis von Roosevelts Weigerung, nach 1941 europäische Emigranten ins Land zu lassen, auf den Grund zu gehen.

In seiner ersten großen Rede an das amerikanische Volk, «The Coming Victory of Democracy» (1938), erklärte Mann sich selber zum Verfechter einer «sozialistischen Moral». Mann verurteilte die Exzesse des Stalinismus, doch wußte er wohl zwischen Stalins Verbrechen und marxistischen Prinzipien zu unterscheiden, eine Selbstverständlichkeit, sollte man meinen, doch vielen Amerikanern unbegreiflich. Noch während des Krieges hoffte Mann, daß die USA sich nach dem Krieg an einer von sozialistischen Prinzipien geleiteten Weltunion beteiligen würde.

Seine Bewunderung des amerikanischen Landes und Wesens war damals beständig und volltönend. Doch während des Krieges begann sich seine Einstellung zu ändern. Bereits 1943 erkannte er, daß die Kriegsanstrengungen nicht das waren, was sie zu sein vorgaben. Er erwähnt einen Bergarbeiterstreik und die Versuche, Streikbrecher anzuwerben. Er beobachtet eine wachsende Bereitschaft bei den Amerikanern, sich auf einen späteren Krieg mit der Sowjetunion vorzubereiten, und 1944 einen weitverbreiteten Haß auf die Sowjets, Engländer, Juden – auf jeden, wie es scheint, nur nicht auf Deutsche. Im November 1945 schreibt er Einstein über wachsenden Fremdenhaß und zunehmenden Antisemitismus. Kurze Zeit später griff ein Kongreßabgeordneter aus Georgia ihn und andere Mitglieder des National Committee to Combat Anti-Semitism an und beschuldigte sie des Versuchs, «die Gedanken amerikanischer Bürger zu kontrollieren».

Das Jahr 1945 brachte für Mann, abgesehen davon, daß der Krieg zu Ende ging, wenig Erfreuliches. Der Tod Roosevelts und die unverhohlene Freude seiner Feinde berührten ihn schmerzlich. Die ungeheuerliche Hiroshima-Bombe wurde, so glaubte er, einzig gezündet, damit die Sowjets keinen Anteil an diesem Sieg für sich beanspruchen konnten, zu rein politischen Zwecken also. Am Ende des Jahres mußte Mann einsehen, daß man nichts gelernt hatte, daß der Krieg allenfalls ein «erhebendes Zwischenspiel» war. Doch diese Einsicht hinderte ihn nicht daran, bei einem Dinner zu Ehren von Helen Gahagan Douglas zu sprechen, die mutig den Mißbrauch gegeißelt habe, der mit «unseren Truppen» in China, wo sie nichts zu suchen gehabt hätten, getrieben worden sei – genau die Art von Argument, auf die sich auch Helen Gahagans kalifornischer Landsmann Richard Nixon stürzte.

Das folgende Jahr erschien Thomas Mann noch düsterer. Das Nachkriegsamerika präsentierte sich ihm als Mischung aus «roher Habgier, politischer Reaktion, Rassenhaß». Seine deutschen Erfahrungen stimmten ihn zutiefst pessimistisch, doch würde es für ihn ein weiteres Exil nicht geben – denn wohin sollte man gehen? Um seine Briefpartnerin Agnes E. Meyer aufzumuntern, legte er zwar Zuversicht an den Tag und versicherte, die Verhältnisse seien hier doch sehr verschieden von denen im Nachkriegsdeutschland, doch konnte er sich eines gewissen Galgenhumors nicht enthalten: «Wenn aber der Faschismus kommt, kann ich ja geltend machen, daß ich einmal mit Ihnen Senator Tafts Tischgast gewesen bin. Dann entgehe ich vielleicht dem Konzentrationslager.»

1947 sah Mann, wie es Churchill, Roosevelts Bundesgenossen, reizte, Deutschland mit dem Ziel eines späteren Kampfes gegen die Sowjetunion wiederzubewaffnen. Bei den Amerikanern war die Vision Roosevelts auf Ablehnung gestoßen. Thomas Mann berichtete Agnes Meyer von der neuen «Inquisition», die seinen Freund Hanns Eisler gezwungen hatte, das Land zu verlassen. Die allgemeine Angst ergriff auch von Thomas Mann Besitz: Der unangreifbare, da rechte Strawinsky könne es sich leisten, eine Demonstration für Eisler zu organisieren, «aber ich habe Frau und Kinder». (Interessanterweise beteiligte er sich aber an einem Komitee zur Verteidigung von Eislers unzweifelhaft kommunistischem Bruder Gerhardt.) Zwei Tage später verwandte er sich bei einer anderen Amerikanerin für Lion Feuchtwanger, der angeblich die USA ein Land ohne Kultur genannt hatte. Mann fühlte sich durchaus noch als «amerikanischer Patriot», wenn auch desillusioniert durch die Entscheidung Amerikas, die Welt zu kaufen statt sie zu führen (einmal sprach er bissig von der «Marshallisierung» Europas). Daß die USA diese Wendung nach rechts genommen hatte, schmerzte ihn, doch machte er die Regierung, und nicht das Volk, das sie gewählt hatte, dafür verantwortlich.

Als die Jagd auf Rote immer unbarmherziger wurde, wandte sich Mann an das Committee for the First Amendment. Bei einem anderen Treffen betonte er nochmals seinen Abscheu vor Diktaturen, doch sprach er auch von seinem Mitgefühl für die «Hungernden und Unterdrückten», denen Schutz und Nahrung sicher wichtiger seien als eine nebelhafte politische Freiheit. Dergleichen konnte auch ein Thomas Mann nicht ständig äußern, ohne schließlich Angriffe auf sich zu ziehen. Während eines Essens, das die Arts, Science and Professions Conference 1949 im Waldorf-Astoria gab, pflichtete Mann deren Grundsätzen bei. (Auf dieser Konferenz trafen Liberale wie Norman Cousins und Norman Mailer mit liberalen Gesinnungsgenossen, Radikalen und Stalinisten zusammen – eines der letzten Male, wo die alte Linke in Erscheinung trat.) Auf diese Sympathiebekundung hin schrieb der ehemalige Attorney General Francis Biddle an Thomas Mann einen zornigen Brief. Er sei kein kommunistischer Mitläufer, erwiderte Mann, und die stalinistische Sowjetunion sei ganz und gar «heimtückisch». Doch weigerte er sich, zurückzustecken oder klein beizugeben. Das ginge nur an, schrieb er, «wenn ich mit Zweifeln hinsichtlich der Klugheit unserer Außenpolitik allein stünde», aber es gebe viele Amerikaner, die fühlten wie er. Er besteht darauf, daß man zwischen der kommunistischen «Idee der

Menschlichkeit» und der «absoluten Niedertracht» des Faschismus unterscheiden müsse. In einem Artikel für die *New York Times* erklärte er, er sei kein Antikommunist, sondern «Nicht-Kommunist». Er glaubte, man verhandele immer noch über den Kommunismus, doch amerikanische Eiferer hätten längst das Urteil über Thomas Mann gesprochen. An «unseren amerikanischen Herzen», schrieb er Ende 1949, nage die Tatsache, daß wir «statt zusammen mit Deutschland gegen Rußland mit Rußland gegen Deutschland kämpfen». Die Wahl des Personalpronomens ist trügerisch: Mit jedem Jahr, das nach Roosevelts Tod verging, identifizierte sich Mann weniger mit einem amerikanischen «Wir».

1950 schrieb Thomas Mann an Theodor W. Adorno, der inzwischen wieder in Deutschland heimisch geworden war. Mann war nicht glücklich über den politischen Geist in den Vereinigten Staaten und warf dem Kalten Krieg nur höchst ungern seine Steuer-Dollars «in den Rachen». Doch das eigentliche Problem war wieder einmal die Ambivalenz: «Wir in der heimatlich gewordenen Fremde hier leben im Grunde am falschen Ort, was unserem Dasein etwas Unmoralisches verleiht.» Doch wie immer lag darin auch Gewinn: «Das macht mir nun freilich Spaß.» Das war echt Thomas Mann. Er, der sich so meisterhaft darauf verstand, dem moralisch Zweifelhaften bei sich und anderen auf die Spur zu kommen, hatte einmal mehr entdeckt, daß es die reine, die eindeutige Haltung nicht gab. Amerika war gräßlich und großartig, und er genoß, daß es beides war, haftete doch auf diese Weise jeder Position, die er bezog, etwas Unreputierliches an.

Im selben Brief teilte er Adorno auch mit, daß die politische Luft nicht mehr zu atmen sei. Diese Metapher hat Geschichte: Am 12. März 1933 hatten ihn seine Kinder in seinem Schweizer Urlaubsort angerufen und vor dem «schlechten Wetter» in München gewarnt, was ihn veranlaßte, nicht mehr nach Deutschland zurückzukehren. In vielen Kreisen war Thomas Mann nunmehr so etwas wie ein Volksfeind. Weil er seine Teilnahme angekündigt hatte, weigerte sich das Beverly-Wilshire Hotel, einer politischen Gruppe Räume zu vermieten. Die Library of Congress sagte einen Vortrag von ihm ab. Als Mann sich den Protesten gegen die Verhaftung der Zehn aus Hollywood und die Entlassung von zehn des Kommunismus verdächtigen Lehrern anschließen wollte, mußte er feststellen, daß ihm die Medien verschlossen waren.

Sie mochten ihm den Zugang zu seinen Lesern versperren, aber mundtot machten sie den alten Mann nicht. 1950 konnten politische Nonkonformisten auf die Unterstützung von nur drei berühmten Intellektuellen zählen: auf die Linus Paulings und der beiden Emigranten Thomas Mann und Albert Einstein. Nicht daß Mann bei allem Zorn nicht auch Angst gehabt hätte. Im März schrieb er einem Freund: «Der ‹kalte Krieg› ruiniert Amerika physisch und moralisch, darum bin ich gegen ihn und nicht ‹gegen Amerika›.» Doch auf den Scherz folgt die Panik: «Geht jetzt die Mundt-Nixon-Bill durch, so fliehe ich Hals über Kopf mitsamt meinen sieben Ehrendoktoranten.» Das Schlimme daran war, daß man ihn vielleicht wirklich dazu zwingen würde. Eine zweite Emigration war nicht mehr ausgeschlossen.

1951 befand Thomas Mann seine Lage für hoffnungslos. Er schrieb seinem alten Freund Erich Kahler, daß die Übersiedlung wohl unvermeidlich werde. Europa sei schlimm, aber noch schlimmer sei der «barbarische Infantilismus» amerikanischen Lebens. Einen Monat später griff ihn ein Kongreß-Abgeordneter im Repräsentantenhaus wegen eines Geburtstagsgrußes an den ostdeutschen Dichter Johannes R. Becher an: Den Undankbaren, so warnte Donald Jackson, werde man kaum wieder an den Tisch bitten. Thomas Mann war zum Symbol des Widerstands geworden. Er folgte der Einladung zum Geburtstagsdinner für den schwarzen kommunistischen Gelehrten W. E. B. DuBois und schloß sich etwas später einem Anruf zugunsten der Rosenbergs an.

In seinem letzten Jahr in den USA verteidigte sich Mann, wo immer man ihm die Gelegenheit dazu bot. Einen bemerkenswerten Brief schrieb er an den *Aufbau*, die deutsch-jüdische Wochenzeitung, die im Laufe der Jahre immer wieder Sachen von ihm gedruckt hatte. Wohl zum letzten Mal – und ironischerweise auf deutsch – betonte er, daß es ihm Ehre und Freude gewesen sei, Bürger dieses Landes zu werden, doch der hysterische, irrationale und blinde Haß auf den Kommunismus stelle für die USA eine weit größere Gefahr dar als der Kommunismus im Lande. Noch im selben Jahr verwandte er sich bei Walter Ulbricht für die politischen Gefangenen in DDR-Gefängnissen. Mit bewundernswerter Konsequenz erinnerte Mann Ulbricht daran, daß die Kriegsschuld eine Angelegenheit aller Deutschen sei, und um seinem Plädoyer für die Freilassung der Gefangenen Nachdruck zu verleihen, verwies er auch hier in vertrauter Manier auf den Unterschied zwischen faschistischem und kommunistischem Totalitarismus.

Einige Kritiker haben behauptet, vornehmlichster Grund für Manns Abreise sei die Ablehnung gewesen, die sein 1948 erschienener *Doktor Faustus* in Amerika erfahren habe. Er selber nennt andere Gründe für die Weigerung, seine Aufzeichnungen über die Entstehungsgeschichte dieses Romans auf englisch zu veröffentlichen. Zum einen ziemten sich vertrauliche Bekenntnisse nicht «für den Einsamen»; zum anderen enthielten sie, wie er dem Emigranten-Schriftsteller Alexander M. Frey schrieb, «nur allzu richtige» Vorhersagen über die Entwicklung Amerikas nach Roosevelt. Auf englisch erschienen diese Aufzeichnungen dann erst 1961, also nach seinem Tod. Es ist ein Buch voll Bitternis. Unter Truman stehe Amerika im Gegensatz zum Rest der Welt «ganz weit rechts».

1952 verließ Thomas Mann das Land. «Ich möchte nicht in diesem seelenlosen Boden ruhen, dem ich nichts verdanke und der nichts von mir weiß», hatte er ein Jahr zuvor seinem Freund Hans Carossa geschrieben. 1953 nannte er sein einst geliebtes Kalifornien ein «künstliches Paradies». Mann war jetzt weder Amerikaner noch Deutscher, sondern Europäer. Einem europäischen Journalisten gegenüber äußerte er, nicht «neutral» solle der Kontinent bleiben, sondern «frei». Patriot konnte Thomas Mann keiner mehr sein.

In jüngerer Zeit haben Kommentatoren seine politischen Äußerungen angegriffen und seine Behauptung, etliche Amerikaner seien bereit gewesen, Deutschland im Krieg gegen die Sowjetunion beizustehen, eine «paranoide Entgleisung» genannt. Doch Mann hat nur wenig übertrieben. In der Tat haben viele Amerikaner – lautstark in den dreißiger Jahren, hinter vorgehaltener Hand während des Krieges – eben diese

Bereitschaft bekundet. Thomas Mann mag zu schwarz gesehen haben, aber er legte den Finger auf Wunden. Er mag zu viele Petitionen unterschrieben haben, viele amerikanische Schriftsteller unterschrieben nicht eine davon. Er mag der sowjetischen Schuld zu wenig Aufmerksamkeit geschenkt haben, doch war er umgeben von Schriftstellern, die schöngeistige Rechtfertigungen für die amerikanischen Inquisitoren verfaßten. Seine Kultur und sein Naturell isolierten ihn. Man kann sich gut vorstellen, wie unbehaglich er sich bei einem öffentlichen Meeting zugunsten der Hollywood-Zehn gefühlt haben muß. Doch statt dem Mut Beifall zu zollen, mit dem er – einem amerikanischen Prinzip folgend – für Andersdenkende eintrat, hörten die Kritiker nicht auf, das Übermenschliche von ihm zu verlangen, eine Allwissenheit, die er selber nie für sich in Anspruch genommen hat.

Da politischer Streit ihm ein Goethesches Alter der in Ruhe gelebten Weisheit versagte, lebte er einen anderen, neueren Mythos: den des Schriftstellers, der im Alter seine Vergangenheit hinterfragt. Seine Literatur, so hatte er 1942 gesagt, sprenge die Grenzen des Ästhetischen, Philosophischen und Politischen. Sie schloß alles ein: altes Ägypten und modernes Deutschland. Wissenschaft wurde zur Quelle von Bild und Metapher. So konnte Thomas Mann Hiroshima als Faustisches Experiment verstehen. Vielleicht hätte er diese Eindrücke und Einflüsse überall auf der Welt empfangen und in sein Werk eingehen lassen können, doch macht es schönen Sinn, sich vorzustellen, seine spätere Entwicklung sei in Reaktion auf die Neuheit Amerikas geschehen.

So hatte Thomas Mann bisweilen das Gefühl, altmodisch zu sein, und das nicht, weil seine deutschen Widersacher ihn so nannten, sondern weil die Literaturkritik den experimentellen Romanschreibern zuneigte. Erst ein amerikanischer Kritiker gab ihm sein Selbstbewußtsein wieder. Thomas Mann las Harry Levins Studie über James Joyce, den Autor im Original zu lesen, dafür reichte sein Englisch nicht aus. Bei der Lektüre dieses Buches fühlte er sich Joyce sehr nahe und fand bei ihm die eigene Frage wieder, «ob es nicht so aussähe, als käme auf dem Gebiet des Romans heute nur noch das in Betracht, was kein Roman mehr sei.» (Man denke an Hannah Arendts Bemerkung, daß Hermann Broch den Roman der Fiktion entrissen habe.) Es hatte etwas Spielerisches, wenn Mann sich von Kritikern wie dem Ungarn Lukács oder dem Amerikaner Levin zu einem Verständnis seiner selbst verhelfen ließ: weiteres Material, das es «meiner Arbeit» einzuverleiben galt.

Das Leben in Amerika erinnerte ihn auch stets an das, was ihn von seinen Mit-Emigranten trennte. Mitte der vierziger Jahre besuchte er eine öffentliche Lesung seines Freundes Bruno Frank. «Begabt und schön», gestand er zu, obgleich er das Gehörte insgeheim auch überlebt fand: Frank «nutzt den humanistischen Erzähl-stil… vollkommen ernst… Ich kenne im Stilistischen eigentlich nur noch die Parodie. Darin nahe bei Joyce…»

Die Sprache der in Amerika entstandenen Romane Thomas Manns ist zunehmend dadurch gekennzeichnet, daß eine neue Einsicht in «unpersönlicher» Form – als Zitat oder Parodie – aufscheint. Mochten seine Mit-Emigranten Döblin und Brecht ihn auch zum leichtgewichtigen Belletristen stempeln, war doch unübersehbar, daß gefällige Prosa und raffinierte Sensibilität nicht mehr Manns vorrangiges Interesse waren. Der Prosastil, und das war ein *moralisches* Erfordernis der Zeit, mußte sich ändern. In Manns spätem Werk zeigen sich Politik und literarischer Stil innig verbunden. Zu Beginn der dreißiger Jahre schrieb Robert Musil, der den Werken Thomas Manns sonst wenig abgewinnen konnte, daß deren belebende Kraft das «Gewissen» sei. Für Arthur Schnitzler, der Thomas Mann wohlgesonnen war, lag jene Kraft im «Humor». Mann verband beides in der Parodie, denn seine Parodie war zwar spielerisch, aber niemals amoralisch. In hohem Alter zeigte er sich in höchstem Maße entsetzt über Aldous Huxleys *Doors of Perception*. Ein Loblied auf berauschende Drogen zu singen, fand Mann «unmoralisch» und «unverantwortlich». Seine Wut war die eines Schriftstellers, der die Verantwortung des Autors seinen Lesern gegenüber hochhält. Der Einfluß, den Huxleys Buch auf die amerikanische Drogenkultur gewann, gibt Mann recht. Thomas Mann glaubte nicht etwa, über den Dingen zu stehen: Sich selbst maß er mit der gleichen Elle.

Das Meisterwerk in Thomas Manns letzter Schaffensperiode, *Doktor Faustus, Das Leben des deutschen Tonsetzers Adrian Leverkühn erzählt von einem Freunde* (1948), ist das Drama der Obsessionen seines Exils, geschrieben in dem Stil, der in eben jenem Exil entstand. Doch auch seine anderen amerikanischen Romane haben etwas Gelöstes, Essayistisches. Die letzten *Josephs*-Romane (1938, 1944) waren unter dem heiteren, an Ägypten gemahnenden «Himmel Kaliforniens» entstanden. Vergangenheit und Gegenwart durchdringen einander. *Joseph der Ernährer* ist voll von Anspielungen auf seine Freunde, auf Roosevelt, auf die Mühsal jüdischen Exils. *Lotte in Weimar* (1940) erzählt vom alten Goethe, Manns Vorbild. Dieses Werk lebt von Zitaten. Mann war nicht der einzige, für den das Zitieren eine innere Notwendigkeit war, erinnerten Zitate doch an jedem Ort an jenes «Wo ich bin, ist Deutschland». Doch Thomas Mann ging weiter als alle anderen und verschmolz Zitate, Anspielungen und Parodie zu etwas, das manch einer dann tatsächlich für ein spätes Werk Goethes hielt. Mann war entzückt, als der britische Ankläger Sir Hartley Shawcross während der Nürnberger Prozesse seinen fiktiven Goethe als den wirklichen zitierte.

Doktor Faustus ist stilistisch wie thematisch das wohl ehrgeizigste Werk Thomas Manns und zugleich der Triumph des Alters. Es schließt die Erfahrungen und Erkenntnisse eines ganzen Lebens ein und ist von der geistigen Weite und Respektlosigkeit, die Manns Spätwerk auszeichnet. Der Roman erzählt viel von Manns eigener Geschichte (Handlung und Niederschrift des Romans umfassen den gleichen Zeitraum; beide, Romanheld und Thomas Mann begannen ihr erstes wichtiges Werk am selben Ort), spielt an auf seine Verwandten und Freunde, seine Vorlieben und Pläne (immer wieder ist im Buch von Material für spätere Romane die Rede). Sogar Übersetzungsprobleme werden vorweggenommen: Mann wußte, daß der Zugang zu diesem Werk schwerer war als zu allen anderen vorher.

Doktor Faustus ist die vielleicht höchste literarische Verdichtung der Themen des Exils. Zwar spielt Amerika selbst im Buch so gut wie keine Rolle, doch hatte es teil an seiner Entstehung. Das Buch hätte an keinem anderen Ort und zu keiner anderen Zeit geschrieben werden können, wie eine brandaktuelle Nachricht ist es einzig das

Produkt seines Augenblicks. Gleichwohl fanden amerikanische Kritiker den *Faustus* eng und provinziell. Sie beschwerten sich über die vielen Idiome und lokalen sprachlichen Eigenheiten. Sie verdammten die «*deutsche* Allegorie» des Romans und behandelten Thomas Mann, als sei er eine Kreuzung zwischen einem Chamäleon und einem Elefanten. Sicher gibt es im Roman nur wenige eindeutig amerikanische Bezüge oder Episoden. Doch entstand er zu einer Zeit, in der Mann seinen Glauben an dieses Land zunehmend verlor, und die Demoralisierung des Autors vertieft das Pathos des Werks, konfrontiert um so unmittelbarer mit der eigenen Isolation. Das Buch endet 1945, und die Prophezeiung des Erzählers, daß die Führer der westlichen Demokratien lebensgerechtere Verhältnisse schaffen würden, muß Mann mit großem Unbehagen aus der Feder geflossen sein, hatte er doch beides verloren – Roosevelt und sein Vertrauen.

Doch in einem der seltenen Versuche einer glücklichen Vision beschwört Mann einen ganz bestimmten Zeitraum in der Geschichte dieses Landes. Anfang des neunzehnten Jahrhunderts gab es in Amerika eine Gemeinschaft von Seventh-Day-Baptisten, deren Choräle in einer Art Zwölftonmusik gesetzt waren. Sie sangen in wortlosem Falsett und gaben der Musik all die Wärme zurück, die eine pedantische Kompositionstheorie ihr genommen hatte. Die Kompositionslust nahm epidemische Ausmaße an, und es entstand eine wahrhafte Künstlergemeinschaft. Daß sich dies alles im Pennsylvania des neunzehnten Jahrhunderts zuträgt, tut, da Mann über Raum und Zeit zu springen versteht, seiner Gültigkeit für das Jahr 1940 oder auch für die Gegenwart keinen Abbruch. Mann verfolgte mit dem *Doktor Faustus* auch ein politisches Anliegen: Er wollte herausfinden, warum Deutschland kein demokratisches Land geworden war. Allein daß er diese Frage stellt, verweist auf eine Amerikanisierung seiner Sensibilität und einen Wertehintergrund, der seinem literarischen Helden noch fremd sein muß. Man kann den Roman lesen als das Werk eines Deutschen, der sich Deutschland mit amerikanischen Fragen zu nähern versucht.

Doktor Faustus schildert das Leben des deutschen Komponisten Adrian Leverkühn (geboren 1885) aus der Perspektive seines ältesten Freundes Dr. phil. Serenus Zeitblom (geboren 1883). (Zeitblom selber führt sich so pedantisch ein.) Adrian und Zeitblom trennt mehr als ein ganzes Alphabet, obwohl mit beiden zusammen die hervorstechendsten Züge deutschen Wesens erfaßt sind. Leverkühn ist Nihilist und brillanter Künstler, aufgewachsen in den Traditionen lutherischer Theologie; Zeitblom ist katholischer Humanist, bescheiden und anspruchslos bis zur Selbstparodie. Leverkühn ist Junggeselle und richtet seine Geliebten beiderlei Geschlechts zugrunde. Zeitblom dagegen zeigt sich als hingebungsvoller Familienvater, gleichwohl verlassen von seinen Nazi-Söhnen. Der Roman verfolgt die – geistige, künstlerische und spirituelle – Entwicklung Leverkühns. Dazu gehört ein Faustischer Teufelspakt des Komponisten, geschlossen mit dem eloquentesten und gewinnendsten Luzifer seit dem Satan Miltons. Im Bordell infiziert sich Leverkühn mit Syphilis, die schließlich – Symbol teuflischer Rache – körperliches Agens seines geistigen Verfalls wird. Der Roman fügt Leverkühns mythologische Attribute ein in einen eigenen, umfassenderen Mythos. Im Laufe der Jahre trifft Leverkühn auf Menschen unterschiedlichster

Art, auf Musiker, Zeitungsleute, Dilettanten und Verehrer. Die Künstler unter ihnen sind fast ausnahmslos ohne Talent, die Intellektuellen spitzfindig. Alle miteinander sind sie amüsant und lieben das große Wort.

Kann sein, daß es Mann in seinem Buch um die Quintessenz deutscher Geschichte ging, doch fehlt dem Roman jeglicher Anstrich konventioneller deutscher Gelehrsamkeit. Vielleicht liegt das daran, daß der Autor so außerordentlich freizügig mit seinen Quellen umgeht. Ähnlich wie Brecht bedient er sich fremder Ideen und Konzepte mit einer Unbekümmertheit, die vom Plagiat nicht mehr weit entfernt ist. Bei Adorno holte er sich ausführlichen Rat für die musikalischen Passagen. In seinem Tagebuch gesteht Mann das ohne weiteres zu und bemerkt mit verschmitztem Vergnügen, daß auch seine eigenen früheren Werke nicht ohne Einfluß auf Adornos Analysen geblieben seien, er sich, wenn er Adorno plündere, also eigentlich selbst bestehle. Worauf es dem Künstler einzig ankomme, schreibt er, sei «die Funktionsfähigkeit» eines Gedankens «im geistigen Getriebe des Werkes.» Als der Teufel das erste Mal in Erscheinung tritt, spricht er wie Adorno, der sich sehr wohl erkannt hat und einen Brief an Thomas Mann mit «Ihr ergebener Teufel» unterzeichnete. Luzifer nennt Kunst einen schöngeistigen Schwindel, ergeht sich in dialektischen Witzeleien und Behauptungen nach Art Adornos. Ob die Frankfurter es je für möglich gehalten haben, daß sogar ihre hermetische, kritische Sprache einmal für literarisch-fiktives Spiel herhalten würde?

Andere Emigranten waren von Thomas Manns Plündereien durchaus nicht entzückt. In ihren Augen rechtfertigte weder der höhere Zweck der Kunst noch das Bedürfnis oder die Notwendigkeit, den Zusammenbruch Deutschlands zu verstehen, den Diebstahl an ihrem geistigen Eigentum und ihrem Lebensberuf. Daß es Schönberg derart erbitterte, wie in *Doktor Faustus* mit seiner Musiktheorie verfahren wurde, traf dessen Autor gänzlich unvorbereitet. Mann war überzeugt, der Zwölfton-Technik eine völlig neue «Färbung» gegeben, sie damit zu seinem «Eigentum» oder vielmehr dem des Buches gemacht zu haben. Schönberg – um öffentliche Anerkennung und Nachruhm bangend, überdies aufgestachelt von Alma Mahler-Werfel – dachte anders. Natürlich muß man Thomas Mann recht geben: Er schuf kein literarisches Äquivalent zur seriellen Musik, sondern bediente sich ihrer als Metapher, in die er das soziale und politische Geschehen seines Romans einbettete.

Der Roman ist voll von «Verzögerungen und Umschweifen», die oft belehrend, zuweilen parodistisch und oft auch als psychologisches Manöver gedacht sind. Sie sollen den Erzähler, wie er gesteht, von den Gedanken an eine Zukunft ablenken, die er fürchtet. Wie Laurence Sterne (den Thomas Mann verehrte) oder die konkreten Poeten der sechziger Jahre zieht Zeitblom sich gelegentlich vom Gang seiner erzählten Handlung zurück, um über ihre äußere Form nachzusinnen. Nach einem Exkurs über das Verbrechertum der Nazis setzt er als «Erquickung für Auge und Sinn des Lesers» ein Sternchen zwischen zwei Absätze.

Alle erzählerischen Ressourcen dienen Thomas Mann dazu, Sinn in etwas zu bringen, das in der menschlichen Geschichte ohnegleichen ist. Er versucht eine neue Form der Personencharakterisierung und gesellt sich damit den anderen Emigranten-schriftstellern zu, die sich in einer Zeit, da der dem Individuum traditionell beigemessene Wert bedeutungslos geworden war, um eine andere Art der Abbildung menschlichen Lebens mühten. Thomas Mann ersetzte in *Doktor Faustus* körperliches Leben durch eine elliptische Verbindung des Sinnlichen mit dem Geistigen: Während andere Personen durch lebendige Beschreibung vor uns erstehen, erfahren wir über das Aussehen von Leverkühn und Zeitblom nahezu gar nichts, denn solche «äußere Verblendung» würde sie ihrer «Symbolwürde» berauben und ihre «Repräsentanz mit… Banalisierung» bedrohen. Es überrascht nicht, daß Mann Abstraktionen als erotisch präsentiert. Gleich Zeitblom gesteht er, er habe Leverkühn von dessen «hochmütigen Schülertagen» an «sorgenvoll» geliebt, sei vernarrt gewesen in dessen «Unmenschentum und ‹verzweifelt Herz›, seine Überzeugung, verdammt zu sein». Das alles war ganz und gar unamerikanisch. Wäre Leverkühn weniger Kopfmensch gewesen, hätten amerikanische Kritiker Zeitbloms Vernarrtheit nachvollziehen können, doch die erotische Kraft, die Thomas Mann den Symbolen und Ideen verlieh, blieb ihnen verschlossen.

Erst zum Schluß wird in Worte gefaßt, was unausgesprochen immer gegenwärtig ist: «Gott sei eurer armen Seele gnädig, mein Freund, mein Vaterland» – die Verschmelzung von Leverkühns Geschick mit dem Deutschlands. Mancher emigrantische Leser fand, für eine politische Parabel gehe der *Doktor Faustus* zu sehr ins Detail. Es gibt im Roman zwar zahlreiche Anspielungen auf eine namenlose hitlerähnliche Gestalt, doch fehlt ökonomische oder politische Analyse. Denselben Lesern war auch nicht geheuer, daß die Bedeutung der Kunst eine so überragende sein sollte. Sie gestanden zu, daß Manns Vision ein helles Licht auf deutsche Kultur werfe, aber sie bezweifelten die Übertragbarkeit dieser Vision auf die politische Geschichte. Natürlich setzte Mann dem entgegen, beides sei nicht zu trennen in einem Land, welches seit Generationen ein politisches Vakuum mit einem Mehr an Mythologie zu füllen versucht habe.

Gleichzeitig fanden amerikanische Leser das Anliegen des Buches zu ausschließlich deutsch und die wechselseitigen Identifikationen am Ende übertrieben. Doch wenn das Buch die verschiedenen Perioden deutscher Geschichte durchläuft, wird die Kritik an deutscher Kultur lebendig, dramatisch, ja sogar vergnüglich. In Leverkühns Heimatstadt Kaiseraschern (eine Art Wortspiel, das an die Asche des Kaisers oder auch an seine Kehrseite gemahnt) trifft man allerorten auf mittelalterliches Brauchtum, das Museum des Städtchens stellt «krasse Folter-Instrumente» zur Schau. Von den mittelalterlichen Kinderkreuzzügen bis hin zu jenen kindlichen Kämpfern, die sich – als des Dritten Reiches letzte Verteidiger – zur Bande der Werwölfe zusammenschlossen, überblickt der Roman eine Geschichte, in deren Verlauf ein dunkler Bodensatz von Sagen das deutsche Volk in den Wahnsinn trieb.

Besonders interessant ist die Gestaltung der beiden jüdischen Protagonisten des Buches, Dr. Chaim Breisacher und Saul Fitelberg. Breisacher ist unverkennbar ein jüdischer Reaktionär. Seine «dialektische Redefertigkeit» gerät dennoch zur höchst desavouierenden Parodie der Frankfurter Schule. Hatte Disraeli es fertiggebracht, faschistische Neigungen und Philosemitismus in sich zu vereinen, geht Breisacher noch weiter. Er nennt die Juden die dekadenten Nachfahren von Jahwe-Anbetern. Das ist Antisemitismus in seiner abstrusesten und absurdesten Form. Und auf das Hohelied des Atavismus folgt, wie könnte es anders sein, der Ruf nach «sozialer Hygiene» und eine «Absage an alle humane Verweichlichung…, die das Werk der bürgerlichen Epoche gewesen war», mit dem Ziel einer «intentionellen Re-Barbarisierung». Ob Jude oder nicht, in Dr. Breisacher erscheint der moderne Intellektuelle in seiner schrecklichsten Gestalt.

Saul Fitelberg ist das vollkommene Gegenteil Breisachers. Der «internationale Musik-Gewerbemann und Konzert-Unternehmer» trägt mit seinen «stark gezeichneten bogenförmigen Brauen und lustigen Mandelaugen» unverkennbar semitische Züge, und «fett und weich von Gliedern» ist er ebenso unverkennbar Genußmensch. Er ist überschwenglich und sprunghaft bis zur Karikatur. Aber die Karikatur ist Rolle, es steht Selbstbewußtsein dahinter, sie ist angelegt, die Sympathie der Gesprächspartner zu gewinnen. Während Breisacher sich als eine Art Stammesschamane präsentiert, ist Fitelberg ein vielsprachiger Internationalist. «Die Deutschen sollten es den Juden überlassen, pro-deutsch zu sein», sagt er – eine Bemerkung, wie sie in Flüchtlingskreisen hätte umgehen können. Ein französischer Schriftsteller könne sich ohne weiteres Anatol France nennen, ein deutscher dagegen müßte sich mit ‹Deutsch› begnügen, »dies ist ein jüdischer Name – oh, là là!» Fitelberg, als Jude «international» und «pro-deutsch» zugleich, möchte Leverkühns jüdischer Mittler zwischen Deutschland und der Welt werden. Und sogar Leverkühns bäuerliche Köchin erkennt in Fitelberg sogleich den «Weltmann».

Fitelberg will den Komponisten unter seine Agentenfittiche nehmen und ihm, Deutschlands größtem Künstler, das Konzertpublikum der ganzen Welt zu Füßen legen. Überdies ist ihm daran gelegen, daß dabei eben dieser große Künstler der wenig deutschen Tugenden von Toleranz und Humor teilhaftig wird. Andernfalls, so warnt er, brächten sich die so wenig weltoffenen Deutschen «in ein wahrhaft jüdisches Unglück». Am Ende des Romans steht die Vision eines Deutschlands, «das mit sich selbst eingeschlossen wird leben müssen wie die Juden des Ghettos». Einst hätten die weltläufigen und umtriebigen Fitelbergs den Deutschen die Welt öffnen können. Ihr Witz und Verstand hätte Gegengewicht sein sollen zu den dunklen Seiten deutschen Wesens. Doch Deutschland ließ den Juden weder Mittler noch Freund sein, sondern machte ihn zum Opfer. Vielleicht ist Fitelberg Thomas Manns Referenz an den jüdischen Flüchtling – und sein Gruß an all die gebildeten Mittelstands-Juden, die zu Hause wie im Exil sein loyalstes Publikum waren.

Fitelberg steht auch für einen Gedanken, der Thomas Mann verfolgte, solange sein Exil währte. 1934 vermerkt er in seinem Tagebuch, daß die besten Deutschen ihr Heimatland wohl würden verlassen müssen und daß es an ihnen sei, diese schwere Zeit mit der Würde und Anmut jüdischer Ironie zu überstehen: «Tatsächlich hat vielleicht die Geschichte ihnen [den Deutschen] die Rolle der Juden zugedacht, die übrigens auch Goethe ihnen für angemessen hielt: zerstreut zu werden in einer zukünftigen Welt und eine geistesstolze Selbstironie zu ihrem Lebensgefühl zu machen.» Fitelberg erteilt seinen kosmopolitischen Rat also sozusagen mit dem Segen Goethes!

Während seine Landsleute blindlings durch die dreißiger Jahre taumeln, verlebt Leverkühn das Jahrzehnt als seniler Invalide. In einer letzten Erniedrigung wird er wieder zum Kind, abhängig von der Pflege seiner Mutter, die schweigend über den Verlorenen wacht. Das Schicksal derer, die ihn überleben, ist nicht viel glücklicher. Als «einsamer Mann» bleibt Zeitblom – ein Deutscher unter vielen – zurück und sieht sein Land «von Dämonen umschlungen, über einem Auge die Hand und mit dem anderen ins Grauen starrend... von Verzweiflung zu Verzweiflung» stürzen. In diesem Widerhall von mittelalterlicher Legende und klassischer Skulptur bleibt von einer Nation, die sich dem Mythos verschrieb, nur ein letztes, groteskes Bild.

Angesichts der wenig freundlichen Aufnahme, die der *Doktor Faustus* fand, versprach Mann den amerikanischen Lesern nunmehr einen vergnüglichen Text. *Der Erwählte* ist die – im Mittelalter angesiedelte – Geschichte eines Inzests (kaum das, was der Durchschnittsamerikaner unter ‹entertainment› verstand). Die Hauptperson Gregor heiratet seine Mutter, die zugleich seine Tante ist, bevor er später in Heiligkeit und Reinheit das Papstamt versieht. Erzählt wird die Geschichte vom irischen Mönch Clemens, der (Schatten von James Joyce!) eine internationale Prosa schreibt: «ob lateinisch, französisch, deutsch oder angelsächsisch... sie rinnen mir ineinander und werden eins, nämlich Sprache.» Als Priester seiner Zeit stellt Clemens auf witzige und scharfsinnige Weise einen Zusammenhang her zwischen dem Monotheismus und einer Sprache, «welche sich als absolut setzt und nicht viel nach Idiomen und sprachlichen Landesgöttern fragt», – eine Formulierung, die fast wörtlich schon im Vorwort zum *Joseph* zu lesen ist. Obwohl das Buch auf deutsch am besten ist – wie jeder Schriftsteller diente auch Mann den sprachlichen Landesgöttern am besten – finden im handgestrickten Deutsch-Englisch – in Wörtern wie «flimsig», «kauert», «swaggern» – die kursiv gesetzten englischen Einsprengsel, die wie lärmende amerikanische Nachbarn in jedem Flüchtlingsbrief auftauchen, ihre amüsante Entsprechung.

Mit *Die Bekenntnisse des Hochstaplers Felix Krull* (1955) wollte Mann, wie er seiner Tochter Erika gestand, beweisen, daß er mehr war als ein schwerfälliger Philosoph. Als er 1952 Amerika den Rücken kehrte, hatte er drei Viertel des Romans zu Papier gebracht. Felix Krull schlendert vergnügt durchs Leben, ist Inbegriff des Künstlers als Schwindler. Das Verrufen-Verruchte des Künstlertums erschreckte Mann, aber es reizte ihn auch. Krulls verbrecherische Talente haben eine Neigung zum Künstlerischen, ja sogar zum Philosophischen. Er simuliert eine Epilepsie, um sich vor der Einberufung zu drücken, und flirtet schamlos immer auf dem Niveau, das seine jeweilige Eroberung bevorzugt, sei es auf dem niedrigster Begierde oder auf dem höchsten Ernstes. Felix ist ein Gauner und Chamäleon, neben dessen Genius andere als simple Spitzbuben und Narren verblassen. Über die Niederschrift dieses Romans fiel der Schatten politischer Ereignisse. Im Februar 1951 schrieb Thomas Mann verzweifelt an Erich Kahler: «Die menschliche Schlechtigkeit verdient eine Heimsuchung... und diese Raffer-, Narren- und Gangster-Civilisation ist wert, daß sie zugrunde geht.» Diese Klage war die Reaktion auf einen Aufsatz Kahlers über den politischen Mißbrauch der Atomkraft. Seinen Abscheu und Schrecken hatte Mann bereits anläßlich des Bombardements von Hiroshima öffentlich geäußert.

In früheren Werken Thomas Manns war Wissenschaft oft als mythische Kraft erschienen, als Hort der Hoffnung auf moralische Erhöhung der menschlichen Spezies. Damit ist es jetzt vorbei. Auch die Repräsentanten der Wissenschaft sind der allgemeinen Korruption erlegen. Die Humanisten trachten nach einer Welt ohne Menschen. Krull setzt einem brillanten Wissenschaftler – dem letzten in einer Reihe ähnlicher Gestalten bei Mann – Hörner auf. Dieser gute Mann mit dem sprechenden Namen Kuckuck entwirft die Vision einer universellen Zerstörung: «Es hat das Leben nicht immer gegeben und wird es nicht immer geben.» Dieser Entwurf einer Welt ohne Menschen ist nicht ohne Schönheit: «Dies Ineinander- und Umeinanderkreisen und Wirbeln, dieses Sichballen von Nebeln zu Körpern, dies Brennen, Flammen, Erkalten, Zerplatzen, Zerstäuben, Stürzen und Jagen, erzeugt aus dem Nichts und das Nichts erweckend…» Ähnlich der Prophezeiung allgemeiner Zerstörung in Horkheimers und Adornos *Dialektik der Aufklärung* erinnert auch diese Passage von Thomas Mann an die Vision Birkins, mit der *Woman in Love* schließt. Birkin trauert um einen toten Freund und träumt von einer natürlichen Welt, die sich erneuert, nachdem der Mensch von ihr entschwunden ist. Mann gerät – seinen Interessen und seinem Stil entsprechend – die Behandlung desselben Themas bitterer und wissenschaftlicher, und zudem schreibt er angesichts einer neuen historischen Situation. Eine Menschheit, die die Atombombe hervorgebracht hat, verdient es nicht besser, als von den natürlichen Wundern der Biologie und Chemie ausgeschlossen zu werden. So ist sogar der Zynismus des europäischen Hochstaplers ein Widerhall der amerikanischen Erfahrung Thomas Manns.

Die beiden größten Enttäuschungen seiner letzten amerikanischen Jahre – die Ablehnung des *Doktor Faustus* und der Beginn des Kalten Krieges – trafen, so glaubte der alte Mann, nicht zufällig zusammen. Wäre seine Sichtweise nach dem Krieg die allgemeine oder tonangebende gewesen, hätte man in den USA in seinem Meisterwerk wohl mehr gesehen als den Irrweg eines Exilanten. Doch jeglicher Blick auf eine internationalistische Haltung in Literatur und Politik war längst verstellt und dieser Zustand, davon war Mann überzeugt, würde von Dauer sein. Im Weißen Haus und an der Hochschule herrschten wieder die Philister. So verließ er denn Amerika mit sehr bitteren Gefühlen. Noch heute gibt es Kritiker, für die Thomas Mann diesem Land nie «wirklich» zugehörig war (welche Art amerikanischer Geste hätten sie denn von ihm erwartet – etwa einen Gastauftritt in der Ed Sullivan Show?). Vermutlich fiel es schwer zuzugeben, daß die Verzweiflung, in der «America's greatest writer» das Land verließ, nicht unberechtigt war. Kurz vor seiner Abreise schreibt Thomas Mann an A.M. Frey, daß sogar seine Isoliertheit ihm sein Deutschtum bestätige: «Wir armen Deutschen! Einsam sind wir im Grunde, auch wenn wir ‹berühmt› sind. Niemand mag uns eigentlich.»

Dritter Teil
Die «enemy aliens» kehren zurück

Opfer beginnen zu richten

Als die Nachrichten aus Deutschland immer grauenvoller wurden, war es «eine gute Sache, das Beste, was sage ich, das *einzige* überhaupt, Amerikaner zu sein», erinnert sich ein Emigrant. Und wenn viele Flüchtlinge den Einbürgerungseid ablegten, taten sie das mit derselben aufrichtigen Begeisterung, mit der Thomas Mann festgestellt hatte, daß diese Jahre moralisch eine gute Zeit seien.

Doch auch jetzt, wo der Feind eindeutig und die militärische Sachlage zweifelsfrei war, behielten die Emigranten ihr waches Gespür für politische Komplexität. Es war eine moralisch gute Zeit, wenn die Moralität sich darauf beschränkte, einen mit keinem moralischen Argument zu verteidigenden Hitler zu schlagen, aber die moralische Atmosphäre wurde trüber, gerieten amerikanisches Kriegsgewinnlertum und das Streikverbot in den Blick, oder auch die kurzlebig zusammengeschusterten politischen Bündnisse, die zwischen klerikalfaschistischen, imperialistischen bis hin zu stalinistischen Gruppierungen geschlossen wurden – drei politische Formationen, denen zu mißtrauen die Flüchtlinge guten Grund hatten. Und noch etwas spaltete die Emigrantengemeinde: das Ausmaß der Schuldzuweisung an die Deutschen. Das war vielleicht darum ein so mörderisches Dilemma, weil die Emigranten wußten, daß, sollte es je an die Öffentlichkeit dringen, sich all diejenigen, ob Freund oder Feind, bestätigt sehen würden, die immer schon geargwöhnt hatten, mit ihrem Herzen seien die Flüchtlinge in Berlin geblieben.

Da Thomas Mann häufiger als andere in der Öffentlichkeit zu Wort kam, wurde seine Position zur deutschen Schuldfrage von denjenigen am heftigsten angegriffen, die ihn nicht als ihren Sprecher sehen wollten. Doch Mann nahm, ziemlich unbekümmert darüber, ob er auch für andere sprach, weiterhin kompromißlos Stellung. Bereits 1941, lange, bevor die Welt Berichten über eine Endlösung Glauben schenkte, setzte er sie über die BBC davon in Kenntnis, daß Hitler europäische Juden umbrachte. Immer wieder sprach er in seinen Vorträgen und Rundfunksendungen davon, daß der Schatten dieser Greueltaten auf die ganze deutsche Nation falle. Trotz der patriotischen Haltung deutscher Linkssozialisten könne, so glaubte er, Deutschlands Fall und Sühne nicht tief genug sein.

Bertolt Brecht, einer dieser deutschen Sozialisten, war anderer Meinung. Er sprach von einer ungeheueren Anzahl subversiv arbeitender Sozialisten und Antifaschisten und von dreihunderttausend Untergrundkämpfern, die den Widerstand gegen Hitler mit dem Leben bezahlten. Für ihn war nicht Strafe die Lösung, sondern soziale Revolution: Um die Deutschen zu entnazifizieren, müsse man sie ent-bourgeoisieren. Thomas Mann nannte er ein Kriechtier, das seinen Schleim absondere. Erik Erikson schmähte Manns Äußerungen auf deutsch als faulige Papierbrühe von deutscher Mediokrität, ein Bild, so mittelalterlich wie nur eines, das der Teufel im *Doktor Faustus* ersinnt. (Auf englisch hatte er bereits früher seine Verachtung für Manns fanatischen Nationalismus während des Ersten Weltkriegs bekundet und ihn mit den Exzessen von Nazi-Philosophen verglichen.) Mann blieb unbeirrt. Er könne, schrieb er Brecht 1943, ein Free Germany Committee in Amerika nicht gutheißen, «da unser Zusammenschluß als ein nichts als patriotischer Versuch gedeutet werden würde, Deutschland vor den Folgen seiner Untaten zu schützen». Noch Schrecklicheres befürchtet er, und er findet es zu früh, jetzt schon eine Bürgschaft zu übernehmen für das Gute, das vielleicht einmal durchaus erwachsen könne. Als Mann und Brecht anläßlich eines Free-Germany-Treffens schließlich aufeinandertrafen, maß der Stükkeschreiber den Romanautor mit «spöttisch-bitterem» Blick und hinterließ bei Thomas Mann den Eindruck, jener würde ihm im Falle einer Revolution schaden, so gut er könne.

Emigranten, die wie Einstein 1945 gerne den Morgenthau-Plan verwirklicht gesehen hätten – der aus dem Industriestaat Deutschland einen Agrarstaat gemacht hätte –, glaubten ähnlich wie Thomas Mann, die Deutschen und ihre Fähigkeit, Unheil zu stiften und Zwietracht zu säen, zu gut zu kennen, um von den nunmehr Besiegten Selbstdisziplin und Selbstbescheidung zu erwarten. Nach der Niederlage, so schrieb Einstein kurz vor Ende des Krieges, «dürfen wir uns nicht täuschen lassen».

Thomas Mann konnte «Nazis» und das «deutsche Volk» nicht auseinanderdividieren. Mit seinem wahnsinnigen Streben nach Beifall und Anerkennung, hatte er in den dreißiger Jahren geschrieben, sei Hitler sein Bruder, alles Schreckliche und Deutsche – das Gefühl der Schuld, der Zorn auf alles und jedes, der revolutionäre Instinkt, das unbewußte Ansammeln kompensatorischer Wünsche – lebe auch in ihm, Thomas Mann. Als der Krieg zu Ende ging, fühlte Mann sich gezwungen, sentimentaleren Gemütern unter den Flüchtlingen zu widersprechen, die zwei Deutschlands sehen wollten, deren eines vom Bösen unberührt geblieben sei. Doch wenn Mann von der Mitschuld aller sprach, nahm er sich selbst nie aus.

Brecht hatte nicht völlig unrecht. Es gab, besonders während der dreißiger Jahre, in der Tat einen gewissen Widerstand der Arbeiterklasse, und viele human denkende und empfindende Deutsche verbargen Juden vor ihren Häschern. Auch einige Städte haben Hitler nie akzeptiert. Die Einwohner des von den Flüchtlingen so sehr geliebten Berlin ließen sich von Hitlers Redeschwulst am wenigsten beeindrucken. Als die Berliner Juden zum Zwecke der Deportation zusammengetrieben werden sollten, zeigte sich die örtliche Polizei so wenig eifrig, daß man ihnen einige dienstbeflissene Wiener Kollegen zur Seite stellte. So blieb die Frage nach den wahren Schuldigen und wie sie zu bestrafen seien, offen. (Natürlich wußte Brecht, daß er das Problem unzulässig vereinfacht hatte. Warum sonst klagt 1945 im Gedicht «Lied einer deutschen Mutter» jene Mutter angesichts der Taten ihres Sohnes: «Hätt ich gewußt, was ich heute weiß/Hätt ich mich lieber aufgehängt.» Und warum sonst verkehrt er im Gedicht «Deutschland 1945» das schreckliche Bild zu «Die Sau macht ins Futter/Die Sau ist meine Mutter/O Mutter mein, o Mutter mein/Was tuest du mir an?»

Über diese und viele andere Fragen machte Theodor W. Adorno sich ganz im stillen und privaten seine besorgten Gedanken. In sein kalifornisches Tagebuch, später veröffentlicht als *Minima Moralia*, notiert er, um keinen Preis möchte er «Henker sein oder Rechtstitel für Henker liefern»; und ebensowenig möchte er dem «in den Arm fallen, der sich für Geschehenes rächt». Das sei, gibt er zu, eine «durch und durch... widerspruchsvolle Antwort». «Aber vielleicht liegt der Fehler schon bei der Frage und nicht erst bei mir.» Wenn Zeitungen in der Ermordung von sechs Millionen Juden ein «Zwischenspiel» vor der eigentlichen Katastrophe sehen konnten, dann durfte auch er sich Schwierigkeiten im Umgang mit moralischen Fragen zugestehen. Der vorsichtige Adorno verhielt sich nicht unklug. Doch wurde zunehmend deutlich, daß die Emigranten ihre inneren Zwistigkeiten und Diskussionen zu dieser Frage ihren Gastgebern auf die Dauer kaum würden verheimlichen können.

Eine andere Frage, die allerdings mit dem Schuldproblem in engem Zusammenhang stand, war die des Deutschland nach dem Kriege. Hier war die Einstellung der Flüchtlinge nicht zu trennen von den gemischten Gefühlen, mit denen sie das Tun der amerikanischen Regierung verfolgten. Alle staatlichen Angelegenheiten Deutschlands standen nunmehr unter deren Aufsicht, und oft ließ sie sich dabei von denselben Bürokraten helfen, die auch Hitlers System verwaltet hatten. Ein Emigrant, der von Gerechtigkeit geträumt hatte, mußte sich von dem General Act of Clemency, für deren Vollzug der US-Hochkommissar für Deutschland, John McCloy, verantwortlich war, aufs schmählichste hintergangen fühlen. «Es sah so aus», erinnert sich ein Ex-Berliner, «als machten unsere früheren Freunde gemeinsame Sache mit Mördern.»

Manche Emigranten hielten die schwere Zeit, die die Deutschen nach dem Krieg durchmachten und die – zuweilen kaum nennenswerten – Freiheitsstrafen, zu denen Zehntausende von Nazis verurteilt wurden, für Buße genug und begrüßten folglich den Act of Clemency. Sie gehörten auch zu denjenigen, die die deutsche Wiederaufrüstung befürworteten und akzeptierten, daß ehemalige Nazis im Kampf gegen den Kommunismus unentbehrlich waren. Sie tolerierten auch den extremen Konservativismus Adenauers, denn, so argumentierten sie, nur ein Konservativer könne die Deutschen reformieren; einen liberaleren Mann an der Spitze hätten vor allem die Nazis nicht akzeptieren können (obwohl sich jenseits der Demarkationslinie Millionen Deutsche gerade mit weit Radikalerem abfanden). Andere hielten die neue Bundeswehr für das erste wirkliche Bürgerheer in der Geschichte des Landes und damit auch gefeit gegen die notorische preußische Neigung zum Militarismus.

Doch viele Flüchtlinge konnten den Mord an sechs Millionen Juden nicht vergessen. Albert Einstein erhielt zahlreiche Einladungen, nach Deutschland zurückzukehren – darunter auch solche von untadeligen Antifaschisten, Wissenschaftlern und Kulturschaffenden –, doch er blieb unerbittlich. 1948 schrieb er an Professor Hahn, das Verbrechen der Deutschen sei das wahrhaft abscheulichste in der Geschichte der sogenannten zivilisierten Nationen, und die deutschen Intellektuellen hätten sich – als Gruppe gesehen – dabei nicht besser geführt als der Mob. Einstein war in den USA zu einem der führenden Streiter für akademische Freiheit geworden, so daß seine Kritik am deutschen *trahison des clercs* große Resonanz fand. Drei Jahre später schrieb er dem Bundespräsidenten Theodor Heuss, daß er als «Jude mit Selbstachtung» kaum den Wunsch haben könne, in irgendeiner Form mit einer deutschen Institution in Verbindung gebracht zu werden. Daß Deutschland normale diplomatische Beziehungen zu anderen Ländern unterhalten mußte, sah Einstein noch ein, aber gegen die Wiederaufrüstung Deutschlands protestierte er aufs schärfste. In einer seiner letzten öffentlichen Botschaften erinnert er noch einmal an die verheerenden Auswirkungen des deutschen Militarismus.

Andere, meist linksgerichtete Emigranten teilten Einsteins Mißtrauen der Bundesrepublik gegenüber und weigerten sich wie er, zurückzukehren. Als Berthold Viertel seine Frau Salka einlud, gleich ihm teilzuhaben an dem Vergnügen, die Berliner Kultur wiederaufstehen zu sehen, sagte sie nein: das Bewußtsein, daß Nicht-Nazis sich all dem Schrecklichen stillschweigend gefügt hatten, «machte mir die Rückkehr unmöglich». Den begeisterten Wagner-Anhänger Thomas Mann erreichte Ende der vierziger Jahre das Angebot einer leitenden Stellung im Bayreuther Festspielapparat. Er lehnte ab. Er sah darin keine uneigennützige Referenz an die Kunst, sondern den Versuch, eine gänzlich äußerliche «Unschuld» wiederherzustellen. Die Ambivalenz Thomas Manns, Brechts Vertrauen und Einsteins Ablehnung waren nicht die einzigen Reaktionen auf die jüngste politische Geschichte und die gegenwärtige psychologische Situation. Bruno Bettelheim zum Beispiel warnte das Internationale Militärgericht vor einer Verfolgung von Kriegsverbrechen, da es der gesetzmäßigen Rolle der Regierung, selbst wenn sie mißbraucht wurde, abträglich sei, wenn Menschen dafür vor Gericht kämen, daß sie Befehlen folgten. Diese Sicht der Dinge steht in Einklang mit Bettelheims Respekt vor der Autorität, seiner zynischen Bemerkung, daß eine schlechte Regierung besser sei als gar keine.

Hannah Arendt fand einen recht einzigartigen Zugang zur Frage der deutschen Schuld, von der sie niemanden, auch nicht die Flüchtlinge, ausnahm. (So objektiv war sie nicht immer. Henry Pachter erinnert sich, daß sie in den Jahren nach dem Krieg verkündete: «Natürlich ist eine Rückkehr nach Deutschland undenkbar. Warum? Ich würde in der U-Bahn neben Mördern sitzen.») In ihrem Essay von 1945 «Organized Guilt and Universal Responsibility» (dt.: «Organisierte Schuld») sieht sie den bösen Geist auch andernorts am Werk. Sie beruft sich auf den Kultur-Zionisten Lazarre, der angesichts des Rassismus in England, Frankreich, Rußland und Deutschland befunden hatte, keine Nation habe das Recht, den ersten Stein zu werfen. Daß das deutsche Volk Hitler nicht widerstand, schreibt Hannah Arendt dem dieser Nation eigenen

Mangel an klassischen Bürgertugenden zu: Da es den Deutschen an Gemeinschaftssinn fehle, seien sie auch nicht in der Lage, das Wesen einer totalitären Gesellschaft zu erfassen. Hannah Arendt dachte und empfand internationalistisch. Als sie gefragt wurde, ob sie sich schäme, eine Deutsche zu sein, antwortete sie: «Ich schäme mich, ein Mensch zu sein.» Für sie gehörte es zu Hitlers Verbrechen, einer ganzen Nation, jedem einzelnen ihrer Bürger, Schuld auferlegt zu haben. Doch hieße es, sagt sie, seiner Führung weiterhin zu folgen, richtete man jetzt, statt ihn zu ächten, achtzig Millionen Deutsche hin. Mit Verachtung spricht Hannah Arendt von den Angehörigen der «guten Gesellschaft» und ihrem oberflächlichen Glamour, die für sie genauso Kriegsverbrecher sind wie nur irgendein im Stechschritt paradierender Junker. Doch ganz besonders liegt ihr die Heuchelei von Flüchtlingen auf der Seele: Nur einige wenige Juden oder Sozialisten seien bereit gewesen, das Odium des Unpopulären auf sich zu nehmen und die Wahrheit zu sagen.

Seien wir doch ehrlich, sagt Hannah Arendt. Wir wissen doch alle, daß wir unsere Rettung nicht guten Taten, sondern einem guten Geschick verdanken. Doch schwelge man in Flüchtlingskreisen in jener unerträglichen Selbstgerechtigkeit, die häufig und besonders unter Juden, wenn auch gegenteiligen Inhalts, vom Nazi-Doktrinismus nicht mehr weit entfernt sei. Einzig Hannah Arendt hatte die Courage – oder die Nerven –, ihre Mitflüchtlinge dafür zu kritisieren, daß sie auf Kosten besonnener Urteilsfähigkeit in «unerträglicher» Selbstgefälligkeit verharrten. Ihr Mitgefühl gilt den Deportierten, die man durch ganz Europa trieb. Alle anderen trifft fast ausnahmslos ihre schwere Anklage.

Während Brecht, Thomas Mann, Hannah Arendt und Erikson versuchten, sich die Frage nach der deutschen Schuld zu beantworten, hielten andere Flüchtlinge es mehr mit jenem ehemaligen Berliner Rabbi, der feststellte: «Keiner von ihnen sah, daß auf diese Frage eigentlich andere eine Antwort finden mußten.» Doch welche Gruppe außerhalb Europas hätte mit mehr Berechtigung danach gesucht als die deutschen Emigranten?

Etliche taten es Einstein gleich und kehrten nicht zurück. Andere siedelten sich zwar wieder im deutschsprachigen Raum an, doch wählten sie dazu die Schweiz. Aber es gab auch Emigranten, die gar nicht schnell genug ins besetzte Deutschland zurückkehren konnten. Die meisten taten das auf dem Weg über amerikanische Propaganda-Einheiten. Mit dem, was sie in diesem Zusammenhang üblicherweise verkündeten, ließen sie einen Brecht, ja sogar einen Einstein weit links liegen. Während der ersten sechs Besatzungsmonate stellte die Psychological Warfare Division, später umbenannt in Information Control, Emigranten-Journalisten ein, die für zehn kurzlebige deutschsprachige Zeitungen schrieben. Hans Habe, Antikommunist seit jeher, war verantwortlich für alles, was veröffentlicht wurde. Sein Assistent war Stefan Heym, ein junger Romanautor mit völlig anderen politischen Ansichten, der später in die DDR ging, wo seine Karriere unter mancherlei Eingriffen der Regierung zu leiden hatte.

Mit ihren unvereinbaren politischen Überzeugungen waren die beiden – Habe und Heym – das ungleiche Paar des deutschen Wiederaufbaus schlechthin. Doch die Ereignisse trieben ihr Spiel mit politischen Etikettierungen. Eine kleine Geschichte mag die allgemeine Verwirrung illustrieren. Als Korrespondent von *Stars and Stripes*, der amerikanischen Armeezeitung, interviewte Klaus Mann die in England gebürtige Winifred Wagner, ihres Zeichens Hitler-Verehrerin und während des Krieges Leiterin der Bayreuther Festspiele. «In ganz Deutschland gibt es nur einen Menschen, der offen bekennt, Nazi zu sein, und dieser Mensch ist eine Engländerin», schrieb Klaus Mann in belustigter Ironie – Echo einer Huldigung aus den dreißiger Jahren, die dem Kommunisten Dimitroff gegolten hatte: «Es gibt nur noch einen Mann in Deutschland, und das ist ein Bulgare.» Das Interview bot Anlaß zu weiterer Ironie. Klaus Mann habe sie auf englisch angesprochen, erinnert sich Winifred Wagner, doch seien Akzent und Grammatik so grotesk gewesen, daß sie auf deutsch geantwortet habe. Sie, die Muttersprachlerin, läßt den armen Klaus Mann über seine emigrantische Anmaßung stolpern.

Auf kein politisches Etikett war Verlaß. Der Hitler-Gegner Alfred Andersch war sehr gegen seinen Willen Soldat geworden und hatte einige Zeit als Kriegsgefangener in Amerika verbracht. Auch er arbeitete nach dem Krieg als Journalist für die amerikanische Militärverwaltung. Nebenbei war er Mitbegründer einer deutschen literarischen Zeitschrift, die dann während der McCarthy-Ära von den Amerikanern verboten wurde. Willi Schlamm, ein ehemaliger Trotzkist, später einer der schrillsten Kalten Krieger von Time-Life, kam nach Deutschland zurück, um hier die *Zeitbühne* herauszugeben, ein extrem rechtes Blatt, mit dem er ganz bewußt in die Fußstapfen von Karl Kraus und der Kulturkritik von dessen *Fackel* treten wollte. Schlamms Zeitschrift fand zwar kaum Leser, aber es ist schon seltsam, daß das Werk von Kraus, Vorbild für Emigranten von Adorno bis Billy Wilder, Eingang fand in dieses obskure Organ (obwohl Schlamm überzeugt war, das Erbe eines Kultur-Konservativen anzutreten).

Es gab Emigranten, die die Amerikanisierung Deutschlands durchaus begrüßten. Hans Speier, ein vielseitiger Sozialwissenschaftler und Literaturhistoriker, fungierte während des Krieges in Amerika als Berater des Office of War Information. Nach dem Krieg kehrte er als Beauftragter des amerikanischen Außenministeriums nach Deutschland zurück und wurde «Zeuge des Übergangs der amerikanischen Nach-kriegspolitik aus einer ersten, auf Bestrafung – Entwaffnung, Entnazifizierung, De-Industrialisierung – Deutschlands ausgerichteten Phase zu der seines Wiederaufbaus, d.h. der forcierten Demokratisierung, Wiederaufrüstung und Re-Industrialisierung mit Marshallplan-Hilfe.» Als jemand, der davon überzeugt war, daß Europa Dreh- und Angelpunkt von Amerikas antisowjetischer Außenpolitik sein und bleiben müsse, hielt Speier Entwicklungen für begrüßenswert, die Emigranten wie Einstein tief bekümmerten. (Es gab nicht nur rechte Kommunistengegner. Etliche Mitglieder der Widerstandsgruppe Karl Franks widersetzten sich nach ihrer Rückkehr aus dem Exil einer Fusion der Sozialdemokraten mit den Berliner Kommunisten, um, laut Henry Pachter, nicht einer «russischen Machtübernahme» zuzuarbeiten. Pachter glaubt auch, daß Herbert Marcuse und Franz Neumann während ihrer Arbeit für das Office of Strategic Services die Aktivitäten unabhängiger sozialistischer Gruppen im amerikanischen Sektor unterstützten, wo sie nur konnten.)

Ende der vierziger Jahre kehrten auch Max Horkheimer und Theodor W. Adorno heim und wurden alsbald zu tonangebenden Gestalten im deutschen Hochschulwesen. Zu einem derartigen Einfluß hätten sie es vor dem Krieg, als die Universitäten noch in ungebrochener antisemitischer Tradition standen und ihre eklektischen Methoden ablehnten, niemals bringen können. Das Establishment hing ihnen an, während sie für rebellierende Studenten in den sechziger Jahren Symbole eines akademischen Elitarismus waren. «Wir stehen für die guten Dinge», für individuelle Unabhängigkeit, die Idee der Aufklärung, eine von Blindmachern befreite Wissenschaft, schrieb Horkheimer an Leo Löwenthal, als sei er nicht Neinsager, sondern Werber für amerikanischen Positivismus.

Anderen Emigranten erging es, zurück in Deutschland-Ost oder -West, weniger gut. Zu denen, die sich für die Deutsche Demokratische Republik entschieden, gehörte Alfred Kantorowicz – einst amerikanisiert genug, um für die CBS zu arbeiten. 1957 kehrte er diesem Deutschland wieder den Rücken. Ernst Bloch, der Philosoph der Hoffnung, verlor seine eigene Hoffnung 1961 und floh zurück in den Westen. Brechts Rückkehr nach Deutschland war begleitet von schlimmen Befürchtungen. 1947 vermerkt er in seinem Tagebuch, die Aussicht einer deutschen Revolution in russischem Stil mache ihn «schaudern». Die ostdeutsche Regierung bewilligte ihm zwar sein eigenes Theater, doch die Zensoren waren allgegenwärtig. Fritz Lang erinnert sich, daß die Stücke, die Brecht entweder schrieb, adaptierte oder inszenierte, meist nach der ersten, zweiten oder dritten Aufführung abgesetzt wurden. Der Arbeiteraufstand von 1953 und seine Folgen schmerzten Brecht tief, doch fehlte ihm der Mut, sich außer mit ein wenig Berliner Ironie kämpferisch dazu zu äußern. Im Gedicht «Die Lösung» kündigt der Sekretär des Schriftstellerverbandes dem Volk das Vertrauen der Regierung auf: «Wäre es da», so Brecht, «nicht doch einfacher, die Regierung/löste das Volk auf und/wählte ein anderes?» Wieder, so scheint es, weniger ein Versagen der Regierung als einmal mehr ein *trahison des clercs*.

Alfred Döblins Verzweiflung über die neue Generation in Deutschland fand ihr Echo bei Max Born, der wieder die «Unbelehrbaren» das Ruder ergreifen sah. Thomas Mann stattete der Bundesrepublik Ende der vierziger Jahre einen kurzen Besuch ab, fand die Re-Nazifizierung in vollem Gange, als deren eines Symptom ihm die «Schamlosigkeit» der Presse auffiel – schamlos insbesondere in ihren Angriffen auf die Familie Mann.

Zu jener Zeit war Thomas Mann längst zur Zielscheibe bösartiger Angriffe geworden. Deutsche Schriftsteller warfen ihm vor, das Vaterland in der Stunde höchster Not verlassen zu haben, und erklärten sich solidarisch mit den Helden der «inneren Emigration». In einem äußerst verheerenden Dokument behauptete 1947 ein deutscher Schriftsteller, Kenntnis von einem Brief Thomas Manns an die Nazis zu haben, in dem jener Mitte der dreißiger Jahre unterwürfigst um die Erlaubnis zur Rückkehr gebeten habe. Das Gerücht blieb in der Welt, obwohl der Brief schließlich auftauchte und Mann in ihm eindeutig seine Verachtung für den Faschismus ausgedrückt hatte. Der deutsche Zorn traf auch die Kinder Thomas Manns. Ende der vierziger Jahre stand in einer Münchener Zeitung zu lesen, Klaus und Erika Mann seien stalinistische Agenten. Solche Beschuldigungen fanden in der Nachkriegsatmosphäre auch in den USA ein aufmerksames Publikum. Zu seiner Bestürzung entdeckte Thomas Mann im hysterischen Antikommunismus jener Jahre Gemeinsamkeiten zwischen Amerikanern und ehemaligen Nazis. Die Zeitungen beider Länder bestätigten dem alten Mann einmal mehr die Einsicht seines Bruders Heinrich aus dem Jahr 1933, daß der Mißbrauch der Sprache dem Faschismus vorangehe.

Es ließ sich nicht leugnen, daß die Adenauer-Regierung den gesamten zivilen Verwaltungsapparat der Nazis übernommen hatte. Die Verbrecher an der Spitze mochte man bestraft haben, doch die autoritären Lehrer und Bürokraten waren geblieben, bereit, eine neue Generation zu verderben. Hans Globke, Verfasser eines Gesetzeskommentars zu den Nürnberger Rassegesetzen, bekleidete eine hohe Position während Adenauers Regierungszeit ebenso wie ein weiterer prominenter Ex-Nazi, Heinrich Lübke. Die deutsche Nachkriegsjustiz besaß die gesetzlichen Mittel, um übliche Verbrechen zu verhandeln. Den Aufseher eines Konzentrationslagers konnte man bestrafen, aber das Befehlen von Massenmorden sprengte die strafrechtlichen Möglichkeiten. Vielleicht gibt es keine Strafe, die solchen Verbrechen angemessen wäre, doch das Strafmaß für die wirklichen Verbrecher fiel so kärglich aus, daß man sich fragt, mit welcher ratio da zu Werke gegangen wurde. In den frühen fünfziger Jahren, so Herbert Strauss, konnte es geschehen, daß einem zurückgekehrten Emigranten beim Spaziergang der Mörder seines Vaters über den Weg lief. Viele Emigranten zog es zwar wieder nach Europa, aber in Deutschland konnten sie nicht leben. Hermann Kesten hat ein Buch mit ihren Zeugnissen gefüllt.

So konnten, den Erfahrungen Speiers, Horkheimers und Adornos zum Trotz, zurückkehrende Emigranten nur selten guten Mutes in die Zukunft blicken. Ludwig Marcuse fand die klassischen Worte für ihre Situation: «Die Kluft zwischen der Heimat und den Hitler-Emigranten wird sich erst an dem Tage schließen, an dem der letzte Flüchtling, der nicht nur floh, sondern auch zurückschlug, gestorben ist.» Mit jedem Jahr, das vergeht, kommt dieser Tag näher.

Das Spektakel eines Deutschland in Trümmern war immer noch ein Spektakel. Kein Wunder also, daß es bei Emigranten-Filmern, die für kurze Zeit in die alte Heimat kamen, einen besonders nachdrücklichen Eindruck hinterließ. Sie alle waren Produkt europäischer Erziehung und Bildung und wußten dem, was sie sahen, Sinn zu geben. Sie waren aber auch durch die Schule Hollywoods gegangen, kamen als Besucher und kehrten nach Amerika zurück, noch tiefer überzeugt von der politischen Natur allen Bildwerks. Ihr neues europäisches Wissen ging, wenn auch indirekt, zweifellos in ihre nachfolgenden amerikanischen Filme ein.

Als erster kam im Mai 1945 Billy Wilder. Er kam im Auftrag der Psychological Warfare Division und sollte beim Wiederaufbau der Filmindustrie helfen. Es war keine glückliche Reise: Wilder mußte erfahren, daß Mutter und Großmutter in

Auschwitz umgekommen waren. Doch er war Profi und machte sich an die Arbeit. Er sieht mit den Augen des Filmemachers und vermerkt, mit welch erstaunlichem Ordnungssinn die Deutschen den Schutt zu beiden Seiten der notdürftig geflickten Straßen aufgetürmt haben, «wie Schnee, manchmal meterhoch ... so daß der Verkehr fließt». Der drei Jahre später gedrehte Film *A Foreign Affair* vermittelt etwas von dem moralischen und physischen Ruin, dem sein Regisseur auf jener Reise begegnete.

Douglas Sirk kam Ende der vierziger Jahre nach Deutschland, kehrte ihm aber bald zutiefst enttäuscht wieder den Rücken. Er vermißte den vollkommenen Bruch mit der Vergangenheit und jegliche Auseinandersetzung mit der jüngsten Geschichte. Kritisiert wurden einzig die, die das Vaterland verlassen hatten. Die Filmindustrie sah er zweifach am Boden liegen, zunächst zugrunde gerichtet von den Nazis, dann von den amerikanischen Besatzern (ein Seitenhieb auf Billy Wilder?). Das Leben und Denken in Deutschland fand er seicht und geistlos. Sein alter Freund und Mit-Emigrant Carl Zuckmayer war optimistischer. War *Des Teufels General,* sein Stück über einen spät zur Einsicht gelangten Anti-Nazi, nicht der größte Hit des deutschen Nachkriegstheaters? Trug ihn ein begeistertes Publikum nicht im Triumphzug durch die Straßen? Sirk, Meister all dessen, was ein ‹image› ausmacht – Beleuchtung, Kostüme, Szenerie – sah hinter dieser Begeisterung anderes: «Ich glaube, das Stück war darum ein so riesiger Erfolg, weil die Deutschen sich einen Nazi ansehen und ihren sympathisierenden – Gefühlen für das Nazitum nach Herzenslust Ausdruck verleihen durften, ohne sie als solche kenntlich machen zu müssen.» Der naive Zuckmayer glaubte, der Beifall gelte seinem Anti-Nazi-Drama als solchem, doch Sirk, der später aus den banalsten Drehbüchern höchst komplexe Filme zu schaffen wußte, ließ sich nicht täuschen: Allein auf das Visuelle kam es an. (Später kam Sirk sehr häufig nach Deutschland, um mit jungen Filmstudenten zu arbeiten. Er ist auch der anerkannte Mentor von Rainer Werner Faßbinder gewesen. «Meine Probleme mit Deutschland sind erheblich kleiner geworden», sagt er.)

In Wien mußte Otto Preminger feststellen, daß alte Kollegen, deren fanatischer Antisemitismus kaum bei den Nazis seinesgleichen gefunden hatte, bereits wieder zu Stars avanciert waren. Was empfand er? «Haß? Nein. Verachtung? Vielleicht.» Wie andere Emigranten fand er in Berlin und Norddeutschland die wenigsten nazistischen Reste. Doch in Wien, in Österreich überhaupt und in Süddeutschland lagen die Dinge anders. Ehemalige Nazis, glaubt Preminger, versuchten seinen Film *Der Kardinal* zu hintertreiben. Als ein Minister verkündet, man wolle in Österreich nicht an die Nazi-Invasion erinnert werden, fragte sich Preminger, warum dieser Mann dann 1938 nichts getan habe, um es gar nicht erst dazu kommen zu lassen.

Am traurigsten war offenbar Fritz Langs Begegnung mit dem Nachkriegsdeutschland. Der Mann, dem Goebbels die Kontrolle über die gesamte deutsche Filmindustrie hatte anvertrauen wollen, mußte jetzt Regieaufträgen nachlaufen. «Lang fühlte sich offenbar nur von Vergangenheit umgeben und hatte keine Augen für das, was neu war im Nachkriegsdeutschland», glaubt Sirk. Bei seiner Ankunft 1956 fielen ihm als allererstes die Schlagzeilen ins Auge, die vom Tod Bertolt Brechts kündeten. Der Stückeschreiber hatte Jahre zuvor in Hollywood die Beziehung zu dem Regisseur abgebrochen, weil er dessen, wie er es nannte, Willfährigkeit den Studiobossen gegenüber widerwärtig fand. Die Erinnerung an jenen Bruch muß die Nachricht von Brechts Tod für Lang besonders schmerzlich gemacht haben. Brecht hatte Amerika 1947, unmittelbar nach seinem Verhör vor dem Kongreß-Ausschuß verlassen. 1952 wurde Lang für seine Verbindungen zu Leuten wie Brecht mit einem Jahr Schwarzer Liste, d. h. Arbeitslosigkeit, bestraft. Beide Männer konnten weder mit Amerika noch mit Deutschland glücklich werden.

Lang fand sich selbst ungewöhnlich reizbar, vielleicht trug die Erinnerung an die seltsamen Wege, auf denen sich sein Geschick mit dem Brechts getroffen hatte, dazu bei. Als ihn bei der Ankunft am Flughafen ein Polizist anschnauzte, «konnte ich nicht anders, ich legte mich mit ihm an. ‹Sind wir denn wieder bei den Nazis?› fragte ich. Ich machte einen Riesenstunk. Man hat sich bei mir entschuldigt, der Mann wurde seines Postens enthoben, aber das waren meine ersten Eindrücke auf deutschem Boden.» Und was für erste Eindrücke: der Tod eines in Hollywood verfemten Schriftstellers und Nazi-Töne.

In all diesen Männern brannte der Zorn und loderte auf beim leisesten falschen Ton oder Bild. Jeder von ihnen besaß die empfindsame Wahrnehmung des Filmregisseurs, der zugleich Flüchtling ist, wußte die geistige Realität eines unterentwickelten deutschen Bewußtseins vom materialistischen Bild eines deutschen Wirtschaftswunders wohl zu unterscheiden.

Eine umfassendere Betrachtung des deutschen Wirtschaftswunders versuchte Hannah Arendt 1950. Sie besuchte Deutschland, um Besitzansprüche jüdischer Flüchtlinge geltend zu machen, und schrieb anschließend den Aufsatz «The Aftermath of Nazi Rule, Report from Germany», der im *Commentary* gedruckt wurde. Wie Sirk stieß auch Hannah Arendt auf eine allgemeine Weigerung, sich die Nazi-Verbrechen in ihrem vollen Umfang bewußt zu machen. Jeder Deutsche hatte seine schlimme Geschichte zu erzählen, traurige Wahrheiten, sicher, «aber neben dem Thema», sagte sie in ihrer offenen Art, die Irrelevantes beim Namen nannte, auch wenn es sich wie hier, um oft schicksalhafte Ereignisse handelte. Der Aufsatz enthält alle Themen und Metaphern, die in den fünfziger Jahren in Hannah Arendts Prosa dominierten. Sie beklagt den Niedergang der traditionellen deutschen Handwerkskunst. Das frühere Arbeitsethos sei «fiebriger Geschäftigkeit» gewichen. Arbeit sei zur Schufterei geworden, zum geistlosen, fast biologischen Impuls. Der deutschen Presse wirft sie Schadenfreude vor: Mit Lust nehme sie sich des allgemeinen Leidens, der elenden Lage der Deutschen an, ohne den Gründen dafür nachzuspüren. Doch noch verwerflicher scheint ihr, daß Tatsache und Meinung nicht voneinander geschieden werden. In einem falschen Verständnis von Demokratie setze die Presse auf Kosten historischer und psychologischer Wahrheit Gefühle mit Tatsachen gleich. Doch all das sei nicht wirklich, explodiert Hannah Arendt angesichts des Wahnsinns, der sich in diesem Land in Worten und Taten äußert, «wirklich sind die Trümmer, wirklich sind die vergangenen Schrecken, wirklich sind die Toten, die ihr vergessen habt».

Nur bei den Berlinern fühlt sie sich zu Hause. Sie haben sich Humor und Freimütigkeit bewahrt und sind ihr auch politisch nahe. Sie hassen Stalin, ohne in diesen Haß – trotz der Ausschreitungen sowjetischer Truppen und der erst jüngst erfolgten Blockade ihrer Stadt – auch alle anderen Russen einzubeziehen. Das übrige Deutschland schien im Meer des Vergessens zu baden. Die Buchenwald-Plakate der Alliierten, von denen Finger auf die Passanten wiesen und ihnen bedeuteten, «Du bist schuldig», schienen zur moralischen Verwirrung nur beizutragen. Hannah Arendt hatte Verständnis für die Deutschen – wie konnte man Schuld tragen an etwas, von dem man nichts wußte? –, doch überschätzte sie das Ausmaß deutscher Unwissenheit.

Für die Kompromiß-Politik der Entnazifizierung sah Hannah Arendt keine Alternative. Das deutsche Volk hatte sich nicht, wie Brecht und Erikson es hofften, in einem Ausbruch spontanen Zorns erhoben. Ehemalige Nazi-Führer taten sich sehr viel leichter, einen Platz in der neuen deutschen Gesellschaft zu finden als Antifaschisten. Hannah Arendts Zukunftsvision war düster. Nirgendwo sah sie Initiative und nirgendwo den Drang, wirklich Neues zu beginnen. Die deutschen Gewerkschaften seien schwach wie nie, der deutschen Demokratie fehle Stolz und Mut: «Die große Rolle Deutschlands ist in Europa für alle Zeiten ausgespielt.» Hier hatte die Politikwissenschaft kaum ihre prophetische Stunde!

In derselben Ausgabe des *Commentary* erschien übrigens auch der Artikel «How to Checkmate Stalin in Asia», geschrieben vom Emigranten Karl August Wittfogel. Hannah Arendts Aufsatz, befangen im Denken des Kalten Krieges, fehlt viel von der intellektuellen Schärfe, mit der die Autorin sonst glänzt. Um zu erklären, warum so viele der Besten sich für die Ostzone entschieden, entwirft sie eine komplexe existentielle Struktur von Würde unter äußerem Druck und dem Glück geteilter Not. Politische Überzeugungen läßt sie dabei außer acht. Dem niedrigen Status, den Arbeit in Deutschland genießt, stellt sie das amerikanische System des freien Unternehmertums gegenüber, in dem Arbeit und Management einander die Waage halten, Bild eines Handels zwischen Gleichen, wie es dem Mythos jener Zeit entsprach und wie es, wenn überhaupt, eher auf die spätere Entwicklung in Deutschland zutrifft.

Neben dem Kalten Krieg, der Hannah Arendt den Blick trübte, erschwerten noch andere Uneindeutigkeiten der internationalen Moralität den Flüchtlingen die Auseinandersetzung mit dem Wiederaufbau Deutschlands. Nur einige vermerkten 1945 öffentlich, daß mit Frankreich und England auch zwei führende Kolonialmächte zu den Besatzern gehörten; daß die Vergangenheit der Vichy-Regierung Frankreichs Siegerrolle moralisch wie militärisch zur Travestie machte; daß französische Truppen gegen Ende des Krieges Zehntausende Algerier hingemetzelt hatten; daß Großbritannien den Hitlerflüchtlingen eine bestenfalls widersprüchliche Behandlung hatten angedeihen lassen (wissenschaftliche Untersuchungen entlarven die Feindseligkeit, mit der das britische Außenministerium insbesondere jüdischen Emigranten begegnete); daß in vielen Ländern nach der Rückkehr der reaktionären Vorkriegsregierungen den Widerstandsgruppen übel mitgespielt wurde; daß die Vereinigten Staaten mit Hiroshima jeglichen Anspruch auf moralische Führung verwirkt hatten.

Viele Emigranten schreckten auf, als Kalte Krieger ehemaligen Nazis als Kämpfer gegen den Kommunismus wieder zu Amt und Würden verhalfen. In *Life* erschienen Fotos von Alfred Krupp – frisch aus dem Gefängnis entlassen, wo er für die

Ausbeutung von Konzentrationslager-Insassen büßen sollte – in hochherrschaftlicher Umgebung, dazu erteilte er onkelhaften Rat zum Umgang mit der roten Gefahr. Zu den zahlreichen Amerikanern, die dem General Act of Clemency von 1951 kritisch gegenüberstanden, gehörte auch Eleanor Roosevelt. Sie hielt die Verfügung für den Versuch, die militaristischen Kräfte zu stärken, um einmal mehr mit Nazi-Hilfe den Kommunismus zu bekämpfen. (In seiner Untersuchung *Less than Slaves* zeigt Benjamin Ferencz, daß führende Männer der deutschen Industrie jegliche Mißhandlung von Lagerinsassen in ihren Fabriken leugneten und Wiedergutmachung, wenn überhaupt, nur gezwungenermaßen und in kaum nennenswertem Umfang leisteten.) Inzwischen entlassene Kriegsverbrecher kehrten unverzüglich in Spitzenpositionen zurück. So wurde Fritz ter Meer, obwohl des Massenmordes, der Sklaverei, des Raubes und der Plünderung überführt, 1956 zum Vorstandsvorsitzenden von Bayer und I.G. Farben gewählt.

Ganz Washington «schwimmt ja in sinistrer Deutschfreundlichkeit», schrieb Thomas Mann 1949 einem Freund. So nimmt es denn nicht wunder, daß die clemency-Entscheidung des US-Hochkommissars John McCloy (der 1979 zusammen mit Henry Kissinger und David Rockefeller als Fürsprecher des Schahs von Persien wieder in Erscheinung trat) vielen Flüchtlingen als der endgültige Beweis eines geheimen Einverständnisses zwischen Amerikanern und früheren Nazis erschien. Kritik an der deutschen Wiederbewaffnung wurde zunehmend zur unausgesprochenen Anklage der USA, genau wie sich die Bundesrepublik immer mehr zum Kristallisationspunkt westlicher Interessen entwickelte.

Schließlich sorgte noch die Frage der Wiedergutmachung für Bestürzung und Verwirrung. Die Adenauer-Regierung beschloß, jüdischen Nazi-Opfern entweder eine einmalige erhebliche Entschädigung für verlorenes bewegliches und unbewegliches Vermögen zu zahlen, oder eine monatliche Rente, mit der Gesundheitsschäden und Verdienstausfall abgegolten sein sollten. Diese Politik schrieb alte Klassenunterschiede fest: Am wenigsten profitierten davon die ärmeren Emigranten, da sich das, was sie verloren hatten – und dazu zählten auch Angehörige und Freunde – mit Geld nicht aufwiegen ließ. Vielen Emigranten erlaubte Adenauers Großzügigkeit ein sorgenfreies Alter in New York, Kalifornien, Miami, St. Moritz, Jerusalem und bisweilen sogar in Deutschland. Das war einer der vernichtendsten Anklagepunkte späterer Kritiker der israelischen Realpolitik. Überdies schied man mit dieser Form der Wiedergutmachung die jüdischen von den politischen Flüchtlingen, die es sehr viel schwerer hatten, ihre Ansprüche geltend zu machen und ihre Flucht zu rechtfertigen. Wiedergutmachung sollte es dahin bringen, daß jeder überlebende Flüchtling den Rest seines Lebens so gestellt war, als habe es weder Hitler noch Jahrzehnte der Emigration gegeben. Entweder war es eine Gabe, die dazu diente, historische Schuld zu tilgen, eine armselige Geste, die Dankbarkeit erzwang, oder eine arrogante bürokratische Bitte um Vergebung. In jedem Flüchtling, der – ob in Deutschland oder anderswo – seinen monatlichen Scheck erhält, bleibt so die Ambivalenz diesem Land gegenüber bis an sein Lebensende lebendig.

Viele Jahre später, 1961, entsteht mit Billy Wilders *One, Two, Three!* (Eins, Zwei, Drei) ein ebenso zynisches wie vergnügliches Portrait des Nachkriegsbündnisses zwischen Westdeutschland und den Vereinigten Staaten. Nie zuvor hat Wilder seinen meisterlichen Umgang mit der populären Kultur Amerikas und sein Gespür für die Vorläufer dieser Kultur in Berlin so glücklich verbunden. Das Durcheinander der Idiome, seit jeher charakteristisch für Wilders Arbeit, wird hier zum Mittel und Ausdruck emigrantischer Lesart von Wirtschaftswunder und deutscher Schuld. «Nikita über alles» steht auf einem Ost-Berliner Spruchband zu Beginn des Films, gefolgt von einem Schwenk in den Westsektor, wo alle Werbung kommerzieller Natur ist: «Trink Coca Cola» heißt der Fortschritt. Der Film schildert, wie ein überzeugter ostdeutscher Marxist (Horst Buchholz) und die Tochter eines amerikanischen Kapitalisten mit der Hilfe eines von dessen Angestellten (James Cagney) zusammenfinden. Wilder karikiert beide Seiten, den humorlosen Osten (Cagney zu Buchholz, dessen Hosen rutschen: «Zieh deine Hosen hoch, Spartakus!») und den amoralischen Westen (Buchholz zu Cagney: «Coca Cola-Kolonialist!»). Nachdem die Kommunisten Buchholz stundenlang mit amerikanischer Popmusik gepeinigt haben, werfen die beiden – Buchholz und Cagney – einander in kultureller Überheblichkeit die jeweiligen Unsäglichkeiten der anderen Kultur an den Kopf.

Wilder stellt die Amoralität russischer Apparatschiks und deutscher Buchhalterseelen gleichermaßen bloß. Ein für unbestechlich geltender Berliner Journalist entpuppt sich als ehemaliger SS-Offizier. Und die deutsche Krankheit ist ansteckend: «Mein Führer», sagt Cagneys Frau zu ihrem Mann. Bei der verrückten Autojagd durch das zerbombte Berlin wird manchem Emigranten unbehaglich geworden sein. Hier werden Zeugnisse ihrer Geschichte zur Slapstick-Szenerie. Seinen vielleicht sublimsten filmischen Ausdruck findet der Emigrantenhumor, seine Ironie, Respektlosigkeit und vielfältigen kulturellen Assoziationen, als Cagney den Russen in ihre Ost-Berliner Niederlassung, das Grand Hotl (dessen Neon-‹e› dunkel bleibt) Potemkin folgt. Umgeben von Wänden voll zerschlissener Teppiche wiegen sich die Volkskommissare zu «some rock'n roll», gespielt von alten Musikern im Sonntagsrock, die sich Synkopen stampfend um eine deutsche Version von «Yes, We Have No Bananas» mühen.

One, Two, Three! ist wohl eine der flottesten amerikanischen Filmkomödien, überdies ein emigrantischer Kommentar zur Nachkriegspolitik und ein letztes Vermächtnis des einstmaligen Café-Berlin, Zeugnis seiner verschmitzten Flirts mit Kommerz und Kitsch.

Doch die Frage «Was tun mit dem besiegten Deutschland?» wog gering angesichts der Probleme, vor denen die Zwangsdeportierten, die ehemaligen Insassen von Massenvernichtungslagern, standen. Die Flüchtlinge brauchten übermenschliche Reserven an Kraft und Erbarmen, um sich einen Rest von Neigung für die – wissentlich oder unwissentlich – Schuldigen zu bewahren, deren Opfer jetzt heimat- und schutzlos waren. Alle jüdischen und politischen Flüchtlinge waren sich bewußt, wie leicht auch sie zu diesen Unglücklichen hätten gehören können. Jeder Zwangsdeportierte konnte ihr Verwandter oder Zeuge des Mordes an einem ihrer Angehörigen sein. Natürlich war das allgemeine Entsetzen groß, als die Lager sich öffneten und das Blutbad, das sich in ihnen zugetragen hatte, offenbar wurde. Doch die Welt hatte anderes zu tun. Wie in den dreißiger Jahren lag das Schicksal des Ewigen Juden in den Händen von überlasteten Beamten und überforderten Emigranten. Solche, die sich sehr wohl erinnerten, wie wenig sich so einflußreiche Persönlichkeiten wie Rabbi Stephen Wise, Bernard Baruch und Walter Lippmann für Flüchtlinge eingesetzt hatten, brachten jetzt den amerikanischen Juden nicht eben viel Vertrauen entgegen. Angesichts solcher Erinnerungen und der zahlreichen politischen Meinungsverschiedenheiten mit den rechten amerikanischen Zionisten mußten die Emigranten, wenn die Entscheidung anstand, sich endgültig irgendwo niederzulassen, dreierlei berücksichtigen: ihre Verwandten und Angehörigen, sich selbst und einen zweifelhaften amerikanischen Bundesgenossen.

Nach allgemeiner Ansicht war Palästina die natürliche Heimat der zwangsdeportierten Juden. Das glaubten sogar diejenigen westlichen Intellektuellen – häufig linker Couleur –, denen die nationalistischen Tendenzen des rechten Zionismus ein Dorn im Auge waren. Eine andere Lösung schien es einfach nicht zu geben. Die Welt hatte die Lagerleute im Stich gelassen, sei es passiv, indem man es etwa versäumte, die Wege nach Auschwitz aus der Luft unpassierbar zu machen oder der Forderung der Nazis nach Fahrzeugen im Austausch gegen jüdische Leben nicht nachkam; oder sei es aktiv, als Großbritannien russischen und ungarischen Juden die Übersiedlung nach Palästina versagte, obwohl Verhandlungen Tausende jüdischer Leben hätte retten können. Es gab von alliierter Seite keinerlei Druck auf Satellitenstaaten der Nazis, ihre jüdischen Bürger zu retten, und auch der Vatikan versäumte es, katholischen Faschisten mit der Exkommunikation zu drohen. All den dringlichen Bitten und Anfragen der Emigranten-Organisationen zum Trotz (amerikanische jüdische Gruppierungen waren übrigens sehr viel zurückhaltender) hielten die Bürokraten in England und den USA während des Krieges die Befürchtungen der Flüchtlinge für hysterisch und übertrieben, auf jeden Fall wurde die Judenvernichtung, sollte sie denn wirklich stattfinden, im Moment nicht als das vordringlichste Problem angesehen.

Nach dem Krieg hatten jüdische Zwangsdeportierte – ob mit oder ohne Visum – die den Emigranten nur allzu vertrauten Schwierigkeiten mit den US-Bürokraten, und nur 137450 schafften schließlich den Sprung nach Amerika. In gewissem Sinne waren die Juden auch weiterhin abhängig von der Duldung der anderen. «Nation» seien die Juden nur in Karikaturen und Vorurteilen, konstatierte Einstein. Eine nationale Plattform oder Papiere, die als Angehörige einer jüdischen Nation auswiesen, besaßen sie nicht. Hannah Arendt, die 1945 die Sitzungen der Vereinten Nationen für den *Aufbau* beobachtete, war empört, daß den Juden eine eigene Vertretung verweigert wurde. Hitler hatte versucht, sie ein für allemal aus der Welt zu schaffen, jetzt – immer noch ohne politische Basis – schien sich ihre Weltlosigkeit zu bestätigen.

1945 forderte Einstein die Öffnung Palästinas für jüdische Einwanderer. Im selben Jahr schrieb Hannah Arendt, obwohl in aktiver Opposition zu amerikanischen Zionisten, die Emigration nach Palästina sei unverzichtbare Minimalforderung jüdischer Politik. Wie immer lief jüdische Politik über den Handel mit den Andersgläubigen. Wenn Einstein 1949 erklärte, hinter dem Britischen Mandat verberge sich eine Politik des ‹teile und herrsche›, die Juden und Araber gegeneinander aufhetze, erinnerte er zugleich daran, daß der Zionismus ursprünglich eine anti-koloniale, wenn nicht sogar anti-westliche Ideologie war. Und auf eben diese Tradition beruft sich auch Hannah Arendt: Die Dominanz des amerikanischen Judentums innerhalb der zionistischen Bewegung habe diese ihres ursprünglichen Zieles beraubt und Israel dem Lager der dritten Welt entfremdet. Mit Empörung und Verzweiflung nahm sie zur Kenntnis, daß sich 1942 auf der Konferenz im New Yorker Biltmore Hotel der palästina-zentrierte Zionismus David Ben Gurions gegen die Proteste derer durchsetzte, die diese weitere Ghettoisierung der Juden nicht wollten oder auch den Schutz des europäischen Judentums im Moment für sehr viel dringlicher hielten als die Gründung Palästinas. Für sie waren die zionistischen Revisionisten auf dem Weg, etwas ganz Praktisches – einen sicheren Hafen für jüdische Flüchtlinge – in etwas Mystisches und Philisterhaftes – ein kulturelles und religiöses Vaterland – zu verkehren. («Kommen Sie aus Überzeugung oder aus Deutschland?», witzelten die Pragmatiker über Palästina-Siedler.) Wie die Wiederaufrüstung der Bundesrepublik war auch der politische Kurs des jüdischen Staates etwas, das in den Flüchtlingen bittere, wenn auch selten geäußerte Gefühle gegenüber den USA weckte.

Einstein und Hannah Arendt waren ein seltsames Gespann – er als der berühmteste aller Juden und Befürworter einer Emigration nach Palästina, sie als die wohl eloquenteste Verfechterin einer ganz anderen jüdischen Politik. Ihr gemeinsames ideologisches Vorbild war der deutsche Zionist Kurt Blumenfeld. Und gemeinsam war ihnen auch der beißende Sarkasmus, mit dem sie das Weltjudentum bedachten.

In den dreißiger Jahren hatte sich Einstein als ein Flüchtling geäußert, dem die Verbreitung europäischer Formen des Nationalismus über Europa hinaus ganz und gar nicht gefiel. Er hielt die jüdische Tradition von sozialer Gerechtigkeit und Toleranz in Ehren und befürchtete, daß der kulturelle Brand, den Ahad Ha'am oder Judah Magnes entfachen wollten, den Judaismus gerade dieser moralischen Überlegenheit berauben würde. In einer netten Anmerkung feierte er den jüdischen wöchentlichen Ruhetag als «Segen für die ganze Menschheit» und als Teil einer Tradition, die weniger theologische als sozialistisch-humanistische Züge trage. Doch 1945 sprach aus Einstein der zionistische Aktivist. Vielleicht sah er im Augenblick keinen anderen Weg, um den Zwangsdeportierten wirksam zu helfen. Gerade hatte der britische Außenminister den Juden anempfohlen, in Europa zu bleiben, denn dort könne man auf ihren «Genius» nicht verzichten; im gleichen Atemzug warnte er sie vor allzu großem Ehrgeiz, riet ihnen, nicht «an die Spitze der Schlange» («at the head of the queue») zu streben, um nicht neuen Haß auf sich zu ziehen. Einstein blieb nicht verborgen, daß der Engländer sogar beim Versuch, Emigrationswillige zum Bleiben zu bewegen, mit seinem Antisemitismus nicht hinter dem Berg halten konnte. Wie die Juden hier in einem Atemzug er- und entmutigt wurden, nannte Einstein «die pure Ironie»: «Alles gut und schön, aber ich fürchte, sie können nicht anders. Mit ihren sechs Millionen Toten hat man sie – sehr gegen ihren Willen – an ‹die Spitze der

Schlange› expediert, an die Spitze der Naziopfer überhaupt.» Nach Emigrantenart fällt beides der Geringschätzung anheim: der Jargon und sein Unterton.

Für manche Emigranten hatte der zionistische Nationalismus einen beunruhigend teutonischen Beiklang. Nicht selten, so beobachteten sie, war Bismarck das – schlechte – Vorbild. Im militaristischen Geist der USA, so Einstein 1947, lebten auf Kosten des «Menschen, seiner Wünsche und Gedanken» Züge der Wilhelminischen Ära wieder auf – weiteres Zeichen einer unglückseligen Ähnlichkeit von deutscher und amerikanischer Wesensart. In ihren Angriffen auf den rechten Zionismus spricht Hannah Arendt von der «unkritischen Anlehnung an einen Nationalismus deutscher Couleur, der Menschen nicht in politischen Zusammenhängen definiert, sondern als biologische und nahezu übermenschliche Wesen». In ihrem Vergleich von deutscher und zionistischer Rassenpolitik mag Hannah Arendt zu weit gehen, doch läßt sich nicht leugnen, daß Theodor Herzl nach dem armenischen Völkermord gelegentlich mit den Türken verhandelte oder daß sozialistische Zionisten in den dreißiger Jahren willens waren, Geschäfte mit Deutschland zu machen, genau wie andere jüdische Führer in den vierziger Jahren Leben gegen Lastwagen einhandeln wollten. Fairerweise, sagt Hannah Arendt, müsse man dabei berücksichtigen, daß die Juden ein Volk ohne Land seien. Aber sie sah es dahin kommen, daß sich die Kompromiß-Politik der staatenlosen Juden der Politik imperialistischer Länder immer mehr anglich. Die Verwässerung und Verfälschung zionistischer Ideale war für viele Flüchtlinge schmerzlich. Hans Kohn und seine Frau hatten Palästina bereits Ende der zwanziger Jahre aus Protest gegen den wachsenden anti-arabischen Rassismus verlassen. Ein anderes Emigranten-Ehepaar beschloß 1950 die Rückkehr nach Europa, als ihre Tochter aus der Schule kam und über «diese dreckigen Araber» schimpfte.

Hannah Arendt hatte die sozialistischen Zionisten der dreißiger Jahre bewundert, nur schienen sie ihr «zu rein für die Politik». Sie betrachteten die Araber ausschließlich als wirtschaftliche Kontrahenten und versäumten es, sie als mögliche Verbündete zu gewinnen. Aber Hannah Arendt liebte die implizit politische Natur Palästinas. Dieses brachliegende, zerstörte Land bot keinerlei wirtschaftlichen Anreiz. Ihr Traum von einer Politik frei von politischen Zwängen schien wahr zu werden. In *Paradise Lost* schreibt Milton, die goldenen Äpfel Edens seien nur in Palästina gereift, alle späteren Mythen seien Lügen. Auch Hannah Arendt sah sie in diesem Land wachsen.

Wie Hannah Arendt sich die politische Entwicklung des Zionismus vorstellte, wurde 1943 offenbar, als Judah Magnes, der Leiter der Hebräischen Universität, den Vorschlag einer regionalen Föderation machte. Magnes' Schüler, darunter Hannah Arendt, Hans Kohn und Erich Fromm, hingen dem Plan Graf Bernadottes an, der eine Konföderation zwischen Arabern und Juden vorsah. Magnes' Vorstellungen scheiterten, weil sie, wie Hannah Arendt bissig bemerkt, nicht von «ökonomischer Notwendigkeit» getragen waren. Ihre Verwirklichung hatte den Verlust wohltätiger Unterstützung, ergo das Ausbleiben des amerikanischen Geldsegens bedeutet. Wieder riskiert Hannah Arendt den Vorwurf jüdischen Antisemitismus' und erklärt den Vertretern jüdisch-amerikanischer «charity» den Krieg. Sie liebte Amerika, weil es so offen war für ethnische Unterschiede. Die amerikanischen Zionisten, sagte sie, hielten es dagegen mit den Palästina-Maximalisten und forderten die jüdische Vorherrschaft auf arabischem Gebiet. Die frühe zionistische Vision einer sozialistischen Brüderschaft bedeutete den Plutokraten, die die jüdischen Gruppen in den USA finanziell unterstützten, wenig. Ohne Not keine Wohltätigkeit, und so bot denn jede militärische Aktion den amerikanischen Organisationen guten Grund, weitere Spenden und finanzielle Unterstützung zu erbitten, was Hannah Arendt, Hans Morgenthau und andere schlicht «schnorren» nannten. Hannah Arendt stand nicht allein mit ihrer Überzeugung, daß Amerikanern wie rechten Zionisten daran gelegen war, jeglicher Hoffnung auf jüdisch-arabische Aussöhnung die Grundlage zu entziehen. Eine Emigrantin, die kurzzeitig in Palästina lebte, erzählt: «Ich gehörte der Jugend-Aliyah an, ich war in den ersten Kibbuzim. Aber so hatte ich mir das nicht vorgestellt. Ich kann Ihnen gar nicht sagen, wie wütend ich bin. Ich sage schon seit Jahren, daß die verdammten Amerikaner mit ihren Wohltätigkeitsorganisationen Israel kaputtgemacht haben. Israel ist seit 1948 eine amerikanische Kolonie.»

Nicht auszuschließen, daß hier auch kulturelle Kränkung, der Zorn über die Amerikanisierung einer europäischen Vision, im Spiel ist. Doch vermutlich ist es einfach eine neue Spielart der klassischen Enttäuschung: Wenn die Revolution endlich kommt, kommt sie aus falschen Gründen, am falschen Ort und mit den falschen Akteuren. Doch zeigen solche Äußerungen auch, daß sich die Bestürzung über die Wende der zionistischen Politik nicht nur auf einige wenige Wortführer beschränkte. Ganz New York, klagte 1948 Hannah Arendt, «von der Bronx bis zur Park Avenue, von Greenwich Village bis hinüber nach Brooklyn» scheine den rechten Irgun Zvei Leumi und dessen terroristische Splittergruppe, die Stern Gang, zu unterstützen. Im selben Jahr kam Menachem Begin, ehemals Mitglied beider Gruppen, als Vertreter der «Freiheitspartei» in die USA. In der *New York Times* erschien, unterzeichnet unter anderem von Hannah Arendt und Albert Einstein, ein offener Brief, der deutlich machte, daß Begins Politik von linken Zionisten nicht mitgetragen wurde. (1946 hatte übrigens Rabbi Joachim Prinz, ehemals Berlin, jetzt New Jersey, dafür gesorgt, daß die Bilder der englischen Soldaten veröffentlicht wurden, die bei Begins Angriff auf ein Jerusalemer Hotel ums Leben gekommen waren.) Der Brief bedauerte Begins Verbindungen zu den «konservativen zionistischen Elementen» und wies darauf hin, daß Politik und Methoden der Begin-Partei – ihre Gewerkschaftsfeindlichkeit und Streikbrecherei, ihr religiöser Mystizismus und Rassenstolz – dem Nazitum nicht unverwandt seien. Gedacht war er in erster Linie als Angriff auf Begin, doch daß man zu dessen wichtigsten Bundesgenossen weniger die Konservativen allgemein, sondern explizit die Führungsspitze des amerikanischen Zionismus zählte, zeigt, daß an die Stelle der rechten Kräfte, die den Emigranten während des Exils das Leben schwergemacht hatten, nunmehr das jüdische Establishment Amerikas getreten war.

Obwohl den meisten Juden schnelle Hilfe für die Zwangsdeportierten im Moment dringlicher schien als eine «gute liberale» Beziehung zum arabischen Feind, lag für einige eine traurige Wahrheit in den Worten Judah Magnes', daß der Zionismus eine ganz neue Gruppe von Zwangsumsiedlern hervorgebracht habe. Einstein blieb zwar weiterhin ein Befürworter Israels, aber als man ihm anbot, dessen erster Präsident zu werden, lehnte er ab. Die Rettung der vielen heimatlosen Juden war ihm ein so wichtiges Anliegen, daß er seine Zweifel an der israelischen Politik zurückstellte. Viele amerikanische Juden verfolgten sein Tun mit Mißtrauen. Seine Beraterposition an der neugegründeten Brandeis-Universität – deren Namenspatron für die Interessenidentität von zionistischer und amerikanischer Politik stand – mußte er aufgeben. Einstein dachte politisch und ökonomisch. Mitte der dreißiger Jahre hatte er den Antisemitismus ein Werkzeug in den Händen derer genannt, die die Produktionsmittel kontrollierten. 1945 galt sein Angriff dem American Council of Judaism und seinem «erbärmlichen Versuch, sich Gunst und Duldung unserer Feinde» mit dem Verrat jüdischer Ideale erkauft zu haben und amerikanischer sein zu wollen als die Amerikaner. Aus ihm spricht, wie aus Hannah Arendt oder dem oben zitierten Jugend-Aliyah-Mitglied, der Zorn des Flüchtlings, der jüdische Werte rechter amerikanischer Politik zum Opfer fallen sieht. Durch seinen Vergleich des American Council of Judaism mit dem Zentralverein Deutscher Staatsbürger Jüdischen Glaubens verleiht er dem zusätzliches Gewicht.

Für viele jüdische Emigranten bestand, wie sehr ihnen das Schicksal der Zwangsdeportierten auch am Herzen lag, das wirkliche Problem darin, daß die nationalistische Politik ihnen im Grunde eine Wesensveränderung abverlangte. Viele von ihnen verstanden sich zwar nicht mehr auf den traditionsgerechten Gebrauch von Yarmulka und Matze, waren aber immer noch stolz auf ihr jüdisches Erbe. Es war das die Haltung des «non-Jewish Jew», wie Isaac Deutscher (in einem Aufsatz gleichen Titels) all diejenigen nannte, die im Namen universaler menschlicher Freiheit und Gleichheit sprachen und handelten. Nur allzu oft hatte das Mitgefühl und die Sympathie für alle anderen, nur nicht für die eigene Gruppe gegolten, wie Hannah Arendt anmerkt. Jetzt, da sich die Identität der Juden von Kämpfern für internationale Freiheit zu Kämpfern für nationale Freiheit wandelte, erschien vielen das nicht nur als geographischer, sondern auch als moralischer Rückzug. Für Max Horkheimer waren die Juden einst die ewigen Mahner des «negativen Prinzips» gewesen. Als israelische Nationalisten seien sie nunmehr selbst positiv geworden, klagt er in den siebziger Jahren. Henry Pachter sagte oft, die Rolle des «entwurzelten, kosmopolitischen Juden» habe ihm besser gefallen als die des heimatverbundenen Xenophoben.

Freuds berühmte Bemerkung, daß sich jüdische Identität nicht in religiösem Ritual oder folkloristischem Brauchtum offenbare, sondern im beständigen kritischen Widerstreben, trifft wohl die Haltung vieler Emigranten. Zum Glauben ihrer Väter zog sie nichts zurück, doch wären sie lieber gestorben, als sich von einer geistigen Gemeinschaft loszusagen, zu der eine Rosa Luxemburg ebenso gehörte wie ein Heine, wie Marx, Freud oder Einstein, und das ganz besonders, nachdem man ihre Angehörigen einzig darum vernichtet hatte, weil sie Juden waren. Wenig Probleme mit dem Zionismus hatten naturgemäß diejenigen, deren Assimilation so weit ging, daß sie sich auch amerikanischen Patriotismus zu eigen gemacht hatten.

Aber für Emigranten, die weiterhin der Vision eines – sozialistischen oder humanistischen – Internationalismus' anhingen, war die Wandlung des Ewigen Juden zum heimatbewußten, fest verwurzelten Israeli zutiefst beunruhigend. Vertrauten sie ihre Vorbehalte jüdischem Nationalismus gegenüber der Öffentlichkeit an, trug ihnen das die feindselige Verachtung anderer Juden ein. So waren sie denn jetzt im eigenen Volk, was sie früher in Europa und Amerika waren – enemy aliens. Seine häufige Kritik an der israelischen Regierung, erzählt Henry Pachter, habe ihm seitens seiner jüdisch-amerikanischen Mitherausgeber beim liberalen Magazin *Dissent* den Beinamen «der Deutsche» eingetragen.

Die Wissenschaftler und die Bombe

An Anerkennung hat es den Emigranten-Wissenschaftlern mit neunzehn Nobelpreisträgern aus ihren Reihen wahrlich nicht gefehlt. Wenn die amerikanischen Medien ins Bild setzen wollten, wie Wissenschaft und Politik einander durchdrangen, exemplifizierten sie das häufig an Emigranten, bis schließlich ein Dr. Seltsam herauskam – mit Akzent und Tic, ein Monomane und Stümper. Doch auch wenn man mit dieser Karikatur gegen ihr eigentliches Modell Henry Kissinger Punkte sammelte – sie ist unfair. Von allen Wissenschaftlern hatten Emigranten die meisten moralischen Skrupel, waren vielleicht die ersten, die das mögliche Grauen, das mit der Atombombe in die Welt kam, in vollem Umfang erkannten.

Die offizielle Rechtfertigung, derzufolge man mit der Bombe auf Hiroshima das Leben amerikanischer Soldaten retten wollte, stieß, kaum gegeben, bei vielen Emigranten-Wissenschaftlern auf Unglauben. Ihrer Meinung nach war der Abwurf einzig als Mahnung an die Adresse Moskaus gedacht. Sie vermerkten nicht nur, daß die Japaner bereits kurz vor der Kapitulation gestanden hatten, sondern zitierten später auch die Äußerung des britischen Außenministers Henry L. Stimson, die Amerikaner hätten, indem sie auf bedingungsloser Kapitulation bestanden, was die Japaner nicht akzeptieren konnten und schließlich auch akzeptieren mußten, möglicherweise den Krieg verlängert. Neben der Behandlung politischer Nonkonformisten und der Wiederbewaffnung Deutschlands trug Hiroshima entscheidend dazu bei, daß Emigranten, die einst glühende amerikanische Patrioten gewesen waren, ihre Illusionen verloren. Bei einigen Wissenschaftlern dauerte es eine Weile, bis sie zu einem moralischen Urteil fanden. Erst 1948 tat J. Robert Oppenheimer seine berühmte Äußerung, daß Wissenschaftler in ihrer unreflektierten Freude am Experiment nunmehr auf sehr wirkliche Weise die Sünde kennengelernt hätten. Emigranten durchschauten die Dinge schneller. Sie waren sozusagen in vorderster Front am atomaren Forschungsprogramm beteiligt gewesen, und so gehörten nach dem Krieg etliche von ihnen zu den kundigsten und wortgewaltigsten Gegnern der Atomwaffe. Oft geriet die Diskussion zur internen Auseinandersetzung der Flüchtlinge untereinander. (Auch der erste literarische Versuch, der – gleichwohl indirekt – die Verantwortung des Wissenschaftlers im Atomzeitalter untersucht, stammt von einem Emigranten. Brechts amerikanische Version des *Galilei* sollte der Schuld eines Berufsstandes nachspüren, die den italienischen Physiker mit den Forschern des Manhattan-

Projektes verband: Im Banne institutioneller Macht waren die Wissenschaftler dem Bösen begegnet.)

Diese Männer wandten sich gegen die offizielle Politik und verließen sich dabei auf das amerikanische Prinzip, nach dem auf die Petition die Abhilfe des Übels folgt. Ihre Aktionen waren getragen vom Vertrauen des frischgebackenen Staatsbürgers und überdies von einer sanften Verbindlichkeit, wie man sie sonst kaum von den Emigranten kannte. Oft genossen emigrantische Akademiker bei den Amerikanern den Ruf, arrogant und unzugänglich zu sein, doch Männer wie Einstein, Leo Szilard und Hans Bethe waren bekannt für ihre Bescheidenheit und Ansprechbarkeit. Während viele Flüchtlinge ihre amerikanischen Gastgeber mit ihrem ständigen «Bei uns» (ist alles besser) verletzten, lobten die Naturwissenschaftler die Arbeitsbedingungen in den USA. Ohne die Demokratisierung der Physik, so glaubten sie, wären die Kriegsanstrengungen weit hinter dem Erreichten zurückgeblieben. Diese Erfahrung beeinflußte auch ihre Entscheidung, sich der politischen Methoden ihres Gastlandes zu bedienen, wenn sie sich gegen die amerikanische Regierung wandten. Keine andere Berufsgruppe unter den Flüchtlingen tat es ihnen an politischem Pflichtgefühl gleich, aber keine andere Gruppe trug auch eine solche Last.

Die Rolle, die Albert Einstein in der Geschichte der Atombombe spielte, ist verblüffend. 1939 gewann Leo Szilard den wohl meistgefeierten lebenden Wissenschaftler für die Unterschrift unter den berühmten Brief an Präsident Roosevelt, in dem die Unterzeichner eine Ausweitung der Atomforschung forderten, um den Anstrengungen der Nazis auf diesem Gebiet zu begegnen. Bei ihrem ersten Zusammentreffen überraschte Szilard Einstein mit der Aussicht auf eine atomare Kettenreaktion, doch dieser hat sich immer von deren Folgen distanziert: «Ich betrachte mich nicht als Vater der Freisetzung von Atomenergie.» Tatsächlich war Einstein während des Krieges der Zugang zu den Forschungslaboratorien verwehrt. Wie wir sehen werden, galt er angesichts seiner politischen Geschichte als Sicherheitsrisiko! Schon vor Hiroshima hatte Einstein zur Zurückhaltung beim Gebrauch von Atomenergie gemahnt. Im März 1945 unterzeichneten er und Leo Szilard einen weiteren Brief an Roosevelt, dieses Mal warnten sie vor einem künftigen Wettrüsten. Einen Monat später starb Roosevelt, und falls Einsteins Warnung dessen Nachfolger Truman je erreichte, hinderte sie ihn nicht daran, den Befehl zum Bombenabwurf auf Hiroshima und Nagasaki zu geben. Zwei Monate nach dem Bombenabwurf schrieb Einstein zusammen mit Thomas Mann und einigen sehr angesehenen Amerikanern einen offenen Brief, der mit der Klage begann, die Bombe habe all «unsere ererbten, altmodischen politischen Ideen» zunichte gemacht und im weiteren an den Aufruf Roosevelts erinnert, eine «Wissenschaft der menschlichen Beziehungen» zu schaffen, um den Frieden zwischen den Völkern voranzutreiben.

Im Mai 1945 wurde Einstein Vorsitzender des Emergency Committee of Atomic Scientists, zu dessen Mitgliedern auch Szilard, Hans Bethe und Linus Pauling gehörten. Für den Rest seines Lebens blieb er davon überzeugt, daß militärische Probleme übernational gelöst werden müssen. Sein Traum war eine Regierung für die ganze Welt. Heute, angesichts mindestens dreier internationaler Konflikte, mutet uns diese Vorstellung blauäugig oder auch suspekt an, doch während der Nachkriegszeit war sie ungeheuer populär. Eine Zeitlang hingen ihr sogar die Physiker Eugene Paul Wigner und Edward Teller an. Verglichen mit der dringenden Notwendigkeit, den Atomkrieg zu ächten und unmöglich zu machen, hielten Einstein und andere Gleichgesinnte die politischen und ideologischen Auseinandersetzungen zwischen Ost und West für Kindergezänk.

Rechte und Sowjetgegner waren da natürlich anderer Meinung. Ein Leitartikel der New Yorker *Herald Tribune* sprach den Wissenschaftlern Kompetenz und Berechtigung zu solchem Urteil ab. Gleichzeitig widersetzte sich die Sowjetunion jeglicher wissenschaftlicher Zusammenarbeit mit dem Westen. Eine gegenseitige Teilnahme an Projekten, wie sie der Baruch-Plan vorsah, lehnte sie ab und nannte den Vorschlag einen imperialistischen Betrug. Bei vielen Amerikanern galt Einstein als Roter, doch auch von seiten sowjetischer Wissenschaftler traf ihn scharfe Kritik. Eine Weltregierung, sagten sie, liefe per definitionem der Identität eines kommunistischen Systems zuwider. Die russischen Wissenschaftler verurteilten jede Methode, die nicht die Ideologie ihrer Regierung reflektiere – Anhänger des «marxistischen» Wissenschaftlers Trofim D. Lysenko bekrittelten die undialektische Natur des «bourgeoisen Einsteinismus». Eins zeigen Einsteins Nachkriegserfahrungen sehr deutlich: Wissenschaft und Politik waren in der Tat nicht mehr voneinander zu trennen.

Leo Szilard machte sehr früh die Erfahrung, daß seine Art, Physik zu betreiben, großer Geschicklichkeit im Geldauftreiben bedurfte und überdies Techniken der Öffentlichkeitsarbeit, wie sie bisher nur dem Unternehmer angestanden hatten. 1922 kam der gebürtige Ungar nach Berlin und bewies später jene nüchterne, mit-mir-nicht-Sensibilität, die diese Stadt auszeichnete. Wo andere Mut und Stärke sahen, sah er Gelegenheit und Glück, wo andere dem Genius huldigten, vertraute er dem gesunden Menschenverstand. Und etwa so sah der lakonische Bericht seiner Flucht aus Deutschland aus: An einem Aprilmorgen des Jahres 1933 gelang es ihm, Berlin in einem leeren Zug zu verlassen. Als derselbe Zug am nächsten Tag die Stadt verließ, drängten sich darin so viele flüchtende Juden, daß die Nazis den Zug an der Grenze anhielten und die Reisenden verhörten. Mit seiner Flucht, so Szilard, habe er nichts als Glück gehabt. Doch diese Lektion wurde zur Lebensmaxime: «Willst du Erfolg haben auf dieser Welt, brauchst du nicht cleverer zu sein als andere, du mußt ihnen nur um einen Tag zuvorkommen.»

Eine Zeitlang lebte er unerkannt und ohne Angst in London. Drei Stunden weichte er morgens in der Badewanne seines Hotels und schuf sich so die sinnlich-abstrakte Atmosphäre, die der sinnlichen Abstraktheit seiner Physik zuträglich war. 1934, kaum zwei Jahre, nachdem die Entdeckung des Neutrons es den Physikern ermöglichte, den Atomkern zu analysieren, wußte er bereits so viel über das mögliche Verhalten von Atomen, daß er die Gesetze einer Kettenreaktion zum Patent anmeldete. 1937 übersiedelte er in die Vereinigten Staaten und «verbummelte» dort die erste Zeit, bis das Münchener Abkommen Tatendrang in ihm weckte. 1939 führte er mit Walter Zinn von der Columbia-Fakultät ein Experiment durch, das, so auch der Titel des Berichts, die «Instantaneous Emission of Fast Neutrons in the Interaction of Slow Neutrons with Uranium» bewies – mit anderen Worten, die Konstruktion einer Nuklearwaffe war möglich geworden.

Ähnliche Forschungsunternehmen beschäftigten auch die Wissenschaftler in Europa. Als der Franzose Frédéric Joliot-Curie beschloß, die Ergebnisse seiner Arbeit zu veröffentlichen, bat ihn Szilard, die Sache noch einmal zu überdenken und seine Kenntnisse nicht über die englische, französische und amerikanische Physiker-Familie hinausgelangen zu lassen. Er fürchtete, daß sich die Nazis dieser Informationen bedienen könnten – und das mit schrecklichen Folgen. (David Jorovsky glaubt, daß Szilards Bitte unbewußt auch das Bestreben zugrunde lag, «die hermetische Tradition hochgesonnener Gelehrter» nach Art des Isaac Newton wiederzubeleben. Wenn dem so war, wird Szilard baldigst bemerkt haben, daß das siebzehnte Jahrhundert endgültig der Vergangenheit angehörte.) Als Joliot-Curie die geplante Publikation seines Aufsatzes gleichwohl vorantrieb, verfaßte ein verzweifelter Szilard den besagten Brief, den auch Einstein unterzeichnete und in dem er Roosevelt beschwor, Mittel für die Atomforschung zur Verfügung zu stellen.

Bis die Amerikaner sich dazu entschlossen, dauerte es noch eine Weile. Für den Augenblick blieb die Nuklearforschung weitgehend eine Domäne der Emigranten. Als Neulinge in diesem Land wollten sie ihrem Gast- und Arbeitgeber nicht dadurch zu nahe treten, daß sie ihm seine Politik vorschrieben. Weder er noch sein Kollege Enrico Fermi seien seinerzeit amerikanische Staatsbürger gewesen, schrieb Szilard später, und da auch die Naturalisierung ihres Kollegen Eugene Paul Wigner erst allerjüngsten Datums gewesen sei, habe die Uraniumforschung ein halbes Jahr auf der Stelle getreten. Um weiterzukommen, war Szilard bereit, für ein Jahresgehalt von nur viertausend Dollar Mitglied der Columbia-Fakultät zu werden. 1942 wurde das Manhattan-Projekt einschließlich Szilards an die Universität von Chicago verlegt. Hier erfreute sich Szilard der Freundschaft des Universitätspräsidenten Robert M. Hutchins und war bewegt vom Beispiel dieses Mannes, der sich vom Isolationisten zum überzeugten Verfechter einer Weltregierung wandelte.

Die Nuklearforschung lag Szilard als Mittel gegen die Nazis am Herzen. Das Wissen um die nuklearen Kapazitäten der Vereinigten Staaten, so glaubte er, könnte auf Deutschland eine abschreckende Wirkung haben. Doch als Deutschlands Niederlage sich abzeichnete, begann Szilard sich zu fragen, «wofür wir jetzt eigentlich noch arbeiten». Obwohl die Aussicht auf einen tatsächlichen Einsatz von Atomwaffen viele seiner Emigranten-Kollegen genauso erschreckten wie ihn, hielt er ein Gespräch mit den einschlägig verantwortlichen amerikanischen Entscheidungsträgern für sinnlos. Das galt für Vannevar Bush, den Leiter des Office of Scientific Research and Development genauso wie für James B. Conant, den Vorsitzenden des National Defense Research Committee und besonders auch für Major General Leslie R. Groves, dem sämtliche Aktivitäten der Armee im Zusammenhang mit dem Manhattan-Projekt unterstanden. Und so faßte er im März 1945 den Entschluß, sich noch einmal direkt an Roosevelt zu wenden und schrieb zusammen mit Einstein jenen Brief, der den sterbenden Präsidenten vielleicht gar nicht mehr erreichte.

Wie so viele Emigranten hatte auch Szilard möglicherweise übertriebene Vorstellungen von Roosevelts moralischer Statur. Doch ohne Roosevelt, befürchtete er, konnten die militärischen Führer völlig unkontrolliert schalten und walten. Außer sich vor Sorge bei dem Gedanken an einen nuklearen Holocaust wandte er sich an James F. Byrnes, damals ein einflußreicher Privatmann, später Außenminister unter Truman. Szilard warnte vor dem Einsatz von Nuklearwaffen einzig zu Renommierzwecken und plädierte dringlich für Geheimhaltung. Doch Byrnes war der festen Überzeugung, daß die Sowjets eine Lektion verdienten. Bahnten sie sich nicht gerade raubend und plündernd ihren Weg durch Rumänien und Ungarn? Möglich, daß aus Szilard der Internationalist sprach, für den es darum ging, eine nukleare Konfrontation um jeden Preis zu vermeiden; möglich auch, daß es der Jude war, der wußte, daß Rumänen und Ungarn sich bereitwillig am Vollzug der Endlösung beteiligt hatten – wie dem auch sei, der gebürtige Ungar teilte Byrnes mit, daß er in diesem Augenblick «nicht bereit» sei, sich Sorgen um die Geschehnisse in Ungarn zu machen. Er appellierte an Byrnes Vaterlandsliebe und malte ihm die möglichen furchtbaren Folgen auch für die USA aus. Byrnes blieb hart und die Sowjets hatten ihre Lektion zu gewärtigen.

Als Szilard Byrnes' Haus verließ, fiel er in eine tiefe Depression und haderte mit den Zufälligkeiten und Launen seines Geschicks: «Um wieviel besser stünde die Welt doch da, dachte ich bei mir, wäre ich in Amerika geboren und hätte es hier zu politischem Einfluß gebracht, und wäre Byrnes Ungar und hätte Physik studiert. Dann gäbe es jetzt wahrscheinlich weder die Atombombe noch die Gefahr eines Wettrüstens zwischen Amerika und Rußland.» In gnadenloser Selbstkritik machte er Byrnes und sich selbst für die Exzesse verantwortlich, für die sie mit ihren jeweiligen Obsessionen die Möglichkeit geschaffen hatten.

Szilard gab nicht auf. Byrnes' Argumenten für einen Einsatz der Bombe blieb er weiterhin verschlossen, doch änderte sich seine Einstellung zur Geheimhaltung ihres Vorhandenseins. Ein öffentlicher Test der Bombe schien ihm der einzig mögliche Weg, ihre Existenz zu beweisen. Im Juni 1945 legte der aus Deutschland stammende Physiker James Franck, Nobelpreisträger und Szilards Kollege in Chicago, einen Bericht vor, in dem er vor jedem militärischen Einsatz eine öffentliche Demonstration der Bombe verlangte. Wie Szilard und Einstein sah auch er die furchtbare Gefahr eines Wettrüstens und forderte Amerika und die Sowjetunion eindringlich zu einvernehmlicher Rüstungsbeschränkung auf. Doch er fand wenig Gehör.

Die Unterstützung seiner Emigranten-Kollegen und mehr noch die Lektüre der amerikanischen Verfassung gaben Szilard Kraft. In einem Versuch, Fehler der Vergangenheit wiedergutzumachen, verfaßte er eine Petition an den amerikanischen Präsidenten, deren öffentlicher Charakter dem Geheimnis, das die Bombe umgab, von selbst ein Ende machen würde. Zwar gab es in der Armee-Führung heftigen Widerstand gegen diese Aktion, doch Szilard blieb fest: «Das Recht auf Petition ist in der Verfassung verankert, und jeder naturalisierte Amerikaner muß diese Verfassung kennen, bevor er amerikanischer Staatsbürger werden darf.»

Alle führenden Physiker des Chicagoer A-Bomben-Projektes und viele der führenden Biologen unterschrieben Szilards Petition, doch die Chemiker des Projektes verweigerten ihre Unterschrift mit dem Argument, daß man vielleicht mehr Leben retten könne, wenn man den Krieg mit Hilfe der Bombe ein für allemal beende. Ihre Versuche, Wichtigkeiten vernünftig und sachlich gegeneinander abzuwägen, klang Szilard wie ein unangenehmes Echo jenes Nützlichkeitsdenkens in den Ohren, dessen er sich aus Deutschland erinnerte. Die Chemiker ließen sich nicht zum Überdenken ihres Entschlusses bewegen.

Szilard entdeckte noch weitere Parallelen zwischen diesem Land und seinen Feinden. «Wenn unsere Luftwaffe japanische Städte trifft, bedient sie sich derselben Kriegführungsmethoden, die die amerikanische Öffentlichkeit nur wenige Jahre zuvor bei den Deutschen verurteilte», heißt es in seiner Petition vom 3. Juli. Einen Tag später vergleicht er in einem Brief an die Gruppenleiter des Chicago-Projektes die moralische Entscheidung, vor der sie standen, mit der Schuld jener Deutschen, die Hitler zwar verabscheut, aber gleichwohl geschwiegen hatten. Daß die Deutschen jetzt versuchten, sich ihrer Schuld zu entledigen, findet er schändlich: Daß «ihr Protest sinnlos gewesen wäre», könne man als Entschuldigung kaum gelten lassen. Und wir, fährt Szilard fort, die wir allenfalls das Mißfallen einiger Militärbosse riskieren, können uns aus unserer «Verantwortung» dem amerikanischen Volk gegenüber nicht entlassen. Die Demokratie zu schützen heißt handeln, und in diesem Land der freien Entscheidung ist es einzig an uns, intelligent zu entscheiden.

Nach dem Krieg erfuhr Szilard, daß die Armee eine Gesetzesvorlage zur Atomkraft durch den Kongreß peitschen wollte, ohne die Öffentlichkeit über deren wahre Natur zu informieren. Wieder einmal wurden den Amerikanern die Tatsachen vorenthalten. «Ich war damals außer mir», schrieb er. Robert Hutchins half ihm, Kontakt zur Chicagoer Presse aufzunehmen, und der einstige wissenschaftliche Geheimniskrämer ging mit Vehemenz an die Öffentlichkeit, vertrat seine Position zunächst in der Presse, dann zweimal vor dem Kongreß. Es zahlte sich aus: «Die Vorlage hat den Sitzungssaal des Repräsentantenhauses nie erreicht.» Wie ein geläuterter Faust blieb Szilard zeitlebens ein außerordentlicher Gegner jener Waffen, zu deren Existenz er mit seiner Forschung entscheidend beigetragen hatte.

Hans Bethe hatte Deutschland Anfang der dreißiger Jahre verlassen, um zunächst in England, dann in den USA zu arbeiten. Das war noch zu jener Zeit, als man besuchsweise nach Deutschland zurückkehren konnte. Als Bethe das 1935, nach nur kurzer Abwesenheit tat, fand er Deutschland bereits «gespenstisch», so schnell hatte er sich an die eher entspannte, informelle Lebensart anderer Länder gewöhnt. Seine lange und glückliche Karriere in den USA – als Nobelpreisträger für Physik und der vielleicht einflußreichste Physiklehrer seiner Generation – verdankt er wohl einer genialen Begabung, die ihn hier schnell heimisch werden ließ. Wie andere Emigranten-Gelehrte – etwa der Soziologe Paul Lazarsfeld und der Psychologe Kurt Lewin –, die als Gelehrte und Administratoren gleichermaßen befähigt waren, entsprach auch

Bethe so gar nicht dem Bild des isolierten, unzufriedenen Emigranten, wie es in der Öffentlichkeit vorherrschte.

Als sein Vorbild zitiert Bethe gerne Enrico Fermi, den er schon aus Italien kannte. In dessen Wortschatz, so Bethe, «existierte das Wort Förmlichkeit nicht». Bethe übernahm von Fermi eine «Leichtigkeit des Umgangs», die ihm gemäßer war als die be- und unterdrückenden Rituale der deutschen Hochschule. Mit Erstaunen hörte der englische Physiker Freeman Dyson, wie englische Studenten Bethe mit «Hans» ansprachen. Das war nicht die Art, wie man in Cambridge oder Heidelberg miteinander umging. Doch gerade diese Offenheit jüngeren Kollegen gegenüber, zu der gelegentlich auch die Anrede mit Vornamen gehörte, fand Bethe, habe ihm während des Krieges innovativeres Arbeiten mit seinem Team ermöglicht, als das in Deutschland je denkbar gewesen wäre, wo der Vorgesetzte, mag er auch noch so sehr irren, vor jeder kritischen Herausforderung gefeit ist.

Während Bethe der populäre «gute Physiker» war, stand Edward Teller am entgegengesetzten Ende der Popularitätsskala. Beide Männer kannten sich aus München und hatten sich in den USA wieder getroffen. Die Beziehung zwischen ihnen änderte sich mit den Jahren, zuweilen hatte sie Ähnlichkeit mit der zwischen Paul Lazarsfeld und Theodor W. Adorno: Ein expansiver amerikanisierter Geist geriet in Konflikt mit dem herausfordernden Trotz eines Europäers. Wo Bethe – wie Lazarsfeld – demokratischen Optimismus versprühte, legte Teller, wie Adorno, elitäre, wenn nicht gar hermetische Tendenzen an den Tag und fand bestimmte Amerikanismen gefährlich und banal. Doch dann überwogen, allen politischen Divergenzen zum Trotz, wieder die Gemeinsamkeiten.

Zunächst setzten Bethe und Teller ihre europäische Freundschaft fort. Unter der Woche teilten sie sich ein Labor, und am Wochenende kletterten sie zusammen mit ihren Frauen gemeinsam auf Berge. Ihre Schwierigkeiten begannen in Los Alamos. Bethe wurde zum Leiter der theoretischen Abteilung ernannt (er war damals siebenunddreißig Jahre alt), obwohl Teller (fünfunddreißig Jahre alt) als Dienstälterer diese Position für sich beanspruchte. Teller fand, daß Bethe die Abteilung «überorganisierte», was heißen konnte, daß er entweder zu deutsch (d.h. zwanghaft genau) war oder zu amerikanisch (d.h. von verschwommener Breite). Bethe bemerkte dazu bescheiden, daß sein vielleicht etwas «schwerfälliges, aber stetiges Vorgehen» den «überfruchtbaren» Kreativitätsexplosionen vorzuziehen sei. Auch Teller also entweder zu amerikanisch (ein lästiger Jüngling) oder zu deutsch (ein frühreifer Virtuose).

Aus Furcht vor einer sowjetischen Bedrohung nach dem Krieg begann Teller an der Entwicklung einer Superwaffe zu arbeiten, die die Kommunisten in Zaum halten sollte. Bethes Interessen waren zu dieser Zeit weniger kriegerisch. Er trat der Federation of American Scientists bei, einer Organisation, die sich für eine internationale Kontrolle der Forschung und des weiteren Schicksals von Forschungsergebnissen einsetzte. Wie Leo Szilard und James Franck hielt auch Bethe nichts von Geheimhaltung. Zusammen mit Ko-Autor Frederick Seitz widersprach er in einer Flugschrift (Überschrift: «One World or None») Vannevar Bush und General Groves und behauptete, innerhalb von drei Jahren würden die Sowjets – Geheimhaltung hin oder her – ohnehin aufgeholt haben. Tatsächlich wurde die erste sowjetische Bombe 1949 gezündet. (Die Halsstarrigkeit der amerikanischen Autoritäten angesichts der Warnungen von «durchweg jüngeren Männern», daß die Sowjetunion in Kürze über eine eigene Atombombe verfügen würde, kommentierte Szilard trocken: «Dies ist ein typischer Fall von ‹Jugend setzt sich nicht durch›.»)

Für Teller stand fest, daß die Sowjets der Todfeind wären. Wie viele andere Emigranten wurde auch Teller Kindheitserinnerungen nicht los, in seinem Fall die an die Soldaten des kurzlebigen kommunistischen Regimes Bela Kuns, die in der Budapester Wohnung seiner Familie einquartiert waren. Teller sprach und handelte oft, als sei die USA die letzte Bastion der Freiheit und als sei einzig das Pentagon in der Lage, eine Gulagisierung der westlichen Welt zu verhindern. Selten waren Kindheitsängste so übermächtig. Ein ähnlich fanatischer Antikommunist war John von Neumann, ebenfalls ungarischer Flüchtling. Von ihm, der als Mathematiker am Los Alamos-Projekt beteiligt war, wird berichtet, er habe sich in späteren Jahren für einen nuklearen Präventiv-Schlag gegen die Sowjetunion eingesetzt.

Bethe mag seine Zweifel gehabt haben, aber Teller konnte sehr mitreißend sein in seinen Appellen, die Nuklearforschung unvermindert fortzusetzen. Eine Zeitlang versuchte Frau Bethe, seinen Zauber zu brechen. Bereits 1939 bat sie ihren Mann, die Mitarbeit am A-Bomben-Projekt zu verweigern. Jetzt, zehn Jahre später, drängte Teller darauf, die Arbeit an einer noch schrecklicheren Waffe – seiner geliebten «super», der Wasserstoffbombe, aufzunehmen. Wieder erhob Frau Bethe Einspruch: «Das kannst Du nicht wollen.» Sie teilte Szilards Auffassung von den Pflichten eines Wissenschaftlers, und Tellers Vorhaben erschien ihr einfach «unverantwortlich». Drei Flüchtlinge schafften es schließlich, Bethe zur Ablehnung von Tellers Angebot zu bewegen: seine Frau und zwei Physiker des Los Alamos-Teams, Victor F. Weisskopf und George Placzek. Letzterer war bereits in Cornell Bethes Mitarbeiter gewesen. (Auch 1980 noch erklärte Weisskopf öffentlich, daß «die Reduktion und schließlich der völlige Abbau von Atomwaffen Vorrang vor allem anderen» haben müsse. Zwei Jahre später traf er als Abgesandter des Papstes mit Präsident Reagan zusammen und plädierte ein weiteres Mal für nukleare Abrüstung. Auf die Reporterfrage, ob er den Papst bekehrt habe, gab Weisskopf die typische Emigranten-Antwort: «Der Papst erhält seine Inspirationen von Gott, nicht von einem Wiener Juden.»)

Widerstand gegen die H-Bombe war zur Flüchtlingsangelegenheit geworden, wurde in deutschsprachigen Kreisen vorangetrieben, diskutiert und in die Tat umgesetzt. Doch Teller war fest davon überzeugt, daß auch der Amerikaner J. Robert Oppenheimer Bethe beeinflußt hatte. Das gab seinen feindlichen Gefühlen für den Amerikaner neue Nahrung, dessen dürre, knochige Erscheinung nicht nur optisch das Gegenteil des untersetzten, leidenschaftlichen und aufbrausenden Teller war. Für kurze Zeit folgte Bethe seiner Frau und seinen Freunden und unterstützte eine Ächtung der H-Bomben-Forschung. Doch als Teller, inzwischen Leiter von Los Alamos, in den Jahren zwischen 1949 und 1951 die Bombe zusammen mit dem polnischen Emigranten Stanislaw Ulam schließlich doch entwickelte, kehrte er, überzeugt, daß Geschichte irreversibel sei, von Februar bis Dezember 1951 nach Los

Alamos zurück. «Rückblickend bezweifle ich, daß es technisch machbar war», sagt er heute. Wieder zogen die sowjetischen Wissenschaftler innerhalb von drei Jahren gleich. Bethe glaubt, daß man in den USA ebenso schnell aufgeholt hätte, hätte man abgewartet, ob die Sowjets vorbeiziehen würden.

Doch Bethe stand im Kampf gegen Teller nicht mehr an der Seite der Szilards, Einsteins und Francks. Schon bald entzündete sich ein neuer Konflikt, und zwar wieder einmal, wie schon im Streit um die H-Bombe, an J. Robert Oppenheimer. 1952 erhielt Teller sein eigenes Labor, das Lawrence Livermore National Laboratory in Kalifornien. Er war inzwischen zum wohl berühmtesten Befürworter von Nuklearwaffen, zum «Vater der H-Bombe» geworden (für Bethe war Ulam der Vater und Teller die Mutter der Bombe, «denn er war mit dem Baby lange schwanger gegangen».) Teller und sein blinder Eifer leisteten der Regierung im Prozeß gegen Bethes Freund Oppenheimer gute Dienste.

Im Dezember 1953 wurde Oppenheimer formell der Unloyalität angeklagt, da er sich der Atombombenforschung widersetzt habe, eine Anklage, die man später fallen ließ und die in der Tat in Widerspruch steht zu seinem Bekenntnis von 1948, daß ihn, wenn überhaupt irgend etwas, diese Forschung – und das wohl zu sehr – begeistert habe. Des weiteren warf man ihm vor, einen linken Freund gedeckt zu haben. Leo Szilard bemerkte treffend, daß das Ausland diesen Versuch, den Schöpfer und sein Produkt auseinanderzudividieren, wohl als «Zeichen von Wahnsinn» werten würde, «was es wahrscheinlich auch ist». Bethe erschreckte diese Flucht von Antikommunismus, in der sein Freund zu ertrinken drohte: «Nach dem, was ich in Deutschland erlebt hatte, war ich keineswegs sicher, wie weit der McCarthyismus gehen würde. Es hätte sehr wohl auch zu einer Verfolgung von Liberalen ganz allgemein und ganz ohne Verbindung zum Kommunismus kommen können.» Vor den Anhörungen im Kongreß statteten Bethe und seine Frau Teller einen Besuch ab und baten ihn inständig, Zeugnis zu Oppenheimers Gunsten, «oder wenigstens nicht gegen ihn» abzulegen, aber Teller «ließ sich nicht erweichen». Seine Zeugenaussage hat Ähnlichkeit mit Marc Antons Lob der ehrenwerten Männer. «Ich bin immer davon ausgegangen und gehe auch jetzt davon aus, daß Oppenheimer den Vereinigten Staaten loyal gegenübersteht. Davon bin ich überzeugt und werde es solange bleiben, bis ich den stichhaltigen Beweis des Gegenteils habe.» Aus politischen Gründen, so Teller, sehe er keinen Grund, Oppenheimers Unbedenklichkeit in Abrede zu stellen, doch wenn es um die Klugheit und Urteilsfähigkeit ginge, die sein Handeln seit 1948 geleitet hätten, «dann, würde ich sagen, ist es klüger, die Unbedenklichkeit nicht zu bescheinigen». Nach dieser Zeugenaussage, berichtet Bethe, habe Teller Oppenheimer die Hand geschüttelt und gesagt: «Es tut mir leid.» Populär gesprochen, obsiegte der «Vater der H-Bombe» über den «Vater der A-Bombe». 1954 schrieb Bethe einen zornigen Artikel über den Oppenheimer-Prozeß. Er wurde von der Regierung sofort unter Verschluß genommen und der Öffentlichkeit bis 1982 vorenthalten. In diesem Artikel erklärt Bethe, daß das Los Alamos-Projekt nicht unter der politischen Opposition Oppenheimers gelitten habe, sondern unter Tellers Fehlkalkulationen.

An der Sache Oppenheimer zerbrach die Freundschaft zwischen Bethe und Teller endgültig. An Teller blieb für alle Zeit das Odium haften, Werkzeug von Oppenheimers Fall gewesen zu sein. Bei dessen Beerdigung hielt Bethe eine leidenschaftliche Laudatio. (Teller führte Feindschaften auch nach dem Tod seiner Widersacher fort. Erst kürzlich erzählte er wieder die Geschichte, daß sich Einstein nach dem Abwurf der Hiroshima-Bombe gewünscht habe, «Klempner geworden zu sein». Einsteins Nachlaßverwalter Otto Nathan dementierte dieses Vorkommnis und fügte hinzu: «Ich habe Grund zu der Annahme, daß man das Herrn Dr. Teller auch schon früher gesagt hat.»

Im Laufe der fünfziger Jahre stiegen Teller und Bethe noch ein weiteres Mal gegeneinander in den Ring. Bethe war für ein Verbot von Atombombenversuchen und befand sich damit auf einer Linie mit dem Außenministerium (unter John Foster Dulles) und seinen ehemaligen Kollegen im Los Alamos-Projekt. Teller und die Angehörigen seines Livermore-Labors waren Gegner des Verbots und teilten diese Einstellung mit dem Verteidigungsministerium. 1959 trafen beide Wissenschaftler in einem Hearing des Joint Congressional Committee on Atomic Energy aufeinander. «Teller hinterließ einen starken Eindruck. Ich hatte ein sehr unerfreuliches Hearing», erinnert sich Bethe. Schließlich erschienen beide als Sprecher der feindlichen Lager in den *Headline Series,* einer Publikation, die an amerikanischen High Schools zirkulierte, als stünden die zwei Emigranten für die Pole, zwischen denen sich die wissenschaftliche Diskussion in den USA abspielte.

Bethe schaffte es, bis weit in die sechziger Jahre hinein Ansprechpartner des Establishments zu bleiben, obwohl er dessen Militärpolitik in Frage stellte. Er gehörte dem wissenschaftlichen Beirat des Präsidenten an und machte keinen Hehl daraus, daß er ein Raketenabwehrsystem für Geldverschwendung hielt; so ein System zu unterlaufen koste weniger als das System selbst. Dem immer noch stramm anti-sowjetischen Teller blieb das populäre Image des militaristischen Wissenschaftlers.

Doch oft wächst mit den Jahren Gras über Streit und Hader, besonders wenn die Streitenden in schweren und großen Zeiten den Weg nach oben gemeinsam zurückgelegt haben. Über die Fähigkeit von Rechten und Linken wieder zusammenzufinden, sich letztlich doch einander verpflichtet zu fühlen, haben sich viele Emigranten Gedanken gemacht. Die Konflikte der fünfziger und sechziger Jahre, sagt Bethe, haben «ihre Dringlichkeit verloren, und andere sind an ihre Stelle getreten». Im Mai 1979, nach dem öffentlichen Entsetzensschrei angesichts des nuklearen Zwischenfalls von Three Mile Island trat Edward Teller noch einmal vor den Kongreß, um den Kernkraftreaktoren ein Höchstmaß an Sicherheit zu bescheinigen und auf die Vorteile der Atomenergie hinzuweisen. Unterstützt wurde der einundsiebzigjährige Teller unter anderem vom siebenundsiebzigjährigen Eugene Paul Wigner und dem dreiundsiebzigjährigen Hans Bethe. Die Emigranten waren zu den großen alten Männern der amerikanischen Wissenschaft geworden. Für viele war die Kernenergie ein Irrweg und hatte sich überlebt, für die alten Männer bewahrte sie Glanz und Frische eines Traums.

Erst undeutsch, dann unamerikanisch

Der Krieg, sagt Hannah Arendt, hinterließ mit den Flüchtlingen, die von ihren Feinden in Konzentrationslager gesperrt und von ihren Freunden interniert worden waren, einen neuen Menschenschlag. Ein populärer Kriegsmythos wollte wissen, daß man nach Hitlers Niederlage zur Tagesordnung eines normalen Lebens würde zurückkehren können. Naivere Gemüter glaubten das, die anderen wußten, daß ihnen, besonders in den Vereinigten Staaten, viele Feinde geblieben waren, die alle nur darauf warteten, den Flüchtlingen ihre unorthodoxe Politik heimzuzahlen. Der Krieg ging zu Ende, und radikale Emigranten waren kaum weniger verwundbar als zuvor.

Da war zum Beispiel László Moholy-Nagy, seit 1937 in den Vereinigten Staaten und seit jenem Jahr Präsident des Institute of Design (das ursprünglich New Bauhaus hieß) des Illinois Institute of Technologie. 1945 beantragte er die amerikanische Staatsbürgerschaft. Am 28. Juli forderte ihn die Einwanderungs- und Einbürgerungsbehörde auf, sein Einvernehmen mit dem Führer einer ungarischen antifaschistischen Gruppe zu bekunden. Im November bestritt er jegliche Teilnahme an der ungarischen Revolution von 1919: Daß er «Bomben auf nicht-kommunistische ungarische Menschen» geworfen habe, seien «wilde Geschichten», die jeglichen Wahrheitsgehalts entbehrten. Im Februar 1946 schrieb er dem stellvertretenden Außenminister William Benton: «Obwohl ich nun seit fast neun Jahren in diesem Land lebe, werden mein Einbürgerungsantrag und der meiner Frau mit einer unverständlichen Langsamkeit verhandelt.» Das Problem war, so argwöhnte er, seine Beteiligung am Democratic Hungarian-American Council, und also wies er mit Nachdruck darauf hin, daß «ich als Künstler besondere politische Neigungen nie hatte» und daß seine Arbeit für die Organisation mit dem Krieg ihr Ende gefunden habe. Mithin entschuldigte er sich dafür, den Krieg gegen Hitler unterstützt zu haben, und die Behörden geruhten schließlich, seine Entschuldigung zu akzeptieren: Sieben Monate vor seinem Tod erhielt er die amerikanische Staatsbürgerschaft.

Die Emigranten mußten plötzlich feststellen, daß ein langer und entscheidender Abschnitt ihres Lebens mit Argwohn betrachtet wurde. In der Nachkriegszeit wurde «frühzeitiger Antifaschismus» zur euphemistischen Umschreibung für Kommunismus. Aber wann war Antifaschismus für einen Emigranten je frühzeitig gewesen? «Unamerikanisch» schien insbesondere das nicht-Amerikanische zu meinen, ohne daß die Naturalisierung daran etwas änderte. Und als wollte man die Berechtigung solcher Benennung unter Beweis stellen, suchte man nach dem Krieg die «Verräter» besonders gern in den Reihen der Flüchtlinge. «Die Zeitungen witterten überall Verschwörung», erinnert sich ein Drehbuchautor, und wie in den dreißiger Jahren «war Konspiration natürlich gleichbedeutend damit, daß die Fremden ihre Hand im Spiel hatten». 1950 wurde der erste Nachkriegsspion entlarvt. Es war Klaus Fuchs, ein aus Deutschland stammender britischer Wissenschaftler, der am Manhattan-Projekt mitgearbeitet und Atom-Geheimnisse an die Sowjetunion übermittelt hatte. (Jüngere Erkenntnisse gehen dahin, daß auch «Sonya», Fuchs' Agentenführerin in Großbritannien, eine Emigrantin war, in Wirklichkeit Ruth Kaczynska hieß und aus Berlin stammte.) Drei Jahre zuvor war das Komitee für unamerikanische Aktivitäten wiederauferstanden und hatte als erste Zeugen Gerhardt Eisler und seine Schwester Ruth Fischer vernommen. Da die radikalen Emigranten in den Medien allgegenwärtig waren, hatten andere Flüchtlinge Angst, gleich ihnen als Spione und Verräter zu gelten, und viele sahen sich bereits wieder ihre Sachen packen.

Einige Jahre zuvor, 1941, hatte Vannevar Bush, Leiter des Office of Scientific Research and Development, geschrieben, daß die Teilnahme Albert Einsteins an der Nuklearforschung «hier in Washington angesichts der Einstellung derer, die mit seiner ganzen Geschichte vertraut sind» wohl ausgeschlossen sei. Solche Formulierungen wie «seine ganze Geschichte» signalisierte den Emigranten, daß Gefahr im Verzuge war. Das ganze Leben der Emigranten schien sich neuer Interpretation unterwerfen lassen zu müssen. Was sich zehn, zwanzig Jahre zuvor begeben hatte, wurde von neuen Feinden der Vergangenheit entrissen, und das zunehmend auf eine Weise, als sei die alte Garde noch am Werk. Während seiner Aussage vor dem Komitee erinnerte Bertolt Brecht daran, daß er als zwanzigjähriger Bänkelsänger zum erstenmal Ziel von Nazi-Angriffen geworden war. Erst fünfzehn Jahre später konnte man ihn dann auch mit Verbannung bestrafen. Und jetzt waren es die Amerikaner, die Brecht und seinen Mitarbeiter Hanns Eisler für Lieder zur Rechenschaft zogen, die sie vor zwanzig Jahren geschrieben hatten. Nichts war vergangen, nichts wurde vergessen. In Deutschland hatte man Brecht und seine Freunde – Sozialisten wie Christen – seinerzeit als *undeutsch* verfemt, doch was ihnen jetzt in «unamerikanisch» an «Undeutschem» entgegenklang, nahm ihnen den Atem.

Die gleichen Epitheta, die Radikalen in Deutschland angehangen hatten, taten es auch hier. Wieder war «Verräter» gemeint, wenn «intellektuell» und «kosmopolitisch» gesagt wurde. Als der Kongreßabgeordnete Conde McGinley, ein Konservativer aus New Jersey, den «roten Rabbi» Joachim Prinz angriff, wußte er auch anzumerken, daß dieser wie Einstein aus Deutschland habe fliehen müssen, weil der Regierung ihr Radikalismus mißfallen habe (wobei er die besondere Natur dieser Regierung mit keinem Wort erwähnte). Ein Seitenhieb galt auch der «hochtrabenden» professoralen Redeweise des Rabbi. McGinley war Sprecher einer extremistischen Gruppe von «native white Christians». Der Weg von diesem ignoranten Wüten bis zum *Congressional Record* schien lang, doch auch letzterer enthielt Angriffe auf «Rote» wie Thomas Mann und Albert Einstein. Nicht nur die Filmregisseure, die «images» schufen, oder die Kulturkritiker, die sie entschlüsselten, sondern auch die anderen Flüchtlinge hatten gelernt, diese Bilder zu lesen. Jeder intelligente Flüchtling kannte die neuen Töne und Untertöne, die signalisierten, daß es Zeit wurde zur Flucht. Wie hätten sie nicht beunruhigt sein sollen?

Während der sogenannten McCarthy-Ära (die in Wirklichkeit schon einige Jahre alt war, als der Senator aus Wisconsin die politische Bühne betrat) mußten die Flüchtlinge erleben, daß auch ihre amerikanischen Freunde eben wegen ihrer freundschaftlichen Verbindung zu ihnen unter Beobachtung standen. Einige ihrer engsten Verbündeten mußten sich jetzt unamerikanischer Aktivitäten zeihen lassen. Dorothy Thompson, die journalistische Fürsprecherin der Emigranten, hatte den Deutschen Hermann

Budzislawski zu ihrem Assistenten gemacht. Als Kommunist war er Herausgeber der *Neuen Weltbühne* gewesen (sein Vorgänger war Willi Schlamm, der später zum Redaktionsstab von Time-Life gehörte und ein spiritus rector der *National Review* war). Budzislawski blieb seiner politischen Überzeugung treu. Nach dem Krieg kehrte er nach Europa zurück und ließ sich in der DDR nieder. Dorothy Thompson fühlte sich betrogen und sang fürderhin mit im Chor jener Journalisten, die der öffentlichen Bloßstellung solcher irrender Roter das Wort redeten.

Charlie Chaplin war schon fast einer der ihren. Die stummen Bilder seiner Filme schienen etwas von ihrer Hilflosigkeit und Überlebenslist zu erzählen. In Hollywood umgab er sich mit Leuten wie Brecht, Hanns Eisler, Lion Feuchtwanger und Thomas Mann; sogar mit Einstein war er zusammengetroffen. Die Mehrzahl der Amerikaner mochte den beiden – Chaplin und Einstein – mit ihrer zerknitterten Unförmlichkeit Sympathien entgegenbringen, denen, die Humanismus für ein kommunistisches Komplott hielten, mußten sie um so sinistrer erscheinen.

Die beste Freundin, die zugleich auch Persönlichkeit des öffentlichen Lebens war, hatten die Emigranten in Eleanor Roosevelt. Sie nahm persönlichen Anteil am Wohlergehen der Emigranten, nahm an Konferenzen teil und beantwortete ihre Briefe. Als Einstein 1941 gegen die Einwanderungsbeschränkungen protestieren wollte – «ein Wall von bürokratischen Maßnahmen, die angeblich notwendig sind, um Amerika vor subversiven, gefährlichen Elementen zu schützen», schrieb er an sie, weil er erkannt hatte, daß sie die Meinung des politischen Establishments nicht teilte. Zehn Jahre später bot ihm übrigens Mrs. Roosevelts Fernsehsendung Rahmen und Gelegenheit zu einem öffentlichen Angriff auf Senator McCarthy und seine Mitstreiter.

Daß Mrs. Roosevelt so offen und vorbehaltlos «ausländische Radikale» unterstützte, versuchten sich die Feinde beider natürlich zunutze zu machen. Nachdem Mrs. Roosevelt die Rassenpolitik des Kongreßabgeordneten John Rankins in der Presse angegriffen hatte, spielte dieser Erzverfechter der Rassentrennung – derselbe, der einst dem amerikanischen Volk geraten hatte, «diesem Burschen Einstein auf die Schliche zu kommen» – ganz gezielt auf ihre Freundschaft mit Hanns Eisler an, gegen den gerade eine Untersuchung durch das Komitee für unamerikanische Aktivitäten lief. In der image-besessenen Welt der amerikanischen Rechten waren die Flüchtlinge und Mrs. Roosevelt Kinder eines Geistes. Ende der vierziger Jahre äußerte Thomas Mann privat die Befürchtung, daß öffentliches Eintreten für die Politik Roosevelts bereits reiche, um jemanden als Kommunisten zu brandmarken. Ähnlich suspekt war es, wenn man Mrs. Roosevelt gegenüber Loyalität bekundete.

Die Nachkriegszeit war gekennzeichnet durch viele verwirrende Stimmungsänderungen. Einige Jahre lang schien es kein Verbrechen zu sein, wenn Flüchtlinge mit Kommunisten paktierten, da sich die Kommunisten öffentlich als Patrioten verstanden. Während des Krieges standen sie hinter Roosevelt. 1945 sprach Thomas Mann von Gerüchten, wonach der Zweite Weltkrieg nicht mehr als eine Generalprobe für den Kampf gegen Rußland sein sollte. Das Kriegsbündnis zerbrach so rasch, als sei der gemeinsame Widerstand gegen den Faschismus nicht mehr als eine flüchtige Einbildung gewesen. Daß die Amerikaner bei der Sowjetunion ihre Schulden einforderten und in allem, was die Atombombe anging, strikte Geheimhaltung wahrten, stieß die Sowjets vor den Kopf, die ihr Opfer von zwanzig Millionen Menschen schlecht vergolten sahen. (Auf der anderen Seite waren Konservative der Meinung, die Sowjets hätten nur allzu sehr vom Krieg profitiert: Um sich gegen einen Westen zu schützen, den sie nach wie vor als monolithische Bedrohung ihres sozialen Systems ansahen, blieben sie als bestimmende Macht in allen von ihnen besetzten Ländern präsent.) Die politischen Wortschöpfungen der Nachkriegszeit wie «Eiserner Vorhang» oder «Satellitenstaaten» ähnelten fatal jener vertrauten Sprache, wie sie mit Kriegsvorbereitungen einhergeht.

Nach all den Jahren, in denen sie sich für die Amerikaner unentbehrlich gemacht hatten, wollten die Emigranten nicht wieder in die Rolle einer ungeliebten Kassandra schlüpfen. Aber wie sollten sie nicht Unheil ahnen, wenn dem jüngst geschlagenen Feind mehr Rücksicht zuteil wurde als dem ehemaligen Bundesgenossen? Der Leiter der Visumstelle des Außenministeriums verlautbarte 1948, anders als bei Kommunisten bereite es ihm bei ehemaligen Nazis keinerlei Schwierigkeiten, sie ins Land zu lassen, denn diese hätten ja nicht den Sturz *unserer* Regierung im Sinn. Lange Zeit hatten Antikommunisten ihr Visum gleichsam automatisch in der Tasche, obwohl jedermann wußte, daß in Mittel- und Osteuropa die fanatischsten Antikommunisten unweigerlich auch Faschisten gewesen waren. Genauso beunruhigend wie die Vorstellung, daß in diesem Land unbehelligt und mit gutem Auskommen Nazi-Kriegsverbrecher lebten, war die Möglichkeit von Konzentrationslagern für Linke, für die der Emergency Detention Act die Voraussetzungen schuf. Hierzu konnten Berliner Schnauze und Galgenhumor nicht schweigen: Die Regierung, witzelte man, halte nunmehr nach erfahrenen Lageraufsehern Ausschau.

Der politische Diskurs der amerikanischen Konservativen wurde zunehmend hysterisch. 1946 kam es in den USA zu einer Welle von Streiks. Sogar die ängstliche Kommunistische Partei konnte ihre Anhänger nicht länger zurückhalten. In vielen Gewerkschaften hatten Linke das Ruder ergriffen. Es ist unglaublich aber wahr: Manch ein Konservativer hielt diese Arbeiter allen Ernstes für die fünfte Kolonne der sowjetischen Armee. Zu denjenigen Politikern, die die wiedererwachte Feindschaft gegenüber Linken ausbeuteten, gehörten Liberale wie Hubert Horatio Humphrey, der gerade die Minneapolis-Trotzkisten zerschlagen hatte, und Präsident Truman, der 1947 den Loyalitätseid institutionalisierte. Das Problem für die Flüchtlinge waren nicht die unloyalen Handlungen – die Bürokratie hatte die Revolutionäre unter ihnen längst ausgesiebt –, vielmehr wurde ihnen klar, daß sie in einem Land lebten, wo sie nie ganz sie selbst sein durften. Jeder Satz, jedes Bild wurde verzerrt und umgedeutet: Opposition gegen die Hexenjäger im Kongreß war unamerikanisch, Sinn und Berechtigung der Loyalitätseide anzuzweifeln war unloyal, sich auf die Verfassung zu berufen war Verrat.

Das House Committee on Un-American Activities (HUAC) war seit 1938 nicht mehr aktiv gewesen. Sein «Comeback» hatte es 1947, und seine ersten Ermittlungen waren gegen Hollywood-Linke gerichtet – ein Vorstoß sehr ins Periphere, sollte man meinen. «Swimmingpool-Revolutionäre», erboste sich ein alter Marxist. «Können Sie sich vorstellen, was das für Zellen und Schulungsgruppen gewesen sein müssen?» Der Emigrant und Drehbuchautor Vladimir Pozner bemerkte trocken: «Das war wohl das erstemal, daß in Zusammenhang mit amerikanischen Filmen von Ideen die Rede war.» Doch sogar seine Feinde mußten jetzt zugeben, daß das HUAC etwas mehr war als erfolgreiches Theater: Es war der Versuch einer rituellen Säuberung mittels Beunruhigung der Öffentlichkeit und persönlichem Ruin. Die HUAC-Mitglieder teilten mit Hitler und Stalin die Überzeugung, daß die Kunst politisch korrekt zu sein habe. Mehr Kinder ihrer Zeit oder zumindest weniger befangen in traditionellen Kulturformen nahmen sie zuerst die Filmemacher und nicht die Schriftsteller und bildenden Künstler aufs Korn. Aber wieder war es die altbekannte Kontrolle der Bilder und ‹images›. Und die Durchforstung der image-Industrie begann – dies ist eine der tiefsten Ironien in der an Ironien überreichen Geschichte der Emigration – bei einer Flüchtlingsfamilie.

Die Geschwister Eisler – Elfrieda (alias Ruth Fischer), Gerhardt und Hanns – waren im Grunde von Amerika denkbar unberührt geblieben. Trotz ihrer amerikanischen Berufe – Ruth war Sozialarbeiterin gewesen, Hanns war ein erfolgreicher Filmkomponist – waren sie immer noch in die Politik einer anderen Zeit und eines anderen Landes verstrickt. Gerhardt Eisler war Kommunist und Parteimitglied der ersten Stunde. Seine Schwester, streitsüchtig seit jeher, war einst als «rote Ruth» bekannt gewesen, hatte sich aber inzwischen zur unerbittlichen Antikommunistin gewandelt. In den frühen vierziger Jahren stand sie als eine Art Streikposten vor den Versammlungsräumen der emigrantischen Linken und verteilte Flugblätter, die vor der kommunistischen Gefahr warnten. 1947 hatte sie es immerhin dahin gebracht, daß das New Yorker *Journal-American* sie interviewte; ein Jahr später erschien bei Havard University Press ihre Studie über den deutschen Kommunismus.

Hier spielte sich in aller Öffentlichkeit ein Familienroman ab, dessen kultureller und historischer Hintergrund dem amerikanischen Publikum unverständlich bleiben mußte. Mit ihrem Bruder Gerhardt sprach Ruth seit vielen Jahren nicht mehr, und auch zu Hanns hatte sie seit einiger Zeit alle Verbindungen abgebrochen. Am 6. Februar teilte sie dem Ausschuß für unamerikanische Aktivitäten mit, daß die Ereignisse sie zwängen, gegen Gerhardt auszusagen. Ihren antistalinistischen Prinzipien zuliebe kündigte sie ihrer Familie jegliche Loyalität auf. Der russische Geheimdienst, so behauptete sie, sei überall, und eine zentrale Rolle spiele dabei ihr Bruder Gerhardt, «der perfekte Terroristentyp», ein Mann, der «sein Kind, seine Schwester, seinen besten Freund» bedenkenlos Stalin überantworten würde. Aber sie, Ruth, war gewitzter als er: Seit sie von seiner Ankunft in den USA wußte, arbeitete sie auf seine Enttarnung hin. 1944 schrieb sie Hanns, falls er und Gerhardt planten, sie umzubringen, sollten sie wissen, daß sie sich von drei Ärzten habe untersuchen lassen, so daß ihr plötzliches Ableben Verdacht erregen würde, und daß Kopien dieses Briefes an «andere deutsche Einwanderer» gingen.

Vor dem Ausschuß schließlich rasselte Ruth eine Reihe von Beschuldigungen herunter, etliche davon ganz eindeutig unwahr, einige nichts weiter als eine erneute Darstellung von Konflikten, die die Emigrantengruppen seit Jahren spalteten. Sie machte ihren Bruder verantwortlich für den Tod von Nikolaj Bucharin, als ob seine Zeugenaussage noch irgend etwas hätte ändern können, nachdem Stalin Bucharins Säuberung einmal angeordnet hatte. Sie mußte zwar zugestehen, daß Gerhardt im französischen Konzentrationslager bei Gurs interniert gewesen war, jedoch als «Repräsentant der kommunistischen Komintern», wie sie mit Nachdruck betonte, und nicht als «Antifaschist» – zu jener Zeit eine Unterscheidung, die keinen Unterschied machte. Immerhin besaß Ruth den Anstand, ihren Bruder nicht des «vorzeitigen Antifaschismus» zu beschuldigen. Und als sie ihn anklagte, am Transfer deutscher Kommunistinnen aus russischen Arbeitslagern ins Lubliner Gefängnis und von da in das berüchtigte Frauenlager bei Ravensbrück beteiligt gewesen zu sein, erinnerte sie an eine der schändlichsten Folgen des Molotow-von Ribbentrop-Paktes. Dieser Verrat an kommunistischen Flüchtlingen gehört mit zum Schlimmsten, was Stalin getan hat, war eine Absage an das innerste Wesen des Kommunismus, an den Geist internationaler Brüderlichkeit und Solidarität. Da Gerhardt für Ruth die Verkörperung des Komintern war, machte sie ihn persönlich für Stalins Verbrechen verantwortlich.

Gerhardt selbst war einen Tag zuvor vor dem Ausschuß erschienen. Er hatte sich ebenso geschwätzig gezeigt wie seine Schwester, wenn auch in Verteidigung seiner eigenen Prinzipien. Mit raffinierter Hartnäckigkeit weigerte er sich zunächst, überhaupt in den Zeugenstand zu treten, dann den Eid abzulegen. Der die Untersuchung leitende Robert Stripling beschwerte sich beim Ausschußvorsitzenden J. Parnell Thomas. Aber Gerhardt ließ sich nicht beeindrucken: «Ich habe jetzt das Wort.» Der Vorsitzende forderte ihn auf, sich zu setzen und daran zu denken, daß er schließlich Gast der Nation sei. «Ich werde nicht als Gast behandelt», antwortete Eisler. «Ich bin ein politischer Gefangener der Vereinigten Staaten.» (Man hatte ihm tatsächlich nicht erlaubt, das Land zu verlassen.) Und er fügte hinzu: «Sie werden mich nicht vereidigen, bevor ich Ihnen nicht einige Dinge gesagt habe.» Der Kongreßabgeordnete schlug vor, es bei einer Verurteilung wegen ungebührlichen Betragens zu belassen, und wurde dabei von seinem Kollegen John Rankin unterstützt. Solche Chuzpe hatten HUAC-Zeugen selten.

Aber das Komitee war mit der Familie Eisler noch nicht fertig. Am 29. September 1947 wurde Hanns vorgeladen. Er vertrat sozusagen den Radikalismus Hollywoods und bat darum, ihm unter seinen Kollegen in der Filmindustrie keine Sonderstellung einzuräumen. Während der Untersuchung, in der es vornehmlich um seine Kunst und seine politischen Ansichten ging, suchte Hanns sein Heil im Angriff. Er beschuldigte das Komitee, ihn in den Schmutz gezogen zu haben, und forderte für sich das Recht, Zeugen befragen zu dürfen, ein Privileg, das man kürzlich Howard Hughes zugestanden hatte. Als das abgelehnt wurde, berief er sich auf seine Reputation: Er sei, das könne er wohl sagen, Komponist «von internationalem Rang». In einer anrührenden Hommage an seinen Lehrer beschreibt er sich als «Schüler des berühmten Komponisten Arnold Schönberg» (schade, daß wir nicht wissen, wie Schönberg auf diesen politischen Einsatz seines Namens reagiert hat). Hanns Eisler betrachtete sich nicht als Kommunist, auch wenn er einmal Mitglied der kommunistischen Partei hatte werden wollen: «Ich bin kein Held, ich bin Komponist.» Ihm zugeschriebene Angriffe auf Stalin leugnete er, so sehr war ihm daran gelegen, kein «Feigling» zu sein, und so wenig interessierte es ihn, sich seine Inquisitoren gewogen zu machen.

Als nächstes nahm das Komitee Auftreten und Gestik Eislers unter die Lupe. Es gab an die dreißig Fotografien von ihm, die ihn mit kommunistischem Gruß zeigten. Man forderte ihn auf, den Gruß jetzt und hier zu wiederholen. Eisler kam dem nach und fügte, eher listig als aufrichtig, hinzu, das sei eine antifaschistische Geste. Als nächstes befragte man ihn zu Hammer, Sichel und Violinschlüssel auf dem Kopf einer Ankündigung der Workers Music League. Eisler erteilte den Kongreßleuten eine Lektion über den Einsatz von Musik in der Politik: «Lieder können den Faschismus nicht besiegen, aber sie sind notwendig.» Als Stripling einwandte, Eisler sei doch der «musikalische Karl Marx des Kommunismus», wehrte Eisler ab: «Mir wäre geschmeichelt.»

Man warf ihm vor, «die Zerstörung der Kunst» – Titel eines seiner Essays – betrieben zu haben, worauf er antwortete: «Nein, ich habe die Kunst nicht zerstört. Hier kritisieren sie mich zu Unrecht. Ich habe vielmehr darüber gesprochen – ich denke, sie werden keine Mühe haben, die Stelle zu finden –, wie der Faschismus die Kunst zerstört hat.» Eisler bedauerte, daß seine Kompositionen dem Komitee nicht zusagten, und empfahl den Kongreßleuten in offensichtlicher Verachtung für die amerikanische Populärkultur, sich alternativ an den augenblicklichen Hit «Open the Door, Richard» zu halten.

Nach der Befragung zu seiner amerikanischen Vergangenheit wühlte man in seiner deutschen Geschichte. Hatten Bertolt Brecht und Eisler nicht Lieder gegen den Rassismus und für das Recht der Frau auf Abtreibung geschrieben? Der Kongreßabgeordnete John McDowell war außer sich: Dergleichen sei schlimmer als jede Obszönität und im zivilisierten Gespräch nicht mehr zu verhandeln. Eisler darauf: «Sie gelten allgemein als große Dichtung.» Wieder einmal verschmolzen Politik, Kunst und Moral. Die Amerikaner formulierten ihre Anklagen kaum anders als die Nazis. Als derselbe McDowell fragte, ob das Komitee Eisler wirklich verleumdet habe, entgegnete dieser, dessen «fantastische Pressekampagne» hätte jeden «Vollblutkünstler» in Wut versetzt. Rankin nahm das Komitee sogleich in Schutz und eröffnete den Angriff auf Eislers Lieder, «diesen Unflat». Mit großartigem Gleichmut parierte Eisler: «Ich weiß nicht, Mr. Rankin, wie vertraut Sie mit amerikanischer Dichtung sind.» Darauf Rankin: «Amerikanische was?» «Dichtung», sagte Eisler. «Dichtung», wiederholte Rankin. «Und amerikanischer Literatur», fuhr Eisler fort und betonte, daß sein Werk kein amerikanisches sei: «All das wurde auf deutsch geschrieben ... und ich sage noch einmal, es ist große Dichtung.» Der kulturelle Schlagabtausch wurde vollends zur Farce, als Rankin, der fanatischste Verfechter der Rassentrennung im Kongreß, Vertrautheit mit amerikanischer und englischer Dichtung «allgemein» für sich in Anspruch nahm. Und jeder, so teilte Rankin Eisler mit, «der mir weiszumachen versucht, daß dieser Unflat Dichtung ist, schließt sich selbst aus den Reihen der amerikanischen Dichter aus, die das amerikanische Volk jemals als solche anerkannt hat.» Später am Nachmittag brachte Rankin dann noch Eleanor Roosevelt, die sich gerade sehr scharf gegen Reaktionäre aus dem Süden geäußert hatte, mit solchen Meistern »kommunistischer Infiltration» wie Hanns Eisler in Verbindung.

Die Erklärung, die Eisler vor dem Komitee nicht verlesen durfte, erschien ein Jahr später als «Fantasia in G-Men» in einer linken österreichischen Zeitung. In seinem Artikel spielt er auf das Conradsche Problem der Treue an, das sich in den verwirrenden Enthüllungen seiner Schwester gestellt habe. Er stand voll und ganz hinter seinem Bruder: «Hält das Komitee etwa Bruderliebe für unamerikanisch?» Eisler wußte, daß die plumpe Attacke auf die progressive Kunst der Kunst mehr schaden würde als der Politik. Wie Leo Szilard berief er sich auf die amerikanische Verfassung. Rankin und McDowell, schrieb er, seien die Vorboten einer «verfassungswidrigen und hysterischen politischen Zensur. Es ist schrecklich sich auszumalen, was aus der amerikanischen Kunst wird, wenn das Komitee darüber richten soll, was amerikanische und was unamerikanische Kunst ist.»

Als Stripling ihn zu seinem kurzen Aufenthalt in der Sowjetunion befragte, erklärte Eisler an einer Stelle des Verhörs: «Wir sind Flüchtlinge. Wir kleben zusammen. Ungeachtet politischer Überzeugungen... Wir kleben zusammen.» Daß er sich des Präsens bediente, war angemessen. Trotz all seiner Hollywood-Erfolge war Eisler über den unsicheren Status eines Flüchtlings nie hinausgelangt. Und wie die Ironie es wollte, drohte man Hanns Eisler, der bleiben wollte, mit Deportation, während man Gerhardt, der nur fort wollte, zu Gefängnis verurteilte. Er wurde allerdings auf Kaution wieder entlassen. Nachdem so international bekannte und einflußreiche Persönlichkeiten wie Charlie Chaplin, Heinrich und Thomas Mann sowie Albert Einstein den Generalstaatsanwalt in einer Petition aufgefordert hatten, das Deportationsverfahren niederzuschlagen, und nach einem großen Wohltätigkeitskonzert zu seinen Gunsten in New York City, konnten Hanns Eisler und seine Frau das Land auf weniger demütigende Weise verlassen, in «freiwilliger Deportation», d. h. mit selbstbezahlter Fahrkarte. Der geschicktere Gerhardt ließ Kaution Kaution sein und verschwand als blinder Passagier auf einem polnischen Schiff, der *Batory*. Die Eislers und die amerikanische Populärkultur konnten zusammen nicht kommen. Die Schlagzeile einer New Yorker Zeitung mag die Stelle eines abschließenden Kommentars zu dieser unglücklichen Liaison einnehmen: «Red sails in the sunset».

Fünf Wochen nach Hanns Eisler stand sein früherer Mitarbeiter Bertolt Brecht dem Komitee Rede und Antwort. Brecht, der die meiste Zeit in Hollywood damit vergeuden mußte, Schreibaufträgen nachzulaufen, wurde jetzt zum schattenhaften Komplizen der berühmteren Drehbuchautoren, der elfte Mann der «Unfriendly Ten» Hollywoods (von denen Billy Wilder sagte, daß zwei von ihnen begabt waren, die übrigen nur «unfriendly»). Da seine amerikanische Karriere sogar nach den mikroskopischen Ermittlungen des HUAC nichts hergab, konzentrierte man sich auf seine europäischen Aktivitäten. Wieder machten sich amerikanische Konservative daran, die Strafe zu vollziehen, um die die Nazis betrogen worden waren.

Jeder Emigrant in Hollywood wußte, wo Brecht stand, und wie Salka Viertel waren alle überrascht, als er bestritt, ein Kommunist zu sein. Parteimitglied war er in der Tat nie gewesen, aber um trotzdem zu seinen radikalen Neigungen zu stehen, fehlte ihm die Courage Hanns Eislers. Brecht hatte beschlossen, sich als freundlicher Zeuge zu zeigen, und brach so aus der Reihe der Hollywood-Zehn aus, die übereingekommen waren, Fragen, die auf andere Linke abzielten, nicht zu beantworten. Heute wissen wir, daß sein Auftritt in allen Einzelheiten sorgfältig geprobt war, bis hin zur Zigarre, die man ihm zu rauchen geraten hatte, weil auch der Ausschußvorsitzende J. Parnell Thomas Zigarrenraucher war. Hermann Budzislawski, der Assistent Dorothy Thompsons, bereitete Brecht auf die Untersuchung vor. Beide Männer vermuteten, daß auch im Verhör Brechts die Arbeit in Europa eine Rolle spielen würde. Sie wählten daher die Taktik, auf den Sinnverlust in den englischen Übersetzungen zu verweisen. Nicht nur die dichterische Qualität sei verlorengegangen, sagte Brecht, sondern auch die Botschaft selbst. Das war, angesichts der Geschichte der Emigration, ein glänzender Witz. Wann hatte sich sprachliches Unvermögen je zugunsten eines Flüchtlingsschriftstellers ausgewirkt?

Elsa Lanchester erinnert sich, daß Brecht von einem Dolmetscher begleitet wurde, dessen Akzent noch schlimmer war als Brechts eigene Augsburger Version. Und da saßen diese beiden Männer nun und korrigierten eine Übersetzung von *Die Maß-nahme*, eine Adaption eines alten japanischen No-Stückes. Brecht hatte dieses antifaschistische Stück 1930 geschrieben. Das verwirrte die Kongreßleute, die man instruiert hatte, der Kampf gegen den Faschismus habe 1923 begonnen. Schon das Thema des Stückes ist verwirrend genug: Es erzählt von einem jungen Kader-Mitglied, das Selbstmord begeht; der junge Mann hatte erkannt, daß sein unabhängiges Verhalten den Interessen seiner Partei geschadet hatte. Seine Genossen begleiten ihn «zärtlich» in seinen Tod. (Man kann das Stück verstehen als Veranschaulichung der Gefahren, die der Gruppensolidarität durch Individualismus drohen. Statt solch stringenten Stalinismus zu rechtfertigen, wechselt Brecht einfach das Stück und beschreibt die *Ja-Sager*, wo es friedlicher zugeht.) Um das Verständnis eines schwierigen Stücks noch weiter zu erschweren, verwies Brecht auf Übersetzungsfehler: «Das ist nicht richtig, nein. Das ist nicht die Bedeutung. Das ist wirklich nicht sehr schön, aber darüber spreche ich auch gar nicht.» Als man ihn über die revolutionäre Zielsetzung der Zeile «You must be ready to take over» befragte, konterte er, die richtige Übersetzung müsse lauten «You must take the lead.» Er mußte die Kongreß-leute darüber belehren, wie antifaschistischer Protest auszusehen hatte: er habe für Arbeiter jeglicher Couleur, «sogar für Katholiken», geschrieben (diesen letzten Zusatz verstanden die Kongreßabgeordneten natürlich nicht, da es in Amerika die Tradition starker christlicher Gewerkschaften nicht gab).

Brecht brachte es fertig, zwar wahrheitsgemäß, aber unvollständig zu antworten. Er sei kein Kommunist, sagte er, und verschwieg, daß er gleichwohl ein überzeugter Mitläufer war. Seine Wertschätzung für den Marxismus äußert er höchst intellektuell. Mehr gab er nicht preis, und das Komitee hakte nicht nach. Obwohl der Vorsitzende Brecht nicht die Zeit einräumte, sein vorbereitetes Statement zu verlesen – «Es ist eine sehr interessante Schilderung deutschen Lebens, gehört aber nicht in diese Untersuchung» – entwaffnete ihn die Kooperationsbereitschaft des Stückeschreibers derart, daß er Stripling davon abhielt, weiter in Brechts Vergangenheit zu graben: «An Werken, die er vor der Niederlage Deutschlands oder seiner Regierung geschrieben hat, sind wir nicht interessiert.» Als Brecht den Zeugenstand verließ, befand der Vorsitzende Thomas ihn lobend einen beispielhaften Zeugen.

Als Gast der Vereinigten Staaten habe er sich in keiner Weise dieses Land betreffend, auch nicht literarisch betätigt, erklärte Brecht. Doch in seiner unverlesenen «Anrede an den Kongreß für unamerikanische Betätigungen» griff er die amerikanische Treibjagd auf Kommunisten unverhohlen an. Er benutzt die Rekapitulation seiner vergangenen Kämpfe, um auf «die Verbindung zwischen den reaktionären Einschränkungen auf dem kulturellen Gebiet und dem endgültigen Anschlag auf das physische Leben des Volkes selbst» zu verweisen. Und während er sich um ein eindeutiges Bekenntnis zur kommunistischen Partei herumdrückt, bringt er schließlich doch genug Courage auf, um «ein paar Worte über amerikanische Angelegenheiten zu äußern». Zurückschauend auf seine Erfahrungen in Deutschland warnt er in dieser unverlesenen Erklärung, «daß das große amerikanische Volk viel verlieren und viel riskieren würde, wenn es irgend jemandem erlaubte, den freien Wettbewerb der Ideen auf kulturellem Gebiet einzuschränken oder gegen die Kunst einzuschreiten», ein prophetischer Satz, denkt man an die Schwierigkeiten, die er später mit den Zensoren der DDR hatte.

Noch am Abend des Verhörs verließ Brecht die USA. Wieland Herzfelde erinnert sich, daß der Stückeschreiber so nervös war, daß Herzfelde und Ruth Berlau ihm die Koffer packen mußten. Anläßlich der Nachricht über weitere Verhaftungen schreibt er 1950 in Deutschland «Wir Neunzehn», einen kurzen Erinnerungstext an diese Untersuchung und gedenkt der Schriftsteller, Filmregisseure und Schauspieler, die damals gleich ihm vor das Komitee zitiert wurden. Es ist mit seinem Witz und dem freizügigen Umgang mit Fakten ein typischer Brecht-Text. Was man bei diesen Untersuchungen wirklich zu befürchten habe, schreibt er, sei nicht das Gefängnis, sondern die Arbeitslosigkeit, «im Land des Dollars» «eine kalte Hinrichtung». Ihn selber habe einzig gerettet, «daß er nicht Amerikaner war». Seine amerikanischen Kollegen hatten sich auf ihre verfassungsmäßigen Rechte berufen und auf bestimmte Fragen die Antwort verweigert, er war gezwungen zu antworten. Die Amerikaner hatten mehr Freiheit als er, aber auch weniger: «Ihre Achtung für die Verfassung bezeugend, wurden sie wegen Verachtung des Kongresses zu Gefängnis verurteilt… Meine amerikanischen Kollegen waren geschützt.» Mythisch, respektlos und sehr deutsch erinnert er daran, daß die Verfassung der Vereinigten Staaten von Amerika zu einer Zeit geschrieben worden sei, «wo die Göttin der Freiheit noch Öl auf ihrer Lampe hatte und nicht in ihrem Gesicht». Darin, daß er als Emigrant des Schutzes der Verfassung entbehrte, irrte Brecht, und er irrte auch darin, daß die Hollywood-Zehn in ihrer Mehrheit keine Kommunisten waren. So bleibt dieses letzte Bild, das er von den USA zeichnete, denn klug und unausgewogen zugleich.

Eisler und Brecht waren die Starflüchtlinge des Komitees, aber sie waren nicht die einzigen Hollywood-Emigranten, die unter dem McCarthyismus zu leiden hatten.

Die Schauspielerin Mady Christians, die gerade in Max Ophüls *Letter from an Unknown Woman* gespielt hatte, starb kurz nachdem sich die Hexenjagd auch gegen sie gerichtet hatte. Für ihre Freunde war klar, wer hier die Schuld trug. Douglas Sirk, Regisseur durch und durch amerikanischer Filme, war mit Brecht, Eisler, Feuchtwanger und Heinrich Mann befreundet; ihm selber drohte keine Gefahr, doch teilte er die Untergangsstimmung der anderen. Fritz Lang stand ein Jahr lang auf der schwarzen Liste, weil er Mitglied der Anti-Nazi-League war (er leistete hierfür keinerlei Abbitte, doch nach dem Molotow-von Ribbentrop-Pakt fühlte er sich wie ein «Idiot»). Lang glaubte, daß man ihn 1948 beim Verlassen eines Henry-Wallace-Meetings fotografiert hatte; 1952 war das in manchen Kreisen gleichbedeutend mit Verrat. Möglicherweise war er auch ein Opfer des Stimmungsumschwungs nach dem Krieg. Sein 1946 gedrehter Film *Cloak and Dagger* war ein frühes Loblied auf das Office of Strategic Services (OSS), zu dem zufällig zwei Autoren der späteren Hollywood-Zehn das Drehbuch geschrieben hatten. Das Drehbuch entstand zu einer Zeit, als Sympathisanten der Kommunistischen Partei die amerikanischen Kriegsanstrengungen begeistert unterstützten und nicht ahnten, daß sich das OSS und seine Nachfolgeorganisation, der CIA, schließlich gegen die Kommunisten und ihre Gesinnungsgenossen wenden würden.

Salka Viertel, die ihren Salon in der Maberry Road hatte und in Hollywood lebte und arbeitete, hatte viele linke Organisationen unterstützt und überdies einen trotzkistischen Sohn. 1953 mußte sie feststellen, daß in der vergifteten Atmosphäre gerade die amerikanischen Wesenszüge erstickt waren, die sie so sehr schätzen gelernt hatte. Ihre früher so großzügigen Nachbarn lehnten es jetzt ab, alte Kleider für die verwaisten Kinder deutscher Untergrundkämpfer zu spenden – «Sie gehen ja doch nur an Kommunisten», beschwerten sie sich. Das neue Image des Antifaschisten als Kommunisten hatte obsiegt. Salka Viertel entschloß sich, nach Europa zurückzukehren, doch wegen angeblicher Mitgliedschaft in der Kommunistischen Partei wurde ihr kurzfristig der Paß verweigert. Sie reagierte darauf in ihrer gewohnt freimütigen Art: Nein, sie sei keine Kommunistin. Ja, sie habe Seite an Seite mit ihnen gegen den Faschismus gekämpft. Sie beruft sich auf amerikanische Prinzipien und betont, wie grundlegend die Freiheit des Denkens und der Meinungsäußerung für eine Demokratie sei. Auf Vermittlung einer anderen deutschen Emigrantin, die mit einem hohen amerikanischen Beamten verheiratet war, erhielt sie schließlich ihren Paß. Sie kehrte nach Europa zurück und verbrachte ihre letzten Jahre in der Schweiz. Als sie später irgend jemand fragte, warum sie denn nicht in die Partei eingetreten sei, antwortete sie einfach: «Weil ich weder bereit noch fähig bin, einer Parteidisziplin zu folgen.» Anderen radikalen Emigranten, darunter Brecht, ging es ähnlich, doch im Amerika jener Jahre war ein solch willentliches Umgehen politischer Etikettierung, so grundlegend es für eine Demokratie auch immer sein mochte, nicht zu tolerieren. Daß Otto Preminger sich Jahre später über die schwarze Liste hinwegsetzte und betroffene Flüchtlinge engagierte, war für diese angesichts ihres Alters und ihrer Geschichte nur ein kleiner Trost. Salka Viertel war gewohnt, in historischen und politischen

Subtilitäten zu denken – das einzige sichere Vermächtnis der Emigration. Die Amerikaner witterten darin nur potentiellen Verrat.

Ohne es zu wollen, demonstrierten die Kongreß-Inquisitoren auch, wie klein und untereinander verwoben die Welt der bewußten Emigranten war. Die beiden anderen Hauptzeugen gehörten beide dem Kreis um Brecht und Eisler an. Hede Massing, die 1951 verhört wurde, war die Alma Mahler der deutschen Linken. Ihr erster Mann war Gerhardt Eisler, in zweiter Ehe heiratete sie Paul Massing, ein Mitglied der Frankfurter Schule. Fünf Tage nach Hede Massing hatte Karl August Wittfogel seinen Auftritt vor Senator Pat McCarrans Internal Security Sub-Committee of the Senate Judiciary Committee. Auch Wittfogel hatte dem Frankfurter Institut angehört und war in seinem früheren Leben als Dichter-Theaterschreiber der Berliner Avantgarde-Gruppe um Erwin Piscator, Brecht, Hanns Eisler und den Brüdern Herzfelde verbunden gewesen.

Inzwischen war Wittfogel allerdings Sinologe und Verfasser einer hochgelobten Gesellschaftstheorie, die auf der Grundlage von Marx' Untersuchungen zum orientalischen Despotismus Systeme beschrieb, in denen die Bürokratie die soziale Kontrolle hat, ohne Klassenkampf und ohne sich zuvor der Produktionsmittel bemächtigt zu haben. Wittfogel glaubte das Institute of Pacific Relation (IPR), an dem er arbeitete, in politischer Gefahr, und das war offensichtlich auch der Grund für seinen Auftritt vor dem Ausschuß. Man hat Wittfogel später vorgeworfen, Kollegen angezeigt zu haben, was er selber leugnete. Indem er allerdings das Augenmerk darauf richtete, daß sein IPR-Kollege Owen Lattimore aus Neigung oder Naivität Kommunisten, wie ja auch Wittfogel selbst einer war, anheuerte, trug er zur Atmosphäre allgemeiner Zensur bei, die ihn schließlich selber aus diesem Land vertrieb. Laut Martin Jay, seines Zeichens Historiker der Frankfurter Schule, beschleunigte die Zeugenaussage Wittfogels auch die Flucht anderer Gelehrter.

Doch die historische Tragweite seines Ausschuß-Auftritts war weit größer, als es übliche akademische Querelen erwarten ließen. Wittfogels Aussage vor dem Kongreß war, genauso wie die Brechts und der Familie Eisler, in gewissem Sinne die Kulmination politischer Ereignisse, die Jahrzehnte zuvor in Deutschland ihren Ausgang genommen hatten. Bereits 1920, ähnlich früh wie Ruth Fischer, war Wittfogel in die Kommunistische Partei eingetreten. 1933 hatte man ihn kurzzeitig interniert. Nach seiner Freilassung floh er nach Großbritannien, schrieb dort einen Roman über seine Erfahrungen, der 1934 in Wieland Herzfeldes Malik-Verlag erschien. Ein Stück von ihm erschien später in den USA, übersetzt von Michael Gold, einem der literarischen Kommissare der hiesigen Kommunistischen Partei.

Doch bald entfremdete sich Wittfogel seinen Genossen. Er war wütend, als die deutschen Kommunisten ihre Energien in Kämpfen mit den «Sozialfaschisten» der SPD verzettelten und so die Chance vertaten, den Nazis Paroli zu bieten. Die «verrückte Deutschlandpolitik Stalins», mußte er feststellen, war das Ende von «neunzig Prozent der alten Genossen, darunter viele Freunde». Der Molotow-von-Ribbentrop-Pakt schließlich brachte, trotz der «fadenscheinigen» Rechtfertigungsversuche von Männern wie Brecht, die da lauteten, es sei den Russen um Zeitgewinn zu tun, das Faß zum Überlaufen. Brecht traf Wittfogel 1943 in New York und beschrieb ihn als wohlverheirateten Betreiber «einer Art von Salon». Zu jener Zeit galt es noch als Familienangelegenheit, wenn ein Emigrant sich zum deutschen Kommunismus äußerte. Wittfogel habe «das Herz und das Trauma eines desillusionierten Troubadours», kommentierte Brecht dessen Angriff auf Stalin, vielleicht aber auch Wittfogels literarische Karriere.

Wittfogel stand immer im Brennpunkt des politischen Geschehens in den USA. Ende der dreißiger Jahre hatte er der Führung einer deutsch-amerikanischen Volksfront-Gruppe angehört und dabei auf der Seite der prokommunistischen Fraktion gestanden. Ein Jahrzehnt später konnten sich die Amerikaner bei ihm Rat holen, «how to checkmate Stalin in Asia» («Wie kann man Stalin in Asien Schachmatt setzen» – so der Titel eines 1950 im *Commentary* erschienenen Aufsatzes von ihm). Zu Hause beunruhigten ihn seine «prokommunistischen» Kollegen am Institute of Pacific Relations. (Wie der Lauf der Geschichte zeigte, hätten sich viele politische Fehler in Asien vermeiden lassen, wäre die Regierung dem Rat solcher Gelehrter gefolgt.) Überzeugt davon, daß politischer Dissens «unsere Arbeit gelähmt» hatte, erschien Wittfogel vor dem McCarran-Ausschuß.

Seine Zeugenaussage sollte ihm auf Jahre hinaus das Leben schwer machen. Sogar noch mit dreiundachtzig Jahren fühlte er sich – in einem Gespräch mit einem jungen deutschen Reporter – genötigt, sein Verhalten zu rechtfertigen. Er habe, so versicherte er, die Hexenjagd McCarthys zutiefst verabscheut, doch sei, wie «unabhängige liberale und sozialistische Beobachter» bezeugten, Senator McCarran ehrbar und «gewissenhaft» zu Werke gegangen. (Tatsächlich hatte McCarran die Unterstützung von so liberalen Antikommunisten wie Herbert Lehman und Hubert Humphrey.) Wittfogel glaubte, durch seine Zeugenaussage die Stalinisten doch noch für ihren vielfachen Verrat an der deutschen Arbeiterklasse bestrafen und zugleich den naiven Amerikanern «das Ausmaß der kommunistischen Infiltration» vor Augen führen zu können. Seine Motive fanden nicht überall Beifall.

Jetzt glaubt er, daß die Kongreß-Verhöre «das Ende unseres Projektes» am Institute of Pacific Relations waren. Aber er findet es «erstaunlich» und ein Zeichen «der positiven Kräfte der amerikanischen Demokratie», daß «liberale und antitotalitäre sozialistische Kollegen» ihn verstanden und unterstützten. 1979 kehrte Wittfogel schließlich doch noch einmal nach Deutschland zurück und wurde dort mit großer Wärme empfangen. Seine Kongreß-Aussage schien den deutschen Studenten bedeutungslos, sie feierten ihn als den Propheten eines marxistischen Antikommunismus. (Ähnlich fand seine Differenzierung zwischen dem dauerhaften asiatischen Despotismus und den verhältnismäßig flüchtigen faschistischen Diktaturen in der neokonservativen Unterscheidung in autoritäre und totalitäre Regierungen ihre Entsprechung.)

Kommunistische Quellen zitiert Wittfogel weiterhin. Er spricht darüber, was Marx die allgemeine Sklaverei nannte, und klagt, daß Trotzki den «asiatischen» Charakter russischer Städte nur konstatiert, nicht aber weiter analysiert habe. Solcherart liebevolle Revision wird einem bald vertraut, wenn man Schriften von Emigranten liest, auch Hannah Arendt frönte ihr. Im Grunde, so glauben diese Emigranten, sind ihre Helden mit ihnen einer Meinung. Einzig falsch gesehene Details und eine gewisse Oberflächlichkeit verstellten ihnen den Blick für die logische Entwicklung ihres eigenen Systems. Es gilt, die geistigen Väter vor völliger Verunglimpfung zu bewahren. Erst kürzlich verteidigte ein alter Emigrant und ehemaliger Mitarbeiter des CIA den Helden seiner Jugendtage: «Aber Marx… Marx war kein Kommunist.»

Zu Beginn der fünfziger Jahre waren die meisten der im Lande verbliebenen Emigranten amerikanische Staatsbürger geworden. Aber die restriktive Politik der Einwanderungs- und Einbürgerungsbehörde, die früher die Rettung so vieler Europäer verhindert hatte, machte ihnen weiterhin zu schaffen. In der Vergangenheit waren solche Restriktionen ganz offen rassistisch gewesen. Der Chinese Exclusion Act von 1882 hatte Pate gestanden für den Vorschlag des Österreichers Georg von Schönerer, die Bewegungsfreiheit der Juden einzuschränken. Ende der vierziger Jahre wurden einige hundert Ausländer wegen subversiver oder anarchistischer Betätigung abgeschoben, und einer noch größeren Anzahl wurde die Einreise ins Land verweigert. Die McCarran-Nixon-Akte (auch bekannt als Internal Security Act von 1950) verbot «totalitarians» die Einwanderung, doch ein Jahr später klärten zwölf Kongreßabgeordnete den Generalstaatsanwalt darüber auf, daß «totalitär» nicht Nazis oder Faschisten bezeichne, sondern einfach ein Kodewort für Kommunisten sei. 1951 ließ man den Engländer und gebürtigen Berliner Ernst Chain, Nobelpreisträger für seine Arbeit über Penicillin, nicht ins Land, und das offensichtlich darum, weil er 1948, nach der kommunistischen Machtübernahme, in der Tschechoslowakei ein Ärzte-Team der Vereinten Nationen geleitet hatte. 1950 hielt man den Schauspieler und früheren OWI-(Office of War Information)Mitarbeiter George Voskovec zehn Monate auf Ellis Island fest, bevor die Regierung ihn vom Vorwurf enger Verbindungen zur tschechischen Kommunistischen Partei entlastete. 1952 wurde die Einwanderungs- und Nationalitätsakte (McCarran-Walter-Act) trotz des Einspruchs von Präsident Truman zum Gesetz erklärt. «Inadmissible aliens« (unzulässige Fremde) sollten demnach potentielle Saboteure und Terroristen sein. Doch der eigentliche Rundumschlag, der Paragraph 28, galt Kommunisten und Anarchisten. Besonders alarmierend war der explizite Bezug auf «Fremde, die etwas schreiben oder Geschriebenes oder Gedrucktes publizieren (oder verbreiten)».
Damit war Nazis der Weg geebnet, während ein Hanns Eisler abgeschoben und einer Salka Viertel der Paß verweigert werden konnte. Anfang 1953 teilte der Generalstaatsanwalt der Öffentlichkeit mit, daß Untersuchungen im Gange seien mit dem Ziel, eine Handhabe zur Ausbürgerung von zehntausend amerikanischen Staatsbürgern und zur Abschiebung von zwölftausend «subversiven» Fremden zu finden. Zwischen 1953 und 1958 führte die Einwanderungs- und Einbürgerungsbehörde in 60371 Fällen Ermittlungen gegen «Subversive» durch. Als Bürger des Landes sollten sie vor Abschiebung eigentlich geschützt sein, aber gab es für einen Flüchtling je Sicherheit? Tatsache war, daß viele sich in dieses Land hineingeschwindelt hatten. Natürlich hatten sie Kommunisten gekannt. In manchen Fällen waren sie in jungen

Jahren auch kommunistische Parteigänger gewesen, aber solche Informationen hatten sie nicht freiwillig preisgegeben. Nun besaßen ihre harmlosen Lügen höchste Brisanz. Kein Wunder, daß viele sich auch in ihrer Staatsbürgerschaft nicht sicher fühlten. War einst das Affidavit das Damoklesschwert ihrer Emigration gewesen, war es jetzt die Vorladung unter Strafandrohung.

Mit dem Aufkommen des McCarthyismus mußten nicht nur radikale Emigranten zittern, sondern auch liberale und konservative. Anhänger der Pazifistin Bertha von Suttner waren genauso betroffen wie die der Revolutionärin Rosa Luxemburg. Irgendwann hatten sie alle einmal mit linken Bündnispartnern geliebäugelt. Viele von ihnen hatten sich bei gegebenem Anlaß mit Kommunisten und deren Sympathisanten zusammengetan. Schließlich kleben Flüchtlinge zusammen, wie Hanns Eisler gesagt hatte, und führten, wie Vladimir Nabokovs *Pnin* zeigt, ein sehr lebendiges Gemeinschaftsleben. Ihre zahllosen ideologischen Kaffeeklatsch-Dispute waren jetzt Gegenstand öffentlicher Simplifizierung und Karikatur. In der Reaktion weniger radikaler Emigranten auf die Geschehnisse der McCarthy-Ära enthüllte sich ein breites Spektrum von Revisionen und Anpassungen, die die Erfahrungen des Exils erzwungen hatten.

Wie Hans Bethe während der Jagd auf Oppenheimer, erkannten viele konventionell Liberale, daß sie sehr wohl die nächsten sein konnten. Die institutionelle Heimat nicht-radikaler Emigranten war die New School for Social Research. Jeder, der die Streitereien unter den Emigranten kannte, wußte, daß Linke den Emigranten im Stab der Schule vorwarfen, nicht frühzeitig genug zum Antifaschismus gefunden zu haben und daß die Frankfurter sie als Philister geschmäht hatten. Die Schule hatte bereits in frühen Jahren einen Loyalitätseid institutionalisiert, der zur Treue demokratischen Institutionen gegenüber verpflichtete (Kodex des Antikommunismus), und ein ehemaliger Angestellter erinnert sich, daß man Wandgemälde des linken Malers José Clemente Orozco in McCarthy-Tagen hinter einem Vorhang verbarg. In einer Verlautbarung von 1953 versichert die New School, «daß ein Mitglied einer beliebigen politischen Partei oder Gruppierung, das sich das Recht des Eingriffs in Angelegenheiten der Wissenschaft oder der wissenschaftlichen Meinungsbildung anmaßt, nicht die Freiheit besitzt, die Wahrheit zu lehren und sich damit als Lehrer disqualifiziert.» Doch in rechten Kreisen galt die New School gleichwohl – schon weil Hanns Eisler ihr nahestand – als Ort der Subversion. Nach Eislers Auftreten vor dem HUAC, fragte der Kongreßabgeordnete Rankin, ob die New School nicht doch eine kommunistische Kaderschule sei. Anfang der fünfziger Jahre kam es in der New Yorker Dreizehnten Straße, wo die New School ihren Sitz hatte, regelmäßig zu Protestversammlungen gegen die ausländischen Roten.

Alvin Johnson, der Dekan der Schule, hat sich nie von Eisler losgesagt. Zu einer Pressekonferenz erschien er mit einem Exemplar von Eislers Buch *Composing for the Films* in der Hand. Er sah dem McCarthyismus gelassener entgegen als seine Fakultätsmitglieder. Als eine Gruppe von Wissenschaftlern der New School und aus Princeton beratschlagte, wie den Inquisitoren am besten zu begegnen sei, riet er ihnen, nicht unnötig Kräfte zu vergeuden: «Dies ist ein politischer, kein akademischer Kampf», gibt Hans Staudinger seine Worte wieder, «McCarthy wird sich in einem Jahr erledigt haben.» (Ähnlich tat Mary McCarthy die Ängste Hannah Arendts ab.) Staudinger war sich dessen weniger sicher. Wie Johnson erbot auch er sich, vor dem Kongreß-Komitee auszusagen, aber kein Mitglied der New School ist je vorgeladen worden. Das Komitee habe Angst vor ihnen gehabt, behauptete Staudinger kurz vor seinem Tod: «Sie wußten, daß wir zurückschlagen würden.» Dann wurde der alte Gelehrte grundsätzlich: «Entweder es gibt Redefreiheit in diesem Land, oder dieses Land ist Hitler!»

Den konservativen Peter Drucker belustigte, daß der McCarthyismus die Linke mit ihrer eigenen Taktik schlug. Schwarze Listen, betonte er, habe es in Amerika zuerst bei den Stalinisten gegeben, und er erinnerte an die Ächtung, die ihm selber Ende der dreißiger Jahre zuteil geworden war, als er einen Pakt zwischen Hitler und Stalin prophezeite. Drucker preist seinen ehemaligen Chef Henry Luce als den «ersten prominenten Amerikaner, der sich gegen McCarthy ausgesprochen hat». Das war 1953 in einem Leitartikel geschehen und unterstreicht nur den Mut von Thomas Mann und Albert Einstein, beide ebenfalls prominente amerikanische Bürger, die ihre Stimme, wie übrigens viele weniger berühmte Leitartikler auch, sehr viel früher erhoben hatten.

Im Juli 1953 schrieb Hannah Arendt für den *Aufbau* «Gestern waren sie noch Kommunisten: Ehemalige Kommunisten versus Ex-Kommunisten», die deutsche Fassung eines Essays, der vier Monate zuvor im *Commonweal* erschienen war. Der Aufsatz – ein bißchen tendenziös und im eigenen Interesse geschrieben, denn ihr Mann Heinrich Blücher war ehemaliger Trotzkist – zeigt deutlich ihre Neigung zur Definition durch Vergleich. Den Unterschied zwischen ehemaligen Kommunisten und Ex-Kommunisten macht sie fest an den Rollen, die sie jeweils in der Öffentlichkeit spielen: Ehemalige Kommunisten verlieren sich im «allgemeinen öffentlichen und privaten Leben»; aber Ex-Kommunisten sind so sehr darauf bedacht, ihren früheren Ruf nicht zu verlieren, daß sie aus ihrem einstigen Parteigängertum Karrieren machen. Für sie ist es leichter, öffentlicher Demütigung die Stirn zu bieten, als die privaten Schwierigkeiten auszuhalten, die mit einem Berufswechsel einhergehen: «Es ist eine weitaus schwerere Entscheidung, sich aus dem Rampenlicht zurückzuziehen und Privatperson zu werden, als seine Rolle in der Weltgeschichte zu wechseln.» Als militante Antikommunisten blieben sie Eiferer, hingen dem neuen Glauben mit dem alten Vertrauen an, die Geschichte auf ihrer Seite zu haben. Doch an den Endsieg, egal welcher Seite, zu glauben, heißt letztlich, einer totalitären Moral anzuhängen. «Geschichte hat viele Anfänge», sagt Hannah Arendt, «aber kein Ende.» Zudem sei jede rigide Ideologie unamerikanisch – «Amerika läßt sich nicht... kategorisieren». Wie viele andere Emigranten vertraut auch sie auf den Schutz der Verfassung: «Wieweit der Dissens gehen darf, bestimmen Verfassung und Gesetz, und niemand sonst.»

Hannah Arendts Aufsatz ist voll subtiler Beobachtungen, trifft aber doch nicht ganz den Punkt. Das Problem jener Zeit war die moralische Müdigkeit und der allgemeine Terror. Nur zwei Emigranten haben sich diesem Terror und all seinen Implikationen gestellt: Albert Einstein und Thomas Mann. Mann hatte die Gefahr schnell erkannt und frühzeitig vor ihr gewarnt. 1948, kurz nach Beginn der HUAC-Untersuchungen, sprach er im Rundfunk. An die Adresse der Kongreß-Inquisitoren gerichtet erklärte er: «Ich habe die Ehre, mich selbst als feindlichen Zeugen zu entlarven.» Er sprach über das lächerliche Gerede von der kommunistischen Unter-wanderung der Filmindustrie und zeigte sich irritiert von der amerikanischen Ignoranz. Die Verfolgung von Ideen habe der «kulturellen Reputation dieses Landes» sehr geschadet. Als Schriftsteller könne er auch zum Triumph der Doppelzüngigkeit nicht schweigen. Das Wort «Frieden» brandmarke den, der es in den Mund nehme, als subversiv und trage ihm einen Platz auf der schwarzen Liste des Generalstaatsanwalts ein. Und dann spricht Mann von Befürchtungen und Ängsten, die er bis dahin nur Briefen und Tagebüchern anvertraut hatte: «Als Amerikaner deutscher Abstammung bekenne ich, daß mir bestimmte politische Tendenzen schmerzlich vertraut sind. Geistige Intoleranz, politische Inquisition, der Verfall gesetzlicher Sicherheit, und all das im Namen eines angeblichen ‹Notstandes› – genauso hat es in Deutschland begonnen.»

Aus dem Satz des Vaters «Ich habe die Ehre, mich selbst als feindlichen Zeugen zu entlarven» spricht der Trotz des Sohnes: «Mit Stolz stelle ich fest, daß der Name meiner Familie auf jeder der ersten vier ‹schwarzen Listen› des Dr. Goebbels verzeichnet ist.» Als verlange die sich wiederholende Geschichte auch von den wachsamen Manns die nämlichen Reaktionen und Worte.

Wenn man Einstein glauben darf – und seine späteren Kampagnen für den Frieden gehören zu den großen Leistungen seines Lebens – war die Zeit in den USA, besonders die während des Kalten Krieges, seine reichste, aber auch frustrierendste. Sein Alter war geprägt von den politischen Krisen eines Zeitalters, das es ihm, einem Mann, der die Einsamkeit und Zurückgezogenheit liebte, auferlegte, sein Urteil zu öffentlichen Angelegenheiten abzugeben.

Über vierzig Jahre lang war der erklärte «unverbesserliche Nonkonformist» den Angriffen derer ausgeliefert, die seine Politik verurteilten. 1922, nach der Ermordung seines Freundes Walther Rathenau, schiffte Einstein zu einer Weltreise ein, zum Teil wohl auch darum, weil er Gerüchten zufolge als nächster auf der Abschußliste der Reaktionäre stand. Er machte Bekanntschaft mit Flucht und Tarnung: Einer seiner Protegés erinnert sich, daß Einstein später seine Briefe aus Princeton nach Deutsch-land mit «Elsa Alberti» – dem Namen seiner Frau – unterschrieb, um seinen Freund nicht durch die Verbindung zu ihm in Schwierigkeiten zu bringen. 1945 sprach der unsägliche John Rankin, wütend über Einsteins Engagement gegen das Franco-Spanien, von «diesem ausländischen Agitator... Ich fordere das Justizministerium auf, diesen Mann Einstein zum Schweigen zu bringen.» Aber war diese Botschaft, mal abgesehen von ihrem vulgären Stil, wirklich verabscheuenswürdiger als die Verfügung

Vannevar Bushs, Einstein mit Hinblick auf «seine ganze Geschichte» die Teilnahme an der Kernforschung zu verweigern?

Im Laufe der Jahre stülpte sich über Einsteins Leben in den USA ein fatales Muster. Weil er sich zu einer «einheitlichen Feldtheorie» bekannte und so in Widerspruch zu den bedeutendsten Physikern des Landes geriet, verpaßte man ihm ein Image zwischen pensioniertem Genie und irregeleitetem alten Mann. Und irrte er wissenschaftlich, so könne das politisch nicht anders sein, ersichtlich daraus, daß er sich habe verführen lassen, subversive Organisationen zu unterstützen. Er werde zunehmend pathetisch, schreiben manche, aber das sei wohl Folge der Weigerung der Welt, seiner Weisheit zu folgen. Die Schärfe seiner Reaktion auf politische Ereignisse erscheinen jedenfalls nachträglich und angesichts der Geschehnisse auch noch nach seinem Tod nur allzu berechtigt.

Nach mehreren kurzen Aufenthalten ließ sich Einstein 1933 endgültig in den USA nieder. Von Beginn an sah man ihn in Gesellschaft amerikanischer Linker. 1931 lernte er in Kalifornien Charlie Chaplin und Upton Sinclair kennen. Einer seiner radikaleren Kollegen in Princeton war der Mathematiker Oswald Veblen, Emigrant und hervorragender Wissenschaftler, der später während der McCarthy-Ära nur mit großen Schwierigkeiten einen Paß bekam. Veblen war der Neffe von Thorstein Veblen, dessen Analysen «der verbrecherischen Politik der deutschen herrschenden Klasse» Einstein 1917 so prophetisch erschienen waren. Eine weitere amerikanische Bekanntschaft war Jane Addams, die die Women's International League for Peace and Freedom unterstützte. Einstein regte an, Jane Addams solle Carl von Ossietzky, den von den Nazis verhafteten, pazifistischen Zeitungsherausgeber, für den Friedensnobelpreis vorschlagen. (Ossietzky erhielt 1935 den Preis, durfte ihn aber nicht annehmen.)

Nahezu vom ersten Tag in diesem Land an war Einstein ein Kämpfer für Bürgerrechte und akademische Freiheit. Beide sah er durch eine überlebte ökonomische Struktur bedroht. 1936 sprach er sich öffentlich gegen einen Lehrereid aus. Genau wie andere Emigranten während der McCarthy-Ära berief auch er sich auf die Verfassung: Sie garantiere die Freiheit der Meinungsäußerung, auch wenn dieser gerade durch die Machenschaften einer «wirtschaftlich dominanten Minderheit» der Garaus gemacht werden solle. 1944 gab Einstein einer Organization of Intellectual Workers Schützenhilfe und legte damit eine erstaunlich demokratische Geisteshaltung an den Tag: Wie viele andere Menschen seines Ranges wären wohl bereit, sich selbst einer so diffusen und volksnahen Kraft des Arbeitslebens zuzurechnen? Doch Einstein entgegnete darauf nur bescheiden, daß seine wissenschaftlichen Leistungen nur möglich gewesen seien, weil er – nach wenig vielversprechender Jugend – so spät zu seiner Disziplin gefunden habe.

Seine Sorge um die Qualität amerikanischen Lebens steht im Mittelpunkt seines 1946 geschriebenen Aufsatzes «The Negro Question». Einstein wußte, daß seine Angriffe auf die Rassentrennung kaum auf Wohlwollen stoßen würden. Zu oft hatte man ihm schon nahegelegt, sich um seine eigenen Angelegenheiten zu kümmern. Als Außenseiter, als jemand, «der in reiferen Jahren in dieses Land gekommen» sei, so schrieb er, die Einwände seiner Kritik vorwegnehmend, könne er sehen, was denen, die hier geboren sind, entgehe. Der Emigrant solle «frei aussprechen, was er sieht und fühlt». Denn so, fügt Einstein vornehm hinzu, «kann er sich vielleicht nützlich erweisen».

Solche taktvollen, von sich selbst absehenden Äußerungen sind charakteristisch für Einstein. Was Einstein in der Zeit nach dem Krieg schrieb, beweist ein vollendetes Verständnis für subtile – moralische, politische und psychologische – Unterscheidungen. (Ursprünglich kein Freund der Psychoanalyse lernte Einstein Freuds Analysen seelischer Vorgänge schließlich doch immer mehr schätzen.) Gelegentlich beweist er auch Witz. Einstein hat spielerisches Umgehen mit den Dingen immer geschätzt, denn das trug dazu bei, den Feind zu verwirren. Diese Aufsätze enthüllen eine außerordentlich belesene Intelligenz, die sich um menschlichen Ausdruck bemüht, ohne die Dinge zu vereinfachen, denn Einstein machte sich ein Vergnügen daraus, das Komplizierte durchschaubar zu machen und gleichzeitig seinen Lesern vor Augen zu halten, welche Folgen eine abstruse Politik und ebensolche Regierungsbeschlüsse für die Menschen haben.

Über Einsteins Humanismus erfahren wir mehr in seinem 1949 geschriebenen Aufsatz «Why Socialism?». Weniger melancholisch und pessimistisch als etwa Adorno oder Hannah Arendt teilt Einstein die Vision der Aufklärung, daß Geschichte auch Fortschritt bedeute. Ihn beglückt es, daß die biologische Konstitution des Menschen nicht zugleich auch sein Schicksal ist. Bei seiner Verteidigung des Sozialismus stützt er sich auf Anthropologie, Psychoanalyse und Ethik, doch die Wurzel allen gegenwärtigen Übels sind die ökonomischen Bedingungen, da die «wirtschaftliche Anarchie», «die Oligarchie des Privatkapitals», bislang jede kohärente soziale Planung vereitelt habe. Die von keinerlei «meßbarer Verantwortlichkeit» kontrollierte Macht amerikanischer Korporationen empört ihn. Doch befürchtet er auch, daß eine derartige Konzentration von Macht in den Händen einer sozialistischen Regierung das betroffene Land noch militaristischer machen könne, als es die Vereinigten Staaten jetzt schon waren.

Sich selbst sah Einstein immer als Freigeist. Typisch für ihn war seine Sensibilität für mögliche Verletzungen von Freiheit, egal, ob sie von rechter oder linker Seite drohten. Er hatte seinen Schaden durch die schikanöse Disziplin an deutschen Schulen davongetragen. Er war davor geflüchtet, weil er darunter zusammengebrochen war. Aber seither konnte er einen Abbau bürgerlicher Freiheiten nicht mehr unwidersprochen hinnehmen – auch wenn er, wie er später einmal Sidney Hook erzählte, die Notwendigkeit einer vorübergehenden Einschränkung während der frühen Tage der russischen Revolution eingesehen habe, die «schädlichen und sogar lächerlichen» sowjetischen Eingriffe in Kunst und Wissenschaft allerdings verurteile.

Er war dagegen, daß die Vereinigten Staaten das Atomgeheimnis so ausschließlich für sich beanspruchten, und sah sich gezwungen, Stellung zu nehmen zur wachsenden Feindschaft zwischen den beiden Großmächten, die schließlich zum Kalten Krieg führte. 1948, während einer Zeit umfassender wirtschaftlicher Hilfsmaßnahmen, die im Marshallplan gipfelten – einer Zeit also, während derer, so sahen es viele, die USA die westliche Welt buchstäblich aufkaufte – kam auch Einstein zu der entmutigenden

Einsicht, daß keine Handlung politisch neutral ist: «Sind wir nicht in eine internationale Lage hineingestolpert, in der aus jeder Erfindung unseres Geistes und jedem materiellen Gut eine Waffe und folglich eine Gefahr für die Menschheit werden kann?»

Bemerkenswert offen äußerte sich Einstein zur Sowjetunion, und das zu einer Zeit, als Sympathie für dieses Land in den Vereinigten Staaten gleichbedeutend war mit Verrat. Er verstand die Empörung der Sowjetunion, als die Vereinigten Staaten 1946 die UN-Mitgliedschaft des faschistischen Argentinien unterstützte, und erklärte seinem Publikum den Argwohn der Sowjets damit, daß westliche Regierungen während der dreißiger Jahre eine ähnliche Unterstützung auch Hitler hatten angedeihen lassen. Doch daß die Sowjetunion ihrerseits dem Gedanken einer Weltregierung abhold war, erschien ihm als Zeichen «fanatischer Intoleranz». Es war ihm völlig unverständlich, wie man im Land der ökonomischen Planung politische Anarchie dulden konnte.

Geistreich entkräftete Einstein die sowjetische Befürchtung einer Ausbeutung durch die USA. Das System des freien Unternehmertums sei zu anarchisch und wirr, um eine ernsthafte Bedrohung darzustellen; Beispiel dafür, so fand er, sei das Goldsammeln in Fort Knox. Als 1948 in Polen der Weltkongreß der Intellektuellen stattfand, versagten es die für den Kongreß Verantwortlichen dem Delegierten Otto Nathan, seine Erklärung zur «übernationalen Regierung» ungekürzt zu verlesen, was dieser nicht akzeptieren konnte. Zahlreiche antiamerikanische Äußerungen ließ der Kongreß dagegen durchgehen. Nathan und Einstein waren empört, und letzterer zog später daraus den Schluß, daß «unsere Kollegen auf der anderen Seite des Zauns nicht in der Lage sind, ihre wahre Meinung zu sagen». Ein Jahr später gehörten Einstein und Thomas Mann zu den fünfhundert Sponsoren der Cultural and Scientific Conference for World Peace im Waldorf Astoria. Auf rechter Seite glaubte man die Konferenz fest in kommunistischer Hand. Die jüngst veröffentlichten Tagebücher Schostakowitschs offenbaren, daß der Komponist auf dem Kongreß heuchelte, was er nicht empfand: in Wirklichkeit verachtete er Stalin zutiefst. Das Bild, das die Sowjets von ihrer friedliebenden Nation entwarfen, war ein Versuch, zwanzig Jahre unaussprechlicher Verbrechen vergessen zu machen. Einstein werden die Bekundungen sowjetischer Doppelzüngigkeit kaum überrascht haben. Doch das Problem der Abrüstung war ihm letztlich immer wichtiger als die innenpolitischen Verhältnisse eines einzelnen Landes.

Politische Stabilität, so erkannte Einstein, erfordere zweierlei: Ruhe des Geistes und Abbau des hysterischen Argwohns, mit dem beide Großmächte einander belauerten. In allem, was er schrieb, machte er sich nunmehr auch Gedanken über die psychologischen Bedingungen. In «Why Socialism?» erwähnt er einen Freund, der ihn gefragt hatte, warum er sich so sehr gegen die allgemeine Zerstörung wehre. Solche Fragen, gestellt von Menschen, die der menschlichen Rasse überdrüssig waren, hielt Einstein für etwas völlig Neues in der Geschichte, für den «Ausdruck einer schmerzlichen Einsamkeit und Isolation». Diese Todessehnsucht bestimmte offensichtlich auch das politische Denken. Seine besondere Aufmerksamkeit galt dem, was sozialem Wandel im Wege stand, ohne ins allgemeine Bewußtsein zu dringen, wie etwa der ungute Einfluß der Tradition auf unser bewußtes Denken, den er in «The Negro Question» beschreibt. Auch dem historischen Ursprung psychologischer Haltungen der Sowjetunion gegenüber spürt er nach. Es brauche Takt und nicht den «plumpen Truman-Stil», wolle man die Russen für die Abrüstung gewinnen. Als der Psychoanalytiker Dr. Marseille, ebenfalls ein Flüchtling, in einem Brief das verstärkte Bemühen der Sowjetunion um Luftkontrolle erwähnte, schrieb Einstein zurück, daß sich die «psychologische Situation» der Sowjets nicht in simpler Gegnerschaft zur Weltregierung erschöpfe, sondern erheblich komplizierter sei. Sie hatten ihre zwanzig Millionen Kriegstoten nicht vergessen. Auch Einstein gedachte ihrer.

Da Einstein sich so unermüdlich für die Abrüstung einsetzte, wurde er natürlich auch in den Protest gegen die Radikalenjagd des Kongresses einbezogen. Am 1. Februar 1950 unterschrieb er zusammen mit Thomas Mann und einigen Amerikanern, darunter Carey McWilliams, I. F. Stone und Linus Pauling, eine Erklärung, die die Belästigung von Rechtsanwälten verurteilte, die während der ersten Prozesse in der Folge der Smith-Akte als Verteidiger fungiert hatten. Zwölf Jahre später war Einstein – zusammen mit J. Robert Oppenheimer inzwischen endgültig zum Kampf gegen Edward Tellers Wasserstoff-Bombe angetreten – Gast in Eleanor Roosevelts Fernsehsendung. Wieder beklagte Einstein den Rüstungswettlauf und rief die Nationen auf, einander zu vertrauen. Beides machte ihn in den Augen der amerikanischen Rechten zum Verräter.

Aber er war eine zu gewichtige Gestalt, als daß man ihn direkt hätte angreifen können, einen Auftritt wie den von Rankin 1945 vor dem Kongreß gab es nicht noch einmal. Statt dessen trachtete man, ihm über seine Freunde und Kollegen beizukommen. Rabbi Joachim Prinz war Einstein seit den Berliner Tagen auf vielen Podien begegnet. «Einstein», erinnert sich Prinz, «sagte immer, alle Rabbis sind schrecklich, aber Prinz ist ein bißchen weniger schrecklich.» Als Conde McGinley Prinz in seinem *Common Sense* angriff, tat er das mit einem Seitenhieb auf eben jenen anderen Mann aus New Jersey: «Der Rote Rabbi wurde, ähnlich wie Albert Einstein, wegen seiner radikalen Politik aus Deutschland verjagt.»

Die heftigste Attacke traf Einsteins Freund Otto Nathan. Viele Flüchtlinge hielten Nathan für den politischen Ratgeber Einsteins, für den Mann, der Einstein veranlaßt hatte, sich mit linken Positionen zu identifizieren. Amerikanische Inquisitoren machten sich diese herablassende Einschätzung von Einsteins geistiger Unabhängigkeit zu eigen und glaubten wohl, Othello zu treffen, indem sie Jago das Leben schwer machten. Nathan selbst gehörte seit jeher zur Linken und war Pazifist. Politisch war er entscheidend von der Pazifistin Bertha von Suttner beeinflußt worden und rühmte sich, der einzige Mann zu sein, der je am Vorstandstisch der Women's International League for Peace and Freedom gesessen hatte. 1950 wurde ihm mit der Begründung, er habe in Deutschland der Kommunistischen Partei angehört, ein Paß verweigert. Nathan erklärte, der Vorwurf entspreche nicht der Wahrheit, und im übrigen habe die Regierung etliche Informationen über ihn geöffneten Briefen entnommen. Trotz seiner radikalen politischen Anschauungen trat er auch in den USA nie einer sozialistischen Partei bei: «Sie waren mir zu inkonsequent, und außerdem wollte ich meine amerikanische Staatsbürgerschaft nicht aufs Spiel setzen» – ein weiteres Beispiel für die Einschränkungen, denen die Emigranten unterlagen. Schließlich war er der erste Betroffene, der seinen Paß gerichtlich einklagte. Im Juli 1955, drei Monate nach Einsteins Tod, entschied ein Appellationsgericht, daß Außenminister John Foster Dulles Nathan den Paß nicht verweigern konnte, ohne seine Ankläger preiszugeben. Dulles bewilligte lieber den Paß, als seine Quellen aufzudecken. In der Folge strengte man noch weitere derartige Prozesse an, sie waren alle erfolgreich. Einer, der aus dem Ausland gekommen war, half also, das von der Verfassung garantierte Recht auf Bewegungsfreiheit einzuklagen. Eine ähnliche Wirkung hatte die literarische Demonstration Hannah Arendts, daß Staatenlosigkeit ein Verbrechen gegen die Menschlichkeit sei: Auf sie berief sich der Richter des Obersten Gerichtshofes Earl Warren, als er empfahl, die Ausbürgerung von der Liste möglicher Sanktionen zu streichen.

Am mutigsten bezog Einstein im Mai 1953 Stellung. Während Henry Luce McCarthy höflich schalt, schrieb Einstein in einem zur Veröffentlichung bestimmten Brief an den Brooklyner Lehrer William Frauenglass, daß reaktionäre Politiker darauf aus seien, die Lehrer zu demoralisieren – das war schon zwanzig Jahre zuvor Thema seiner Rede über akademische Freiheit –, indem sie sich all derjenigen entledigten, die sich nicht unterwürfig und anpassungswillig zeigten. «Die freie Lehre zu unterdrükken», erklärte Einstein in einem charakteristischen Zusatz, «und die nicht Fügsamen aus allen Stellungen zu verdrängen», bedeute, die Betroffenen «auszuhungern». Er sah sehr wohl, daß die Kalten Krieger nach der Geldbörse der von ihnen Bekämpften zielten, denn in der «Dollargesellschaft», wie Brecht sie genannt hatte, war der Verlust von Geld und Status gleichbedeutend mit dem Ende jeglicher politischer Betätigung.

In der vielleicht gewagtesten öffentlichen Äußerung, die während des McCarthy-Treibens getan wurde, erklärte Einstein: «Jeder Intellektuelle, der vor eines der Komitees vorgeladen wird, müßte jede Aussage verweigern, das heißt bereit sein, sich einsperren und ruinieren zu lassen, kurz, seine persönlichen Interessen den kulturellen Interessen des Landes zu opfern.» Einstein wußte, daß der fünfte Zusatzartikel seine beschwörende Kraft eingebüßt hatte, weil er so mechanisch wie unaufrichtig in aller Munde war und Kongreßabgeordnete und Journalisten ihn als kommunistischen Wahlspruch karikiert hatten. So riet er denn ab von dem «wohlbekannten Trick», sich auf den Fünften Zusatzartikel zu berufen, und wollte geltend gemacht wissen, «daß es eines unbescholtenen Bürgers unwürdig ist, sich solcher Inquisition zu unterziehen, und daß diese Art Inquisition gegen den Geist der Verfassung verstößt». So wie Leo Szilard gewappnet mit seinen von der Verfassung garantierten Bürgerrechten gegen die Militärverordnungen zu Felde zog, bediente sich Einstein dieses Dokuments, um offensive Aktionen gegen den Kongreß zu rechtfertigen.

Die Folgen lagen auf der Hand. Nahezu alle amerikanischen Zeitungen, an der Spitze die *New York Times*, waren empört. Mit dem typischen Humor des Emigranten schrieb Einstein solche Reaktion der Abhängigkeit dieser Zeitungen von Werbeaufträgen zu. Einem Freund gegenüber fragte er sich, ob das nun wohl auch für ihn Gefängnis bedeute. Die Frage war indes nur «halbernst» gemeint. Thomas Mann hatte sich sehr viel mehr gefürchtet, als er drei Jahre zuvor die Flucht aus Amerika erwog.

Einsteins Reaktion war wahrscheinlich die besonnenere, obwohl auch eine halbe Chance, ins Gefängnis zu kommen, zu viel war. Aber allzu groß kann die Angst nicht gewesen sein: Ein paar Monate später riet er Oppenheimer am Vorabend seines Prozesses, jegliche Kooperation mit den Inquisitoren zu verweigern. (Oppenheimer scheint das willentlich oder unwillentlich überhört zu haben. Seine Aussage war offen, detailliert und voll *mea culpa*.)

Einstein, der berühmteste aller Hitler-Flüchtlinge, übte die beste Art der Kritik, die einem Emigranten möglich war. Statt zu jammern, daß New York nicht Berlin, Frankfurt oder Paris war – will heißen, daß es den Amerikanern an Europäertum ermangele –, sah er das Problem darin, daß die Amerikaner nicht amerikanisch genug waren. Nur allzu oft waren die Emigranten Opfer falscher ‹images› gewesen. Nun erinnerten sie die Amerikaner an deren eigenes und ursprüngliches Bild von sich selbst. Einsteins Überzeugung, daß man den Widerstand des Volkes gegen die Nuklearwaffen nur wecken könne, indem man sich zu ihm auf den Marktplatz begebe, unterstreicht einmal mehr seinen tiefen Glauben an die amerikanische Demokratie. Es waren die Opportunisten und Demagogen aus ihren eigenen Reihen, die in Wahrheit unamerikanisch waren. Für solche Emigranten wog die Gefahr von Gefängnis und Deportation gering gegenüber dem Privileg, amerikanischer Staatsbürger zu sein, und der Verpflichtung, die daraus erwuchs.

«Das alles waren nur Versuche»: Hannah Arendt

Obwohl Hannah Arendt selbst ihren Beruf mit «Politikwissenschaftlerin» angibt und viele andere in ihr die Metaphysikerin sehen, scheint es doch so, als sei sie besonders die Geschichtenerzählerin gewesen: «Die Erinnerung an einen vollzogenen Akt offenbart sich erst dann, wenn die Handlung selbst ihr Ende gefunden hat und eine Geschichte geworden ist, die man erzählen kann.» Ihr Leben, das 1975 zu Ende ging, ragt schon darum unter den Geschichten, die die Emigration schrieb, heraus, weil es so große öffentliche Resonanz fand. Hannah Arendt, die wenig übrig hatte für Introspektion und das Denken selbst für eine Form der zwischenmenschlichen Praxis hielt, hätte es selbst nie unternommen, ihre Geschichte zu Papier zu bringen. Die Vielfalt ihrer Interessen trotzte den Grenzen, die die Disziplin setzte und die ihr künstlich und anachronistisch erschienen. Ihr war es um die politischen Implikationen jeglichen Handelns zu tun, und ein intellektueller Irrtum konnte sie genauso erregen wie ein tätlicher Angriff. In der Banalität von Eichmanns Sprache fand sie seine Rücksichtslosigkeit genauso wieder wie das Muster seiner Handlungen. Daß ihre Interessen so breit gestreut waren, rechnete sie nicht ihrer besonderen geistigen Wendigkeit an, für sie war es eine Folge der Emigrationserfahrung, nicht Zeichen holistischer Veranlagung – dem Streben anderer Flüchtlinge nach einer «abgerundeten Persönlichkeit» schien ihr etwas Unziemliches anzuhaften –, sondern einer Tradition, die fragmentiert, verworren und entwurzelt war wie sie selbst.

Hannah Arendt sollte die vielleicht berühmteste Hochschullehrerin unter den Emigranten werden, obwohl sie sich selbst vom akademischen Establishment distanzierte, dem sie sich erst sehr spät zugesellte: Sie war bereits neunundvierzig Jahre alt, als sie ihre erste Stelle an einer Universität antrat. Es waren ihre außer-akademischen Erfahrungen auf der Flucht und in den USA, die sie ihre Terminologie von «politischer Aktion», «öffentlichem Bereich» und «öffentlichem Raum» entwickeln ließ, mit der sie ein öffentliches Leben zu definieren versuchte, das immer schon dagewesen war und nur darauf gewartet hatte, entdeckt zu werden. Das Außerordentliche im Vertrauten aufzuspüren, war ihr bevorzugtes rhetorisches Muster. «Perlenfischen» nannte es Walter Benjamin, nur tat sie es nicht unter Wasser, sondern auf dem Marktplatz.

Die Unabhängigkeit ihres Denkens isolierte sie oft von der sie umgebenden Gemeinschaft, welcher Art diese auch immer war. Rosa Luxemburg, schrieb sie, habe mit manchen Fragen «völlig allein» gestanden. Das galt auch für sie selbst. Doch paradoxerweise begleitete diese Einsamkeit ein großes Publikum, und um dieses Paradox noch verblüffender zu machen, gewann sie dieses amerikanische Publikum mit zwei Werken, die ganz unmittelbar ihrer Emigrationserfahrung entstammten: *The Origins of Totalitarianism* (dt.: *Elemente und Ursprünge totaler Herrschaft*) und *Eichmann in Jerusalem: A Report on the Banality of Evil* (dt.: *Eichmann in Jerusalem. Ein Bericht von der Banalität des Bösen*). Nur wenige andere Flüchtlingsautoren konnten sich so erfolgreich von europäischen auf amerikanische Thematiken umstellen. Daß sie schließlich als Kommentatorin amerikanischer Politik eine Autorität wurde, verdankt sie der Reaktion auf ihre Arbeiten über Europa. Eine Zeitlang galt sie bei vielen Amerikanern als die Intellektuelle der Stunde, und es ging ihr der Ruf voraus, die «first lady» der jüdischen Literatur zu sein. Doch obwohl sie sich selber gleichblieb, mußte sie in späteren Jahren feststellen, daß sie für die amerikanische Rechte eine Geißel und für das jüdische Establishment eine Verräterin geworden war. Als deutlich wurde, wohin ihre Vision – die Vision einer Emigrantin – ging, kam es um sie zu einer erbitterten öffentlichen Kontroverse – und mit ihrer Berühmtheit wuchs ihre Einsamkeit.

Wenn Hannah Arendt exemplarische Lebensläufe verfolgte, betonte sie mit Nachdruck, daß der Charakter das am wenigsten Subjektive daran war: Er wurde geprägt von historischen und politischen Ereignissen, lag «jenseits der Kontrolle des Subjekts». Doch angesichts ihrer Fähigkeit, Leser aufzuschrecken und wütend zu machen, gestand sie zu, «daß der Ton... die Person ist». Hannah Arendts Ton ist ein charakteristisches Erbe ihrer Tradition und ihrer Erfahrung, und vielleicht war es gerade dieser der Tradition entwachsene Ton, der ihr half, das Exil durchzustehen.

Vor allem war Hannah Arendt unsentimental. 1946 schrieb sie eine reizende, kurze Besprechung («The Streets of Berlin») über ein Buch mit Berliner Gassenhauern und definierte die Berliner Sensibilität als «extreme Skepsis und Verstandesschärfe verbunden mit einfacher Freundlichkeit und einer großen Angst vor Sentimentalität», Attribute, wie sie auch Hannah Arendt eigen waren. Wenn es das war, was Gershom Scholem meinte, als er in ihren schriftlichen Äußerungen über Juden «Herzenstakt» vermißte, hätte sie dem zweifellos zugestimmt: Herzenstakt kam einem Verzicht auf intellektuelle Schärfe gefährlich nahe. Und gerade das würde jüdischer Geschichte wohl eher zum Schaden denn zum Nutzen gereichen, wie man aus der Verachtung schließen kann, mit der Hannah Arendt den nach dem Krieg in Deutschland wie in Amerika gleichermaßen populären Trend bedachte, «Grauen auf Sentimentalität zu reduzieren», indem man etwa eine Anne Frank zur Heiligen machte. Ihren eigenen Helden und Heldinnen gegenüber enthielt sich Hannah Arendt jeglicher Sentimentalität. Die schmerzlichen Briefe Rosa Luxemburgs aus dem Gefängnis konnte sie als irrelevant abtun, ihren persönlichen Reiz zu schildern, hieße, ihr unzulässiges Pathos zu verleihen. Auch Brecht, dessen Talent sie ebenso verehrte, wie sie seine Politik verabscheute, war, davon ging sie aus, im Unterschied zu seinen Mit-Emigranten frei von Selbstmitleid und darum prädestiniert, das Lied der Emigration zu singen.

«Reichlich ironisch» sei ihr Ton, teilte sie einem jungen deutschen Journalisten mit. Das war er in der Tat. Wenn man sie mißverstand oder falsch darstellte, geriet sie außer sich, doch wenn sie die Gefühle anderer verletzte – nun ja, dann mußte das eben sein. Statt zu weinen lachte sie und stellte sich vor, wie sie noch drei Minuten vor ihrem Tod ein letztes Mal lachen würde. Sie überließ es den Nachgeborenen zu entscheiden, ob die ironische, unsentimentale Berliner Art das geeignete Mittel war, sich der Geschichte der deutsch-jüdischen Emigration verstehend zu nähern.

Zu Hannah Arendts philosophischen Lehrern gehörten Karl Jaspers und Martin Heidegger. Nicht irgendeine politische Richtung, sondern «die Tradition deutscher Philosophie» sei ihr Ausgangspunkt gewesen, erzählte sie Scholem. Doch es waren politische Ereignisse, die sie von der Philosophie wegführten, darunter sicher der Flirt Heideggers mit der Nazi-Bewegung. Jahre später konstatiert sie den ganz besonderen Reiz, den Tyrannen auf Philosophen – von Plato bis Heidegger – ausübten, und nimmt davon nur Kant aus, der ihr Lieblingsdenker war (und folglich auch Karl Jaspers, den sie als Kants Erben sah). Ebensowenig teilte sie das traditionelle teutonische Mißfallen an der jeweils gegenwärtigen Welt oder die damit verbundene – sogar von Theodor W. Adorno bekundete – Neigung zum «Heimweh». Hannah Arendt wünschte sich weder in den Himmel, noch in den Elfenbeinturm, noch ins neunzehnte Jahrhundert, noch versprach sie sich etwas von den Wonnen eines Utopia. Hannah Arendt lebte – so auch einer ihrer Titel – «zwischen Vergangenheit und Zukunft», und tröstlich war weder der Blick nach vorn noch der zurück.

Als intellektuelle Apologie dienten ihr die Tatsachen der Emigration. Hitlers Machtergreifung hatte sie zur Vertriebenen gemacht und sie gelehrt, daß die alten Kategorien politischen Denkens und moralischen Urteils ihre Gültigkeit verloren hatten. Ihre Aufgabe war es nun, das Beste aus der Vergangenheit in die Gegenwart hinüberzuretten. Sie las die Werke ihrer Vorgänger, «als hätte sie nie zuvor jemand gelesen», und entdeckte in ihnen Gedanken und Bedeutungen, die Geschichte und common sense widersprachen. Das «Perlenfischen» Benjamins sollte ihr neue geistige Kontinente eröffnen. «Ich pflegte sie liebevoll ‹Chuzpe-Hannah› zu nennen», erzählt ein alter Freund, «denn sie ließ sich mit jedem ein und erneuerte ihn nach ihrem Bilde».

Die wirklichen «Momente der Wahrheit» fand Hannah Arendt in Anekdoten und nicht im philosophischen Diskurs. Und nicht irgendeine philosophische oder metaphysische Sicherheit war es, «durch die wir leben», sondern die Sprache. «Was ist geblieben? Die Muttersprache ist geblieben», sagte sie zu Günther Gaus. Und wenn nicht die Muttersprache, so doch der Mutter-Ton.

Sie war die Tochter reicher Königsberger Juden. Ihr Großvater präsidierte sowohl im Stadtrat als auch in der liberalen jüdischen Kongregation. Es war schon eine besondere Familie. In ihrer Beschreibung der Familie Rosa Luxemburgs finden wir vermutlich auch viele eigene Züge. Die Luxemburgs repräsentierten die sehr kleine, aber in Hannah Arendts Augen beste Minderheit assimilierter Juden, die – frei von nationalistischen Fesseln und Identitäten – Nietzsches Ideal eines Europäers denkbar nahe kam. Familien wie die Luxemburgs und die Arendts gewährten «peer group protection», ein häßliches Wort für ein ganz grundlegendes menschliches Akzeptieren, das Raum gab für politisches Experimentieren und zur «Quelle revolutionären Geistes» wurde. Was die Familie Rosa Luxemburgs vermittelte, war «moralischer Takt», ein schwer zu fassendes Attribut, mit dem Hannah Arendt auch all ihre späteren Helden auszeichnete. Versehen mit moralischem Takt und dem bedingungslosen Rückhalt der eigenen Leute, entwickelten diese Juden ein Selbstvertrauen, das ihnen auch als «Arroganz und Eitelkeit» ausgelegt werden konnte – ein Eindruck, den die Selbstsicherheit Hannah Arendts und ihrer Mit-Emigranten oft hinterließ. Doch zeugen solche Reaktionen, so verständlich sie auch sein mögen, von wenig subtiler Beobachtung. Gemeinsam war diesen Gruppen eine «echte und fast schon naive Verachtung» sozialer und ethnischer Grenzen. Emigranten wie Hannah Arendt mögen Snobs gewesen sein, doch ihre Kriterien waren die geistiger Leistung und hatten nichts zu tun mit Reichtum oder sozialem Status.

Hannah Arendt war beides, loyale Tochter und geistige Rebellin. Ihre Mutter, Martha Cohn, war Anhängerin Rosa Luxemburgs und Sozialistin – was Hannah Arendt öffentlich wiederholt bestritt, obwohl auch ihr erster Mann, Günther Anders (damals noch Günther Stern), Marx-Sympathisant war. Noch mehr befremdete sie das psychoanalytische Interesse ihrer Mutter, und zu allem Übel war William Stern, der Vater ihres Mannes, Kinderpsychologe. Doch das alles ließ sich mit Gleichmut ertragen, denn Hannah Arendt wußte zwischen persönlicher Loyalität und intellektuellem Standort sehr wohl zu unterscheiden. Das war auch der Geist, in dem viele Jahre später Günther Anders Hannah Arendts zweitem Mann, Heinrich Blücher, seine New School-Professur überließ.

Daß Hannah Arendt jeglicher Innerlichkeit mißtraute, war auch eine Reaktion auf die Depressionen, die sie in ihrer Jugend seit dem Syphilis-Tod ihres Vaters heimgesucht hatten. Ihre Biographin Elisabeth Young-Bruehl schreibt, daß sich Hannah Arendt nach der Zurückweisung durch Heidegger auf masochistische Weise selbst erniedrigte und während ihrer Internierung in Frankreich kurzzeitig mit dem Gedanken an Selbstmord spielte. Depressionen, wie sie andere Flüchtlinge überwältigten, waren ihr also nicht fremd. Überdies konnte sie, wie ihre Freunde wußten, außerordentlich dickköpfig sein, wenn sie sich über etwas ereiferte – das Bild des hochfahrenden und reizbaren Emigranten kam nicht von ungefähr. Man hätte von ihr also durchaus Toleranz gewissen emigrantischen Schwächen gegenüber erwarten können, aber ihr preußisches Erbe gestattete keine Rücksicht auf rein Persönliches. Selbstreflektion, hatte Brecht gesagt, sei der Produktivität hinderlich. Für Hannah Arendt war das auf dem Feld der Politik nicht anders.

Auch ihr Widerwille gegen *Schmus* war politisch. Als nicht-jüdische Freunde Anfang der dreißiger Jahre einmal davon sprachen, daß sie jenseits üblicher Kategorien stehe, Europäerin sei, einfach Mensch, hielt sie solchen «Dummheiten» entgegen, alles was sie sei, sei Jüdin. Jeder Versuch, ihre soziale Identität auszuweiten, würde verschleiern, in welcher unmittelbaren Gefahr sie schwebte. Auch wenn Hannah Arendt sich zur Sprache äußerte, ging es ihr um Politik. Ihre Kritiker mögen in vielem recht haben, aber sie irren, wenn sie ihre Betrachtungen über die Banalität von Sprache für rein ästhetische Betrachtungen halten. 1933 initiierte Günther Anders in Berlin ein Seminar über Hitlers *Mein Kampf* und bewies damit einzigartigen Mut. Ein Freund erinnert sich, daß Anders große Schwierigkeiten hatte, Teilnehmer zu finden. Die Intellektuellen waren entweder naiv oder fürchteten sich vor dem, was die genaue Lektüre von Hitlers Buch an den Tag bringen würde. So machte Hannah Arendt frühzeitig die Erfahrung, daß die deutschen Juden genauso bereitwillig die Augen vor unangenehmen Wahrheiten verschlossen wie alle anderen auch. Solche Erfahrungen trugen bei zur Vorbereitung auf ein Leben des Stellungbeziehens um den Preis oft fast vollständiger Isolation, durch das sich wie ein roter Faden das Bemühen ziehen sollte, gelesenen Texten – sei es *Mein Kampf* oder die Aussage Adolf Eichmanns – ihre Bedeutungen abzuringen.

Tatsächlich trieb sie die Beschäftigung mit der Sprache in die Emigration. Ihr Freund, der Zionist Kurt Blumenfeld, übertrug ihr die Aufgabe, den Gebrauch antisemitischer Ausdrücke – der sogenannten Greuelpropaganda – in der Arbeiterklasse zu untersuchen. Bezeichnenderweise machte sich Hannah Arendt, die «Pallas Athene» ihrer zionistischen Clique, ihre Notizen zur Vulgärsprache auf Griechisch. Weil sie Kommunisten in ihrer Wohnung beherbergte, aber auch wegen dieser wissenschaftlichen Untersuchung wurde sie von den Nazis verhaftet – wie die Übeltäterin selbst sahen sie in der Sprachanalyse eine radikale politische Aktion. Acht Tage verbrachte sie im Gefängnis. Die Untersuchung gegen sie ging allerdings weiter, und so verließ sie illegal das Land. Wenn Hannah Arendt schreibt, daß Augustinus die Rettung aus geistigem Dilemma in der Sprache selbst und ihren grammatischen Lösungen fand, hört sich das wie akademischer small talk an. Doch niemals, vom Arrest, den sie sich für sprachliche Analyse einhandelte, bis hin zu ihrer späteren Überzeugung, daß von der Vergangenheit nur die Muttersprache bliebe, war für sie die Beschäftigung mit Sprache eine akademische Angelegenheit.

Nach ihrer Flucht aus Deutschland lebte Hannah Arendt in Prag, Genf und Paris. Daß Palästina jüdischen Flüchtlingen Zuflucht bot, brachte sie dem Zionismus nahe. In Paris arbeitete sie für die zionistische Jugend Aliyah, die sich bemühte, die Rettung jüdischer Kinder zu organisieren. Mit tiefem Argwohn betrachtete sie das jüdische Establishment. Was sie bei den Rothschilds beobachtete, bestärkte sie in der Überzeugung, daß solche Philanthropen fortfahren würden, die Armen zu begönnern und die Reichen zu hofieren – daß mit anderen Worten auf diese Leute als Verfechter jüdischer Interessen in anderen Ländern nicht zu rechnen war. In Paris trennte sich Hannah Arendt von Günther Anders und heiratete Heinrich Blücher, einen trotzkistischen Arbeiter, der später an amerikanischen Colleges Philosophie lehrte. Einige Zeit verbrachte sie im französischen Internierungslager für feindliche Ausländer in Gurs, bevor sie 1941 zusammen mit Mutter und Ehemann New York erreichte. Mutter und Tochter fanden schnell Arbeit. Die Mutter arbeitete wie viele Flüchtlingsfrauen als Näherin, und binnen kurzem befand sie sich zusammen mit ihren Kolleginnen im Streik – ein schönes Beispiel von Klassenbewußtsein inmitten des Elends der Emigration. Die Tochter fand eine Stelle als Forschungsleiterin der Conference of Jewish Relations. Nebenbei schrieb sie. Im November 1941 hatte sie im *Aufbau* ihren Aufsatz «Die jüdische Armee – der Beginn einer Jüdischen Politik» veröffentlicht, ein Aufruf an das jüdische Volk, für seinen eigenen Schutz zu sorgen. Das Ganze war zweifellos weltfremd, warf aber Fragen auf, denen sie sich zwanzig Jahre später in ihrem Eichmann-Buch wieder zuwandte.

Einige Monate lang schrieb sie unter dem Titel «Das betrifft Dich» für den *Aufbau* eine Kolumne. Immer wieder betonte sie die Notwendigkeit einer neuen jüdischen Politik, und wieder einmal bezog sie eine Position jenseits der Norm. Sie war radikal, ohne Marxistin zu sein, agitierte militant für eine jüdische Armee, stand einem jüdischen Staat aber mit Vorbehalten gegenüber. Sie war eine europäische Zionistin, die sich unter dem Eindruck ihrer amerikanischen Erfahrungen ihres Zionismus schnell entledigte. 1943 schlug sie eine Föderation zwischen Juden und Arabern nach dem Modell der Vereinigten Staaten vor. Ihrer Eichmann-Analyse vorgreifend schildert sie Heinrich Himmler als Spießbürger, als Babbit oder Philister. (Ihr Freund Heinrich Pachter wandte ein, das eigentliche Problem sei nicht Himmlers mangelnde intellektuelle «Qualität», sondern sein Mißbrauch politischer Macht.)

Neben diesen pointiert politischen Artikeln schrieb sie für den *Aufbau* und andere jüdische Zeitungen eine Reihe von Essays über das Flüchtlingsleben. Diese Essays sind literarischer als fast alles, was Hannah Arendt sonst schrieb, und führen – voller literarischer Anspielungen, politischen Bezügen und dichten poetischen Bildern – Emigrantenkonversation auf höchstem Niveau vor. Bereits hier wählt sie die Offensive: «Ich spreche von unpopulären Tatsachen», schreibt sie, jetzt wie später in ihrem Willen zur Wahrheit die Ächtung herausfordernd. Der Ton, den sie für die Wahrheit wählt, ist witzig und rauh, eine journalistische Variante der Berliner Schnauze.

Hannah Arendt war zu dem Schluß gekommen, daß andere Emigrantenschriftsteller nicht nur literarisch, sondern auch sozial und politisch versagt hatten. Vor allem war da der jämmerliche Stefan Zweig, dessen Freitod viele Emigranten als Verrat empfanden (interessanterweise hatte Zweig Hannah Arendt in Paris kurze Zeit als Sekretärin beschäftigt). Für Hannah Arendt war dieser Tod das vorhersehbare Ende eines in Verkennung und Verleugnung der Wirklichkeit verbrachten Lebens. Weil Zweig keinerlei Sinn für Politik hatte – und auch noch stolz darauf war – mißinterpretierte er in seinen nostalgischen Lebenserinnerungen *Die Welt von gestern* die Zeit vor dem Ersten Weltkrieg als goldenes Zeitalter der Sicherheit und Geborgenheit. Seinerzeit in Wien war das Theater die Schule des Ruhms, verkörpert durch den Schauspieler, und die Hierarchie des Ruhms nur eine Kostümprobe für das Starsystem. Als logische Folge verwechselte Zweigs Generation der kulturellen Chamäleons Reputation mit Macht. Sie produzierten kitschige Phantasien und enthielten ihrem Volk die praktische Information vor, die es zum Überleben in einer nicht-jüdischen Welt brauchte.

Hannah Arendt wies einen besseren Weg, um öffentlich und sichtbar zu werden. Im Unterschied zu denjenigen Emigrantenschriftstellern, die sich gewissen Realitäten einfach verschlossen, wollte sie nicht-jüdischer Macht mit jüdischer Wahrheit begegnen, auch wenn ihr einziges Publikum für den Augenblick «wir Flüchtlinge» waren. Den Humor hatte sie mit dieser Gruppe gemeinsam, doch wenn sie auf Flüchtlingswitze anspielte – etwa auf die Geschichte jenes Emigranten-Dachshundes, der seinem früheren Bernhardinerdasein nachweint oder auf den von ihr erfundenen typischen Flüchtling «Hans Cohen aus Berlin» –, dann geschah das, um die Emigranten auf den Boden der Tatsachen zurückzuführen. Genug der Fiktion, genug des Theaters, genug des Ruhmes.

Ihr Essay «We Refugees» beginnt bezeichnenderweise mit einer Bedeutungsanalyse des Wortes, gefolgt von einer Widerlegung seines üblichen Gebrauchs. Ihr ironischer Ton unterscheidet zwischen den «Flüchtlingen», deren einer sie offensichtlich war, und einem «wir», zu dem sie lieber nicht gehören wollte: «Wir» mögen das Wort nicht, mit dem man uns benennt; nennt uns Einwanderer oder besser noch Neuankömmlinge; wir «haben nichts getan» (ein sehr unbefriedigender Einwand für Hannah Arendt, die die Aktion schätzte). Jedermann weiß, daß Flüchtlinge entweder Radikale sind – obwohl wir «keiner radikalen Meinung» anhingen – oder Juden. Also bitte laßt uns zufrieden mit der «sogenannten Judenfrage», die Anführungszeichen hingeworfen mit der Verachtung eines Reisenden, der auf seinen Flug von Gstaad nach St. Moritz wartet. Hannah Arendt empörte die Weigerung von Emigranten, sich zu ihrem Judentum zu bekennen. Obwohl sie Deutschland unter anderem verlassen mußte, weil sie Kommunisten Obdach gewährt hatte, und obwohl ihre beiden Ehemänner politische Radikale waren, lebte sie in dem Bewußtsein, daß einzig ihre jüdische Identität die Flüchtlinge zu Opfern gemacht hatte. Ihr Schicksal war ein gemeinsames, und sich dieser Erkenntnis zu verweigern. war für sie Zeichen eines lächerlichen Inselbewußtseins. So war es kein Wunder, daß sich die Juden der einzelnen europäischen Länder vor Hitlers Schergen sicher fühlten und Gefahr nur für den vulgären «Jud» der Nachbarländer sahen. Und weil – das war der grausame Witz der Geschichte –, diesen Juden bei der Einschätzung ihrer Lage eine internationale Perspektive fehlte, konnte Hitler seine Absicht in die Tat umsetzen. Das sind die Gedanken, die hinter dem an anderer Stelle zitierten Satz Hannah Arendts stehen, daß nur wenige Flüchtlinge den Mut gehabt hätten, die Wahrheit zu sagen.

Sie verstand die allgemeine Verwirrung: Wir haben unser Heim, unseren Beruf, unsere Sprache verloren. Aber statt uns unserer Verluste und deren historischer Bedeutung zu erinnern, sollen wir sie vergessen. Wir waren keine Europäer, sondern lebten in einer Art «unbewußten Exils», waren, wie Max Ascoli einmal schrieb, Amerikaner, die darauf warteten, geboren zu werden. «Untereinander sprechen wir nicht über die Vergangenheit.» Die Vergangenheit, die wir verleugnen, ist in Wirklichkeit die Gegenwart: die Konzentrationslager, in denen jetzt andere Juden sterben. Wir blicken in die Zukunft. Die «Gegenwartsgeschichte» erzählt uns nur, daß wir Juden sind und ohne Heimat. Zugleich mit der Vergangenheit verweigern wir uns auch Geschichte und Politik. Unsere Führer in die Zukunft sind die Sterne und die Kunst der Schriftdeutung, die Astrologie und die Graphologie. Ergebnis ist ein «ungesunder Optimismus», der keinerlei politische Stütze hat, sondern Maske einer tiefen Todessehnsucht ist, denn der Tod scheint das eigentliche Ziel solcher lebensverleugnender Spiele.

So nehmen wir uns das Leben und hinterlassen heitere Briefe, als wollten wir die Aufmerksamkeit von unserer Tat ablenken. In einem persönlichen Exkurs erinnert sich Hannah Arendt ihres Aufenthalts in Gurs. Nicht einmal hier war Selbstmord eine mögliche Entscheidung, denn man wäre «asozial» gewesen und unbekümmert um «die allgemeinen Belange», hätte man das Geschehene einzig als persönliches und individuelles Pech gesehen. Da der monolithische Apparat nicht exklusiv gegen einen selbst gerichtet, man selbst vielmehr nur einer von zehn Millionen europäischen Juden ist, ist Selbstmord mehr als sinnlos, ein Affront gegenüber der Gruppe. Hinter emigrantischen Selbstmorden steht für sie die Niederlage des Statusverlustes, eine trügerische Identifikation mit den unterdrückenden Mächten: «Sie sterben an einer Art Selbstsucht.»

Ebensowenig wie solche aus Egoismus geborenen Verzweiflungsakte tolerierte sie Selbstbesessenheiten. Ihre Essays der vierziger Jahre sind voll von verachtungsvollen Kommentaren über individuelle Biographie. Psychoanalyse und populäre Lebensbeschreibungen waren ihr verächtlich, das eine nannte sie Gaukelei, das andere kommerziellen Klatsch. Sie verschmilzt soziale und psychologische Sichtweise, reiht das Individuum in die Gruppe ein, als sei jeder, der die Norm sprengt, ein Irrläufer: Das menschliche Leben müsse nominal, nicht exzeptional sein.

Die Juden brauchten Alternativen zur Passivität der Selbstbetrachtung. In einem Essay von 1944 stellt Hannah Arendt den Paria und den Parvenü einander gegenüber. Für sie waren die hervorragendsten jüdischen Eigenschaften – «Menschlichkeit, Humor, uneigennützige Intelligenz» – Paria-Qualitäten; die jüdischen Fehler dagegen – Taktlosigkeit, politische Dummheit, Inferioritätsgefühle, Geldschneiderei – zeichneten den Parvenü aus.

Die Emigranten sollten weder Parias bleiben – das waren sie lange genug gewesen – noch nach dem schalen Lohn des Parvenü-Daseins streben, sondern als Gruppe ihr Pariasein überwinden. Nur wenn es sich innerhalb eines Volkes verwirklicht, kann menschliches Leben nominal sein, der Plural bereitet den Weg für den Singular. Zwar galt ihr Vorwurf nahezu jedem in der Emigranten-Gemeinde, doch darüber hinaus war sie von einem fast kindlichen Vertrauen. «Die wenigen Flüchtlinge, die auf der Wahrheit bestehen», werden wenig Sympathie ernten, aber Zugang zu Geschichte und Politik finden, die damit «nicht länger ein Privileg der Nicht-Juden» sind. Bekennt euch zu dem, was wir sind, ermutigt sie ihre Leser, und wir können die «Avantgarde» aller Nationen werden.

So forderte Hannah Arendt sie alle heraus. Ihr Ton war der des literarischen Manifestes. Für andere Flüchtlingsschriftsteller hatte sie wenig Sympathie. Die meisten von ihnen «erinnerten sich an alles und vergaßen, worauf es ankam», schrieb sie in ihrem Brecht-Aufsatz. In ihrer Selbstbesessenheit vernachlässigten sie die Welt, begaben sich des einzigen, was Bedeutung hatte. «Überbringer schlechter Nachrichten» hätten die Emigrantenschriftsteller nach Brecht sein sollen. Aber sie hatten die Nachricht unterwegs vergessen.

Am weitesten hatte Hannah Arendt sich von den Emigranten der Frankfurter Schule entfernt. Die Entfremdung war persönlicher, politischer und philosophischer Natur. Sie verzieh Adorno und Horkheimer niemals, daß sie Walter Benjamin über ihre Unterstützung seines Visumbemühens im unklaren gelassen hatten. Sie gab zu, daß sie sich schließlich doch dazu durchgerungen hatten, glaubte aber, daß sie die Hand auf einigen von Benjamins besten Arbeiten hatten und diese erst nach 1945 der Öffentlichkeit zugänglich machten. Auch der Hegelianismus der Frankfurter mißfiel ihr. Sie denke «kritisch», sagte sie kurz vor ihrem Tod, und bedauerte dann, dieses Wort gewählt zu haben, weil es einen Zusammenhang mit der Frankfurter Schule nahelege. Sie wehrt sich gegen den Hegelianischen Trick, demzufolge sich ein Begriff, ganz aus sich selbst heraus, in sein *Negativ* zu entwickeln beginne. «Das stimmt nicht», sagt sie. «Aus *gut* wird nicht *schlecht* und aus *schlecht* wird nicht *gut.*»

Das läßt wenig Zweifel an ihrer Verachtung. Aber auch ihr hat man vorgeworfen, die Realität der Tatsachen zu verlassen. Einem anderen Emigranten, dem anglo-österreichischen Marxisten E. H. Hobsbawn, erscheint ihr Werk als «Kreuzung zwischen literarischer Psychologie... und sozialer Prophetie». Er findet es unfair, ihr «intellektuelles Drama wie in Schillers *Don Carlos* mit der Elle der Fakten zu messen». Gegen die Vorstellungswelt Hannah Arendts ihre historischen Irrtümer ins Feld zu führen, sagt er, hieße, die Ebene des Diskurses zu wechseln.

Hannah Arendts erste amerikanische Jahre waren eine Zeit, «in der wir alle arm waren». Sie arbeitete als Lektorin bei Schocken Books und betrieb mit viel Einsatz den neuen amerikanischen Erfolg von Franz Kafka. Obwohl sie sich dem Kampf gegen die Exzesse der Publicity verschrieben hatte, war sie doch ihrerseits, wie sich ihr Freund Hans Jonas erinnert, «eine sehr gute Publizistin». Schließlich begann sie, ermutigt von amerikanischen Freunden, auch für amerikanische Zeitschriften zu schreiben. Randall Jarrell redigierte eine Reihe von Aufsätzen, die sie für *The Nation* schrieb. 1946, in einer Besprechung von John Dewey, behandelt sie zum erstenmal amerikanische Themen im typischen Arendt-Stil. Sie hinterfragt den naiven Optimismus des Philosophen in Sachen historischen Fortschritts – Jahre später erinnert sie sich, daß seinerzeit ein Herausgeber der *Partisan Review* grollte: «Sie glaubt nicht einmal an den Fortschritt» – und erwähnt die Situation von Lagerinsassen, deren Leben sogar den bloßen Anschein menschlichen Sinns und Wertes verloren habe. Nicht daß sie Geschichte einzig als Drama des Niedergangs sah. Aber sie lehnte es ab, sich auf der «Spielwiese der Mythologie», welcherart diese auch immer sei, zu tummeln. Mit epigrammatischer Keckheit schickt sie Dewey in einen «Elfenbeinturm des common sense».

Lieber schrieb sie über die Werke ihrer Freunde Hermann Broch (*Der Tod des Vergil*) und Robert Gilbert (*Meine Reime Deine Reime*) und entdeckt bei diesen beiden höchst unterschiedlichen Autoren eine gemeinsame Verachtung für Kitsch. Während dieser Zeit machte sie die Leser der *Partisan Review* auch mit Existentialismus und Todesphilosophie bekannt. Aber Brochs Umgang mit dem Tod und seine Vorstellung, daß wir alle auf einer Brücke stehen, die sich spannt «zwischen Unsichtbarkeit und Unsichtbarkeit», und gleichwohl vom Strom fortgerissen werden, war ihr näher. Es war eine freundliche Art, darauf hinzuweisen, daß das Bewußtsein der Sterblichkeit nur insofern nützt, als es Licht wirft auf das Leben vor dem Tode.

Sie blieb ihren Emigrantenfreunden zwar verbunden, pflegte aber auch die Freundschaft mit einer neuen Gruppe amerikanischer und englischer Schriftsteller, darunter Jarrell, Dwight Macdonald, Mary McCarthy und W. H. Auden. Ihre Zuneigung zu diesem Land und seinen politischen Institutionen war sehr stark. Für jemanden, der die Nazifizierung der deutschen Sprache analysiert und dafür aus Deutschland hatte fliehen müssen, war die Freiheit der Meinungsäußerungen, die Amerika gewährte, eine Sache des Stolzes (obwohl sie während des Kalten Krieges kaum ihre kühnste Verfechterin war). Ende der vierziger Jahre sollte sie junge Amerikaner wie Irving Howe in die Tugenden der Verfassung einführen, aber jetzt lagen ihr in erster Linie die Ereignisse in Europa am Herzen. Sie unternahm große Anstrengungen, um in dem scheinbar sinnlosen Hinschlachten von elf Millionen Menschen – Polen, Zigeunern, Homosexuellen und vor allem Juden – doch Sinn zu finden. Hannah Arendts erste wichtige Studie, *The Origins of Totalitarianism* (1951) macht mit ihrem fast zwanghaften Inspizieren und Interpretieren von Datenmaterial und ihrer dichten, gelegentlich nahezu klaustrophobischen Sprache den Eindruck, als wende hier jemand jede ihm zur Verfügung stehende Strategie und jedes verfügbare Stück Information auf, um sich von einem Alptraum zu befreien.

Den Titel des Buches fand die Autorin selber schlecht gewählt. Allein das Wort «Ursprung» impliziert eine Methodologie, doch nach eigenem Bekenntnis machte sie kaum Gebrauch von den «offiziell anerkannten Instrumenten». Das Buch ist der idiosynkratische Versuch, mit Hilfe eklektischer Mittel und unter Verzicht auf das Sicherheit gewährende geistige Instrumentarium einer Disziplin etwas «radikal Neues» zu verstehen. Es ist ein Autorenbuch geworden, geschrieben von jemandem, dessen ganze Wahrnehmung geprägt ist von der Emigrationserfahrung. Das wohl schmerzlichste Bild des Buches ist das eines Geschöpfes des zwanzigsten Jahrhunderts: des vertriebenen, staaten- wie heimatlosen Menschen, des Apatriden. Da der Expatriierte weder politischen Rückhalt besitzt noch auf üblichem Weg Ansprüche einklagen kann, glaubt Hannah Arendt sich berechtigt, die verschiedenen und widersprüchlichen Faktoren zu umreißen, die es soweit haben kommen lassen.

Der Expatriierte wurde seines Platzes in der Welt und folglich aller dazugehörigen Rechte beraubt. Paradoxerweise ist er besser dran, wenn er ein Verbrechen begeht.

Bricht er das Gesetz, wird das Gesetz ihn zur Kenntnis nehmen: Besser Gefängnis als das Konzentrationslager. Introspektion und persönliche Gefühle – Sentimentalität, wenn man will, oder häusliche Sorgen – werden irrelevant, denn der staatenlose Mensch muß sich einlassen auf ein Wagnis mit ungewissem Ausgang, muß sich verlassen auf Freundschaft und Sympathie, die in den seltensten Fällen stark genug sind. Menschenrechte werden zum kitschigen Slogan in einer Zeit, wo an «der abstrakten Nacktheit des Menschseins» nichts Heiliges mehr ist. Nicht, daß sie nicht bereit war, die «absolut einmalige Individualität» jedes Menschen zu respektieren, doch behauptet sie, daß diese Individualität jegliche Bedeutung verliere, solange es keinen Platz auf der Welt gibt, wo sie sich äußern kann. Der wirkliche Held des Buches ist der expatriierte, zwangsdeportierte Mensch. Er hat keinen Namen, aber gerade seine Namenlosigkeit und Unsichtbarkeit werfen dunkle Schatten auf all die Berühmten, die ihn in dieses Elend getrieben haben.

Wie gewöhnlich ist Hannah Arendt dann am besten, wenn sie eine Geschichte erzählt, die ihr vertraut ist. Daher ist der Abschnitt über den Antisemitismus, für den sie viele Anleihen bei eigenen früheren Aufsätzen macht, der für den Leser wohl befriedigendste. Obwohl sie Fiktion und jeglichen Anflug des Konfektionierten verschmäht, macht das Buch gelegentlich den Eindruck, als führe es Balzac oder auch Stendhal ins zwanzigste Jahrhundert hinein fort, für die, so sagt sie, menschliche Leidenschaften und menschliches Geschick soziale und politische Phänomene gewesen seien.

Sie erzählt die Familiengeschichte eines assimilierten bürgerlichen Juden. Trotz ihrer Angriffe auf den Marxismus teilt sie dessen Verachtung für die Bourgeoisie. Diese Juden opfern den «Charakter» der Bequemlichkeit, die Solidarität dem sozialen Erfolg, daher ihre hurtige Anbiederung an das Establishment und ihre antisemitischen Vorbehalte gegen die ärmeren Ostjuden. Beifällig zitiert sie die Attacken von Heine, Marx und Karl Kraus auf jüdische Geschäftsleute und Journalisten. Der Haß auf die Bourgeoisie schlägt sich auch nieder in der Behauptung, die Moderne sei, ohne Marx nahe treten zu wollen, «nicht das letzte Stadium des Kapitalismus, sondern das erste Stadium in der politischen Rolle der Bourgeoisie». Hobbes, so sagt sie, hatte völlig recht mit seiner Einschätzung des bürgerlichen Charakters. Der Bourgeois ist ein Mensch, dem fehlt, was Rosa Luxemburg moralischen Geschmack nennen würde. Jüdischer Chauvinismus ist ihr, wenn auch in geringerem Ausmaß, ebenfalls zuwider. Besonders schlimm findet sie den sich gegenwärtig vollziehenden Wechsel vom Judaismus als einer Religion zum jüdischen Wesen als kulturellem Stil, und stellt fest, daß sich die Juden mit der Idee eines erwählten Volkes, auch wenn sie damit erklärtermaßen keine politischen Ziele verfolgten, selbst zum logischen Feind der pan-nationalistischen Bewegung machten, die im neunzehnten Jahrhundert Europa überschwemmt hatten.

Sie schimpft über die Besessenheit, mit der Bürgerväter dem historischen Fortschritt anhängen, und zitiert – vielleicht zum ersten Mal auf englisch – Walter Benjamins Bild des Engels der Geschichte, der auf seine geschlachteten Opfer zurückblickt. Stets auf den eigenen Vorteil bedacht, hatten diese Väter für politisches Handeln nur wenig Sinn.

Ihre Söhne waren nicht viel besser. Statt zu ihrer eigentlichen – öffentlichen und politischen – Rolle zu finden, pflegten sie ihr «künstlich kompliziertes Innenleben». Fast finden wir Prousts Beobachtung wieder, daß der gefühlsbetonte, zur Selbstdramatisierung neigende Jude, zusammen mit Außenseitern und Randgruppen, in der fin de siècle-Gesellschaft zur exotischen Gestalt werden mußte. (Eine annähernd gleiche Mischung von Juden, Radikalen und Homosexuellen bevölkerten die Salons vieler Emigranten, darunter Salka Viertel – und Hannah Arendt.) Der Preis für solchen Eintritt in die Gesellschaft war groß, denn im Bewußtsein eben dieser Gesellschaft gerieten sie in den Sog des Außenseitertums.

Andere Bürgersöhne verweigerten sich den Segnungen von Geld und Status und wurden Sozialisten und Künstler. Und die Besten wollten überragende geistige Kraft nicht mehr bei ihrem traditionellen Namen rufen lassen: «Mein Sohn, das Genie», das wollte keine von ihnen mehr sein, denn sie sahen, daß der Genius, besonders der jüdische Genius, «eine Art Ungeheuer» geworden war. Wenn Brecht und die Bauhaus-Künstler in den zwanziger Jahren im Genie nicht mehr sehen wollten als die Verbindung von Logik und Kunstfertigkeit, war das unausgesprochen gegen die bürgerliche Überhöhung des Individuums gerichtet.

Doch wie ihre Philister-Väter arbeiteten auch die Bohemien-Söhne letztlich auch dem Antisemitismus zu: alles mögliche beschäftigte sie, nur das Wichtigste nicht, die Politik. Hannah Arendt schlägt eine Geschichte vor, in der die Nachfahren Balzacscher Bürger und Proustscher Neurastheniker in Auschwitz auftauchen. Eine Version dieser Geschichte wird sie Jahre später einholen, wenn jüdische Bürger in ihr schließlich die Feindin erkennen.

Hannah Arendts Antisemitismus-Analyse ist unverkennbar das Ergebnis von Jahrzehnten des Zorns und des Nachdenkens und besitzt die Eindringlichkeit großer Literatur. Das ist sie wirklich, die Realität, die «Wir Flüchtlinge» verleugnet hatten. Ihre nachfolgenden Untersuchungen sind weniger überzeugend, vielleicht, weil sie als Fiktion nicht so kohärent sind. Der Abschnitt mit dem Titel «Imperialismus» enthält interessante Charakterskizzen, die an den frühen Joseph Conrad erinnern. Auf bewundernswerte Weise bringt Hannah Arendt die Massaker in Afrika in einem gesamteuropäischen Rassismus in Verbindung, zieht insbesondere die Parallele zwischen dem deutschen Gemetzel in Südostafrika und Kaiser Wilhelms verbaler Kraftmeierei gegen die «gelbe Gefahr». Aber sie macht sich auch eines gewaltigen Irrtums schuldig, wenn sie – zwar nicht rassistisch in der Absicht, so doch in dem, was ihre seltsamen politischen Kategorien nahelegen – die Massaker an afrikanischen Eingeborenen, fast kann man es als Entschuldigung verstehen, damit erklärt, daß diese unkultivierten Menschen es nicht zu einer sozialen Welt gebracht hätten. Im Unterschied zu Chinesen und Indern mit ihren komplexen Organisationsformen seien sie im Zustand «natürlicher Menschen» verblieben. In «einem merkwürdigen Sinn» begannen so die wirklichen Verbrechen erst in China und Indien. Man braucht nicht erst Lévy-Strauss zu bemühen, um solche Sichtweise afrikanischen Lebens mehr als naiv zu nennen. Wie andere Intellektuelle unter den Emigranten war auch Hannah Arendt den eher demotischen Formen von Kultur gegenüber recht ignorant.

Verächtlich schreibt sie über die aufgeblasenen Titanen, die sich aufmachten, die Welt zu kolonialisieren. Weil sie in deren imperialistischer Ideologie einen Vorläufer des faschistischen Terrors sieht, gilt ihre Sympathie deren letztlichem Opfer. Ungleich den berühmten Bankiers und Kaisern bleibt diese Person namenlos. Ihr gesellschaftlicher Status kommt nicht einmal dem eines gemeinen Verbrechers gleich, und sie besitzt individuelle Züge nur insoweit, als sich die soziale Unterdrückung eines Landes von der eines anderen unterscheidet.

Der folgende, mit «Totalitarianismus» überschriebene Teil ist eine Mischung aus einfachem Bericht, scharfsinniger Analyse und tendenziöser Argumentation. In unglücklicher Analyse beschreibt Hannah Arendt die Masse als «essentiell heimatlos», verurteilt zu vereinzelter Existenz, insgesamt ein «Verdikt gegen die Welt». Neben der Anonymität der Masse gibt es noch den unbarmherzigen Wahnsinn des Mob. Nur zwei Gruppen sind dagegen immun: die Amerikaner, die die Gewalt des Mob am wenigsten kennen (soviel zu einem Jahrhundert der Lynchjustiz), und die Marxisten, die auf eine Allianz von Mob und Kapital ebensowenig vorbereitet waren wie auf den extremen Nationalismus des Proletariats. Seinen größten Fehler, so glaubt sie, machte der Marxismus, als er die Macht des Rassismus unterschätzte: Nicht Profitdenken hatten Millionen von Juden, Zigeunern und Polen weltlos gemacht.

Daß ihre Interpretationen widersprüchlich und paradox sind, gesteht sie zu. Die Amerikaner mögen dem Mob naiv gegenüberstehen, doch die Nazi-Propaganda holt sich ihre Inspirationen in der Madison Avenue, und die Infrastruktur der Nazis gleicht der amerikanischer Verbrecherorganisationen (wiewohl sie Franz Neumanns Beschreibung von Deutschland als einer Verbrecherbande und Konrad Heidens Theorie einer Cliquenregierung zurückwies: für sie ging alle Autorität von Hitler und Stalin aus, womit die Sowjetunion nach Stalins Tod natürlich aus ihrer Kategorisierung hätte herausfallen müssen). Sie wußte, daß es Rassismus nicht nur in Deutschland gab, daß der Jude überall in Gefahr war. Und so, wie sie einst neo-katholischen Journalisten den Trost eines «kämpferischen Glaubens» zugestanden hatte, kondiziert sie jetzt, daß die Massen aus den Beteuerungen ihrer Ideologie durchaus ein Gefühl von Würde und Schutz beziehen.

Wundester Punkt des Buches ist die bittere Analyse der Sowjetunion. Zugegebenermaßen lebte Stalin noch, als Hannah Arendt ihr Buch schrieb, und der Schulterschluß von Marxismus und Stalinismus war gängige Parteilinie. Als Frau eines ehemaligen Trotzkisten wußte Hannah Arendt, daß nicht alle Marxisten auch Stalinisten waren. Doch wenn sie behauptet, «praktisch» mache es «kaum einen Unterschied, ob totalitäre Bewegungen nazistische oder bolschewistische Muster annehmen... oder sich im Namen von Rasse oder Klasse organisieren», ist das nichts anderes als eine dreiste Rechtfertigung für die Politik des Kalten Krieges: Nationalsozialistische wie kommunistische Gesellschaften seien krank, ihr wahnsinniges historisches Überbewußtsein gestatte es ihnen, jeden zu ermorden, der sich dem historischen Entwurf nicht fügte. Eine neo-trotzkistische Tendenz scheint auf, wenn Hannah Arendt zwischen Lenin als dem Urheber der Revolution und Stalin als ihrem Verräter unterscheidet. Das ist darum wichtig, weil sie mit Stalin nicht zugleich auch die Oktober-Revolution verurteilt, wenn sie auch wenig Hoffnung hat, daß deren ursprüngliche Vision über Stalins Tod hinaus zu retten ist. Es ist ein großer Unterschied, ob man Stalin angreift oder den Sowjetmarxismus, aber da Hannah Arendt es versäumte, diesen Unterschied deutlich zu machen, war ihr Buch für viele die Bibel des Kalten Krieges.

In einem Postskriptum, das sie einige Jahre später veröffentlichte, schwächte sie die Parallelen zwischen Nationalsozialismus und Bolschewismus um einiges ab. Vielleicht weil ökonomische Fragen sie nie besonders interessiert haben, nennt sie nun die wirtschaftlichen Unterschiede zwischen Ost und West einen «relativ harmlosen Konflikt». Auch der Klassenkampf spiele eine allenfalls untergeordnete Rolle. Was wirklich zähle, sei der Kampf zwischen «totalitärer Fiktion und der Alltagswelt des Faktischen, in der wir leben». Wie viele andere Emigranten hatte sie früher in nahezu post-politischen Kategorien gedacht: Nicht Klassen oder Machtgruppen standen einander gegenüber, sondern anständige Menschen und Strolche. (Privat pflegte Hannah Arendt den Kampf Kapitalismus versus Sozialismus als «intellektuellen Quatsch» zu bezeichnen.)

Der Aufbau des Buches ist so wenig sorgsam, daß seine bewegendste Passage gegen Ende der Aufmerksamkeit fast entgeht. Hier macht sich Hannah Arendt Gedanken darüber, wohin es führen könne, versuchte man sich das Grauen der Todeslager zu vergegenwärtigen und bekennt, daß es möglicherweise «die Seele zerstört». Was das Unbelebte beseelt und das geistig Tote zu neuem Leben erweckt, ist der Gedanke, und weil es Hannah Arendt ist, die das so sieht, muß der Inhalt des Gedankens ein politischer sein. Solches Denken sei «nützlich einzig für die Wahrnehmung politischer Kontexte und Mobilisierung politischer Passionen». Gerade als Außenseiterin sieht sie sich berechtigt, über den Holocaust zu sprechen, da sie gerade darum, weil sie die «bestialische, verzweifelte Furcht» nicht erlebt habe, diese Schrecken durchdenken könne. Das ist eine sehr kühne Behauptung: In ihrer Trauer und ihrem Mitleid für die Opfer geht sie fast so weit, sich ein Wissen um das anzumaßen, was jene durchlebt haben. Vielleicht hat sie diesen Teil auch ihrem Mann zugedacht. Blücher hatten die Enthüllungen der Lagergreuel in eine tiefe Depression getrieben. Vielleicht ist er auch jener hypothetische Lazarus, den sie aus Verzweiflung zu mehr politischer Passion sich erheben läßt.

Daß Hannah Arendts Buch – trotz aller Widersprüchlichkeit und trotz der typischen Geringschätzung von ökonomischer oder soziologischer Analyse – derart begeisterte Aufnahme fand, ist Zeugnis einer seltsamen und wahrscheinlich beispiellosen Übereinstimmung der Geschichtsauffassung einer literarischen Emigrantin und der politischen Forderungen der Kalten Krieger in den USA. Sehr viel weniger begeistert wurde im Vergleich dazu Franz Neumanns *Behemoth* (1942), ebenfalls eine große Studie über Nazi-Deutschland, aufgenommen. Natürlich schmeichelte die marxistische Analyse Neumanns amerikanischen Lesern weniger als die Überzeugung Hannah Arendts, daß totalitäre Gesellschaften etwas völlig Neues unter der Sonne waren und «american life» mit ihnen nicht das Geringste gemein hatte. Auch Neumanns Buch hat seine schwachen Punkte, insbesondere da, wo es die Bösartigkeit des deutschen Antisemitismus unterschätzt oder an die Alliierten appelliert, sich des deutschen Widerstands anzunehmen (Neumann selbst war Mitglied des Office of Strategic Services, als er das Buch schrieb). Aber insgesamt hat sich seine Studie als vorausschauender und für viele Wissenschaftler hilfreicher erwiesen als das idiosynkratische Werk Hannah Arendts.

Im Unterschied zu Hannah Arendt hielt Neumann wenig von einem abstrakten Totalitarismus-Modell, das, wie er fand, nur blind mache für die Kontinuitäten und Ähnlichkeiten aller kapitalistischen Gesellschaften. Statt dessen bot er eine konkrete Analyse des Nazi-Systems, an dem er vier Komponenten beteiligt fand: die amoralische und sich selbst perpetuierende Bürokratie; die Partei-Elite, die in wechselnde Cliquen zerfiel; das Heer, dessen Angehörige einen sehr unterschiedlichen historischen Hintergrund hatten – Wagner-Gestalten in unglücklicher Allianz mit Technokraten; und schließlich die Industrie (als Marxist betonte Neumann die Ähnlichkeit Deutschlands mit anderen kapitalistischen Nationen und prophezeite, daß Produktivkräfte und Bürokratie den Krieg unbeschadet überstehen würden). Hannah Arendt schrieb später über die Schuld, die Hitler dem deutschen Volk auferlegt habe. Die Bürde, die Neumann entdeckte, ist sehr viel plausibler: Einzig zu politischen und militärischen Zwecken, sagt er, habe Hitler die Massen in den Wahnsinn getrieben. Mit der Zuversicht eines Sozialisten hoffte Neumann, daß die Arbeiterklasse den Weg aus diesem Wahnsinn weisen würde.

Neumanns Methode war dem Denken Hannah Arendts völlig fremd. In ihrer Verachtung für das Kleinbürgertum – ersichtlich in ihrer Theorie, daß der Kapitalismus nichts anderes sei als der Triumph der Philister – bestritt sie das Fortbestehen von Klassenunterschieden, der Faschismus hatte sie aufgehoben. Was ihr bei ihrem mangelnden Interesse für Ökonomie bedeutungslos erschien, war für Neumann der springende Punkt: «Der moderne faschistische Führer lenkt die Unruhe in solche Bahnen, daß die materiellen Grundlagen der Gesellschaft unangetastet bleiben.» Solcherart perspektivische Unterschiede erklären vielleicht, warum man Neumann mit Schweigen überging und Hannah Arendt zum neuen Delphischen Orakel Amerikas in Sachen Politik erhob.

Hannah Arendts Freude darüber, daß sie mit *The Origins of Totalitarianism* eine so breite amerikanische Öffentlichkeit erreicht hatte, wurde getrübt von ihrer Verzweiflung über die politische Atmosphäre. Eine «einfache Denunziation» genüge bereits, um das Ausbürgerungsverfahren in Gang zu setzen, schrieb ihr Mann Heinrich Blücher an Freunde. Mary McCarthy glaubt, daß das totalitaristische Potential der USA Hannah Arendt mehr schreckte, als sie zugab; 1952 sei sie davon überzeugt gewesen, daß Senator McCarthy das State Department «entmanne»: «Ihr Vertrauen hinsichtlich der amerikanischen Protektion für die Emigranten ist auf dem Nullpunkt gewesen.»

Mit solchen Befürchtungen stand Hannah Arendt, wie wir gesehen haben, nicht allein. Aber 1958 ist sie ihrer soweit Herr geworden, daß sie sich in der zweiten

Auflage der *Origins* deutlicher äußert. Sie nimmt amerikanische Pläne aufs Korn, in den USA geborenen Kommunisten die Staatsbürgerschaft abzuerkennen, ist aber immer noch auf der Hut: Sie nennt den Versuch «schlimm, weil er in aller Unschuld unternommen wird». Sie unterstreicht die «totalitären Tendenzen des McCarthyismus» und klagt dabei insbesondere darüber, daß es dem Bürger obliegen solle, seine einwandfreie Gesinnung zu beweisen. Das, so sagt sie, führe zu einer Polizeistaat-Atmosphäre, in der von jedem erst einmal das Böse angenommen werde. Sie geht auch kurz darauf ein, daß Israel mit fast einer Million staaten- und rechtlosen Arabern eine ganz neue Kategorie von Flüchtlingen geschaffen habe, und setzt damit ihre Angriffe auf den militanten Zionismus der vierziger Jahre fort.

Mitte der fünfziger Jahre war Hannah Arendt eine Wortführerin intellektueller Kreise geworden. Norman Podhoretz, der später den Chor der jüdischen Konservativen gegen Hannah Arendt anführen sollte, gesteht zu, daß eine Einladung zu Hannah Arendts Neujahrsparty bedeutete, daß man «es geschafft» hatte. Ihr Ansehen stieg noch mehr, als 1958 *The Human Condition* erschien. Angeregt zu diesem Buch hatte sie, wie sie selbst sagt, Marx' Ansichten über die Natur menschlichen Lebens und menschlicher Produktivität, die sich von ihren sehr unterschieden. Keinesfalls will sie es aber als Kampagne gegen Marx mißverstanden wissen. Man habe Marx zwar vorgeworfen, nie selber gearbeitet zu haben, stichelt sie, aber immerhin habe er «Arbeit für viele» geschaffen. Und wie Marx ist auch sie der Meinung, daß sich der Wert von Ideen nach ihrer Funktion innerhalb sozialer Beziehungen bestimme.

Hannah Arendt unterscheidet weiterhin zwischen Arbeit (labor), einem fast biologischen Prozeß, und Schaffen (work), dem Herstellen von etwas, das mehr ist als der Akt selbst, ähnlich dem «Geburtsvorgang» (auch ein biologischer Prozeß, würde man meinen). In vager Anlehnung an die Marxsche Unterscheidung zwischen gebrauchs- und profitorientierter Produktivität sind für sie die Produkte von Arbeit dazu bestimmt, konsumiert zu werden, die des Schaffens dagegen dem Gebrauch und der Bewunderung vorbehalten. Marxisten begrüßten die Industrielle Revolution unter anderem auch, weil sie solchen Unterschieden ein Ende machen würde. Hannah Arendt ist weniger zuversichtlich. Sie glaubt nicht an den Fortschritt und sieht daher Handwerk zur Arbeit verkommen. Da weder Arbeit noch Handwerk Formen öffentlicher Aktion sind, interessieren sie auch deren jeweilige politische Implikationen nicht.

Das öffentliche Leben und Handeln, das sie meint, hat ihr Vorbild in der griechischen *polis*. Sie sieht zwar, daß diese Welt Sklaven und Fremden (und Frauen) verschlossen war, aber da sie sich, wie so oft, herauspickt, was sie braucht, und Unhandliches oder Widersprüchliches unter den Tisch fallen läßt, kann sie die *polis* auch weiterhin als Vorbild «einer von materiellen Faktoren unabhängigen Macht» anführen. In der modernen Welt bewohnen weder der Jobinhaber noch der «businessman» einen öffentlichen Raum. Hannah Arendts linken Kritikern ist entgangen, daß sie mit der Bourgeoisie noch weniger glimpflich verfährt als mit dem Proletariat.

Zumindest hat letzteres eine attraktive Geschichte. Hannah Arendt rühmt die frühe Arbeiterbewegung als das im neunzehnten Jahrhundert einzig dastehende Modell einer Bewegung, innerhalb derer Menschen für politische und ökonomische Ziele gleichermaßen handelten. Ihre Sympathie für Arbeiter reicht genau so weit, wie deren Bestrebungen nicht ökonomischen Inhalts sind. Andernorts schreibt sie, ökonomische Zwänge brauchten Herren, um zu funktionieren. In einer schwindelerregenden Folge unbewiesener Behauptungen bestreitet sie die ökonomische Natur der Gewerkschaften – nicht der gedankenlosen Aktivität der Arbeit selbst seien diese entwachsen, sondern der Opposition gegen Ungerechtigkeit und Heuchelei – und sieht die Gewerkschaften in ihrer gegenwärtigen Form von der Bildfläche verschwinden, sobald die Klassengesellschaft zur Massengesellschaft geworden und ein bestimmtes jährliches Einkommen garantiert ist.

Und trotz einer Analyse, die auch Industrieverbänden nicht zu nahe trat, hielt Hannah Arendt sich sozusagen die Tür offen für die weit kühneren, radikaleren Analysen ihrer späten Jahre. 1953 bezweifelte sie in ihrer Rezension von *Bolshevism*, einem Buch ihres Freundes Waldemar Gurian, daß Marxismus und Stalinismus ein und dasselbe seien. Und auch was sie später noch gegen Marx einzuwenden hatte – daß er zum Beispiel ein Handlungsmuster, nämlich «Klassenkampf», für eine Bedeutung nahm – war so abstrakt und unverständlich, daß es als Munition für Kalte Krieger untauglich war.

Die folgenden Jahre waren ausgefüllt mit Lehrverpflichtungen und Vortragsreisen. Sie publizierte im rechten *Review of Politics* genauso wie im liberalen, antikommunistischen *Partisan Review.* Ihr Publikum vervielfachte sich, als *The New Yorker* sie mit der Berichterstattung über den Eichmann-Prozeß betraute. Eichmann stand in Jerusalem unter der Anklage der Judendeportation vor Gericht, nachdem Israel ihn aus Argentinien entführt hatte, wohin er 1945 vor der alliierten Polizei geflohen war. Das Buch, das daraus entstand, *Eichmann in Jerusalem: A Report on the Banality of Evil* (1963) entfachte heftige Kontroversen. Kritiker, die offensichtlich nicht wußten, daß sie in ihrem *Aufbau*-Artikel für eine jüdische Armee und ein politisches Programm für die Juden plädiert hatte, stempelten sie zur Renegatin. Doch das Eichmann-Buch ist eines von Hannah Arendts anrührendsten und am wenigsten tendenziösen Werken. Hier versucht ein Flüchtling zu verstehen, wie eine bestimmte Menge von Handlungen in den Holocaust münden konnten. Vielleicht ist es darum so viel weniger abstrakt als die *Origins* mit ihrer vagen Begrifflichkeit und weit empfänglicher für die lokalen Unterschiede, die manchen Juden an manchen Orten das Überleben möglich machten. Paradoxerweise zeichnet sich dieses Buch, das doch für eine populäre Leserschaft geschrieben wurde, durch einen rigoroseren Denkstil aus als Hannah Arendts wissenschaftlichere Werke. Das Eichmann-Buch führt auch Themen weiter, die sie seit den dreißiger Jahren beschäftigten, allen voran die Realitätsverleugnung des jüdischen Volkes und deren Folgen. Und die Aufnahme, die das Buch bei Europäern und Amerikanern, Juden und Christen, aber besonders bei den Emigranten fand, ist eines der erstaunlichsten Kapitel in der Geschichte der Flucht vor Hitler.

Hannah Arendt versucht nicht so zu tun, als sei sie eine unparteiische Beobachterin. Von Anfang an ist sie eindeutig und ganz bewußt Teil der Geschichte, die in jenem Jerusalemer Gerichtssaal verhandelt wurde. Oft schreibt sie sich geradezu als Repräsentantin all der deutsch-jüdischen Flüchtlinge, die so schreckliche Erinnerungen hatten und die hier anklagten. Als Flüchtling schätzte sie, mit welcher Gutwilligkeit der Richter seine Kollegen anwies, das Verhör mit Eichmann auf deutsch zu führen. Im Gerichtssaal «saßen die Überlebenden, alte, bestenfalls ältere Menschen, Emigranten aus Europa wie ich selbst, die längst auswendig wußten, was es da zu wissen gab, die es nicht nötig hatten, belehrt zu werden, und die gewiß nicht diesen Prozeß brauchten, um ihre eigenen Schlüsse zu ziehen.» Das war der typische Arendt-Ton, maßvoll, geradeheraus und gefeit gegen Kitsch.

Hannah Arendt gab sich keinerlei Illusionen darüber hin, daß Gideon Hausner als Staatsanwalt keineswegs der klarsichtigste und unparteiischste war. Wenn er jüdische Zeugen fragte, warum sie keinen Widerstand geleistet hätten, nennt sie die Frage phrasenhaft, rhetorisch, «grausam und dumm», da keine Gruppe Widerstand geleistet habe, und die paar unorganisierten holländischen Juden, die es versucht hätten, seien dafür so unbarmherzig gefoltert worden, daß Auschwitz ein gnädigeres Geschick gewesen wäre. Hannah Arendt kommentiert auch politisch: Zwischen den Zeilen hört sie den Staatsanwalt sagen, nur rechter Zionismus und ein militantes Israel könne einen weiteren Holocaust verhindern. Sie ist anderer Meinung, was ihr bei vielen amerikanischen und israelischen Lesern zum Nachteil gereicht. Sie findet es unredlich, wenn Israelis ethnischen Vorurteilen den Kampf ansagten und gleichzeitig Mischehen ächteten. Immer wieder beschuldigt sie die Israelis, es den Deutschen mit ihrem Weltbild der Über- und Untermenschen gleichzutun. In der zweiten Auflage des Buches stellt sie fest, daß Hausner die Ausrottung der Zigeuner als Angelegenheit minderer Bedeutung behandelte. Sie verweist darauf, daß sich der an einer Verschwörung gegen Hitler beteiligte Carl Friedrich Goerdeler 1942 bereit erklärte, die deutschen Juden zu entschädigen, alle anderen von Hitler verfolgten Nationalitäten aber ignorierte. Gegen Ende des Buches erinnert sie an die von den Nazis 1942 geschaffene Kategorie der «prominenten Juden» und ist bestürzt, wie viele Juden und Nicht-Juden solchen Hierarchisierungen beipflichten. Den kleinen Mann, einen Hans Cohen, zu schikanieren, war ihr immer sehr viel schrecklicher erschienen als die Belästigung eines Albert Einstein. Die «zweifelhaften Versuche… nur den jüdischen Teil der Geschichte zu erzählen, verzerrten die Wahrheit, sogar die jüdische Wahrheit». Sie findet den Prozeß, der nur die Verfolgung einer isolierten religiösen Gruppe verhandelt, zu eng definiert. Äußerst streng geht sie mit der Staatsanwaltschaft ins Gericht, die den Fall Eichmann derart dramatisch in Szene setze, daß sich das Gericht bemüßigt fühle, Eichmann in Schutz zu nehmen. Die fälschliche Darstellung Eichmanns als ein Mann, der in die Tat umsetzte, was seine Vorgesetzten ersonnen hatten, stehe, so sagt sie, in Einklang mit den generell falschen Akzenten, die die Anklagevertretung setze.

Das Verhalten der deutschen Regierung bringt sie indes in Wut. Für viele Flüchtlinge hatte die Beziehung zwischen Israel und der Bundesrepublik symbiotische Züge, schließlich hatte Deutschland Israel unter die Arme gegriffen. Und mit dieser Wiedergutmachung, vermutete Hannah Arendt später, verpflichteten sich die Israelis stillschweigend, die geschehenen Verbrechen einzig den Neo-Nazis anzulasten. Sie bemerkt verschiedentlich, daß viele ehemalige Nazis der Adenauer-Administration willkommen waren und daß sich die bundesdeutsche Regierung immer noch nicht dazu verstehen konnte, die protofaschistischen Mörder Rosa Luxemburgs zu verurteilen.

Die Nachsicht der deutschen Gerichte ekelt sie an. So leicht will sie das deutsche Volk nicht davonkommen lassen. Für sie trifft das Odium der «Mittäterschaft» bei weitem nicht nur Parteimitglieder, und achtzehn Jahre nach dem Krieg scheint ihr «Verlogenheit» zum neuen nationalen Charakteristikum der Deutschen geworden zu sein. Genausowenig, wie sie sich vor den israelischen Propagandakarren spannen läßt, enthält sie sich unbarmherziger Angriffe auf den hochgehaltenen deutschen Mythos einer Anti-Hitler-Verschwörung im Jahre 1944. Sie behauptet, daß es damals einzig darum gegangen sei, einem Bürgerkrieg zuvorzukommen und zitiert den Kommentar eines Lagerhäftlings: Ein bißchen spät, meine Herren, Ihr habt ihm zu lange die Stange gehalten. Im Unterschied zu Brecht gibt es bei Hannah Arendt aber auch der Linken gegenüber keinerlei Sentimentalität: Sie entmythologisiert die Rebellion der Konservativen und konstatiert zugleich, daß es auch von sozialistischer Seite keinen konsequenten Widerstand gegeben habe. Um zu illustrieren, was der Nazismus dem deutschen Volk angetan hat, erzählt sie eine Geschichte, wie sie von einem Bertolt Brecht stammen könnte: Eine geistesgestörte Frau – bereit für Hitler zu sterben – klagt, das ganze schöne Gas sei ja schon für die Juden verschwendet worden.

Viele, viele Menschen sind wie Eichmann, sagt sie, und diese vielen sind «schrecklich normal». Dieser Satz ist oft verstanden worden als der Versuch, Eichmann reinzuwaschen, und nicht als das, was er wirklich war: eine verheerende Charakterisierung wohlanständiger Bürger, die mitgefangen waren in der «allgegenwärtigen Komplizenschaft» deutscher Schuld.

Hannah Arendt geht es in ihrer Eichmann-Analyse vor allem um die «Banalität des Bösen» und die banale Sprache, in der es seinen Ausdruck findet. Ihre Betrachtungen als rein ästhetische abzutun, ist eines der größten Mißverständnisse, das ihrem Werk widerfahren ist: Nenne man, wie es so häufig geschehe, die Nazis «Barbaren», so unterstelle man, deren Opfer hätten über die ungehobelten Manieren ihrer Peiniger geklagt. Sie erwarte in Eichmann keinen Goethe oder Heine. Doch sind ihre Wahrnehmungen zu Eichmanns Sprache getragen von einem tiefen Respekt vor der Sprache als unverhülltem Ausdruck menschlichen Denkens. Schließlich war sie die Frau, für die, wenn alles verloren war, einzig die Muttersprache blieb. Problematisch an ihrer Analyse ist vielleicht, daß sie Eichmann so komisch findet: «Das Schreckliche kann nicht nur lächerlich, sondern geradezu komisch sein.» Für jemanden, der so wie sie in den Traditionen der deutschen Sprache verhaftet war, mußte es einfach komisch sein, Eichmann «geflügelte Worte» zitieren zu hören. Für ihre Emigrantenohren mußte sich das so anhören, als ob jemand bei uns anhebt, seine Verbrechen mit ein paar Bartlett-Zitaten zu erläutern. Eichmanns Unfähigkeit zu sprechen ist für sie der unwiderlegbare Beweis seiner Fähigkeit zu denken. Seine einzige Sprache ist, wie er selber sagt, die «Amtssprache». Und in einem ihrer erstaunlichen Sympathie-Sprünge erklärt Hannah Arendt, daß «Sprachregelung» den Deutschen dazu diente, sie gegen eine vollständige Einsicht in das Schreckliche, was sie taten, abzuschirmen. Ihre Sensibilität für die Regeln von Grammatik und Syntax befähigt sie zu der subtilen Beobachtung, daß Sprachregelung und Amtssprache den Schuldigen ermögliche, ihre Instinkte sozusagen in ihr Gegenteil zu verkehren, so daß es nicht mehr darum gehe, «was ich getan habe, sondern was ich auf mich nehmen mußte». In solchen Momenten hat die Emigrantin Hannah Arendt Endgültiges zu sagen zu einer Zeit, in der Worte ihre eigentliche Funktion – die Beschreibung der Wirklichkeit – nicht mehr erfüllten.

Weil Eichmann für sie ein Clown ist, macht sie sich auf seine Kosten lustig. Als er 1944 um das Leben ungarischer Juden feilschte, unterbot er jedes Angebot, weil er einfach «nicht gewöhnt war, in großen Dimensionen zu denken». Eichmann stirbt als Clown. Seine letzten Worte sind von «makabrer Komik»: Er grüßt Deutschland und Argentinien und erklärt: «Ich werde sie nicht vergessen.» Dann wendet er sich mit einem letzten geflügelten Wort an die Menge: «Wir sehen uns ohnehin alle wieder.» Wie die letzte, fürchterliche Apotheose von Heinrich Manns *Untertan*, Dieter, sah Eichmann seiner eigenen Hinrichtung hochgestimmt entgegen.

Worte und Sinn konnten nicht deutlicher oder, angesichts der Umstände, komischer auseinanderklaffen. Doch bevor sie die Hinrichtung schildert, stellt Hannah Arendt noch fest, daß die Israelis es einzig Eichmanns Staatenlosigkeit verdankten, daß sie ihn in Argentinien entführen und in Jerusalem vor Gericht stellen konnten. Was seine Opfer einst so verwundbar gemacht hatte, gereichte nun ihm selbst zum Untergang.

Hannah Arendt gibt noch viele weitere Beispiele banalen Ausdrucks, und immer gehen sie einher mit politischem und moralischem Versagen. So hat sie der katholischen Kirche ihre Untätigkeit während des Zweiten Weltkriegs niemals verziehen. Als der Vatikan schließlich einigen wenigen ungarischen Juden Asyl gewährte, geschah das nach offiziellem Bekunden «nicht aus einem falschen Gefühl des Mitleids», ein Satz, der einem das Blut in den Adern gefrieren läßt und den Hannah Arendt nicht versäumt, besonders zu betonen. Aber ihr vornehmlichstes Anliegen bleibt deutsche Banalität, und ihr spürt sie nach mit der Feindseligkeit einer Frau, die in jenem Gerichtssaal sitzt und die nach langen Jahren der Vertrautheit mit den Fakten in der Tat ihre eigenen Schlüsse gezogen hat.

Sie erinnert an den Deutschen Robert Ley, der 1945 die Gründung von «Versöhnungskomitees» vorgeschlagen hatte, um Deutsche und Juden einander wieder näher zu bringen. Wie Eichmann, sagt sie, bauten sich viele Deutsche mit «selbstfabrizierten Redewendungen» einen Schutzwall gegen das Grauen. In ihrer «wahrhaft genialen Begabung für Untertreibung» bringen sie es fertig, die Nazis «ungut» zu nennen. Wo die Nürnberger Charta von «inhuman acts» spricht, übersetzen die Deutschen «Verbrechen gegen die Menschlichkeit». Hannah Arendt hatte keinerlei Sympathie für die Deutschen mittleren Alters, die sich aller Spuren von Schuld entledigt zu haben schienen. Und sie ärgert sich über die sentimentalen jüngeren Deutschen, die sich zu einer Schuld bekennen, für die sie keinerlei Verantwortung tragen. Es ist durchaus lustvoll, sich selbst zu geißeln, «wenn man gar nichts getan hat». Sie nennt es Ablenkungsmanöver. Mögen sich junge Deutsche, angeregt durch den Eichmann-Prozeß oder «das ganze Theater um *Das Tagebuch der Anne Frank*» auch in Orgien der Selbstbeschuldigung ergehen, in Wirklichkeit tun sie nicht mehr, als sich auf «billige Sentimentalität» zurückzuziehen. Die Tatsachen bleiben gleichwohl im Dunkeln, die Gesellschaft ändert sich nicht, und Kitsch ist weiterhin an der Tagesordnung.

Das Eichmann-Buch ist mit seiner lockeren und lebendigen Sprache von allen Werken der Hannah Arendt sicher das am leichtesten zugängliche. Was viele Leser aufbrachte, war ein kurzer Abschnitt über die Führer der jüdischen Gemeinde, die die deutschen Machthaber nach Kräften unterstützt hatten. Hannah Arendt hält sich nicht über die Teilnahme jüdischer Kapos am Holocaust auf: das war «schrecklich, aber kein moralisches Problem», da sie als Gefangene kaum die Möglichkeit hatten, anders zu handeln. Anders ist es mit dem, was voraufging: Die «unheilvolle Rolle» der Judenräte ist «für einen Juden» – und auch später noch wird sie darauf bestehen, daß das einzig die Klage einer Jüdin war – «das dunkelste Kapitel der ganzen dunklen Geschichte».

Ob in Amsterdam, Warschau, Berlin, Budapest – es war überall dasselbe. Jüdische Führer erstellten Listen von Personen und deren Eigentum, «beschafften Geld für die Deportierten, um die Kosten von deren Deportation und Vernichtung zu bestreiten», und organisierten die Evakuierung ganzer Gemeinden. Gelegentlich wählten sie sogar Menschen – meist «prominente Juden» oder Funktionäre – aus, die sie gerettet sehen wollten. Hannah Arendt läßt die leitenden Juden – Schurken wie Gelehrte – Revue passieren und geht mit vielen ins Gericht. Daß sie den Berliner Rabbi Leo Baeck als einen «jüdischen *Führer*» bezeichnet, was in späteren Ausgaben übrigens nicht mehr erscheint, war sicher leichtfertig.

Warum, so fragt sie, befleißigten sich die jüdischen Führer vor ihren eigenen Leuten der Geheimhaltung? Warum haben sie sie nicht rechtzeitig gewarnt? Die Hälfte derer, die zu fliehen versuchten, seien gefangen genommen oder getötet worden, sagt ein Rabbi aus. Angesichts der 99 %, die in den Lagern umkamen, sei das doch ein guter Schnitt, merkt Hannah Arendt an. Solche Einzelheiten sind es, die sie zu der bemerkenswerten Behauptung veranlassen, dem jüdischen Volk wäre zwar auch «unorganisiert und führerlos» großes Leid nicht erspart geblieben, doch wäre es letztlich besser gefahren, da viele auf eigene Faust vermutlich hätten entkommen können. (Natürlich wußte sie und betonte das auch, daß es für Juden, waren sie erst einmal im Lager, keinerlei Hoffnung mehr gab.)

Kann sein, daß Hannah Arendt das Ausmaß jüdischen Widerstandes unterschätzte, auch wenn sie sich vom Mut derer, die sich wehrten, tief beeindruckt zeigt. Aber was ist wirklich gewonnen, wenn man den wenigen ein paar hinzuzählen kann? Ihr ging es darum, daß jüdischer Widerstand aus dem nämlichen Grund nicht repräsentativ war, aus dem «Menschen sich freiwillig zur Deportation von Theresienstadt nach Auschwitz meldeten», und diejenigen, die ihnen die Wahrheit zu sagen versuchten, als «geistig nicht gesund» diffamierten. Auf ein anderes Versäumnis, den Tatsachen ins Gesicht zu sehen, zugleich ein Beispiel schrecklicher, da sentimentaler Realitätsverkennung, geht Hannah Arendt – ob aus Trauer oder Ärger, sei dahingestellt – nicht weiter ein. (Leo Baeck glaube zwar, schreibt sie, daß die Kapos freundlicher mit jüdischen Gefangenen umgegangen seien als die Nazis, tatsächlich hätten sie sich jedoch noch brutaler gezeigt, denn schließlich hatten sie alles zu verlieren. Die sentimentale Projektion ging schlicht an der Wirklichkeit vorbei.)

Für diese Abneigung, den Tatsachen ins Gesicht zu sehen, macht Hannah Arendt unter anderem die – von vielen jüdischen Führern akzeptierten – künstlichen Kategorien verantwortlich, die sich nach dem Ersten Weltkrieg eingeschlichen hatten und deutsche Juden gegen polnische Juden (Echo des ihr aus ihrer Kindheit geläufigen Vorurteils gegen die Ostjuden), dekorierte gegen nicht-dekorierte Kriegsveteranen usw. ausspielten. Diese Kategorien waren «der Anfang des moralischen Zusammenbruchs der achtbaren jüdischen Gesellschaft». Für die Bourgeoisie hatte Hannah Arendt nie viel Sympathie, aber hier sagt sie es klar und deutlich: Der bürgerliche Snobismus war selbst-zerstörerisch gewesen. Wie in den *Origins* bedauert sie, daß die Juden keine kriegführende Nation waren; wären sie das gewesen, hätten ihnen vielleicht die weniger schlimmen Bedingungen von Kriegsgefangenenlager zugestanden.

Trotz all der furchtbaren Tatsachen, über die sie berichtet, verfällt Hannah Arendt nicht in die Sentimentalität der Hoffnungslosigkeit. Visionen geschichtlichen Fortschritts oder Verfalls waren ihre Sache nicht, das hatte sie bereits in ihrem John Dewey-Aufsatz geschrieben. Und es gibt immer noch Dinge, die sie freudig stimmen. Wenn auch deutsch-jüdische Veteranen Orden und Auszeichnungen mit Frohlocken entgegennahmen, in Frankreich wiesen jüdische Kriegsteilnehmer dergleichen zurück. Alle europäischen Länder schienen sich der Deportation ihrer Juden widersetzt zu haben – Chauvinismus, der sich einmal auch zugunsten der Juden auswirkte. Und die Dänen bewiesen in idealer Verwirklichung ihrer abstrakten Entwürfe verantwortlichen Bürgersinn und menschlichen Anstand. Geführt von einem König, der sich erbot, den gelben Stern zu tragen, konnten die Dänen fast alle ihre jüdischen Mitbürger retten und bewiesen so «das enorme Machtpotential gewaltloser Aktion». Die Italiener waren ähnlich bemüht, ihre Juden zu retten, allerdings, wie sie sagt, aus rein humanitären Beweggründen. Die Dänen sahen das Problem «als politische Frage»; aus dem Mund von Hannah Arendt gab es kein größeres Lob. (Sie hätte natürlich hinzufügen können, daß es in Dänemark nur sehr wenige Juden gab, oder auch darauf hinweisen, daß die Dänen das einzige Volk Europas war, die Hitler keinerlei Widerstand entgegensetzten.) Noch erstaunlicher als der dänische Rekord ist der bulgarische: Nicht ein einziger bulgarischer Jude wurde getötet. Im Moment war vergessen, was sie gegen «Torheit» und «Irrtum» europäischer Kommunisten ins Feld geführt hatte, und sie erinnert an den Bulgaren Georgi Dimitroff, der Göring während des Prozesses um den Reichstagsbrand so glänzend standgehalten hatte, daß bald das Wort umging: «Es gibt nur noch einen Mann in Deutschland und der ist Bulgare.»

Alles in allem keine sehr reichhaltige Erfolgsliste, aber reich genug, um Hannah Arendt das Leben auf einem Planeten, der einen Holocaust zuließ, noch lebenswert erscheinen zu lassen.

Umgekehrt fand sie – außer dem ergreifenden Fall eines deutschen Soldaten – für einen deutschen Widerstand gegen die Vernichtung der Juden kein vermerkenswertes Beispiel. Ein ehemaliger Soldat behauptet, daß jede Aktion sinnlos gewesen wäre, obwohl er – in der Doppelzüngigkeit des deutschen Idealismus – zugibt, daß es moralisch vielleicht nicht bedeutungslos gewesen wäre, zu handeln. In einem Ausbruch von Verachtung und Trauer zugleich hält Hannah Arendt dem entgegen, daß *nichts* für den «überaus orientierungslosen inneren Zustand» Deutschlands von größerem praktischen Nutzen hätte sein können als ein paar Geschichten über «sinnloses» Heldentum. Doch der israelische Staatsanwalt, «sorgsam darauf bedacht, die Adenauer-Administration nicht in Verlegenheit zu bringen», verzichtete auf solche Geschichten. Adenauer, der munter behauptete, Hitler sei ein Ungeheuer gewesen und habe mit dem deutschen Volk nichts gemein, bedurfte ihrer nicht. Daß Flüchtlinge wie Thomas Mann und Hannah Arendt sie brauchten, kündet von einem besseren patriotischen Erbe.

Im letzten Kapitel überlegt Hannah Arendt, ob Israel recht daran tat, den Prozeß gegen einen Mann zu führen, der nicht israelischer Staatsbürger war. Der nach dem Krieg tagende Internationale Militärgerichtshof, schreibt sie, habe seinen Namen zu Unrecht getragen; er sei nicht international, sondern «einfach das Gericht der Sieger» gewesen, und habe seine Tätigkeit zu früh eingestellt, um der Gerechtigkeit wirklich Genüge tun zu können. Diese einzufordern sei das gute Recht der Israelis, die nunmehr geographisch den jüdischen Staat repräsentierten, der zuvor ohne Territorium, aber keineswegs ohne Existenz gewesen sei. Sie bedauert, daß der Eichmann-Prozeß nicht als «Fall gegen die Menschlichkeit» verhandelt wurde, da die Verbrechen, um die es ging, neben Juden auch so viele andere Menschen getroffen hatten. Ein letzter Seitenhieb gilt jenen, die aus religiöser Sentimentalität da, wo die Gerechtigkeit auf dem Spiel stand, Gnade vor Recht ergehen lassen wollten.

Die Reaktion auf die Artikelserie war überwältigend. Hannah Arendts Sekretärin erinnert sich, daß sie bei ihrer Rückkehr aus den Sommerferien Wagenladungen wütender Briefe vorfanden. Überall sah man in ihr diejenige, die die Juden beschuldigte, wie die Schafe in den Tod gegangen zu sein – wobei sie eigentlich genau das dem Staatsanwalt zur Last gelegt hatte. Als das Buch erschien, gab es auch einige positive Reaktionen, unter anderem von Bruno Bettelheim und Hans Morgenthau, ihren Kollegen an der Chicago University. Aber andere Flüchtlinge waren zutiefst erschüttert. Während sie den Prozeß in Jerusalem verfolgte, traf sie auch mit einem alten Freund, dem Zionisten Kurt Blumenfeld, zusammen. Ein gemeinsamer Bekannter der beiden erinnert sich, daß Blumenfeld einmal brüllte: so über jüdisches Verhalten unter derart extremen Umständen zu sprechen, sei antisemitisch. Rabbi Joachim Prinz erinnert sich an Gespräche mit ihr über die Frage der jüdischen Selbstverteidigung: «Ich sagte ihr, das sei das alte Problem von Mittelschicht-Menschen und Gewehr.» Die deutsch-jüdischen Gelehrten des Leo-Baeck-Instituts verübelten ihr ihre taktlosen Worte über den Mann, dessen Namen das Institut trug, so sehr, daß sie sie aus dem Kollegium ausschlossen. Der Zionistenführer Nahum Goldmann griff sie auch öffentlich an; Hans Jonas sprach ein Jahr lang kein Wort mit ihr. Henry Pachter fand es reaktionär, in Konzentrationslagern Heroismus zu erwarten. Er muß sich dabei auf private Gespräche bezogen haben, denn im Buch ist von einer solchen Forderung nirgendwo die Rede. Es gab Flüchtlinge, die kaum ihren Namen hören konnten. Sie glaubten, Hannah Arendt werfe den Opfern ihr eigenes elendes Sterben vor, wo sie einfach versucht hatte, politische Fragen zu stellen, statt sich gedankenlos zu grämen. «Mein Gott, wie wurde diese Frau gehaßt», erinnert sich Gertrude Urzidil, «manchmal dachte ich, sie bringen sie noch um.»

Auch auf amerikanischer Seite war die Reaktion heftig, wenn auch nicht ganz so verletzend. Richter Michael Musmanno, von Hannah Arendt dafür kritisiert, daß er Eichmann zu dessen eigenem Vorgesetzten gemacht hatte, nahm Rache in einem dümmlichen, aber viel gelesenen Artikel auf der Titelseite der *New York Times Book Review*. Die Wortführerin der intellektuellen Gesellschaft New Yorks war nun deren Paria geworden, in einer der vielen Äußerungen *ad feminem* nennt eine amerikanische Bekannte sie eine «Rosa Luxemburg of Nothingness». Sogar von ihrem Verlag, The Viking Press, fühlte sich Hannah Arendt im Stich gelassen. Ihr nächstes Buch ließ sie in einem anderen Verlag erscheinen. Inzwischen hatten amerikanische und israelische Autoren begonnen, Zeitungen und Zeitschriften mit Antworten auf das Buch zu bombardieren. Man wartete mit Fakten auf, die ihrer Argumentation den Boden entziehen sollten. Doch wie immer war Hannah Arendts Perspektive, trotz aller Bekenntnisse zur Faktizität, nicht nur von Tatsachen bestimmt. Entscheidende Punkte konnten die Gegen-Artikel nicht für sich verbuchen: Es mag zutreffen, daß Hannah Arendt den jüdischen Widerstand unterschätzt hat. In einigen Fällen hatten Rabbis ihre Gemeinden in die Todeslager begleitet. Die zionistische Kollaboration mit den Nazis hatte nach 1941 aufgehört. Nichts davon schmälerte ihre Analyse des geistigen und moralischen Versagens der Deutschen, ihre Kritik an der israelischen Staatsanwaltschaft und ihre Zweifel an der Richtigkeit der jüdischen Vorkriegspolitik. Auch ihr ironischer Ton wurde mißverstanden. Man beschuldigte sie, Eichmann entlastet, aus ihm eine leidende Kreatur gemacht zu haben, der mehr Mitleid verdiene als die Millionen toter Juden. In einem berühmt gewordenen Brief schreibt der Gelehrte Gershom Scholem, ihr fehle es an «Herzenstakt», an Liebe zum jüdischen Volk, die er bei linken Intellektuellen seit jeher vermisse. In einer Sprache, die so nüchtern und nachdenklich war, wie die von Hannah Arendt lebendig und unmittelbar, kritisiert er ihren «höhnischen und boshaften Ton». Und schließlich stimmt er ein in den Chor der vielen anderen, die jedem das Recht absprachen, über Menschen in einer so hoffnungslosen und schicksalshaften Lage den Stab zu brechen.

1965 erschien eine Paperback-Ausgabe von *Eichmann in Jerusalem* mit mehr als sechzig Textänderungen, deren wesentlichste vielleicht die Streichung des Angriffs auf Leo Baeck war. In einem neuen Nachwort antwortete Hannah Arendt auf ihre Kritiker. Nein, ihr Angriff habe nicht dem jüdischen Volk gegolten, das habe sich «großartig» verhalten, einzig seine Führung habe versagt. Soziologische oder psychologische Erklärungen läßt sie nicht gelten und weist insbesondere den Versuch Bruno Bettelheims zurück, das Fehlen jüdischen Widerstands mit einer «Ghetto-Mentalität» zu erklären. Denjenigen, die der Feststellung von der «Banalität des Bösen» Vagheit und Maniriertheit anlasteten, entgegnet sie, diese entspreche einfach den Tatsachen, Eichmann sei weder ein Jago noch ein Macbeth gewesen. Doch sei seine «Gedanken-losigkeit» keinesfalls mit stumpfer Dummheit gleichzusetzen, und seine «Banalität» mache aus ihm nicht etwa einen ganz gewöhnlichen Menschen. Inzwischen haben die Amerikaner selbst einige Erfahrung mit nationalen Führern, die, banal wie sie waren, großes Unheil stifteten; die Amerikaner würden Hannah Arendts Differenzierungen heute wohl weniger verständnislos gegenüberstehen.

In einer der bewegendsten Passagen wendet sie sich an ihre Mit-Flüchtlinge, als habe sie nunmehr die Zuschauer im Gerichtssaal vor sich – das einzige Publikum, das für sie wirklich zählte. Sie wiederholt das Argument, daß man nicht beurteilen könne, wessen man nicht Zeuge gewesen sei, und hält dem entgegen, daß mit dieser Haltung Geschichte wie Gerechtigkeit der Boden entzogen sei. Und dann kommt ein Augenblick, so intim, als spreche sie im stillen Kämmerlein: Geben wir es doch zu, sagt sie. Hat sich nicht jeder von uns schon gefragt, wie viele von unseren eigenen Leuten genau dasselbe getan hätten, hätten sie nur die Möglichkeit dazu gehabt? (Es war ein häufiger Scherz unter Emigranten, daß viele von ihnen wohl Muster-Nazis abgegeben hätten, wäre Hitler nicht Antisemit gewesen.) Aber ist unsere Verdam-mung darum weniger berechtigt? fragt sie. Hier hält sie inne. In der langen Geschichte ihrer kritischen und mißliebigen Äußerungen über ihre Landsleute – von «Wir Flüchtlinge» (1943) bis hin zu ihrem Essay über Brecht aus dem Jahre 1968 – war dies das einzige Mal, wo sie Konfrontationen aus dem Weg gehen und sich darauf beschränken mußte, ihr Argument bescheiden als mögliche Alternative anzubieten.

Ihrem alten Freund Gershom Scholem antwortet Hannah Arendt höflich aber unnachgiebig. «Lieber Gerhard» beginnt sie ihren Brief, als wolle sie sagen, daß ihre Freundschaft von all dem Hader unberührt bleibe, und gibt dann zu, daß sie in der Tat keine amorphe «Liebe zum jüdischen Volk» empfinde, sie gehöre nur dazu. (Der tieftraurige Ton Scholems muß Hannah Arendt etwas dubios vorgekommen sein, zweifellos entdeckte sie in ihm ein falsches Pathos, zumal sie im Brief fälschlicherweise als typische Vertreterin der deutschen Linken apostrophiert wurde. Scholem muß gewußt haben, daß sie dem Marxismus nicht näher stand als er selbst.) Sehr viel streitlustiger fällt ihre Entgegnung auf Jacob Robinsons umfängliche Einwendungen aus. Nachdem sie enthüllt hat, was jener verschweigt, daß er nämlich in den Diensten der israelischen Staatsanwaltschaft gestanden hatte, beschuldigt sie ihn der psycholo-gischen Farbenblindheit. An anderer Stelle vergleicht sie seine moralische Stumpfheit mit Unmusikalität, ein Mangel, der sich seiner «Unfähigkeit zu lesen» noch hinzuge-selle. Sie fragt, warum er die Lage der Flüchtlinge während der dreißiger Jahre in den rosigsten Farben male und dann offenbare, daß er mit der United Restitution Organization verbunden sei, einer Gruppe, die sich zusammengefunden habe, um jüdische Forderungen gegenüber Deutschland durchzusetzen. Es sei daher nur politisch opportun, das Vorhandensein antisemitischer Unterdrückung in anderen europäischen Ländern zu leugnen und zu behaupten, daß «alle Initiative von Berlin ausging». Sie weist auf Gerüchte hin, wonach das israelische Establishment eng mit der jüdischen Führung Europas während des Krieges verbunden sei: man müsse ihre Analysen also schon um der eigenen Reputation willen verwerfen. Eines ist sicher: Diejenigen, die gegen ihren Antizionismus opponierten, lehnten mit wenigen Ausnahmen – eine davon ist Rabbi Joachim Prinz – auch ihre Interpretation des Eichmann-Prozesses ab und natürlich auch ihre immer schärfer werdende Kritik an der amerikanischen Politik.

Vor vielen Jahren hatte sie in Zusammenhang mit dem Wien Stefan Zweigs das Bild einer Welt gemalt, in der nicht ernsthafte Politik, sondern einzig die Jagd nach Ruhm und Publicity die Gemüter der Menschen erregte. Und jetzt sah es so aus, als sollte dieselbe Verwechslung von Bild und Inhalt auch sie zerstören. Es schien, als nehme die jüdische Bourgeoisie Rache für die zahlreichen Attacken auf ihre spießbürgerlichen Werte und ihre unfähige Politik. Die «ehemaligen Funktionäre deutsch-jüdischer Organisationen» und «ihre zahllosen Kommunikationskanäle» schafften es, so sagt sie, mit vereinten Kräften ein Buch zu verreißen, das nie geschrieben worden sei, und so für sich zu behalten, was sie für sich behalten wollten. Sie hatte recht: Von ihrem Buch ist kaum mehr in Erinnerung als seine angebliche Behauptung, daß die Juden sich wie Schafe zur Schlachtbank begeben hätten und Eichmann irgendein alter Babbitt gewesen sei. Einwände gegen ihren Ton berührten Hannah Arendt wenig: «Das geht nur gegen mich als Person.» Was sie dagegen über die Maßen empörte, war die «bösartige Propaganda» gegen ihre Thesen. Daß Eichmann wie wir alle sei, erklärte sie später einigen Studenten und Kollegen, sei ein ganz und gar abstrakter Satz und bedeute «nicht durch Erfahrung hindurchzudenken». Es mag viele Eichmanns geben, aber er steckt nicht in jedem von uns: Das sei «abstrakter als die abstraktesten Dinge», in denen sie sonst so oft schwelge. Ironischerweise hielt man ihren konkretesten Versuch, durch die Erfahrung hindurchzudenken, für abstrakt. Ein schöneres Beispiel dafür, wie Wahrheit im Sumpf der Publicity versinkt, hätte auch Karl Kraus nicht erfinden können. Das Eichmann-Buch sollte Hannah Arendt bis zu ihrem Lebensende verfolgen. Auf solch seltsamen Wegen nahm der Ruhm Rache an seiner Erzfeindin.

In den sechziger Jahren erschien das Buch *Men in Dark Times* (dt. Teilausgabe: *Benjamin, Brecht. Zwei Essays*), in dem Hannah Arendt eine Art Fazit der Emigration zieht. Der Titel entstand in Abwandlung einer Brechtzeile und meint eine Gruppe von Menschen, zu denen auch sie selber zählt: Menschen, die denselben Weg gegangen waren und in denen sie ihr eigenes Verständnis jener dunklen Zeiten, durch die sie sich alle hindurchgelebt und hindurchgedacht hatten, wiederfindet. Da sie jeder Selbstvertiefung in Form einer Autobiographie abhold ist – «Das persönliche Element ist jenseits der Kontrolle des Subjektes und daher das genaue Gegenteil reiner Subjektivität» – ist das Buch Lebensgeschichte nur im Sinne einer geistigen Autobiographie. Es gibt ihr auch die seltene Gelegenheit, Geschichten über Menschen zu erzählen. Wie immer sind diese Geschichten allerdings durchdrungen von ihren ureigensten Themen und Anliegen. In den einzelnen Aufsätzen verbinden sich literarische Analyse – denn Sprache ist das, «wodurch wir leben» – und tiefempfundene Sympathie für den Charakter, das persönliche Element, wie es sich in öffentlichem Handeln offenbart. Bei Hannah Arendt kann die Beschreibung einer körperlichen Erscheinung zur politischen Analyse geraten, da Körper und Gesten ausdrücken, wie wohl oder unwohl sich ihre Helden im öffentlichen Leben fühlen.

Den Anfang macht ein Vortrag über Lessing, den sie 1959 vor einer Gruppe deutscher Studenten gehalten hatte. Darin spielt sie auch an auf ihr eigenes Schicksal als Jüdin in Deutschland, als sei das das einzig erzählenswerte Detail ihrer Biographie. Ihr Aufsatz über Rosa Luxemburg hat unausgesprochen viel mit der Emigration zu tun, denn erst in der Emigration offenbarte sich Hannah Arendt die Bedeutung dieser Frau. Es ist auch von reizvoller Ironie, daß Hannah Arendt, die weder der Autobiographie noch dem Feminismus zuneigte, in der anderen Frau viel von sich selbst wiederfand.

Hannah Arendts Verständnis von Rosa Luxemburg ist zuweilen recht wunderlich, besonders da, wo sie die «spontane Revolution» auf den Schild hebt und dabei Rosa Luxemburgs subtile Analyse der ökonomischen und politischen Bedingungen, die der Revolte vorausgehen müssen, unter den Tisch fallen läßt. Doch darüber hinaus bestätigen sich für Hannah Arendt mit der bewunderten Frau auch Maßstäbe und Positionen, für die sie selbst ein Beispiel geworden war. Sie erzählt, wie Rosa Luxemburg und eine Freundin sich unumwunden die letzten beiden Männer der deutschen Sozialdemokratie nannten. Und sogar als sie Rosa Luxemburg gegen eine sentimentale Kanonisierung in Schutz nimmt, entdeckt sie in einer Rede, die jene 1914 hielt, eine Mannhaftigkeit, die in der Geschichte des deutschen Sozialismus ohnegleichen sei. Auch der direkte Prosastil Rosa Luxemburgs «ohne Koketterie und optische Täuschungen» sprach Hannah Arendt an, die allem aus dem Weg ging, was auch nur entfernt an Schmus oder Quatsch gemahnte.

Ihr Essay über Walter Benjamin trug dazu bei, ihren Freund und Mentor bei amerikanischen Lesern bekanntzumachen. Mit seiner Geschichte erzählt sie auch ein Stück Flüchtlingspolitik. Zwei Gruppen nahmen Benjamins Erbe für sich in Anspruch: Kommunisten und Linke, allen voran Bertolt Brecht, und die intellektuellen Ästheten um Adorno und Gershom Scholem. Hannah Arendt vermittelt zwischen beiden und entzieht Benjamin schließlich jedem Lager. Nein, er war weder ein jüdischer Kommunist noch ein jüdischer Faschist (das war während der dreißiger Jahre ein linkes Epitheton für Zionisten). Zu seinem eigenen Kummer widerstand er jeder Kategorisierung: Er blieb außerhalb, und das war der Platz, den die Geschichte für ihn bestimmt hatte. Vermutlich hat Hannah Arendt es aber doch ein bißchen mehr mit Brecht gehalten als mit Adorno und Scholem. Sie hatte mit jüdischen Traditionen nicht allzu viel im Sinn, schon gar nicht als Heimat für einen so umtriebigen Geist wie Benjamin.

Hannah Arendt hatte eine besondere Vorliebe für die Gestalt des rebellischen Bürgersohns, und vielleicht war Benjamin hier ihr Vorbild. So wie Kafka dem seelentötenden Treibhausklima seines Elternhauses zu entkommen suchte und erklärte, die Wirklichkeit könne man nur in den Elendshütten armer Juden finden, mußte Benjamin sich in politische Überzeugungen – seien sie kommunistisch oder zionistisch – flüchten, die seinen Eltern ein Graus gewesen wären. Natürlich war er letztlich immun gegen beide Ideologien, denn sein Leben fand in der Sprache statt. Wahrheit, stellt Hannah Arendt fest, war für ihn ein «akustisches Phänomen», zitieren hieß benennen, als könne man im Zitieren «namengebender Worte» die Vergangenheit gegenwärtig machen. In einem idealen Text würden sich Zitate unverbunden und unerläutert aneinanderreihen: Nähe allein wäre Kommentar und Kontext genug.

Ihre schwierige Brecht-Studie hat sie mehrfach umgearbeitet. Sie liebte seine Dichtung, seinen Stil, die Art, wie er mit dem Leben in der Emigration fertig wurde. Im ersten Satz beschwört sie die Ironie dieses Lebens: Da lebt ein großer Schriftsteller in Hollywood und muß, wo er auch hinkommt, seinen Namen buchstabieren. Es bestürzte Hannah Arendt, wie viele ihrer Generation in Selbstmitleid und Selbstschau verharrten. Nicht jedoch Brecht: «Da ist auch nicht ein Funken Sentimentalität in Brechts wunderbarer und wunderbar präziser Definition des Flüchtlings als eines ‹Überbringers schlechter Nachrichten›.» «Die Nachricht eines Nachrichtenüberbringers», fügt sie bezeichnenderweise hinzu, «betrifft nicht diesen selbst.» Das rein Persönliche ist in der größeren Realität des Emigrantenlebens vollkommen unwichtig. Brecht war einfach unfähig, sich an neue Orte anzupassen, aber schließlich erfolgt die Nachricht, die dich nach Hause ruft, «in vertrauter Sprache». So war Selbstmitleid ihm fremd, obwohl er zum Eigennutz durchaus begabt war. Aber seine Nachricht vergaß er nie und wurde so zu einem der großen Dichter des Exils.

Brechts persönlicher und öffentlicher Stil entsprach in vielem den Maßstäben, die Hannah Arendt auch sich selber setzte. Nach einem sektiererischen Streit mit Lukács stellt Brecht fest, daß sich der Ungar unbehaglich fühle bei dem Gedanken, daß Produktivität ihrem Wesen nach nicht planbar sei, im künstlerischen wie im industriellen Prozeß Überraschungsmoment bleibe – genau das, was Brecht begrüßte und wo für Hannah Arendt jegliche ideologische Sicherheit aufhörte. Daß Brecht Frauen so schlecht behandelte – «In mir habt ihr jemand, auf den könnt ihr nicht bauen» – konnte sie tolerieren, da das zugleich auch eine Absage an sentimentale Romanzen war. Wie Rosa Luxemburg war Brecht «an sich selbst kaum interessiert», also hatten auch seine Geliebten konventionelle Ergebenheitsgesten von ihm nicht zu erwarten. In Brechts Theaterästhetik ist der Schauspieler gehalten, immer auch zu signalisieren, daß er sich der Künstlichkeit seines Tuns bewußt ist – auch das ein Spiegel der philosophischen Kategorien Hannah Arendts. Denn die Distanz des Epischen Theaters zeigt an, daß dies eine öffentliche Aufführung in einer öffentlichen Welt ist, nicht zu verwechseln mit persönlichen Gefühlen und nicht durch sie zu korrumpieren.

Hannah Arendt nähert sich Brechts Dichtung mit einem Engagement, das weit über Literaturkritik hinausgeht. Ihre Analyse ist das Produkt von Jahren des Lebens mit diesen Gedichten, diesen «Worten, durch die wir leben», diesen bescheidenen Tröstungen in einem Exil, in dem nichts geblieben war als die Muttersprache. In einem schönen Exkurs vergleicht sie ihn mit anderen Paria-Dichtern: Die Straßenballaden, die er sich zum Vorbild nahm, gleichen den Negro Spirituals, den kunstvollen Liedern von Menschen, die «verdammt sind zu Dunkelheit und Vergessen».

Doch trotz seiner beispielhaften literarischen Leistung, seines mangelnden Selbstmitleids und seines nüchtern-gesunden Menschenverstandes war Hannah Arendt zutiefst unglücklich mit Brecht, denn sie sah in ihm einen Apologeten Stalins. Nach seiner Rückkehr in die DDR, so glaubt sie, habe er dafür mit dem Verlust seines Talentes gebüßt. Diesen unerhörten Satz konnte nur jemand schreiben, der die Arbeit an der Sprache für die wichtigste und höchste Aufgabe des Menschen hielt. Die Götter straften den Dichter, weil sie ihn so reich gesegnet hatten. «Es ist die Aufgabe des Dichters, die Worte zu prägen, durch die wir leben», und er hatte versagt, indem er das Loblied Stalins sang. Auch Ezra Pound hatte einen Diktator gepriesen, doch er war wahnsinnig. Für Brecht gab es da keine Entschuldigung.

An solch seltsamen Schlußfolgerungen nahmen sogar einige der konservativen Freunde Hannah Arendts Anstoß. Der Kritiker Erich Heller erinnerte sie daran, daß sie auch eines von Brechts späten Gedichten zitiert habe, was doch wohl nicht bedeute, daß er in seinen letzten Jahren ohne Talent gewesen sei. Das Gedicht sei kurz, erwiderte sie, und außerdem eine Bearbeitung. Andere gaben ihr zu bedenken, daß Brecht zum Schluß todkrank gewesen sei. Seine Gedichte ließen Hannah Arendt nicht los – sie sollte weiterhin mit ihnen leben und eines von ihnen zum Titel ihres Buches wählen –, doch das hinderte sie nicht, von sich und Brecht ein Bild zu geben, auf das die Öffentlichkeit verwirrt reagierte: Sie gehöre nicht zu denen, die ihr Unbehagen überwunden haben. Brecht, so sagt sie, hätte nie erwartet, anders als andere behandelt zu werden, und so gibt sie zu verstehen, daß sogar ihr Kummer und Abscheu Zeichen dafür waren, daß sie ihn ernst nahm.

Daß sie neben dem linken Brecht auch dem rechten Waldemar Gurian einen Aufsatz widmet, beweist, daß *Men in Dark Times* tatsächlich, wenn auch unausgesprochen, eine Geschichte der Intellektuellen- und Künstleremigration ist. Gurian war ein zum katholischen Glauben übergetretener Jude und Herausgeber einer gelehrten konservativen Zeitschrift, des *Review of Politics*. Auch wenn Hannah Arendt der Politik Gurians mißtraute, achtete sie doch den Menschen. In ihrer Schilderung erscheint der plumpe, fettleibige Gurian als stets verwirrter, als «ein vollkommen Fremder in der Welt der Dinge». In einer Beschreibung, die jedes großen Erzählers würdig wäre, bemerkt sie, daß sein Lächeln immer das eines überraschten Jungen geblieben sei und daß er, obgleich schätzenswert, ein Mensch ohne Humor war. Obwohl politisch durch Welten geschieden, fühlte sich Gurian Brecht und Benjamin in seiner Loyalität für die Toten verbunden, die jetzt nurmehr Namen waren. Wenn er diese Namen aussprach, tat er das mit solch liebevoller Sorgfalt, als würden ihre Träger dadurch weiterleben.

Hannah Arendt blieb bis zu ihrem Tod der Öffentlichkeit verpflichtet. Auch wenn sie über neue Themen schrieb und Gegenwartsereignisse kommentierte, kehrten die alten Bilder und Sorgen immer wieder. Sie analysierte die amerikanische Revolution und kam dabei auf Vertrautes: auf Rosa Luxemburgs Ruf nach Arbeiterräten und ihren eigenen Zorn auf jüdische Führer, die für politische Formen und Einrichtungen so wenig Aufmerksamkeit hatten. Geld hatte die Juden noch nie geschützt, das konnte nur die Politik. Private wirtschaftliche Überlegungen, die Sorge um den Haushalt, waren auch für die Heldentaten der amerikanischen Gründungsväter nur von sekundärer Bedeutung, als sie – mehr aus politischen denn aus sozialen Gründen, wie Hannah Arendt meint – eine Revolution wagten. Es sieht fast so aus, als sei Hannah Arendt nie so sehr Emigrantin gewesen wie beim Schreiben über amerikanische Geschichte. (Natürlich war sie nicht ohne Mitleid für die Unterprivilegierten. Während einer New Yorker Schulkrise schlug sie Mary McCarthy als Lösung vor: «Warmes Frühstück für die Kinder!» – in seinem gesunden Menschenverstand ein echt berlinerischer Rat.)

Ende der sechziger Jahre machte sie ihrem Zorn auf de Gaulle Luft wegen dessen öffentlicher Rehabilitierung Pétains und der «unglaublich dreisten Lüge», für den Fall Frankreichs 1940 – von ihm euphemistisch *les événements* genannt – seien die Kommunisten verantwortlich gewesen. Obwohl sie ihre Freude hatte an den jungen europäischen Aktivisten und ihrer Entdeckung, daß öffentliches Leben Spaß mache, konnte sie den Optimismus eines weiteren berühmten Mitgliedes der Frankfurter Schule, des Philosophen Ernst Bloch, nicht teilen, der unter Führung dieser Studenten bereits die Revolution heraufdämmern sah. Da sie sich keinem historischen Entwurf verpflichtet fühlen mußte, hielt sie eine Konterrevolution für ebenso möglich. Die Ereignisse haben ihr recht gegeben. Und doch predigte sie auch weiterhin das Evangelium der spontanen Revolution, ungeachtet der Kritiker, die da einwandten, die Vielfalt der Vorstellungen über Räte und Sowjets würde eine allgemeine Lösung wohl kaum gestatten; zudem habe die Welt von solcherart «vollkommen spontanem» Ereignis noch nie gehört.

Sie kontrollierte die politische Sprache anderer vielleicht noch gewissenhafter als ihre eigene. So konnte sie explodieren, wenn europäische Studenten Stalins Rolle als «Entfremdung» beschrieben, ein Wort, das «die haarsträubendsten Verbrechen... unter den Teppich kehrt». Und es stößt sie ab, wenn «unsere unschuldigen Kinder im Westen» ihren Scherz damit treiben, «was sie ‹bürgerliche Freiheit› nennen». Als die Politikwissenschaftler Nathan Glazer und Zbigniew Brzezinski die studentischen Rebellen der sechziger Jahre Ludditen nannten, die Nachhut der Konterrevolution, war sie andererseits eilig bemüht, darauf hinzuweisen, daß es zwischen den Arbeitsgeräten, die die Ludditen einst zerstörten, und den Waffen des Pentagon doch gewisse Unterschiede gebe. Sie wundert sich über Glazer und Brzezinski, beides Männer, mit denen sie einmal viel gemeinsam hatte: «Ist nicht diese Angst zugunsten eines Fortschritts um jeden Preis ziemlich seltsam bei zwei Autoren, die doch eigentlich immer als konservativ galten?

Hannah Arendts letzte Jahre waren von denselben Enttäuschungen und Desillusionierungen überschattet, wie sie das Leben so vieler Emigranten verdunkelten. Vielleicht fiel sie besonders tief, weil ihre Hoffnungen auf das politische Experiment Amerikas besonders groß waren. Es schien ihr, als hätten die westlichen Bürokratien und die riesigen Parteimaschinerien öffentliches Handeln nahezu unmöglich gemacht.

Die elektronische Überwachung amerikanischer Radikaler ist für sie eine Form der Enteignung, ein schwerwiegender Vorwurf, denn persönlicher Besitz, so hatte sie es immer gesehen, ist die Bestätigung der eigenen Position in der öffentlichen Welt. Mit diesem Ausspionieren seiner Bürger brach die USA ihr großes Versprechen, den Bürger vor der Regierung zu beschützen. Die einzig noch verbliebene politische Handlung war der Gang zur Wahlurne, doch die Wahlkabine war privat und immer nur einer fand Platz darin. Schon in *On Revolution* hatte sie beklagt, daß die Verfassung selbst, als sie den Articles of Confederation folgte und die Stadtversammlungen durch eine zentrale Regierung ersetzte, den revolutionären Geist verwässert habe. Daß sie sich, angeregt vom Beispiel Dr. Martin Luther Kings, dem zivilen Ungehorsam zuwandte, war vielleicht ein letzter Versuch, ihren Mitbürgern die Augen für politische Möglichkeiten zu öffnen.

1968 schreibt sie einen Beitrag zu Ehren ihres früheren Verlegers Dwight Macdonald. Dabei blickt sie auf ein Vierteljahrhundert amerikanischer politischer Geschichte zurück, darunter auch auf Ereignisse, die sie vermerkt, aber nicht kommentiert hatte. 1951 hatte sie von der «Einfalt» der Amerikaner gegenüber den skrupellosen Europäern gesprochen. Doch jetzt rechnet sie auf. Da war 1944 Charles E. Wilsons Vorschlag einer permanenten Kriegswirtschaft, Präsident Trumans «abscheulicher Jubel» über den Abwurf der Atombombe und ein Kalter Krieg, der zunächst gegen den Stalinismus gerichtet und jetzt zur Großmächte-Politik verkommen war. In interessanter Ergänzung zu den *Origins of Totalitarianism* erinnert sie daran, daß die Restauration der Vorkriegsregierungen in Italien, Frankreich und Griechenland auf Kosten der radikalen Widerstandsgruppen erreicht worden war. Ein freundlicher Vorwurf trifft auch Macdonald dafür, daß er den Bolschewismus dem Stalinismus gleichsetzt, ein uneingestandener Irrtum, dem auch sie früher erlegen war. Sehr viel mehr Wohlwollen hat sie für seinen 1945 geäußerten Satz, daß er sich nach Hiroshima schäme, Amerikaner zu sein. Er hatte damals nicht unrecht, nur war, wie Vietnam bewies, seine Bemerkung verfrüht.

Daß Hannah Arendt so verständnisvoll und wohlwollend über die Scham eines Amerikaners sprechen konnte, zeigt, wie weit sie sich vom glühenden Patriotismus ihrer früheren Jahre entfernt hatte. Ähnlich wie Thomas Mann oder Einstein hatte auch sie das Gefühl, möglicherweise erneut fliehen zu müssen. Wie Mary McCarthy erzählt, erwog sie die Emigration zurück nach Europa, «solange noch Zeit war». Doch ungeachtet solcher Ängste wurde ihre Kritik an der US-Politik immer kühner. In ihren Artikeln für *The New York Review of Books* nennt sie Vietnam wie Watergate ein nationales Unglück. Als Buch erschienen diese Beiträge unter dem passenden Titel *Crises of the Republic*, denn mit jedem Machtmißbrauch eines Präsidenten sah Hannah Arendt die einzigartige politische Rolle des amerikanischen Bürgers an Bedeutung verlieren.

Als sie starb, war sie fast so etwas wie eine Institution geworden, den einen galt sie als Schiedsrichterin über den moralischen Verfall der USA, den anderen als eine Art Xanthippe. Und es traf sie die vertraute Kritik, daß Emigranten, sobald es um amerikanische Angelegenheiten gehe, nicht zu trauen sei.

Hannah Arendt blieb immer sich selber treu. Wenn sie konservative oder radikale Anhänger darüber verlor, wohl denn, sie hatte keine Angst, ihren Weg alleine zu gehen. Ein bestürzter Nathan Glazer steht ratlos vor ihren späten politischen Analysen und erinnert sich der friedlichen Tage des *Totalitarianism* und der *Human Condition*, als Professor Arendt noch «unsere Lehrerin» war. Inzwischen war ein neues Auditorium von jungen Linken herangewachsen, und diese jungen Leute fragten sie, wie sie sich ihren besonderen Einfluß erkläre. Doch sie blieb auch hier dem Denken ihrer Generation verhaftet. Die «Vergötterung des Genies» nannte sie eine Herabwürdigung der menschlichen Person, ja fast eine Verdinglichung im marxistischen Sinne, die aus Menschen Waren mache. Einfluß, sagte sie einem jungen Deutschen, sei nicht wichtig, die Frage danach sei typisch männlich. Und auf einer wissenschaftlichen Konferenz, die ihrem Werk gewidmet war, sagte sie, man könne ihren Standpunkt nicht anderen Menschen aufnötigen, denn schließlich seien diese erwachsen. Auch sie war eine erwachsene Frau, und dergleichen Fragen interessierten sie nicht.

In ihrem Schlußwort an die Konferenz war implizit auch die Bitte enthalten, sie nicht zum intellektuellen Guru zu machen. «Ich möchte noch sagen, alles, was ich jemals getan und alles, was ich geschrieben habe – das alles waren nur Versuche.» Jemand bat sie, sich selbst einen Platz im politischen Spektrum zuzuweisen. Sie antwortete: «Sie fragen mich, wo ich stehe. Ich stehe nirgendwo. Ich befinde mich mit meinem politischen Denken auf keiner heutigen oder sonstigen gängigen Linie. Nicht etwa, weil ich besonders originell sein möchte – es ergibt sich immer so, daß ich irgendwie nicht hineinpasse.»

Das «irgendwie» macht den Eindruck einer plötzlichen Einsicht. Vielleicht war die Verkünderin eines öffentlichen Lebens für dessen gegenwärtige Form ungeeignet. Sie selbst hatte immer von sich behauptet, sie schreibe und denke, um zu verstehen und nicht um irgendeiner Wirkung in einer öffentlichen Welt willen. Aber diese öffentliche Welt hatte Wirkung auf sie, ob sie sie nun ins Exil zwang oder sie mit den Jahren immer offener und zu einem immer größeren Publikum sprechen ließ. Ihre Worte stehen für eine Generation von Emigranten, die sich, wie Hannah Arendt, nicht mehr in nur einer akademischen Disziplin oder einer nationalen Kultur verwurzelt fühlten.

Helden der sechziger Jahre

«Es ist ... fast unmöglich – außer in Romanen – in Amerika selbst für Amerikaner über Amerika zu schreiben», konstatiert Erik Erikson 1950. Besonders, wenn man Einwanderer ist, schreibt er, gerät das, was man schreibt, immer zum Reisetagebuch, zum Bericht über einen Prozeß, während dessen sich der ursprüngliche Stil des Schreibers verändert und deformiert. So ist «der gesunde ‹american way›, in Amerika über Amerika zu schreiben, ... die Form des ‹gripe›, der Überspitzung. Dazu gehört aber ein bestimmtes Talent und eine besondere intellektuelle Erbschaft, die beide nicht leicht zu erwerben sind.» Erikson war nicht der einzige, der die Tugenden der «delikaten Gabe» der Übertreibung erkannte. «An der Psychoanalyse sind nur die Übertreibungen wahr», hatte bereits Adorno im kalifornischen Exil formuliert. Und Hannah tat einst Hans Jonas kund: «Aber Hans, je mehr man übertreibt, um so wahrer wird es.»

In den sechziger und siebziger Jahren, drei Jahrzehnte nach ihrer Ankunft, waren Emigranten wie Erikson die Helden eines überwiegend neuen, überwiegend jungen Publikums geworden. Als ob es darum ginge, die Prophezeiung Eriksons wahrzumachen, sahen sie sich zu Verfechtern offenkundig extremer Positionen geworden und mußten sich von ihren zahlreichen Kritikern vorwerfen lassen, Trivialitäten auf die Spitze zu treiben. Doch weil ihr «besonderes intellektuelles Erbe» grelle Töne nicht zuließ, trugen sie ihre extreme Kritik an der amerikanischen Gesellschaft mit der nüchternen Traurigkeit von Fremden vor, die dieses Land einmal sehr geliebt hatten. Sie versuchten, das Fehlgehen des amerikanischen Traumes zu enträtseln und gewannen dabei ein Publikum, das weder ihr Erbe noch ihre absolute Verpflichtung zu intellektueller Redlichkeit teilte. In letzter und nicht unvertrauter Ironie klangen ihnen ihre Überzeugungen und Argumente aus dem Munde anderer oft bis zur Vulgarisierung verunstaltet entgegen. Eifrige und eifernde Amerikaner – das war die eigentliche Überraschung – gingen so weit, aus ihnen so etwas wie Gurus zu machen, was einen Marcuse oder eine Hannah Arendt in höchstem Maße entsetzte.

Jahrzehnte zuvor hatte Freud Amerika als Irrtum und «Antiparadies» karikiert, wo man die Psychoanalytiker umarmen und in eben dieser Umarmung ersticken werde. Er behielt recht, die Psychoanalyse wurde zur Mode mit dem dazugehörigen Auf und Ab. Nicht vorsehen konnte er, daß seine therapeutische Methode, einmal auf dem Markt, den Anstoß zur Entwicklung rivalisierender Therapieformen geben würde. Besonders in den USA fand man die Psychoanalyse bald begrenzt in ihrer Wirkung und ohne Reiz. Der Introspektion zugeneigten Amerikanern mochte Freuds Interesse an der individuellen Psyche gefallen, doch verhieß seine Theorie keineswegs schnelle Heilung. Mit Glück konnte man es in langen Jahren der Theraphie, in denen sich Fortschritt oft in scheinbar mutwilligen Sprüngen eingestellt und Patienten wie Arzt gleichermaßen verwirrt hatte, dahin bringen, das Leben eines normalen Neurotikers zu führen.

Solche Hoffnung reichte nicht aus in einer Zeit, in der die Werbung Schönheit über Nacht versprach und in der – wichtiger noch – Millionen von Amerikanern das Gefühl hatten, mit ihrem Leben sei irgend etwas nicht in Ordnung. Kein Wunder also, daß sie dem gewichtigen Ernst des Sigmund Freud nichts abgewinnen konnten und nach einfacheren, leichter zugänglichen Methoden Ausschau hielten. Was aber nicht etwa hieß, daß man emigrantischen Seelenärzten den Rücken kehrte. Tatsächlich gaben zwei Emigranten, Fritz Perls und Wilhelm Reich, den Anstoß zu den beiden wichtigsten Veränderungen, die sich auf diesem Gebiet in den sechziger und siebziger Jahren begaben. Auf ihren theoretischen Vorstellungen gründen so amerikanische Phänomene wie etwa die Sexualtherapie, und es ist daher recht aufschlußreich, inwieweit auch diese beiden Männer Produkte der Emigrantenkultur sind. Vor allem haben sie in den USA gelernt, Theorien, die sie schon zu Hause beschäftigt hatten, auf neue Art darzustellen.

Reich, so heißt es oft, habe die sexuelle Revolution ausgelöst. Das ist sicher übertrieben, denn für diesen Wandel sind in Wirklichkeit technologische (die Pille) und soziologische (der Niedergang der Familie) Veränderungen verantwortlich und nicht das Lehrbuch irgendeines Arztes. Doch von allen Freud-Schülern war Reich derjenige, der sich am meisten und nachgerade besessen mit Sexualität beschäftigte. Freud nannte dies in einem Brief des jüngeren Mannes dessen «Steckenpferd». Bis 1934 hatte man Reichs Beiträge zur psychoanalytischen Theorie in Deutschland mit sehr viel Wohlwollen aufgenommen. Reich habe Freuds «Widerstandstheorie» einen «Körper» gegeben, sagte sein Analysand Fritz Perls. Die Charakteranalyse von Reich enthält präzise Beschreibungen dessen, wie psychische Störungen sich in Ton und Geste ausdrücken können. Besonders der Begriff der Charakterpanzerung bereitete den Boden für unmittelbar überzeugende, eingängige Bilder. Ein Mann, der aus einer Redekur eine Körperkur machen konnte, indem er Analysanden buchstäblich in die sexuelle Gesundheit trieb, konnte auch andere Überschneidungen von Psychoanalyse und materieller Welt entdecken. Noch in Berlin hatte Reich zwischen 1930 und 1933 versucht, Marx und Freud einander anzunähern. Unter seiner Leitung gründete die KPD einen Verein für proletarische Sexualpolitik. Dessen Programm war vorbildlich in seiner aufgeklärten Einstellung zu Ehe und Scheidung, Geburtenkontrolle, Abtreibung, Homosexualität und Kindertagesstätten in Fabriken. In seiner Studie *Massenpsychologie und Faschismus* (1933) spricht er ein Problem an, das viele andere Intellektuelle immer noch vorzogen zu ignorieren (daß er dabei nur eine einzige Gruppe, nämlich das Kleinbürgertum, im Blick hat, verbindet ihn mit all den anderen Emigranten von Hannah Arendt bis Marcuse, die für diese Gruppe nur Verachtung aufbrachten. Wäre Reich 1934 gestorben, wäre seine Hinterlassenschaft makellos. Doch seine spätere Schacherei in Sachen Orgontherapie und seine Erfindung eines Orgon-Akkumulators, der angeblich die sexuelle Energie speichert, die das Universum antreibt, trug ihm doch eher den Ruf eines Scharlatans ein. Anfangs blühte Reich auf bei solcherart Widerstand und nannte sich selbst das ewige «Stehaufmännchen».

Reichs schließlicher geistig-seelischer Zusammenbruch hatte politische Gründe. Sogar bevor er seine «kauzigen» Begriffe entwickelte, fand er sich von seinen «weniger hysterischen» Kollegen im Stich gelassen. Freud selbst legte einen schockierenden Haß gegen Linke an den Tag. Im *Internationalen Jahrbuch für Psychoanalyse* von 1932 machte er dessen Leser darauf aufmerksam, daß Reich «Mitglied der Bolschewistischen Partei» sei und als solches genauso tendenziös und unseriös sei wie ein Jesuit. 1933 forderte man Reich – angesichts seiner Reputation als Antifaschist – zum Austritt aus der Deutschen Psychoanalytischen Gesellschaft auf. Bedenkt man, daß diese Organisation seinerzeit weitgehend von Juden getragen wurde, mag man sich fragen, wer hier der eigentliche Kauz war. Auch mit linker Unterstützung konnte Reich bald nicht mehr rechnen. Stalin hatte die liberalen Sexualgesetze der bolschewistischen Revolution aufgehoben. Und Reich wurde in der Emigration zum Antikommunisten, als ihn in Dänemark, wohin er im August 1933 floh, die Bürokraten der dortigen

Roten Hilfe schändlich behandelten. Sein offizieller Ausschluß aus der Partei legalisierte die Trennung. Es war kennzeichnend für Reich, daß er die schlechte Behandlung, die er als Emigrant erfuhr, publik machte. Die herablassende Behandlung durch englische oder amerikanische Rettungskomitees war unter Emigranten in Privatgesprächen häufiges Thema, aber die Mehrzahl war zu ängstlich, um dies öffentlich zu machen. Wie konnte man schließlich die Leute bei den Autoritäten verpetzen, die einen vor eben diesen schützten?

Nach einigen Jahren in Skandinavien kam er 1939 mit dem nicht-quotierten Visum eines Professors in die USA. Er heiratete die junge Emigrantin Ilse Ollendorf – seine zweite Frau – und ließ sich mit Wohnung und Praxis in Forest Hill nieder. Diese New Yorker Vorstadt wurde auch zur Heimat anderer, recht gut betuchter Emigranten, mauserte sich jedoch nicht zum deutsch-jüdischen Ghetto. Tatsächlich war Forest Hill Schauplatz recht schalen bürgerlichen Strebens und wurde zum Symbol eines lauten, amerikanischen Materialismus (Reich wohnte nur ein paar Wohnblocks von den berühmten Tennisplätzen entfernt.) Um vollends in amerikanisches Leben einzutauchen, erwarb er ein Sommerhaus in Maine. Hier entwickelte er eine Maschine, mit der er Wolken knacken wollte und wurde bei seinen Nachbarn zum Mythos – Wilhelm Reich, der Regenmacher.

Seine ersten amerikanischen Jahre waren sehr glücklich. Er hatte Schüler, Patienten und ein Forschungsprojekt, das ihm über alles ging. Doch kaum war er im Land, hatte er schon das Gefühl, von Kritikern verfolgt zu sein. Er stellte einen schwarzen Laboranten ein, die Nachbarn protestierten. Fünf Tage nach Pearl Harbor wurde er als enemy alien verhaftet. Zusammen mit Hunderten von Angehörigen des German-American Bund verbrachte er eine Nacht auf Ellis Island. Unschwer sich vorzustellen, wie sich ein Jude gefühlt haben muß, umgeben von Menschen, die seine Sprache sprachen und davon träumten, ihn auszulöschen. Währenddessen nahm das FBI seine Bibliothek unter die Lupe. Seine Frau berichtet, sie habe das Vertrauen in das Bureau in dem Moment verloren, als ein Agent fragte, warum ein so berühmter Gelehrter seine Bücher selbst zu Markte trage. Reich wurde kurz darauf als «friendly alien» entlassen (er war gebürtiger Österreicher), aber seine Frau verblieb weiterhin im «feindlichen» Status. Daß ein Jude in Deutschland wie in den USA ein enemy alien sein konnte, war Grund genug, daran zu zweifeln, daß es für ihn überhaupt eine Zuflucht gab.

Obwohl Reich als Prophet der sexuellen Befreiung galt, war er kein Freigeist. Die Autobiographie zeigt ihn im Gegenteil als rigiden, humorlosen und grämlichen Menschen. Er trieb deutsche Pedanterie bis zur Karikatur und hielt sogar in seinen Laboratorien streng auf akademische Umgangsformen. Seine Frau sprach er in der Öffentlichkeit mit ihrem Mädchennamen an. Den Kult mit akademischen Titeln trieb er so weit, daß er Grundschullehrer behandelte, als seien sie berühmte Gelehrte. Zwar galt sein wissenschaftliches Interesse der weiblichen Sexualität, doch war er privat von konventioneller Doppelmoral. Auch verabscheute Reich Homosexualität. Obwohl viele meinten, seine Theorien öffneten kindlicher Zügellosigkeit Tür und Tor, war er selber ein strenger und sehr behütender Vater, in steter Sorge um seine Lieben. Für einen Emigranten war schließlich jegliche Sicherheit nur provisorisch.

Wo gab es überhaupt Sicherheit? Reich fand sie in der Regierung der Vereinigten Staaten. Er wurde ein ergebener Anhänger Präsident Roosevelts. Er war stolz darauf, in amerikanischen Jahrbüchern verzeichnet zu sein und unterstrich seinen Patriotismus mit etlichen Angriffen auf den «roten Faschismus». Seine ehemaligen Gesinnungsgenossen, die Kommunisten, wurden jetzt seine Erzfeinde. Als er Anfang der vierziger Jahre vergeblich versucht hatte, Einstein von der Richtigkeit seiner Orgon-Therapie zu überzeugen, bescheinigte er ihm Indifferenz gegenüber kommunistischer Intervention. Als man behördlicherseits anfing, die Verschiffung seiner Orgon-Akkumulatoren als Mittel zur Krebsbehandlung zu untersuchen, befand er, die zuständige Food and Drug Administration sei ein Nest von Roten. Ähnlich den Bigott-Paranoiden, wie sie Adorno und Löwenthal beschrieben, brachte Reich es schließlich dahin, daß er alle seine Feinde in einen Topf warf. Er nannte Stalin den «Vater der Hitlers und McCarthys», und als er auch die großen Arzneimittelfirmen gegen sich angetreten glaubte, witterte er eine von «Moskau und den Rockefellers» gelenkte Verschwörung.

In seinen letzten Jahren sprach Reich die Sprache eines Wahnsinnigen, in der sich alle Themen seines Exils wiederfanden, mit Ausnahme des neuen Mythos von fliegenden Untertassen allerdings, die sich seinem Eindruck persönlicher Bedrohung hinzugesellten. Aber auch dann war seine Paranoia nicht immer unbegründet. Es war nicht ausgeschlossen, daß auch Freunde ihn betrogen. Als die Verschiffung von Orgon-Akkumulatoren eingestellt wurde (der Orgonenergie-Akkumulator war ein außen hölzerner, innen mit Metall verkleideter sechsseitiger Kasten von der Größe einer Telefonzelle oder eines Beichtstuhls), hatte er seinen eigenen früheren Rechtsanwalt gegen sich, den er später den «Judas Ischariot des zwanzigsten Jahrhunderts» nannte (zu jener Zeit sah Reich Parallelen zwischen seinem Leben und dem von Christus). Während seines Prozesses wegen strafbarer Gehorsamsverweigerung unterschied Reich zu seiner Verteidigung Dinge, die er tue, und solche, die er tun müsse – wieder der zum Scheitern verurteilte Versuch eines Emigranten, sein kompliziertes Denken in amerikanische Worte zu kleiden.

Im März 1956 wurde Reich verurteilt und trat im März 1957 seine Haftstrafe an. Und da war er dann wieder der enemy alien und erneut Opfer einer Bücherverbrennung: man beschlagnahmte aus dem Lager seiner Organisation alle seine veröffentlichten Werke, einschließlich solcher, die mit der Orgontherapie nichts zu tun hatten. In einem offiziellen Schriftsatz versicherte Reich, «der Entdecker der kosmischen Energie» habe «unter den Augen der Air Force die erste Schlacht um das Universum» geschlagen. Mit zwanghafter Pedanterie unterschied er zwischen seinen Kerkermeistern und seinen politischen Führern. Er glaubte sich unter dem persönlichen Schutz Präsident Eisenhowers. Als er ein Flugzeug über sich hörte, blickte er gen Himmel und teilte den Gefängnisbeamten mit, sein Schutzengel schwebe herbei. Die letzten Monate seines Lebens verbrachte er mit der Lektüre von Emersons Essays und Carl Sandburgs Lincoln-Biographie. Der Gott-und-Vaterland-Rausch der fünfziger Jahre wurde sein letzter Weg in die Sicherheit. Er besuchte die protestantische Kirche und schrieb, wiewohl ein Leben lang Atheist, Briefe, in denen er eine nebelhafte Macht des Glaubens pries. Wie aus einem Film von Howard Hawks oder Douglas Sirk entsprungen, riet er seinem Sohn, das «Cadet's Prayer» zu lernen.

Reich starb am 3. November 1957 im Gefängnis. Sein Tod wurde von der Presse kaum zur Kenntnis genommen. Es sollte noch etliche Jahre dauern, bis seine Gedanken weite Verbreitung fanden. Daß man die Anwendung seiner Theorien mit sexueller Toleranz und Freizügigkeit gleichsetzte, hätte dem erklärten Gegner von Pornographie und Promiskuität wohl kaum gefallen. Reichs prüden Eifer reklamierte nicht einmal die Rechte für sich. Seine Paranoia hatte sich erfüllt, sogar im Tod blieb er ein «alien».

Frederick Perls dagegen machte es sich zum Prinzip, verständlich und zugänglich zu sein. Waren Reichs Selbstdarstellungen pathetisch erschienen, konnten die von Perls etwas anrüchig und selbstgefällig anmuten. Nach der Vertreibung trieb es Perls bis nach Südafrika, wo er die Kriegsjahre verbrachte. 1946 kam er in die USA und lernte schnell. Ende der sechziger Jahre hatte er es zum Direktor von Esalen und zum Propheten einer amerikanischen Alternative zur traditionellen Psychoanalyse gebracht. Zwischen den kühlen Vorschriften des amerikanischen Psychoanalytischen Instituts und dem heißen Ungestüm von Esalen lag mehr als ein Kontinent. Und auch zwischen Perls heißblütigen Verlautbarungen und dem akademischen Dekorum analytischer Prosa lagen Welten. Was er für seine Therapie in Anspruch nahm, unterschied sich in seiner Extravaganz nicht von den Vorstellungen Reichs. Aus Perls Theorie einer integrierten und kollosal selbstreflektierten Persönlichkeit ging jede «human potential»-Bewegung mit ihrem überaus amerikanischen Programm zur Mobilisierung blockierter psychischer Energien hervor, die Ende der siebziger Jahre über das Land hinwegschwappte. Das war nicht die Befreiung, von der viele Emigranten geträumt hatten. Herbert Marcuse zum Beispiel stießen die Ziele und Methoden Esalens ab.

Doch auch Perls Leben war eine besondere und nicht ungefällige Variante emigrantischen Bemühens, amerikanische Kultur mit europäischen Mitteln zu meistern. Seine Autobiographie ist voll von Versen. Das Buch erweist mehreren deutschen Dichtern seine Referenz: Goethe (dessen «Einheit von Sprache, Rhythmus und Sinn» sich zur eigenen *Gestalt* fügt), Heine und Schiller. Als größtes Leseerlebnis seiner Jugend nennt Perls Schiller. In den beiden menschlichen Bedürfnissen, die der Dichter hochhält – Nahrung und Liebe –, entdeckt er die Aussöhnung von Marx (Lebensunterhalt) und Freud (Libido). Von Erikson über Marcuse bis hin zu Perls ist Schiller in emigrantischer Prosa allgegenwärtig.

Perls ist in Berlin aufgewachsen und war wie so viele andere ständig Gast der literarischen Cafés. Zu seinen Mitschülern gehörten der Schauspieler Joseph Schildkraut und Friedrich Hollaender, der später Marlene Dietrichs «Ich bin von Kopf bis Fuß auf Liebe eingestellt» komponierte. Bei Max Reinhardt studierte er Regie. Der akademischen Welt fühlte er sich offensichtlich nicht zugehörig. «Im Unterschied zu den anderen braven Doktoren», so rühmt er sich, habe er mit seinen medizinischen

Bohemien-Freunden im Café des Westens oder im Romanischen Café «herumgehangen». Perls Entwicklung verlief eigenwilliger als die der Schriftsteller, Künstler und Filmemacher, die sich von der Atmosphäre und der populären Kultur der Berliner Kabaretts anregen ließen, doch brachte er es zu ähnlichen Publikumserfolgen. Wenn andere Ärzte sich gegen solcherart Erfolg verwahrten, lautete die Antwort Perls (im amerikanischen Idiom seines Alters), sie seien «up tight».

Wie andere Emigranten machte sich auch Perls ein Vergnügen daraus, den reaktionären Sinngehalt deutscher oder englischer Wörter zu entlarven. So zeigt ihm der Begriff *Selbstmord*, daß es sich bei der bezeichneten Tat um ein Verbrechen handelt. Er will den Geist befreien, und was es dazu braucht, ist eine «Gehirnwäsche»: Ein Geist, der voll Abfall ist wie ein Mülleimer, muß sich reinigen. In Amerika würden wohl nur naivere Autoren – etwa Erweckungsprediger – so unbefangen Gebrauch von einem so gefährlichen und historisch belasteten Begriff machen.

Wenn Perls seine therapeutische Praxis darstellt, tut er das mit schamloser Eigenwerbung, die nur durch die humorvolle Form ein wenig abgemildert wird. Gestaltpsychologie ist einfach «der nächste Schritt nach Freud», und «das bedeutet Effizienz». Nur wenige andere Emigranten fanden die Sprache des Pragmatismus der Psyche angemessen. Doch Perls stieg mit seinen europäischen geistigen Vätern in den Ring und schielte dabei nach amerikanischer Kundschaft. Marx hatte unrecht und Hegel irrte. Beide hatten sie versucht, ein *Dasein* zu erlangen – schön und gut, aber «Dasein manifestiert sich in der Gestalt» (als ob das kohärente Selbst auch seinen eigenen Raum umschlösse). Wenn Perls dagegen die Amerikaner schilt und ihnen vorhält, Leben sei «mehr als die Produktion von Sachen und die Sorge um sie» oder daß «Glück um des Glückes willen bestenfalls zu konfektionierten Vergnügungen à la Disneyland» führe, ist das Echo eines alten deutschen Romantizismus unüberhörbar. Es ist – in vulgarisierter Form – einer der Grundgedanken von Adornos *Dialektik der Aufklärung*.

Diese Leichtigkeit im Umgang mit traditionellen Begriffen war Perls möglich, weil vieles in der amerikanischen Kultur seinen eigenen Neigungen entgegenkam. Er behauptet, mit den akademischen Gestaltpsychologen nach Art des Kurt Lewin gebrochen zu haben, als aus diesen «logische Posivisten» wurden. Er hielt es mit den Unsicherheiten, der «nicht abgeschlossenen Situation... der unvollständigen Gestalt». Doch wenn er auch kein logischer Positivist ist, so läßt er sich doch oft wie ein positiver Denker vernehmen. Er erinnert sich, daß Esalen bei seinem ersten Buch noch ein öffentliches Gasthaus war. Seit er es in Besitz genommen habe, sagt er, habe sich das Geschäft großartig entwickelt.

Man weiß inzwischen, «daß wir Sofort-Heilungen, Sofort-Freude und sinnliches Sofort-Bewußtsein produzieren». Die amerikanische Kultur glaubt an die Veränderung von einem Augenblick zum anderen: die populärste Religionsbewegung verkündet, in Sekunden könne man neu geboren sein. Seelenheil oder Sinnenbewußtheit: Der große Durchbruch erfolgt gleichermaßen unverzüglich und mutwillig.

Wie Perls haben nur wenige Emigranten geschrieben. Wie egoman sie auch immer gewesen sein mochten, nicht viele hätten wohl zu verkünden gewagt: «Ich bin der beste Therapeut für jegliche Art von Neurose in den Vereinigten Staaten, vielleicht sogar auf der ganzen Welt.» Perls durchweg selbstironischer Ton läßt vermuten, daß solche unsäglichen Behauptungen schmerzhaft gemeint sind, was nicht heißt, daß das irgendeinen Käufer seiner Ware abgeschreckt hätte. Vielleicht wußte er intuitiv, daß die Amerikaner ihre Marktschreier gerne ein wenig durchschauen möchten. Auch seine Berliner Schnauze machte vieles wieder gut. «Uptight professionals», so verlangt er, sollten sich ins Getümmel stürzen. Würden sie, einmal dort, feststellen, daß andere Leute verrückt spielten, was soll's?

Perls zitiert eine Schilderung seines Charmes: «Niemand küßt so wie Fritz.» Er ist von einer sexuellen Ungezwungenheit, die Reich rasend gemacht hätte. Die Offenheit, die Paul Goodman in den Memoiren Frau Reichs vermißte, ist bei Perls reichlich zu finden. Er erzählt über seine Frau und seine Geliebten, und manchmal hat diese Offenheit eher rachsüchtigen denn erhellenden Charakter. Es gibt eine Stelle, die auf den ersten Blick besonders amerikanisch anmutet: «Freud, du hast... eine große Klappe, die habe ich auch. Und du bist ein Arschloch, und das bin ich auch.» Aber auch in den Berliner Kabaretts wird man sich dergleichen Respektlosigkeiten einem Dr. Freud gegenüber herausgenommen haben. Nur findet bei Perls dieser Ton zum erstenmal Eingang in den – etwas wirren – psychotherapeutischen Jargon.

Und doch gibt es auch bei Perls eine emigrantische Botschaft. «Human potential» wurde in den USA zum Code-Wort für Selbstschau und die Durchsetzung eigener Interessen. Aber da, wo er am aufrichtigsten und überzeugendsten ist, hat er zur Rechtfertigung solcher Ziele emigrantische Erfahrung im Blick. Wie andere, darunter insbesondere Bruno Bettelheim, glaubt auch Perls, daß «viele Juden sich hätten retten können», hätten sie sich nur «von Besitztümern, Verwandten und der Angst vor dem Unbekannten gelöst» und «ihre eigenen Ressourcen mobilisiert». Nur wenn sie sich der kulturellen Last eines ganzen Lebens entledigt hätten, wären sie frei zur Flucht gewesen. Sein eigener Bruder war bis zur letzten Minute in Deutschland geblieben und am Ende in Schanghai gelandet. Doch selbst Perls sieht ein, wieviel er allein mit der Forderung, «die Angst vor dem Unbekannten» zu überwinden, verlangt. Und wie um sich selbst zu strafen, hat er einen schlechten Traum: «Ich wachte auf und fühlte mich schuldig.» Doch nach einer Auseinandersetzung mit sich selbst – solche Dialoge spielen sich bei ihm zwischen «top-dog» und «underdog» ab, ein weiteres, etwas schiefes Emigranten-Idiom –, kommt er zu dem Schluß: «Ich bin allein für mich verantwortlich.»

Das mag egoistisch klingen, entspringt aber letztlich emigrantischem Gespür für drohende Gefahr. Perls gestattet es sich, gefühllos zu erscheinen. Als er sich an eine ältere Schwester erinnert, die im Lager umgekommen war, fühlt er beim Gedanken an ihren Tod «keine Schuld», sondern «Ärger». Er hat nicht vergessen, wie wenig er sie mochte. Er rechtfertigt solche Aufrichtigkeit – Ärger ist mutiger als Schuld –, als sei seine Schwester immer noch hinter ihm her. Aber es ist eine reinigende Ehrlichkeit. Auch wenn viele Emigranten ihre Helden insgeheim schon mal «Arschlöcher» nennen mochten, waren viele gefangen zwischen dem Schuldgefühl dessen, der überlebt hatte, und dem Haß auf jene, die gestorben waren. Welche Gefühle soll man jemandem gegenüber hegen, der einem zu Lebzeiten das Leben sauer gemacht hat und dann, weil die Zeitläufte es so fügten, eines schrecklichen Todes gestorben ist? Perls Behauptung, daß man sich letztlich nur um sich selbst kümmern könne, reicht sicher nicht aus, doch verleiht ihr der Kontext eine Würde, die den evangelistischen Exzessen seiner Schüler fehlt.

Mit der ihm eigenen Aufrichtigkeit machte er aus seiner Eifersucht auf den Emigranten Eric Berne keinen Hehl. Mit seinen *Games People Play (Spiele der Erwachsenen)* war es Berne gelungen, psychologisch motiviertes Verhalten so gefällig wie eingängig in Worte zu fassen – so sehr, daß der Buchtitel auch den Titel eines populären Schlagers abgab. Perls beneidete den anderen um solch verbale Leichtigkeit. Auch er hatte immer dem Spiel zugeneigt. Aus seinen letzten Schriften lächelt er uns wie ein deutsch-jüdischer Walt Whitman entgegen, ein Patriarch der Lust, der die Nachgeborenen einlädt, Spaß zu haben. 1970, kurz nach Vollendung seiner Bekenntnisse, starb Perls.

Als Gruppe betrachtet haben die Emigranten der amerikanischen Jugend nicht viel abgewinnen können. Manche, etwa Hannah Arendt und Bruno Bettelheim, urteilten vernichtend über das unsinnige Eindringen der Jugend in ein öffentliches Leben, das besser den Erwachsenen vorbehalten bliebe. Doch wenn junge Leute ein neues Bewußtsein ihrer selbst erworben hatten – als bestimmte Gruppe, als Marktfaktor oder einige sogar als Klasse –, dann waren ihre geistigen Führer und Fürsprecher Emigranten, darunter Erik Erikson und Herbert Marcuse als die wohl berühmtesten. Daß Erikson an vorderster Front dazu gehörte, war nicht weiter überraschend. In seiner Wissenschaft, zumindest doch in weiten Teilen davon, fand die Jugend ihre Werte bestätigt.

In Frankfurt geboren, in Wien ausgebildet, kam Erikson bereits 1933 in die USA. Ihm scheint die Anpassung leichter gefallen zu sein als anderen Emigranten-Gelehrten. Seine Frau und «Herausgeberin» ist Amerikanerin, und alles, was er schreibt, ist voll von Zitaten amerikanischer Sozialwissenschaftler. Wie Fritz Lang, Douglas Sirk und andere kalifornische Emigranten faszinierte ihn die Kultur der amerikanischen Indianer. Er fand auch Gefallen an amerikanischer Folklore, zitiert Volkslieder und Legenden und hält, ungleich Adorno, die offensichtlichen Widersprüche zwischen Form und Inhalt für Zeichen geistiger Wendigkeit und großer Vitalität. Und «basic English», so sagt er, sei wundervoll «präzise, wenn es darum geht, interpersonale Muster zu definieren» – keinerlei Sehnsucht also nach den dialektischen Windungen des Deutschen.

Manches von dem, was Erikson nach dem Krieg schrieb, liest sich wie Werbung für amerikanische Kultur. Er zitiert Freuds «Lieben und Arbeiten» als «Rezept für menschliche Würde – und demokratisches Leben», und er legt nahe, daß Freuds Ideal nur in Amerika Wirklichkeit werden kann. Manche Kritiker schlossen daraus, daß auch er Opfer der bürgerlichen Selbstgefälligkeit dieses Landes geworden war. Doch wird man ihm wohl gerechter, wenn man sein Werk liest als die intellektuelle

Autobiographie eines Emigranten, der den amerikanischen Traum, an dessen Wirklichkeit er glaubte, zum großen Teil selbst erfunden hat.

Ähnlich wie bei Hannah Arendt und Bettelheim entspringt auch Eriksons wohl leidenschaftlichstes Werk der Emigrantenerfahrung. Seine vielleicht beste Einzelstudie «Die Legende von Hitlers Kindheit» schrieb er ursprünglich zu Beginn des Zweiten Weltkriegs und nahm sie später in einer überarbeiteten Fassung in sein Buch *Kindheit und Gesellschaft* auf. Der Essay beginnt mit der Deutung von Nazi-Propaganda und endet als unausgesprochene Hommage an amerikanisches Wesen, das gegen Appelle solcher Art völlig gefeit sei. Während er für Hitler weder Sympathie noch Verständnis hat, zeigt Erikson, daß die Bedürfnisse, die jener befriedigt, Ausdruck einer tiefgehenden Unreife seiner Anhänger sei.

Wie andere Emigranten empfindet auch Erikson die Banalität von *Mein Kampf* fast schmerzlich, aber das Buch, sagt er, weise den Weg zum Verständnis zu nationaler Neurose, die Hitler mit seinen Landsleuten verband. Übermächtige Väter und verführende Mütter werden zu den Hauptgestalten eines teutonischen Familienromans. Da ist der stete Konflikt zwischen dem rigiden, humorlosen Vater – einem Tyrannen ohne «echte innere Autorität» – und einem Sohn, der die heimliche Unterstützung einer mausgrauen, unterwürfigen Mutter genießt. Für wenige Augenblicke während der Pubertät hätte der Sohn die Chance, sich gegen den Vater zu behaupten. Doch die Pubertät sei «ein so sonderbares Gemisch aus offener Auflehnung und ‹geheimer Sünde›, aus zynischer Entscheidung zum Bösen und unterwürfigem Gehorsam, aus Romantik und hoffnungsloser Verzweiflung», daß sie «den Mut und den Unternehmungsgeist des Jungen ein für allemal brechen kann». So bietet die Reifezeit Anlaß und Gelegenheit zu einer Art repressiver Toleranz: Erikson glaubt, daß Väter ihren Söhnen Rebellionen zubilligen, um die eigene patriarchale Macht um so besser unter Beweis stellen zu können. In den USA, so fügt Erikson hinzu, sei das glücklicherweise anders: Hier sei der Teenager der «kulturelle Schiedsrichter», und seine Väter könnten es sich nicht leisten, die «Gesten der Jugendlichkeit aufzugeben».

Erikson entdeckt eine Verbindung zwischen dem wenig lebendigen häuslichen Leben der Deutschen und ihrem unterentwickelten Sinn für Politik. Für sie werde die Außenwelt entweder zum Ziel einer mystischen Reise, sei ein Territorium – oder Lebensraum – den es zu besiedeln gelte, oder der Ort, wo feindliche Mächte lauerten – alles, nur nicht der Raum, wo andere Menschen leben.

Und weiter Erikson: Weil der Deutsche sich nicht sicher fühlt im eigenen Haus, wird ihm der Jude zum Ärgernis, der sich – wer weiß woher – seine Identität bewahrt. Weil sein eigener Lebensstil so steif und trocken ist, verachtet er den in seiner Sicherheit prangenden Juden. Weil er sich selbst als Philister erkennt, haßt er den Juden, der als »Vermittler im Kulturaustausch», als «Interpret von Kunst und Wissenschaft» wirkt. Weil er selbst nicht weiß, was er will und wo er steht, fürchtet er den Juden, den «Heiler innerer Konflikte», der ihn besser kennt als er sich selbst.

In Hitlers Worten enthüllt sich für Erikson die Nazi-Mythologie, und er gelangt zu einer plausiblen Erklärung für das verbrecherische Tun des deutschen Volkes: «Das also war die Klimax, war die Erfüllung des perversen mythologischen Genius des

Nazismus: eine Hölle auf Erden zu schaffen, die selbst denen unmöglich erscheint, die wissen, daß sie Wirklichkeit war.» Hitler hatte erfaßt, daß der seelisch Unreife politischen Rückhalt brauchte. Für Menschen ohne starkes Selbst wird nationale Einheit zum Kriterium für die eigene Identität und so eine Sache von (menschlichem) Leben und Tod, die über die Frage politischer Systeme weit hinausgeht.

Die amerikanische Gesellschaft sei zu loben, weil hier, wo Unbeständigkeit das Typische zu sein scheint, Identität fest verankert ist. Andere Emigranten, so zum Beispiel Erich Fromm, konstatieren dieselbe Familienpathologie, wollen sie aber keineswegs auf Deutschland beschränkt wissen. Erikson sah mit mehr Zuversicht auf die USA. Um die Unterschiede zu verdeutlichen, erzählt er einen neuen Familienroman. In den Vereinigten Staaten sind die Rollen andere. Väter und Söhne sind Verbündete, nicht Feinde. Ihre Ziele und Idole sind dieselben, und beiden eignen «die Gesten der Jugendlichkeit». Ihr wirklicher Feind ist die Frau-Mutter, die «mom» des amerikanischen «Momismus». Und sie, diese arme Seele, ist in Wahrheit Repräsentantin ihres Vaters: Momismus ist ganz einfach Paternalismus in abgeschwächter Form. In den USA schaffen es Vater und Sohn, Freunde zu werden, im Deutschland von Eriksons Jugend ein nahezu unbekanntes Phänomen, während die Mutter, sogar wenn sie die soziale Autorität verkörpert, ihre Macht einbüßt. Wenn amerikanische Söhne im öffentlichen Leben versagen, mag das auf das Konto ihrer Mütter gehen, doch bleibt ihnen der Kampf mit den ödipalen Wünschen, die europäische Bürgersöhne zu seelischen Krüppeln machen, erspart.

Kindheit und Gesellschaft ist berühmt für seine Lobpreisungen amerikanischen Wesens. Aber wenn Erikson dessen wenig starre und verspielte Natur rühmt, kann er sich auf einen sehr vertrauten deutschen Ahnen berufen. Er zitiert denn auch Schillers Sentenz, daß der Mensch nur da im vollsten Sinne Mensch sei, wo er spiele. Wenn wir mit Ernst, Zeit oder Liebe unser Spiel treiben, verwirklichen wir unsere Freiheit. Mit dem Lob, das Erikson den kindlichen Formen des Spiels zollt, gesellt er sich den vielen anderen Emigranten von Adorno bis Thomas Mann zu, die nicht bereit waren, ihren jugendlichen Überschwang einem geistlos-ernsten Erwachsenendasein zu opfern.

Es ist, wie Erikson beobachtet, «hauptsächlich die Unfähigkeit, sich für eine berufsmäßige Identität zu entscheiden, was die jungen Menschen beunruhigt», und die «Identitätskrise» stellte sich ihm als recht bestimmender Faktor in der Entwicklung amerikanischer Studenten dar. Vielleicht haben diese auch auf eine Spannung reagiert, die der Autor selbst ausstrahlte. Nach Erikson verlangt Ich-Identität die Fähigkeit zu autonomer Wahl im Bewußtsein ihrer Vorläufigkeit, zwei offensichtliche Gegensätze, die dialektisch miteinander verschmolzen sind und einander unterstützen. «Jene lob ich, die sich ändern/Und dadurch sie selber bleiben», schrieb einst Brecht, und in diesem Sinne geht es auch Erikson um eine Identität, die sowohl fest als auch flexibel, verwurzelt, aber auch beweglich ist – kurz, das Beste, was europäisches und amerikanisches Wesen – zusammengenommen – zu bieten haben. Die «berufsmäßige» Unentschlossenheit, oder, wie man es mit Erikson auch nennen könnte, «Rollen-Diffusion», war für viele Emigranten die Rettung: Peter Drucker war überzeugt, daß gerade seine Fähigkeit, eine Vielfalt von Fächern zu unterrichten, zumindest in den USA über seinen akademischen Erfolg entschieden habe. Und auch Eriksons Stil, der impressionisch und klinisch zugleich ist, könnte Ausdruck einer solchen Rollen-Diffusion sein.

In einem autobiographischen Abschnitt von *Life History an the Historical Moment* (1975) gesteht er, daß es ihn ständig «vorwärtstreibt» und daß es ihm um ein Leben zu tun sei, das nicht darauf hinausläuft, «unverrückbar irgendwo hinzugehören». Er bewundert die amerikanische Umtriebigkeit. Hier sei ein Land, wo man «die Freiheit hat zu bleiben oder weiterzuziehen». Die Amerikaner seien ein reiselustiges Volk. Es beeindrucke ihn, wie viele Kriegsveteranen beschlossen, nicht in ihre frühere Heimat zurückzukehren, sondern sich andernorts anzusiedeln.

Zumindest 1950 war Erikson so verliebt in dieses Land, daß er psychologisches und politisches Ideal mühelos verschmolz. *Kindheit und Gesellschaft* enthält auch Elemente des Kalten Krieges. In einem Essay über die Jugend Maxim Gorkis nennt er die heutige Sowjetunion «unsere kalten, gefährlichen Widersacher». Die alte russische Methode, Säuglinge bis zum Hals hinauf zu wickeln, läßt ihn vermuten, daß nach solchen frühen Erfahrungen auch die russische Seele «gewickelt» sei. (Hier hätte er anmerken können, daß man auch im Wilhelminischen Deutschland mit den Kindern nicht viel anders verfuhr.) Er beschreibt die Sowjets als ein von Bürokraten unterdrücktes und gequältes Volk und interpretiert die bolschewistische Revolution als eine Art verspäteten Protestantismus, der es sich zum Ziel gesetzt habe, die an Aberglauben überreiche alte agrikulturelle Moral durch aufgeklärte Wertvorstellungen zu ersetzen. Ohne jeden Vorbehalt für Erikson, daß das auf unserer Seite erheblich besser gelungen sei.

Erikson hält all die konventionellen Werte und Tugenden hoch und erklärt sie zum Zeichen psychischer Gesundheit. Wie der amerikanische Kongreß sei auch die amerikanische Familie darauf angelegt, zwischen den «Spezialinteressen» der einzelnen Mitglieder ein Gleichgewicht herzustellen. Jeder bekomme seine Chance, niemand dränge ins Rampenlicht. Wie andere Emigranten schreibt es auch Erikson einer demokratischen häuslichen Atmosphäre zu, daß persönliche Kümmernisse nicht in politische Ideologien und die daraus folgende Bürgerkriegsstimmung umgesetzt würden, wiewohl er auch fürchtet, daß die jungen Leute auf diese Weise kein Gefühl für wirkliche Politik entwickelten. Er verurteilt zwar den «Bossismus» und seine Repräsentanten – die «Self-made-Autokraten», die sich hinter der Ambiguität der Sprache verstecken –, doch bleibt der Kapitalismus für ihn die ökonomische Ausdrucksform einer gesunden Persönlichkeit schlechthin: «Die amerikanische Jugend glaubt im tiefsten an das wirklich freie Unternehmertum: Sie zieht eine große Chance unter hundert kleinen einer durchschnittlichen Sicherheit vor.»

Doch mit den Jahren kam auch die Kritik am amerikanischen Establishment. Wie Marcuse unterstützte auch Erikson den Widerstand gegen den Vietnamkrieg. 1973 verfocht er die «speciehood», eine zeitgenössische Version des Traumes von einer einheitlichen Welt, dem viele Emigranten nach dem Zweiten Weltkrieg angehangen hatten. Dieser Umschwung kam nicht überraschend: Es war nicht so, daß Erikson seine Wertvorstellungen geändert hatte, er sah sie vielmehr von anderen gestürzt. Die

Bosse, 1950 noch an der Peripherie der Gesellschaft, waren nun ihr Mittelpunkt. Der Kongreß funktionierte nicht mehr wie ein Privathaushalt. So ganz ist er von den Meriten andauernder Jugend auch wohl nie überzeugt gewesen. Sogar in *Kindheit und Gesellschaft* hatte er nicht einem Aufgeben sozialer Rollen das Wort geredet, denn das, so schrieb er, würde die Fixierung an die jugendliche Lösung bedeuten. Das war, abgesehen von seinem Lob dessen, was er später einen «expansiv offenen... Nationalcharakter» nannte, vertraute Emigrantenkritik. Exzentrik bedeutete in diesem Land nichts anderes, als einer Reihe von Konventionen anzuhängen. Die psychische Mobilität war weit eingeschränkter als die geographische. Die Sprößlinge der Populärkultur trugen eine «aus der Massenproduktion stammende Maske der Individualität». Waren die deutschen Väter unterdrückend und russische Mütter ignorant, so hatten es amerikanische Eltern ihrem Nachwuchs vielleicht zu behaglich in seinen Windeln gemacht.

Wenn diese Analyse zutrifft, dann gibt es in Eriksons Werk eine logische Entwicklung. Ging es ihm früher um Identität, so ist er mit seinem jüngeren Werk in die – nach seiner Einteilung – vorletzte Phase der Entwicklung eingetreten, in die Phase der Generativität oder zeugenden Fähigkeit. Er ist jetzt davon überzeugt, daß die Unterdrückung elterlicher Neigungen der Seele ebenso schadet, wie in früheren Generationen die der sexuellen Wünsche. Er empfiehlt nicht einfach nur mehr Kinder, denn es sind ganz bestimmte Erfahrungen, die ein Leben abrunden – nähren, lehren, erziehen, wie wir einst genährt, gelehrt und erzogen worden sind (oder hätten werden sollen, hätten wir nicht so abscheuliche Eltern gehabt!). Dieses Plädoyer mag man lesen, wie man will, als Lob der konservativen Einigkeit von Familie und Geschichte oder als progressiven Aufruf, zukünftigen Generationen zu dienen.

Das Interesse der Emigranten an der amerikanischen Jugend veränderte sich während des Vietnamkrieges. Dank der «Teach-ins» wurden emigrantische Kritiker der amerikanischen Regierung auf dem College Campus zu prominenten Gestalten, die diejenigen, die Hannah Arendt immer «die Kinder» nannte, aufriefen, sich die volle Bedeutung des Vietnamkrieges und seiner Folgen bewußt zu machen. Ihr konventionelles akademisches Auftreten verlieh diesen gelegentlich tumultartig verlaufenden öffentlichen Veranstaltungen Würde und Autorität. Allein ihr Akzent wies sie als authentische politische Zeugen aus. Nie zuvor hatten so viele Emigranten so unüberhörbar Stellung zu amerikanischer Politik bezogen. Und nie zuvor waren aus so vielen respektierten, ehemals sehr angesehenen Namen berüchtigte Namen geworden. Eine Zeitlang waren Emigranten-Intellektuelle sakrosankt gewesen. Nun hatte sie jenes Bild des enemy alien und Verderbers der Jugend wieder eingeholt, das sie einst veranlaßt hatte, aus Europa zu fliehen.

Mit Ausnahme von Einstein und Thomas Mann hatten die Emigranten während der McCarthy-Zeit eine bemerkenswerte Vorsicht und Zurückhaltung an den Tag gelegt. Doch nukleare Aufrüstung und Vietnamkrieg provozierte viele von ihnen zu Zornesäußerungen, die ihrer Geschichte gemäßer waren. Otto Nathan zum Beispiel hielt seine erste Anti-Vietnam-Rede 1962. Die Gruppe «Sane», die für die nukleare

Abrüstung kämpfte, hatte sich – früher noch – nach Erich Fromms *The Sane Society* benannt. Privat war die Auswirkung von Vietman auf die Emigranten verheerend. Douglas Sirk hatte dieses Land einst «tief geliebt», doch nach der McCarthy-Inquisition machte Vietnam seine Desillusionierung vollkommen. Viele Emigranten nährten eine Art Haß-Liebe für die Vereinigten Staaten, und nach Vietnam ließen sie dem negativen Teil dieses Gefühls freien Lauf. Der jüdische Gelehrte Toni Oelsner behauptete gar: «Vietnam und Kambodscha waren fast so schlimm wie Auschwitz.»

So sprach die Linke, und sie sprach aus einer Tradition, die Brecht in den zwanziger Jahren die USA als Kapitale von politischer ökonomischer Reaktion darstellen ließ. Viel überraschender war, daß auch Emigranten gegen Vietnam opponierten, die amerikanische Institutionen einst mit Rat und Tat unterstützt hatten. Hans Morgenthau war einer von zwei Regierungsbeamten, der aus Protest gegen Johnsons Kriegspolitik seinen Dienst quittierte. Morgenthau entstammt keinem radikalen Umfeld: «Mein Vater würde sich im Grabe umdrehen, wenn er wüßte, was ich wegen Vietnam getan habe. Ein Jude, der gegen die offizielle Linie opponiert? Wenn du weißt, was gut für dich ist, hältst du dich da raus.» Die Reaktion auf Morgenthaus Geste war für emigrantische USA-Kritiker nichts Neues: «John Roche, ... Präsident Johnsons Haus-Intellektueller, schrieb, ich sei einer von den Europäern, die einfach nicht verstünden, worum es in Amerika überhaupt gehe.» Das war darum ein so wundervolles Argument, weil man Leute wie Morgenthau – oder Einstein oder Thomas Mann – danach nicht mehr ernst zu nehmen brauchte, tollkühn oder dummdreist unter anderen Umständen, jetzt irgendwie dadurch gerechtfertigt, daß man chauvinistisch auf das priviligierte Bewußtsein des geborenen Amerikaners verweisen konnte.

Die unübersehbare Kehrtwendung von Hannah Arendt und Erik Erikson brachte insbesondere die neokonservativen Macher des *Commentary* auf. Wie konnte man die USA in den fünfziger Jahren so wundervoll und zehn oder zwanzig Jahre später so erbärmlich finden? Dabei hatte es weder bei Hannah Arendt noch bei Erikson einen philosophischen Gezeitenwechsel gegeben. Ihr intellektueller Wortschatz war derselbe geblieben, nur waren die Bösewichter jetzt die Amerikaner. 1950 hatte Erikson den «Bossismus» für einen heilbaren Exzeß amerikanischen Wesens gehalten. In den siebziger Jahren empörte er sich gegen die «Unterdrückung... Bedrängung... Repression», mit der der «do-it-yourself»-Amerikaner den Planeten ausplündere und tyrannisiere. Der Macht, so hatte Hannah Arendt immer gefordert, müsse man die Wahrheit entgegenhalten. Und da nun Amerika zur Inkarnation von Macht und Gewalt geworden war, erhob sie dagegen genauso ihren Protest, wie sie das bei ähnlicher Gelegenheit auch gegenüber Deutschen, Briten und Franzosen getan hatte. Hans Morgenthau, der Verfechter einer Realpolitik, hatte einfach einzuwenden, daß Vietnam eine furchtbare Energieverschwendung sei. Es war sinnlos, ohne praktischen Wert, *ineffizient* und brachte überhaupt nichts ein.

Der Emigrant, der in diesem Zusammenhang wohl am häufigsten genannt wird, ist Herbert Marcuse. Daß ausgerechnet Marcuse zum Mann der Medien wurde, ist das wohl überraschendste Moment in der Geschichte der Emigrantenkultur. Trotz seiner tapferen Versuche, den Idiomen amerikanischer Minderheiten Tribut zu zollen, war er nicht der Mann, der sich in Ton und Stil dem Marktplatz angepaßt hätte. Gemessen an Eriksons Standards hätte er der letzte sein müssen, der in Amerika für Amerikaner über Amerikaner schrieb. Doch eine Zeitlang sah es so aus, als sei er der Hausphilosoph der Antikriegsbewegung.

Seit den frühen dreißiger Jahren hatte Marcuse zum innersten heiligen Kern des Frankfurter Instituts gehört. Seine Gebiete waren die Philosophie und – nach seiner Ankunft in Amerika – die Zusammenhänge zwischen bürgerlicher Kultur und dem Aufkommen des Faschismus. Aber ebenso hingebungsvoll war er den Künsten zugetan, und immer wieder begegnen uns in seinen Büchern auch literarische Gestalten. Wenn Marcuse die Werke anderer las und interpretierte, geschah das gewöhnlich mit politischer Absicht. In der dritten Ausgabe der Institutszeitschrift geht es in der Besprechung eines politikwissenschaftlichen Werkes (Carl Schmitts *Begriff des Politischen*) um nichts anderes als ein Auflisten von Textänderungen zwischen erster und dritter Auflage.

Marcuses erste amerikanische Jahre waren Institutsaktivitäten gewidmet. Er erinnert sich ihrer als ruhiger Zeit ohne schmerzliche Zwischenfälle. Während des Krieges taten er und sein Institutskollege Franz Neumann Dienst beim Office of Strategic Services. Auch in den ersten Jahren nach dem Krieg arbeitete Marcuse noch für die Regierung. In dieser Zeit, so schreibt er, sei es ihm darum gegangen, das Wiederauftauchen faschistischer politischer Gruppen zu bekämpfen. Privat betrieb er seine wissenschaftlichen Studien weiter, und 1954 begann eine lange und einflußreiche Zeit als Professor an der Brandeis-Universität. 1958 erschien seine Studie *Sowjetmarxismus,* eine vehemente Verurteilung des Sowjetregimes, die seinen ehemaligen Regierungskollegen wohl kaum Kopfzerbrechen gemacht haben wird.

Kurz nach seinem Eintritt in die Brandeis-Fakultät veröffentlichte er *Eros and Civilization* (dt.: *Triebstruktur und Gesellschaft),* ein Versuch, die Theorien von Marx denen Freuds zu assimilieren. Obwohl Reich Jahre zuvor dasselbe versucht hatte, war das in den fünfziger Jahren für einen amerikanischen Hochschullehrer ein sehr kühnes Unterfangen. Sein Versuch, die Begrifflichkeit radikalen Verhaltens über ihren traditionellen Bereich auszuweiten, war das Ergebnis der «Frankfurter» Enttäuschung über die Arbeiterklasse. Arbeit, sagte Marcuse, sei, ob ge- oder verkauft, nicht länger ein verläßliches revolutionäres «Agens der Negation». Die Frankfurter hielten es für einen Mangel der marxistischen Theorie, daß sie die von Freud angesprochenen psychologischen Themen ignorierte. Indem er beide Denker verband, hoffte Marcuse, einen neuen Katalysator für soziale Veränderung zu finden: die Befreiung des Körpers nicht anstatt, sondern als Teil der Befreiung einer sozialen Klasse. *Eros and Civilization* ist mehr ein literarisches, denn ein psychologisches oder ökonomisches Vermächtnis. Es ist nicht nur vom Genius eines Marx oder Freud geprägt, sondern auch von dem Stendhals, Prousts, Heines und Schillers. Sehr häufig werden auch Frankfurter zitiert. Solange er lehrte, war es Marcuse ein Anliegen, amerikanische Studenten mit Adorno und Walter Benjamin bekannt zu machen.

Marcuse schrieb das Buch in Erinnerung an seine erste Frau Sophie Marcuse. Die Trauer um sie und um zahllose Hitler-Opfer ist im ganzen Buch spürbar. Noch deutlicher aber ist das Gefühl von Befreiung. Marcuses Art gleicht in nichts der von Fritz Perls, aber auf seine nüchterne Art sieht auch er in der Zukunft Möglichkeiten für wirkliches Glück.

Der Wegweiser aus dem Labyrinth ist Eros. Marcuse findet Stendhals *promesse de bonheur* nicht, wie sein Kollege Adorno, ausschließlich in der Kunst, sondern auch in der Perversion. Er rühmt Narcissus für sein zielloses Entzücken an sich selbst und den «homosexuellen» Orpheus (Eurydike scheint er vergessen zu haben) für dessen zweckfreien Gesang. Glück als Sinnlichkeit um ihrer selbst willen wird die soziale Ordnung zerstören. In *Women in Love* unterschied D.H. Lawrence zwischen den Aktivitäten des Tages und denen der Nacht, wobei jegliche Vermischung beider autoritäre Politik und sexuelle Gewalt im Gefolge habe. Ähnlich trennt Marcuse Traum (Nachtwelt) und Arbeit (Tagwelt). Und während orthodoxe Marxisten die Realitäten der Produktion im Blick behalten, feiert Marcuse als Schüler von Freud das Reich der Träume.

Natürlich waren es eine Reihe historischer Ereignisse, die seinen gnomischen, paradoxen Stil als Stil der Zeit erscheinen ließen. Wie der Titel schon anzeigt, ging es in *Eros and Civilization* um das Leben in Städten. Die praktischen Hoffnungen richteten sich auf die Aussicht auf mehr Freizeit für die Massen. Wo anders als in der Betriebsamkeit modernen urbanen Lebens konnten Menschen sich von den alten ausschließlich auf Fortpflanzung ausgerichteten sexuellen Formen befreien? Zumindest die jungen Leute, die genug freie Zeit hatten, um Experimenten gegenüber aufgeschlossen zu sein, überzeugte Marcuses Vision.

Gleichermaßen aufgeschlossen waren amerikanische Leser für die Kühnheiten seines nächsten Hauptwerkes, *One-Dimensional Man* (1964), (dt.: *Der eindimensionale Mensch*). In der Kultur des Monopolkapitalismus, erklärte er, ist der moderne Mensch eindimensional, da alle Lebensbereiche miteinander verschmolzen sind: Ob er arbeitet, spielt, denkt, er ist immer derselbe. Ideologie und Produktion sind absolut identisch. Daß das auch einem marxistischen Ideal entspricht, enthüllt nur, wo marxistische Theorie unangemessen ist. Der Mensch braucht einen Ort, wo er leben und seinen Widerstand planen kann, aber kein Bereich seines Lebens ist wirklich frei. Seine Begeisterung für sexuelle Freiheit hatte Marcuse verloren. Die vielgepriesene sexuelle Befreiung, befand er, sei zur repressiven Desublimierung verkommen. Dieser Begriff ist in seiner Paradoxie typisch für die Frankfurter Schule und will besagen, daß sexuelles Spiel triviale Unterhaltung geworden ist, die man den Massen zugesteht, um ihnen den Blick für ihr Ausgebeutetsein zu trüben.

Mit seinem Essay über die «Repressive Toleranz» stellt Marcuse der Öffentlichkeit ein Jahr später seinen vielleicht provokativsten Begriff vor. Marcuse nahm die Massenmedien unter die Lupe und kam zu dem Schluß, daß neben dem Berg positiver Meldungen jede radikale Äußerung verschwand. Die typische Zeitungsseite, so sagte er wie ein später Kraus oder Benjamin, sei diejenige, auf der prächtige Anzeigen das bildgewordene Dementi schreckenerregender Nachrichten seien.

In einem Postscriptum von 1968 wurde Marcuse noch deutlicher. Nein, daß die Zeitungen gelegentlich auch linken Argumenten Platz einräumten, beeindrucke ihn ganz und gar nicht. Wie konnten diese «Zwischenspiele» ein Gegengewicht bilden zur überwältigenden Systempublicity, die sich überall, in der Produktion wie im Entertainment, offenbare? Es gab inzwischen besonders aufgemachte Seiten dafür, journalistische Äquivalente der Hyde-Park-Seifenkisten. Aber Marcuse durchschaute, daß diese Isolierung das Radikale als kuriose Neuheit erscheinen ließ. Hartnäckig machte er den Amerikanern klar, daß die angeblich ausgewogene Darstellung aller Standpunkte in den Medien ein ausgemachter Schwindel war. Angesichts des Sperrfeuers von Systembestätigungen müßten die Neinsager nicht gleichen Raum und gleiche Zeit beanspruchen, sondern mehr, viel mehr, um die Bilanzen auszugleichen.

Womit Marcuse die Amerikaner hier schockierte, war eine der ersten emigrantischen Beobachtungen überhaupt gewesen. Für Menschen, die das Land als monolithisch und fremd erlebt hatten, war es nichts Neues, daß sich amerikanische Ideologie in mehr als nur der Sprache manifestierte. Diese Emigranten wird Marcuses Glauben an den erlösenden Einfluß eines radikalen Journalismus wohl eher literarisch und altmodisch angemutet haben.

Marcuses bekannteste Arbeiten gehören zu den bittersten Urteilen, die Emigranten über amerikanische Sprach- und Lebensgewohnheiten gefällt haben. Sie machten großen Eindruck auf junge Amerikaner, die seinen Zorn teilten, sagten aber auch einiges aus über seine eigene Situation als ein Emigrant, der mit seiner europäischen Art der Kritik eine fremde Kultur zu erfassen versuchte. Wenn Marcuse die zweckfreien Gestalten des Orpheus und des Narcissus als muntere Saboteure des kapitalistischen Systems feiert, beschwört er Adornos Portrait des intellektuellen Juden, der «Glück ohne Arbeit» findet und zur Inkarnation des Widerstands gegen die Konformität der nichtjüdischen Welt wird. Für Marcuse waren Homosexuelle und alle diejenigen, die sich der «genitalen Tyrannei» entledigt hatten und einer ungehemmten Sexualität erfreuten, Vorboten eines Utopia. Aber alle konkreteren Glücksversprechungen trifft der schwere Tadel des Konformistischen, Bürgerlichen und – auch wenn er expressis verbis so weit nicht geht – hoffnungslos Amerikanischen.

Diese Kritik trifft in *Eros and Civilization* auch die neofreudianischen Psychoanalytiker, darunter seinen alten Freund und Kollegen Erich Fromm. Marcuse beschuldigt Fromm, Karen Horney und Harry Stack Sullivan, Freuds Theorie unzulässig zu vereinfachen und in eine Reihe therapeutischer Ziele zu fragmentieren, die der «herrschenden Ideologie» entnommen seien. In alten Tagen hatte kein Versuch, konventionelle Werte zu übernehmen, Gnade vor Fromms Augen gefunden. Jetzt, so Marcuse, sei er zum Verkünder «innerer Stärke» geworden, ein Ideal, das ihm verdächtig nach positivem Denken klingt. (Fromm hielt das für eine unfaire Karikatur.) Wenn Marcuse die Freudsche Ironie zur Predigt im Sozialarbeiter-Stil verkommen sah, stand dahinter der eigentliche Vorwurf, daß die Emigranten-Analytiker ihre europäische Unerbittlichkeit den Tröstungen des amerikanischen Positivismus geopfert hatten. Sie waren nicht europäisch genug, gründeten auf Norman Vincent Peale statt auf Schiller. Motor seiner eigenen Intelligenz war, wie er später schrieb, «die Macht des negativen Denkens».

In *One-Dimensional Man* werden Marcuse, der ernüchterte Ästhet, und Marcuse, der wütende Aktivist, wieder eins über die Analyse der politischen Sprache der Gegenwart. In der Tradition John Miltons zeigt er, wie die Verderber der englischen Sprache die Öffentlichkeit gefeit gegen alles und empfänglich für alles machen. Schon die Grammatik ist totalitär. Bestimmte Ausdrücke widersprechen dem gesunden Menschenverstand, verlangen jedoch unreflektiertes Handeln. Marcuse zeigt, wie etwa die Verbindung «science-military» die Vorstellung der Reduktion von Angst und Leid mit dem Geschäft des sie Schaffens verbindet, während sich eine Fügung wie «clean bomb» (saubere Bombe) gänzlich über Logik und Grammatik hinwegsetzt und der Zerstörung moralische und physische Integrität beimißt. Marcuse stellt sein Vorgehen in einen europäischen Kontext und beruft sich auf Karl Kraus, der beweisen wollte, daß sich in Syntax, Grammatik und Wortschatz gleichermaßen politisches Handeln offenbare. Er hätte auch Prousts Baron de Charlus sprechen lassen können, der die Schützer von Logik und Grammatik stets ehrte und davon überzeugt war, daß die Zukunft sie auch als Abwender großer Gefahr ausweisen würde. Die kurze Zeit in den sechziger Jahren, als das in der Emigration gepflegte politische Verständnis von Sprache Emigrantenwissenschaftler und amerikanische Studenten verband, war wohl eine der glücklichsten Folgen der Emigration.

An einer Stelle legt Marcuse einigen hypothetischen Verleumdern Worte in den Mund, die allen widerspenstigen Emigrantenintellektuellen zu gelten scheinen: «Du redest in einer Sprache, die suspekt ist. Du redest nicht wie wir alle, wie der Mann auf der Straße, sondern eher wie ein Ausländer, der nicht hierher gehört. Wir müssen Dich auf ein bescheidenes Maß herunterschrauben, Deine Tricks aufdecken, Dich läutern. Wir werden Dich lehren zu sagen, was Du meinst… Freilich darfst Du Deine eigene Sprache sprechen, aber sie muß übersetzbar sein, und sie wird übersetzt.» Nein, sagt Marcuse, meine Unnachgiebigkeit ist stärker. Als wolle er Orwells berühmtem Satz entgegnen, daß politische Sprache einfach und direkt sein müsse, behauptet Marcuse, daß eine komplexe Situation einen komplexen Kommentar erfordere. Dialektisches Paradox hat auch in der Prosa seinen Platz. Glatte Vereinfachungen verdichten nur den allgemeinen Nebel und nur, wenn er den Prinzipien seines ureigensten europäischen Stils treu bleibt, kann er Licht in die Widersprüche amerikanischen Lebens bringen.

Nach seinem Ausscheiden aus der Brandeis-Universität ging Marcuse nach La Jolla an die Universität von Kalifornien. Dort fand er in der populären Kultur Erholung vom ideologischen Griff auf die Gesellschaft. In seinem *Versuch über die Befreiung* wird er zum beredten Verteidiger einer Minderheitskultur. In den Idiomen der Black Panthers entdeckt er einen sprachlichen Durchbruch. Zuweilen, etwa wenn ihm «motherfucker» als Ausdruck von einzigartig befreiender Kraft erscheint, hört der Emigrant ein wenig zuviel heraus. Aber für einen Intellektuellen, besonders für einen, der so tief in der deutschen Kultur wurzelt, war er außerordentlich offen für einen kulturellen Stil, der romantischen Postulaten weitgehend widersprach. «Die Seele» ist nicht mehr in den Werken Schuberts und Beethovens zu Hause. Er zitiert Thomas Manns *Doktor Faustus:* «Ich will die Neunte Symphonie zurücknehmen», angesichts der Schrecken der Gegenwart. Gut, sagt Marcuse, die Unterdrückten haben die Neunte Symphonie zurückgenommen und sie durch «soul music» ersetzt. Und er will diese schwarze Musikform scharf von ihren kommerziellen weißen Adaptationen unterschieden wissen. Genau, wie er den Hippie-Slang zuwenig subversiv findet, fehlt ihm in der weißen Rockmusik die gewalttätige Unmittelbarkeit des Soul.

An anderer Stelle konfrontiert er indirekt deutsche Juden und Schwarze. Als Beispiel für «die Sprache des Gegensinns» berichtet er von einem Richter namens Christ Seraphim, der sich über den lärmenden Protest schwarzer Bürgerrechtler mokiert. Seraphim rümpft die Nase über die mangelnden Manieren der Schwarzen und fragt, warum sie es nicht den Juden gleichtun könnten, die ihre Würde immer bewahrt und von Protestmärschen wenig gehalten hätten – und nicht zufällig, wie Marcuse böse anmerkt, im Backofen gelandet seien. In sublimem «Gegensinn» betrachtet der Richter Versuche, einem weiteren Holocaust vorzubeugen, als «kriminell».

1969 hatten die Proteste gegen den Vietnamkrieg das ganze Land erfaßt, und Marcuses Behauptung, daß die radikalisierten Studenten die neue Avantgarde seien, war zum Allgemeinplatz geworden. Doch obwohl sich der Krieg hinzog, entwickelte sich die studentische Protestbewegung nicht zur kohärenten politischen Kraft. Während er weiterhin die Wichtigkeit zivilen Ungehorsams betonte, hatte er die mögliche Niederlage bereits im Auge. Er verführte die Jungen nicht mit Versprechungen von «Sofort-Heilungen». In die Arbeiterklasse setzte er nur wenig Vertrauen, blieb aber dabei, daß nur sie allein Subjekt und Agens von Revolution sein könne. Und zum Entsetzen orthodoxer Marxisten behauptete er, daß Abschaffung des Privateigentums und Einführen der Planwirtschaft, wie in der Sowjetunion geschehen, unzureichende Mittel seien.

Marcuses Gefolgschaft begann sich nach anderer Führung umzusehen. Rechte nannten ihn dramatisch eine Gefahr für die Nation, letzter und schlimmster aller *enemy aliens.* Nach einer Reihe von Morddrohungen zog er 1969 für kurze Zeit nach Nordkalifornien zu seinem alten Kollegen Leo Löwenthal. Orthodoxen Marxisten war er seit langem ein Dorn im Auge, jetzt schmähten ihn auch Maoisten und Trotzkisten, die ihr ganzes Vertrauen auf die organisierte Arbeiterklasse setzten. Während eines Besuchs in Westdeutschland mußte sich Marcuse 1976 auch die Beleidigungen einiger deutscher Studenten gefallen lassen. Auch in Großbritannien sammelten sich die Kritiker. Ob Sprachphilosophen, politische Konservative oder akademische Spezialisten, vielen Briten mißfielen die die Disziplingrenzen sprengenden, radikalen Ambitionen von Emigranten wie Marcuse. Alasdair MacIntyre widmete der Denunziation Marcuses ein ganzes Buch.

1977 sendete das BBC-Fernsehen eine Einführung in die Philosophie, zu der auch Marcuse eingeladen war. Der Interviewer erging sich in Häme über die Irrelevanz des marxistischen Dogmas (Marcuse erwiderte, daß sich marxistische Analyse keineswegs überlebt habe, da es Klassenunterschiede weiterhin gebe), ließ ihn Abbitte leisten für die Unlesbarkeit Adornos (Marcuse gab zu, daß sein Freund in der Tat nicht immer leicht zu lesen sei, doch das Ganze sei eine Frage der resistenten Oberfläche), und mit besonderer Freude wollte er ihm die Zustimmung dazu entlocken, daß sich die sogenannte Neue Linke des Elitären schuldig gemacht habe. Marcuse verwahrte sich gegen den Ton dieser letzten Frage; falls solche Gefühle existierten, seien sie ein anderer Ausdruck für einen selbstauferlegten Masochismus: Die Neue Linke habe sich als «Katalysator-Gruppe» erwiesen und habe keinerlei Grund, Abbitte zu leisten. Als der Interviewer taktlos vermutete, daß Marcuses großer populärer Erfolg die Überraschung seines Lebens gewesen sein müsse, stimmte der alte Mann bescheiden zu und sagte: «Wenn ich als eine solche Gestalt erscheine, dann wohl nur, weil andere dessen weniger würdig erscheinen.»

Noch im selben Jahr beschuldigte ihn der britische Journalist Henry Brandon, die amerikanischen Weathermen und die deutsche Baader-Meinhof-Gruppe zu ihren gewaltsamen Aktionen aufgewiegelt zu haben. Eine Gruppe akademischer Freunde schrieb daraufhin einen Brief und nannte diesen Vorwurf eine schmutzige Verleumdung, die den Geist jenes «Terrors» atme, «der ihn vor so langer Zeit aus seinem Heimatland ins Exil» getrieben habe. Brandon verteidigte sich und zitierte ein Gespräch von 1966, in dem Marcuse seinen Einfluß auf die Weathermen zugegeben hatte. Dem hielt wiederum ein Freund Marcuses entgegen, daß es die Weathermen erst seit 1969 gebe. Marcuse überstand all diese Angriffe und Enttäuschungen mit Gleichmut. Zum dritten Mal glücklich verheiratet, widmete er all seine Kraft und Energie seinem letzten Buch, *The Aesthetic Dimension: Toward a Critique of Marxist Aesthetics.* In dieser «adornoesken» Studie geht es Marcuse darum, daß nur eine Kunst, die ein großes Risiko eingeht und nicht auf den Erfolg beim Volk schielt, den «Bruch mit dem Realitätsprinzip» schaffe (Eros war, so scheint es, immer noch suspendiert). Für Marcuse muß Kunst schwierig sein, eine Nachahmung der «Desintegration», denn das Leichte, das nichts anderes ist als «Reproduktion und Integration», dient der Affirmation des Status quo. Kunst muß sich aus der Welt von «Auschwitz und My Lai» speisen und sie gleichzeitig verneinen. Während für Adorno über jede künstlerische Leistung der Schatten von Auschwitz fiel, erweiterte der Emigrant Marcuse seinen Wortschatz, damit er den Opfern sowohl Deutschlands und wie der Vereinigten Staaten genügte.

1978 schloß sich Marcuse in La Jolla einigen Studenten an, die gegen die unüberhörbar rassistischen Äußerungen eines Gastprofessors, seines Zeichens britischer Sprachphilosoph, protestierten. Er sei sich bewußt, sagte er studentischen Journalisten, daß ihn für *The Aesthetic Dimension* wohl der endgültige Bann kommunistischer Kreise treffen würde. Dies kümmerte ihn nicht, vor allem, wenn er sah, wes Geistes Kind die Menschen waren, die da im Namen von Marx herumschlurften. Und einer Sprache, die an die Selbstbeschreibung der Hannah Arendt erinnert, fügt er hinzu: «Es ist mir egal, welches Etikett man mir anhängt, nichts geht mich weniger an.» Und Marcuse fuhr fort in seiner geistigen und politischen Arbeit, bis er 1979 starb.

Während etliche Emigranten, linke wie rechte, die amerikanische Militärpolitik in Vietnam öffentlich verurteilten, hielten sich Marcuses alte Kollegen Max Horkheimer und Theodor W. Adorno merkwürdigerweise zurück. Beide waren in Deutschland inzwischen zu Symbolen des intellektuellen Establishments geworden. Und als jetzt ein großes Studentenpublikum nach den alten Botschaften rief, zogen die beiden es vor, sich von den geistigen Schlachten ihrer Jugend zu distanzieren. Ende der sechziger Jahre hielten die bundesdeutschen Buchläden Taschenbuchausgaben der frühen Schriften von Horkheimer, Adorno, Benjamin und Lukács stapelweise bereit. Doch Horkheimer riet zur Vorsicht bei der Lektüre so gefährlichen Materials. In den fünfziger Jahren, so erzählt sein Schüler Jürgen Habermas, hielt er die alten Ausgaben der Institutszeitschrift im Keller unter Verschluß, damit die Studenten sich nicht am radikalen Bazillus infizierten.

Zu Zeiten des Vietnamkriegs schrieb Horkheimer, daß Kaiser Wilhelm in einem recht gehabt habe: Die gelbe Rasse sei eine Gefahr. Gelegentlich entlehnt Horkheimer seine Metaphern dem Kommerz: Wie ein Geschäftsmann müsse auch die nationale Gemeinschaft in schlechten Zeiten einen kühlen Kopf bewahren. In einem neuen Vorwort zur *Kritischen Theorie* lehnt er Kritik am amerikanischen Engagement in Vietnam ab, denn eine solche «Verurteilung... widerspricht der kritischen Theorie, bleibt in Europa konformistisch». Der studentischen «Sehnsucht nach dem besseren Leben und der richtigen Gesellschaft» zollt er Lob, doch warnt er vor Gewalt.

Wieder einmal müssen die Worte Rosa Luxemburgs als Argument gegen die antidemokratische Politik von Trotzki und Lenin herhalten, als hätten die Streitgespräche aus Horkheimers Jugend nichts von ihrer Aktualität eingebüßt. Horkheimer hält es mehr mit dem Schutz der harterkämpften Freiheit als mit radikaler politischer Aktion – «offen zu sagen, die fragwürdige Demokratie sei bei allen Mängeln immer noch besser als die Diktatur, die ein Umsturz heute bewirken müßte, scheint mir jedoch um der Wahrheit willen notwendig zu sein» – eine Sprache, in der man eher Churchill wiederfindet als die Rote Rosa. Die meisten deutschen Studenten, die im übrigen nie im Ruf besonderer Subtilität gestanden haben, taten Horkheimers Überlegungen als simple Apologetik ab.

Horkheimer traf das weniger als Adorno, der die Amerikaner lange für intellektuelle Barbaren gehalten hatte, denen das geistige Rüstzeug für seine durchdachten Negationen fehlte. Aber am Boden zerstört war Adorno, als auch deutsche Studenten anfingen, seine Botschaft zu vulgarisieren und von ihm genau den programmatischen Rat erwarteten, den er mißbilligte. Es war ihm, als seien sie alle vom amerikanischen Bazillus befallen und zu einem heulenden Mob von positivistischen Denkern geworden. Es gebe keinen Schlupfwinkel mehr, klagte er 1960. Einst konnten Bohemiens ein Leben unter ihresgleichen leben, aber die Bewohner Pariser linker Gestade hatten sich zu Greenwich Village-Imitatoren gewandelt und waren das geworden, «was Amerikaner ‹phony› nennen» – wieder verurteilt Adorno amerikanischen Stil mit amerikanischem Idiom.

Doch vielseitig wie eh und je veröffentlichte er weiterhin musikalische, literarische und philosophische Analysen, die schließlich in der mächtigen und einschüchternden

Negativen Dialektik gipfelten. Immer noch suchte er in der Kunst die «Antithese dessen,... was der Fall ist», und die Mittel, um ein «negatives Wissen» über die reale Welt zu erlangen. Solches Wissen ließe sich niemals zusammenfassen oder gar anwenden. Jede «Botschaft», so radikal sie auch sein mochte, ist eine «Anpassung», die die Kunst denaturiert. Doch Adorno bleibt sich in seinen Abhandlungen über Kunst stets der sozialen Realität bewußt. Bei ihm gibt es keine Botschaft, aber viel Geschichte. Und er blieb davon überzeugt, daß Kunst heute, im Angesicht von Auschwitz, wo die Möglichkeiten der Hoffnung sich nahezu erschöpft haben, verpflichtet sei, ihre im Kern utopische Natur zu rechtfertigen. In seine Abhandlung über den Umgang moderner Komponisten mit Tempi schiebt er Betrachtungen darüber ein, daß sich der heutige Mensch zunehmend weniger seines Gedächtnisses und seiner Erinnerung bediene. Die Erinnerung an das, was musikalisch ein paar Takte zuvor geschieht, sei ebenso unzuverlässig wie die an jene Schuld, die die Deutschen in einer Erinnerungslosigkeit epidemischen Ausmaßes leugnen. Doch solch düsterer Prosa zum Trotz bleibt Adorno ein Advokat der Lust, wenn auch in ihrer ästhetischen Gestalt. Immer noch ist es die Avantgarde, um die es ihm geht. Jede andere Art der Musik ist infantiler «Kitsch».

Doch Ende der sechziger Jahre waren die deutschen Studenten dieser vertrauten Töne müde. Während einer Demonstration in Berlin gegen den Schah von Persien wurde der Student Benno Ohnesorg getötet. Man bat Adorno um die Unterschrift unter eine Petition. Er lehnte ab. In einer seiner nächsten Vorlesungen über Goethes *Iphigenie* ließen die Studenten eine rote Gummiente schwimmen. Einige Studentinnen entblößten ihre Brüste, als wollten sie Adorno in seiner eigenen «kleinbürgerlichen» Verklemmtheit bloßstellen. Adorno schien ein gebrochener Mann. Er starb einige Monate später in der Schweiz, und viele glaubten damals, daß die Feindseligkeiten der Studenten sein Ende beschleunigt hatten. Nur selten noch hat man nach Keats den Tod eines Literaten mit solcherart öffentlicher Ablehnung erklärt.

Vor seinem Tod schrieb Adorno «Resignation», einen kurzen Essay, der als seine eigene Apologie und als Verteidigung gegenüber seinen Studenten zu lesen ist. Er nennt deren jüngste Politik eine «Kapitulation vor dem Kollektiv». Diese Politik sei nicht real, sagt er, und komme einer «Pseudoaktivität» gleich. Sie spreche dieselben Konsumenteninstinkte an, die auch «do-it-yourself»-Unternehmen zu Erfolg verhülfen, obgleich, so stellt er fest, in Massenproduktion hergestellte Güter meist besser seien als deren hausgemachte Varianten.

Jahre zuvor in den USA war er mit der Stimmung bequemer Kühnheit ins Gericht gegangen, die die Fans populärer Musik berauschte. In «Resignation» nun argumentiert er, daß das Gefühl einer neuen Sicherheit, vermittelt durch die neue linke Politik amerikanischen Stils, erkauft sei um das Opfer autonomen Denkens. Es gebe indes einen besseren Weg, die Aufmerksamkeit anderer Menschen zu erringen als geistloses Emotionalisieren. Man könne Menschen auch über Gedanken und Erinnerung erreichen. Denn was einst zwingend gedacht wurde, könne weder im Vakuum entstanden noch dort verblieben sein. Ernsthaftes, strenges Denken «hat das Moment des Allgemeinen» und vereine den Denker mit seinen wahren – toten und lebendigen –

Genossen in der Erwartung von Ereignissen, die höchstwahrscheinlich niemals stattfinden werden. Adorno könnte ein wiedererstandener Shelley sein, der feierlich die unbesungenen Gesetzgeber der Menschheit ankündigt. Der dialektische Faden des Essays läßt sich zusammenfassen: Daß das, was sich anhört wie die Wahrnehmung des Abgrunds aus dem Elfenbeinturm, in Wirklichkeit ein Mittel zum «Glücklichsein» und zur «Sublimierung von Zorn» darstellt, nicht passiv, sondern aktiv, nicht resignativ, sondern transzendierend. Die politische Agitation außerhalb der Hochschule hatte einen intellektuellen Emigranten zu lauterster Argumentation inspiriert, doch der Leser mag sich fragen, ob der Autor irgend jemanden, einschließlich seiner selbst, damit überzeugte.

Auch in Amerika gab es Emigranten, die ihre Stimme gegen die Antikriegsbewegung erhoben. Bruno Bettelheims typische Sprache war während der sechziger Jahre von besonderem Ingrimm: Der studentische Protest sei nichts als ödipale Rebellion und kultureller Konformismus. Wie andere Emigrantenwissenschaftler, die sich der Bemächtigung der deutschen Universitäten durch die Nazis erinnerten, hielt auch Bettelheim die Aktivitäten der Antikriegsbewegung für «eine Bedrohung der Integrität und der wahren Berufung der Universtiät». Und er war nicht der einzige, der gegen den «Studentenfaschismus der Linken» wütete, der sich mit «schwarzem Faschismus wie dem der ‹Panthers›» zusammengetan habe. Lange Jahre war Bettelheim der University of Chicago verbunden. Während dieser Zeit äußerte er sich öffentlich über schwarze und studentische «Faschisten». Die Chicagoer Polizei erlaubte sich Übergriffe am Rande der Legalität und darüber hinaus; sie gipfelten schließlich in der Ermordung von Fred Hampton, eines Panther-Führers. Doch solche Einzelheiten nahm Bettelheim nicht zur Kenntnis. Statt dessen riet er den Studenten, sich mit jedem «halbwegs vernünftigen Establishment» zu arrangieren und, so fügte er mit Wiener Grillenhaftigkeit hinzu, «jedes Establishment ist nur halbwegs vernünftig».

Für die über Vietnam verzweifelnden, radikaleren Emigranten wurde einer der ihren zum geistigen Symbol der Kriegstreiberei. Henry Kissingers Macht überdauerte die Nixons und war auch während der Regierungszeit Fords von Bestand. Kissinger erzählt, daß er in Havard auf einige Ressentiments Emigranten gegenüber gestoßen sei. McGeorge Bundy antwortete ihm mit dem Hochmut, den er für diese Menschen mit ihrem «exotischen Hintergrund und äußerst empfindsamen und intensiven Persönlichkeiten» bereithielt.

Für viele Beobachter verkörperte Kissinger den Triumph des intellektuellen Emigranten. Doch etliche Emigranten empfanden Kissingers Beteiligung an der Kriegstreiberei gegen Vietnam und Kambodscha als tiefe Schmach. «Ich hasse ihn so sehr, weil er einer von uns ist», sagte eine Frau. Für solche Menschen war es von unsäglicher Ironie, daß einer der ihren am moralischen Ruin dieses Landes, das sie so sehr geliebt hatten, entscheidend beteiligt war. Die Nachkriegsereignisse mit ihrem schrecklichen Höhepunkt in Vietnam ließen eine kleine, unglückliche Schar von Emigranten zurück, deren letzte Jahre geprägt waren von der bitteren Enttäuschung über die USA; ein ganzes Leben hatten sie hier verbracht und fühlten sich immer noch nicht zu Hause.

Epilog

Als Erich Kahler Thomas Mann mit folgender Geschichte belustigte, hatte diese schon ihre Runde durch die Emigrantenkreise gemacht: Zwei Flüchtlinge überqueren den Atlantik, der eine in Richtung Europa, der andere in Richtung USA. Als ihre Schiffe sich begegnen und langsam aneinander vorbeiziehen, bricht es aus beiden Freunden gleichzeitig heraus: «Bist du verrückt?»

Dreißig Jahre später hatte die Geschichte unter den noch lebenden Hitler-Emigranten, zumindest wenn sie dachten wie Mann, Einstein, Hannah Arendt oder Lang, wohl genausoviel Verständnis gefunden. Nehmen wir nur einen hypothetischen Emigranten, der nach Europa zurückkehrt. In der Bundesrepublik Deutschland angekommen, könnte er sich des Wiedergutmachungsgeldes und der philosemitischen Beteuerungen der Regierung erfreuen. Aber wäre er ein Emigrant von ganz bestimmter Art, würde ihn die Berufsverbote-Politik alarmieren, eine Reihe von Gesetzen, die politisch Unorthodoxe vom Staatsdienst ausschließt. Einen Ausbruch von Antisemitismus hätte er vielleicht nicht zu befürchten, denn schließlich hat der Durchschnittsdeutsche unter vierzig noch kaum einen deutschen Juden zu Gesicht bekommen. Aber ihm würde nicht entgehen, was Günther Anders einen «Antisemitismus ohne Juden» nannte, ein neuer Rassismus, der dieses Mal die Fremdarbeiter und Asylanten trifft. Auch an den Führern der kleinen Jüdischen Gemeinden hätte er kaum Freude. Auf sie fällt der Schatten ihrer einstigen Vorgänger, und sie scheinen besser mit den Autoritäten einschließlich ehemaliger Nazis zu können als mit Radikalen. Angesichts des ehemaligen NSDAP- und SA-Mitglieds Karl Carstens als Bundespräsidenten und des Wiedererwachens autoritärer Einstellungen innerhalb einer Generation, die Hitler nicht mehr erlebt hat, ist es verzeihlich, wenn unser Emigrant nicht in Hosianna-Rufe auf das Wirtschaftswunder ausbricht und Gottes Segen auf die Regierung herabfleht, die ihm pünktlich allmonatlich seinen Wiedergutmachungsscheck schickt.

Jeder wachsame Emigrant ist wenigstens in einer Disziplin beschlagen: der Emigration. Und er ist im Besitz wenigstens einer Wahrheit: die Welt hat sie im Stich gelassen, und sie hat vergessen. Das kann unerträglichen Pessimismus, das Schwinden jeglicher Hoffnung bedeuten. Aber die Emigranten sind ein zähes Völkchen. Sie haben sich ihren herben Ton bewahrt. Aus Deutschland brachten sie einen neuen Witz mit. Ein Jude kommt in den Münchener Hauptbahnhof und stellt sich am Fahrkartenschalter an. Er fragt einen Nachbarn, ob er während des Krieges Nazi gewesen sei. «Ich? Nie! Für was halten Sie mich?» «Verzeihen Sie mir», ruft der Emigrant voller Schuldbewußtsein. Er stellt einem anderen die gleiche Frage und erhält die nämliche Antwort. Schließliche wendet er sich an einen Dritten, der zuckt mit den Schultern und sagt: «Natürlich war ich das.» «Wunderbar», ruft der Jude, «ich suche nämlich einen ehrlichen Menschen, dem ich mein Gepäck anvertrauen kann.»

Emigranten haben erlebt, wie das Verhalten deutschsprachiger Juden, des Establishments und anderer eine ikonische Kraft annehmen konnte, die auch in den siebziger Jahren verschiedentlich aufschimmerte. Da ging zum Beispiel der Fall des

Jocobo Timerman durch die Presse, eines argentinischen Dissidenten, der die jüdischen Führer seines Landes beschuldigte, die faschistische Bedrohung zu leicht genommen zu haben, was in der Emigrantengeschichte nicht ohne Parallelen war. Um das zu beweisen, berief sich Timerman auf zwei Briefe, 1933 von Berliner Juden geschrieben. Deren einer rief auf zu einem massiven Boykott Deutschlands, während der andere zu Zurückhaltung und Diplomatie riet. Es war eine Neuauflage des alten Familienstreits, der besonders dramatisch anläßlich der israelischen Libanon-Invasion entbrannte. Dieses letztere Ereignis spaltete die Judengemeinde ähnlich, wie es einst die Erregung über Hannah Arendts Eichmann-Studie getan hatte. Rückblickend wird diese Kontroverse noch bedeutsamer, wenn man sie im Kontext der Nachkriegsgeschichte des amerikanischen Judentums betrachtet. Sie nimmt die Polarisierung vorweg, die die Neokonservativen, die Israels Besetzungspolitik aus ganzem Herzen befürworteten und unterstützten, von den Liberalen schied, die überzeugt waren, der zionistischen Vision sei mit diesem Überfall etwas ganz Furchtbares widerfahren. Beide Gruppen hatten auch diametral entgegengesetzte Ansichten über die Sozial- und Militärpolitik der Vereinigten Staaten. Stehen diese Gruppen nicht in der Nachfolge jener, die sich Hannah Arendts Kritik an der jüdischen Führung verbaten, und jener, die sie ihr zugestanden, wenn ihnen auch vielleicht der Ton, in dem sie vorgetragen wurde, nicht gefiel? Es war 1982 wohl für alle Juden quälend, jüdische Aktionen mit Begriffen wie «Pogrom», «Völkermord» und «Blitzkrieg» angeklagt zu sehen, ganz gleich, ob sie solche Benennungen vehement zurückwiesen oder verbittert akzeptierten. Emigranten wie Hannah Arendt und Albert Einstein hatten eben diese Entwicklung vorhergesehen, als sie 1948 das jüdische Establishment der USA davor warnten, den «Faschisten» Menachem Begin in die Arme zu schließen.

Für jüdische und radikale Emigranten war die jüngere amerikanische Geschichte sehr schmerzlich. Die nationale Presse mochte das Wiederaufleben von Nazis und Ku Klux Klan herunterspielen, doch die Ereignisse – die Nazis und Klanmänner, die man beim Erschießen von Radikalen gefilmt hatte und und die dennoch freigesprochen wurden; die vielen Stimmen, die Nazis bei Wahlen in North Carolina, Michigan und Kalifornien erhielten – mußten die Emigranten an die Vergangenheit denken lassen. Fünfzig Jahre zuvor hatten Klaus Mann, Sergej Eisenstein und Salka Viertel die Erweckungspredigerin Aimee Semple McPherson einen Witz oder einen Skandal genannt. Ende der dreißiger Jahre war keinem Emigranten entgangen, wie gefährlich rechte religiöse Eiferer wie Father Charles Coughlin und Gerald L. K. Smith waren. Und in den achtzigern erstand die «Moral Majority», Mengen von Anti-Intellektuellen, die dem Ruf von Fernsehpredigern folgten, von Menschen, die das Showtalent einer Aimee McPherson, die Leidenschaft und Inbrunst eines Coughlin und die konservativen Ansichten eines Smith in sich vereinten. Am meisten hatte die Emigranten einst erstaunt, wie zentral jene ganz besondere, amerikanische Religiosität für amerikanisches Leben war. Um so ironischer mußte es sie anmuten, daß diese Religion jetzt mit einem Baptisten-Führer ihre Urständ feierte, der erklärte, daß jüdische Gebete bei Gott kein Gehör fänden, und mit Pfingstpredigern, die verkündeten, Homosexuellen und Ehebrechern sei die Hölle sicher.

Und noch andere Ereignisse fanden bei Emigranten besondere Resonanz. In einem Versuch, die illegale Einwanderung haitianischer Arbeiter zu beschränken, ließ die Reagan-Administration verlautbaren, daß die meisten von ihnen keine politischen, sondern ökonomische Emigranten seien – wie es jüdische Flüchtlinge seinerzeit ähnlich in der Schweiz gehört hatten, bevor man sie dann nach Deutschland zurückschickte. 1981 erschien der achtundsiebzigjährige einstige Hochkommissar der alliierten Streitkräfte in Deutschland, der 1951 die General Act of Clemency durchgesetzt hatte, vor dem Kongreß, um eine andere umstrittene Maßnahme – die Internierung von Japan-Amerikanern während des Krieges – zu verteidigen. Während im Saal aufgebrachte «Nissei» zischten und buhten, behauptete McCloy, ihre seinerzeitige Umsiedlung sei fair und korrekt gewesen, überdies seien sie in ein «gesunderes und zuträglicheres Klima» verbracht worden. Er war sich offensichtlich nicht bewußt, wie nahe er damit der Nazi-Werbung für Todeslager kam. Zeitungsberichten zufolge warnte McCloy später den Kongreß davor, für eine Politik einzutreten, die «eines Tages der Zwangsumsiedlung amerikanischer Bürger bestimmten ethnischen Hintergrundes entgegenstehen könnte». Solche Erklärungen mußte Emigranten in Alarmstimmung versetzen, die sich noch vierzig Jahre nach ihrer Ankunft nicht endgültig zu Hause glaubten.

Über Jahre hatten Kritiker ihr Lob der intellektuellen Emigranten mit einer herablassenden Coda beschlossen. Die Emigranten hätten in der Tat Großartiges zur amerikanischen Kultur beigetragen, aber wirklich verstanden hätten sie die Kraft dieses Landes nicht. Mann und Einstein hätten auf McCarthy allzu paranoid reagiert, war der Tenor; Emigranten übersahen einfach, daß Politik eine zyklische Angelegenheit war und daß speziell in der amerikanischen Politik Tendenzen kamen und gingen, als habe sich dieses Land, als eines der Vermächtnisse Großbritanniens, das humorige Prinzip des sich Durchwurstelns zu eigen gemacht. Mittlerweile klingt solche Kritik hohl. Es stimmt, die Emigranten fühlten sich von amerikanischer Kultur angezogen und verwirrt zugleich. Sie haben die amerikanische Kultur nie ganz verstanden, obwohl die Art, wie sie es versuchten, bemerkenswert war. Kämen Einstein oder Klaus und Thomas Mann zurück und sähen, wie der Ku Klux Klan in Connecticut oder die «Moral Majority» in New Yersey agieren und wie die Ressentiments des Kalten Krieges wieder von Kongreß und Hochschule Besitz ergreifen, wären sie kaum geneigt, für ihre bösen Vorahnungen Abbitte zu leisten.

Natürlich gab es auch Emigranten, die sich durch diese ständigen politischen Agitationen nicht aus der Ruhe bringen ließen. Ein Freund fragte kürzlich Otto Nathan, warum so viele Flüchtlinge nach rechts abgewandert seien. «Nicht nur Flüchtlinge», antwortete der Ökonom. Es wäre falsch, aus allen Emigranten Helden zu machen, als sei jeder einzelne von ihnen ein Hüter der Geschichte. Viele sind dazu viel zu beschäftigt oder auch einfach nur zu saturiert. Doch während der sechziger Jahre zeigte sich, daß mindestens ebenso viele zu ihrer Vergangenheit standen. Ob zum Guten oder zum Schlechten, die Überlebenden können sich immer noch mit fast denselben Problemen und Fragen herumschlagen, die sie schon in den Berliner Cafés beschäftigt hatten.

Doch wie es Thomas Mann erträumt hatte, indem er sich auf Goethe berief, war die Neue Welt die richtige für ein außergewöhnliches Alter. Während der Watergate-Hearings mußte Hannah Arendt feststellen: «Ich poussiere mit Senator Ervin. Hoch lebe das Alter. Bangemachen gilt nicht für alte Menschen, wenn sie nur halbwegs sensibel sind.» Diese Worte hätte sie ihrer ganzen Generation zueignen können.

Bis in die achtziger Jahre hinein waren Emigranten politisch aktiv. Nach der israelischen Libanon-Invasion schrieb eine Zeitung über Konflikte innerhalb der jüdischen Gemeinde. Zu den zitierten Israel-Kritikern gehörte Hans Jonas. Der neunundsiebzigjährige Philosoph nahm ebensowenig ein Blatt vor den Mund wie seine alte Freundin Hannah Arendt. Die Invasion, so sagte er, erfülle ihn mit «Abscheu» und «Scham». Die praktisch letzte öffentliche Geste Nahum Goldmanns – Architekt des deutschen Wiedergutmachungsplans und in den vierziger Jahren zentrale Gestalt des amerikanischen Zionismus – war ein Angriff auf Israels Militärpolitik.

Aber auch andere politische Fragen beschäftigten die Emigranten weiterhin. Zu den Wissenschaftlern, die sich am aktivsten für ein Einfrieren der Nuklearwaffen einsetzten, gehörten Hans Bethe, Konrad E. Bloch und Victor Weisskopf. (Gegner dieser Politik waren Emigranten wie Edward Teller und Eugene Paul Wigner.) Bethe beschloß eine Analyse der ausufernden Militärbudgets beider Supermächte folgendermaßen: «Das sind die grundlegenden Tatsachen. Liegen sie einmal auf dem Tisch, ist auch klar, wie eine gesunde Sicherheitspolitik in ihren Grundzügen auszusehen hätte.» Das ist, in ihrer Unumwundenheit und ihrem Vertrauen darauf, daß amerikanische Leser einem vernünftigen Argument immer noch zugänglich sind, eine typische Emigrantenäußerung. (Es spricht für ihre Objektivität, daß Bethe und Weisskopf auch die Behandlung politischer Dissidenten und Pazifisten in der Sowjetunion anprangerten.)

Natürlich wären Menschen wie Jonas oder Bethe oder Helen Wolff – mit siebenundsiebzig Jahren versorgte sie immer noch amerikanische Leser mit europäischer Literatur – in jeder Gruppe Ausnahmeerscheinungen gewesen. Aber so sehr unterschieden sie sich gar nicht von all den anderen begabten Männern und Frauen, die mit ihnen emigriert waren. Dies ist keine Generation, die sich aufs Altenteil zurückzieht – vielleicht, weil sie immer noch nicht fassen können, daß sie überlebt haben. Der Verleger Fritz Landshoff war so erstaunt über seine Langlebigkeit, daß er von sich selbst als «the late Mr. Landshoff» sprach. Richard Lindner, der kurz nach seiner letzten New Yorker Ausstellung starb, sagte einmal: «Wenn alte Leute sich treffen, kennen sie ihre Geschichte.» Der Singular ist vielsagend: Wenn alte Emigranten sich treffen, ist ihre Geschichte eine gemeinsame. Und wenn Helen Wolff oder Hans Bethe die letzten Kapitel schreiben, erzählen sie das Leben aller zu Ende.

Sie mögen sich noch so sehr bemüht haben, die USA zu verstehen, die noch lebenden Emigranten leben auch in den achtziger Jahren mit dem Gefühl, daß ihre Lehrzeit noch nicht abgeschlossen ist. Was zu lernen blieb, war nicht das, was sie erwartet hatten. Abgesehen von den Psychoanalytikern haben sich Emigrantenkünstler und

-intellektuelle für individuelles Verhalten nie besonders interessiert. Grund dafür mag das Vertrauen gewesen sein, das in ihren eigenen starken Persönlichkeiten gründete, oder auch das ideologische Bekenntnis zu einer Gruppe, sei es die Arbeiterklasse oder das Judentum. Die Selbst-Vernarrtheit der siebziger Jahre war nicht nach ihrem Geschmack. Daß radikale Politik in Narzismus münden sollte, war ein schlechter Witz.

Sogar die Freudianer, denen von Berufs wegen am Selbst gelegen war, überraschte solcher Wandel. Henry Lowenfeld, seines Zeichens Psychoanalytiker, fand das alles höchst verwirrend: Ödipus hatte ausgedient. Heute wollten Väter die Freunde ihrer Söhne sein und hatten wie diese die Stürme der Reifezeit noch nicht hinter sich. Und als wollten sie Erik Eriksons Hypothese vom neuen amerikanischen Familienroman – Dad und Junior vereint gegen die entsetzliche Mom – bestätigen, wurden Filme zu Publikumsrennern, in denen charmante, geschiedene Väter mehr an ihren Sprößlingen hängen als ihre kalten, karrierebewußten Ex-Frauen. Emigrantenregisseure hatten hier allerdings nicht ihre Hand im Spiel. Sie hatten viel typisch Amerikanisches auf die Leinwand gebannt, aber keiner von ihnen, nicht einmal der Meister der Anpassung, Billy Wilder, setzte jetzt auf die Mode andauernder Jugendlichkeit.

Viele der sozialen und psychologischen Veränderungen der sechziger Jahre hatten die Emigranten vorweggenommen. Federführend waren dabei gar nicht einmal so sehr die Psychoanalytiker und Soziologen, nicht einmal so wahrnehmungssensible Autoren wie Marcuse oder Adorno, als vielmehr diese Filmregisseure. Als Douglas Sirk 1959 mit *Imitation of Life (dt.: Solange es Menschen gibt)* auch schwarzen Stolz darstellte, nahm es vorweg, was später als Suche nach den «roots», den Wurzeln populär werden sollte. In einer Szene, die wohl der Höhepunkt dieses Films ist, stellt Sirk Lana Turner, eine Königin des Konsums, und Mahalia Jackson einander gegenüber. Man trägt Lana Turners schwarzes Hausmädchen zu Grabe, und Mahalia Jackson singt «Soon I Will Be Done with the Troubles of the World». Allein in dieser Szene spricht Sirk so viele – geistige, sexuelle, politische – Wertfragen an, die erst Jahrzehnte später zum Tagesgespräch werden sollten. Sirks Fähigkeit, schwarze wie weiße Zuschauer, wenn auch nicht auf dieselbe Weise, zu bewegen, war ein Durchbruch, die Leistung eines Emigrantenkünstlers, und dieser Durchbruch ermöglichte schließlich eine kundige Kommunikation mit dem amerikanischen Publikum.

Aber kaum ein Emigrantenregisseur war bereit, um die Gunst eines Publikums zu buhlen, das immer wankelmütiger wurde und immer schwerer einzuschätzen war. Billy Wilder klagte, daß der heutige Zuschauer «geistlose Gewalt einer soliden Geschichte, Vulgärsprache einem intelligenten Dialog» vorziehe. Alles Bemühen, sich amerikanischer Idiome zu bemächtigen, um sie zu transformieren, werde sinnlos, wenn «niemand mehr zuhört». Es fehle die Mitte, umschreibt Wilder das Problem, es gebe entweder das Hochgeistige oder das Allerbilligste und Niedrigste. Wilders Klage erinnert uns daran, daß die erfolgreichsten Filmregisseure, mit seltenen Ausnahmen wie etwa Sirk in seinen Seifenopern, gerade die «Mitte» bevorzugt hatten. Und auch ganz früher in Deutschland war es der Jude mittlerer Bildung gewesen, der die Bücher kaufte, die Theater besuchte und die Cafés füllte, mithin das kulturelle Leben seiner Zeit entscheidend mitbestimmte. Zugegeben, das war ein anderes Publikum, aber was Wilder beklagt, ist die amerikanische Version eines allgemeinen Niedergangs.

Während Künstler und Sozialwissenschaftler sich um ein ganz neues Publikum bemühten, hatten die Akademiker unter den Emigranten ähnliche Entfremdungsgefühle. Die einstigen Heroen hoher Kultur, von Schönberg über Marcuse bis hin zu Gropius, galten als überlebt, waren Opfer der – von Emigranten entdeckten – zyklischen Veränderungen öffentlichen Geschmacks. All diese Generalisten, diese Gelehrten, die Geschichte genauso gut lehren konnten wie Politik und Literatur, Psychologie und Philosophie usw., schienen einer spezialistengläubigen Zeit nicht mehr verläßlich zu sein.

Eine Zeitlang fand sich noch ein Publikum für Hannah Arendts Behauptung, daß Gelehrsamkeit in ihrer üblichen Form von absurder Irrelevanz sei, doch in den achtziger Jahren dachte man wieder traditionell. Ein akademischer Stil, der sich einst verboten hatte, schien jetzt eine melodramatische Wendung zu nehmen. Man nahm Rache an den Flüchtlingen und reduzierte einige ihrer berühmtesten Gelehrten auf den Status farbiger Charaktere. Einstein traf es zuerst; schließlich war es sehr viel einfacher, in ihm einen clownigen Exzentriker zu sehen, als sich mit seiner Kritik auseinanderzusetzen.

Gekommen waren die Emigranten als enemy aliens, und oft gingen sie auch als solche, von ihren jüdischen Mitbürgern des Antizionismus geziehen oder von ihren amerikanischen Mitbürgern geschmäht wegen ihrer Opposition gegen den Vietnamkrieg. Denen, die Ende der vierziger Jahre nach Europa zurückkehrten, erging es kaum besser. Stalin bekämpfte die «wurzellosen Kosmopoliten», was radikale Emigranten, neben all den anderen Verbrechen, die sie ihm anlasten mußten, besonders demoralisierte. Waren sie doch Deutschland entflohen, nachdem Hitler sie mit demselben Epitheton bedacht hatte. Stalins Kampagne richtete sich in erster Linie gegen jüdische Physiker. Wieder enemy alien zu werden, weil man Intellektueller war, hieß, daß man Außenseiter geblieben war. Für diese Kosmopoliten schien es keine Heimat zu geben.

Zurück in Europa, ging der alte Kampf mit den Philistern – wiederauferstanden als Volkskommissare für Kultur – weiter, als sei nichts gewesen. Kurz vor seinem Tod kam Brecht nach Paris. Wie immer entzückte den Stückeschreiber die Aussicht auf gutes Essen. Liebevoll betrachtete er ein Stück Käse. Das würde er gerne in der Lobby seines Berliner Theaters zur Schau stellen, teilte er einem Freund mit, um diesen Deutschen einmal zu zeigen, was wirkliche Kultur ist. Typisch für Brecht, wie er in etwas so weltlichem wie einem Stück Käse Geschichte und Stil repräsentiert sehen konnte.

Und als Brecht die Enttäuschungen seiner Generation Revue passieren läßt, bringt er die Dinge wieder einmal auf den Punkt. In einem sehr späten Gedicht, «Wechsel der Dinge», erinnert er sich:

Und ich war alt, und ich war jung zu Zeiten
War alt am Morgen und am Abend jung

Und war ein Kind, erinnernd Traurigkeiten
Und war ein Greis ohne Erinnerung
Und im Singsang-Rhythmus eines Volksliedes fährt er fort:
War traurig, wann ich jung war
Bin traurig, nun ich alt
So, wann kann ich mal lustig sein?
Es wäre besser bald.

Das «So» der dritten Zeile mit seinem Berliner Achselzucken steht für die große Leistung emigrantischen Tons – für das Verschmelzen von Melancholie und gesundem Menschenverstand, für jenen Galgenhumor, der alles Unerwartete, sogar den Tod, zu Szenen einer Komödie macht, die für Pathos zu politisch ist.

Es gab Helden unter ihnen. Thomas Mann und Albert Einstein standen am meisten im Licht der Öffentlichkeit und bewiesen sicher auch den größten politischen Mut. In bewundernswerter Weise standen sie ihren weniger glücklichen Schicksalsgefährten mit Rat und Hilfe bei. Und da waren die eher verborgenen Helden: Hannah Arendt im Lager von Gurs, die die Kranken verteidigte und ihre griechischen Texte studierte; die zahllosen Emigranten, die den Barbaren mit Zitaten von Goethe und Schiller begegneten; Hermann Broch, der immer zur Stelle war, wenn seine Mit-Emigranten ihn brauchten. Und schließlich der Lump Bertolt Brecht. «Er war so ganz einer der unseren; er gehörte so ganz zu uns», sagte nach seinem Tod Anna Seghers. Und glaubte man vor Kummer schier zusammenzubrechen, so erinnert sich Wieland Herzfelde, genügte ein Blick in Brechts listig-schelmisches, «unweinerliches» Gesicht, und man wußte, ständige Trübsal war unangebracht.

Die besten von ihnen – Schriftsteller, Künstler, Wissenschaftler, Regisseure, Gelehrte – blieben unerschütterlich der Sache der Menschlichkeit ergeben. Am Ende ihres Lebens befanden viele von ihnen sich immer noch im Widerstand. Nach üblichen Maßstäben standen sie allein, aber sie wußten auch, daß sie für Millionen standen, für all die Opfer der Geschichte, und vor allem für die Freunde und Verwandten, die Hitler ermordet hatte. Leo Löwenthal möchte gern glauben, daß die Kunst auf der Seite der Verlierer ist. Für Walter Benjamin waren selbst die Toten vor dem Griff des Feindes nicht sicher. Einstein weigerte sich, in das Land zurückzukehren, das verantwortlich war für den Tod von sechs Millionen Juden. Sie alle machten sich zu Anwälten der Toten, denn daß so viele, mutwillig abgekürzte Leben einfach zu Ende sein sollten, wollten sie nicht hinnehmen.

Schriftsteller versuchten, einen Stil zu schaffen, der den historischen Zusammen-bruch und die nachfolgende Wiedererstarkung des schutzlosen Individuums auszu-drücken vermochte. Alle suchten sie nach einem Stil der Befreiung, der allen politischen und psychologischen Lektionen gerecht wurde, die die Emigration ihnen erteilt hatte.

Sie waren zu feinfühlig, um die Vergangenheit zu verleugnen, aber sie fanden es verrückt, dieser Vergangenheit übergebührlichen Wert beizumessen oder zu bestrei-ten, daß zwischen damals und heute ein Abgrund klaffte. Brechts Herr Keuner wird blaß, wenn man ihm sagt: «Sie haben sich gar nicht verändert.» Sie hatten keine Zeit für Nostalgie. Statt der Vergangenheit nachzuweinen, holten sie einige von ihnen einfach in die Gegenwart: Hannah Arendt führt Dialoge mit toten Denkern; Brecht behandelt die Toten, als seien sie lebendige Kandidaten für seine Satire. Wie sie den Künstler sahen, sahen sie auch die Zeit. Für einen Marcuse oder Adorno stand der Künstler für das *promesse de bonheur*, irgendwo in der Zukunft. Für Hannah Arendt oder Brecht war der Künstler einfach ein Arbeiter ganz und gar gegenwärtig, der erzählt, wie wir leben, oder, wie Brecht hoffte, die Welt als einen besseren Ort hinterläßt.

Wie sahen sie sich selber? Sie wußten sich allein, aber nicht einsam. Ein Denker, glaubte Hannah Arendt, fühle sich nie weniger einsam als in Gedanken. Dem würde Adorno, mit dem sie sonst nicht viel verband, zustimmen – sein «Glück» wohnte in Gedanken und Erinnerung. Und bescheidener sagte der Maler Richard Lindner von sich: «Ich bin ein Tourist, wo ich auch bin; das heißt, ich bin ein ‹Beobachter›.» Hatte der Emigrant sich auf seinem Beobachterstandpunkt einmal eingerichtet und sich damit zurechtgefunden, wurde das Leben zu interessant, um es in Selbstmitleid zu vergeuden oder sich in der Klage zu ergehen, immer und überall Tourist und nirgendwo zu Hause zu sein.

Erich Kahler, der Thomas Mann die Geschichte der beiden reisenden Emigranten erzählte, lernte erst Englisch, als er schon fast fünfzig war, und schrieb dann viele Werke in dieser Sprache. 1954 berichtete ihm sein Princeton-Kollege, der umtriebige und in seiner Beweglichkeit unvergleichliche Albert Einstein, über die Verfolgung J. Robert Oppenheimers. Einstein verstand die mißliche Lage des Amerikaners, aber er tat das als Außenseiter. Und er schrieb Erich Kahler: «So ein Mensch, der in der sozialen Gemeinschaft verwurzelt ist, ist ungleich verwundbarer als Zigeuner wie Sie oder ich, für die ‹Scher dich zum Teufel› nicht nur sprachliches Bild, sondern natürliche Geisteshaltung ist.»

Quellen

Berlin

Arendt, Hannah: Elemente und Ursprünge totaler Herrschaft; Frankfurt a. M. 1955

Benjamin, Walter: Illuminationen. Ausgewählte Schriften; Frankfurt a. M. 1961

Döblin, Alfred: Berlin Alexanderplatz; 1929

Halliday, Jon: Sirk on Sirk; New York 1972

Hasenclever, Walter; Tucholsky, Kurt: Christoph Kolumbus oder die Entdeckung Amerikas; Berlin 1985

Herzfelde, Wieland: „Über Bertolt Brecht"; in: Hubert Witt, Erinnerungen an Bertolt Brecht, Leipzig 1964

Isherwood, Christopher: Christopher and His Kind; New York 1976

Ozick, Cynthia: „Gershom Scholem: The Mystic Explorer"; in: *The New York Times Book Review*, 21. September 1980

Rathenau, Walther: Schriften; Berlin 1965

Scholem, Gershom: Walter Benjamin. Die Geschichte einer Freundschaft; Frankfurt a. M. 1975

Trotzki, Leo: Mein Leben. Versuch einer Autobiographie; Berlin 1961

Urzidil, Johannes: "The Literary Contribution of Jewish Prague to Modern German Literature"; Leo Baeck Memorial Lecture, 1968

Willet, John: Art and Politics in Weimar Period: The New Sobriety 1917–1933; New York 1978

Young-Bruehl, Elisabeth: Hannah Arendt: For Love of the World; dt.: Hannah Arendt – Leben, Werk und Zeit; Frankfurt a. M. 1986

Unterwegs

Adorno, Theodor W.: Prismen. Kulturkritik und Gesellschaft; Frankfurt a. M. 1955

Arendt, Hannah: Men in Dark Times; New York 1968

Benjamin, Walter: Illuminationen. Ausgewählte Schriften; Frankfurt a. M. 1961

Benjamin, Walter: „Gespräche mit Brecht"; in: Walter Benjamin, Versuche über Brecht; Frankfurt a. M. 1966

Brecht, Bertolt: Gesammelte Werke Bde. 9 und 10; Frankfurt a. M. 1967

Canetti, Elias: Die Provinz des Menschen. Aufzeichnungen 1942–1972; München 1981

Cazden, Robert: German Exile Literature in America 1933–1950; Chicago 1970

Davie, Maurice R.: Refugees in America; New York 1947

Feuchtwanger, Lion: Der Teufel in Frankreich. Ein Erlebnisbericht; München 1983

Fry, Varian: Surrender on Demand; New York 1945

Halliday, Jon: (a. a. O.)

Herzfelde, Wieland (a. a. O.)

Karlinsky, Simon (ed.): The Nabokov-Wilson Letters; New York 1979

Kesten, Hermann: Der Geist der Unruhe; Köln 1959

Mann, Klaus: The Turning Point; New York 1942; dt.: Der Wendepunkt, 1952

Mann, Thomas: Die Entstehung des Doktor Faustus; 1949

Mehring, Walter: Staatenlos im Nirgendwo: Die Gedichte, Lieder und Chansons 1933–1974, 1981

Mehring, Walter: Die verlorene Bibliothek, Icking u. München 1964 (Zitat Joseph Roth)

Schoenberner, Franz: Innenansichten eines Außenseiters; Icking, München 1965

Schultz, Günther H. J. (Hrsg.): Mein Judentum; Stuttgart 1978

Strauss, Herbert A.: "Jewish Emigration from Germany – Nazi Politics and Jewish Response"; in: *Yearbook XXVI* of the Leo Baeck Institute, London 1981

Wyman, David: Paper Walls-American Refugee Policy 1938–1941; Amherst, Mass. 1968

Zweig, Stefan: Die Welt von gestern. Erinnerungen eines Europäers; Frankfurt a. M. 1982 (1942)

Amerikanische Lehrjahre

Ascoli, Max: "No. 38 Becomes a Citizen"; in: *Atlantic Monthly*, Februar 1940

Barschak, Erna: My American Adventures; New York 1945

Brecht, Bertolt: Gesammelte Werke Bde. 9 und 10; Frankfurt a. M. 1967

Ehrenstein, Albert: „Rund um New York"; in: *Das Goldene Tor*, Oktober/November 1946

Eisler, Hanns: „Musikalische Reise durch Amerika"; in: Schriften I. Musik und Politik 1924–1948, München 1973

Erikson, Erik H.: „Schlußfolgerung. Jenseits der Angst"; in: Kindheit und Gesellschaft, Stuttgart 1976

Granach, Alexander: Da geht ein Mensch; München 1982 (1945)

Grunfeld, Frederic V.: Prophets Without Honor: A Background to Freud, Kafka, Einstein and Their World; New York 1979

Halliday, Jon: (a. a. O.)

Heinsheimer, Hans: Best Regards to Aida; New York 1968

Lania, Leo: Welt im Umbruch: Biographie einer Generation; Frankfurt a. M. 1954

Lawrence, D. H.: Studies in Classic American Literature; New York 1923

Lyon, James K: Bertolt Brecht in Amerika; Frankfurt a. M. 1984

Mann, Thomas: Briefe 1937–1947; Frankfurt a. M. 1963

Mann, Thomas: Doktor Faustus. Das Leben des deutschen Tonsetzers Adrian Leverkühn, erzählt von einem Freunde; Frankfurt a. M. 1981 (1947)

Mann, Thomas: Joseph und seine Brüder; Berlin, Darmstadt, Wien 1964

Natonek, Hans: In Search of Myself; New York 1943

Newlin, Dika: Schoenberg Remembered: Diaries and Recollections 1938–1976; New York 1980

Rosovsky, Harry: Interview; in: *The New Yorker*, 4. Dezember 1978

Viertel, Salka: Das unbelehrbare Herz. Ein Leben in der Welt des Theaters, der Literatur und des Films; Reinbek/Hamburg 1979

Young-Bruehl, Elisabeth (a. a. O.)

Zimmer, Heinrich: Address to the Analytical Psychology Club of the City of New York (Privatdruck)

Zuckmayer, Carl: Als wär's ein Stück von mir; Frankfurt a. M. 1966

The Aufbau Almanac: The Immigrant's Handbook; New York 1923

Das akademische Willkommen

Adorno, Theodor W. (a. a. O.)

Adorno, Theodor W.: Minima Moralia. Reflexionen aus dem beschädigten Leben; Frankfurt a. M. 1951

Benjamin, Walter: Das Kunstwerk im Zeitalter seiner technischen Reproduzierbarkeit; Frankfurt a. M. 1970

Bloch, Ernst: Disrupted Language, Disrupted Culture; in: *Direction*, Dezember 1939

Dubiel, Helmut: Interview with Leo Löwenthal; in: *Telos* 1980

Duggan, Stephen; Drury, Betty: The Rescue of Science and Learning; New York 1948

Horkheimer, Max: „Autoritärer Staat"; in: Gesellschaft im Übergang; Frankfurt a. M. 1972

Horkheimer, Max: Brief an Löwenthal vom 26. Juli 1944; zitiert nach: Martin Jay, Dialektische Phantasie. Die Geschichte der Frankfurter Schule und des Instituts für Sozialforschung, 1923–1950; Frankfurt a. M. 1976

Jay, Martin: „Adorno and Kracauer: Notes on a Troubled Friendship"; in: *Almagundi*, Winter 1978

Johnson, Alvin: Pioneer's Progress; New York 1952

Kornhauser, A.; Larzarsfeld, P.: The Analysis of Consumer Actions; in: *Institute of Management* Nr. 16, 1935

Lazarsfeld, Paul: Brief an Adorno (ohne Datum); zitiert nach: Martin Jay, Dialektische Phantasie; Frankfurt a. M. 1976

Lazarsfeld, Paul F.: Sociological Reflections on Business: Consumer and Manager; in: *Social Science Research on Business: Product and Potential*; New York 1954

Löwenthal, Leo: Mitmachen wollte ich nie. Gespräche; Frankfurt a. M. 1980

Löwenthal, Leo; Guterman, Norbert: Falsche Propheten. Studien zum Autoritarismus; Frankfurt a. M. 1982

Lyon, James K.: Bertolt Brecht in Amerika; Frankfurt a. M. 1984

Magee, Bryan: "Marcuse and the Frankfurt School"; in: Men of Ideas; New York 1979

Nabokov, Vladimir: Die Kunst des Lesens. Meisterwerke der europäischen Literatur. Austen – Dickens – Flaubert – Joyce – Kafka – Proust – Stevenson; Frankfurt 1982

Neumann, F.; Peyre, H.; Panofsky, E.; Köhler, W.; Tillich, P.: The Cultural Migration – The European Scholar in America; Philadelphia 1953

Oelsner, Toni: "Dreams of a Better Life"; in: *New German Critique*, Frühjahr-Sommer 1980

Links und rechts

Brandl, Rudolf: That Good Old Fool, Uncle Sam: A Refugee Sounds a Warning; Mai 1940 (Privatdruck)

Cazden, Robert: German Exile Literature in America 1933–1950

Habe, Hans: Three across the Frontier; 1937 (dt.: Drei über die Grenze: Ein Abenteuer unter deutschen Emigranten; Olten 1979)

Hughes, Stuart H.: Social Theory in a New Context; Vorlesung gehalten im Rahmen des Colloquiums "The Muses Flee Hitler", gehalten 1980 am Smithsonian Institute

Kohn, Hans: Bürger vieler Welten. Ein Leben im Zeitalter der Weltrevolution; Frauenfeld 1965

Laqueur, Walter: Was niemand wissen wollte. Die Unterdrückung der Nachrichten über Hitlers „Endlösung"; Berlin 1981

Lyon, James K.: Bertolt Brecht in Amerika; Frankfurt a. M. 1984

Mann, Erika und Klaus: Escape to Life; Boston 1939

Preminger, Otto: Preminger; New York 1964

Viertel, Salka (a. a. O.)

Neues Opium für das Volk

Adorno, Theodor, W.: "The Radio Symphony"; in: Paul Lazarsfeld; Frank Stanton (eds): Radio Research 1941; New York 1942

Adorno, Theodor W.: "Television and the Patterns of Mass Culture"; in: Bernard Rosenberg; David Manning (eds.); Mass Culture; Glencoe, Ill. 1957

Adorno, Th. W.; Horkheimer, M.: Dialektik der Aufklärung. Philosophische Fragmente; 1947

Anders, Günther: Besuch im Hades; München 1979

Arnheim, Rudolf: "The World of the Daytime Serial"; in: Radio Research 1942–1943, hrsg. v. Paul F. Lazarsfeld u. Frank Stanton; New York 1944

Brecht, Bertolt: Flüchtlingsgespräche. Gesammelte Werke, Bd. 14; Frankfurt a. M. 1967

Cassirer, Ernst: Der Mythos des Staates. Philosophische Grundlagen politischen Verhaltens, München 1978

Herzog, Herta: "Why Did People Believe in the 'Invasion from Mars'"? (Privatdruck)

Kris, Ernst; Speier, Hans (eds.): German Radio Propaganda; New York 1944

Lazarsfeld, Paul F.: "An Episode in the History of Social Research: A Memoir"; in: D. Fleming; B. Bailin (eds.): The Intellectual Migration: Europe and America 1930–1960; Cambridge (Mass.) 1969

Löwenthal, Leo: Literatur und Gesellschaft: Das Buch in der Massenkultur; Neuwied 1972

Pollok, Friedrich: Gruppenexperiment. Ein Studienbericht; Frankfurt a. M. 1973

Schoenberner, Franz (a. a. O.)

Der Weg des größten Widerstandes

Adorno, Theodor W.: „Arnold Schönberg"; in: Prismen. Kulturkritik und Gesellschaft; Frankfurt a. M. 1955

Drew, David: "Kurt Weill and His Critics"; in: Times Literary Supplement, 3. Oktober 1975

Duberman, Martin: Black Mountain: An Experiment in Community; New York 1972

Eisler, Hanns; Adorno, Th. W.: Komposition für den Film; München 1969

Eisler, Hanns: Schriften I. Musik und Politik 1924–1948; München 1973

Eisler, Hanns: Musik und Politik. Schriften 1948–1962; Leipzig 1982

Fischer, Wolfgang Georg: "Interview with Richard Lindner"; in: Art International, 20. April 1974

Gray, Cleve: Hans Richter on Hans Richter; New York 1971

Grosz, George: Ein kleines Ja und ein großes Nein; Reinbek 1955

Jones, Philip: "Rebuilding"; in: The New York Times, 28. Dezember 1978

Hilton Kramer, in: The New York Times, 30. Juni 1980 (über George Grosz)

Mann, Thomas: Die Entstehung des Doktor Faustus (a. a. O.)

Neumann, F.; Peyre, H.; Panofsky, E.; Köhler, W.; Tillich, P. (a. a. O.)

Andrew Porter: "Not Without Honor"; in: The New Yorker, 30. April 1979 (Zitat Ernst Krenek)

Seitz, William C.: Hans Hofmann; New York 1968

Schnabel, Arthur: Music and the Line of Most Resistance, Princeton, N. J., 1942

Viertel, Salka (a. a. O.)

Entronnen: Theodor W. Adorno

Adorno, Theodor W.: The Authoritarian Personality (zus. mit Else Frenkel-Brunswik, Daniel J. Levinson und R. Nevitt Sanford); New York 1950; dt. Ausg.: Studien zum autoritären Charakter; Frankfurt a. M. 1973

Adorno, Theodor W.: Kulturkritik und Gesellschaft (a. a. O.)

Adorno, Theodor W.: Minima Moralia (a. a. O.)

Adorno Th. W.; Horkheimer, M. (a. a. O.)
Hughes, H. Stuart: The Sea Change: The Migration of Social Thought 1930–1965; New York 1977
Jay, Martin: Adorno and Kracauer (a. a. O.)

Kein "Nice Guy": Bertolt Brecht

Benjamin, Walter: „Gespräche mit Brecht"; in: Versuche über Brecht; Frankfurt a. M. 1966
Brecht, Bertolt: Gesammelte Werke; Frankfurt a. M. 1967
Brecht, Bertolt: Autobiographische Aufzeichnungen 1920–1954; Frankfurt a. M. 1975
Ewen, Frederic: Bertolt Brecht. Sein Leben, sein Werk, seine Zeit; Düsseldorf 1970
Frisch, Max: Tagebuch 1946–1949; Frankfurt a. M. 1950
Lyon, James K. (a. a. O.)
Lyon, James K.: Brecht's Hollywood Years, in: Oxford German Studies 1971–1972
Mann, Erika u. Klaus (a. a. O.)
Pachter, Henry: "Brecht's Personal Politics"; in: Telos, Sommer 1980
Schumacher, Ernst: „Er wird bleiben"; in: Hubert Witt (Hrsg.): Erinnerungen an Brecht; Leipzig 1964
Völker, Klaus: Bertolt Brecht. Eine Biographie; München/Wien 1976

Ohne Blick zurück?

Arendt, Hannah: "Reflections on Little Rock"; in: Dissent 1, 1959
Bettelheim, Bruno: The Children of the Dream; London 1957; dt.: Kinder der Zukunft; Frankfurt a. M. 1983
Bettelheim, Bruno: Erziehung zum Überleben. Zur Psychologie der Extremsituation; Stuttgart 1980
Bettelheim, Bruno: Freud and the Soul; in: The New Yorker 1. März 1982
Bettelheim, Bruno; Janowitz, Morris: Dynamics in Prejudice: A Psychological and Sociological Study of Veterans; New York 1950
Carey, Constance: "Bruno Bettelheim in Person"; in: The San Francisco Review of Books, September 1977
Dempsey, David: "Bruno Bettelheim Is Dr. No"; The New York Times Magazine, 11. Januar 1970
Drucker, Peter F.: Men, Ideas, and Politics; New York 1968
Drucker, Peter F.: Zaungast der Zeit. Ungewöhnliche Erinnerungen an das 20. Jahrhundert; Düsseldorf/Wien 1981

Gilbert, Felix: To the Farewell Address: Ideas of Early American Foreign Policy; Princeton 1961
Halliday, Jon (a. a. O.)
Kanner, Leo: In Defense of Mothers: How to Bring Up Children in Spite of the More Zealous Psychologists; New York 1941
Kent, Donald Peterson: The Refugee Intellectuals: The Americanization of the Immigrants of 1933; New York 1953
Kohn, Hans: American Nationalism: An Interpretive Essay; New York 1961
Kohn, Hans: Bürger vieler Welten. Ein Leben im Zeitalter der Weltrevolution; Frauenfeld 1965
Mahler, Margaret S.; Pine, Fred; Bergson, Anni: Die psychische Geburt des Menschen. Symbiose und Individuation; Frankfurt a. M. 1978
Tillich, Paul: Auf der Grenze (Essays); 1963
Young-Bruehl, Elisabeth (a. a. O.)

Unternehmer in Sachen „Images"

Fermi, Laura: Illustrious Immigrants – The Intellectual Migration Europe 1930–1941; Chicago 1971
Innes, C. D.: Erwin Piscator's Political Theater – The Development of Modern German Drama; Cambridge 1972
Jaffee McCabe, Cynthia: "Jacques Lipchitz"; in The Golden Door – Artist-Immigrants of America; Washington, D. C. 1976
Koestler, Arthur: Pfeil ins Blaue. Bericht eines Lebens 1905–1931; Wien; München; Basel 1953
Markel, Helen: "The Bettmann Behind the Archives"; in The New York Times Magazine 18, Oktober 1981
Viertel, Salka (a. a. O.)
Winn, Marie: "Alexander Libermann: Staying in Vogue"; in: The New York Times Magazine, 13. Mai 1979
Zuckmayer, Carl (a. a. O.)

Club für unzufriedene Europäer

Bogdanovich, Peter: „Edgar Ulmer"; in: Todd McCarthy/Charles Flynn (eds.), Kings of the Bs: Working in the Hollywood System; New York 1975
Bogdanovich, Peter: Fritz Lang in America; New York 1969
Halliday, Jon: (a. a. O.)

Harmetz, Aljean: At 73, Billy Wilder's Bark Still Has Plenty of Bite; in: *The New York Times*, 29. Juni 1979

McBride, Joseph; McCarthy, Todd: Billy Wilder: Twilight Times; in: *Film Comment*, Januar-Februar 1979

Preminger, Otto (a. a. O.)

Sarris, Andrew (ed.): Interviews with Film Directors; New York 1969

Willemen, Paul (ed.): Ophüls; London 1978

Den Ton angeben

Arendt, Hannah: "No Longer and Not Yet": in: *The Nation*, 14. September 1946

Bettelheim, Bruno: Erziehung zum Überleben (a. a. O.)

Bettelheim, Bruno: "Miracles"; in: *The New Yorker*, 4. August 1980

Brecht, Bertolt: Gesammelte Werke Bd. 9; Frankfurt a. M. 1967

Broch, Hermann: Die Schlafwandler. Darmstadt 1963

Broch, Hermann: Briefe. (Hrsg. von Paul Michael Lützeler) Komm. Werkausgabe in 17 Bänden, Bd. I, II, III, Frankfurt a. M. 1981

Cazden, Robert (a. a. O.)

Döblin, Alfred: Briefe; (Hrsg. von Walter Muschg u. Heinz Graber) Olten 1970

Frank, Leonhard: Karl und Anna; Leipzig 1929

Frank, Leonhard: Mathilde; Amsterdam 1948

Frank, Leonhard: Links wo das Herz ist; München 1952

Gruenfeld, Frederic: Prophets without Honor: A Background to Freud, Kafka, Einstein and Their World; New York 1979

Hamilton, Nigel: The Brothers Mann; New Haven 1979

Kesten, Hermann: The German European; in: *Decision*, October 1941

Linn, Rolf: Heinrich Mann; New York 1967

Mann, Golo: Obsolete Revolution; in: *Decision*, Februar 1941

Mann, Heinrich: Der Untertan; Leipzig 1969 (1918)

Mann, Heinrich; Mann, Thomas: Briefwechsel 1900–1949; Frankfurt a. M. 1975

Mann, Klaus: "Issues at Stake: Decision" und "The Wave of the Future: A Confession of Faith"; in: *Decision*, Januar 1941

Mann, Klaus: From Sokrates to Baseball; in: *Decision* Februar 1941

Mann, Klaus: The Vanguard – Yesterday and Tomorrow; in: *Decision* März 1941

Mann, Klaus: The Present Greatness of Walt Witman; in: *Decision* April 1941

Mann, Klaus: What's Wrong with Anti-Nazi-Films? in: *Decision* August 1941

Mann, Klaus: Der Wendepunkt; Frankfurt a. M. 1963

Mann, Thomas: A Review of Free Culture; in: *Decision* July 1941

Mann, Thomas: Briefe 1889–1936; Frankfurt a. M. 1961

Mann, Thomas: Briefe 1937–1947; Frankfurt a. M. 1963

Mann, Thomas: Briefe 1948–1955 und Nachlese; Frankfurt a. M. 1965

Pauli, Herta: Break of Time; New York 1972

Starr Untermeyer, Jean: Midwife to a Masterpiece; Private Collection, New York 1965

Stroheim, Erich v.: Movies and Morals; in: *Decision* März 1941

Werfel, Franz: Thanks; in: *Decision* Januar 1941

Die Einsamkeit des Thomas Mann

Belfrage, Cedric: The American Inquisition, 1945–1960; Indianapolis 1973

Hatfield, Henry: From The Magic Mountain: Mann's Later Masterpieces; Ithaca 1979

Mann, Thomas: Vom zukünftigen Sieg der Demokratie; Zürich 1938

Mann, Thomas: The Theme of the Joseph Novels; Library of Congress, November 17, 1942

Mann, Thomas: Doktor Faustus (a. a. O.)

Mann, Thomas: Briefe (a. a. O.)

Mann, Thomas: Tagebücher. 1918–1921; 1933–1934; 1935–1936; 1937–1939; Frankfurt a. M. 1980/1981

Hamilton, Nigel: (a. a. O.)

Opfer beginnen zu richten

Adorno, Theodor W.: Minima Moralia (a. a. O.)

Arendt, Hannah: Die Jüdischen Chancen; in: *Aufbau* 29. April 1945

Arendt, Hannah: The Aftermath of Nazi Rule: Report from Germany; in: *Commentary* Oktober 1950

Arendt, Hannah: The Jew as Pariah – Jewish Identity and Politics in the Modern Age; New York 1978

Brecht, Bertolt: Gesammelte Werke Bd. 10, Frankfurt a. M. 1967

Dempsey, David: (a. a. O.)

Deutscher, Isaac: The Non-Jewish Jew and Other Essays; London 1968

Dinnerstein Leonard: America and the Survivors of the Holocaust; New York 1982

Einstein, Albert: Aus meinen späten Jahren; Stuttgart 1979

Erikson, Erik: Kindheit und Gesellschaft; Stuttgart 1976

Ferencz, Benjamin: Lohn des Grauens. Die verweigerte Entschädigung für jüdische Zwangsarbeiter. Ein Kapitel deutscher Nachkriegsgeschichte; Frankfurt a. M. 1981

Gruenfeld, Frederic (a. a. O.)

Halliday, Jon (a. a. O.)

Hamilton, Nigel: The Brothers Mann; New Haven 1979

Hatfield, Henry (a. a. O.)

Horkheimer, Max: Notizen neunzehnhundertfünfzig bis neunzehnhundertneunundsechzig und Dämmerung: Notizen in Deutschland; Frankfurt a. M. 1974

Jay, Martin: The Frankfurt School in Exile; in: Perspectives in American History; Vol. VI, Cambridge 1972

Kesten, Hermann: Ich lebe nicht in der Bundesrepublik; München 1964

Mann, Heinrich: Ein Zeitalter wird besichtigt; Stockholm 1945

Mann, Thomas: Briefe (a. a. O.)

Marcuse, Ludwig: Mein zwanzigstes Jahrhundert; Zürich 1975

Pachter, Henry: Brecht's Personal Politics; in: *Telos* Sommer 1980

Preminger, Otto (a. a. O.)

Speier, Hans: Force and Folly; Essays on Foreign Affairs and the History of Ideas; Cambridge (Mass.) 1969

Viertel, Salka (a. a. O.)

Zolotow, Maurice: Billy Wilder in Hollywood; New York 1977

Die Wissenschaftler und die Bombe

Bernstein, Jeremy: Master of the Trade; in: *The New Yorker* 3., 10. und 17. Dezember 1979

Dyson, Freeman: Disturbing the Universe; New York 1979

Fleming, D.; Bailyn, B. (eds): The Intellectual Migration: Europe and America 1930–1960; Cambridge (Mass.) 1969

Szilard, Leo: Scientists and Servants; in: The New York Review of Books 28. Juni 1979

Erst undeutsch, dann unamerikanisch

Arendt, Hannah: Gestern waren sie noch Kommunisten ...; in: *Aufbau* 31. Juli 1953

Arendt, Hannah: The Jew as Pariah (a. a. O.)

Bently, Eric (ed.): Thirty Years of Treason; New York 1971

Brecht, Bertolt: Wir Neunzehn; in: Gesammelte Werke Bd. 19; Frankfurt a. M. 1967

Brecht, Bertolt: Anrede an den Kongreß für unamerikanische Betätigungen; in: Gesammelte Werke Bd. 20; Frankfurt a. M. 1967

Drucker, Peter F.: Zaungast der Zeit; Düsseldorf, Wien 1981

Einstein, Albert: Über den Frieden: Weltordnung und Weltuntergang; Bern 1975

Einstein, Albert: Aus meinen späten Jahren; Stuttgart 1979

Jay, Martin: Dialektische Phantasie. Die Geschichte der Frankfurter Schule und des Instituts für Sozialforschung 1923–1950; Frankfurt 1976

Kanfer, Stefan: A Journal of the Plague Years; New york 1973

Lyon, James K.: Bertolt Brecht in Amerika; Frankfurt a. M. 1984

Mann, Klaus: The Turning Point (a. a. O.)

Pozner, Vladimir: „bb"; in: Erinnerungen an Brecht; Leipzig 1974

Viertel, Salka (a. a. O.)

Young-Bruehl, Elisabeth (a. a. O.)

„Das alles waren nur Versuche": Hannah Arendt

Arendt, Hannah: Die jüdische Armee – der Beginn einer jüdischen Politik?; in: *Aufbau* 14. November 1941

Arendt, Hannah: The Jew as Pariah (a. a. O.)

Arendt, Hannah: The Streets of Berlin; in: *Nation* 23. März 1946

Arendt Hannah: The Ivory Tower of Common Sense; in: *Nation* 19. Okt. 1946

Arendt, Hannah: Understanding Communism; in: *Partisan Review* September/Oktober 1953

Arendt, Hannah: The Human Condition; Chicago 1958; dt.: Vita activa oder Vom tätigen Leben; Stuttgart 1960

Arendt, Hannah: On Revolution; New York 1963; dt.: Über die Revolution; München 1963

Arendt, Hannah: Men in Dark Times; New York 1968

Arendt, Hannah: Crises of the Republic; New York 1972; dt.: Wahrheit und Lüge in der Politik. Zwei Essays; München 1972

Arendt, Hannah: He's All Dwight: Dwight Macdonald's Politics; in: *The New York Review of Books* 1. August 1968

Arendt, Hannah: Benjamin, Brecht. Zwei Essays; München 1971

Arendt, Hannah: Thoughts on Politics and Revolution; *The New York Review of Books* 22. April 1971

Arendt, Hannah: Home to Roost; *The New York Review of Books* 26. Juni 1975

Arendt, Hannah: Eichmann in Jerusalem. Ein Bericht von der Banalität des Bösen; München 1964

Arendt, Hannah: The Life of the Mind; New York 1978; dt.: Vom Leben des Geistes; München 1979

Gaus, Günther: Zur Person; München 1965

Glazer, Nathan: Hannah Arendt's America; in: *Commentary* September 1975

Heller, Erich: Hannah Arendt as a Critic of Literature; in: *Social Research* Frühjahr 1977

Hill, Melvyn A. (ed.): Hannah Arendt, The recovery of the Public World; New York 1979

Howe, Irving: A Margin of Hope – An Intellectual Autobiography; New York 1982

Neumann, Franz: Behemoth. Struktur und Praxis des Nationalsozialismus 1933–1944; Frankfurt 1977

Oelsner, Toni: Dreams of a Better Life; in: *New German Critique* 1980

Young-Bruehl, Elisabeth (a. a. O.)

Helden der sechziger Jahre

Adorno, Theodor W.: Minima Moralia (a. a. O.)

Bettelheim, Bruno: Erziehung zum Überleben (a. a. O.)

Brecht, Bertolt: Gesammelte Werke Bd. 10; Frankfurt a. M. 1967

Erikson, Erik: Kindheit und Gesellschaft; Stuttgart 1976

Erikson, Erik: Jefferson Lectures in the Humanities; New York 1974

Erikson, Erik: Lebensgeschichte und historischer Augenblick; Frankfurt a. M. 1977

Erikson, Erik: Dimensionen einer neuen Identität. Zur Psychogenese des amerikanischen Charakters; Frankfurt a. M. 1975

Halliday, Jon (a. a. O.)

Horkheimer, Max: Kritische Theorie. Eine Dokumentation; Frankfurt a. M. 1977

Horkheimer, Max: Um die Freiheit; Frankfurt a. M. 1962

Kissinger, Henry A.: Memorien, Bd. 1 1968–1973; München 1979

Mann, Thomas: Briefe 1937–1947; Frankfurt a. M. 1963

Marcuse, Herbert: Der eindimensionale Mensch; Neuwied 1968

Marcuse, Herbert: Versuch über die Befreiung; Frankfurt 1972

Marcuse, Herbert: Die Permanenz der Kunst. Wider eine bestimmte marxistische Ästhetik; München 1976

Marcuse, Herbert: Ideen zu einer kritischen Theorie der Gesellschaft; Frankfurt 1969

Marcuse, Herbert: Interview in *The Los Angeles Times*, 13. November 1978

Marcuse, Herbert: Triebstruktur und Gesellschaft; Frankfurt a. M. 1979

Morgenthau, Hans: The Tragedy of the German Jewish Intellectual; in: Bernard Rosenberg u. Ernest Goldstein, Creators and Disturbers: Reminiscences by Jewish Intellectuals of New York, New York 1982

Oelsner, Toni (a. a. O.)

Ollendorff-Reich, Ilse: Wilhelm Reich. Das Leben des großen Psychoanalytikers und Forschers, aufgezeichnet von seiner Frau und Mitarbeiterin; München 1975

Perls, Frederick S.: In and Out the Garbage Pail; Lafayette 1969

Reich, Wilhelm: Charakteranalyse; Frankfurt a. M. 1973

Reich, Wilhelm: Reich speaks of Freud; New York 1967

Epilog

Bethe, Hans: The Inferiority Complex; in: *The New York Review of Books* 10. Juni 1982

Brecht, Bertolt: Gesammelte Werke Bd. 2 und 10; Frankfurt a. M. 1967

Herzfelde, Wieland: Über Bertolt Brecht; in: Erinnerungen an Brecht; Leipzig 1964

McBride, Joseph; McCarthy, Todd: Billy Wilder: Twilight Times; in: *Film Comment*, Januar-Februar 1979

Pozner, Vladimir (a. a. O.)

Schultz, Hans J. (Hrsg.): Mein Judentum. Stuttgart 1978

Seghers, Anna: Brecht; in: Erinnerungen an Brecht; Leipzig 1964

Sämtliche nicht nachgewiesenen Zitate stammen aus persönlichen Gesprächen des Autors.

Register

Gershwin, Ira 138
Gerth, Hans 81
Gide, André 48, 67, 237
Giedion, Sigfried 132
Gilbert, Felix 172
Gilbert, Robert 322
Glazer, Nathan 342, 344
Globke, Hans 270
Godard, Jean-Luc 214
Gödel, Kurt 58
Goerdeler, Carl Friedrich 330
Gold, Michael 302
Goldmann, Nahum 336, 370
Goldwyn, Samuel 161
Goodman, Benny 119, 134
Goodman, Paul 224, 351
Graetz, Paul 72
Graf, Oskar Maria 63, 103f., 189
Granach, Alexander 161, 203
Green, Paul 137
Groma, Eugene van 64
Gropius, Walter 39, 82, 131, 191
Grosz, George 30, 41, 64, 89, 119, 126, 158,
    186, 189, 191, 236, 240
Groves, Leslie R. 284, 287
Gruen, Victor 131
Gumbert, Martin 63, 220
Gurian, Waldemar 329, 341
Guterman, Norbert 95

Haas, Dolly 113
Habe, Hans 109, 220, 267
Habermas, Jürgen 364
Hagen, Paul 105
Halsman, Philippe 183
Hamilton, Alexander 172
Hamlisch, Max 72
Hammond, John 134
Hampton, Fred 366
Harbou, Thea von 199
Hart, Moss 138
Hartmann, Heinz 178
Hasenclever, Walter 41, 52, 54
Hausner, Gideon 330
Hays, H.R. 159, 165
Hayward, Leland 108
Hearst, William Randolph 139
Heartfield, John 41, 54, 105, 126, 183,
    188
Hegel, Georg C.F. 152, 350
Heidegger, Martin 315
Heiden, Konrad 188, 325
Heimann, Eduard 86
Heine, Heinrich 34, 50, 54
Heller, Erich 341
Hemingway, Ernest 103
Herzfeld, Ernst 85

Herzfelde, Wieland 10, 36, 46, 58, 89, 105, 126,
    157, 188ff., 236f., 240, 300, 302, 373
Herzl, Theodor 278
Herzog, Herta 98, 113, 115f.
Hesse, Hermann 235
Heuss, Theodor 266
Heydrich, Reinhard 161, 194
Heym, Stefan 220, 267
Hildebrand, Franz von 56
Hiller, Kurt 220
Himmler, Heinrich 33, 194, 318
Hindemith, Paul 41, 134
Hirsch, Julius 86
Hirschmann, Albert 56
Hitchcock, Russell 132
Hitler, Adolf 7f., 33, 39, 43, 123, 264, 274, 276,
    310, 325, 329, 367
Hobbes, Thomas 105
Hobsbawn, E.H. 321
Hochhuth, Rolf 193
Hofmann, Hans 80, 82, 127f., 131
Hofmannsthal, Hugo von 187, 232
Holborn, Hajo 58
Hollaender, Friedrich 106, 349
Holmes, Oliver Wendell 172
Homolka, Oskar 159, 163
Hook, Sidney 309
Hoover, J. Edgar 49, 103
Horkheimer, Max 36, 42, 88ff., 91ff., 94, 114,
    117, 144, 146, 151, 163, 240, 269f., 280, 321,
    364
Horney, Karen 360
Horowitz, Vladimir 133
Horváth, Ödön von 54
Houseman, John 168
Howe, Irving 322
Huebsch, B.W. 229
Huelsenbeck, Richard 130, 186, 236
Hughes, Howard 296
Hughes, H. Stuart 109, 148
Huges, Langston 103, 138
Humphrey, Hubert H. 294, 303
Hutchins, Robert M. 284f.
Huxley, Aldous 223, 255

Isherwood, Christopher 42, 155, 220f., 223
Israel, Wilfrid 42f.

Jackson, Donald 253
Jacobi, Lotte 76, 184
Jahoda, Marie 95
James, Henry 62
Jarrell, Randall 322
Jaspers, Karl 315
Jay, Martin 302
Johnson, Alvin 85ff., 88, 91, 102, 234f., 305
Johnson, Philip 132

Mahler-Werfel, Alma   57, 240, 245, 257
Mann, Elisabeth   245
Mann, Erika   71, 220, 238, 245, 248, 270
Mann, Golo   57, 224, 245
Mann, Heinrich   7, 33, 57, 72, 108, 156, 163,
   169, 186, 220, 226, 228, 230f., 238, 245, 248,
   270, 298, 301
Mann, Katja   245
Mann, Klaus   48, 51f., 58, 63f., 75, 104ff.,
   107ff., 157, 199, 217, 221ff., 224ff., 238, 245,
   248, 268, 270, 368
Mann, Michael   78, 245
Mann, Monika   245
Mann, Nellie   245
Mann, Thomas   9, 33f., 39, 42, 49, 55, 57, 61,
   65, 73f., 78, 81, 85, 101, 103f., 108, 144, 169,
   201, 217ff., 220, 226 232, 235, 240f., 243–261,
   262, 266, 269, 282, 292, 298, 306f., 310, 312,
   335, 343, 354, 356, 362, 367, 369f., 373f.
Mannheim, Karl   91
Marcantonio, Vito   105
Marcuse, Herbert   10, 58, 89f., 94, 96, 99, 109,
   163, 229, 268, 345, 349, 352, 355, 357ff.,
   360ff., 364, 371, 374
Marcuse, Ludwig   59, 227, 230, 270
Marcuse, Sophie   359
Marseille, Or.   311
Marx, Karl   67, 146, 303, 328, 350, 358
Massary, Fritzi   108
Massing, Hede   302
Massing, Paul   95, 302
Maté, Rudolph   203
Matisse, Pierre   186
Matthau, Walter   192
May, Joe   74, 198
May, Karl   39
Mayer, Hans   158
Mayer, Louis B.   108, 164, 212, 216
Meer, Fritz ter   274
Mehring, Walter   39, 46f., 50, 55, 80, 108, 186,
   218, 221, 236f., 240
Mellon, Paul and Mary   187
Melville, Herman   62
Mendl, Elsie   106
Meyer, Agnes E.   251
Meyer, André   177
Meyer, Carl   212
Mies van der Rohe, Ludwig   39, 131
Milhaud, Darius   134
Minnelli, Vincente   206
Mises, Ludwig von   82
Model, Lisette   184
Moholy-Nagy, László   131, 183, 291
Mondrian, Piet   128
Monteux, Pierre   133
Morgenstern, Oskar   98, 174
Morgenthau, Hans   58, 80, 88, 279, 335, 357

Mosse, Erich   127
Münzenberg, Willi   54
Mumford, Lewis   101
Muni, Paul   135
Mundt, Karl   296
Munkacsi, Martin   183
Murnau, F.S.   40, 216
Murrow, Edward R.   210
Musil, Robert   38, 80, 99, 186, 218, 242f., 255
Musmanno, Michael   336

Nabokov, Vladimir   45, 68, 84, 213, 305
Namuth, Hans   127
Nash, Ogden   138
Nathan, Helmuth   81
Nathan, Otto   10, 58, 85, 290, 310f., 356, 369
Natonek, Hans   55, 63
Neumann, Alfred   78, 108, 220, 229, 240
Neumann, Franz   62, 109, 268, 325f.
Neumann, John von   174, 288
Neutra, Richard   135
Nevelson, Louise   127, 186
Newman, Alfred   134
Newman, Barnett   128
Nielson, William Alan   101
Nierendorf, Karl   186
Nietzsche, F.W.   174
Nixon, Richard M.   250, 366
Nosseck, Max   202

Odets, Clifford   164
Oelsner, Toni   80, 357
Ophüls, Max   9, 48, 194, 196f., 200, 202f., 205,
   210, 213, 216, 243, 301
Oppenheimer, J. Robert   281, 288, 290, 305,
   311, 313, 374
Orozco, José Clemente   305
Ossietzky, Carl von   308
Oswald, Richard   224

Pachter, Hedwig   122
Pachter, Henry   10, 59, 62, 81f., 88, 110, 122,
   158, 266, 268, 280, 318, 336
Panofsky, Erwin   58, 85, 130, 186, 195
Park, Clara Claiborne   179
Parker, Dorothy   108
Parsons, Talcott   81
Pasternak, Joe   190
Paton, Alan   138
Pauli, Hertha   51, 55ff., 239
Pauling, Linus   252, 282, 311
Perls, Fritz (Frederick)   345, 349, 351, 359
Perls, Hugo   186
Phillips, Irna   116ff., 124
Piatigorsky, Gregor   80
Piscator, Erwin   30, 37, 39, 41, 48, 65, 78, 88,
   139, 156, 165f., 189, 191, 236, 302

Placaczek, George 288
Planck, Max 122
Planer, Franz 203
Podhoretz, Norman 328
Poe, Edgar Allan 150
Polgar, Alfred 50, 108
Pollock, Friedrich 89, 94, 114, 128, 145
Pollock, Jackson 127, 162
Polanyi, Mousie 176
Pound, Ezra 340
Pozner, Vladimir 295
Preminger, Otto 34, 58, 71, 106, 195, 197f.,
  201, 206, 209, 215, 271, 301
Pressburger, Arnold 161
Prinz, Joachim 10, 279, 292, 311, 335, 398

Rainer, Luise 135, 159, 165
Rankin, John W. 49, 293, 296, 298, 305, 307,
  311
Rathenau, Walther 34, 307
Rauschenberg, Robert 126
Reagan, Ronald 206
Reich, Ilse Ollendorf 347
Reich, Wilhelm 83, 345ff., 348, 351, 358
Reinhardt, Max 30, 71, 74, 166, 189f., 191,
  195f., 236, 349
Reinhardt, Wolfgang 210
Reissner, Hans 10
Remarque, Erich Maria 219, 240
Renn, Ludwig 103
Renoir, Jean 161, 198, 200, 203
Richter, Hans 129
Riegner, Gerhard 109, 111
Riess, Curt 220
Rilke, Rainer Maria 10, 60, 233
Rivers, Larry 127
Robeson, Paul 184, 206
Robinson, Jacob 337
Rockefeller, John D. 175, 274
Rockwell, Norman 126, 183
Rohatyn, Felix 177
Roosevelt, Eleanor 55ff., 170, 184, 274, 293,
  297, 311
Roosevelt, Franklin D. 8, 49, 55, 102, 111, 124,
  167, 169, 230, 244, 250, 253, 255f., 282, 284,
  348
Rosenberg, Julius und Ethel 253
Roth, Joseph 49, 54

Sahl, Hans 220, 238
Salomon, Albert 88
Salvemini, Gaetano 101
Scheidemann, Philipp 35
Schiffrin, Jacques 186
Schildkraut, Joseph 349
Schiller, J.C.F. von 33, 91, 116
Schlamm, Willi 268, 293

Schmidt, Hannes 103
Schnabel, Artur 81, 133, 144
Schnitzler, Artur 255
Schnitzler, Frau 169
Schocken, Theodore 188
Schönberg, Arnold 9, 65, 69, 73f., 80, 82, 92,
  119, 125, 127, 134, 136, 139, 141, 146, 245,
  257, 296
Schoenberner, Franz 52f., 171
Schönerer, Georg von 304
Scholem, Gershom 33, 314, 337, 339
Schumpeter, Joseph 82
Schuschnigg, Kurt von 219
Seger, Gerhart 104
Seghers, Anna 188f., 191, 202, 373
Seitz, Frederick 287
Sekely, Steve 202
Shawcross, Sir Hartley 255
Shuftan, Eugen 211
Sierck, Detlef 46
Simons, Hans 86
Sinclair, Upton 39, 220, 308
Siodmak, Robert 32, 198
Sirk, Douglas 10, 35, 46, 50, 62, 66, 75, 136f.,
  178, 193, 195ff., 199f., 202, 209ff., 212, 215,
  243, 271, 301, 349, 352, 371
Smith, Gerald L.K. 49, 62, 368
Speier, Hans 87, 122, 268, 270
Spender, Stephen 220
Stalin, Joseph 104, 158, 296, 310, 325, 346, 348, 372
Stanton, Frank 115
Staudinger, Hans 10, 80, 86f., 93, 306
Stein, Gertrude 129
Steinbeck, John 103
Steinberg, Saul 129
Steinberg, William 133
Steiner, Max 134
Stern, Fritz 81
Stern, Wilhelm (William) 178, 316
Sternberg, Fritz 163
Sternberg, Joseph von 40, 201, 228
Stewart, Donald Ogden 103, 108
Stimson, Henry L. 281
Stone, I.F. 311
Strachey, John 110
Strauss, Herbert 10, 270
Strauss, Leo 58, 76, 87f., 173
Strawinsky, Igor 41, 134, 142, 251
Stripling, Robert 296, 300
Stroheim, Erich von 40, 203, 213
Sullivan, Harry Stack 360
Suttner, Bertha von 305, 311
Szell, George 133
Szigeti, Josef 134
Szilard, Leo 58, 282ff., 286f., 289, 298, 312

Teller, Edward 58, 283, 287ff., 290, 311, 370